PROCÈS-VERBAUX

DES ÉTATS DU GÉVAUDAN

DOCUMENTS RELATIFS A L'HISTOIRE DU GÉVAUDAN

DEUXIÈME PARTIE

PROCÈS-VERBAUX

DES DÉLIBÉRATIONS

DES ÉTATS DU GÉVAUDAN

PUBLIÉS PAR LA SOCIÉTÉ D'AGRICULTURE, SCIENCES ET ARTS
DE LA LOZÈRE, SOUS LES AUSPICES DU CONSEIL GÉNÉRAL
ET SOUS LA DIRECTION DE M. FERDINAND ANDRÉ,
ARCHIVISTE DU DÉPARTEMENT.

TOME IVe

MENDE
IMPRIMERIE TYPOGRAPHIQUE DE C. PRIVAT
5 Rue Basse, 5
1878

ÉTATS PARTICULIERS DU GÉVAUDAN

1610

Les commissaires de l'assiette. — Mgr l'évêque se fait excuser par son vicaire-général de ne pouvoir présider l'assemblée. — Nom de MM. des Etats. — Différend entre les envoyez de MM. d'Aubrac et de Ste Enimie. — Requête de MM. Bastide et Roux pour le remboursement des sommes à eux dues. — Imposition pour les ponts différée. — Franc-fiefs. — Dettes contractées lors des guerres civiles. — Commissaires nommés pour la vérification de ces dettes. — Gages du prévôt et de ses archers. — Admission des députés de la baronnie de Cénaret et de M. de Barre. — Contestations entre les receveurs pour l'exercice de leurs fonctions. — Dette en faveur de M. de Planèzes. — Somme de 900 livres à imposer. — Adjudication des tailles, demande de M. Calvet. — Sommes dues à la duchesse de Vantadour. — Demande de M. Rodes-Castaing. — Gratification pour réparer l'église de Marvejols. — Défrai du baron de tour.

L'an mil six cens dix et le lundy vingt-neuviesme jour du mois de mars, environ neuf heures du matin, en la maison consulaire de la ville de Maruejolz, les gens des Trois Estatz du païs de Gévaudan et diocèse de Mende, s'estant assemblez suivant le mandement de nos seigneurs les commissaires, président pour le Roy aux Estatz généraulx de Languedoc, tenus en la ville du Pont-Saint-Esperit, es mois de janvier et febvrier derniers, sont allez en l'esglise de ladicte ville, en laquelle ilz ont assisté à la messe et à la prédication, suivant l'ancienne et louable coustume des Estatz, et après pour estre l'heure tarde, ont remis à se rassembler en ladicte maison consulaire à une heure après midy.

Dudict jour XXIX° mars, environ une heure après midi, au lieu que dessus. Les gens desdictz Estatz assemblez, est venu en ladicte assamblée M. M° Pierre de Guilleminet, greffier et secrétaire du Roy, aux Estatz généraulx de Languedoc, commissaire principal de l'assiette dudict diocèse ; noble Claude de Rivière, sieur de Maleval, 1ᵉʳ consul de la ville de Mende ; Mᵉ Jehan Oziol, 2° consul de ladicte ville et Mᵉ Daniel Barrau, 1ᵉʳ consul de la ville de Maruejols, commissaires ordinaires de ladicte assiette, et par ledict sieur commissaire principal, ayant esté propozé le faict des commissions pour l'imposition de la cottité dudict diocèse, des deniers accordez à Sa Majesté ausdictz Estatz généraulx, la présente année, il auroit faict entendre ausdictz Estatz particuliers les raisons pour lesquelles sadicte Majesté auroit esté portée à demander, en ceste année, pareilles sommes de deniers que ez années dernières. Pour laquelle imposition et exécution desdictes commissions s'estant acheminé exprès en ce diocèse, il a offert de procéder au département desdictz deniers, avec l'assistance des aultres sieurs commissaires ordinaires de ladicte assiette et gens desdictz Estatz ou telz depputez qu'il leur plaira commettre suivant l'ancienne coustume. Sur quoy, lesdictes commissions ayant esté leues en plaine assamblée par le greffier et secrétaire desdictz Estatz, M. de Chanoillet, docteur ez droictz, chanoine en l'esglise cathédrale de Mende, vicaire général et official de Mgr de Mende, et président ausdictz Estatz, après avoir représenté le regret que mondict seigneur de Mende a de n'avoir peu se trouver en ceste assamblée, à cause de quelques affaires importans et témoigné le désir que mondict seigneur avoit de servir au païs, a faict response ausdictz sieurs commissaires que l'affection que le pays a tousjours tesmoigné au service du Roy est tellement empreinte dans leur cœur, que le général ni les particuliers ne sçauroient jamais estre que très-disposez à satisfaire aux commandemens de Sa Majesté et commissions de nosdictz seigneurs les commissaires présidens aux Estatz généraux de Languedoc, tant que les moyens dudict païs le pourront porter. Requérant aussi lesdictz sieurs commissaires permettre la continuation de l'assamblée pour délibérer de leurs affaires et y pourveoir selon la nécessité d'iceulx. Laquelle permission a esté octroyée.

Après ont esté leues les procurations des sieurs députez et envoyez qui se sont trouvez assistans à l'ouverture desdictz Estatz, assavoir, pour l'église : M. M⁰ Pierre Malos, bachelier ez droictz canon, chanoine et député du vénérable Chapitre de l'églize cathédralle de Mende ; M⁰ Anthoine Aldin, docteur ez droictz, député de M. d'Aubrac ; M⁰ Pierre Enfruct, docteur ez droictz, chanoine en l'église cathédralle de Mende et député de M. de Ste Enimie ; M. de Paliers, en personne. Pour

MM. les barons : noble Estienne de Seguin, sieur de Peyrefiche, envoyé de M. le baron de Peyre, estant en son tour la présente année ; Me Jehan Michel, bachelier ez droictz, lieutenant en la justice de Saint-Chély-d'Apchier et envoyé de M. le baron d'Apchier ; M. Pierre Borrelly, aussi docteur ez droictz, sieur de Pelouze, envoyé de M. le baron du Tournel ; noble Jehan d'Espinasse, sieur des Salelles, envoyé de M. le baron de Cénaret ; M. Pierre Lobérie, aussy docteur ez droictz, lieutenant général du bailliaige de Mercœur, envoyé de M. le baron dudict Mercœur ; noble Jehan de Polallion, sieur de Combes, envoyé de M. le baron de Canilliac. Pour MM. les nobles : noble Urbain de Reich, sieur de Servière, en personne ; M. Me Urbain Dumas, docteur ez droictz, sieur du Bouschet, envoyé de M. de Montrodat ; Me Pierre Rodes-Castaing, docteur ez droictz, envoyé de M. de Barre ; Me André Brugeiron, docteur ez droictz, envoyé de M. d'Allenc ; noble Claude de Rivière, sieur de Maleval, 1er consul de la ville de Mende ; Me Jehan Oziol, bourgeois et 2e consul de ladicte ville ; Me Daniel Barrau, 1er consul de la ville de Maruejolz. Jehan Vachery, marchand et 1er consul de la ville de Chirac ; Me Jehan Falguières, sieur du Mazelet, 1er consul de la ville de la Canourgue ; Me Anthoine Albet, marchand, 1er consul de la ville de Saint-Chély-d'Apchier ; Me Claude Montet, 1er consul de la ville de Salgues ; Me Jehan de Beaufort, 1er consul de la ville du Malzieu ; David Michel, sieur de Colas, 1er consul de la ville de Florac ; M. Pierre Fournier, syndic d'Yspaniac ; M. Anthoine Pelet, 1er consul de la ville de Sainte-Enymie ; Me Jehan Bouschet, consul de Châteauneuf-de-Randon ; Me Robert Escurette, sieur de Combettes, consul de Serverette ; M. Jean Jaumerot, consul de la ville de Lengoigne ; M. Gabriel Roffiac, consul de S. Auban. Tous lesquelz assistans ont faict et presté le serement accoustumé ez mains de mondict sieur le vicaire et président ausdictz Estatz ; et ce faisant ont promis de procurer le bien du service du Roy, soulagement du païs et ne publier les délibérations des Estatz.

Du mardy trentiesme jour dudict moys de mars, environ huict heures du matin.

Se sont présentez pour estre receuz à l'assemblée, assavoir : Me Jehan Michel, bachelier ez droictz, lieutenant en la justice de la jurisdiction d'Apchier, envoyé de M. le baron de Peyre ; Jehan de Tinel, dict Lombard, consul de Barre ; Me Pierre Sabatier, docteur ez droictz, juge en la comté ordinaire de Saint-Estienne, comme procureur de Jehan Sabatier, sieur du Mazel, son père, consul de Saint-Estienne ; M. André du Bruc, consul de Saint-Germain-de-Calberte, en la viguerie de Portes ; Me Jehan Jaumerot, consul de la ville de Lengoigne ; Me Jehan Reversat, notaire royal, procureur du mandement de Nogaret. Et leurs procurations leues et le serement par eulx presté, ont esté receuz à ladicte assemblée.

Sur le différend meu entre Me Anthoine Aldin, docteur ez droictz, envoyé de M. d'Aubrac et Me Pierre Enfruct, aussi docteur ez droictz, prebtre, chanoine de l'église cathédrale de Mende et envoyé de M. de Ste Enymie, sur ce que ledict sieur Aldin préthendoit debvoir procéder en ladicte assemblée l'envoyé dudict sieur de Ste Enimye ; ledict Enfruct, insistant au contraire, à cause de son ordre et qualité ; a esté délibéré et concluds, attandu l'ordre et qualité dudict sieur Enfruct qu'il précèdera ledict sieur Aldin, sans préjudice dudict sieur d'Aubrac, lorsqu'il y sera en personne.

Sur la réquisition faicte par M. Estienne Bastide, commis à faire la recepte des tailles dudict diocèze, en l'année 1604, à ce qu'il pleust ausdictz Estatz pourveoir à son remboursement des fraiz et despens par luy souffertz et employez aulx exécutions et contrainctes par luy faictes contre certaines parroisses des environs de la ville de Saint-Chély-d'Apchier, qui se seroyent rendues opposantes à la levée desdictz deniers et auroyent faict interdire ledict Bastide, en vertu de certaines Lettres patentes de Sa Majesté ; luy ayant esté impossible de s'en faire payer desdictz fraiz par lesdictes parroisses dont il auroit faict semblable plaincte et réquisition aux Estatz ez années dernières. Ensuite de quoy M⁰ Jehan Roux, commis à faire la recepte dudict diocèze en l'année 1605, ayant aussy remonstré qu'à l'occasion de semblables oppositions formées par lesdictes parroisses à la levée des deniers extraordinaires de ladicte année et des inhibitions à luy faictes, il n'auroict peu faire recepte entière desdictz deniers, et néantmoingz il est poursuivy et molesté pour l'entier acquittement des parties couchées en ladicte assiette ; requérant comme aux Estatz des années dernières qu'il pleust à l'assamblée y pourveoir et faire oster les inhibitions, affin qu'il ayt moyen d'achever sa levée ou bien le descharger du payement des susdictes parties, à proportion de ce qui reste à lever ou prendre le faict et cause pour luy, envers lesdictz créanciers et le désintéresser des despens, dommaiges et interestz par luy souffertz à cause de ce. A esté conclu, veu les délibérations cy-devant prizes ez années dernières sur pareilles réquisitions, que lesdictes délibérations seront suivyes, sans toutesfois que lesdictz Bastide et Roux puissent contraindre lesdictes parroisses, jusques à ce que le différend d'entre eulx et lesdictes parroisses soict terminé par accord à l'amiable ou autrement par la voye de la justice.

Sur le faict de la commission de nos seigneurs les commissaires présidens pour le Roy, aux Estatz généraulx de Languedoc, touchant la réparation des ponts, par laquelle, en suivant l'ordonnance par lesdictz sieurs commissaires, donnée sur la requeste présentée par le syndic général de Languedoc, pour l'imposition de la somme de 1,542 livres sur chascun diocèze de la séneschaussée de Beaucaire et Nismes, pour la réparation des pontz desdictz diocèzes, est mandé aux commissaires de l'assiette, imposer sur ce diocèze la somme de 1,542 livres, pour estre, par le receveur dudict diocèze, mise ez mains de M. Bernard Reich, trésorier de la bourse dudict païs de Languedoc. Après que lecture a esté faicte de rechef de ladicte commission, en ladicte assemblée et considéré que par icelle est porté que ledict trésorier n'en pourra faire le payement que préalablement ledict syndic n'ayt rapporté validation de Sa Majesté de la susdicte imposition pour lesdictes réparations, et en ce cas, il ne la pouvoit obtenir, ladicte somme sera, par ledict trésorier payée à la Royne sur ce que luy a esté accordé par ledict païs pour la composition des franc-fiefs et recherches dudict païs. Ce qu'ayant lieu, ledict diocèze ne se pourroit prévalloir de ladicte somme, comme il est raisonnable, conformément aux délibérations des Estatz pour la réparation des pontz d'icelluy, qui sont en grand ruine et en grand nombre ; joinct que l'imposition du faict des francz-fiefz se doibt faire génerallement sur toute la province et ladicte commission desdictz pontz ne s'estant que sur la séneschaussée de Beaucaire et Nismes, les diocèses de laquelle se trouveroient par ce moyen surchargez en ceste année de ladicte somme pour le faict desdictz francz-fiefz plus que les aultres diocèses de ladicte province ; et d'ailleurs ayant esté vérifié que ladicte commission est seullement signée du greffier desdictz seigneurs commissaires, sans aulcun de leurs cachetz, comme il est requis et acoustumé pour la rendre authenticque ; a esté conclud que lesdictz sieurs commissaires de l'assiette seront, pour les susdictes considérations, requis de surceoir à l'imposition de ladicte somme de 1,542 livres, jusques à l'année prochaine, en attendant l'approbation de Sa Majesté ; et cependant sera faicte visitation et recherche, par le syndic à l'assistance du greffier dudict païs, des réparations nécessaires aux pontz dudict diocèze qui en dresseront verbal, pour estre rapporté et veu à la prochaine assamblée des Estatz dudict diocèze et sur icelluy pourveu selon qu'il sera jugé utille et convenable pour le bien dudict païs.

Sur ce que le sieur de Fumel, syndic dudict païs, a représenté à l'assâmblée qu'à l'occasion des guerres civiles qui ont sy longuement duré en ce royaume, se trouvant cedict païs endebté en plusieurs grandes sommes de deniers envers plusieurs créanciers, les Estatz dudict païs ayant recogneu depuis le temps que Dieu nous a donné la paix, ny avoir rien de plus important, utille et nécessaire entre tous les affaires dudict païs que d'acquitter les debtes d'icelluy, vrayement doubz, affin de le descharger des intherestz, vexations, fraiz et despens que lesdictz créanciers ont accoustumé faire souffrir à leurs débiteurs, à faulte de payement et notamment aux diocèzes et communaultez ; ce qui leur est comme une seconde guerre civille qui dévore les moyens du peuple. Lesdictz Estatz, désireux de pourvcoir à son repos et soulagement, auroient depuis dix ou doutze années recherché les moyens les plus propres pour parvenir à la licquidation et aquittement desdictz debtes, avec la moindre foulle et incommodité du peuple que faire se pourroit ; ayant à cest effect estably certain ordre et reiglement, lequel, s'il eust esté suivy et continué, ledict païs se trouveroit maintenant quitte et grandement soulaigé ; mais l'effect de la bonne intention desdictz Estatz auroit esté empesché par aulcuns mal affectionnez au bien et repos dudict païs, lesquelz jaçoit que sur l'advis que lesdictz Estatz avoyent de leur mauvaise volunté, eussent esté souvent interpellez de venir en leur assamblée pour y dire et représenter les causes de leurs griefz, pour y estre pourveu, sans mettre et constituer le païs en fraiz et despens d'ung grand et long procès. Ce néantmoings ilz n'y auroient voulu entendre ains opiniastrement et de propos délibéré, auroyent faict roidir les procureurs de certaines paroisses de la montaigne à se rendre opposans à la levée des deniers imposez pour l'aquittement desdictz debtes, ayant faict interdire ladicte levée par Lettres patentes et faict assigner le syndic au Conseil d'Estat où lesdictes oppositions ayant esté par ung long temps poursuivies et traittées ; enfin par arrest dudict Conseil auroit esté ordonné qu'il seroit procédé à la vérification desdictz debtes par deux trésoriers généraulx de France en la générallité de Montpellier nommés et depputez par Sa Majesté, assavoir : MM. de Crozilles et Delom, devers lesquelz, suivant ledict arrest, le greffier du païs auroit remis les cahiers des quottizations, fraiz et debtes faictz audict païs depuis quinze années, pour estre veuz et impugnez par les procureurs desdictes paroisses et après vérifficz par lesdictz sieurs commissaires, lesquelz, pour y procéder plus exactement, auroient jugé estre nécessaire de s'acheminer en ce païs, comme ilz avoient arresté de faire ; mais estant depuis intervenu le décez dudict sieur de Crozilles, M. de Castelan auroit esté subrogé en sa place et encores concurremment M. de Galière, auquel ledict sieur de Castelan auroit cédé voluntairement et permis procéder avec ledict sieur Delhon, à l'exécution de ladicte commission, pour porter à laquelle plus de facilité, élucidation et célérité, affin de racourcir le plus long séjour, qu'à faulte de ce lesdictz sieurs commissaires auroyent juste occasion de faire en ce païs avec tant plus de fraiz et despens à la surcharge dudict païs, lesdictz Estatz, conformément à l'intention desdictz sieurs commissaires, ayant prins délibération que MM. les commis et depputez d'icelluy dresseroient l'estat desdictz debtes, avec les instructions et mémoires pour les impugner et débattre pardevant les sieurs commissaires contre lesdictz créanciers. M. Baissenc, 1er consul de Mende, l'année dernière, avec le greffier du pays et luy auroient travaillé environ deux mois ausdictz mémoires et instructions ; et bien que ce fust du consentement du sieur Jean Prieur, comme procureur desdictes parroisses et de M. Anthoine Bonnet, son assesseur, qui auroyent trouvé bonne ladicte procédure et déclaré estre contentz de n'y assister ; toutesfois, depuis ledict sieur Prieur auroit poursuivy et obtenu, desdictz sieurs commissaires, une nouvelle ordonnance par laquelle il est chargé de faire inthimer à tous les créanciers dudict païs de remettre leurs prétentions devers ledict syndic, pour sur icelles estre dressé l'estat desdictz debtes, mais au lieu d'y estre satisfaict par ledict Prieur, il se seroit contenté de faire signiffier ladicte ordonnance audict syndic, tellement que par ce deffault cest affaire est demeuré en suspens et retardé jusques à maintenant. Ayant néantmoings ledict sieur de Galières prié M. de Guilleminet, commissaire de l'assiette, ainsi que ledict sieur mesmes a tesmoigné à l'assamblée, qu'il est prest de s'acheminer par deça avec ledict sieur Delhom, pour vacquer à ladicte commission ainsi que naguières il avoit faict entendre audict sindic, si mieulx le païs n'ayme, pour esviter aux fraiz de leur voiaige et séjour par deça, envoyer vers eulx ledict sindic, avec telz aultres qu'ilz adviseront, pour assister à ladicte vérification et porter à cest effect les papiers nécessaires à Montpellier, auquel lieu, pour le soulaigement dudict païs ilz se disposeront de se rendre, pour vacquer au faict de leurdicte commission, sans constituer le païs en fraiz pour leur despense ; ayant en oultre tesmoigné ledict sieur de Guilleminet, que ledict sieur de Galières, seroit bien aise que ledict païs demeurast d'accord à l'amyable avec lesdictz créanciers, au plus grand soulaigement du peuple que faire se pourroit ; requérant pour les susdictes raisons ledict sindic, qu'il pleust ausdictz Estatz en délibérer. A esté conclud que suivant les délibérations de l'année dernière, lesdictz mémoires seront continuez s'il en reste quelque chose à faire, et néantmoingz, qu'après le retour, dudict sieur sindic, du voiaige qu'il va faire à Montpellier pour le procès contre le sieur de Manifacier, qu'il fera appeler le procureur ou prétendu sindic desdictz parroisses opposantes, ensemble lesdictz créanciers, pardevant lesdictz sieurs commis et depputez dudict païs, pour adviser de demeurer d'accord amyablement desdictes debtes, tant pour les sommes que pour les termes du payement d'icelles ; et en cas que le traitté ne pourroit réussir au soulaigement du païs, ledict sieur sindic fera appeler ledict procureur desdictes parroisses opposantes et lesdictz créanciers pardevant lesdictz sieurs commissaires, soit en la ville de Mende ou en celle de Montpellier, au temps et selon que lesdictz sieurs commissaires auront résoleu et arresté sur l'advis et conférance que ledict sieur sindic estant à Montpellier est chargé d'en avoir avec eulx, pour estre procédé à ladicte vérification.

Sur laquelle délibération le sieur de Seguin, envoyé de M. le baron de Peyre, a dict que les douze parroisses de la terre de Peyre opposantes à la levée des restes des tailles, depuis trente-cinq années, n'entendent se joindre audict Prieur, procureur des aultres parroisses de la montaigne ny se retirer au bureau de MM. les trésoriers généraulx de France où elles ont esté renvoyées par le Roy, que premièrement ilz n'ayent passé par les mains de MM. les commis et députez dudict païs pour scavoir si elles sont tenues au payement desdictz restes.

Sur la réquisition faicte par le sieur Armand, lieutenant, en ce diocèse, de M. le prévost général de Languedoc, de pourveoir à son entretenement et du greffier ordinaire du païs et de tel nombre d'archers que lesdictz Estatz jugeront nécessaire, la présente année, oultre ceulx qu'il a employez depuis le commencement d'icelle jusques à présent qu'il a esté contrainct d'entretenir à ses despens, ne luy ayant esté donné aulcun moyen, ayant remis le verbal de ses chevauchées ; a esté conclud que, pour ne retenir l'assamblée, MM. les commis, scindic et députez dudict païs pourvoiront sur la réquisition dudict prévost, tant pour son entretenement et dudict greffier et archers, que pour le nombre d'iceulx et ce attandant la permission, de Sa Majesté, d'imposer les sommes nécessaires sur l'estat que pour cest effect en sera envoyé devers nos seigneurs les commissaires présidens pour Sa Majesté ausdictz Estatz généraulx, à la charge que ledict prévost sera tenu faire ses chevauchées par tout ledict diocèse et satisfaire aux aultres conditions mentionnées en l'acte de sa réception, faicte pardevant lesdictz Estatz. A quoy les députés des Cévennes ont déclairé consentir de leur part, soubz réservation qu'il leur sera loisible de choisir et nommer, à MM. les commis, ung des archers qui sera dudict païs des Cévennes.

Dudict jour trentième mars, de rellevée.

En ladicte assamblée, assistans lesdictz sieurs commissaires principal et ordinaires.

Noble Jehan d'Espinasse, sieur des Salelles, s'est présenté pour Mme Claire de S. Poinct, comme dame de Ceneret, tenant le lieu de M. le baron de Céneret, et sa procuration leue et le serement par luy presté a esté receu.

Me Pierre Rodes-Castain, docteur ez droictz, bailly de La Canourgue et Canilliac, s'est aussi présenté pour M. de Barre, et après lecture faicte de sa procuration et le serement presté, a esté de mesme receu.

S'est présenté Me Guillaume Calvet, receveur alternatif des tailles du diocèse de Mende, lequel a dict avoir esté commis par ordonnance par MM. les trésoriers généraulx de France, en Languedoc, à l'exercice de l'office de receveur triennal des tailles audict diocèse la présente année, duquel M° Michel Calvet, son frère, est pourveu ; requérant lesdictz Estatz de le recepvoir et luy faire délivrer les assiettes, tant ordinaires que extraordinaires, ayant, pour asseurance des deniers, exhibé ung extraict de l'acte de cautionnement faict, en vertu de ladicte ordonnance, pardevant M. le juge royal des baronnies de Montpeller, pour ung quartier des deniers ordinaires et une procuration de M. de Calvet, conseiller au siège présidial dudict Montpellier, son père, pour caultionner pardevant les sieurs commissaires de l'assiette, pour ung aultre quartier des deniers extraordinaires de ladicte année. Desquelz actes, ayant esté faicte lecture, M. Jean Roux, commis et procureur de M. Hercules Spéronnat, receveur ancien et particulier des tailles audict diocèse, y présent, a remonstré que la recepte desdictz deniers, la présente année, ne peult estre délivrée audict Calvet comme procureur dudict M° Michel de Calvet, son frère, prétendant estre pourveu de l'office de receveur triennal dudict diocèse, d'aultant que ledict office ne peult avoir aulcun exercice, à cause du remboursement que ledict Spéronnat en a cy-devant faict à M° Marcelin de Manifacier, lors pourveu dudict office, en l'année 1602, suivant l'édict du Roy et les contractz entr'eulx passez, et qu'il y a eu divers arrestz de la Cour des Aydes de Montpellier, en vertu desquelz icelluy Spéronnat a exercé ladicte recepte alternativement, depuis l'année 1603, et encores y a instance, pour raison du mesme exercice, pendante au Conseil de Sa Majesté, au moyen de quoy, en cas que lesdictz sieurs commissaires et gens des Estatz vouldroyent bailler ladicte recepte audict de Calvet, comme procureur de sondict frère, receveur triennal, déclairé s'y vouloir rendre opposant pour l'interest dudict Spéronnat, attandu mesme que ledict Calvet, receveur triennal, n'est encore receu en la Chambre. Et pour le regard de ladicte ordonnance, ou commission desdictz sieurs trésoriers, a dict, qu'elle a esté obtenue par surprinse et soubz faulx donné entendre et ne peult avoir lieu contre les édictz de Sa Majesté. Les contractz sur ce passez et arrestz donnez par ladicte Cour des Aydes et l'instance pendante audict Conseil et partant déclaire se vouloir rendre opposant de ladicte ordonnance, au nom dudict sieur Spéronnat. Au contraire ledict de Calvet a dict que ladicte ordonnance est juridique et vallable, et qu'il persiste en sa première réquisition, et ce faisant, que l'assiette des deniers ordinaires luy soict délivrée, pour en faire la levée, comme aussi celle de l'extraordinaire, soubz les taxations attribuées à l'office par les édits du Roy. Sur quoy, a esté conclud que ledict Roux, se retirera à la justice, et néantmoingz, après que ledict Me Guillaume Calvet, receveur dudict diocèse, a déclairé ne pouvoir faire la recepte desdictz deniers extraordinaires aux taxations de trois deniers pour livre, tant seullement, et n'y pouvoir estre contrainct comme lesdictz sieurs commissaires et gens des Estatz prétendent, suivant les arrestz du Conseil et les instructions de nos seigneurs les commissaires présidens pour Sa Majesté aux Estatz généraulx, attandu que les receveurs sont en termes de se pourveoir envers lesdictz arrestz, comme donnez sans cognoissance de cause. A esté ordonné par lesdictz sieurs commissaires que la recepte desdictz deniers extraordinaires sera publiée par les carrefours de la présente ville de Maruejolz, pour estre mize aux enchères, dans une heure, en la présente assamblée et délivrée à ceux qui feront la condition du païs meilleure, baillant bonnes et suffizantes cautions et soubz les aultres conditions dont les articles seront leuz.

Sur la réquisition faicte par noble Des Ondes, sieur d'Orlienac, au nom des hoirs du feu sieur de Planèzes, à ce qu'il pleust à l'assamblée pourveoir au payement de la somme de..... qui leur est deue de restes, au moyen de l'obligation passée par ledict païs audict feu sieur de Planèzes, comme rémissionnaire de feu M. le marquis de Canilliac, attandu mesmes la qualité des requérans, le long temps de ladicte obligation et les justes causes d'icelle ; a esté conclud que ladicte somme sera couchée dans l'estat des debtes dudict diocèze pour estre procédé à la vériffication d'icelle comme des aultres par MM. Delhom et de Gallières, trésoriers généraulx de France, commissaires députez par Sa Majesté à la vérification desdictz debtes, suivant l'arrest du Conseil d'Estat de Sa Majesté.

Sur le contenu de la lettre qu'il a pleu à Mgr le duc de Vantadour, lieutenant général pour le Roy, au païs de Languedoc, escripre ausdictz Estatz sur le subject de certains fraiz, touchant la commission obtenue par le sieur Rollet, au préjudice dudict diocèse, depuis révocquée par arrestz du Conseil de Sa Majesté, ladicte lettre leue en ladicte assamblée et entendu plus particullièrement ce qui estoict de l'intention de mondict seigneur, tant de la bouche de M. de Guilleminet, commissaire principal de l'assiette que de MM. les vicaire général et premiers consulz de Mende et de Maruejolz, à qui mondict seigneur en avait parlé, estans aux Estatz généraulx ;

a esté délibéré et conclud que, pour satisfaire à sa volonté et commandement sur ce subject, lesdictz Estatz feront employer la somme de 900 livres, dans l'estat des debtes dudict diocèse, pour après la vérification et permission en tel cas requises, estre imposée sur ledict diocèse et payée aux personnes et sellon qu'il plairra à mondict seigneur l'ordonner ; lequel sera supplié voulloir agréer ladicte délibération, eu esgard à la pauvreté du païs, aux grandz debtes qu'il a sur les bras, aux aultres despens qu'il a esté contrainct faire sur ceste occurence et que la Province ne l'a voulu secourir et assister d'aulcune chose, comme elle debvoit pour plusieurs raisons et mesmes la recommandation qu'il pleust à mondict seigneur d'en faire à la dernière assamblée dont il sera remercié par la mesme lettre.

La recepte des deniers extraordinaires qui seront imposés en la présente assiette ayant esté publiée ez carrefours de la ville de Maruejolz, en vertu de l'ordonnance desdictz sieurs commissaires par Pierre Fabri, huissier et trompette ordinaire de ladicte ville, ainsi qu'il a rapporté à ladicte assamblée et que l'heure de l'assignation estoit arrivée, y ayant desjà affluence de peuple hors la porte de la salle ; ayant esté, par commandement desdictz sieurs commissaires, faict ouverture d'icelle et donné l'entrée libre en ladicte salle à toutes personnes, y en estant arrivé bon nombre ; après que lecture auroict esté faicte des articles contenant les conditions de ladicte recepte, se seroit présenté Mᵉ Guillaume Calvet, receveur des tailles dudict diocèze, lequel auroict requis, en cas que l'on ne luy vouldroit délivrer ladicte recepte aux taxations d'ung sol pour livre, suivant les édictz, du moins luy faire pareil advantaige qui fut faict au sieur

Maigret, son commis, en l'année 1608, comme aussy à celluy qui fit la recepte l'année dernière, qui fut de six deniers pour livre, et le recevoir à semblable condition. Sur quoy auroit comparu Mᵉ Pierre Albet, notaire de la ville de Saint-Chély, qui auroit offert faire ladicte recepte à raison de 5 deniers pour livre. Et après aultre proclamation réitérée par ledict Fabry, à la réquisition dudict sieur sindic et de l'ordonnance desdictz sieurs commissaires, se seroit présenté Mᵉ Estienne Bastide, sieur d'Arfeuillette, qui auroit déclairé vouloir faire ladicte recepte desdictz deniers extraordinaires, moyennant 3 deniers pour livre, soubz condition d'advancer des deniers du deffray de la présente assamblée et des fraiz des Estatz généraulx et aultres conditions qui ont esté leues. Et à l'instant, ledict de Calvet, receveur susdict, ayant entendu la surdicte dudict Bastide, auroit offert faire ladicte recepte moyennant lesdictes taxations de 3 deniers pour livre et soubz les aultres conditions déclairées par ledict Bastide ; requérant l'assamblée le prefférer en ladicte enchère, attandu sa qualité et que la condition du païs est beaucoup meilleure, pour le soulaigement du peuple, qu'il en face la levée conjoinctement avec les deniers du Roy, que non pas d'y commettre séparément ung aultre receveur qui apporteroit doubles fraiz aux parroisses. Sur quoy après avoir esté délibéré a esté ordonné et conclud, par lesdictz sieurs commissaires et gens desdictz Estatz que ladicte recepte sera délivrée audict de Calvet, receveur susdict ausdictes taxations de 3 deniers pour livre, à la charge que ledict Calvet sera tenu faire réformer la procuration de son père, par luy exhibée et icelle faire amplifier pour le cautionnement entier de tous les deniers extraordinaires,

ou bien rapporter ratification de sondict père du contract
de bail qui sera passé de ladicte recepte, contenant
clause expresse de cautionnement pour tous lesdictz deniers et soubz les aultres conditions du contract de l'année dernière et que pour en passer le bail, MM. les commis, sindic et depputés, assisteront ledict sieur commissaire principal après la tenue de la présente assamblée,
affin de ne la retenir d'avantaige, pour ce subject;
néantmoingz a esté arresté que les termes de ladicte
recepte, tant ordinaire que extraordinaire, seront ez premiers jours de may, de juillet et d'octobre prochains.

Sur ce que lesdictz Estatz ont esté advertis que
M. d'Hauteville, M° en la Chambre des Comptes de Montpellier, prétend renouveler la poursuitte cy-devant faicte
contre ledict diocèse, au nom de Mme la duchesse de
Vantadour, pour avoir payement de la somme entière de
10,000 escus dont le Roy luy avoit fait don sur les restes
des deniers de ses tailles audict diocèse, ores que par
accord faict avec ledict sieur d'Hautheville, au nom de
madicte dame, et par sa quittance mesmes, ledict diocèse
demeure entièrement quitte dudict don, moyennant la
somme de 6,000 escus, et que d'aillieurs, par arrest de
la Cour des Aydes, contradictoirement donné, ledict diocèse demeure entièrement deschargé dudict don, moyennant lesdictz 6,000 escus, la cause de ceste nouvelle
occurrence, procédant, à ce qu'on dit, du mescontentement dudict sieur d'Hauteville, pour n'avoir esté payé
de certaines parties accordées par le païs et couchées ez
assiettes du sieur de Manifacier, que ne les a volleu
acquitter, comme il estoit tenu et chargé de faire. Veu
les articles des assiettes et ledict arrest de ladicte Cour
des Aydes, et entendu le discours faict par le sieur

de Fumel, sindic, sur le mérite de cest affaire, a esté conclud que ledict sindic, allant à Montpellier, après ces festes de Pasques, pour les affaires dudict païs, poursuivra, par mesme moyen, ledict sieur de Manifacier en ladicte Cour des Aydes, de l'acquittement desdictes parties, et en cas que par arrest de ladicte Cour, ledict sieur de Manifacier en demeurast deschargé, lesdictes parties seront employées dans l'estat des debtes dudict diocèse, pour obtenir permission de les imposer de nouveau, pour après estre payées audict sieur d'Hauteville, en l'acquict dudict diocèse.

Sur la réquisition faicte par le sieur Rodes-Castaing, de l'indempniser de certains despens, par luy naguières soufferlz, comme héritier du feu sieur du Montet, son beau-père, à cause d'une exécution faicte dernièrement en ses biens, à cause des jugemens obtenus contre luy à la requeste de M⁰ Regy, de Saint-Cosme, descendant d'une obligation passée par ledict feu sieur du Montet, pour les affaires dudict païs, et ce en attandant qu'il luy soit pourveu sur le principal et apportz qu'il a esté contrainct payer ; a esté conclud que par MM. les commis, sindic et députez, sera veu ladicte prétention sur et icelle ordonné ce que sera trouvé raisonnable.

Sur ce que M. le premier consul de la ville de Maruejolz a représenté l'estat déplorable de l'église de ladicte ville, estant ouverte de tous costés, sans vitres et aultres choses requises et convenables à la dignité et culte du service de Dieu, n'ayant, les habitans de ladicte ville ny les bénéficiers de ladicte église, moyen d'y subvenir à cause de leur impuissance et pauvreté, requérant qu'il pleust ausdictz Estatz donner et aulmosner, à ladicte église, telle somme qu'il leur plaira, pour subvenir ausdictes nécessités et réparations ; a esté conclud d'accorder à ladicte église, à l'effect que dessus la somme de 100 livres tournois, laquelle sera couchée dans l'estat des debtes dudict diocèze, pour obtenir permission d'en faire l'imposition.

Sur la réquisition faicte par le sieur de Seguin, comme envoyé, et pour et au nom de M. le baron de Peyre, baron du tour, la présente année, de le vouloir traitter comme l'on avoit acoustumé d'uzer cy-devant envers les aultres barons du païs, estant en l'année de leur tour, et ce faisant, luy taxer et accorder pareille somme qu'aux aultres, pour le remboursement des fraiz que lesdictz sieurs barons du tour ont accoustumé faire ; a esté conclud, attandu que ladicte taxe a esté entièrement retranchée par le Roy et par nos seigneurs les commissaires dans l'estat des fraiz ordinaires dudict diocèze, que suivant la délibération prinze l'année dernière par lesdictz Estatz, la réformation dudict estat et reiglement sera poursuivy par le sindic dudict diocèse, pour y faire restablir et comprendre l'église et la noblesse et aultres choses qui ont esté distraittes contre l'ancienne coustume au préjudice des privillèges du païs à l'anéantissement desdictz Estatz.

Après, mondict sieur le vicaire et président a dict que, comme il avait pleu à Dieu donner ung bon commencement à ceste assamblée, il l'avoit aussy favorizée d'ung semblable succez et d'une heureuse fin ; de quoy ilz se monstreroient ingratz envers sa divine bonté s'ilz ne luy en rendoient très-humbles actions de grâces comme il a exhorté l'assamblée de faire, et en cest estat et bonne disposition recevoir la bénédiction qui leur a esté par luy donnée selon l'ancienne et louable coustume desdictz

Estatz, à ce qu'il plaise à Dieu les conserver et maintenir en paix et union, soubz l'obéissance et heureux gouvernement du Roi, notre souverain prince et seigneur.

Signé : A. Chanolhet, vicaire général et président ausdictz Estatz pour Mgr l'évesque de Mende.

1611

Commissaires de l'assiette. — Eloge du roi Henri IV. — Noms de MM. des Etats. — Prétention du baron du Tournel sur la baronnie de Cénaret. — Les envoyés de la noblesse doivent être de la qualité requise. — Différent entre les syndics du mandement de Nogaret. — Refus d'admission du procureur de M. de Canillac. — Serment de fidélité au Roi. — Accord avec les receveurs. — M. Roux, procureur de M. Spéronnat, demande à faire la levée des impositions. — Vérification des ponts. — Admission de l'envoyé de M. de Portes. — Refus d'admission de l'envoyé de l'abbé des Chambons. — Vérification des debtes. — Sommes dues à M. de Planèzes, et aux autres créanciers. — Comptes du sieur Parat, à vérifier. — Gages du prévôt de la maréchaussée. — Attributions de ce fonctionnaire. — Plaintes contre lui. — M. Prieur, au nom de certaines paroisses, demande d'être reçu à l'assemblée convoquée par les Etats au sujet des sommes dues à divers créanciers. — Bains de Bagnols. — Réparations à faire au collége de médecine de Montpellier. — Rang de baron accordé à M. du Tournel. — Clôture des Etats.

L'an mil six cens unze et le lundy, dixième jour du mois de janvier, environ huict heures du matin, en la ville de Mende. Les gens des trois Estatz du païs de Gévaudan et diocèse de Mende, après avoir, selon leur ancienne et bonne coustume, assisté à la messe de Saint-Esperit, célébrée en l'église cathédralle, se sont assamblez dans la salle haulte des maisons épiscopalles de ladicte ville, suivant le mandement de nos seigneurs les commissaires, présidens pour le Roy aux Estatz généraulx de Languedoc, tenuz en la ville de Pézénas ez mois d'octobre et novembre derniers; en laquelle assamblée, estant venuz MM. Me Pierre de Guilleminet, greffier et secrétaire du Roy ausdictz Estatz généraulx, commissaire principal de l'assiette ; François de Pelamourgue, escuyer, sieur de Malevieille, bailly de Gévaudan ; Me Ramond de S. Bauzille, sieur de La Colombesche, 1er consul de ladicte ville de Mende ; Pierre Torrent, notaire royal et Guillaume Velaic, marchand, aussi consulz de ladicte ville, et Me Jacques Gibilin, bourgeois et 1er consul de la ville de Maruejolz, commissaires ordinaires de ladicte assiette. Le faict desdictes commissions touchant l'assiette de la quotité dudict diocèse des deniers accordez à Sa Majesté, en l'assamblée desdictz Estatz généraulx, a esté sommairement proposé par ledict sieur de Guilleminet, commissaire principal, avec les causes et raisons qui ont meu Sa Majesté à demander, en ceste année, semblables sommes de deniers, qu'en l'année dernière, exhortant ladicte assamblée à la prompte exécution desdictes commissions ; pour laquelle s'estant acheminé exprès de la ville de Montpellier en cedict diocèse, il a offert de procéder au département de la portion et cottité d'icelluy en la manière acoustumée, avec l'assistance des aultres sieurs commissaires ordinaires de l'assiette et de ladicte assamblée, ou de tel nombre de députés qu'elle vouldra nommer et choisir, ne doubtant qu'elle ne soit du tout portée comme elle a toujours esté à satisfaire ausdictes commissions. Desquelles après avoir esté faicte lecture en plaine assamblée par le greffier et secrétaire desdictz Estatz, auroit esté dict et représenté par très révérend père en Dieu, Mre Charles, évesque et seigneur de Mende, comte de Gévaudan, conseiller du Roy en son Conseil d'Estat et président ausdictz Estatz, que Dieu n'exerce jamais sa justice qu'elle ne soit suivie de sa miséricorde, de laquelle encores il produict plus largement et promptement les effectz que non pas de sa rigueur et que c'est chose tellement approuvée par les exemples et authoritez contenuz en l'Escripture saincte, qui ont esté alléguez par mondict seigneur, oultre les aultres dont il a tesmoigné les livres sacrez estre remplis, que ce seroit erreur trop manifeste de la révocquer en doubte, joinct que sans rechercher si loing la preuve de cest axiome parmi les nations étrangères ny dans les histoires de l'antiquité, nostre siècle et nostre patrie avec notre propre expérience nous en ont fourny plus que suffisamment des tesmoignaiges non moins mémorables que dignes de grande admiration, et deux entre aultres les plus signalez et remarquables de la grande miséricorde que Dieu, après les poignantz traictz de sa justice, a voulu respandre sur ce pauvre et désolé royaume, se peuvent à tous momens représenter sur le tableau de nostre imagination et entendement. Le premier, quand par le visible et sensible repos duquel heureusement nous jouyssons maintenant, nous sommes portez au souvenir de nos misères passées et en la méditation particulière de ces merveilles nous admirons la grande grâce que Dieu, prenant pitié de ce pauvre royaume, luy voulut départir, quant à la crize de tant de maulx, dont pour nos péchez, ceste divine justice avoit permis qu'il demeurast comme accablé, maulx si violentz et si extrêmes que de tout le monde ilz estoient jugez incurables, mesmes au temps du décès du feu roy Henry troisième, de très louable mémoire, avec lequel l'Estat de la France sembloit avoir cloz la porte au dernier jour de l'espérance de son repos et félicité. Ceste divine et infinie bonté auroit voulu susciter ce grand Roy Henry quatrième, de très auguste et très heureuse mémoire, lequel en combatant généreusement au péril de sa vie, exposée librement pour le salut publicq à une infinité de dangers en plusieurs et divers rencontres, batailles, prises de villes et aultres belliqueux et victorieux exploictz, et non en temporisant, comme ce privé romain, auroit relevé ceste couronne, lors terrassée et ensevelie dans l'abisme des désordres et confusions, restauré et restably ce royaume en un Estat aultant paisible et florissant qu'on ayt jamais veu. L'aultre notable tesmoignaige de ceste miséricorde (lequel ne peult estre représenté sans la larme à l'œil, les soupirs en la bouche et la douleur au cœur, pour le triste object du trespas de ce grand monarque) paroist évidemment en ce qu'après ce déplorable accident du décès de ce bon prince, quoyque permis par ceste divine justice en punition de nos faultes et que l'estonnement d'ung si horrible coup et d'une si étrange occurrence et inopiné changement, fust capable d'esbranler au mesme instant les fondemens de la paix de cest estat heureusement establiz, par ce grand Roy, et faire courir fortune à la France d'ung second et plus périlleux naufrage que le premier. Ceste mesme bonté divine a voulu permettre qu'en la place de ce débonnaire prince ayt esté subrogé Loys treizième, son filz, vray rejetton de S. Loys et légitime héritier et successeur de son glorieux père, non-seullement en ces deux sceptres, mais aussi en ses admirables vertus et que selon les vœux du peuple français, cest estat demeure heureusement protégé, maintenu et conservé en paix et tranquillité soubz les favorables auspices de ce prince et la sage administration et gouvernement de la Royne régente, sa mère, effect entre tant d'aultres de ceste miséricorde si admirablement exercez par nostre Dieu, sur ce pauvre royaume, que chascun doibt se mettre en debvoir de luy en donner louanges immortelles et reconnaissance, la grande grâce qu'il nous faict se rendre digne de la contination d'icelle par l'observation de ses sainctz commandemens et l'obéissance deue à leurs Majestés; à quoy ladicte assemblée a esté exhorté par mondict seigneur le président.

Et après le sieur de Fumel, syndic dudict païs, a requis lesdictz sieurs commissaires permectre ausdictz gens desdictz Estatz de continuer leur assemblée pour traitter et délibérer des affaires communs dudict païs ainsi qu'il est acoustumé; ce qui leur a esté accordé.

Dudict jour, dixième janvier, de relevée.

Les pouvoirs et procurations remises par les envoyez et députés desdictz Estatz, ont esté leues à ladicte assemblée, à laquelle se sont trouvez présens et assistans, assavoir, pour l'Estat ecclésiastique : M. M° André de Chanoillet, docteur ez droictz, official de Mende, chanoine et baille du Chapitre de l'église cathédralle dudict lieu, et envoyé dudict Chapitre ; M. M⁰ Pierre Enfruct, docteur et chanoine en la mesme église, et envoyé de M. le prieur de Ste Enymie. Et pour MM. les barons et nobles dudict païs : M. le baron du Tournel, en personne ; noble Claude de Rivière, sieur de Maleval, envoyé de M. le baron de Céneret, qui est en tour de baron, la présente année ; M⁰ Vidal Bazalgète, baille et régent ez terres de la baronnie de Randon ; M⁰ Pierre Lobérie, docteur ez droictz, lieutenant général en la jurisdiciction et bailliaige de Mercœur ; noble Claude de Gibertés, sieur de Montrodat, en personne ; noble Urbain de Reth-Bressolles, sieur de Cogossac, en personne ; noble Anthoine Dumazel, envoyé de M. de S. Auban ; M⁰ Pierre Borrelli, sieur de Pelouze, docteur ez droictz, envoyé de M. de Mirandol ; M⁰ Deodé Dumas, docteur ez droictz, envoyé de M. de Sévérac ; M⁰ Anthoine Rodier, bailly en la seigneurie de Barre, envoyé dudict sieur de Barre ; M. André Brugeron, docteur ez droictz, envoyé de M. d'Arpajon ; M⁰ Guillaume Bardon, aussi docteur, envoyé de MM. les consulz-nobles de la Garde-Guérin. Et pour le Tiers-Estat : M⁰ Ramond de S. Bauzille, sieur de la Colombesche, 1ᵉʳ consul de la ville de Mende ; Pierre Torrent, notaire royal, et Guillaume Velaye, marchand, aussi consulz de ladicte ville ; M⁰ Jacques Gibilin, bourgeois et 1ᵉʳ consul de la ville de Maruejolz ; Guillaume Rogier, 1ᵉʳ consul de la ville de Chirac ; M⁰ Pierre La Cam, sieur de Malbosc, 1ᵉʳ consul de la ville de La Canorgue ; M⁰ Anthoine Bonnet, 1ᵉʳ consul de la ville de Saint-Chély ; Guillaume Loberie, bourgeois, 1ᵉʳ consul de la ville de Salgues ; M⁰ Jacques Jabre, docteur ez droictz, 1ᵉʳ consul de la ville du Malzieu ; M⁰ Jehan Boniol, marchand et 1ᵉʳ consul de la ville de Florac ; M⁰ Tristan de Grégoire, notaire royal et sindic de la ville d'Ispaniac ; M⁰ Jehan le Comte, consul de la ville de Sainte-Enymie ; noble Vidal de Flourit, consul de Châteauneuf-de-Randon ; M⁰ Pierre Sabatier, docteur ez droictz, juge en la Cour ordinaire de Saint-Estienne-de-Valfrancisque, député du consul dudict lieu ; Jehan Tuffier, marchand et consul de la ville de Langoigne ; M⁰ François Reboul, consul de la viguerie de Portes ; Jehan Pons, marchand et consul de Barre ; M⁰ Aymar Fraisse, syndic de S. Auban ; M⁰ Jehan Reversat, député du mandement de Nogaret. Tous lesquelz assistans ont faict et presté le serement acoustumé, es mains de mondict seigneur le président, assavoir : de procurer l'advancement du service du Roy, le soulaigement et repos du païs et ne révéler les délibérations des Estatz.

M. le baron du Tournel a dict, qu'il estime n'y avoir personne de l'assamblée qui ne soit adverty des droictz qu'il prétend de longtemps sur la baronnie de Céneret, par le moyen desquelz entre aultres choses luy apartient l'entière séance et voix délibérative et aultres prérogatives ez assamblées des Estatz de ce païs et desquelles les barons de Céneret ont de tous temps jouy, oultre celle qu'il y a comme baron du Tournel. De quoy il auroict tousjours faict instance en toutes aultres assamblées dudict païs avec protestation expresse de ne donner aulcun consentement à la réception si aulcune arrivoit d'aultre personne que de l'envoyé ou député de sa part, en la place et siége affecté audict baron de Céneret. Et d'aultant qu'il trouve que le sieur de Maleval occupe ladicte place, au nom de Mme du Haultvillar, prétendant droict en ladicte baronnie de Céneret, ledict sieur baron du Tournel a réitéré ses protestations acoustumées, de ne prester aulcun consentement à ladicte occupation, ains qu'il s'y oppose formellement pour en avoir recours où il appartiendra ; requérant ses protestations estre escriptes.

Sur ce que par M. de S. Auban, commis des nobles dudict païs, a esté représenté que par délibération des précédentes assemblées, auroit esté prins reiglement touchant la réception des envoyez des Estatz, à ce qu'ilz fussent de la qualité requise et notamment pour l'ordre de la noblesse. Et bien que l'observation dudict reiglement soit nécessaire pour maintenir telles assemblées en leur ancienne splendeur et dignité et pour aultres bonnes considérations, néantmoings il y est ordinairement contrevenu. Requérant occasion de ce, qu'il soit mis en délibération si le sieur Bazalgète doibt demeurer en l'assamblée, comme envoyé de M. le baron de Randon, duquel il tient la place en ladicte qualité. A quoy, après que par ledict sieur Bazalgète a esté réparty que par plusieurs fois on a veu les Estatz se dispenser pour bonnes et justes considérations de déroger audict reiglement, ayant receu et tolléré, en leurs assamblées, des personnes moins qualifiées que luy, qui est honnoré de l'office de bailly et régent en toutes les terres et jurisdiction de la baronnie de Randon ; a esté délibéré et conclud que, pour ceste année et sans conséquence, les envoyés et aultres députés, jà receuz en la présente assamblée, y demeureront et continueront leurs séance, en vertu des procurations et pouvoirs par eulx remis. Et pour prévenir semblables dificultez à l'advenir seront les lettres de la convocation des Estatz, chargés de l'advis dudict reiglement, à ce que ceulx qui pour quelque empeschement légitime n'auront moyen se trouver en personne ausdictes assamblées soient du moings soigneux d'y envoyer des députés de qualité requise avec procuration vallable, laquelle à leur arrivée et avant se présenter à l'assamblée, ilz exhiberont au syndic dudict païs qui leur donnera advis de ce qu'ilz auront à faire, sans empescher l'assamblée à résouldre ces petites dificultés, ny permettre que telz envoyez, en deffault de pouvoir et de la qualité suffizantz souffrent ung refus en plaine assamblée.

Sur le différend intervenu entre Me Jehan Reversat, notaire royal, député par Philip Reversat, 1er consul, sindic du mandement de Nogaret, et Guillaume Deltour, aussi député par aultre sindic dudict mandement ; reqnérant chascun d'eulx estre receu en la présente assamblée, en vertu de leurs procurations. Icelles veues, a esté conclud que ledict Reversat seullement pourra assister, pour ledict mandement de Nogaret, en ladicte assamblée, et à cest effect y a esté receu après avoir presté le serement requis.

S'est présenté à ladicte assamblée noble François de Puel, sieur d'Ajas, requérant estre receu en icelle pour M. le baron de Canilliac, en vertu de la procuration de la damoizelle de Bouzolz, femme du sieur de Bouzolz, tuteur onéraire dudict seigneur baron de Canilliac, attandu que pour la prompte convocation faicte des Estatz, il n'y a eu moyen d'en donner advis audict sieur de Bouzolz, qui est en provence. Sur quoy, veu ladicte procuration, trouvée insuffizante, à faulte de pouvoir de ladicte damoiselle ; a esté conclud n'y avoir lieu de recevoir ledict sieur Dajas en ladicte assamblée.

Sur ce que le sieur de Fumel, syndic dudict païs, a remonstré que les Estatz généraulx de Languedoc, en leur dernière assamblée, pour tesmoigner la dévotieuse affection que les habitans de ladicte province ont tousjours eu et auront pour jamais au service du Roy, auroient unanimement résolu et juré, au nom de tous lesdictz habitans, de se maintenir et conserver inviolablement en l'obéissance et fidélité qu'ilz doibvent à Sa Majesté, comme ses très humbles et très obéissans subjectz, et employer leurs moyens et leur vies pour le bien de son service et de son Estat, envers et contre tous de quelque qualité qu'ilz soient sans nul excepter ; ayant esté par mesme moyen arresté par lesdictz Estatz généraulx que la susdicte délibération seroit renouvellée aux assamblées de chascun diocèse et Conseil des villes dudict païs, affin que unanimement et de semblable cœur et volunté tous lesdictz habitans soient disposez et résoluz de renverser tous les artifices et mauvais desseings qui pourroient estre faictz contre et au préjudice du service de sadicte Majesté. Après avoir esté faicte lecture desdictes délibérations, lesdictz Estatz particuliers, portez du mesme debvoir, zèle et dévotion au bien de sondict service, ont unanimement résolu et juré es mains de mondict seigneur de Mende, président ausdictz Estatz, au nom de tous les habitans dudict païs de Gévaudan et diocèse de Mende, de se conserver inviolablement en la fidélité qu'ilz doibvent à Sa Majesté, comme ses très humbles et très obéyssans subjectz et employer leurs moyens et leurs vies pour le bien de son service, envers tous et contre tous de quelque qualité qu'ilz soient, sans nul excepter. Et affin que semblable résolution et serement soient faictz par les habitans des villes en leurs assamblées et maisons consulaires ; a esté conclud et arresté qu'extraict de la présente délibération sera baillé aux consulz et députés desdictes villes, qui auront assisté à la présente assamblée ; lesquelz demourent chargez d'en uzer de mesmes et de tenir la main que lediot serment et résolution soient pareillement faictz ez assamblées publiques desdictes villes, et d'en envoyer et remettre les actes et certificatz devers le syndic ou greffier dudict pays. Et sera encores l'extraict de la présente délibération envoyé à Mgr le duc de Vantadour, lieutenant général pour le Roy, au païs de Languedoc, pour luy tesmoigner le debvoir desdictz Estatz.

Sur l'exposition faicte par le sieur de Fumel, syndic, de l'accord passé entre lesdictz Estatz et les receveurs particuliers des diocèses, touchant les prétensions que lesdictz receveurs avoient sur la levée des deniers extraordinaires qui sont imposez ausdictz diocèses et les droictz et taxations à culx attribuez par les édictz de création de leurs offices ; après que les articles dudict accord ont esté veuz et leuz en ladicte assamblée, a esté conclud qu'ilz seront notiffiez aux receveurs dudict diocèse, affin qu'ilz n'en prétendent cause d'ignorance ains ayent à les observer selon leur forme et teneur.

M⁰ Jehan Roux s'est présenté à l'assamblée, lequel comme procureur de M⁰ Hercules Spéronnat, receveur dudict diocèse, a requis les Estatz luy délivrer la recepte dudict diocèse la présente année, comme estant celle de l'exercice dudict Spéronnat et à ceste fin luy faire bailler les départements des deniers tant ordinaires que extraordinaires.

Sur les grandes plainctes faictes par les consulz des villes et communaultez dudict païs, des notables incommodités que le publicq souffre à cause de la ruyne et détérioration des pontz et passages dudict diocèse et des inconvéniens qui arrivent tous les jours aux marchans, muletiers et aultres personnes allans par païs, à faulte de pourvoir à la réparation et réfection desdictz pontz et passages ; a esté conclud que par le sindic, à l'assistance du greffier dudict païs, visitation sera faicte de l'estat où se trouvent lesdictz pontz et passages, et ce incontinant que la saison le pourra permettre. En faisant laquelle, seront exhortez et contrainctz, si besoing est, par les voyes de justice ceulx qui lèvent les péaiges à ce qu'ilz les employent à la réparation desdictz pontz comme ilz y sont destinez. Et où les deniers desdictz péages ne suffiroient à parfaire les réparations nécessaires, les habitans des villes et villaiges auxquelz escherra et qui se trouveront tenuz au préciput seront contrainctz au payement d'icelluy pour estre employé ausdictes réparations, assavoir, pour les villages : quarante escus ; et pour les villes quatre vingtz escus, et ce suivant les reiglemens et délibérations des Estatz généraulx de Languedoc. Et en cas que le pris desdictes réparations excèderoit ledict préciput, y sera pourveu par ledict diocèse aux despens et fraiz communs d'icelluy, selon qu'il sera jugé nécessaire, sur le verbal de la vizitation dudict sindic, qu'il remettra devers MM. les commis et députés dudict païs, sans toutesfois que ledict diocèse soit tenu contribuer au payement de ce que se trouvera excéder ledict préciput, si les verbaux de vizitation et pris faictz desdictes réparations n'ont esté faictz par ledict sindic ou à son assistance, ou qu'il ne paroisse vallablement de son refus après deue interpellation faicte en sa personne par les villes ou villages intéressez.

Du mardy unzième dudict mois de janvier, en ladicte assamblée du matin.

S'est présenté noble Anthoine de Leuze, sieur de S. Christol, comme envoyé de M. de Portes, avec procuration du sieur viguier de Portes, joinctes au pouvoir donné audict sieur Viguier, par madame de Portes, portant clauze de substituer en son absence ; requérant l'assamblée le voulloir recevoir en vertu desdictes pièces. Veu lesquelles, il auroit esté receu après avoir presté le serement acoustumé.

Et sur la réquisition faicte par M. Mathieu Fontanes, curé de Chirac, à ce qu'il pleust à ladicte assamblée luy donner séance en icelle, comme envoyé de M. des Chambons, en vertu d'une procuration du syndic de l'abbaye desdictz Chambons. Veu ladicte procuration trouvée insuffizante à faulte du pouvoir dudict syndic, n'apparoissant avoir charge dudict sieur abbé desdictz Chambons ; a esté dict n'y avoir lieu de recevoir ledict Fontanes qui s'est incontinant retiré de ladicte assamblée.

Le sieur de Fumel, syndic dudict païs, a représenté que le principal et plus important affaire qui reste maintenant audict pays est de pourveoir et mettre une bonne fin à la vérification des debtes d'icelluy, pour après donner ordre au payement et acquittement desdictz debtes avec la moindre incommodité du pauvre peuple que faire se pourra, affin qu'il demeure soulagé et deschargé des vexations, despens, dommages et interestz que lesdictz debtes ont acoustumé de trayner avec eulx. Que quand bien ceste vérification ne seroit nécessaire et utille comme elle est audict païs ; elle se trouve maintenant contraincte et forcée, à cause de l'arrest du Conseil d'Fstat, donné à l'instance des parroisses opposantes, par lequel ladicte vérification est attribuée à MM. Delhom et de Galières, trésoriers généraulx de France en la généralité de Montpellier qui, pressez et importunez par le syndic desdictes parroisses et les créanciers dudict païs, ont donné plusieurs ordonnances contre luy, à faulte de procurer l'exécution de leur commission, et à ceste fin remettre devers eulx l'estat desdictz debtes; ce qui auroit occasionné les Estatz dudict païs, en leurs assamblées tenues ez deux dernières années, d'arrester et prescrire ung ordre propre et utile au païs sur l'exécution de ladicte commission, selon qu'il est porté par leurs délibérations prizes esdictes assamblées, suivant lesquelles, le premier consul de la ville de Mende, l'année dernière, M. Baissenc et luy, avec le greffier dudict païs auroient vacqué et travaillé à rechercher les papiers et à adresser les mémoires nécessaires sur la plus grand part et les principaulx desdictz debtes, affin de les pouvoir impugner et débattre, au profit et soulagement dudict païs. En quoy il estime que leur labeur, quoyque long et ennuyeux, ne demeurera vain et inutille audict païs, pour avoir descouvert plusieurs obmissions et erreurs qui tournoient à la surcharge d'icelluy, si bien qu'il ne reste maintenant, suivant lesdictes délibérations, qu'à faire appeler lesdictz créanciers pardevant MM. les commis et députés dudict païs pour ouyr leurs demandes, icelles débattre et atténuer et finallement adviser le moyen d'en demeurer d'accord amyablement avec ceux qui se vouldront rendre traittables et faire la condition du païs meilleure, pour après estre le tout remis devers lesdictz sieurs trésoriers, pour authoriser ladicte vérification, si mieulx le païs n'ayme et trouve plus à propos, comme a esté proposé par aulcuns de l'assamblée de passer par les mains de MM. les commissaires présidens pour le Roy, aux Estatz généraulx de Languedoc, comme tous les aultres diocèses font, suivant le reiglement général faict au Conseil de Sa Majesté, le 26 septembre 1609, sur la vérification des debtes communs de la province et diocèses particuliers d'icelle ; ce qui deppend de la résolution desdictz Estatz, comme aussi de prescrire le temps auquel lesdictz sieurs commis s'assambleront pour ouyr et débattre les demandes desdictz créanciers et satisfaire ausdictes délibérations. En quoy s'il est survenu jusques icy plus de longueur qu'on ne s'estoit proposé, laquelle néantmoins n'a rapporté aulcun dommage, il en fault attribuer la cause, tant aux diverses occurrences des aultres affaires, où l'on a esté contrainct de vacquer, que à la mauvaise intelligence que le sieur Prieur, agent des paroisses opposantes, a monstré avoir, avec le païs, en l'exécution desdictes délibérations. Desquelles, après avoir esté faicte lecture, lesdictz Estatz, d'ung commun consentement, ont prié mondict seigneur de Mende, président en iceulx, voulloir, en continuant les effectz de son zèle au soulagement du pauvre peuple, prendre le soing et la peine, avec lesdictz sieurs commis et députés, et si besoing est, l'assistance de MM. du Conseil du païs, de vacquer dans le 24° de ce mois, si faire se peult et sa commodité et plus importans affaires de sa charge le permettent, à ce qui reste à effectuer desdictes délibérations pour la liquidation desdictz debtes. Ce que mondict seigneur, pour l'advancement des affaires dudict païs, a promis faire et d'apporter tout ce qui deppendra de luy pour le soulagement du pauvre peuple.

Dudict jour unzième janvier, de relevée.

Sur la réquisition faicte par M° Jehan Baille, procureur de dame Françoise de Beaufort de Canilliac, vefve de feu sieur de Planèzes, de pourveoir au payement des sommes deues par ledict diocèse aux enfants dudict seigneur, suivant les lettres patentes du Roy, arrestz de la Cour des Aydes et délibérations du païs ; a esté concluld que ledict procureur ou aultre, de la part de ladicte dame, remettra sa demande et prétensions par devers lesdictz sieurs commis et députés, pour estre veues et vérifiées, et après pourveu sur icelles, suivant l'ordre prescript à la vérification des debtes dudict diocèse.

M. de S. Auban, commis des nobles dudict païs de Gévaudan, a représenté que, pour arrester le cours de l'exécution d'une commission extraordinaire, extrêmement rigoreuse, ruyneuse et dommageable audict païs, obtenue du Roy obrepticement, par certains partizans, sous le nom du sieur Rollet, secrétaire de Sa Majesté, pour la recherche et répétition de plusieurs sommes de deniers levées durant plusieurs années sur ledict païs, payées et employées pour les affaires d'icelluy, MM. les aultres commis et députés, oultre ce que le sieur de Montguibert et luy se trouvant lors à Montpellier auroient rapporté de leur costé sur ceste occurrance, jugeant combien nécessaire et utilles seroit d'envoyer promptement devers le Roy, y auroient aussitost député et faict acheminer en diligence, le sieur Comte, personne capable de ceste poursuitte ; lequel quelque temps après et au plus fort d'icelle, se trouvant à Paris, pressé d'extrême nécessité d'argent, en ayant donné advis audict sieur de S. Auban audict Montpellier, et du péril que cest affaire y pourroit encourir au détriment dudict païs, ensemble de la résolution prize par ledict Comte, de quitter et abandonner ceste poursuite s'il n'estoit promptement secouru et assisté d'une somme de deniers. Icelluy sieur, porté d'affection à l'advancement desdictz affaires, et d'aultre part, excité par la juste craincte et appréhension qu'il debvoit avoir du dommage notable et évident que le païs pouvoit encourir, s'il eust différé tant peu, soit l'occasion d'y apporter. tout ce qui seroit en luy, voyant d'ailleurs ne pouvoir, pour la distance des lieux, faire entendre aux aultres sieurs commissaires et députés dudict païs, l'estat de cest affaire, pour en avoir leur résolution sur ceste occurrence ; ces considérations luy auroient donné juste subject de pourveoir à ceste tant urgente et importante nécessité. Et pour cest effect employer la faveur de M. Bornier, M⁰ en la Chambre des Comptes dudict Montpellier, soubz le crédit duquel ledict sieur Comte auroit emprunté de MM. Sarrus et Passart, marchans de Paris, la somme de 750 livres, pour employer au faict de ladicte poursuitte. Et d'aultant que ledict sieur Bornier et aultres qui ont soubscript la lettre de change de ladicte partie, pressez par lesdictz marchans, l'ont faict assigner en garantie en la Cour des Aydes, pour se veoir condamner audict payement, tant du principal que du change et rechange encouruz, et qu'il n'y auroit aulcune apparence de raison qu'il fust pour ce regard inquietté ny molesté. Il a requis lesdictz Estatz le relever de tout. Et ce faisant, pourveoir au payement de ladicte partie principalle, changes et rechanges qui peuvent estre deubz, attandu que ce qu'il en a faict, a esté à bonne fin, et que ladicte poursuitte a succédé au contentement du païs et au soulagement et descharge d'icelluy ; ayant esté ladicte commission révocquée par le moyen de la poursuitte dudict sieur Comte, en laquelle il seroit mort pour le service dudict païs. Sur quoy, veu les lettres escriptes par ledict feu sieur Comte, et l'affaire mis en délibération en ladicte assamblée, ores qu'elle ayt jugé le pays ne pouvoir ny debvoir, à la rigueur du droict estre condampné au payement de ladicte partie principalle et moings aux accessoires, comme n'ayant, ledict sieur de S. Auban, seul, pouvoir suffizant, pour y obliger ledict païs, néantmoings, eu esgard aux susdictes raisons et aultres bonnes considérations et au grand soulagement que le païs recevra de la révocation de ladicte commission obtenue par la bonne conduicte et diligence dudict feu sieur Comte. A esté conclud, sans conséquence, que ladicte partie de 750 livres, change et rechange d'icelle jusques à la fin du présent mois de janvier, tant seullement, seront payez et acquittez par ledict païs, à la charge toutesfois que ledict sieur de S. Auban se chargera d'arrester pour l'advenir, à commencer du premier jour de febvrier prochain, le cours dudict change et rechange et en tiendra quitte ledict pays en luy payant les interestz au denier seize, tant de ladicte partie principalle de 750 livres, que de la somme à quoy revient ledict change et rechange, à compter le payement desdictz interestz, depuis ledict premier jour de febvrier prochain jusques au jour du remboursement qui sera faict par ledict païs de ladicte partie principalle, change et rechange susdictz ; laquelle partie, ensemble la somme à quoy revient ledict change et rechange, seront pour cest effect employez en ung article de l'estat des debtes dudict païs avec lesdictz interestz pour, après la permission obtenue d'imposer le tout, en estre faicte la levée et payement en l'acquit dudict païs ; à quoy pour les susdictes considérations, lesdictz sieurs des Estatz et de S. Auban ont respectivement promis satisfaire.

Sur l'advis qui a esté donné à ladicte assamblée du mescontentement que reçoit Mgr le duc de Vantadour, lieutenant général, pour le Roy en Languedoc, de ce que lesdictz Estatz, l'année dernière, n'auroient pourveu au payement, ains au contraire auroient retranché 300 livres de la somme de 1,200 livres, laquelle mondict seigneur, pour faciliter la révocation de la commission extraordinaire obtenue du Roy, contre ledict diocèse, pour aulcuns partizans soubz le nom du sieur Rollet, secrétaire de la Chambre de Sa Majesté, avoit accordée, tant audict sieur Rollet qu'à aultres particuliers pour les désintéresser des fraiz de ladicte commission, affin de les obliger à ne se roydir, comme ilz avoyent résolu, contre la poursuitte que ledict pays faisoit de ladicte révocation, laquelle par ce moyen en a esté d'aultant plustost et à moindres fraiz obtenue au grand soulagement dudict païs ; a esté conclud' que ladicte somme de 1,200 livres sera par ledict païs payée et acquittée sans aulcun retranchement, suivant l'intention de mondict seigneur. Et d'aultant que de présent ne se trouve aulcun fondz de deniers en la recette dudict païs pour y pouvoir satisfaire et que MM. les commissaires de l'assiette, ne l'ont peu imposer à cause du reiglement faict au Conseil de Sa Majesté ; à ceste cause le syndic dudict païs passera procuration pour emprunter à interest, au denier seize, la somme de 1,200 livres pour estre mise es mains de M. Combret, secrétaire de mondict seigneur, pour icelle distribuer à ceulx et selon qu'il luy plaira l'ordonner.

Sur la réquisition faicte ausdictz Estatz, de la part de M. d'Hautheville, M° en la Chambre des Comptes de Montpellier, de luy faire payer la somme de 1,785 livres 10 solz, qu'il prétend luy estre deue par ledict païs, assavoir : 900 livres tournois par une promesse à luy faicte par le sieur de Manifacier, receveur dudict diocèse, 350 livres par délibération de Messieurs les commis et députés dudict païs du 6 juin 1605 et 585 livres 10 sols pour les interestz à raison de huict et tiers pour cent de la somme de 971 escus 59 solz, depuis le jour qu'elle fut empruntée et payée pour ledict païs à Madame la duchesse de Vantadour, jusques au premier jour de may 1606, que ladicte somme fut remboursée audict sieur d'Hautheville, par le sieur Roux, de la part dudict païs et luy en fit quittance, revenans, lesdictes parties à ladicte première de 1,785 livres 10 solz, sans comprendre les interestz de ladicte somme prétenduz par ledict sieur d'Hauteville, depuis quatre années. Après que le sindic dudict païs a esté ouy qui a représenté à ladicte assamblée qu'à toute extrémité ledict païs ne peult debvoir audict sieur d'Haulteville, que la somme de 703 livres 10 sols, d'aultant que dèz l'année 1604 fut pourveu à son payement de la somme de 1,082 livres en deux parties, imposées à cest effect en l'assiette de ladicte année et passées en la despense du compte dudict sieur de Manifacier, assavoir : 900 livres accordez audict sieur d'Hauteville pour tous fraiz, despens, vaccations, dechet de monnoyes, dommages et interestz par luy prétenduz, oultre aultres sommes auparavant à luy payées et accordées pour semblable cause et 182 livres pour les interestz de ladicte somme de 971 livres 9 sols deue à madicte dame la duchesse de Vantadour ; tellement qu'il n'a tenu qu'au dict sieur d'Haulteville, s'il n'a esté payé desdictes deux parties de 900 livres, d'une part, et 182 livres d'aultre par ledict sieur de Manifacier, qui estoit chargé et obligé de les acquitter des deniers de sa recepte, et à ce pouvoit et peult estre encores contrainct par ledict sieur d'Hauteville, tant en vertu de la promesse qu'il advoue en avoir réitérée que des susdictz articles passez en la despense dudict compte, ne pouvant ledict sieur de Manifacier y apporter aulcune pertinente exception, attandu que par l'estat final de sondict compte, il demeure encores reliquataire de clair et de net, envers ledict païs, en la somme de 2,258 livres, oultre lesdictes parties, et plusieurs aultres passées en la despense de sondict compte, soubz debet de quittance, si bien qu'il ne peult différer le payement de ladicte somme de 1,082 livres, de laquelle, déduction faicte sur la première de 1,785 livres 50 sols, prétendues par ledict sieur d'Haulteville, ne luy seroit deub que 705 livres 50 sols, procédans, assavoir : 300 livres de gratification accordée par ladicte délibération du 6 juin 1605, pour avoir moyen de retirer de luy les provisions et quittances qu'il retient du don de 10,000 escus, faict par Sa Majesté à madicte dame de Vantadour, sur les restes dudict diocèse, et 408 livres 10 sols pour le surplus des interestz susdictz de ladicte somme de 971 écus 59 sols, faisant lesdictz deux parties ladicte somme de 705 livres 10 sols. Et pour le regard des interestz prétenduz de ladicte première somme de 1,785 livres 10 sols, ayant esté pareillement représenté par ledict scindicq qu'il ne peult avoir aulcune apparence de raison, d'aultant que la plus grand part de ceste somme procède d'aultres interestz ou gratifications, joinct que si aulcuns

interestz en estoient deubz, ce seroit par ledict sieur de
Manifacier pour avoir retardé le payement qu'il estoit
obligé de faire de ladicte somme de 1,082 livres. Veu
aussi par ladicte assamblée lesdictz articles d'assiette ;
compte dudict sieur de Manifacier ; délibérations précédentes, ensemble la coppie de la quittance faicte par
ledict sieur d'Haulteville audict sieur Roux, le 1ᵉʳ mai
1606, de ladicte partie de 1,171 écus 59 sols ; en laquelle
quittance advouant la susdicte somme de 900 livres luy
estre deue par promesse dudict sieur de Manifacier, il
promet de sa part, à peine de tous despens, dommages
et interestz, rendre ou faire rendre, audict sindic ou
aultre ayant charge du païs, les provisions obtenues par
madicte dame de Vantadour, du don à elle faict par le
Roy, sur les restes dudict diocèse, de la somme de
10,000 écus, ensemble les quittances nécessaires, tant
de ladicte dame que du receveur général des restes
jusques à concurrence de ladicte somme de dix mil écus ;
a esté conclud que ladicte partie de 705 livres 10 solz,
employée dans l'estat des debtes dudict païs, pour après
la vérification faicte dudict estat, par MM. les commissaires à ce députés, par arrest du Conseil, estre obtenue
la procuration requise de Sa Majesté, pour l'imposition
et levée de ladicte partie, sur le général dudict païs, à
l'acquittement d'icelluy, envers ledict sieur d'Haulteville,
et ce pour toutes restes et entier payement de sesdictes
prétentions, sauf son recours pour ladicte somme de
1,082 livres, contre ledict sieur de Manifacier, si bon luy
semble, le tout néantmoins à la charge de rendre, par
ledict sieur d'Haulteville, lesdictes provisions et quittances, attendu qu'il y est tenu et n'a aulcun droict de
rétention et que ladicte dame a esté entièrement payée

de la somme accordée et convenue avec ledict sieur d'Haulteville, au nom et de la part de ladicte dame.

Du mercredy douzième dudict mois de janvier, en ladicte assamblée du matin.

Sur ce que le sieur Bazalgète a remonstré à l'assamblée, au nom de M⁰ Pierre Parat, receveur dudict diocèse, ez années 1585, 1586, que MM. de la Chambre des Comptes de Montpellier, procédant à l'épurement des comptes des deniers ordinaires desdictz deux années, auparavant renduz par ledict Parat, à ladicte Chambre, ilz l'auroient rendu débiteur envers ledict païs de la somme de 5,922 escus 55 solz 7 deniers ; requérant, au moyen de ce, qu'il pleust ausdictz Estatz, ordonner au syndic dudict païs fournir de sa quittance de pareille somme audict Parat, pour demeurer quitte dudict debet, et ce en compensation d'aultres sommes à luy deues par ledict pays ; remonstrant en oultre que sur la faulsse impression donnée à ladicte Chambre, d'avoir faict double emploi en la despense desdictz comptes, elle auroit ordonné qu'ilz seroient mis devers ung correcteur, pour en faire la vérification. Et bien qu'à la vérité il n'y ayt aulcun double employ, néantmoings, d'aultant que pour faciliter la reddition desdictz comptes desdictz deniers ordinaires dont le Roy avoit faict don audict diocèse pour estre employez au faict de la guerre et aultres affaires du païs. Ledict Parat, de l'advis de MM. les commis et députés dudict païs, pour l'allocation desdictz deniers en la despense desdictz comptes, se seroit servy de quelques acquitz qui avoient esté par luy, auparavant employez et rapportez en la despense des comptes par luy renduz audict païs, et que ladicte Chambre, prenant cela pour ung double employ pourroit condampner ledict Parat à une amande, ce qui ne seroit raisonnable ; requérant, pour obvier à cela, qu'il pleust à l'assemblée arrester que par MM. les commis, sindic et députés dudict païs, sera faicte déclaration de la vérité du faict pour estre remise devers ladicte Chambre et par ce moyen empescher ladicte amende. A esté concluct que lesdictz comptes renduz, tant à la Chambre que au païs, seront veuz et visitez par lesdictz sieurs commis et sur iceulx faicte vérification exacte, pour l'esclaircissement du faict proposé par ledict sieur Bazalgète, et le tout veu, estre par eulx mesmes délibéré si lesdictes quittances et déclarations demandées par ledict sieur Parat, peuvent et doibvent estre passées, sans faire faire préjudice audict païs.

Sur ce qu'à esté représenté ausdictz Estatz par le sieur Armand, lieutenant audict diocèse de M. le prévost général de Languedoc, que depuis le temps qu'il a l'honneur d'estre receu en l'exercice de sa charge, il n'a jamais rien eu tant à cœur que de s'en pouvoir dignement acquitter, au consentement du païs ; que s'il n'a eu ce bonheur d'arriver du tout au but de sa bonne intention, au moings a-t-il ce contentement d'y avoir tousjours rapporté tous les effectz qui pouvoient deppendre de luy, et mesmes durant l'année passée en laquelle oultre ses chevaulchées ordinaires et les captures et exécutions intervenues, dont il a exhibé son verbal ; il auroit rendu tant plus de soing, de diligence et d'affection, que la juste appréhension du triste accident de la mort du feu Roy, en donnoit du subject et d'occasion, affin de réprimer les voluntéz des meschans qui faisoient dessein de se prévalloir d'une si déplorable occurrence, au détriment de la justice et du repos publicq audict diocèse ; suppliant les Estatz de croire qu'il ne deschera jamais de ce sien debvoir, tant qu'il plaira au païs agréer son service et le juger utille en ladicte charge, en laquelle il les supplie aussi de considérer le peu de moyen qu'il a de servir utillement le Roy et le païs, s'il n'est assisté du nombre d'archers nécessaires et que leur entretenement ne soit plus certain et asseuré qu'il n'a esté durant ces trois dernières années, esquelles pour avoir esté discontinué de faire le fondz accoustumé ez assiettes dudict diocèse pour ledict entretenement, luy et lesdicts greffier et archers ont esté contrainctz pour ne différer le service qu'ils debvoient à Sa Majesté et audict païs d'emprunter à interest, ce qui leur est aultant de perte et diminution sur leurs gaiges et du retardement à l'exercice de leurs charges ; requérant, au moyen de ce, qu'il pleust à l'assamblée pourvoir au payement de ce qui leur est deub de restes du passé, et par mesme moyen faire fondz en la présente assiette de la somme à laquelle peuvent revenir leurs gaiges et entretenement l'année courante. A esté conclud, attandu qu'il n'a esté encores obtenu permission d'imposer les deniers nécessaires à l'effect que dessus, que le sindic dudict païs empruntera la somme de 1,200 livres à interestz, pour subvenir audict entretenement, selon et ainsi que par MM. les commis et députés dudict païs sera advisé, et ce en attandant que la permission d'imposer la somme à laquelle pourront monter lesdictz gages et entretenement desdictz prévost et greffier, ensemble de six archers, comprins deux des Cévennes, à quoy lesdictz Estatz ont reiglé ledict nombre, tant pour ceste année que aultres advenir ayt esté obtenue de Sa Majesté à la diligence dudict sindic ; auquel lesdictz Estatz ont enjoinct d'en faire la poursuitte avec la diligence requise, comme aussi pour l'imposition des deniers deubz de restes desdictz gaiges et entretenement du passé, à la charge que ledict païs relèvera ledict sindic des obligations qui seront par luy passées sur le prest de ladicte somme de 1,200 livres et interest d'icelle, et que pour cest effect le tout sera remboursé des premiers deniers qui seront imposez et levez pour lesdictz gaiges et entretenement après ladicte permission obtenue.

Et sur ce que ledict sieur Armand a de mesmes remonstré que suivant le pouvoir qu'il a pleu au Roy, par ses lettres patentes, vérifiées en sa Cour de parlement de Tholoze, et arrestz de son Conseil d'Estat, attribuer à ses officiers du bailliaige de Gévaudan, pour le jugement des compétances des prévostz des mareschaulx, il auroit faict juger pardevant lesdictz officiers les compétances, et en conséquent les procès en deniers ressort contre plusieurs délinquans. Et à cest effect remis les procédures par luy sur ce faictes devers lesdictz officiers, comme estoit requis. En quoy, bien qu'il ayt faict son debvoir et suivy l'intention de Sa Majesté contenues esdictes lettres patentes et arrestz qui sont notoires et ont esté deuement signifiez à MM. du siége présidial de Nismes ; néantmoings, soubz prétexte qu'il n'auroit faict remettre devers ledict siége certaine procédure par luy faicte contre ung nommé Jehan Teyssier, prévenu de quelques crimes, ledict siége, sans aultre cause ny suject, l'auroit condampné en l'amende de 25 livres tournois, bien que sur aultre condampnation, auparavant contre luy donnée par le mesme siége et pour semblable prétexte, ladicte Cour de parlement, à l'instance de M. le procureur général du Roy, eust baillé provision, portant injonction expresse audict prévost, à peine de 500 escus, de faire et parfaire les procés aux délinquans, à l'assistance desdictz officiers dudict bailliaige, suivant lesdictes Lettres patentes et arrestz, sans avoir esgard aux contrainctes ordonnées par ledict siége présidial. Auquel par la mesme provision sont faictes inhibitions et deffences de donner en cela aulcun trouble ny empeschement ausdictz officiers et prévost. Et d'aultant que présentement seroit arrivé en ceste ville ung huissier dudict Nismes, envoyé exprez pour le contraindre au payement de ladicte amande, il requéroit qu'il pleust ausdictz Estatz y pourveoir, à ce que pour avoir bien faict en chose qui regarde le repos et seureté publicq dudict diocèse, il n'en reçoive de la perte et dommage. A esté conclud que le sindic dudict païs, à l'issue de l'assamblée, parlera audict huissier pour le dissuader, par les raisons susdictes, de ladicte contraincte, néantmoins sera ladicte provision de ladicte Cour de parlement, inthimée audict siége présidial. Et en cas qu'il ne désisteroit, ledict sindic prendra le faict et cause au nom dudict païs, et fera les poursuittes sur ce nécessaires, tant en ladicte Cour de parlement que ailleurs, affin que ledict prévost demeure garanty desdictes condampnations et contrainctes, et que l'exercice de ladicte jurisdiction attribuée par sadicte Majesté à sesdictz officiers audict bailliaige comme très-utille et nécessaire dans ledict païs y soit plainement et librement continuée et maintenue suivant l'intention de Sa Majesté, pour le bien, repos et seureté de ses subjectz, habitans audict païs.

Et d'aultant que les consulz des lieux des Cévennes, et

particulièrement ceulx de St-Estienne-de-Valfrancisque, ont faict plaincte de ce que ledict prévost ne faict aussi bien ses chevaulchées audict lieu, comme ez aultres dudict diocèse et que ledict prévost, présent, s'est excusé sur les notoires et trop grandz empeschemens qui sont audict quartier des Cévennes par le moyen des assamblées de gens de guerre que l'on y faict ordinairement et ouvertement contre les édictz et ordonnances du Roy, et sur le suject desquelles, plusieurs arrestz, tant de la Cour de parlement, Chambres de l'Edict, que du Conseil d'Estat, sont intervenuz sans qu'on ayt peu parvenir à l'exécution d'iceulx jusques icy, quoyque les trouppes et forces assamblées, de l'authorité de Sa Majesté, y ayent esté employées; au moyen de quoy il luy est moings possible à luy avec quatro ou cinq archers d'avoir libre accès dans lesdictz Cévennes, comme il le désire et seroit nécessaire pour le libre exercice de sa charge et le repos desdictz Cévennes et seureté du pauvre peuple. A esté conclud, attandu l'offre faict ausdictz Estatz par les consulz, tant de Saint-Estienne que de Saint-Germain-de-Calberte, Barre et Florac, présens et assistans ausdictz Estatz, donner main forte et bailler bonne et asseurée escorte audict prévost en tous les lieux et chemins desdictz Cévennes, affin qu'il ayt moyen de s'acheminer et faire sa charge en toute liberté audict lieu de St-Estienne et aultres circonvoisins, que satisfaisant par eulx ausdictz offres, ledict prévost sera tenu d'y faire ses chevauchées selon que la nécessité le requerra.

S'est présenté incontinant après le sieur Rodier, qui a remonstré ausdictz Estatz que comme lieutenant du sieur prévost général de Languedoc au quartier des Cévennes, il a vacqué au faict et exercice de sa charge, sans avoir receu aulcuns gaiges ny entretenement depuis quatre années ; suppliant les Estatz y voulloir pourveoir comme aussi pour l'advenir si par l'assamblée son service est jugé utille au païs et qu'il leur plaise aussi prendre le faict et cause pour luy contre certaines gens qui ont prins et enlevé trois de ses mulletz, en haine de ce qu'il exerce sa charge sans acception des personnes.

Dudict jour douzième janvier, en ladicte assamblée, de relevée.

S'est présenté à ladicte assamblée le sieur Prieur, au nom et comme procureur de certaines parroisses opposantes, qui a dict avoir esté adverty de la résolution prize par lesdictz Estatz, suivant leurs précédentes délibérations de faire assambler, en ceste ville, de Mende MM. les commis et députés du païs au 24e de ce mois, pour ouyr et entendre les demandes et prétensions des créanciers dudict païs ; icelles examiner, débattre et impugner, et si faire se peult les liquider, à la descharge dudict païs, pour estre par après, plus facillement à moindres fraiz et à plus grand soulagement du peuple, procédé par MM. les commissaires, à la vérification des debtes. Laquelle délibération le sieur Prieur a prié et requis lesdictz sieurs desdictz Estatz voulloir faire effectuer et permettre qu'il se puisse trouver à cest effect en ladicte assamblée, avec le sieur Bonnet, aussi procureur desdictes parroisses ou aultre qu'elles pourroient nommer ; ce que lesdictz sieurs des Estatz ont agréé, à la charge néantmoings de rapporter par luy, à ladicte assamblée, procurations expresses, vallables et légitimes desdictes parroisses, à l'effect que dessus ; ce que ledict sieur Prieur a promis faire.

Sur la plaincte commune que font les habitans de ce païs et diocèse, pour raison de l'altération depuis quelque temps survenue en la qualité et naturelle bonté des eaux de Baniolz en cedict diocèse, au moyen de quoy lesdictz habitans se trouvent maintenant frustrez de la commodité et du soulagement qu'ils souloient recevoir desdictz bains, auparavant ladicte altération ; veu par lesdictz Estatz la délibération prinze sur le mesme sujcct en l'année 1609, a esté conclud, suivant icelle, que le syndic dudict païs continuera ses poursuites pour faire remettre et restablir lesdictz bains en leur premier Estat, par les particuliers qui ont esté cause de ladicte altération.

Sur ce que le sieur de Fumel, sindic dudict païs, a remonstré qu'à son retour des Estatz généraulx de Languedoc avec Mgr de Mende, en passant à Montpellier, il auroit assisté mondict seigneur à la visite de la maison du collége fondé, en ladicte ville, par feu de très-bonne mémoire Urbain V*e*, Souverain-Pontife à Rome, en faveur des enfans originaires du païs de Gévaudan, tant pour l'estude des loix que de la médecine. Et ayant esté bien vérifié que ladicte maison est menacée d'une grande et prochaine ruyne, s'il n'y est pourveu ; laquelle arrivant tireroit après soy l'entière perte et abolition dudict collége et conséquemment de la commodité et utilité que les habitans dudict diocèse en peuvent justement et visiblement espérer, ensuite de celles qu'ilz en ont cydevant retiré en l'instruction et advancement que plusieurs jeunes hommes dudict diocèse ont receu, dont il reste encores des bonnes marques ; requérant en ceste considération et en faveur des escolliers dudict diocèse et pour le bien du public, qu'il pleust ausdictz Estatz, à l'exemple de leurs devanciers, contribuer à ladicte réparation affin d'obvier à la perte dudict collége ; a esté délibéré et conclud, pour les raisons susdictes, que dans l'estat des debtes dudict diocèse, sera employé ung article de la somme de 500 livres, que lesdictz Estatz ont accordé et accordent pour ladicte réparation, et qu'à cest effect, après la permission obtenue de Sa Majesté, d'en faire l'imposition sur le général dudict diocèse, ladicte somme levée sera employée actuellement à ladicte réparation selon et ainsi que par MM. les commis et députés dudict païs sera jugé utile et nécessaire et non aultrement.

Lesdictz Estatz suivant l'ancienne coustume et pour oster tout subject de doulte et du différend entre les sieurs barons dudict païs pour raison du tour et de l'ordre et rang par eulx observé de tout temps, pour l'assistance qu'ils doibvent à l'assamblée des Estatz généraulx de Languedoc, respectivement chascun en son année ; ont déclaré ledict tour et rang, pour l'année prochaine, appartenir à M. le baron du Tournel, à cause de sadicte baronnie du Tournel.

Finallement mondit seigneur de Mende, président, a représenté que, comme par très-ancienne et saincte institution, les Estatz prennent leur ouverture par la célébration de la sainte messe et l'invocation du S. Espérit, à ce qu'il luy plaise estre le directeur des actions, délibérations et conseils de l'assamblée, ainsi qu'il est croyable avoir esté en la présente pour s'y estre les affaires traittez et passez avec paix et concorde, à l'honneur de Dieu, bien du service du Roy, repos et soulagement du publicq ; de mesmes aussi la conclusion dernière desdictz Estatz a tousjours esté suivie des louanges, actions de grâces et bénédictions qu'ils ont acoustumé rendre à son sainct nom ; à quoy l'assamblée persévérant en ceste saincte et louable action, auroit à l'instant satisfaict par l'organe et ministère de mondict seigneur, lcqael, ensuite de ce auroit donné la bénédiction aux assistans selon l'ancienne coustume qui auroit esté la fin desdictz Estatz.

1612

Commissaires de l'assiette. — Ouverture de l'assemblée des Etats. — Liste des membres présents. — Propositions au sujet de la vérification des dettes du pays. — Réparation des ponts. — Serment de fidélité au Roi et à la Reine régente. — Des duels, assemblées illicites et port d'armes. — Accord entre la Chambre des Comptes de Montpellier et le pays. — Dette au profit de M. Rodes-Castaing. — Prière à l'évêque de Mende de défendre au receveur des décimes de saisir les deniers apportés aux collecteurs. — Bail de la recette en faveur de M. de Calvet. — Admission du viguier de Portes aux Etats. — Cautions fournies par le fermier de l'équivalent. — Admission du procureur de M. de Barre. — Demandes du prévôt de la maréchaussée pour l'augmentation du nombre de ses archers. — Gratification accordée aux religieux Cordeliers de Marvejols, pour les aider à reconstruire leur couvent. — Don pour la reconstruction de l'hôpital de la même ville. — Impositions pour les dettes de la Province et du diocèse. — La recette des tailles doit se faire en deux termes. — Clôture de l'assemblée des Etats.

L'an mil six cens douze et le lundy 16° jour du mois d'avril, environ neuf heures du matin, en la ville de Maruejolz, les gens des trois Estatz particuliers du pays de Gévaudan et diocèse de Mende, suivant le mandement de nos seigneurs les commissaires présidens pour le Roy aux Estatz généraulx particuliers du païs de Gévaudan et diocèse de Mende, suivant le mandement de nos seigneurs les commissaires présidens pour le Roy aux Estatz généraulx de Languedoc, tenuz en la ville de Pézénas ez mois de janvier et febvrier derniers, se sont assemblez dans la maison commune de ladicte ville de Maruejolz. Après avoir, selon l'ancienne coustume, ouy la messe du S. Espérit et la prédication faicte en l'église de Notre-Dame-de-la-Carce audict lieu ; en laquelle assemblée, estant venuz MM. Mes Pierre de Guilleminct, greffier et secrétaire de Sa Majesté, ausdictz Estatz généraulx, commissaire principal de l'assiette dudict diocèse ; Robert de Chanoillet, conseiller de Majesté et lieutenant général au siége du Bailliaige de Gévaudan ; Gilbert de Chanoillet, sieur de Saugières, docteur ez droictz, 1er consul de la ville de Mende ; Bertrand Bodet, notaire royal et 2° consul de ladicte ville, et Aldebert de Born, sieur de Prades, 1er consul de la ville de Maruejolz, commissaires ordinaires de ladicte assiette ; a esté par ledict sieur commissaire proposé le faict des commissions à eulx adressantes, par lesquelles leur est mandé procéder à l'imposition et département sur ledict diocèse, des sommes à quoy reviennent les quottités d'icelluy des deniers accordez à Sa Majesté par l'assemblée desdictz Estatz généraulx, offrant ledict sieur commissaire principal avec les aultres sieurs commissaires ordinaires satisffaire au contenu desdictes commissions, selon qu'il leur est ordonné par icelles, avec l'assistance des gens desdictz Estatz particuliers ou de telz de leurs députés qu'il leur plaira commettre à cest effect, ainsi qu'ilz ont acoustumé de tout temps et ancienneté en conséquence desdictes commissions, desquelles après avoir esté faicte lecture en plaine assamblée par le greffier et secrétaire desdictz Estatz, M. de Chanoillet, chanoine de l'église cathédrale de Mende, official et grand vicaire de Mgr de Mende, et président ausdictz Estatz, a respondu ausdictz sieurs commissaires que comme lesdictz Estatz et conséquemment tous ledict païs n'ont jamais cédé à nulz aultres de la province en aulcun debvoir de fidélité, obéissance et dévotion au service de sadicte Majesté, aussi ne vouldraient ilz manquer de contribuer non plus que les aultres tout ce qui sera de leur possibilité pour le secours des affaires de sadicte Majesté et advancement de sondict service, estant très disposez, non-seulement de donner ausdictz sieurs commissaires l'assistance requize en l'assiette et département desdictz deniers, mais aussi d'en faciliter la levée de tout leur pouvoir, comme très obéissans et fidelles subjectz de sadicte Majesté, qu'ilz ont tousjours esté.

Ensuite de quoy M. le président a rendu une lettre que mondict seigneur de Mende a escript ausdictz Estatz dont a esté faicte lecture, contenant le tesmoignaige du désir qu'il avoit et de l'honneur qu'il se promettoit d'assister à ceste assamblée, comme il eust faict sans la proximité des festes et les occupations spirituelles en ceste saincte sepmaine qui l'ont retenu, mais que ledict sieur de Chanoillet, son grand vicaire, supplerra à son deffault et asseurera lesdictz Estatz de sa dévotion en tout ce qui sera de l'advancement des affaires qui pourront toucher le soulagement du païs et le service de ladicte assamblée en général et en particulier; les priant d'en prendre entière et parfaite asseurance, comme il faict de la bonne intention des Estatz à procurer de tout leur pouvoir, après l'honneur de Dieu, ce qui regarde le service de leurs Majestez et le soulagement du pauvre peuple. De quoy lesdictz Estatz ont prié M. le président, faire très-humbles remerciemens de leur part à mondict seigneur avec bien humble supplication de continuer tousjours les effectz de sa bonne volunté envers le païs.

Et après ont esté appelez par rolle les sieurs députez de l'église, noblesse et Tiers-Estat qui ont droit d'entrée et séance ausdictz Estatz et les procurations remizes par les envoyez ont esté leues en plaine assamblée, à laquelle estoient assistans, assavoir, pour l'estat ecclésiastique : vénérable personne M. Me Pierre Malos, bâchelier ez droictz, chanoine et député du Chapitre de l'église cathédralle de Mende ; M. Me Pierre Enfruct, docteur ez droictz, chanoine en ladicte église et député de M. de Ste Enymie ; M. Me Anthoine de Chanoillet, aussi docteur et chanoine et député de M. de Lengoigne ; Me Anthoine Aldin, docteur ez droictz, juge et envoyé pour M. le commandeur de Palhers ; noble Jehan d'Achard, sieur de Merignac, député de M. de S. Jehan. Et pour les nobles : M. Me Pierre Borrelli, docteur ez droictz, sieur de Pelouze, envoyé de M. le baron du Tournel, estant en tour de baron la présente année ; noble François de Soulages, chevalier de Malte, envoyé de M. le baron de

Peyre ; noble Jehan de Lobeyrac, sieur de Muret, envoyé de M. le baron de Cénaret ; M° Pierre Loberie, docteur ez droictz, lieutenant principal au duché et juridiction de Mercœur et envoyé de M. le baron dudict Mercœur ; M° Pierre Rodes-Castaing, docteur ez droictz, bailli au marquis de Canilliac et envoyé de M. le baron dudict Canilliac ; M. de Servière, en personne ; M° Adam Bouton, docteur ez droictz, sieur de Saulses, envoyé de M. de Montauroux ; M° André Brugeiron, sieur de Pomicz, envoyé de M. d'Arpajon ; M° André Baissenc, docteur ez droictz, envoyé de M. de Montrodat ; M° Deodé Dumas, docteur ez droictz, juge du Chapitre de l'église cathédralle de Mende et envoyé de M. de Mirandol ; M. Gibilin, docteur ez droictz, envoyé de M. de Sévérac ; M° Guillaume Bardon, docteur ez droictz, envoyé de MM. les consulz nobles de La Garde-Guérin. Et pour le Tiers-Estat, oultre MM. les trois consulz de Mende et le premier de Maruejolz, commissaires ordinaires de l'assiette cy-devant nommez y ont assisté, assavoir : le sieur Samuël Guyot, marchand et second de ladicte ville de Marvejolz, et M. Fournier, tiers consul d'icelle ; Jehan Brueil, marchand et 1er consul de la ville de Chirac ; M° André Mezeirac, docteur ez droictz et 1er consul de la ville de La Canourgue ; M. Jehan Galin, 1er consul de la ville de Saint-Chély-d'Apchier ; M° Jehan Favy, notaire royal et 1er consul de la ville de Saulgues ; Médard Gibilin, bourgeois et 1er consul de la ville du Malzieu ; Samuel Prouset, 1er consul de la ville de Florac ; Bertrand Daudé, consul de la ville d'Yspaniac ; M° André Comte, docteur ez droictz et 1er consul de la ville de Sainte-Enymie ; M° Jehan Grasset, procureur d'office et 1er consul de Châteauneuf-de-Randon ; M° Valy, 1er consul de la ville de Serverette ; Henri Sabatier, sieur d'Herbousset, 1ᵉʳ consul de Saint-Estienne-de-Valfrancisque ; Barthélemy Mazaudier, marchand et 1ᵉʳ consul de la ville de Langoigne ; Pierre Salenc, consul de Barre ; Mᵉ Aymar Fraisse, consul de la ville de Saint-Auban, et Guillaume Pouget, marchand et procureur du mandement de Nogaret. A tous lesquelz assistans mondict sieur le président a faict prester le serement acoustumé de procurer le bien et advancement du service du Roy et le soulagement et repos du pauvre peuple et de ne divulguer les délibérations qui importent de demeurer secrètes pour le bien du public.

Dudict jour sézième d'avril, de relevée, au lieu et président que dessus.

Le sieur de Fumel, syndic du païs, a représenté qu'encores que ces années dernières en toutes les assamblées des Estatz d'icelluy et en plusieurs de celles de MM. les commis et députés ayt esté traitté du faict de la vérification des debtes dudict païs, pour faciliter l'exécution de la commission qu'il a pleu au Roy en donner à MM. Delhon et de Galières, conseillers de Sa Majesté et trésoriers généraulx de France en la généralité de Montpellier et que plusieurs délibérations ayent esté sur ce prinzes comme estant c'est affaire le principal et le plus grand qui reste maintenant sur les bras dudict païs ; toutesfois les choses ayant prins plus long traict que l'on n'espéroit, l'on n'auroit peu encores jusques à présent parvenir à ladicte vérification, longueur qui ne sçauroit estre blasmée pour les divers accidens notoires et légitimes obstacles et empeschements qui en ont esté la cause, joinct que le païs n'en a ressenty ny souffert aulcun dommage ny détriment, comme il ne luy en pouvoit arriver aulcun pour ce regard. D'ailleurs ceste vérification est de telle importance au païs, qu'elle requiert une bien grande, longue et exacte connoissance de cause, à quoy il n'y a rien de plus nuysible et contraire que la précipitation et briefveté de temps. Et comme ainsi soit que les debtes dont est question ou la pluspart d'iceulx ayent esté faictz et conceuz par le moyen des trop promptz et timultuères effectz de la guerre, mère de toute confusion, désordre et mauvais mesnage ; aussi est il nécessaire et raisonnable pour le bien public, qu'en ce temps calme et propre à ladicte vérification, elle se face avec le meilleur ordre et mesnage et la plus grande circonspection qu'il sera possible ; considération si juste et pleine d'équité qu'il n'est pas croyable que les créanciers ne veuillent eulx mesmes fort librement y contribuer leurs vœux et intentions quand ce ne seroit que pour purger les faictz qui ont esté proposez par les paroisses opposantes contre lesdictz créanciers, disantz, la pluspart desdictz debtes avoir esté payez deux fois et tous les aultres ne pouvoir subsister sur des fondemens illégitimes, oultre que d'ailleurs l'intention dudict païs n'a jamais esté de procurer ausdictz créanciers la perte de ce qui se trouvera leur estre légitimement deub, mais seullement de s'esclaircir parfaictement et sans qu'il puisse rester aulcun doubte ny scrupule de la vérité desdictz debtes, pour après se disposer au payement, selon qu'il plaira au Roy et nos seigneurs de son Conseil, en ordonner sur l'advis qui leur en sera donné par lesdictz seigneurs commissaires députés à ladicte vérification. Et parce que du bon ordre dépend principalement le bon succès de ladicte vérification, d'aultant mesmes que d'icelluy naistront deux effectz très-utiles au public, dont le premier est la vraye cougnoissance de la cause primordialle, nature, qualité et progrès desdictz debtes, chose que la pluspart des créanciers désirent couvrir par le moyen de certains prétenduz arrestz, sentences, contractz, délibérations ou estatz finaulx de comptes, que la misère et nécessité du temps et la facilité du siècle passé leur a faict obtenir, dont ilz prétendent se servir simplement sans voulloir consentir que le païs penetre plus avant jusques au fondz desdictz debtes qui seroit ung erreur plus évident et beaucoup plus dommageables au païs que tous les précédens qui demeureroient par ce moyen, non-seullement couvertz, mais approuvez et confirmez. L'aultre effect de l'ordre susdict, sera l'espargne et manifeste soulagement qui reviendra audict païs, de la plus grande partie des fraiz qu'aultrement ladicte vérification apporteroit pour la despense et vaccations desdictz sieurs commissaires et leur greffier, à cause du longtemps qu'ilz seroient contrainctz d'employer en leur procédure, si par le moyen dudict ordre, disposition et préparatif des papiers et mémoires nécessaires, n'estoit pourveu à tel inconvénient. C'est pourquoy lesdictes gens des Estatz, assemblez en la ville de Mende, l'année dernière, par délibération expresse, approuvée depuis par lesdictz sieurs commissaires, auroient conclud et arresté que la perquisition et recherche de tous actes et papiers nécessaires et la direction des mémoires et instructions requis pour servyr à la vraye et plaine cognoissance du faict desdictz debtes et à la vérification et atténuation d'iceulx, seroit soigneusement continuée par ledict syndic et le greffier dudict païs, pour après le tout remis devers lesdictz sieurs commis et députés et lesdictz créanciers appelez et ouys, estre leurs demandes et prétensions examinées, débatues et impugnées et s'il y eschet pour le bien et soulagement du païs, modérés et liquidés du consentement et commun accord des parties au plus grand advantaige dudict païs que faire se pourra, et la liquidation faicte, en estre dressé estat, pour icelluy remettre devers lesdictz sieurs commissaires. Suivant laquelle délibération, après ladicte recherche et perquisition desdictz papiers faicte et mémoires dressez, lesdictz sieurs commis et députés auroient vacqué à l'examen d'aulcuns desdictz debtes et mesmes des sieurs Parat, Farnier et Cavallery, y ayant employé plusieurs journées ; à la fin desquelles, après une infinité d'impugnations et contestations, les demandes et prétensions des sus-nommez auroient esté réduictz et retranchez à la descharge et soulagement dudict païs de plus de 25,000 livres. En quoy paroist le faict et l'utilité de ladicte dernière délibération, l'exécution de laquelle lesdictz sieurs commis et deputez n'eussent désisté de continuer sans l'assistance et occupation, à laquelle les affaires et service du Roy deppendans de la présente assamblée des Estatz les oblige plus expressément, que ceste cause de ladicte interruption avec l'advis qu'ilz ont receu de la prochaine arrivée desdictz sieurs commissaires en ce païs, où ilz sont pressez de s'acheminer, par la solicitation et importunité du sieur Prieuret, agent desdictes parroisses opposantes, qui ostera le moyen et commodité desdictz sieurs commis et députés de satisfaire entièrement à ladicte délibération, comme il estoit nécessaire pour le grand bien, advantage et soulagement dudict païs. Sur quoy, veu les délibérations cy-devant prinzes sur le faict desdictz debtes, et attandu l'utilité évidente qui reviendra audict païs, de la continuation de l'ordre susdict pour les raisons desduictes par ledict sieur de Fumel, syndic ; a esté conclud et arresté que lesdictz sieurs commissaires seront priez, notamment de la part desdictz Estatz, de différer encores leur venue par deça jusques à ce que lesdictz sieurs commis et députés ayent entièrement satisfaict à l'intention du païs, portée par ladicte délibération et approuvée par lesdictz sieurs commissaires, pour le bien et soulagement du pauvre peuple, et qu'à ceste fin, leur en sera escript au nom desdictz Estatz, et, si besoing est, envoyé un extraict de la présente délibération.

Sur les plainctes faictes par plusieurs des consulz assistans à la présente assamblée, du grand besoing et nécessité qu'il y a de pourveoir à la réparation des pontz dudict diocèse pour les inconvéniens qui par ce deffault arrivent ordinairement aux marchandz et aultres personnes qui vont par pays, et la diminution et recullement du traficq et commerce, oultre que la pluspart desdictz ponts menaçent d'une entière et prochaine ruyne, qui causeroit une extrême et insupportable despense et incommodité au publicq, laquelle néantmoings se peult esviter par le moyen desdictes réparations, tant utiles et nécessaires et de beaucoup moindres fraiz. Après avoir esté veues en ladicte assamblée les délibérations cy-devant prinzes aux Estatz généraulx de Languedoc et particuliers dudict diocèse sur le faict de la réparation des pontz et chemins, a esté conclud et arresté que le syndic et greffier dudict diocèse se transporteront ez lieux d'icelluy où il y a des pontz, commençant aux plus

nécessaires et importans au publicq et feront vérification
bien exacte de l'estat auquel ilz les trouveront et des réparations nécessaires en iceulx, pour en esviter la ruyne,
ensemble des sommes de deniers par estimation à quoy
lesdictes réparations pourront monter, et de tout sera par
eulx dressé ung ample verbal ou estat, pour icelluy
rapporté et veu à la prochaine assamblée des Estatz
dudict diocèse, estre sur ce prins en icelle la délibération qu'ilz trouveront convenable pour le bien du païs.
Néantmoings, en cas qu'en aulcuns desdictz pontz y
auroit des réparations à faire, si urgentes et si nécessaires qu'elles ne pourroient estre davantage retardées
sans péril d'une prochaine et trop dommageable ruyne;
ladicte assamblée, en ce cas, donne charge et pouvoir
ausdictz syndic et greffier, de passer les pris faictz nécessaires de telles réparations, au meilleur mesnage que
faire se pourra, avec l'assistance des officiers et consulz
des lieux, à la charge toutesfois que les habitans desdictz
lieux seront tenuz d'employer, de leur part, les sommes
qu'ilz doibvent contribuer par préciput ausdictes réparations, suivant les reiglement et délibérations desdictz
Estatz généraulx, pour esviter, en ce faisant, la totale
ruyne desdictz pontz. Promettant lesdictz Estatz avoir
agréable et ratiffier les contractz et pris faictz qui seront,
ainsi que dessus, passez par lesdictz sindic et greffier,
pour les susdictes réparations, et les relever indempnes,
tant du principal que de tous despens, dommages et intérestz que pour raison de ce ilz pourroient souffrir.

Ledict sieur de Fumel, syndic, a représenté qu'entre
les actions remarquables de l'assamblée dernière des
Estatz généraulx de Languedoc, ça esté celle du serment
de fidélité faict au Roy, en corps d'Estat, lequel ilz ont

d'ung mesme cœur et volonté renouvellé à l'honneur èt advancement du service de Sa Majesté et du bien et repos général de ce royaume, et d'aultant que par la délibération desdictz Estatz généraulx prinze sur ce subject, les diocèses de la province sont chargez d'en uzer de mesmes en chascune assemblée de leurs prochaines assiettes, à ceste cause ledict syndic a requis lesdictz Estatz voulloir satisfaire de leur propre part. Sur quoy après la lecture qui a esté faicte par le greffier du païs de la délibération et que par mondict sieur le président, les assistans ont esté semondz à ce mesme debvoir, comme bons et fidelles subjectz de Sa Majesté, qu'ilz ont tousjours esté ; ladicte assemblée continuant son acoustumée et naturelle fidélité, dévotion et obéyssance envers sadicte Majesté, auroit unanimement arresté, promis et juré, à l'exemple desdictz Estatz généraulx et en la mesme forme, assavoir : MM. de l'église, la main sur la poitrine, et ceux de la noblesse et du Tiers-Estat, la main levée vers le Ciel, les uns et les autres, tant en leurs noms propres que comme envoyez et députés et représentans tous les habitans dudict païs de Gévaudan, de se maintenir et conserver inviolablement en l'obéissance et fidélité qu'ilz doibvent à sadicte Majesté et à la Royne régente, sa mère, comme leurs très-humbles, très-obéissans et très-fidelles subjectz et d'employer leurs moyens et leurs vies, pour le bien de leurs service et de l'estat, contre tous ceulx qui vouldroient attenter ou entreprendre, au préjudice de leurs Majestés ou du repos publicq, et si quelque chose en vient à leur notice, d'en advertir aussitost leurs Majestés et nos seigneurs le Connestable, duc de Vantadour et aultres qui en leur absence ont authorité en la province, et a esté arresté que les consulz des villes et communaultés dudict diocèse qui ont assisté aux présens Estatz feront, à leur retour sur les lieux, faire semblable serement et promesse par les assemblées géneralloment d'icelles villes et communaultés affin que d'ung mesme cœur tous les habitans dudict païs soient résoluz de s'opposer à tous les mauvais desseings qui se pourroient faire faire contre l'obéissance deue à leurs Majestés.

En suite de laquelle délibération et prestation du serment, a esté représenté à ladicte assemblée, par M. de Chanoillet, conseiller du Roy, lieutenant général au bailliaige de Gévaudan et commissaire ordinaire de l'assiète dudict diocèse, que l'on ne pourroit rendre, à Sa Majesté, meilleur tesmoignaige de l'obéissance qu'on luy doibt, qu'en observant fidellement ses édictz et ordonnances et notamment celles qui sont importantes et de conséquence au bien de l'Estat, comme la prohibition du port des armes à feu, des duelz et aultres combatz et de toutes assemblées illicites qui sont expressément deffendues, pour oster tout moyen et prétexte que pourroient prendre sur ce subject ceulx qui seroient portez d'une meschante volunté à troubler le repos et tranquillité de ce royaume. Ce néantmoings, au mespris des ordonnances et au préjudice du repos publicq, une infinité de contravention ausdictz Edictz se commettent dans ce diocèse et notamment vers la montaigne de la Margeride, où le port desdictes armes à feu est aussi fréquent et ordinaire comme en plaine guerre et tolléré publiquement par les officiers, consulz, habitans et les seigneurs mesmes des lieux qui dissimulent au lieu de s'y opposer et empescher, comme ilz debvroient, telles contraventions si pernicieuses et dommageables au service du Roy et à l'Estat. Ce que ledict sieur lieutenant a estimé estre du debvoir de sa charge de représenter à ladicte assamblée et par mesme moyen l'exhorter, sommer et requérir d'adviser et rechercher les remèdes convenables pour empescher lesdictes contraventions. Sur quoy a esté délibéré et arresté que les officiers et consulz des villes dudict diocèse et aultres communaultez seront advertiz et exhortez, de la part des Estatz, par la bouche des députés et aultres qui ont assisté à la présente assamblée, chascun en son destroict, de faire curieusement prendre garde aux personnes qui entreront dans leurs villes et lieux pour descouvrir s'ilz portent aulcunes armes à feu ; et en ce cas tiendront la main, lesdictz officiers et consulz, à ce que les coulpables soient saisiz et arrestez incontinant, sans dissimulation ny acception de personne, comme de mesmes en sera uzé à l'endroict de ceulx qui se licencieront à faire des combatz et assamblées deffendues, pour aussitost après en advertir le syndic dudict païs, affin de se rendre partie formelle, et comme tel, faire toutes poursuites nécessaires, aux fraiz et despens communs dudict païs, contre les délinquans. Et où pour le trop grand nombre d'iceulx lesdictz officiers et consulz n'auroient moyen de se saisir de leurs personnes sans avoir main-forte, en ce cas lesdictz officiers et consulz se feront accompaigner de tel nombre d'habitans qu'ilz jugeront suffizans et nécessaire pour s'asseurer des personnes et armes des réfractaires et contrevenans ausdictz édictz. Et d'aultant que la fréquence de telz désordres et désobéissance se retrouve plus grande au quartier de la montaigne de la Margeride qu'en nul aultre endroict dudict diocèse et que pour la proximité du païs d'Auvergne, les délinquans y font leur retraitte ; a esté conclud qu'il en sera donné advis au sieur de Baulmevieille, prévost général dudict païs d'Auvergne, à ce qu'il luy plaise, de sa part, y rendre le debvoir de sa charge, et à ceste fin se transporter sur les lieux de retraitte de telz perturbateurs du repos publicq, pour s'en saisir et en faire justice suivant lesdictz Edictz.

Les articles de l'accord passé entre les gens des Estatz généraulx du païs de Languedoc et ceulx de la Chambre des Comptes à Montpellier sur leurs différendz et procès, dès longtemps pendans au Conseil du Roy, touchant principallement la reddition des comptes des deniers extraordinaires et municipaulx de la province et des villes et communaultés d'icelle, ont esté leuz en plaine assamblée affin que chascun en demeure instruict, pour se régler suivant les articles ez affaires des villes et communaultez dudict diocèse aux occurrences qui s'en pourront présenter.

Sur l'exposition faicte par le sieur Rodes-Castain, habitant à Maruejolz, de ce que à l'occasion de certaines obligations passées par le feu sieur du Montet, de La Canorgue, son beau-père, pour les affaires du diocèse et mesmes pour l'achept de certains vivres de munitions destinez à la réduction en l'obéissance du Roy de ladicte ville de Maruejolz, ez années 1585 et 1586 ; il est journellement vexé et molesté par une infinité de contrainctes et rigoreuses exécutions ez biens dudict feu sieur du Montet, voire mesme ez siens propres, tant pour les sommes principalles desdictes obligations que pour les droictz des clameurs exposées sur icelles, oultre les interestz qu'il est contrainct payer annuellement au sieur Regy, marchand de. . . . . en Rouergue, qui montent plus de 150 livres par an ; requérant à cause de ce, qu'il pleust ausdictz Estatz le relever, tant du principal desdictes obligations que desdictz droictz de clameur, despens, dommaiges et interestz, comme chose juste et raisonnable. A esté conclud et arresté que suivant les délibérations prizes les années dernières, portant reiglement sur le faict de la vérification des debtes dudict diocèse, pour faciliter l'exécution de la commission adressée par Sa Majesté à MM. Delhom et Gallières, trésoriers généraulx de Erance, commissaires députez à ladicte vérification, ledict sieur Rodes se retirera devers MM. les commis et députés dudict païs et remettra devers eulx ses demandes et prétensions avec les actes et pièces justificatives, pour le tout par eulx veu et examiné estre après procédé suivant ledict reiglement.

Sur la plaincte faicte par les consulz de Saint Estienne-de-Valfrancisque et aultres du quartier des Cévennes, de ce que envoyant, en la ville de Mende, au receveur des tailles l'année dernière les deniers de leur collecte, celluy qu'ilz avoient chargé de porter lesdictz deniers auroit esté prins et arresté en la ville de Mende, à la requeste du sieur de Columb, receveur des décymes dudict diocèse, soubz prétexte de certaine taxe imposée sur les bénéfices desdictes Cévennes par MM. du Clergé, pour le restablissement du service divin ez esglises dudict quartier. Au moyen de laquelle arrestation, ilz auroient souffert des despens et beaucoup d'incommodité et sont encores menassez par le sieur de Columb, de leur en faire souffrir de plus grandz à l'advenir, pour lesdictes taxes, ce qui ne seroit raisonnable. Requérans à ceste cause qu'il pleust ausdictz Estatz y pourveoir. A esté conclud que monseigneur de Mende sera prié, de la part desdictz Estatz, ordonner tant audict sieur de Columb que aultres receveurs desdictz décimes, de n'arrester ny donner aulcun empeschement pour raison desdictes taxes les collecteurs ou aultres portant des deniers des tailles aux receveurs d'icelles en ladicte ville de Mende, sauf ausdictz receveurs des décymes leurs actions ou exécutions contre ceulx qui sont débiteurs desdictes taxes.

Sur la réquisition faicte par M⁰ Guillaume de Calvet, receveur des tailles dudict diocèse, de luy faire délivrer les assiettes et départemens, tant des deniers ordinaires que des extraordinaires qui seront imposez aux présens Estatz pour en faire la levée, comme estant en l'année de son exercice ; déclarant néantmoins ne prétendre plus grandes taxations pour lesdictz deniers extraordinaires que de six deniers pour livre, ores qu'on luy ayt faict entendre que par l'accord et articles arrestez entre MM. des Estatz généraulx de Languedoc et les receveurs particuliers de certains diocèses, desquelz articles néantmoings ledict sieur Calvet a dict n'avoir oncques eu communication, moins estre intervenu ny presté consentement sur iceulx ; lesdictz sieurs des Estatz ayent accordé ausdictz receveurs 8 deniers pour livre desdictes taxations extraordinaires, offrant encores, pour asseurance de la levée qu'il fera desdictz deniers extraordinaires, fournir à MM. du païs l'acte de caultionnement de M. de Calvet, son père, ou de sa ratification du contract de bail qui luy sera passé de la recette desdictz deniers extraordinaires. A esté conclud, qu'après que lesdictz articles, ensemble l'arrest du Conseil d'Estat, portant authorisation d'iceulx, auroient esté, par le syndic du païs, communicquez audict sieur de Calvet, receveur, luy sera passé le bail de la recepte desdictz deniers extraordinaires que MM. les commis et députés dudict païs avec ledict syndic, suivant lesdictz articles et à la charge que ledict sieur de Calvet sera tenu, avant qu'entrer en exercice, rapporter et remettre devers lesdictz sieurs commis, sindic et députés, acte de caultionnement ou ratification en bonne forme de sondict père, du contract de bail de ladicte recepte qui sera passée, comme dict est, audict sieur de Calvet, pour lesdictz deniers extraordinaires, aultrement ladicte recepte sera criée sur luy à la folle enchère.

Du mardy, dix-septième dudict mois d'avril, au lieu et pardevant que dessus.

Mᵉ Anthoine de La Fabrègue, consul de Saint-Germain, viguerie de Portes, s'est présenté pour ladicte viguerie, et remis sa procuration, de laquelle faicte lecture et le serement par luy presté, il a esté receu, à condition de faire réformer ladicte procuration luy ayant esté rendue à cest effect.

Le sieur Guyot, marchand de la ville de Marieujolz, fermier principal du droict de l'équivallant du diocèse de Mende, pour le trienne prochain, a remis devers l'assamblée une liste contenant le nom de ceulx qu'il entend présenter pour respondre et se rendre caultions des deniers de sadicte ferme, qui sont Mᵉ Ramond de S. Bauzille, sieur de la Colombesche, bourgeois; sires Pierre Brun et Pierre Barthélemy, marchandz de la ville de Mende; Jehan Colrat et Augustin Vidal, bourgeois de la ville de Maruejolz. Sur quoy, après avoir esté délibéré, a esté conclud que MM. les commissaires de l'assiette seront requis, de la part desdictz Estatz, de procéder à la réception desdictes cautions, comme capables et suffizantes pour la seureté du prix de ladicte ferme dudict équivallent.

S'est présenté à l'assamblée, pour M. de Barre, Pierre Tardieu, sieur de Séjas, avec procuration du sieur de Seras, laquelle ayant esté leue, il a esté receu après avoir presté le serement acoustumé.

Le sieur Armand, lieutenant, audict diocèse, de M. le prévost général de Languedoc, a présenté à ladicte assamblée le verbal de ses diligences et chevaulchées qu'il a faictes, durant l'année dernière, en l'exercice de sa charge, comme aussi des exécutions qui s'en seroient ensuivies; suppliant les Estatz avoir esgard à ses peines et vaccations et mettre en considération si les moyens que le pays baille maintenant pour son entretenement et du greffier et nombre d'archers qui luy seroit nécessaire, sont suffizans pour pouvoir servir dignement et utilement le Roy et le pays, mesmes en ceste saison où les contraventions aux édictz de Sa Majesté, sur la prohibition du port d'armes à feu, des combatz et assamblées illicites sont plus fréquentes qu'elles n'ont jamais esté dans ledict païs qui d'ailleurs se remplit d'une infinité de vagabondz et gens malvivans, qui s'en vont multipliant journellement à veue d'œil, s'ilz ne sont réprimez par le moyen d'une forte et sévère justice, et n'y a rien qui leur donne tant de courage de faire leur séjour et retraitte dans ledict païs ny aux réfractaires et contrevenans aux Edictz du Roy, de persévérer en leur mauvaise et pernicieuse façon de vivre que de le veoir mal assisté et si peu accompaigné d'ung si petit nombre d'archers qu'il a, et encores mal entretenus; n'ayant moyen, en ceste sorte, faire ung bon effort ny aulcun notable exploict contre lesdictz volleurs et aultres qui vont ordinairement en trouppe et bien armez, comme chascun scayt. Sur quoy veu les délibérations prinzes ces années dernières, sur le mesme subject, et après que le syndic dudict païs a représenté que de tout temps les sieurs commissaires de l'assiette avoient acoustumé d'imposer, chascune année sur le général dudict diocèse, les sommes de deniers à quoy pourroient revenir les gaiges et entretenement des prévost, greffier et archers, sauf depuis peu d'années, qu'ilz en ont faict difficulté, fondée sur l'Edict faict par Sa Majesté, à la poursuite d'aulcuns partizans pour l'érection, en titre d'office, des prévostz diocésains du païs de Languedoc. Et bien que depuis il y ayt eu révocation dudict Edict, toutesfois lesdictz commissaires ne laissent de faire la mesme dificulté d'imposer aulcune somme de deniers, tant petite soit elle, pour ledict entretenement, sans permission de sadicte Majesté. Et parce qu'il n'y a eu moyen encores de l'obtenir, bien qu'elle ayt esté poursuivye comme il a faict veoir par lettres de M. Pitot, qui s'est fort soigneusement employé en cest affaire à la prière de MM. les commis et députez dudict païs, lesdictz sieurs commis, en ces extrémités, ne pouvant mieulx et affin de ne laisser et abandonner du tout le pauvre peuple à la mercy et au pouvoir des assassins et brigandz, auroient esté contrainctz faire emprunter durant chascune des trois années dernières la somme de 1,200 livres, pour suppléer aulcunement au deffault desdictz sieurs commissaires. Et par le moyen de ce petit entretenement temporiser et tenir sur pied ledict prévost avec ledict greffier et quelques archers, et par leur présence retenir dans le pays les marques de l'authorité de Sa Majesté en coste justice tant requise et nécessaire en icelluy, en attandant ung plus ample secours par ladicte provision. A esté conclud et arresté, conformément auxdictes précédentes délibérations et pour les mesmes raisons et considérations qui tendent toutes au repos et à la seureté du publicq, que ledict syndic empruntera pareille somme de 1,200 livres tournois, pour estre employée au payement des gaiges et entretenement desdictz prévost, greffier et archers, suivant les mandemens et ordonnances desdictz sieurs commis et députez et ce durant la présente année, à la charge néantmoings que ledict syndic sera indempnisé et relevé par ledict diocèse, tant de ladicte somme principale que des interest d'icelle, despens et dommaiges, si aulcuns il encouroit pour raison de ce, et que la poursuitte commencée pour obtenir, de sadicte Majesté, ladicte permission sera continuée aux frais communs dudict païs et à la diligence dudict syndic.

Sur la requeste présentée par F. Thomas Borre, prieur du couvent des Frères Prédicateurs de la ville de Maruejolz, tendant à ce qu'il pleust à l'assamblée octroyer, pour aulmosne et charité, quelque somme de deniers pour ayder à rebastir quelque partie dudict couvent, ruyné cy-devant pour l'injure des guerres ; ce qui ne se pourroit faire sans l'assistance des moyens du païs que ledict prieur implore et requiert en toute humilité pour le bien et advancement du service de Dieu, honneur et gloire de son sainct nom ; a esté par lesdictz Estatz accordé la somme de 150 livres tournois, pour ayder à ladicte réédification, et qu'à cest effect ladicte somme sera mise dans l'estat des debtes dudict païs, pour obtenir permission de Sa Majesté d'en faire l'imposition et levée sur le général dudict diocèse, le tout sans conséquence et à la charge que les deniers seront mis es mains des ouvriers, à mesure qu'ilz feront la besoigne et bastiment susdict, sans pouvoir estre divertiz et employez à aultres usages, à peine de répétition sur les partics prenantes, ordonateurs et ceulx qui en auront faict les payements dont l'article de l'assiette sera expressément chargé.

Sur aultre requeste faicte verballement ausdictz Estatz par M. le premier consul de ladicte ville de Maruejolz, à ce que leur bon plaisir fust voulloir encores exercer leurs aulmosnes et charités à l'endroict de ladicte ville, pour ayder à réédifier l'hospital d'icelle qui a esté pareillement ruyné par l'injure des guerres ; lesdictz Estatz ont de mesmes accordé la somme de 100 livres pour ladicte réédification et qu'à cest effect elle sera couchée dans ledict estat des debtes dudict diocèse, pour obtenir, sur icelluy, permission d'en faire l'imposition et levée sur le général dudict diocèse ; le tout sans conséquence, et à la charge que les deniers seront mis et payez es mains des ouvriers à mesure qu'ilz feront ledict bastiment, sans qu'ilz puissent estre employez ailleurs, à peine de répétition sur les ordonnateurs, parties prenantes et ceulx qui en auroient faict le payement.

Sur ce que le sieur de Fumel, syndic dudict diocèse, a remonstré, qu'en la dernière assemblée des Estatz généraulx de Languedoc, ayant esté dressé ung estat des vieulx debtes de la province qui restoient encores à payer, lesdictz Estatz auroient envoyé devers le Roy pour obtenir permission d'en faire l'imposition et levée en ceste année sur le général de ladicte province. Et d'aultre part, MM. les commis et députés dudict diocèse auroient faict ung aultre estat de certaines parties qu'ilz auroient esté contrainctz d'emprunter à interest durant ces dernières années, pour subvenir aux affaires plus urgens et pressez dudict diocèse, lequel estat, après avoir esté vérifié par MM. les commissaires présidens, pour Sa Majesté ausdictz Estatz généraulx, qui en auroient donné leur advis à sadicte Majesté, auroit esté pareillement envoyé en Cour pour obtenir lettres d'assiette des sommes y contenues et croit-on que l'une et l'aultre de ces provisions ne tarderont guières à venir; requérant au moyen de ce, qu'il pleust à l'assemblée délibérer sur ce qu'il conviendra faire à l'arrivée desdictes commissions pour l'exécution d'icelles, assavoir, s'il sera besoing convocquer de nouveau les gens desdictz Estatz, ou bien si la seule présence desdictz sieurs commis et députez suffira. A esté conclud et arresté que MM. les commissaires ordinaires de l'assiette seront requis, au nom desdictz Estatz, de procéder au département des sommes qui seront permises par lesdictes commissions, et ce à l'assistance desdictz sieurs commis, sindic et députés et d'ung consul des Cévennes, lesquelz se pourront, à cest effect, transporter en la présente ville.

Les Estatz délibérans sur les termes de payement des deniers ordinaires, portez par les mandemens dés Estatz généraulx et fraiz ordinaires du diocèse qui seront imposez en la présente assiette, ont arresté, pour le soulagement du pauvre peuple, que la levée s'en fera en deux termes, assavoir : ez premiers jours de juillet et d'octobre prochains, sauf auxdictz sieurs commis et députés, en passant le contract de bail de la recette des deniers que n'entreront à la recepte généralle, de pourveoir raisonnablement sur les prétensions et indempnité du receveur particulier dudict diocèse, à cause du recullement desdictz termes.

Finallement mondict sieur le président a représenté que la marque d'ingratitude entre tous vices, a tousjours esté la plus odieuse et reprochable et principallement envers Dieu, de la bonté duquel nous recevons toute sorte de biens; et parce que ceste assamblée s'est particulièrement ressentie des effectz de sa grâce, en la direction des opinions et actions des Estatz, toutes choses s'y estans passées en paix, union et concorde, à l'honneur de son sainct nom et au bien du service du Roy, repos et soulagement du pauvre peuple; ladicte assamblée a juste occasion d'en louer sa divine bonté et luy en rendre très-dignes actions de grâces avec très-humbles prières, de nous continuer tousjours son assistance et saincte bénédiction, laquelle mondict sieur le président, après ung discours touchant, l'efficace du signe de la sainte Croix a donnée aux assistans, au nom du Père, du Filz et du Saint-Esperit, suivant l'ancienne coustume desdictz Estatz, desquelz l'assamblée a esté terminée par ceste belle et saincte action.

Signé : A. Chanolhet, vice-président ausdictz Estatz, pour Mgr l'évesque de Mende.

1613

Ouverture des Etats. — Commissaires de l'assiette. — Noms des membres ou des députés de l'assemblée. — Procurations des consuls de Florac et de Serverette, défectueuses. — Création d'office de contrôleur des tailles et refus de receveur celui qui en était pourvu. — Réquisition de M. le baron d'Apchier sur la séance aux Etats après le baron de tour. — Différent entre le pays et la Chambre des Comptes. — Admission des envoyés de MM. d'Arpajon, de Sévérac et de Gabriac. — Démission faite par M. de Calvisson de la charge de commis des nobles et nomination de M. de Morangiéss, son beau-fils. — Vérification des dettes du pays. — Admission de l'envoyé de M. de Barre. — Nécessité d'un prévôt et de ses archers, pour la sûreté du pays. — Contestations entre les receveurs. — Sommes dues à M. de Canillac. — Accord entre les députés des Etats généraux et les receveurs particuliers des diocèses. — Réception de l'envoyé du consul de Florac. — Dette en faveur de M. d'Hautheville. — Réparation des ponts. — Demande de M. Bastide des sommes à lui dues par diverses paroisses. — Gratification aux Frères-Prêcheurs de Marvejols. — Imposition des dettes. — Termes des impositions. — Bail de la recette des tailles. — Clôture des Etats.

L'an mil six cens trèze et le lundy, quatorzième jour de janvier, environ neuf heures du matin, en la ville de Mende, les gens des Trois Estatz particuliers du païs de Gévaudan et diocèse de Mende, suivant les commissions et mandement de nos seigneurs les commissaires présidens pour le Roy aux Estatz généraulx de Languedoc, tenus en la ville de Beaucaire, es mois d'octobre et novembre derniers ; s'estant assamblés dans la salle haulte des maisons épiscopalles de ladicte ville de Mende, après avoir, selon l'ancienne et louable coustume, assisté à la messe de Saint-Esprit, célébrée en l'esglise cathédralle dudiot lieu, seroient venuz en ladicte assamblée MM. de Tressan, commissaire principal de l'assiette dudict diocèse ; François de Pelamourgue, escuyer, sieur de Malevielle, bailly de Gévaudan ; Urbain Dumas, docteur ez droictz, sieur du Bouschet, 1er consul de la ville de Mende ; Pierre Massador, maître apothicaire, 2e consul, et Guilhaume Vedrines, 3e consul de ladicte ville de Mende, et Augustin Vidal, bourgeois et 1er consul de la ville de Maruejolz, commissaires ordinaires de ladicte assiette. Lequel sieur de Tressan a représenté qu'ayant pleu à nosdictz seigneurs les commissaires, présidens pour Sa Majesté ausdictz Estatz généraulx, luy faire la dresse des commissions particulières pour l'assiette et département des quotitez de ce diocèse, des deniers accordés ausdictz Estatz généraulx et imposez sur le général de la province de Languedoc, il se seroit acheminé exprès en ceste ville au jour de la convocation de la présente assamblée, pour procéder au faict desdictes commissions ; ce qu'il offre de faire dès maintenant, avec les aultres sieurs commissaires ordinaires, et l'assistance de l'assamblée ou de telz députez d'icelle qu'ilz adviseront, suivant leur ancienne coustume et la teneur desdictes commissions ; desquelles après avoir esté faite lecture par le greffier desdictz Estatz, et que par ledict sieur de Tressan a esté encores représenté que la fidélité et obéissance des habitans dudict diocèze, au bien et advancement des affaires et service de Sa Majesté, a tousjours esté tellement recognue, qu'il ne faict doubte qu'il soit apporté aulcune dificulté, ains au contraire une prompte diligence à l'exécution desdictes commissions, comme il en a requis ladicte assamblée. Sur quoy, très révérend père en Dieu, Mre Charles, évesque et seigneur de Mende, comte de Gévaudan, président né desdictz Estatz, auroit par un brief discours, orné de plusieurs authorités et exemples, montré combien la reconnoissance des puissances ordonnées de Dieu, est recommandée en l'Escripture-Saincte, et que sans l'obéyssance deue aux Roys et princes souverains et l'union et concorde des subjectz qui doivent estre concurrentes, les royaulmes et Estatz ne peuvent subsister, que la division est très-pernicieuse en ung Estat ; ayant esté par icelles réduictes à néant les plus grandes et excellentes monarchies ; comme au contraire les petitz Estatz, par l'union et concorde, sont parvenus au plus hault degré de grandeur et authorité, pour estre chose bien recognue certaine et infallible que de l'obéyssance et de l'union et concorde des subjectz, deppend la prospérité et grandeur des royaulmes. Que si jamais les habitants de ce païs sont demeurez en bonne union et concorde, ilz le doibvent maintenant plus que jamais, pour continuer de rendre tesmoignaige de l'obéyssance deue au Roy et à ceulx qui ont l'honneur et authorité de le représenter et particullièrement à Mgr le Connestable, lieutenant général pour Sa Majesté en ceste province. Et parce que entre tous les subjectz de sadicte Majesté, ceulx de ce païs et diocèze n'ont jamais manqué à leur debvoir, mondict seigneur le président, asseuré qu'ilz n'ont rien de plus cher que de pouvoir continuer à toutes occasions et notamment en celle qui se présente, de contribuer au secours ordinaire octroyé à Sa Majesté, par les Estatz généraulx, auroit offert, de la part desdictz Estatz particuliers, ausdictz sieurs commissaires, toute l'assistance requise, sur l'exécution de leur commission, leur requérant, à cest effect et pour pourveoir aux affaires communs dudict païs, permission de continuer ladicte assemblée pour quelques jours, suivant leurs privilléges et ancienne coustume. Ce que par lesdictz sieurs commissaires leur auroit esté incontinant accordé.

Dudict jour, quatorzième jour de janvier, de relevée.

Lesdictz Estatz rassamblez au lieu que dessus, président en iceulx mondict seigneur de Mende, les pouvoirs et procurations remises par les envoyez des sieurs de l'église et de la noblesse et par les consulz, procureurs et sindicz des villes et communaultez qui ont scéance et voix délibérative ausdictz Estatz, ont esté leues en ladicte assemblée. Et après que les consulz des villes de Florac et Serverette sont sortiz, pour n'avoir esté leurs procurations trouvées suffizantes, les aultres assistans ont presté entre les mains de mondict seigneur le président le serment acoustumé de procurer le bien du service du Roy et le repos et soulagement dudict païs et ne divulguer les délibérations desdictz Estatz. Et estoient lesdictz assistans, assavoir, pour l'Estat de l'église : vénérable personne M⁰ André de Chanoillet, docteur ez droictz, chanoine et envoyé du Chapitre de l'église cathédralle de Mende ; M⁰ Pierre Enfruct, aussi docteur et chanoine en ladicte église, vicaire et envoyé de M. de Ste Enimye ; M⁰ Anthoine de Chanoillet, aussi chanoine de ladicte église et envoyé de M. de Lengoigne ; Fr. Latgier Bordes, prieur du monastère et abbaye des Chambons, envoyé du sieur abbé des Chambons, envoyé du sieur abbé des Chambons. Et pour la noblesse : noble Balthasar des Fustiers, sieur de la Figière, envoyé de M. le baron de Randon, baron du tour, la présente année; M⁰ Jehan Michel, bâchelier ez droictz, lieutenant en la justice et envoyé de M. le baron d'Apchier ; M⁰ Pierre Borrelli, docteur ez droictz, sieur de Pelouse, envoyé de M. le baron du Tournel; M⁰ Pierre Loberie, docteur ez droictz, lieutenant général du Bailliaige de Mercœur, envoyé de M. le baron de Mercœur ; noble Claude de Polaillon, sieur de Bouzolz, tuteur onéraire et envoyé de M. le baron de Canilliac ; noble Jacques de Heurtelou, sieur de La Haillerie, envoyé de M. le baron de Florac ; noble Guillaume Dumazel, sieur du Pivol, envoyé de M. de S. Auban ; M. de Gibertez, en personne ; M⁰ Guillaume Bardon, docteur, envoyé de M. de Mirandol ; noble Jehan-Jacques de Columb, envoyé de M. de Portes ; M. de Servière, en personne ; M⁰ Adam de Bouton, docteur ez droictz, envoyé de MM. les consulz nobles de La Garde-Guérin. Et pour le Tiers-Estat : M. M⁰ Urbain Dumas, docteur ez droictz, sieur du Bouschet, 1ᵉʳ consul de la ville de Mende ; Pierre Massador, 2ᵉ consul de ladicte ville ; sire Augustin Vidal, bourgeois et 1ᵉʳ consul de la ville de Maruejolz ; sire Estienne Julien, marchand et consul de la ville de la ville de Chirac ; M⁰ Pierre Reboul, aussy marchand et consul de la ville de La Canourgue ; M⁰ Estienne Rampon, docteur ez droictz, 1ᵉʳ consul de la ville de Saint-Chély-d'Apchier ; M⁰ Anthoine de Langlade, docteur en médecine et 1ᵉʳ consul de la ville de Saulgues ; M⁰ Guilhaume Bony, docteur ez droictz, depputé des consulz et habitans de la ville du Malzieu ; M° Tristan Grégoire, notaire et député des consulz de la ville d'Yspaniac ; M° Jehan Bazalgette, consul de la ville de Ste-Enimye ; M° Jacques Hébrard, consul de Châteauneuf-de-Randon ; M° Simon Pauc, député du consul de Saint-Etienne-de-Valfrancisque ; sire Estienne Pascal, consul de Langoigne ; Jacques Leblanc, marchand et consul de Barre ; M° Pierre Chalmeton, docteur et sindic de la ville de S. Auban, et M° Jehan Reversat, notaire et député du mandement de Nogaret.

Et d'aultant que les procurations desdictz consulz de Florac et Serverette contiennent certaines clauses extraordinaires, préjudiciable et directement contraires aux priviléges desdictz Estatz et aux anciennes formes de tout temps observées en iceulx, après en avoir esté délibéré, a esté conclud et arresté n'y avoir lieu de donner entrée en ladicte assamblée ausdictz consulz, jusques avoir esté par eulx remis nouvelle procuration, chascun en son regard, en bonne et deue forme et selon qu'il a esté observé de toute ancienneté.

Sur la réquisition faicte à ladicte assamblée par M. Estienne Bastide, sieur d'Arfueillette, comme procureur spéciallement fondé par M. Daniel de Montguibert, de la ville de Pézénas, pourveu des offices de contrôleur ancien et alternatif des tailles, au diocèse de Mende, de l'admettre et recevoir en la présente assamblée et luy donner rang et place en icelle, pour et au nom dudict sieur de Montguibert y faire la fonction de ladicte charge de contrôleur suivant l'arrest du Conseil sur ce donné, et l'accord et délibération des gens des Estatz généraulx de Languedoc, dernièrement tenus en la ville de Beaucaire ; après avoir esté faicte lecture en ladicte assamblée de ladicte délibération, et attendu que, par icelle, appert les pourveuz desdictz offices de controlleurs desdictes tailles en la province de Languedoc, estre entrez en traitté d'accord avec lesdictz Estatz généraulx, ayant esté arresté qu'à cest effect en seroient dressé des articles ; ce qui n'auroient esté encores effectué, comme ledict sieur de Montguibert présuppose par la teneur de sa procuration exhibée par ledict sieur Bastide, estans les choses demeurées en ces termes, sans aultre progrès ny rupture dudict accord ; a esté conclud et arresté n'y avoir lieu d'admettre et recevoir ledict sieur Bastide en l'exercice dudict office contre et au préjudice dudict traitté et de l'accord qui s'en pourra ensuivre au bien et soulagement de ladicte province ; néantmoings sera baillé extraict du présent acte audict sieur Bastide, suivant sa réquisition pour sa descharge.

Sur la plaincte faicte par le sieur Michel, envoyé de M. le baron d'Apchier, de ce que contre l'ordre acoustumé, lorsqu'on appelle les députés des Estatz pour opiner, ledict sieur baron d'Apcher est nommé après quatre ou cinq des aultres sieurs barons, ores que de toute ancienneté il ayt tousjours eu scéance et voix délibérative ausdictz Estatz, immédiatement après le baron du tour qui précède tous les aultres ; requérant qu'il pleust à l'assemblée le maintenir et conserver en ses droictz et possessions pour ce regard. Ouys sur ce les autres envoyez des aultres sieurs barons qui ont insisté au contraire et que c'est chose qui a esté souvent disputée et mise en doubte, non-seullement lorsque les sieurs barons d'Apcher n'ont eu que des envoyez ausdictz Estatz, mais aussi lorsqu'ilz y ont esté en personne ; a esté conclud et arresté qu'il sera faict recherche des délibérations prinses depuis plusieurs années ausdictz

Estatz sur semblable différendz, pour icelles veues en la présente assemblée en estre pris ung reiglement.

Le sieur de Fumel, syndic dudict diocèse, a représenté qu'après plusieurs conférances et assemblées faictes sur le traitté d'accord du grand différend et procès intenté au Conseil d'Estat entre les syndicz généraulx de la province de Languedoc et les depputés de la Chambre des Comptes de Montpellier, touchant l'imposition des deniers extraordinaires et municipaulx de ladicte province et audition des comptes desdictz deniers prétendus par ladicte Chambre, au préjudice et ancienne observation de ladicte province. Enfin les articles accordés entre les gens des Estatz généraulx dudict païs et ladicte Chambre auroyent esté arrestés et depuis autorises par arrest du Conseil de Sa Majesté soubz certaines modiffications ; lesquelles néantmoings comme préjudiciable au bien du païs, les députés desdictz Estatz généraulx qui ont esté nommés pour aller en Cour ont esté chargés poursuivre, devers Sa Majesté, de faire lever et oster. Et d'aultant qu'il importe que chascun de l'assemblée soit informé du contenu ausdictz articles, il a requis d'en faire faire lecture en icelle ; ce qui a esté faict après avoir esté discouru par mondict seigneur de Mende, président, touchant les particularités plus importantes durant le cours dudict affaire.

Du mardy, quinzième jour dudict mois de janvier, du matin, en l'assemblée des Estatz, président mondict Sgr de Mende, au lieu que dessus.

S'est présenté à ladicte assemblée Mᵉ André Brugeiron, docteur ez droictz, comme envoyé de M. d'Arpajon, en vertu de la procuration qu'il en a remise, de laquelle faicte lecture, ledict Brugeiron a esté receu après avoir presté le serment acoustumé.

De mesmes s'est présenté M. André Comte, aussy docteur ez droictz, avec procuration de M. de Sévérac ; de laquelle, faicte lecture, il a esté pareillement receu à ladicte assamblée, ledict serement préalablement presté.

Comme aussi noble Aldebert de Seguin y auroit esté receu pour M. de Gabriac, veu la procuration trouvée suffizante, et ayant semblablement presté le serment acoustumé.

Sur la démission faicte auxdictz Estatz de la charge et office de commis des nobles dudict païs de Gévaudan et diocèze de Mende par noble Guilhaume du Mazel, sieur du Pivol, comme procureur spéciallement fondé de Mre Aymard de Calvission, sieur de S. Auban, chevalier de l'ordre du Roy et pourveu de ladicte charge et office. Veu par lesdictz Estatz la procuration dudict sieur de S. Auban, passée audict sieur Dumazel à l'effect de ladicte démission, receue par Me Jehan Baldit, notaire royal de Villefort, le dernier jour de décembre dernier passé ; veu aussi la lettre escripte sur le mesme subject ausdictz Estatz par ledict sieur de S. Auban, contenant les motifz de ladicte démission, fondée sur son âge et indisposition qui ne peuvent luy permettre de continuer son service au païs en ladicte charge. A ces causes lesdictz Estatz, pour ne laysser ledict païs destitué de personne digne et capable de ladicte charge ; après avoir sur ce meurement délibéré et pour la parfaicte confiance qu'ilz ont de la personne de noble François de La Molette, sieur de Morangiers, beau-filz dudict sieur de S. Auban, et de ses sens, suffizance, loyaulté, preudhomye et expérience aux affaires publicques et aultres louables qualités, ont icelluy unanimement esleu et nommé à ladicte charge et office de commis des nobles dudict païs et diocèze, pour l'exercer, en jouir et uzer aux honneurs, authorités, prééminences, droictz et gages accoustumé et à ladicte charge appartenans. Et incontinant après, ledict sieur de Morangiers ayant esté appellé à ladicte assamblée et entendu ladicte nomination et eslection faicte de sa personne en ladicte charge, il en a humblement remercié les Estatz et pour icelle en a faict et presté es mains de mondict seigneur de Mende, président, le serement deub et accoustumé, de s'employer de tout son pouvoir en ladicte charge pour l'advancement des affaires et service du Roy audict païs, le bien, soulagement et repos d'icelluy et s'opposer en tant qu'à luy sera, à ce qui pourroit estre contraire et préjudiciable au service de sadicte Majesté et au bien dudict païs.

Sur le rapport faict à l'assamblée par le sieur de Fumel, syndic, de ce qu'il s'est passé aux affaires du païs, depuis les derniers Estatz et mesmes touchant le principal desdictz affaires qui gist en la vérification des debtes dudict païs, commise par arrest du Conseil d'Estat et lettres pattentes de Sa Majesté à MM. Delhon et de Galières, trésoriers généraulx de France, pour la direction et advancement duquel, oultre les ordonnances données par lesdictz sieurs commissaires. Les Estatz, par leurs délibérations prinses ces dernières années, entre autres choses, pour faciliter ladicte procédure et néantmoingz la rendre plus exacte et moingz onéreuse audict païs, auroient arresté qu'au préalable et avant qu'entrer au gros de ladicte vérification pardevant lesdictz sieurs commissaires, il sera dressé par ledict syndic et le greffier dudict païs amples mémoires et faicte perquisition des comptes, acquitz et aultres actes et papiers nécessaires à la descharge dudict païs contre lesdictz créanciers qui seront par mesme moyen appellez pardevant MM. les commis et députés dudict païs et ouy en leurs demandes, pour icelles particullièrement examinées et débattues suivant lesdictz actes et mémoires, induire et porter lesdictz créanciers à quelque composition, du moingz à une légitime réduction de leursdictes prétentions, affin que les choses ainsi préparées et esbauchées à la venue desdictz sieurs commissaires, et le tout remys et rapporté devers eulx, ilz eussent moyen de procéder, avec moingz de longueur et de fraiz, à l'entière et dernière liquidation et vérification desdictz debtes et interposer sur le tout leur authorité en vertu de leur pouvoir et commission, suivant lequel ordre, les prétentions d'aulcuns desdictz créanciers qui se seroient présentez pardevant lesdictz sieurs commis et depputés auroyent esté modérées et retranchées de plusieurs notables sommes à la descharge dudict païs. Lequel par la mauvaise volunté des aultres créanciers qui n'ont voulu se présenter a demeuré frustré de l'effect de la bonne intention desdictz Estatz et ladicte commission par leur deffault retardée jusques puys naguières que lesdictz sieurs commissaires, à l'instante poursuite du sieur président Caulet, auroient procédé en la ville de Montpellier à la vérification du debte de feu sieur de Planèzes et en suitte de ce, à la requeste du sieur Farnier, du Puy, auroyent faict donner assignation pardevant eulx en ladicte ville audict syndic ; lequel, à ceste occasion, a suplié lesdictz Estatz luy ordonner ce qui sera de leur intention pour le bien et utilité dudict païs. Ce qu'ayant esté mis en délibération, et attandu qu'il a esté jugé nécessaire et plus utile audict païs que ladicte vérification soit faicte en ceste ville de Mende, qu'en celle de Montpellier, pour plusieurs raisons et bonnes considérations ; a esté conclud et arresté que lesdictz sieurs commissaires seront priez et requis, au nom dudict païs, de se transporter en ceste ville de Mende pour y procéder, à l'entière exécution de leurdicte commission, et à ceste fin y renvoyer ledict Farnier et tous aultres créanciers. Et néantmoingz, veu le bien qui provient de l'observation du susdict ordre, ordonner que lesdictz créanciers, à peine d'estre descheuz de leur droict, seront tenuz remettre leurs demandes, et se présenter pardevant lesdictz sieurs commis et députés dans huict jours, après l'inthimation de l'ordonnance desdictz sieurs commissaires, pour icelles examinées et contestées et le tout remys et raporté pardevant lesdictz sieurs commissaires en ladicte ville de Mende, à tel jour qu'il leur plaira préféré après la prochaine feste de Pasques, estre par eulx procédé à l'entière et dernière vérification et licquidation desdictz debtes, suivant leurdicte commission, et qu'à cest effect en sera escript de la part desdictz Estatz ausdictz sieurs commissaires.

Dudict jour, quinzième janvier, de relevée, au lieu que dessus, président mondict seigneur de Mende.

S'est présenté M. Pierre Rodes-Castain, pour assister à ladicte assemblée, comme envoyé de M. de Barre; duquel veu la procuration et trouvée suffizante et le serement presté par ledict Rodes, il a esté receu pour ledict sieur de Barre.

Sur les plainctes génerallement faictes et réitérées en

ladicte assamblée par les consulz et sindicz des villes et communaultez dudict païs et des oppressions que le pauvre peuple souffre à cause des excès, volleries, meurtres, asssassinats et autres violences et désordres qui se commettent impunément depuis quelques années dans ledict païs, qui sont cause de l'interruption du commerce et trafficq en icelluy et ostent le moyen au pauvre peuple de subvenir aux charges et nécessités publiques, voire mesmes contraignent plusieurs de quitter et habandonner leur terroir et maisons propres pour aller habiter en aultre païs, ce qui apporteroit enfin une désolation générale dudict païs; pour laquelle prévenir, ayant esté conféré sur ce snbject et recognu, par lesdictz Estatz, la cause de ce mal, procéder de ce que ledict païs se trouvant à présent dépourveu de la main forte requise à la justice pour avoir esté privé du moyen de continuer l'entretenement du prévost et nombre d'archers nécessaire et acoustumé, à cause des deffences faictes depuis l'édict d'érection des offices de prévostz diocésains, d'imposer aulcuns deniers pour leur entretenement; a esté conclud et arresté, pour ne laisser ledict païs en proye à la mercy d'une infinité de volleurs et gens mal vivans, qui s'y sont retirés de divers endroictz et y ont pris pied à la faveur des bois et montaignes dont ledict païs est remply, qui leur sert de retraite asseurée et dont ilz ne peuvent estre chassez ny les gens de bien, tenuz en seureté que par le moyen dudict prévost et d'ung bon nombre d'archers bien montés et armés pour s'opposer ausdictz volleurs qui tiennent les chemins et marchent bien souvent en trouppe, avec armes à feu; que Mgr le Connestable sera très-humblement supplié, au nom desdictz Estatz, voulloir donner advis, à Sa Majesté, de l'estat dudict païs et de la nécessité qu'il y a pour les susdictes raisons, de pourveoir à leur repos et seureté par le moyen de la main forte et entretenement dudict prévost, avec le nombre de douze archers et ung greffier, à ce que son bon plaisir soit de permettre l'imposition sur eulx des sommes nécessaires pour ledict entretenement, ainsi qu'ilz avoyent accoustumé auparavant lesdictes deffences, attandu qu'elles sont maintenant levées par le moyen de la révocation dudict Edit, depuis faict par sadicte Majesté.

Et d'aultant que ladicte permission d'imposer, sur ledict diocèse, les sommes à quoy reviendront les gaiges et entretenement dudict prévost, greffier et archers, ne pourra estre sitost obtenue, qu'il seroit besoing, et que cependant la nécessité publicque requiert de pourveoir d'aillieurs audict entretenement en attendant ladicte permission ; a esté pareillement conclud et arresté que le syndic dudict païs empruntera la somme de 2,000 livres, pour subvenir à l'entretenement, durant la présente année, dudict prévost et du greffier ordinaire du païs et six archers, et ce à raison de 600 livres audict prévost et 200 livres ausdictz greffier et chascun desdictz archers, et oultre ce la somme de 200 livres pour faire des casques auxdictz archers, lesquelz seront nommés par lesdictz sieurs commis et depputés et le payement actuellement faict à chascun d'iceulx par quartiers, affin qu'ilz ayent moyen de rendre le service requis avec ledict prévost et greffier, à la charge que ledict syndic sera indempnisé et relevé par ledict païs des obligations qu'il passera pour l'emprumpt des susdictes sommes, tant en principal que de tous despens, dommaiges et interestz qu'il en pourroit encourir.

Laquelle délibération prinze, le sieur Armand, prévost, ayant esté appellé à ladicte assemblée, et entendu ladicte délibération, il auroit esté exhorté par mondict Sgr le président de s'aquitter dignement du debvoir de sa charge et suivant icelluy faire ses chevaulchées ordinaires par tout le diocèse et se trouver aussi tous les jours des foires sur les grands chemins es environs d'icelles et notamment du costé de Saint-Chély, Le Malzieu, Salgues et La Margeride, où se commettent les plus fréquentes volleries et larrecins, qu'en nul aultre endroict du diocèse et dont il y a plusieurs plainctes.

Sur le différend intervenu pour raison de l'administration et exercice de la recepte des tailles du diocèse de Mende, l'année courante, entre M° Jehan de Parades, sieur de Corbière, docteur et advocat, comme adjudicataire, par décret, du droict qui apartenoit à M° Anthoine Parades, portionnaire et associé pour la moitié en l'office de receveur ancien desdictes tailles audict diocèze, duquel M° Hercules Spéronnat est pourveu par le Roy, d'une part ; et M° Guillaume de Calvet, pourveu par Sa Majesté des offices de receveur alternatif et triennal desdictes tailles audict diocèse, d'aultre part, tous d'eulx s'estans présentés à ladicte assemblée et chascung d'eulx requérant qu'il pleust ausdictz Estatz luy faire délivrer les assiettes et département des deniers desdictes tailles, tant ordinaires que extraordinaires qui seront imposez la présente année pour en faire la recepte, chascun d'eulx prétendant luy appartenir, assavoir : ledict sieur de Corbière, par le moyen de la provision par luy obtenue de la Cour des Aydes de Montpellier, sur la requeste par luy présentée à ladicte Cour, le 17 décembre dernier, en conséquence tant de ladicte adjudication à luy faicte par le juge du petit scel de Montpellier que de l'arrest de ladicte Cour, donné entre ledict Parades, Anthoine de Saurin, sieur de S. André, et Jehan Verger, curateur dudict Spéronnat ; par lequel arrest est porté que ledict Parades, duquel ledict de Corbière a le mesme droict et action, est maintenu en la jouissance dudict office et ledict Spéronnat et Verger, condamnés à luy payer la moitié des gaiges et droict de livres attribuez audict office, pour les années 1600 et 1601, esquelles années le rang et tour de l'exercice dudict office qui est de six années, l'une estoit escheue audict Parades, oultre que par ordonnance donnée par M. de Chefz de Bien, conseiller et général en ladicte Cour et commissaire par elle depputé en l'incident d'entre ledict de Corbière et ledict Spéronnat, appert que ledict de Parades debvoit faire l'exercice dudict office en l'année 1607, et par conséquent la présente estant la sixiesme et ledict exercice luy appartenant, persistoit en sa première réquisition de luy faire délivrer lesdictes assiettes. Ledict sieur de Calvet, au contraire, préthendant ledict exercice luy appartenir la présente année, tant par le moyen d'aultre provision de ladicte Cour des Aydes, contraire et postérieure à celle dudict de Corbière, que de ses Lettres et provisions du Roy desdictz offices de receveurs alternatifs et triennal deuement vériffiées et enregistrées en la Chambre des Comptes de Languedoc et au bureau des Finances, establys à Montpellier, en vertu desquelles ayant jouy et exercé l'année dernière, comme receveur alternatif, il ne peult escheoir aulcune difficulté qu'il ne doibve, comme receveur triennal, venant immédiatement après l'alternatifz continuer l'exercice de ladicte recepte en la présente année, attandu mesmes que par contract de transaction passé entre ledict sieur Spéronnat, receveur ancien et luy, au mois de juing dernier. Ledict Spéronnat luy auroit cédé et transporté la moitié de l'exercice dudict office de receveur triennal audict diocèse et renoncé au droict par luy acquis en ladicte moitié, tant par le moyen de l'accord passé, le dernier febvrier 1602, entre luy et le sieur de Manifacier, lors pourveu dudict office triennal, que des arrestz donnés ensuitte de ladicte transaction, consentant icelluy Spéronnat que ledict de Calvet jouisse plainement et entièrement, suivant ses lettres de provision, dudict office et exercice d'icelluy, commençant la présente année, et tout ainsy que ledict sieur de Manifacier en avoit jouy auparavant ladicte transaction dudict dernier de febvrier 1602. Par le moyen de laquelle cession et transport ledict de Calvet ayant réuny à l'aultre moitié dudict office triennal que ledict sieur de Manifacier s'estoit réservé celle qu'il en avoit desmembrée et cédée audict Spéronnat, ledict de Calvet, comme succédant au droict dudict de Manifacier, ne peult estre empesché à la possession et jouissance de l'entier exercice et droictz dudict office triennal, en la présente année en suitte de celle de l'alternatif, ne pouvant en cela estre faict aulcun préjudice audict de Corbière, qui n'a aucun droict audict office, estant simplement portionnaire audict office ancien, distraict et séparé dudict triennal, joinct que ledict Parades, n'ayant jamais eu l'exercice dudict office ancien, ny ledict de Corbière plus de droict en icelluy qu'avoit ledict de Parades, il n'y auroit point de lieu de l'introduire maintenant audict exercice, pour priver ledict de Calvet, en cela de ses légitimes droictz et pocessions ; esquelles il a requis lesdictz Estatz qu'il fust leur bon plaisir de le conserver, et à ceste fin, luy faire délivrer lesdictes assiettes, suivant ladicte provision de ladicte Cour des Aydes. De laquelle, ensemble de ladicte transaction passée entre luy et ledict Spéronnat, comme aussy de ladicte provision obtenue de ladicte Cour par ledict Corbières, ayant esté faicte lecture, et le sindic dudict païs ouy qui a dict la recepte de sadicte taille avoir esté faicte et administrée par ledict sieur de Manifacier, ez années 1599 et 1600, consécutivement, et depuis ledict temps continuées alternativement par le moyen du remboursement faict par ledict Spéronnat audict de Manifacier de la moitié de la finance dudict office triennal, assavoir : une année par ledict Spéronnat ou ses commis, et l'aultre année par ledict de Manifacier, ses commis ou ledict de Calvet, succcédant à icelluy, sans qu'il ayt veu ledict Parades ny aultre en exercice ; représentant en oultre qu'il importe grandement au public que telles charges soient exercées par personnes authorisées et ayant pouvoir comme ledict de Calvet qui est pourveu par le Roy desdictz offices, receu par la Chambre des Comptes et bureau des finances, et a presté le serement requis pour lesdictz offices et exercé l'alternatif ez années 1610 et 1612, au contentement du païs, sans qu'il en soict venu aulcune plaincte, joinct, qu'ayant ledict de Calvet, de nouveau retiré à soy ledict droict et faculté de l'exercice de ladicte moitié dudict office de triennal et icelle réunie à l'aultre moitié à luy appartenant, il semble ne pouvoir estre empesché audict exercice la présente année ; a esté conclud et arresté que MM. les commissaires de l'assiette seront requis délivrer les assiettes desdictes tailles de la présente année, audict de Calvet, pour en faire la levée, à la charge de bailler bonnes et suffizantes caultions, comme il est requis et accoustumé, oultre les aultres conditions portées par les articles accordés entre les receveurs des diocèzes et les Estatz généraulx de Languedoc, à la charge aussi que ledict Calvet, en cas de trouble et procès, soyt en la Cour des Aydes ou aillieurs, pour raison dudict exercice, par le moyen desdictz Parades ou de Corbière ; en ce cas ledict de Calvet indempnisera ledict païs de tous despens, dommaiges et interestz qui s'en pourroyent ensuivre. Et pour cest effect sera tenu d'en passer toutes obligations et submissions expresses, pour ce requises et nécessaires, avant la délivrance desdictes assiettes.

Sur ce que M. de Penaultier a représenté à ladicte assemblée, de la part de M. le président Caulet, son oncle, qu'ayant les Estatz, particulièrement apprins, tant par le rapport du sieur Bastide, comme aussy par l'ordonnance qu'il leur a rendue de la vérification et licquidation qui a esté faicte par MM. les trésoriers Delhom et de Gallières, commissaires à ce depputés, de ce qui est deub de restes par ledict diocèze aux héritiers de feu M. le marquis de Canilhac, pour estre employé au payement d'une partie dès longtemps deue et poursuivye par ledict sieur président, tant contre lesdictz héritiers que contre ledict diocèze et dont il auroit obtenu arrest de condempnation en la Cour des Aydes de Paris ; ce seroit chose superflue d'en faire aultre récit à l'assemblée, en laquelle il s'est acheminé pour la prier et requérir, au nom dudict sieur président, de voulloir procéder à l'imposition dudict debte, liquidé, par ladicte ordonnance, à la somme de 11,500 livres pour tout ; ayant, ledict sieur président, pris telle asseurance de la bonne volunté desdictz Estatz envers luy, en chose si juste et raisonnable, qu'il ne faict doubte qu'il y soit apporté aulcune longueur ny difficulté comme elle n'y peult plus escheoir ; attandu ladicte vériffication qui a esté faicte avec tant de cognoissance de cause et tellement débatue et contestée, tant de la part du syndic général dudict diocèse, que par le procureur des parroisses opposantes, qu'il n'en peult plus rester aux Estatz le moindre scrupule du monde, pour entrer en doubte d'en faire faire l'imposition, suivant la permission portée par ladicte ordonnance, fondée sur les lettres d'assiette, cy-devant obtenues par ledict feu sieur marquis et deuement vériffiées pour l'imposition du total dudict debte et interestz d'icelluy, et ne peult non plus estre opposée aulcune difficulté sur la levée de ladicte somme, pour la craincte que le païs pourroit avoir de mal asseurer le payement d'icelle, entre les mains dudict sieur président ; attandu qu'oultre la cognoissance que lesdictz Estatz peuvent avoir au moyen que ledict sieur président a de respondre de la partie ; lesdictz sieurs commissaires y ont d'aillieurs pourveu par la condition et charge insérée en leur ordonnance, que les deniers ne pourront estre payez par le receveur dudict païs que l'imposition et la liquidation par eulx faicte dudict debte n'ayent esté validées et approuvées par Sa Majesté, et que au préalable la dame de Planèzes, cessionnaire dudict feu sieur marquis de Canilliac, n'ayt esté appellée à la dilligence dudict sieur Caulet, créancier dudict sieur marquis, en la Cour des Aydes de Paris et qu'elle ouye et ledict sindic, il ayt esté ordonné à qui d'eulx ladicte somme sera délivrée, pour la descharge entière dudict païs. Pour lesquelles raisons, joinct que le païs estant vrayement débiteur de ladicte partie, n'en peult esviter le payement tost ou tard, ny la dilation et retardement d'icelluy luy apporter que des fraiz, despens et interestz, oultre l'incommodité beaucoup plus grande qu'il recevroit d'en faire l'imposition et levée, ez années subséquentes, que les aultres créanciers presseront de leur costé d'estre payez. Ledict sieur de Penaultier requéroit lesdictz Estatz faire procéder en la présente assemblée à ladicte imposition, promettant, de la part dudict sieur président, quitter et remettre au païs le taxat de 1,037 livres 14 solz de despens, obtenu par ledict sieur président, en ladicte Cour des Aydes de Paris, contre ledict sindic dudict païs. L'affaire mis en délibération et lecture faicte de l'ordonnance desdictz sieurs commissaires et desdictes lettres d'assiette et aultres pièces et ledict sindic amplement ouy; a esté conclud et arresté que MM. les commissaires principal et ordinaires de la présente assiette, seront priez et requis, de la part desdictz Estatz, imposer et départir la susdicte somme de 11,350 livres, sur les lieux et parroisses dudict diocèse qui sont contribuables à icelles, pour en estre les deniers levés et cueilliz par le receveur dudict diocèse aux deux derniers termes de l'année, assavoir : aux premiers jours de juillet et d'octobre prochains par esgalles portions, à la charge toutesfois et non aultrement; que suivant ladicte ordonnance ledict receveur ne pourra payer lesdictz deniers ny s'en dessaisir que ladicte vériffication et imposition dudict debte n'ayt esté vallidée et approuvée par Sa Majesté et que ladicte dame de Planèzes n'ayt esté appellée à la diligence dudict sieur Caulet en ladicte Cour des Aydes et qu'elle ouye y ayt esté ordonné à qui d'eulx ladicte somme de 11,350 livres sera délivrée pour la descharge entière dudict païs, à la charge aussi que moyennant ladicte imposition de ladicte somme de 11,350 livres, ledict sieur de Caulet ny ladicte dame de Planèzes ne pourront préthendre ny demander audict païs et sindic d'icelluy aulcungz despens, dommaiges ny interestz, ains en tiendront quitte ledict païs et sindic et particulièrement ledict sieur de Caulet les tiendra quittes du susdict taxat de 1.037 livres 14 solz, par luy obtenu en ladicte Cour des Aydes, et à cest effect remettra l'original d'icelluy es mains dudict sindic, comme aussi tiendra quitte ledict païs de tous fraiz et despens nécessaires pour la poursuitte et obtention de l'autorisation et approbation de la susdicte imposition et vériffication dudict débte, sans que ledict païs y contribue aulcune chose ny aux aultres poursuittes qui se feront en ladicte Cour des Aydes.

Du seizième dudict mois de janvier, du matin, en ladicte assamblée.

L'arrest du Conseil d'Estat, portant authorisation des articles accordés entre les depputés des Estatz généraulx du païs de Languedoc et les receveurs particulliers des diocèses d'icelluy, touchant la recette des deniers extraordinaires, a esté leu en plaine assamblée avec lesdictz articles à ce que les depputés d'icelle puissent informer les panroisses de cedict diocèse, de l'ordre et reiglement que doibvent tenir lesdictz receveurs en la levée des deniers de leur charge, pour le soulaigement du pauvre peuple, affin que chascun s'en puisse plaindre en cas de contravention.

S'est présenté M⁰ Jehan Vidal, consul de Florac, requérant estre receu en vertu de la procuration qu'il a faict réformer suivant la délibération cy-devant prise par les Estatz ; veu laquelle et trouvée suffizante luy auroit esté donné séance en ladicte assamblée après avoir presté le serement accoustumé.

Sur la réquisition faicte par M. Jehan Baudoyn, pour et au nom de M. d'Hauteville, maître en la Chambre des Comptes de Montpellier, de pourveoir, en la présente assiette, au payement des sommes demandées audict diocèse par ledict sieur d'Hautheville, suivant l'estat présenté par ledict Baudoyn en ladicte assamblée et la délibération du XI janvier 1611, portant liquidation de tout ce qui estoit deub audict sieur d'Hauteville ; a esté conclud, veu ledict estat, que MM. les commissaires de l'assiette seront requis imposer et comprendre au département des deniers extraordinaires la présente année, assavoir : la somme de 705 livres 10 solz, d'une part employée dans l'estat des debtes vérifié et authorisé par lettres pattentes de Sa Majesté portant permission de faire l'imposition des sommes y contenues aux charges de ladicte délibération dudict XIe janvier 1611, et 500 livres d'aultre part, pour rembourser ledict sieur d'Hauteville de pareille somme, par luy fournie, pour les fraiz de l'obtention et expédition desdictes lettres patentes. Et pour le regard de la somme de 942 livres, attandu que ladicte partie debvoit estre acquittée par le feu sieur de Manifacier, receveur dudict diocèse en l'année 1604, pour avoir esté imposée en l'assiette de ladicte année et depuis passée en la despense de son compte et que par ce moyen et aultres mentionnez aux précédentes délibérations, sur ce prinses, il n'a tenu qu'audict sieur d'Hauteville qu'il ne s'en soict faict payer en temps et lieu dudict sieur de Manifacier, attandu mesmes qu'il se trouvera débiteur envers le païs par la fin de ses comptes. A esté dict n'y avoir raison ny apparance de faire imposer ladicte partie, ains se doibt ledict sieur d'Hauteville retirer, si bon luy semble, aux hoirs dudict sieur de Manifacier ou à ses caultions ; consentant néantmoingz, ladicte assamblée, pour son regard, en cas que le païs se trouvast débiteur envers ledict sieur de Manifacier (comme ledict sieur d'Hauteville présuppose), de pareille ou plus grande somme de 942 livres, qu'elle soit employée au payement de ladicte partie, saulf, en ce cas, le consentement des héritiers dudict sieur de Manifacier, et le tout sans interestz contre ledict païs, tant de ceste partie que précédentes. Et quant à la somme de 89 livres 14 solz par ledict sieur d'Hauteville prestées au sieur d'Arfueillette, attandu qu'il n'en avoit aulcune charge dudict païs ; lequel d'ailleurs a pourveu de fondz suffizant audict sieur d'Arfueillette pour subvenir aux affaires à luy commises ; ledict sieur d'Hauteville se doibt retirer audict sieur d'Arfueillette et non audict païs. Et touchant aux fraiz et vaccations du voiayge faict, par ledict Baudoyn, en la présente ville, luy a esté accordé la somme de 20 livres, de laquelle luy sera expédié mandement par MM. les commis, adressant au receveur de la présente année pour luy en faire le payement.

Pour pouvoir aux incommodités et dommaiges que les habitans dudict païs souffrent, et esviter les inconvéniens qui arrivent journellement à cause du mauvais estat et ruyne, en laquelle la pluspart des pontz dudict diocèze sont tombez, pour en avoir esté la réparation et entretennement par trop négligés durant le temps des guerres dernières, dont il y a une infinité de plaintes.

Ouy sur ce le sieur de Fumel, syndic dudict païs, qui a représenté comme ce mal estant universel en la province de Languedoc, les Estatz généraulx, pour y donner quelque bon ordre, auroyent, depuis quelques années, prins plusieurs délibérations sur ce subject et entre aultres une par laquelle ilz auroyent reiglé les sommes ausquelles chascun lieu et diocèze, où les pontz sont assiz, doibvent contribuer par préciput pour la réparation d'iceulx, assavoir : le villaige 120 livres ; la ville 240 livres et le diocèze 1,200 livres. Et où lesdictes sommes ne suffiroient, le surplus debvoit estre porté par la sénéchaussée de laquelle le diocèse deppend. Reiglement qui sembloit en apparance très-équitable, mais en effet plein d'inégualité pour aulcuns diocèse et sur tous pour cestuy cy ; lequel par le moyen dudict reiglement se trouveroit tousjours contribuable aux réparations des pontz des aultres diocèses de la sénéchaussée de Nismes, sans que ledict diocèse eust moyen se prévalloir d'aulcun ayde et secours de leur part ; d'aultant que leurs pontz estant de très-grande importance et les réparations d'iceulx revenans à de grandes et notables sommes, excédans de beaucoup ledict préciput, il fallait de nécessité, suivant ledict reiglement, rejecter lesdictes sommes sur les aultres diocèses de ladicte sénéchaussée dont cestuy cy portoit sa bonne part, et au contraire les réparations des pontz dudict diocèse estant de sy petite importance que rarement elles pourroient excéder ledict préciput que de bien petite chose ; lesdictz diocèses estoient par conséquent exemptés de contribuer à noz réparations ; en quoy cedict diocèse se trouvoit grandement lézé et frustré. Ce qu'ayant esté bien recognu par Mgr de Mende aux Estatz généraulx, tenuz à Pézénas en novembre 1610, en l'assamblée des députés de ladicte sénéchaussée, luy président, auroit, suivant son zèle accoustumé envers ce pauvre diocèse et pour le soulaigement d'icelluy, tellement insisté à la réformation dudit reiglement que, par délibération expresse sur ce prinze, auroit esté arresté que les diocèses de ladicte sénéchaussée, chascun séparément seroit tenu pourveoir à la réparation de ses pontz, sans préjudice dudict préciput ; tellement qu'il n'y eschet maintenant aulcune difficulté que ce diocèse ne puisse à sa commodité et à moindre fraiz pourveoir à la réparation de ses pontz. A esté conclud et arresté que ledict sindic avec le greffier du païs se transporteront aux lieux dudict diocèse où les principaulx pontz et plus importans sont assiz et à l'assistance des procureurs, consulz ou sindic, ensemble des officiers desdictz lieux avec les maîtres-maçons à ce requis procèderont à la visitation et vériffication des réparations nécessaires à chascun desdictz pontz, dont ilz dresseront estat ou verbal contenant particullière description et dénombrement d'icelles, avec le plan et figure desdictz pontz, et cela faict, seront, à la dilligence dudict sindic, mises affiches et faictes proclamations cz principalles villes dudict diocèse et lieux proches desdictz pontz pour notiffier que lesdictes réparations seront baillées et la délivrance des pris faictz passée au rabaix à ceulx qui feront la condition du païs meilleure, et ce par MM. les commis et députés dudict païs au jour que pour cest effect sera préfix, pour après lesdictz pris faictz, verbaulx et aultres actes remys devers nos seigneurs les commissaires présidens pour le Roy aux Estatz généraulx de Languedoc, estre par eulx donné advis au Roy sur le tout pour pouvoir obtenir de Sa Majesté la provision requise pour l'imposition sur le diocèse des sommes à quoy reviendront lesdictes réparations.

Dudict jour, seizième janvier, de relevée.

Sur la réquisition faicte par M. Estienne Bastide, commis à la recepte des tailles, en l'année 1604, de pourvoir au payement de la partie à luy deue pour les fraiz et despens par luy obtenus contre les parroisses opposantes à la levée des restes de l'imposition de ladicte année, attandu que pour s'accommoder à la volonté du païs, il auroit tenu en suspens, jusques à maintenant, les exécutoires et contrainctes qu'il a contre lesdictes parroisses, soubz l'espérance qu'on luy donnoit de le faire payer amyablement par lesdictes parroisses ou bien y pourveoir d'aillieurs. Veu par ladicte assamblée la response ou appostille mis par MM. les commissaires présidens pour le Roy aulx Estatz généraulx de Languedoc sur la partie de 641 livres employée en un estat à eulx présenté là où elle demeure rayée par lesdictz sieurs commissaires, sauf audict Bastide son recours contre lesdictes paroisses; a esté concluld, conformément à ladicte response, que ledict Bastide se retirera, si bon luy semble, ausdictes parroisses pour se faire payer desdictes despenses.

Sur aultre réquisition faicte ausdictz Estatz par le sieur Rodes-Castaing, pour et au nom de frère Thomas Borie, prieur du couvent des frères Prédicateurs Jacobins, de la ville de Maruejolz, de faire imposer, en la présente assiette, la partie de 150 livres qui luy fut octroyée par délibération des Estats en leur dernière assamblée tenue à Maruejolz, pour estre ladicte somme employée à la réédification de l'église et couvent desdictz Jacobins en ladicte ville desseignée par ledict Borie ; a esté conclud que ladicte partie sera couchée en l'estat des debtes dudict diocèse qui sera présenté l'année prochaine à MM. les commissaires présidens pour le Roy aux Estatz généraulx de Languedoc pour, sur leur advis, obtenir permission de Sa Majesté d'imposer et lever ladicte partie, à l'effect que desssus, soubz les conditions portées par ladicte délibération.

Ayant esté faicte lecture en ladicte assamblée de l'estat d'aulcuns debtes dudict diocèse qui avoit esté remys devers le Conseil d'Estat, l'année dernière, et sur lequel il a pleu à Sa Majesté octroyer ses lettres d'assiette, desquelles pareillement a esté faicte lecture ; et attandu que la dilation du payement desdictz debtes ne pourroit estre que préjudiciable audict diocèse, laissant accumuler avec iceulx les aultres qu'il conviendra imposer l'année prochaine ; a esté conclud, pour esviter à la trop grande surcharge que ledict diocèse souffriroit en une seulle année, que MM. les commissaires de l'assiette seront requis comprendre en la présente assiette toutes les sommes dudict estat, revenant à 7,288 livres, ensemble les fraiz de la poursuitte et expédition desdictes lettres, fourniz par M. d'Hauteville, M^e en la Chambre des Comptes de Montpellier, le tout aux charges et conditions portées tant par lesdictes lettres que articles.

A esté de mesmes arresté que lesdictz sieurs commissaires de l'assiette seront aussi requis préfire les termes du payement des deniers, tant ordinaires que extraordinaires qui seront imposez en la présente assiette, aux premiers jours d'avril, de juillet et d'octobre prochains, saulf pour la partie du sieur Planèzes, attermoyée par aultre précédente délibération ausdictz premiers jours de juillet et d'octobre tant seulement.

Si ont lesdictz Estatz donné pouvoir à MM. les commis, syndic et députés dudict pais de passer le bail de la recepte desdictz deniers extraordinaires à M. Guillaume de Calvet, receveur dudict diocèse, en la meilleure forme que par eulx sera advisé, en suivant les délibérations cy-devant prizes par lesdictz Estatz et les articles accordés par les Estatz généraulx avec les receveurs particuliers des diocèzes de Languedoc.

Finallement mondict seigneur de Mende, président ausdictz Estatz, auroit par ung discours, accompaigné de plusieurs exemples et authorités de l'Escripture-Saincte, faict entendre a l'assamblée que, comme la division et mauvais intelligence des peuples est cause de la ruyne et subversion des royaumes, tout au contraire leur augmentation et longue durée procède de l'union et concorde des subjectz, vivans par ensemble en amityé et paix ; que le moyen d'acquérir la paix est de s'unir avec Dieu, qui seul la peult donner aux hommes ; que ceulx qui sont bien unys par charité sont plus proches de Dieu qui est le Dieu de paix, que tout homme aymant Dieu ayme aussi son prochain, estant impossible, aymant le Créateur, de n'aymer sa créature, que les effectz de l'amour de Dieu sont principallement l'union et la paix qui doibvent estre demandez et recherchés continuellement ; que le moyen de l'obtenir gist en la grâce de Dieu, laquelle l'homme peult acquérir par l'observation de ses saintz commandemens ; de quoy mondict seigneur a exhorté les assistans de faire prière à Dieu par l'invocation de son Saint-Esprit, et après leur auroict donné la bénédiction suivant la coustume de tout temps observée ausdictz Estatz.

1614

Ouverture des Etats. — Les commissaires de l'assiette. — Liste de MM. des Etats. — Différent entre M. de Tolet et Mme de La Faurie pour la séance. — Admission des envoyés de M. de S. Alban et de M. le baron d'Apcher. Regret de l'évêque de Mende de ne pouvoir assister à l'assemblée des Etats. — Vote des sommes à imposer. — Vérification des dettes. — Poursuite à faire pour obtenir la permission d'imposer les sommes nécessaires pour l'entretien du prévôt de la maréchaussée, d'un greffier et des archers. — Ponts à réparer. — Réparation à faire au collége de Montpellier, fondé par le pape Urbain V. — Admission de l'envoyé de M. d'Arpajon. — Logement des gens de guerre. — Somme due à la Chambre des Comptes, à imposer. — Demande de M. de Fosses, des sommes fournies par son père pour la réduction du fort de Grèzes. — Imposition de 11,500 livres, en faveur des héritiers du marquis de Canillac. — Réquisitions contre les vexations commises par les receveurs contre les collecteurs des tailles. — Admission de l'envoyé des consuls de la viguerie de Portes. — Dépenses faites par les communautés de Barre et du Pompidou, lors de l'arrivée du prévôt général pour la capture d'un faussaire. — Emprunt à faire pour l'entretien de la maréchaussée. — Somme demandée au pays par M. d'Hauteville. — M. Jean Roux et M. Jean Parades demandent de faire la levée des impositions. — Gratification aux Augustins, aux Jacobins et à l'hôpital de Marvejols. — M. le baron de Mercœur est désigné baron de tour pour l'année 1615. — Clôture des Etats.

L'an 1614 et le lundy 27ᵉ jour du mois de janvier, environ neuf heures du matin, en la ville de Marieujolz, les gens des Trois Estatz particuliers du païs de Gévaudan et diocèse de Mende, suyvant les commissions et mandements de nos seigneurs les commissaires présidens pour le Roy aux Estatz généraulx de Languedoc, tenuz en la ville de Pézénas, ez mois de novembre et décembre derniers, après avoir, selon l'ancienne et louable coustume, assisté à la messe de Saint-Fsperit, célébrée en l'église dudict lieu, se sont assemblés dans la salle de la maison consulaire de ladicte ville. En laquelle estant venuz MM. de Picheron, sieur d'Entraigues, conseiller du Roi, gentilhomme ordinaire de sa Chambre et bailly de Gévaudan ; Dumazel, escuyer, sieur du Pivoul et de Rimeize, 1ᵉʳ consul de la ville de Mende ; Pierre Mazot, notaire royal et 2ᵉ consul de ladicte ville, et Anthoine Prieur, sieur de Combaurie, bourgeois et 1ᵉʳ consul de ladicte ville de Maruejolz, commissaires ordinaires de l'assiette dudict diocèse. Et après que les susdictes commissions ont esté leues par ordonnance desdictz sieurs commissaires, ledict sieur bailly a dict, que ceste compaignie a rendu tant de preuves de sa dévotion et fidélité au service du Roy, qu'il n'est besoing d'aultre discours que celluy porté par lesdictes commissions, pour l'exciter à l'exécution du contenu en icelles. Sur quoy, M. de Chanoillet, chanoine en l'église cathédralle de Mende, official, vicaire général de Mgr de Mende et président ausdictz Estatz, a respondu audict sieur bailly, que comme les habitans de ce païs n'ont jamais forligné du debvoir et obéyssance naturelle qu'ilz sont tenuz rendre à leurs Majestés, il s'assure qu'ilz tesmoigneront en ceste occasion et toutes aultres, qu'ilz n'ont rien diminué de leur dévotion et fidélité acoustumée au service de leurs Majestés et qu'il n'y a diocèse en ceste province de Languedoc plus désireux d'effectuer les commandemens de sadicte Majesté, que cestuy-cy, tant que leurs moyens et commodités le pourront porter. Sur laquelle proposition, affin que lesdictz Estatz puissent par leur délibération, rendre tesmoignage de leur debvoir, et oultre ce donner ordre aux aultres affaires dudict païs, le sieur de Fumel, syndic d'icelluy, a requis lesdictz sieurs commissaires de permettre la continuation de ceste assamblée, ainsi que de tout temps est acoustumé ; ce que lesdictz sieurs commissaires ont octroyé et permis.

Et incontinant après, ayant esté, suyvant l'ancien rolle, appellez les députés qui ont accoustumé d'avoir séance ausdictz Estatz, se sont trouvez comparans et assistans, à ladicte assamblée, les députés cy-après nommés, assavoir, pour l'Estat ecclésiastique : M. M⁰ Pierre Malos, docteur en droict canon, chanoine de l'église cathédralle de Mende et prieur de La Parade, envoyé et député de MM. les chanoines et Chapitre de l'église cathédrale de Mende ; Mᵉ Jehan Aldin, docteur ez droictz, envoyé de M. d'Aubrac ; M. Mᵉ Pierre Enfruc, docteur en droict canon, chanoine de ladicte église, envoyé de M. le prieur de Sainte-Enymie ; M. Mᵉ Anthoine de Chanoillet, aussi docteur en droict canon, chanoine en la mesme église et envoyé de M. de Lengoigne ; Mᵉ Anthoine Aldin, aussi docteur ez droictz, envoyé de M. de Paliers ; Mᵉ Jehan Dallo, aussi docteur ez droictz, envoyé de M. de S. Jehan. Et pour la noblesse : noble Claude de Mourron, sieur de Boussac, envoyé de M. le baron de Peyre ; M. Mᵉ Urbain Dumas, docteur ez droictz et advocat en la Cour de parlement de Thoulouze, envoyé de M. le baron de Céneret ; M⁰ Pierre Borrelli, aussi docteur ez droictz, sieur de Pelouze, envoyé de M. le baron du Tournel ; M⁰ Vidal Bazalgète, bailly du mandement du Randonnat, envoyé de M. le baron de Randon ; noble Claude de Pollalion, sieur de Bouzolz, tuteur onéraire et assistant ausdictz Estatz, pour M. le baron de Canilliac ; noble Urbain de Retz de Bressolles, escuyer, sieur de Cogossac et de Servière, en personne, assistant pour raison de la seigneurie dudict Servière ; M⁰ Michel Duron, docteur ez droictz, envoyé de M. de Montrodat ; M⁰ Guillaume Bardon, aussi docteur ez droictz, envoyé de M. de Mirandol ; Philippes de Gibilin, envoyé de M. de Sévérac ; Pierre de Chappelle, sieur de Ryeumal, envoyé de M. de Barre ; Pierre de Laurens, sieur de Péjas, envoyé de MM. les consulz nobles de La Garde-Guérin. Et pour le Tiers-Estat : noble Guillaume Du Mazel, escuyer, sieur du Pyvol et de Rimeyze, 1ᵉʳ consul de la ville de Mende ; M⁰ Pierre Mazot, notaire royal, second consul de ladicte ville ; Anthoine Pricur, sieur de Combaurie, bourgeois et 1ᵉʳ consul de la ville de Maruejolz ; Relian, marchand et 2ᵒ consul de ladicte ville ; N. . . . tiers consul d'icelle ; Jean Vachery, marchand et 1ᵉʳ consul de la ville de Chirac ; M⁰ Pierre Reboul, marchand et député de la ville de La Canourgue ; M⁰ Jehan Chalvet, 1ᵉʳ consul de la ville de Saint-Chély-d'Apcher ; M⁰ Guillaume Imbert, docteur ez droitz et 1ᵉʳ consul de la ville du Malzieu ; noble François de Belcastel, 1ᵉʳ consul de la ville de Florac ; Pierre de Coursier, sieur de Bostugnes, 1ᵉʳ consul de la ville d'Yspaniac ; Jacques Olivier, 1ᵉʳ consul de la ville de Sainte-Enimie ; M⁰ Pierre Durand, 1ᵉʳ consul de Châteauneu-de-Randon ;

Jehan Moure, jeune, député de la ville de Serverette ; M⁰ Jacques Castanet, praticien, consul de Saint-Etienne-de-Valfrancisque ; M⁰ Vidal Fabre, consul de la ville de Lengoigne ; Pierre Perier, consul de Barre ; M⁰ Pierre Chalmeton, docteur ez droictz, député de la ville de Saint-Auban, et M⁰ Jehan Reversat, député des procureurs du mandement de Nogaret. A tous lesquelz assistans, M. le président a faict prester le serement acoustumé, d'opiner et procurer en ladicte assamblée ce qui sera de l'honneur de Dieu, advancement du service du Roy et soulagement du pauvre peuple et de ne divulguer les délibérations des Estatz, dont la publication peult estre dommageable au publicq.

Sur le différend intervenu en ladicte assamblée entre noble Claude de Mouron, sieur de Boussac, envoyé de la part de M. de Tolet, comme père et légitime administrateur des personnes et biens des damoiselles ces filles, héritières contractuelles des biens, rentes et revenuz de la maison et baronnie de Peyre, et M⁰ Pierre Mallez, docteur ez droictz et advocat au bailliaige de Gévaudan, envoyé de la part de Mme de La Faurie, comme étant en possession et jouyssance de la moitié de l'entière baronnie de Peyre et ses deppendances, par le moyen de l'arrest, donné le 5ᵉ mars dernier, par la Chambre de l'Edict, séante à Nérac, chascun d'eulx respectivement muny de procuration desdictz sieur et dame et prétendant en vertu d'icelle debvoir estre receu en ladicte assamblée et y avoir séance et voix délibérative telle que les sieurs barons de Peyre ont acoustumé de tout temps y avoir. Veu lesdictes procurations et lesdictz sieurs de Boussac et Mallez ouys en ladicte assamblée, et attandu qu'il n'appert ausdictz Estatz du susdict arrest, et que depuis plusieurs années ledict sieur de Tollet est en possession d'assister ausdictz Estatz; a esté conclud que ledict sieur de Boussac, comme envoyé susdict, pourra continuer ladicte possession, et ce faisant, assister à la présente assamblée et y opiner au lieu et rang des sieurs barons de Peyre, sans préjudice du droict des parties.

Dudict jour, XXVIIe janvier, de relevée.

S'est présenté, à ladicte assamblée, noblé Anthoine du Mazel, envoyé de M. de S. Auban, et veu sa procuration, il a esté receu en ladicte assamblée après avoir presté le serement acoustumé es mains de M. le président.

De mesmes Me Jehan Michel, lieutenant de juge ez terres et baronnie d'Apcher, s'est présenté à ladicte assamblée, requérant y estre receu comme envoyé de M. le baron d'Apcher, en vertu de la procuration dudict sieur; de laquelle, faicte lecture, luy a esté donné séance en la place dudict sieur d'Apcher, après avoir presté le serement accoustumé.

Incontinant après, la lettre escripte ausdictz Estatz par Mgr de Mende, présentée par mondict sieur le président, a esté leue en ladicte assamblée le suject d'icelle, contenant le regret qu'il a de se voir privé du moyen de se trouver en ceste compaignie, comme il désirait, pour tesmoigner ses obéyssances au service du Roy et ses services au bien des affaires du païs, en ayant esté empesché par quelques occupations importantes aux affaires du clergé et par la rigueur du temps et son indisposition, excuses et considérations qu'il prie les Estatz recevoir en bonne part et avoir agréable que mondict sieur le président supplée à son absence, comme il a cy-devant faict et qu'il les conjure encores de sa part, de se proposer, tousjours pour but de leurs délibérations, l'honneur de Dieu, le service de leurs Majestéz, l'hobéyssance aux commandemens de ceulx qui représentent leur authorité en ceste province et le soulagement du pauvre peuple, conformément à leurs intentions et au commun debvoir de tous ses subjectz. A quoy ayant, mondict sieur le président, exhorté l'assamblée suivant le désir de mondict seigneur, les Estatz, par l'organe de M. l'envoyé du Chapitre de l'église cathédralle de Mende, ont humblement remercié mondict seigneur, en la personne de mondict sieur le président, du tesmoignaige qu'il luy plaist leur donner de sa bonne volonté, de laquelle, bien qu'ilz n'ayent jamais doubté, pour en avoir à toutes occasions ressenty les effectz, si est ce que ceste confirmation qu'il a voulu leur en donner de nouveau, leur redouble l'obligation qu'ilz luy en avoient desjà très-grande, avec tant plus de regret de veoir ceste assamblée privée de l'honneur de sa présence, mesmes à cause de son indisposition, de laquelle ils prient Dieu le voulloir bientost soulager, luy rendant sa première santé à l'advancement de son honneur et gloire et du bien du service de Sa Majesté et du pauvre peuple ; luy offrant néantmoings, au nom desdictz Estatz, tout le service et assistance qui pourra deppendre d'eulx.

Et après, ayant MM. les commissaires de l'assiette accordé ausdictz Estatz la continuation de leur assamblée, ainsi qu'il est acoustumé, pour prendre délibération, tant sur le contenu de leurs commissions que sur les affaires communs du païs; lesdictz Estatz, toujours portez du mesme zèle et dévotion qu'ilz ont de tout temps eu au bien et advancement des affaires et service du Roy, quoyque d'aillieurs le païs se trouve chargé de plusieurs grandes debtes, conceues à l'occasion des guerres et troubles passez, pour subvenir aux despens nécessaires, affin de se conserver en l'obéissance de Sa Majesté; ont librement et unanimement consenty à l'imposition et levée sur ledict diocèse, de toutes et chascunes les sommes contenues esdictes commissions, en la forme et manière acoustumée, et qu'à cest effect, après la tenue des présens Estatz, soit procédé au département desdictes sommes, ainsi qu'il est requis.

Ensuite de ce, le sieur de Fumel, syndic dudict païs, a dict que suivant l'ordre acoustumé aux Estatz d'icelluy, qui est, après avoir résolu, ce qui regarde le faict du Roy, contenu aux commissions, d'entendre immédiatement ce qui s'est passé durant l'année précédente aux affaires dudict païs; de quoy faisant son rapport, il estime debvoir commencer par le récit de l'affaire touchant la vérification des debtes communs d'icelluy, comme le plus important et auquel il est plus nécessaire de pourveoir, afin de rédimer le pauvre peuple, des fraiz, despens et vexations que, par ce deffault, les créanciers luy pourroient faire souffrir. Et parce qu'il y a desjà sept ou huict années que cest affaire trayne et que plusieurs et diverses délibérations en ont esté prises, chascune desdictes années, tant aux assemblées desdictz Estatz que de MM. les commis et députés dudict païs, sans que l'effect s'en soit encores ensuivy; ledict sieur syndic a faict ung sommaire discours du contenu esdictes délibérations et en diverses ordonnances données par MM. Delhon et de Gallières, trésoriers généraulx de France, commissaires députés par le Roy à la vérification desdictz debtes ; desquelles délibérations et ordonnances résultent les causes et difficultés qui ont jusques icy retardé l'exécution entière de ladicte commission, ensemble les moyens soigneusement recherchez par MM. les commis et députés dudict pays, pour faciliter ladicte exécution la rendre plus courte et conséquemment moings onéreuses et de moindres fraiz et despens audict païs, mesmes par le moyen des instructions et mémoires dressez et de plusieurs actes et papiers recherchez suivant lesdictes délibérations par ledict syndic avec le greffier dudict païs pour impugner et débattre les prétensions des créanciers, et par ce moyen atténuer leursdictes debtes et les faire réduire pardevant lesdictz sieurs commissaires, ou bien par composition amyable, pardevant lesdictz sieurs commis et députés, à ce qui sera de la raison avec des conditions favorables pour le soulagement dudict païs, comme il a esté faict des prétensions du sieur Parat, l'ung des principaulx desdictz créanciers, estimant ledict sieur syndicq, que si par la mesme voye qui a esté tenue au faict dudict sieur Parat, l'on pouvoit demeurer d'accord avec le sieur Farnier et quatre ou cinq aultres qui naguières luy ont faict donner assignation à Montpellier, pardevant lesdictz sieurs commissaires, pour veoir procéder à la vérification de leurs debtes, ce seroit ung grand espargne et soulagement audict païs, d'aultant qu'à l'exemple de ceulx-là, les aultres se rendroient beaucoup plus traittables et par conséquent l'exécution de ladicte commission plus briefve et facille et moings onéreuse au pauvre peuple, comme dict est. Sur quoy, veu par l'assamblée l'ordonnance dernière desdictz sieurs commissaires en vertu de laquelle ledict syndicq a esté assigné pardevant eulx ; veu aussi leurs précédentes ordonnances, ensemble les dernières délibérations desdictz Estatz ; a esté conclud et arresté qu'à la diligence dudict syndic et suivant la teneur de ladicte dernière ordonnance, commandement sera faict ausdictz créanciers de remettre devers luy, dans quinze jours, leurs demandes et prétensions, pour pouvoir contre icelles dresser les impugnations requises et nécessaires sur les mémoires et actes jà recueilliz et colligez par ledict syndic avec ledict greffier, et après remettre le tout devers lesdictz sieurs commissaires ; et à ceste fin s'acheminer avec ledict greffier audict Montpellier, suivant les précédentes délibérations, pour soustenir lesdictes impugnations et les fortifier desdictz actes, qu'à cest effect ledict greffier sera tenu d'y faire porter. Néantmoings, en cas que pendant le susdict temps lesdictz créanciers ou aulcuns d'eulx vouldroient entrer en composition et liquider leurs debtes à l'amyable pardevant lesdictz sieurs commis et députés avec conditions favorables et advantageuses au païs, ilz y pourront estre receuz, à la charge de faire le tout agréer et authoriser pardevant lesdictz sieurs commissaires, pour après, sur le tout, donner leur advis au Roy en tel cas requis et nécessaire, affin d'obtenir de Sa Majesté la permission d'imposer, sur le général dudict diocèse, les sommes qui se trouveront légitimement deues ausdictz créanciers, pour l'acquittement desdictz debtes, aux termes qu'il plaira à sadicte Majesté et nos seigneurs de son Conseil ordonner et préfire.

Et sur l'exposition faicte à ladicte assemblée par ledict sieur syndic de ce que après la poursuitte longuement continuée en son nom au Conseil du Roy, suivant les délibérations des Estatz particuliers dudict diocèse, tenuz ez dernières années, pour obtenir permission d'imposer annuellement, comme au temps passé, l'entretenement du prévost diocésain et de ses greffier et archers, finallement seroit intervenu arrest audict Conseil, par lequel est ordonné que les Estatz généraulx de Languedoc donneront advis à Sa Majesté sur le contenu en la requeste présentée au Conseil par ledict syndic ; à la diligence duquel, ledict advis auroit esté de mesmes expédié par le greffier desdictz Estatz, ne restant maintenant qu'à le remettre audict Conseil, et poursuivre ladicte permission si lesdictz Estatz l'ont agréable. Par lesquelz, veu ledict arrest du 7 mars 1613 et la délibération desdictz Estatz généraulx, portant ledict advis ; a esté conclud et arresté que ledict syndic fera continuer, audict Conseil, la poursuite nécessaire pour obtenir la permission d'imposer annuellement sur les habitans contribuables aux tailles dudict diocèse, les sommes de deniers à quoy pourra revenir l'entretenement dudict prévost, ses greffier et douze archers, ou aultre tel nombre qui sera par lesdictz Estatz jugé nécessaire chascune année selon les occurrences, pour tenir ledict païs en seureté et le garantir des volleries, brigandaiges et aultres oppressions ordinaires que lesdictz habitans souffrent, à cause de la retraitte et séjour que font, dans ledict païs, une infinité de vagabons et gens de mauvaise vie qui y sont réfugiez de divers lieux et païs circonvoisins, estant bien advertiz que ledict prévost n'est assisté du nombre d'archers qui seroit nécessaire pour les pouvoir chasser dudict païs ou s'en saisir pour en faire faire la justice.

Sur le rapport faict par ledict syndic, à ladicte assamblée, des plainctes ordinaires que les haéitans dudict païs font du notable préjudice que le publicq souffre, à faulte de pourveoir à la réparation des pontz et passaiges dudict diocèse, qui sont pour la pluspart ruynez, dont arrivent journellement plusieurs grandz inconvéniens, oultre le retardement du trafficq et commerce. Les consulz de Maruejolz ayant dict avoir faict dés fournitures pour la réparation de leur pont ; requérans qu'il pleust aux Estatz pourveoir à leur remboursement et par mesme moyen à faire fondz pour la réparation de ce qui y reste à faire. Les consulz de Mende, Chirac, Lengoigne et aultres ayans de mesmes requis lesdictz Estatz voulloir pourveoir à la réparation de leurs pontz pour la nécessité qui y est. Ouy ledict syndic touchant l'ordre que tiennent les aultres villes de Languedoc, en semblables cas, auquel ordre ledict sieur syndic a dict les délibérations cy-devant prinses aux Estatz dudict diocèse estre conforme, et notamment celle de l'année dernière, par laquelle, sur pareilles plainctes, il estime avoir esté faict ung si bon règlement sur ce subject, qu'estant bien suivy et exécuté, le publicq en recevra une grande commodité et soulagement. De laquelle délibération, après avoir esté faicte lecture en plaine assamblée, a esté conclud et arresté qu'elle sera suivye et effectuée et que ledict syndic y tiendra la main exactement. Et d'aultant que ledict syndic a faict entendre ausdictz Estatz, comme ces années passées, certains consulz d'aulcunes villes, dudict diocèse, ont receu quelques sommes de deniers du païs, pour soubvenir à la réparation de leurs pontz, sans qu'ilz ayent faict apparoir de l'employ desdictz deniers, moings appellé ledict syndic avec le greffier dudict païs, pour assister à la visitation desdictz pontz et en faire le verbal avec les aultres solennités et formes requises, suivant lesdictes délibérations et règlemens.

A esté ordonné, ausdictz syndic et greffier, de veoir et vérifier lesdictes réparations faictes par lesdictz consulz, ensemble l'employ desdictz deniers. De quoy lesdictz Estatz leur ont donné pouvoir, et à ceste fin se faire représenter les comptes ou estatz de la despence, avec les pris faictz et aultres pièces vérifiantes sur lesdictz estatz, comme aussi s'informer au vray des péages qui se lèvent par les seigneurs des lieux où lesdictz pontz sont scituez, pour du tout, faire rapport aux prochains Estatz, affin d'estre par eulx pourveu et déliberé sur les dificultés que y pourront escheoir.

A esté encores exposé par ledict sieur de Fumel, syndicq, que se trouvant à Montpellier ces dernières années, il estime estre du devoir de sa charge de visiter la maison du collége fondé audict Montpellier, par le pape Urbain V, de très-heureuse mémoire, en faveur de cinq escholliers, originaires du présent diocèse, qui est comme ung séminaire pour la jeunesse de ce païs, estudiant en la faculté de médecine, et ayant vérifié que ladicte maison s'en allait totallement en ruyne, s'il n'y estoit promptement remédié ; il en fit son rapport aux Estatz tenuz en l'année 1611, affin qu'il leur pleust y adviser et prévenir, par leur acoustumée prudence, la ruyne d'une chose si utille à cedict diocèze. A quoy lesdictz Estatz ayans esgard, ils firent dès lors imposer la somme de 500 livres, pour estre employée à la réparation de ladicte maison, comme depuis il auroit esté faict. Mais ayant esté, quelque temps après, trouvé ladicte réparation n'estre suffizante, pour rendre ladicte maison asseurée et en estat convenable de pouvoir servir d'habitation ordinaire ausdictz escholliers, ledict syndic a requis l'assemblée d'y pourveoir selon son bon plaisir et le mérite du faict. Sur quoy, après avoir esté délibéré ; a esté conclud et arresté que, faisant l'estat des debtes plus pressez, pour les affaires occurrens et plus urgens dudict diocèse, l'année présente, pareille somme de 300 livres y sera employée et comprise, pour avec les aultres parties dudict estat estre vériffiée par MM. les commissaires présidens pour le Roy aux Estatz généraulx de Languedoc, et, sur leur advis, obtenu permission de Sa Majesté, d'imposer et lever ladicte somme sur le général dudict diocèse, à l'effect que dessus, sans pouvoir estre divertie, pour quelque aultre cause que ce soit..

Du mardy, 28° dudict mois de janvier, du matin.

Le sieur Rodes Castaing, docteur et advocat, s'est présenté à l'assamblée, comme envoyé de M. d'Arpajon, et veu sa procuration, a esté receu en icelle, après avoir presté le serement acoustumé.

Ledict sieur de Fumel, syndic, continuant son rapport, a dict et représenté que l'année dernière, au mois de septembre, lesdictz sieurs commis et députés dudict diocèse, ayant eu advis comme Mgr le Connestable avait faict donner quartier à sa compaignie d'ordonnance pour loger en ce diocèse, durant certains mois de l'année, comme elle avoit faict en plusieurs aultres diocèses de la Province, suivant le règlement général sur ce faict par Sa Grandeur, ilz auroient jugé nécessaire de le faire acheminer devers sadicte Grandeur, pour luy représenter la pauvreté de ce diocèse, et mesmes la stérilité des foings en ladicte année et essayer de faire descharger ledict diocèse dudict logement. Ce que sadicte Grandeur auroit accordé audict syndic, et ce faisant ordonné la révocation dudict quartier. Mais parce que lors de ladicte révocation le temps d'icelluy avoit commencé de courir contre ledict diocèse et qu'il fut impossible de faire notiffier l'ordonnance de sadicte Grandeur au sieur Paparin, premier homme d'armes et ayant charge de la conduicte de ladicte compaignie, si promptement qu'il n'y eust desjà unze jours escheuz du temps dudict logement, destiné pour ledict diocèse. Cela fut cause qu'après ladicte notification faicte audict sieur Paparin, il se seroit acheminé en ceste ville, pour estre remboursé des fraiz qu'il soustenoit avoir faictz et advancés pour ledict diocèse, à cause dudict logement, durant lesdictz onze jours. En quoy il disoit avoir grandement soulagé ledict diocèse, d'aultant que par ce moyen, il auroit esté exempt dudict logement et de la fourniture des fourrages et aultres vivres, oultre les autres foulles et incommoditéz que telles compaignies ont acoustumé de trayner après elles ; de sorte que s'estant opiniastré de ne bouger de ceste ville, sans au préallable avoir eu ledict remboursement ou en avoir faict plaincte à mondict seigneur le Connestable, lesdictz sieurs commis et députés, après plusieurs raisons représentées audict sieur Paparin, avec grandes contestations eues avec luy, sans aulcun effect, auroient finallement jugé nécessaire et moings dommageable audict diocèse, pour plusieurs bonnes considérations, de plustost composer cest affaire amyablement avec ledict sieur Paparin, que de le renvoyer mal content devers sadicte Grandeur ; qui fut cause qu'ilz accordèrent avec luy à la somme de 4,593 livres, laquelle auroit esté à l'instant empruntée et payée par ledict syndic audict Paparin. Et bien que aux derniers Estatz généraulx de Languedoc, tous les diocèses qui avoient souffert le logement de ladicte compaignie se fussent promis le remboursement, sur le général de la province, des fraiz par eulx prétendus, et qu'à cest effect aulcuns desdictz diocèses y eussent rapporté des roolles et estatz de grandes fournitures revenans à de fort notables sommes, desquelles avec grande instance ilz demandoient estre remboursez ; toutesfois les aultres diocèses s'y estant opposez ; enfin après plusieurs grandes contestations, auroit esté dict n'y avoir lieu, ains que chascun des diocèses ayant souffert ledict logement feroit, si bon luy sembloit, vérifier ses fraiz pardevant MM. les commissaires présidens ausdictz Estatz généraulx, affin de pouvoir obtenir, sur leur advis, permission de Sa Majesté, d'en faire l'imposition sur le général du diocèse, pour le remboursement des consulz ou aultres qui en auroient faict le prest ou les advances. En quoy la condition de ce diocèse se seroit trouvée meilleure, d'aultant que si lesdictes despenses eussent esté esgalisées sur le général de la province, la quottité de ce diocèse eust monté trois fois plus que ladicte somme de 1,580 livres. Ce qui auroit donné occasion audict syndic, craignant la révocation ou changement de la susdicte délibération, de recourir des premiers ausdictz sieurs commissaires et obtenir d'eulx l'ordonnance et advis nécessaires pour faciliter l'expédition des lettres d'assiette, portans permission d'imposer ladicte somme ; laquelle comme ayant esté empruntée et portant interest audict diocèse, semble debvoir estre imposée ceste année, suivant ledict advis, à la charge d'obtenir les lettres d'assiette ou de validation de Sa Majesté, de ladicte imposition. Sur quoy ayant esté leuc ladicte délibération et advis desdictz Estatz généraulx, a esté conclud et arresté, attandue que ladicte partie porte interest audict diocèse, que MM. les commissaires de l'assiette seront requis imposer icelle sur le général dudict diocèse, pour le remboursement de ceulx qui en ont faict le prest ; le tout soubz le bon plaisir de Sa Majesté et à la charge d'obtenir par ledict sindic lesdictes lettres d'assiette ou validation de ladicte imposition dans trois mois ; et néantmoings de relever par ledict diocèse lesdictz sieurs commissaires indempnes de tous despens, dommages et interestz qu'ilz pourroient encourir et souffrir à cause de ladicte imposition.

Et sur ce qui auroit esté encores représenté par ledict sindic comme pour l'espérance conceue par les Estatz généraulx de Languedoc de faire révocquer l'arrest obtenu par MM. de la Chambre des Comptes de Montpellier contre ladicte province, touchant la reddition des comptes des deniers extraordinaires de chascun diocèse, et par conséquent demeurer deschargez du payement des espices, attribuées par ledict arrest ausdictz sieurs de la Chambre, estant pour ce regard le procès pendant au Conseil de Sa Majesté. Plusieurs diocèses de ladicte province, et entre aultres cestuy-cy, auroient sur ceste opinion différé de laisser aulcun fondz aux assiettes pour le payement desdictes espices. Mais d'aultant que depuis par les articles de l'accord et transaction passée entre lesdictz Estatz généraulx et ladicte Chambre, l'audition des comptes desdictz deniers extraordinaires, depuis l'année 1608, leur demeure adjugée et par conséquent les espices desdictz comptes acquises depuis ledict temps ; cela est cause que les receveurs qui ont esté en charge ez années 1609, 1610, 1611 et 1612, sont à présent poursuiviz par contrainctes de ladicte Chambre du payement desdictes espices, au moyen de quoy ilz protestent, contre ledict syndic, des fraiz et despens desdictes contrainctes, à faulte de leur avoir laissé le fondz nécessaire en leursdictes assiettes pour lesdictes espices ; et partant icelluy syndic requéroit qu'il pleust ausdictz Estatz y pourveoir pour rédimer ledict diocèse desdictz fraiz. A esté conclud et arresté que les sieurs commissaires de l'assiette seront requis faire fondz en la présente assiette des sommes à quoy se trouveront revenir ausdictz sieurs de la Chambre, affin d'esviter lesdictz fraiz et despens extraordinaires.

Sur la réquisition faicte par le sieur de Fosses, de la ville de Saint-Chély-d'Apcher, de le faire paier de la somme de 450 livres, à luy deue à cause des fraiz et despenses excessives, par feu son père, en la négociation de la réduction, en l'obéissance du Roy, du fort de Grèzes et aultres lieux occupés contre le service de Sa Majesté, en ce diocèse. A quoy il fut employé par feu M. d'Apcher, lors commandant pour le service de sadicte Majesté en ce païs, ainsi que de ce il a dict apparoir par les actes qu'il a en main ; a esté conclud que le sieur de Fosses se retirera, si bon luy semble, pardevant MM. les commissaires députés à la vérification des debtes dudict diocèse, pour estre par eulx procédé sur la réquisition et demande d'icelluy sieur de Fosses, ainsi qu'ilz verront estre à faire par raison.

Ledict sieur de Fumel, syndic, auroit encores exposé à ladicte assemblée, comme suivant l'ordonnance donnée par MM. Delhom et de Galières, trésoriers généraulx de France et commissaires députés par le Roy à la vérification des debtes dudict diocèse, la somme de 11,500 livres, de laquelle, par leur procédure sur ce faicte, ledict diocèse auroit esté rendu débiteur pour toutes restes, envers les hoirs de feu M. le marquis de Canilliac, auroit esté imposée en l'assiette extraordinaire, de l'année dernière ; et ce à l'instance du sieur président Caulet, créancier dudict feu sieur de Canilliac, à condition néantmoings et non aultrement que suivant ladicte ordonnance, M. Guillaume de Calvet, receveur dudict diocèse, ne pourroit payer ladicte somme ny s'en dessaisir qu'au préalable la vérification et imposition dudict debte n'eust esté validé et approuvé par Sa Majesté et que la dame de Planèzes, appellée en la Cour des Aydes de Paris, à la diligence dudict sieur Caulet, n'eust esté par arrest de ladicte Cour ordinaire à qui d'entre deux ladicte partie doibt estre délivrée. Et d'aultant que puys quelques jours, le bruit a couru de la réduction de pris des monnaies, ledict sieur syndicq a requis l'assamblée de délibérer ce qui doibt estre faict de ladicte partie, attandant ledict arrest, pour esviter le deschet en cas de ladicte réduction. Sur quoy a esté conclud et arresté que ledict syndic tirera promesse par escript, dudict sieur Calvet, de payer et fournir en temps et lieu ladicte somme de 11,500 livres en l'acquit dudict diocèse, à qui par ladicte Cour sera ordonné, sans aulcun deschet ny diminution, ou bien, à son refuz, de faire ladicte promesse, qu'il sera contrainct, par les voies de justice, à la poursuite dudict sindic, de remettre ladicte partie es mains d'ung marchand resséant et solvable pour en respondre, attandant l'arrest de ladicte Cour des Aydes.

Sur les plainctes faictes à ladicte assamblée par plusieurs consulz des villes et aultres députés en icelle, touchant l'abus que les receveurs dudict diocèse commettent en l'exercice et administration de leur charge qui tourne à foulle et surcharge au pauvre peuple, et ce que soubz prétexte des articles entre les gens desdictz

Estatz généraulx de Languedoc et les receveurs particuliers des diocèses dudict païs, par lesquelz est porté entre aultres choses que lors qu'une nature de deniers aura esté entièrement payée ausdictz receveurs, ilz pourront, pour le droict de quittance d'icelle nature, prendre deux solz six deniers pour une fois tant seullement. Lesdictz receveurs dudict diocèse prenans l'intelligence desdictz articles et mesmes de ladicte clause, le plus largement qu'ilz peuvent à leur profit et advantage, subdivisans lesdictes natures de deniers en tant de sortes à leur discrétion, qu'au lieu de six ou sept, ilz en trouvent jusques au nombre de treize ou quatorze, pour chascune desquelles ilz exhigent 2 solz 6 deniers de chascun collecteur, oultre six solz pour le port du mand, bien que de tout temps ilz ne soulloient avoir que 2 sols 6 deniers, revenant le tout environ de 40 solz à chasque collecteur. Requérant lesdictz consulz qu'il pleust ausdictz Estatz réprimer ledict abus, pour le bien et soulagement du pauvre peuple. A esté conclud, pour le regard dudict droict de quittance, que MM. les commissaires de l'assiette seront requis, au nom desdictz Estatz, vériffier lesdictes natures de deniers et liquider ce que pourra monter le droict de chascune quittance généralement pour toutes lesdictes natures, à chasque parroisse, pour en estre faict expresse mention dans les mandz, affin que lesdictz receveurs ne puissent exhiger aultre chose pour ledict droict. Et pour le regard du port du mand, en cas que lesdictz receveurs ne se vouldront contenter de 2 solz 6 deniers, et s'y obliger par le bail de recette, comme ilz souloient faire par le passé, ledict syndic, à leur refus, donnera ordre de faire envoyer et tenir les mandz ausdictes parroisses, par lesquelz leur sera aussi mandé de payer au receveur deux solz six deniers pour les fraiz du port dudict mand, pour le remboursement dudict sindic ou aultre qui les aura avancez.

M⁰ Jehan Vareilles, notaire royal et consul de Saint-Germain, s'est présenté pour les consulz de la viguerie de Portes, lequel a esté receu après avoir presté le serement acoustumé.

Sur la réquisition faicte ausdictz Estatz de la part des habitans des lieux de Barre et Pompidou, à ce qu'il leur pleust faire rembourser, aulcuns desdictz habitans, de la despense par eulx fournie pour la nourriture et entretenement de M. le prévost général de Languedoc, avec sa trouppe, estant dernièrement venu exprez sur les lieux par commandement de Mgr le Connestable, pour recevoir, des mains du sieur de Gabriac, le faulsaire Colondres qui estoit en son pouvoir, affin de l'emmener et conduire seurement à Montpellier, pour luy faire son procès, disant lesdictz habitans n'estre raisonnable qu'ilz souffrent en particulier une telle despense, attandu qu'il s'agist d'ung faict qui regarde le général. Ouy le sindic dudict diocèse qui a dict lesdictz habitans de Barre ou aultres lieux n'estre tenuz non plus que le diocèse au payement de ladicte despense, ains que cest audict prévost général de rembourser et payer lesdictz habitans, comme chose qui deppend du debvoir de sa charge, d'aultant que les gaiges, qu'il prend de la province, ne luy ont esté accordez ny à ses archers, qu'en considération des chevaulchées qu'il doibt faire par toute ladicte province, et que pour ceste cause les Estatz généraulx de Languedoc, dernièrement tenus à Pézénas, auroient, par leur délibération, ordonné au syndic général de poursuivre ledict sieur prévost général pour le faire condampner et contraindre au payement de ladicte despense par luy faicte avec ceulx de sa suitte audict lieu de Barre et aultres lieux des Cévennes. Veu ladicte délibération par ladicte assamblée ; a esté conclud que ledict diocèse n'est aulcunement tenu de contribuer à ladicte despense ; au moyen de quoy lesdictz habitans se doibvent retirer, si bon leur semble ou syndic généraulx, suivant ladicte délibération.

Dudict jour, XXVIIIe janvier, de relevée.

Sur l'exposition sommairement faicte à l'assamblée par le sieur Armand, lieutenant audict diocèse de M. le prévost général de Languedoc, des vacations et journées par luy employées en ses chevaulchées ordinaires et extraordinaires au faict de sa charge et des captures et exécutions qui s'en sont ensuivies durant l'année dernière, en laquelle, pour les ocurrences très-importantes qui se seroient présentées, tant à cause de plusieurs et diverses assamblées qui se faisaient dans ledict diocèse contre les deffenses portées par les édictz du Roy, comme aussi pour raison de la vollerie des deniers de Sa Majesté, dernièrement advenue au païs des Cévennes dans ledict diocèse ; il auroit eu beaucoup plus d'occupation et de peine, ayant faict, à son grand regret, plusieurs despenses extraordinaires, avec perte de chevaulx en l'exercice de sa charge, qu'il n'avoit acoustumé ez années dernières, ainsi qu'est particulièrement vérifié par la teneur de son verbal, qu'il a présenté et exhibé à ladicte assamblée ; la requérant d'avoir esgard ausdictes pertes et despenses extraordinaires, et néantmoings, en cas qu'elle auroit agréable la continuation de son service, voulloir pourveoir à son entretenement pour l'advenir et du nombre d'archers qui luy est nécessaire, avec le greffier ordinaire du païs, à ce qu'ilz ayent moyen s'acquitter du debvoir de leurs charges, ce qui leur seroit impossible, au moings avec tel effect que la nécessité, pour l'injure du temps et les occasions le requièrent, s'il ne plaist à ladicte assamblée en augmentant le nombre desdictz archers, donner tel ordre au payement des ungs et des aultres qu'ilz ne soient plus en peine de recourir aux emprumptz, comme ilz ont esté contrainctz faire pour avoir moyen de s'entretenir en leurdicte charge. Représentant aussi estre requis de faire faire des casaques aux archers, d'aultant que les vieilles qu'ilz ont, ne peuvent plus servir. Et sur ce, ouy ledict sieur de Fumel, sindic, qui a représenté qu'encores qu'il espère obtenir, dans quelques mois, la permission qu'il a longuement faict poursuivre au Conseil de Sa Majesté, d'imposer annuellement comme se faisoit anciennement les gaiges et entretenement desdictz prévost, greffier et archers, suivant l'advis qu'il a pleu aux Estatz généraulx de Languedoc, dernièrement tenuz à Pézénas, en donner a sadicte Majesté, en suitte de l'arrest intervenu audict Conseil sur ladicte poursuitte ; néantmoings, veu les longueurs et dificultés qu'on faict maintenant plus que jamais audict Conseil, touchant la permission d'imposer deniers, et que cependant pour ne donner advantaige aux volleurs et aultres telle sorte de gens mal vivans, de prendre pied dans ledict diocèse, comme ilz feroient sans la présence et debvoir dudict sieur prévost et desdictz greffier et archers, il est très-important et nécessaire de pourveoir audict entretenement, attandant ladicte permission. Il a requis ladicte assamblée d'adviser les meilleurs moyens et expédiens qui se pourront trouver et en prendre une bonne résolution. A esté conclud et arresté pour les susdictes raisons et l'importance de l'affaire au bien du service de Sa Majesté, repos et seureté du publicq, que sur les sommes qui ont esté ces dernières années empruntées de M. Borrel, bourgeois de la ville de Mende, pour semblable effect, et desquelles MM. les commissaires de la présente assiette seront requis faire l'imposition en vertu de l'ordonnance de nos seigneurs les commissaires présidens pour sadicte Majesté ausdictz Estatz généraulx, portant vérification desdictes sommes et advis à sadicte Majesté, d'en permettre l'imposition. Ledict sieur Borrel sera encores prié, de la part de ladicte assamblée, de laisser audict païs, par forme de prest, la somme de 1,200 livres tournois, qui sera mise es mains dudict sieur syndic, pour subvenir et estre employée audict entretenement, à la charge que ledict syndic demeurera comptable audict païs et ledict Borrel remboursé de ladicte somme à la prochaine assiette, et par mesme moyen payé et indempnisé de ce que monte le change de ladicte partie, jusques à son actuel remboursement, et ce en attendant ladicte permission ; de laquelle ledict syndic est chargé de faire continuer la poursuitte, le plus soigneusement qui se pourra, pour le bien dudict païs.

Le sieur baron de Moyssac, estant venu à l'assamblée, a exposé que suivant la prière que M. d'Haulteville, son beau-frère, maître en la Chambre des Comptes de Montpellier, luy auroit faicte par une lettre qu'il luy avoit naguières escripte, il s'est acheminé en ladicte assamblée pour leur représenter, au nom dudict sieur d'Haulteville, le refus que le sieur de Calvet, receveur dudict diocèse, faict de luy payer les sommes à luy deues par icelluy diocèse, s'excusant sur le vol des deniers de sa charge qu'il dict luy avoir esté dernièrement faict aux Cévennes, faisant conduire lesdictz deniers aux receptes génerralles à Montpellier, entre lesquelz il dict que la partie dudict sieur d'Haulteville estoit comprise pour luy en faire le payement; si a ledict sieur de Moyssac requis ladicte assamblée, faire donner contentement audict sieur d'Haulteville, soit par ledict sieur Calvet ou aultre. Sur quoy veu les assiettes esquelles les parties deues audict sieur d'Haulteville sont employées ; lesquelles ledict sieur Calvet, comme en ayant faict la recepte, est obligé d'aquicter. Et ouy sur ce ledict syndic, a esté conclud et arresté, attandu que ledict diocèse faict ce qui estoit en luy, assavoir, de faire imposer et lever lesdictz deniers par ledict receveur, que ledict sieur de Moyssac sera prié, de la part de ladicte assamblée, faire trouver bon audict sieur d'Haulteville, son beau-frère, de s'adresser audict receveur pour le contraindre au payement desdictes parties par les voyes et contrainctes de la justice en tel cas requises et acoustumées, ne pouvant, le prétexte dudict vol, empescher ledict payement, attandu mesmes qu'il ne debvoit porter lesdictes parties à Montpellier, estant quérables par les créanciers au bureau de ladicte recepte. Néantmoings lesdictz Estatz ayant esgard aux fraiz du voiaige faict par ledict sieur de Moyssac, luy ont accordé la somme de 30 livres sans conséquence.

Du mercredy, XXIX° janvier, du matin.

S'est présenté M° Jehan Roux, bourgeois de la ville de Mende, qui a remonstré à l'assemblée que ceste année

1614 est celle de l'exercice de Mᵉ Hercules Spéronnat, receveur des tailles audict diocèse, lequel ne s'estant peu transporter en ces quartiers, luy a donné charge par sa procuration expresse de requérir, comme il faict, ladicte assamblée luy faire délivrer les assiettes et département de tous deniers, qui seront imposez audict diocèse durant ladicte année, pour en faire la recepte au nom dudict receveur, ainsi qu'il est tenu et que ledict Roux offre de faire, et pour asseurance des deniers bailler caultions resséantes et solvables.

Et incontinant après, M. Jehan Parades, sieur de Corbière, docteur et advocat, habitant à Saint-Estienne-de-Valfrancisque, s'estant aussi présenté, a remonstré que suivant l'arrest de la Cour des Aydes qu'il a dict avoir faict signifier au syndic dudict païs, les assiétes et département de tous deniers, tant ordinaires que extraordinaires qui seront imposez audict diocèse de Mende et païs de Gévaudan, en ladicte année 1614, luy doibvent estre délivrez pour en faire la levée et recouvrement, ayant ladicte Cour déclaré, par ledict arrest, le rang et tour de l'exercice de la recette desdictz deniers luy apartenir la présente année, qui est cause qu'il somme et requiert les Estatz luy faire délivrer lesdictes assiettes et département ; offrant bailler bonnes et suffizantes caultions et fournir par advances les deniers qu'il conviendra pour le deffray des Estatz et aultres choses nécessaires ; remonstrant en oultre que ledict Roux n'a aulcun interest audict exercice de ladicte requeste, sinon en qualité de commis ou procureur dudict Spéronnat, avec lequel l'arrest susdict a esté donné et par ainsi il ne peult aller contre la teneur d'icelluy. Et quant à ce qu'il dict avoir payé la finance taxée au Conseil du Roy sur l'office de receveur ancien des tailles dudict diocèse entre eulx commun pour l'attribution de 8 deniers pour livre que Sa Majesté a incorporé audict office, duquel la moitié luy appartient; ledict Parades luy auroit cy-devant offert, comme il faict encores, de fournir et luy rembourser la moitié de ladicte finance, ores que ledict payement ne luy ayt jamais esté notiffié. Et sur ce auroit esté replicqué par ledict Roux que l'arrest allégué par ledict Parades ne peult avoir lieu qu'au préalable il n'ayt satisfaict aux charges et conditions portées par icelluy, touchant les deniers ordinaires quoyque ledict arrest soit contraire aux commissions et instructions de MM. les commissaires présidents aux Estatz généraulx de Languedoc, mais non pour les deniers extraordinaires, parce que ledict Roux, suivant l'édict de Sa Majesté et l'arrest du Conseil d'Estat et de la Chambre des Comptes, a payé de ses propres deniers, à la prière dudict Spéronnat, ladicte taxe faicte audict Conseil pour la recette desdictz deniers extraordinaires, laquelle ledict Parades n'avoit daigné payer dans le temps limitté ny encores depuis icelluy. Lequel expiré à faulte de payement, Sa Majesté permet au porteur des quittances du trésorier des parties casuelles de commettre à ladicte recepte extraordinaire avec deffenses aux receveurs pourveuz en titre, de les troubler ny empescher, si bien que ledict Roux, commis, porteur desdictes quittances et ayant droict remis dudict Spéronnat, est bien fondé à persister, comme il faict, en ses premières réquisitions, attendu mesmes qu'il n'a esté ouy ny appellé en ladicte Cour des Aydes sur le faict dudict arrest. Sur quoy, après avoir esté délibéré par ladicte assamblée, a esté conclud que les parties se retireront, si bon leur semble, pardevant MM. les commissaires de l'assiette pour estre par eulx reiglées ainsi qu'ilz verront estre à faire par raison.

Sur les requestes présentées ausdictz Estatz, de la part des religieux Augustins et Jacobins de ceste ville de Maruejolz, comme aussi des consulz, en faveur de l'hospital d'icelle, tendantes à ce qu'il pleust ausdictz Estatz leur octroyer et faire imposer, en la présente assiette, la somme de 300 livres à chascun, pour ayder à la réédification des églises que lesdictz religieux ont commencé de faire rebastir et dudict hospital que lesdictz consulz font aussi redresser, estant impossible aux ungs et aux aultres à faulte de moyens, s'ilz ne sont assistez des aulmosnes et charitable secours du païs, de faire achever lesdictz édifices ; lesquelz par tel deffault demeurant imparfaictz, tout ce qu'ilz y ont jusques icy employé seroit entièrement perdu et inutile, au préjudice du public. A quoy ayant esgard, lesdictz Estatz, d'ung commun consentement, après avoir délibéré, ont accordé ausdictz religieux Augustins, la somme de 200 livres ; aux Jacobins, 100 livres, et audict hospital 100 livres. Lesquelles sommes seront comprises et employées dans l'estat des debtes dudict diocèse, qui sera dressé pour estre vériffié par MM. les commissaires à ce députés, pour après, sur leur advis, obtenir permission de Sa Majesté d'imposer et lever lesdictes sommes avec les aultres dudict estat, sur le général dudict diocèse, à l'effect pour lequel chascune d'icelles se trouvera destinée, à la charge que l'employ des susdictes trois parties sera faict à l'assistance des consulz de ladicte ville.

Lesdictz Estatz, suivant leur ancienne et louable coustume, pour esviter confusion, vérification préalablement faicte, ont déclaré le tour de baron dudict païs de

Gévaudan, appartenir, pour les Estatz de l'année prochaine, à M. le baron de Mercœur, succédant immédiatement en ordre à M. le baron de Florac, qui est en tour aux présens Estatz. Pour lesquelz terminer, M. le vicaire et président a dict que l'on voit d'ordinaire ung bon commencement estre suivy d'une semblable fin, l'ouverture de ceste assamblée ayant esté faicte par l'invocation de Saint-Esperit et par sa direction, les affaires y ayant pris ung heureux commencement avec une suitte et continuation favorisées de l'intelligence et zèle commun desdictz Estatz, tendant à l'advancement de l'honneur et gloire de Dieu, du service du païs. Ces choses obligent lesdictz Estatz à finir leur assamblée par les très-humbles actions de grâces qu'ilz doibvent à Dieu, de tant de faveurs et mesmes des bonnes délibérations prises en icelle avec supplication, à sa divine bonté, d'en faire prospérer les effectz, les assistant de sa saincte bénédiction ; laquelle incontinant après a esté donnée ausdictz Estatz par M. le vicaire et président, suivant la bonne et louable coustume d'iceulx, qui a esté la fin de ladicte assamblée.

Signé : A. Chanolhet, vicaire et président.

1615

Ouverture des Etats. — MM. les commissaires de l'assiette. — Rôle de MM. de l'assemblée. — Serment de fidélité au Roi et à la Reine. — Vérification des dettes du pays. — Mesures prises pour arrêter les voleurs répandus dans le diocèse et notamment dans les Cévennes. — Gages du prévôt et de ses archers. — Demande des habitants de Saint-Etienne-Vallée-Française, pour la construction d'un pont. — Prétentions des fermiers de l'équivalent sur le vin qui se recueille dans les Cévennes. — M. Rodes-Castain demande le remboursement de certains frais. — Cautions à fournir par le fermier de l'équivalent. — Dépenses pour la réduction du fort de Peyre. — Prétentions des habitans de Marvejols, qui demandent que le bureau de la recette et celui de MM. les commissaires ordinaires de l'assiette se tiennent alternativement dans leur ville et dans celle de Mende. — Gratification pour prise d'un chef de voleurs. — Demande d'une indemnité par le lieutenant du prévôt. — M. de Canilhac, désigné pour baron de tour. — Clôture des Etats.

L'an mil six-cens quinze, et le mardy dix-septiesme jour de febvrier, environ l'heure de neuf du matin, en la ville de Mende, les gens des Trois Estatz particuliers du païs de Gévaudan et diocèse de Mende, après avoir, selon la bonne et ancienne coustume, de tout temps observée, ouy la messe du Saint-Esperit, en l'église cathédrale dudict lieu, estans assemblez en la salle haulte des maisons épiscopalles, suyvant le mandement de nos seigneurs les commissaires présidens pour le Roy aux Estatz généraulx de Languedoc, tenuz en la ville de Pézénas aux mois de novembre et décembre derniers, seroient venuz à ladicte assamblée MM. de Mallevieillé, bailly de Gévaudan ; Claude de Duron, docleur en médecine ; Jehan Jausiond, notaire royal, et Ramond Blanc, marchand, consulz de ladicte ville de Mende ; et Pierre de Tardieu, sieur de Séjas, 1ᵉʳ consul de la ville de Maruejolz, commissaires ordinaires de l'assiéte dudict diocèse, la présente année. Et ayant prins leurs places et suivant leur ordonnance, lecture faicte, par le greffier desdictz Estatz, des commissions à eulx adressantes, portant pouvoir et mandement d'imposer sur les lieux contribuables aux tailles dudict diocèse, appellez ceulx qui pour ce feront à appeller en la manière acoustumée les sommes et quottités des deniers de l'octroy, creue de 600,000 livres, augmentation de solde, ustencilles, extraordinaire de la guerre et aultres contenues esdictes commissions ; ilz auroient exhorté et requis lesdictz Estatz de se conformer à l'intention de sadicte Majesté et desdictz Estatz généraulx, touchant la levée et payement desdictes sommes, au département desquelles ilz offrent de leur part de procéder, dès maintenant, à l'assistance de ladicte assamblée ou de telz députés d'icelle qu'il plaira ausdictz Estatz de nommer, affin que les affaires et service de Sa Majesté ne demeurent par ce deffault retardez. Sur quoy, M. Mᵉ André de Chanoillet, docteur ez droictz, chanoine en ladicte église, official et vicaire général de Mgr de Mende, comte de Gévaudan, président ausdictz Estatz, auroit dict ausdictz sieurs commissaires que les habitans de ce païs, représentez par ceste assamblée, ont tousjours rendu tant de tesmoignage de leur zèle et affection à l'advancement des affaires et service de sadicte Majesté, qu'encores qu'ilz ayent esté affligez, l'année dernière, d'une grande stérilité de bledz et aultres denrées qui ostent le moyen au peuple de contribuer, sans beaucoup d'incommodité au payement des susdictes sommes, il s'asseure néantmoings qu'il n'y a personne, en ceste assamblée, et conséquemment audict païs qui ne soit disposé de satisfaire à la volunté de sadicte Majesté, en ceste occasion, comme en toute aultre qui regardera le bien de sondict service et la manutention de cest estat, pour lequel ilz ne vouldroient céder en dévotion et fidélité à aulcun aultre diocèse ny province de ce royaume. Ensuitte de ce que dessus, et après que lesdictz sieurs commissaires adhérans à la réquisition du sindic dudict païs, ont donné permission ausdictz Estatz de continuer durant quelques jours leur assamblée, suivant l'ancienne coustume, pour conférer de leurs affaires communs et y pourveoir selon la nécessité. Les sieurs députés, qui ont acoustumé d'avoir séance et voix délibérative ausdictz Estatz, ont esté appellez selon leur rang et ordre et les anciens rôles desdictz Estatz, ausquelz se sont trouvez assistans, assavoir, pour l'estat ecclésiastique : M. M⁰ Pierre Malos, bâchelier ez droictz, chanoine en l'église cathédralle dudict Mende et député du Chapitre de ladicte église ; M. M⁰ Anthoine Reynal, bâchelier en théologie, curé et recteur de l'église parrochielle de Saint-Gervais-lez-Mende ; religieuse personne frère Latgier Bordes, prieur au monastère des Chambons, vicaire général et envoyé de M. l'abbé desdictz Chambons ; M⁰ Jehan de Jehan, docteur ez droictz, envoyé de M. de S. Jehan. Et pour les barons : M. d'Alleret, bailly et intendant général des affaires du duché de Mercœur, envoyé de M. le baron de Mercœur, baron de tour, la présente année ; M⁰ Jehan Michel, baille et lieutenant en la justice de la baronnie d'Apcher, envoyé de M. le baron d'Apcher ; noble Loys de Gan, envoyé de M. de La Faurie, comme baron de Peyre ; M⁰ Pierre Borrelli, sieur de Pelouze, docteur ez droictz, envoyé de M. le baron du Tournel ; noble Claude Pollalion, sieur de Bouzolz, comme tuteur onéraire de M. le baron de Canilliac. Et pour les aultres nobles : M. de Cogossac, sieur de Servières, en personne ; M. Adam Bouton, docteur ez droictz, envoyé de M. de Montauroux ; M⁰ Pierre Vachery, aussi docteur ez droictz, envoyé de M. de Montrodat ; M⁰ Guillaume Bardon, aussi docteur, envoyé de M. de Mirandol ; M⁰ Pierre Rodes-Castaing, aussi docteur, envoyé de M. de Sévérac ; Jehan-Jacques de Columb, envoyé de M. de Barre ; M⁰ André Bayssenc, aussi docteur ez droictz, envoyé de M. d'Arpajon ; noble Claude de Lacam, envoyé de MM. les consulz nobles de La Garde-Guérin. Et pour le Tiers-Estat : Pierre Grosset, marchand et 1ᵉʳ consul de la ville de Chirac ; M⁰ Michel Flourit, notaire royal et 1ᵉʳ consul de la ville de La Canorgue ; M⁰ Jehan Gras, marchand et 1ᵉʳ consul de la ville de Saint-Chély-d'Apcher ; Jehan Lafon, 2ᵉ consul de la ville de Salgues ; M⁰ Bertrand Bufière, notaire royal et 1ᵉʳ consul de la ville du Malzieu ; Estienne Relian, 1ᵉʳ consul de la ville de Florac ; Louys Bousquet, syndic d'Yspaniac ; Jehan de Chalvidan, bourgeois, député au lieu du consul de la ville de Sainte-Enimie ; Charles Lahondès, consul de Châteauneuf-de-Randon ; Barthélemy Gerbaud, procureur de Serverette ; M⁰ Pierre Calmel, 1ᵉʳ consul de Saint-Estienne-de-Valfrancisque ; Anthoine Catillon, 1ᵉʳ consul de la ville de Lengoigne ; M⁰ Jehan Vareilles, notaire royal et consul de Saint-Germain, député pour la viguerie de Portes ; Pierre Corbier, marchand, consul de Barre ; M⁰ Pierre Chalmeton, docteur ez droictz, député pour le syndic de Saint-Auban ; Ramond Nogaret, marchand, député pour les procureurs du mandement de Nogaret. Tous lesquelz assistans, après que leurs pouvoirs et procurations ont esté leues en plaine assamblée, ont presté le serement acoustumé entre les mains de mondict sieur le président, de procurer et opiner en ladicte assamblée, choses tendant à l'honneur et gloire de Dieu, à l'advancement du service du Roy et au repos et soulagement du publicq et de ne divulguer les affaires secrettes des Estatz.

Dudict jour XVII⁰ febvrier, de relevée, au lieu et président que dessus.

Le sieur de Fumel, syndic dudict païs, a dict qu'ayant eu l'honneur d'assister aux Estatz généraulx de Languedoc, dernièrement tenuz à Pézénas, et veu comme ilz auroient donné commencement à leur assamblée, par ung acte fort louable et digne de bons et fidelles subjectz du Roy, qui fut de renouveler le serement de fidélité deub à Sa Majesté et par eulx faict en leur précédente assamblée, l'année dernière, sa charge l'oblige d'en tenir advertie la présente assamblée et mesmes de ce que par la délibération desdictz Estatz généraulx est expressément porté que le mesme serement sera renouvellé ez assiettes de chascun diocèse de la province, affin qu'unanimement et d'ung cœur égal, tous les habitans soient disposez à renverser les artifices et mauvais desseings qui se pourroient faire contre l'Etat. Sur quoy, après avoir esté faict lecture de ladicte délibération, lesdictz Estatz particuliers, suivant leur naturelle inclination et debvoir de bons et fidelles subjectz, à l'exemple desdictz Estatz généraulx, ont unanimement promis et juré, au nom de tous les habitans dudict diocèse et païs représentez par ceste assamblée, de se maintenir et conserver inviolablement en l'obéyssance et fidélité qu'ilz doibvent à Sa Majesté et à la Royne, comme leurs très-humbles, très-obéyssans et fidelles subjectz, et d'employer leurs moyens et leurs vies pour le bien de leur service et de l'Estat contre ceulx qui vouldroient attanter ou entreprendre aulcune chose au préjudice de leurs Majestés ou du repos publicq ; que s'il en vient quelque chose à leur notice, d'en advertir aussitost leurs Majesté ou Mgr de Montmorancy, gouverneur et lieutenant général pour Sa Majesté en Languedoc et aultres qui ont, en leur absence, authorité en ladicte province, affin que par leurs prudents advis, conseil et force, il y soit remédié.

Davantaige a esté remonstré par ledict sieur de Fumel, syndic, qu'après plusieurs obstacles et empeschemens survenuz à l'exécution de l'arrest du Conseil d'Estat, touchant la vérification des debtes dudict diocèse, enfin l'arrivée de MM. Delhon et de Gallières, trésoriers généraulx de France, en la généralité de Montpellier, commissaires députés par le Roy à ladicte vérification, s'estans acheminez exprez et renduz en ceste ville, l'année dernière, avoit faict prendre espérance de veoir mieulx succéder ceste procédure pour la liquidation desdictz debtes au soulagement dudict païs qu'elle n'avoit faict jusques alors ; mais de mauvais rencontre, il y seroit encores survenu ung nouveau suject de retar-

Estatz généraulx de Languedoc et les receveurs particuliers des diocèses dudict païs, par lesquelz est porté entre aultres choses que lors qu'une nature de deniers aura esté entièrement payée ausdictz receveurs, ilz pourront, pour le droict de quittance d'icelle nature, prendre deux solz six deniers pour une fois tant seullement. Lesdictz receveurs dudict diocèse prenans l'intelligence desdictz articles et mesmes de ladicte clause, le plus largement qu'ilz peuvent à leur profit et advantage, subdivisans lesdictes natures de deniers en tant de sortes à leur discrétion, qu'au lieu de six ou sept, ilz en trouvent jusques au nombre de treize ou quatorze, pour chascune desquelles ilz exhigent 2 solz 6 deniers de chascun collecteur, oultre six solz pour le port du mand, bien que de tout temps ilz ne soulloient avoir que 2 sols 6 deniers, revenant le tout environ de 40 solz à chasque collecteur. Requérant lesdictz consulz qu'il pleust ausdictz Estatz réprimer ledict abus, pour le bien et soulagement du pauvre peuple. A esté conclud, pour le regard dudict droict de quittance, que MM. les commissaires de l'assiette seront requis, au nom desdictz Estatz, vériffier lesdictes natures de deniers et liquider ce que pourra monter le droict de chascune quittance généralement pour toutes lesdictes natures, à chasque parroisse, pour en estre faict expresse mention dans les mandz, affin que lesdictz receveurs ne puissent exhiger aultre chose pour ledict droict. Et pour le regard du port du mand, en cas que lesdictz receveurs ne se vouldront contenter de 2 solz 6 deniers, et s'y obliger par le bail de recette, comme ilz souloient faire par le passé, ledict syndic, à leur refus, donnera ordre de faire envoyer et assiette. Ledict sieur de Cornillon, proposant le faict des commissions de l'assiette dudict diocèse, la présente année, a dict que la fidélité et obéyssance de tout temps rendue par lesdictz Estatz aux commandemens de Sa Majesté et leur dévotion au bien de son service luy estans assez cognuz et notoires, il estimeroit superflu d'employer le temps à exciter, par discours, la compaignie à ce qui la doibt porter à la prompte exécution du contenu esdictes commissions, en ce qui les regarde. C'est pourquoy se contentant qu'il en soit faicte lecture en la présente assamblée, il offre de vacquer avec les aultres sieurs commissaires à ladicte exécution en la présence et assistance desdictz gens des Estatz ou de telles personnes d'entre eulx qu'il leur plaira députer à cest effect, et ce faisant, procéder incontinant à l'assiette et département des sommes de deniers portées par lesdictes commissions, desquelles, après avoir esté faicte la lecture en plaine assamblée, M. M⁰ André de Chanoillet, docteur ez droictz, chanoine et official de Mende et vicaire général de très-révérend père en Dieu, Mʳᵉ Charles, évesque et seigneur de Mende, comte de Gévaudan et président desdictz Estatz, auroit réparty audict sieur commissaire principal, que comme les Estatz ont tousjours esté portés de zèle et d'affection à ce qui est du bien du service du Roy et advancement de ses affaires, ilz se disposeront à tout ce qui sera de leur pouvoir sur l'exécution desdictes commissions ; requérant, à cest effect, la permission de continuer leur assamblée pour en délibérer et par mesme moyen pourvoir aux affaires communs dudict païs, ainsi qu'il est acoustumé de toute ancienneté ; ce qui a esté permis par ledict sieur commissaire.

Et incontinant après, les envoyez et aultres députés à ladicte assamblée, ont remis les procurations et pouvoirs qui leur ont esté donnez par ceulx qui ont acoustumé d'avoir séance et voix délibérative en ladicte assamblée ; à laquelle, lecture faicte desdictes procurations, se sont trouvez assistans, assavoir, pour l'Estat ecclésiastique : M. M⁰ Vidal Pitot, bâchelier ez droictz, chanoine et archidiacre de l'église cathédralle de Mende et envoyé du Chapitre d'icelle; M⁰ Jehan Aldin, docteur ez droictz et lieutenant au bailliaige de Gévaudan, envoyé de M. d'Aubrac ; M⁰ Guillaume Du Mazel, chanoine de l'église collégiale de Maruejolz, envoyé de M. de Sainte Enymie ; M⁰ Noël Pradal, chanoine et sacristain en la mesme église, envoyé de M. de Lengoigne ; M⁰ Anthoine Aldin, docteur ez doictz, juge et envoyé de M. de Paliers ; M⁰ Jehan de Jehan, aussi docteur et envoyé de M. de Saint Jehan. Pour MM. les barons et Estat des nobles : M⁰ Jehan Michel, lieutenant en la justice de Saint-Chély-d'Apcher, envoyé de M. le baron d'Apcher ; noble Marc Damanzé, sieur du Bois-du-Mont, envoyé par M. de La Faurie, comme ayant droict en la baronnie de Peyre ; M⁰ Jehan Rodes, docteur ez droictz, envoyé par M. de Tollet, aussi comme ayant droict en la mesme baronnie de Peyre ; M⁰ Michel Duron, aussi docteur, envoyé de M. le baron de Céneret ; M. le baron du Tournel, en personne ; M⁰ Vidal Bazalgète, bailly des terres du Randonnat, envoyé de M. le baron de Randon ; noble Jehan de Verny, sieur du Chenin, envoyé de M. d'Allenc ; noble Gabriel de Robert, sieur de Chazalz, envoyé de M. de S. Auban ; noble Jehan-Jacques de Columb, envoyé de M. de Mirandol ; noble Anthoine de Malbosc, sieur de Miral, envoyé de M. de Sévérac ; M. de Seras, sieur de Barre, en personne ; noble Aldebert de Seguin de Bor, sieur de Prades, envoyé de M. de Gabriac ; M. de Cogossac, sieur de Servière, en personne ; Philippe de Gibilin, cappitaine du chasteau et baronnie d'Espeirac, envoyé de M. d'Arpajon ; M⁰ Guillaume Bardon, docteur ez droictz, envoyé de MM. les consulz nobles de La Garde-Guérin. Et pour le Tiers-Estat : M. Anthoine Laurens, docteur ez droictz, député par le premier consul et les habitans de la ville de Mende ; Jacques Gisquet, second consul de ladicte ville ; M⁰ Pierre Rodes-Castaing, docteur ez droictz, 1ᵉʳ consul de la ville de Maruejolz ; M⁰ Boudany, marchand, 2ᵉ consul de ladicte ville ; Vincent Lafont, marchand et 1ᵉʳ consul de la ville de Chirac ; M⁰ Jehan de Rostang, docteur ez droictz, 1ᵉʳ consul de la ville de La Canourgue ; M⁰ Pierre Bonnet, aussi docteur, député de la ville de Saint-Chély-d'Apcher ; M⁰ Jacques Langlade, docteur ez droictz, 1ᵉʳ consul de la ville de Salgues ; Pierre Trébuchet, notaire royal, 1ᵉʳ consul de la ville du Malzieu ; Jehan Mazoyer, 1ᵉʳ consul de la ville de Florac ; M⁰ Tristan Grégoire, notaire royal, député de la ville d'Yspaniac ; M⁰ Pierre Combes, docteur ez droictz, 1ᵉʳ consul de la ville de Sainte-Enymie ; M⁰ Guillaume Bouquet, 1ᵉʳ consul de Châteauneuf-de-Randon ; M⁰ Anthoine Montjusieu, procureur de la ville de Serverette ; Jacques Masbernard, procureur de St-Estienne-de-Valfrancisque ; Claude Martin, procureur de la ville de Lengoigne ; Jehan Rozier, procureur de la viguerie de Portes ; Anthoine Couzin, procureur de Barre ; noble Louis Adam de Robert, bailli et syndic de Saint-Auban ; et M⁰ Pierre Dieuloufés, procureur du mandement de Nogaret. Ausquelz assistans ledict seigneur président a faict prester le serment acoustumé de procurer l'advancement de l'honneur et gloire de Dieu, du service de Sa Majesté et du repos et soulagement du païs et ne réveler les délibérations des Estatz.

Ayant esté remonstré par M. le baron du Tournel, qu'en l'occasion du droict qu'il a en la baronnie de Céneret et dont il y a procès dès longtemps, il auroit tousjours protesté ez précédentes assamblées des Estatz dudict païs que, sur la réception qui estoit faicte en icelles des députés qui y estoient envoyez de la part d'aultres personnes que de luy pour y assister au nom du baron de Céneret, il n'entendait prester aulcun consentement, ains, au contraire, protestoit de s'y opposer formellement. Il a voulu encores, pour la conservation du mesme droict, réitérer ladicte protestation, en la présente assamblée, sans toutesfois entrer en plus grande contention pour n'interrompre ny retarder les affaires du Roy et du publicq, pour lesquelz la compaignie est assamblée ; requérant seullement sadicte protestation estre insérée au présent verbal, pour luy servir en temps et lieu ; ce qui luy a esté octroyé par lesdictz Estatz.

La procuration du consul de la viguerie de Portes, ayant esté jugée défectueuse en la forme des clauses ordinaires, observée d'ancienneté ausdictz Estatz, a esté ordonné audict consul de la faire réformer et advertir sa communaulté pour l'advenir de ne bailler plus telles procurations à leurs consulz ou députés, à peine d'estre excludz de l'entrée desdictz Estatz.

S'estant meu différend entre le sieur Rodes-Castain, 1er consul de la ville de Maruejolz et le sieur Laurens, député ausdictz Estatz pour la ville de Mende, en l'absence du 1er consul d'icelle, sur ce que le sieur Rodes disoit que ledict sieur Laurens ne debvoit opiner premier que luy en ladicte assamblée sur les affaires qui sont proposez en icelle d'aultant que ce seroit préjudicier aux droictz de ladicte ville de Maruejolz, au consul de laquelle, suivant le pariaige faict entre le roi Philippe-le-Bel et Guillaume Durand, lors évesque de Mende, ceste prééminence appartient, notamment en l'année que les Estatz sont assamblez en ladicte ville de Maruejolz. D'ailleurs que ledict sieur Laurens, pour n'estre consul ains seullement député dudict Mende, ne pouvoit avoir la mesme prérogative du consul de ladicte ville ; de sorte que, par ces justes raisons, le droict acquis à ladicte ville de Maruejolz luy doibt estre conservé en sa personne, comme premier consul d'icelle ville, qui est ce qu'il requiert lesdictz Estatz voulloir ordonner. Et au contraire ledict sieur Laurens soustenoit qu'à ladicte ville de Mende ou au consul d'icelle apartenoit ladicte prééminence d'opiner, ausdictz Estatz, premier et ledict consul de Maruejolz pour plusieurs raisons assavoir que ladicte ville de Mende, comme capitale, doibt en tout et partout procéder les aultres dudict diocèse. En second lieu que par l'adresse des commissions, en vertu desquelles la présente assamblée subsiste, les consulz dudict Mende, suivant l'ordre de tout temps observé, sont nommez et colloquez esdictes commissions au premier rang, après le bailly de Gévaudan ou son lieutenant et en nombre pluriel, et en dernier lieu ung consul de Maruejolz en nombre singulier, d'abondant qu'aux Estatz généraulx de la province de Languedoc, desquelz comme de leur vraye source, les particuliers de ce diocèse ont tiré leur origine, les consulz de Mende ou les députés de ladicte ville sont et ont toujours esté au rang des villes capitalles, voire des premiers, et par ce moyen précédent bien avant le consul dudict Maruejolz, lequel est seulement aux siéges des villes diocésaines beaucoup plus recullez et inférieurs, tant pour la séance que pour l'ordre d'opiner ausdictz Estatz généraulx ; que ladicte différence se remarque aussi par les instructions de MM. les commissaires, présidens pour le Roy aux Estatz généraulx, en ce qui est de la taxation du voiaige desdictz consulz, estant, celuy de Mende, tousjours et en tout préféré à celuy de Maruejolz ; que le pariage allégué par ledict sieur Rodes, ne peult de rien servir en ce subject, duquel il n'est faicte aulcune mention dans icelluy, ains seullement du faict de la justice des terres communes entre Sa Majesté et ledict sieur évesque de Mende ; finallement que ladicte ville de Mende est en possession immémoriale de ladicte prééminence en quelque lieu dudict diocèse que lesdictz Estatz ayent esté tenuz. Et quant à l'objection faicte par ledict sieur Rodes, que ledict sieur Laurens, comme député, n'estoit capable de ceste prééminence et qu'elle pouvoit seullement apartenir aux consulz et non aux députés, respondoit aussi ledict sieur Laurens, que ladicte prééminence et aultres semblables n'estoient attribuées aux personnes, sinon à cause de la charge et pouvoir qui leur estoit donné par les villes qu'ilz représentoient esdictes assamblées, tellement que ausdictz Estatz généraulx ont tousjours esté, comme sont encores indifféremment receuz les députés desdictes villes et y tiennent sans distinction le mesme rang et ordre que pourroient faire les consulz ; lesquelz au contraire n'ont acoustumé d'y avoir entrée, sans procuration expresse des villes, ce qui monstre qu'en ce subject, la qualité de consul et de député estant indifférente et l'une non préférable à l'aultre, estant accompaigné de procuration suffizante de la communaulté, comme est celle dudict Laurens, et partant capable de la mesme prééminence que le consul de ladicte ville, il doibt opiner en ladicte assemblée premier que ledict consul de Maruejolz ; oultre que ledict sieur Laurens est assisté du second consul de ladicte ville de Mende, icy présent ; si bien que par double raison elle doibt estre maintenue en la possession de ladicte prééminence en la personne dudict Laurens, député d'icelle. De quoy il auroit requis et supplié l'assemblée ; par laquelle, après avoir sur ce délibéré, a esté conclud et arresté que ledict second consul de ladicte ville de Mende, ou bien ledict sieur Laurens, comme son assesseur, opinera en ladicte assemblée premier que ledict consul de Marvejolz, sur les affaires qui seront proposées et mis en délibération en icelle.

Pour pacifier le différend intervenu entre noble Marc Damanzé, sieur du du Bois-du-Mont, comme ayant charge et procuration de dame Barbe de Combret, femme de M. Bertrand de Paulo, sieur de La Faussie, et M. M⁰ Jehan Rodes, docteur ez droictz, ayant aussi pouvoir de M. François de Solatges, sieur et baron de Castelnau et de Tollet, père et légitime administrateur des personnes et biens de damoiselles Marguerite et Jehanne de Peyre, ses filles, et de feu dame Marguerite de Peyre, chascun d'eulx prétendant, en vertu des procurations par eulx remises, debvoir estre receu en ladicte assemblée au rang et place du sieur baron de Peyre ; disant ledict sieur Rodes, pour ses raisons, que quand bien le droict héréditaire et successif qui est acquis ausdictes damoiselles de Peyre, sur la possession et propriété de la baronnie dudict Peyre, ne seroit si notoire et cougnue comme il est à chascun de l'assamblée, la délibération prize aux Estatz tenuz en la présente ville, au mois de janvier 1614, portant que le sieur de Boussac, envoyé dudict sieur de Tollet, continueroit sa possession d'assister ausdictz Estatz, luy sert de titre suffizant pour exclure ledict sieur du Boys-du-Mont et tous aultres de ladicte prétension, attandu mesme que ladicte délibération avoit esté prize, parties ouyes. Et partant requéroit ledict sieur Rodes estre maintenu en ladicte possession. Et au contraire ledict sieur du Bois-du-Mont, insistant qu'à ladicte dame de La Faurie ou à luy, comme ayant pouvoir d'elle, apartenoit ladicte séance, d'aultant que par arrest intervenu depuis ladicte année 1614, ladicte baronnie de Peyre auroit esté adjugée à ladicte dame, et pour confirmation de ce, le sieur Du Gan, envoyé de ladicte dame, auroit esté receu aux Estatz tenus en la ville de Mende, l'année dernière, requéroit aussi qu'il pleut à l'assamblée luy donner le rang et séance qu'avoit acoustumé tenir le sieur baron de Peyre et telle qu'avoit tenu ledict sieur Du Gan, audict nom. Mais à cela ayant esté réparty par ledict sieur Rodes, que ladicte réception faicte dudict sieur Du Gan, ne pouvoit préjudicier au droict dudict sieur de Tolet ou desdictes damoiselles de Peyre, d'aultant qu'elle n'avoit esté débatue ny contestée de leur part et que personne n'auroit esté envoyé par elles ausdictz Estatz ladicte année pour s'y opposer. Veu par ladicte assamblée la susdicte délibération, ensemble certain exécutoire de despens obtenu par dame Eléonor et Barbe de Combret, de la somme de 1,450 livres, contre ledict sieur de Tolet ; a esté conclud que les susdictz envoyez assisteront alternativement ausdictz Estatz, assavoir : le matin ledict sieur du Boys-du-Mont, pour ladicte dame de La Faurie, et de relevée, ledict sieur Rodes, pour lesdictes damoiselles de Peyre et ainsi pourront continuer durant ladicte assamblée ; le tout sans préjudice du droict des parties et sans conséquence.

Dudict jour, quinziesme de mars, de relevée.

S'est présenté, pour M. de Mirandol, noble Jehan Jacques de Columb, lequel après lecture faicte de sa procuration a esté receu et a presté le serement acoustumé.

Le sieur de Fumel, syndic dudict diocèse, a remonstré qu'après les affaires du Roy qui regardent l'imposition des deniers accordez à Sa Majesté aux Estatz généraulx de Languedoc, il n'y en avoit aulcun plus important à traitter, en ceste assamblée, que la vérification des debtes dès longtemps commise par Sa Majesté à MM. Delhom et de Galières, trésoriers généraulx de France. Laquelle, bien que par plusieurs délibérations prinses ez diverses assamblées ez années dernières, ayt esté jugé nécessaire, et qu'après une longue recherche par luy faicte, avec le greffier du païs, des actes et papiers et que les mémoires requis pour servir à l'impugnation desdictz debtes, suivant lesdictes délibérations, ayent esté sur ce dressez, de sorte qu'il semble à présent inutille de remettre cest affaire en délibération ; veu mesmes que lesdictz sieurs commissaires, à la réquisition et instance de Jehan Prieur, prétendu syndic des paroisses opposantes, se seroient acheminez et auroient commencé de procéder en la ville de Mende, l'année 1614, toutesfois parce que la question n'est pas maintenant de la continuation de leur procédure, mais seullement du lieu où elle doibt estre faicte, d'aultant qu'ayant esté interrompue, au grand regret dudict diocèse, à cause de la nomination dès lors faicte de la personne dudict sieur de Gallières au consulat de Montpellier, qui auroit donné subject ausdictz sieurs commissaires, quelque temps après, de s'en retourner et remettre ladicte procédure à une aultre saison ; lesdictz sieurs n'ayant eu depuis la commodité, à cause de ladicte charge consulaire, voiaiges et aultres occupations publicques, de revenir en ce diocèse, ont désiré de continuer ladicte procédure audict Montpellier, et à ceste fin, ilz luy auroient faict donner assignation pardevant eulx et mesmes en febvrier dernier, à la requeste de M° Pierre Portalés, jadis receveur électif de cedict diocèse, pour lequel ilz auroient desjà commencé de procéder, comme se voit, par la response que ledict sieur de Gallières a faicte à la lettre de MM. les commis, n'ayant ledict Portalés voulu s'acheminer par deça, comme il pouvoit et avoit promis faire, lors de la venue desdictz sieurs commissaires, à l'effect de ladicte vérification. Ceste innovation en ce qu'elle semble porter de la contrariété aux premières intentions desdictz Estatz (quoy qu'il estime de sa part le lieu de la procédure indifférent), l'oblige néantmoings de supplier l'assamblée d'en délibérer et luy ordonner expressément là-dessus ce qui sera de son bon plaisir et volunté, affin qu'il ne puisse encourir aulcun blasme d'avoir apporté du changement en la première forme, comme aussi pour sa descharge et dudict greffier, en cas qu'il mesadviendroit des acquitz et papiers du païs en la conduicte qu'il en convient faire audict Montpellier, ou bien que le succèz de ladicte procédure, se faisant loing de MM. les commis et députés dudict païs, ne fust tel que l'on se pourroit estre promis en général et en particulier de leur diligence et affection. Sur quoy, après avoir esté faicte lecture de la lettre dudict sieur de Gallières, ensemble desdictes délibérations et de plusieurs ordonnances desdictz sieurs, portant que ladicte vérification sera faicte en ladicte assamblée, et surtout considéré l'importance de ladicte procédure, de laquelle deppend le soulagement du pauvre peuple ou sa grande incommodité pour les excessives sommes demandées et prétendues et entre aultres par ledict Portalés, eu esgard aussi à la qualité des créanciers et desdictz debtes et au temps et à la forme qu'ilz ont esté conceuz ; au moyen de quoy lesdictes impugnations ne peuvent estre vallablement et suffizamment faictes par lesdictz sindicq et greffier, sans estre assistez des advis et consulz desdictz sieurs commis et députés sur les doubtes ou difficultés qui peuvent à tout propos survenir en ladicte vérification ou sur le manquement de quelques pièces, ou sur les ouvertures et expédiens d'accord qui pourront estre proposez par les créanciers, durant ladicte procédure, pour en composer et accorder avec eulx, suivant le pouvoir donné ausdictz sieurs commis et députés, conformément aux précédentes délibérations pour le soulagement dudict diocèse, joinct le port qui peut estre au transport des acquitz et papiers dudict païs, mesmes à cause de ces mouvemens ; au respect desquelles choses susdictes, la despense du voyaige et séjour que pourront faire lesdictz sieurs commissaires en ce diocèse n'est si considérable, joinct que le tout, bien balancé, les fraiz de la voiture, conduicte et retour desdictz papiers et du voyage et séjour desdictz syndic et greffier audict Montpellier et desdictz créanciers qui, estant presque tous dudict diocèse ou des environs, demanderont taxe, ne se trouveront moindres que ceulx desdictz sieurs commissaires ; lesquelz d'aillieurs, estans par deça deschargez de tout soing et importunité d'aultres affaires que de ceulx de ladicte vérification, auront moyen de vacquer plus attentivement. et ce faisant abréger le temps et les fraiz de la procédure pour le soulagement dudict diocèse, et leur prompt retour en leurs maisons, à l'exercice de leurs charges. Pour lesquelles raisons et aultres bonnes considérations concernans le bien et soulagement dudict diocèse, a esté conclud et arresté, en cas que lesdictz sieurs commissaires seroient encores en ceste volunté de continuer à procéder au faict de leur commission, qu'ilz seront constamment requis et priez, de la part desdictz Estatz, avoir agréable que ce soit en ladicte ville de Mende, comme ne pouvant, ladicte procédure, estre vallablement faicte aillieurs, pour les susdictes raisons, et qu'à cest effect sera escript ausdictz sieurs, de la part de ladicte assamblée, pour leur faire ceste prière et leur tesmoigner l'asseurance qu'elle prend de n'estre esconduite d'une si juste requeste, pour la commune utilité dudict diocèse.

Et d'aultant que par quelques-ungs de l'assamblée sont entrez en doubte que lesdictz sieurs commissaires ne vouldront revenir par deça ny désister de faire ladicte procédure audict Montpellier; en ce cas, attandu le grand préjudice et dommage que ledict diocèse en pourroit recevoir, a esté parcillement conclud que ledict syndic, par l'advis desdictz sieurs commis et députés se retirera au Roy. pour obtenir de Sa Majesté les provisions en tel cas requises et nécessaires ; ayant néantmoings ladicte assamblée, en tant que besoing seroit, confirmé de nouveau le pouvoir donné par lesdictes précédentes délibérations ausdictz sieurs commis et députés de traitter du faict desdictz debtes et en accorder amyablement avec lesdictz créanciers pour le plus grand soulagement dudict diocèse que faire se pourra, le tout soubz le bon plaisir desdictz Estatz.

Après laquelle délibération l'assamblée auroit esté occupée le reste de ceste séance à entendre le rapport qui luy auroit esté faict par M. Rodes-Castain, 1ᵉʳ consul de la ville de Maruejolz, d'aulcuns affaires plus importans qui ont esté traittez aux Estatz généraulx de Languedoc, dernièrement tenuz à Pézénas, où il avoit assisté et notamment touchant le faict des gabelles, le différend qui est dès longtemps, pour raison d'icelles, entre ladicte province de Languedoc et le païs de Rouergue, l'extinction de la creue de 57 solz pour quintal de sel, les plaintes faictes à ladicte assamblée par les syndicz généraulx et plusieurs particuliers des diocèses des surcharges que le païs souffre à cause des ustencilles de la compaignie de Mgr le duc de Montmorancy, l'imposition de 200,000 livres pour l'achept des munitions et armes pour la conservation de la province, les commissions données par Sa Grandeur, pour l'entretenement de plusieurs garnisons particulières et finallement la dispute scavoir si les garnisons de la frontière doibvent estre entretenues aux despens du Roy, en ce pays.

Du mercredy, setzième jour dudict mois de mars, du matin.

A la réquisition du sieur de La Condamine Verdier, commandant pour le service du Roy au château de Peyre, a esté faicte lecture en plaine assamblée de deux commissions qu'il a exhibées de mondict seigneur le duc de Montmorancy, gouverneur et lieutenant général pour Sa Majesté en Languedoc, l'une adressante aux commissaires principal et ordinaires de l'assiette, syndicq, consulz et députés dudict diocèse, premier d'eulx, sur ce requis, pour asseoir et imposer, sur le général dudict diocèse, la somme de 441 livres, par forme d'advance pour la solde et entretenement de vingt hommes de guerre à pied, establiz en garnison audict château de Peyre, pour les mois de janvier et febvrier dernier; l'aultre commission adressante aux commissaire principal, syndic et députés dudict diocèse, pour imposer, sur le général d'icelluy, la somme de 600 livres, pour le remboursement des fraiz et despenses faictes et advancées par ledict sieur de La Condamine, pour les causes contenues en ladicte commission.

Sur le différend meu en ladicte assamblée pour raison de la levée des deniers imposez sur ledict diocèse en vertu de la commission de Mgr le duc de Montmorancy, gouverneur et lieutenant général de Sa Majesté en la province de Languedoc, pour l'entretenement de cent soldatz establiz de l'authorité de Sa Grandeur à la garde de la ville de Mende, affin de contenir le pays en union et concorde au bien du service de Sa Majesté ; a esté délibéré que les plaignans de ladicte imposition pourront se retirer devers sadicte Grandeur dans tout le mois d'avril prochain, et à cest effect y envoyer ung ou deux députés de leur part ; comme aussi au contraire ladicte ville de Mende pourra faire le semblable, le tout aux fraiz communs dudict diocèse ; et pendant le susdict temps la levée desdictz deniers demeurera en surséance, et icelluy expiré sera continuée par le receveur dudict diocèse, suivant le département faict en vertu de ladicte commission. Néantmoings, pour la conservation des privilléges dudict diocèse, sadicte Grandeur sera très-humblement suppliée en pareilles occurrences, à l'advenir, voulloir faire l'adresse de ses commissions au bailly de Gévaudan ou son lieutenant, à l'assistance des commis, députés et sindicq dudict païs, suivant les anciennes formes. Ensuite de laquelle délibération ont esté députés devers sadicte Grandeur, de la part desdictz pleignans, M. Pigorier, d'Aubrac ; M. de Miral et M. Rodes-Castain, 1er consul de la ville de Maruejolz. Et de la part de ladicte ville de Mende, ayant esté remonstré par M. le consul d'icelle, qu'il n'avoit charge expresse, comme il est requis pour faire ladicte députation, a esté conclud que ladicte ville de Mende pourra au contraire faire de sa part semblable délégation vers sadicte Grandeur, pour, eulx ouys, de part et d'aultre, estre par elle ordonné ce qui sera de son bon plaisir sur ledict différend, pour le bien du service de Sa Majesté. Et à cest effect seront tenuz, lesdictz députés, se rendre prez sadicte Grandeur dans le quinzième dudict mois d'avril.

S'estant présenté le sieur Armand, lieutenant, audict diocèse, de M. le prévost général de Languedoc, auroit remonstré ausdictz Estatz, comme depuis quatre ou cinq ans, en chascune de leurs assamblées, il les auroit tousjours suppliez voulloir augmenter le nombre de ses archers et pourvoir à leur entretenement, puysque la nécessité très-évidente le requéroit pour le repos et seureté du pauvre peuple, estant impossible, sans ladicte augmentation, de réprimer les volleries et aultres excez qui se commettent dans ledict diocèse, mesmes depuis ces mouvemens publiques qui servent de prétexte à une infinité de personnes de se porter plus hardiment à toute sorte de maléfices, et toutesfois lesdictz Estatz n'y auroient jusques icy donné aulcun ordre ; au moyen de quoy il a juste subject de continuer ses réquisitions à ladicte assamblée, à ce qu'il luy plaise y pourveoir selon qu'elle jugera nécessaire, comme aussi au remplacement de ce qui fut retranché, l'année dernière, des gaiges de ses archers, ores qu'ilz soient si petitz qu'ilz ne suffizent pas à leur nourriture et entretenement ordinaire avec l'équipaige requis. Et par mesme moyen voulloir avoir esgard aux despenses extraordinaires qu'il a esté contrainct faire ladicte année, la suppliant en oultre ordonner, à M. le syndic, de faire faire des cazaques ausdictz archers, comme chose acoustumée et nécessaire à l'exercice de leurs charges, soit pour la dignité de la justice que pour donner terreur aux meschans et asseurance aux gens de bien, par l'object de sa livrée. A laquelle réquisition plusieurs consulz et députés des villes ayant adhéré, et après que par ledict syndicq a esté représenté estre chose certaine que les Estatz n'auroient jusques icy pourveu à ladicte augmentation d'archers, bien que ledict sieur Armand en eust fort souvent faict instance ez assiettes dudict diocèse, non par faulte de bonne volonté desdictz Estatz, qui ont tousjours jugé ladicte augmentation nécessaire et utille au publicq, mais seullement pour n'y avoir aulcun moyen de subvenir à leur entretenement, d'aultant que les commissaires de l'assiette, depuis l'arrest du Conseil d'Estat, portant inhibition d'imposer aulcuns deniers extraordinaires, sans expresse permission du Roy, ont tousjours faict refuz de procéder, non-seullement à l'imposition des sommes requises pour ladicte augmentation, mais encores des gaiges mesmes dudict prévost, greffier et deux archers, ores que ce soit chose si utille et nécessaire que ledict diocèse ne s'en scauroit passer et que de tout temps les commissaires desdictes assiettes eussent acoustumé imposer les gaiges non-seullement dudict prévost et greffier, mais aussi d'ung grand nombre d'archers, avec les deniers ordinaires, chascune année, estant lors lesdictz gaiges censez de la mesme qualité que les deniers du taillon ; au moyen duquel refuz MM. les commis, sindicq et députez dudict diocèse auroient esté contrainctz, durant les quatre ou cinq dernières années, faire emprunter à interest les sommes nécessaires pour subvenir au payement des susdictz gaiges, affin de ne laisser ledict diocèse destitué de ceste justice, en attendant les provisions qu'ilz en faisoient poursuivre devers Sa Majesté, depuis trois ou quatre années. Lesquelles finallement auroient esté, non sans grande dificulté, obtenues avec permission d'imposer sur le général dudict diocèse la somme de 2,500 livres, durant trois années tant seullement, de sorte que l'on peult commencer la présente, si l'assemblée le trouve bon, ne s'y opposant qu'un petit doubte ; c'est qu'ayant ces jours passez envoyé lesdictes provisions au bureau des finances de Montpellier, sitost qu'il les eust receues pour y estre vérifiées et enregistrées suivant leur adresse, et n'ayant moyen les retirer si promptement pour les présenter à MM. les commissaires de la présente assiette avant qu'ilz commencent de procéder au département des deniers, il crainct qu'ilz facent refus d'y comprendre la susdicte somme, s'ilz ne veoient l'original desdictes provisions, bien qu'il en ayt en main une coppie collationnée, qu'il a retenue et exhibée à l'assemblée ; en laquelle en ayant esté faicte lecture, ensemble de plusieurs délibérations, sur semblable subject, prizes ausdictz Estatz ces dernières années ; a esté délibéré et conclud que lesdictz sieurs commissaires de l'assiette seront requis, de la part de ladicte assemblée, imposer et départir sur le général dudict diocèse ladicte somme de 2,500 livres, en vertu desdictes provisions ; l'original desquelles, ledict syndic sera tenu retirer le plustost que faire se pourra pour les leur représenter, pour estre ladicte somme payée par le receveur dudict diocese, selon et ainsi que par MM. les commis, sindic et députés dudict diocèse sera advisé et par leurs mandements et ordonnances et non aultrement. Et par mesme moyen sera par eulx pourveu à faire faire les cazaques qu'ilz jugeront nécessaires pour les archers Leur ayant aussi ladicte assemblée renvoyé la demande dudict sieur Armand, touchant ses despenses extraordinaires et le remplacement de ce qui fut retranché des gaiges desdictz archers, le tout néantmoings aux charges et conditions acoustumées aux délibérations prizes sur la nomination et réception des lieutenants dudict sieur prévost général audict diocèse et aultres, concernans l'exercice de leur charge en icelluy. En faveur de laquelle, pour le bien de la justice et le repos et seureté du peuple, les officiers, consulz et syndicz des villes et communaultés dudict païs sont priez et exhortez, de la part desdictz Estatz, donner main forte et toute aultre assistance nécessaire audict sieur Armand, lieutenant susdict, en l'exercice de sadicte charge.

Sur la lecture qui a esté faicte, en ladicte assemblée, de la lettre escripte ausdictz Estatz par les habitans des paroisses de Frutgières, Fraissinet et certaines aultres du quartier des Cévennes, contenant plaincte des oppressions, volleries, rançonnement et aultres excez que certains habitans dudict païs exercent impunément sur eulx et encores avec menace de les ruyner entièrement s'ilz font seullement semblant de s'en plaindre à la justice, pour en demander réparation ; occasion qui les auroit contrainctz recourir ausdictz Estatz pour implorer leur assistance en ceste calamité publicque ; sur le subject de laquelle ayant esté représenté par M. de Mirail semblables plainctes avoir esté faictes l'année dernière aux Estatz, sur lesquelles, bien qu'il eust esté prins délibération pour y apporter le remède convenable, néantmoins l'effect ne s'en seroit ensuivy, de sorte que le mal auroit non-seullement continué depuis, mais seroit tousjours allé en augmentant, avec tel progrès et violences, que l'on ne sçauroit y pourveoir trop diligemment pour couper chemin à plus grandz désordres qui en pourroit arriver au détriment du publicq, notamment du pauvre peuple desdictes Cévennes, sur lequel seullement telles oppressions sont commises, qui tesmoigne que ce n'est pas une querelle particulière, comme l'on a voulu faire entendre, pour destourner les Estatz d'embrasser ung si bon œuvre ; la considération duquel, l'oblige en particulier, comme voisin desdictes Cévennes, de tenir l'assamblée advertie qu'il se trouve personnage qui veult entreprendre cest affaire si le païs l'a agréable, se promettant de venir à chef repurger lesdictes Cévennes de ceste infection et y restablir le repos et seureté du peuple comme auparavant, en luy faisant délivrer argent jusques à la somme de 1,500 escus pour subvenir aux fraiz nécessaires pour l'exécution de ce dessain. Le traité et conventions duquel, l'assamblée reconnaissant estre très-importans et requérir ung plus longtemps à le négocier et résouldre que le subject de la convocation de ceste compaignie ne peult maintenant permettre ; a esté délibéré et conclud de donner pouvoir à MM. les commis, syndic et députez dudict païs d'en traitter avec ledict sieur de Mirail ou telle aultre personne capable qui y vouldra entendre, et ce aux meilleurs conditions plus utilles et moings onéreuses au païs que faire se pourra et soubz telles assurances qu'ilz jugeront nécessaire pour l'exécution d'ung tel dessein.

Et sur la réquisition et grande instance faicte par les consulz des Cévennes, ceulx de Saulgues, de St-Chély et du Malzieu, qu'il pleust aux Estatz leur donner en chascune de leurs villes ung des archers dudict prévost diocésain pour y résider ordinairement et en oultre leur bailler quelques cazaques qu'ilz feront porter par personnes affidez, le tout pour s'en servir en cas de nécessité et faciliter les captures et aultres actes et exécutions de la justice importantes au publicq et les rendre d'aultant plus authorisés et les meschans par ce moyen plus intimidez. L'affaire mis en délibération en ladicte assamblée, bien qu'elle reconnoisse ceste nouvelle forme inuzitée partout, de tenir les archers escartez et esloignez de la présence du prévost, leur chef, estre plus dommageable qu'utille au général du païs, parce qu'au lieu de fortifier ledict prévost comme l'on désire et la nécessité le requiert, pour davantage authoriser et faciliter l'exercice de sa charge et rendre la justice plus formidable par tout le diocèse, c'est au contraire l'affoiblir ou du moings le laisser ou réduire au mesme estat qu'il estoit auparavant l'augmentation requise du nombre desdictz archers, laquelle par ce moyen demeurera onéreuse et sans fruict audict païs. Néantmoings mettant en quelque considération la nécessité présente des habitans desdictes Cévennes et des environs de Salgues ; lesquelz depuis quelques mois se trouvent plus affligez que de coustume de volleries et aultres excès, ont désiré, comme membres du corps, d'avoir quelque particulier secours pour l'opposer à l'occurence du mal, estimans que ce leur est ung remède salutaire, duquel les Estatz ne peuvent honnestement les esconduire pour ceste fois. A esté conclud que, pour ceste année et sans conséquence à l'advenir, sera baillé ausdictes Cévennes ung archer dudict prévost et ung aultre à la ville de Salgues à l'effect que dessus ; ayant esté jugé n'y avoir occasion pour les aultres lieux. Et pour le regard des cazaques, d'aultant qu'il importe de les mettre en main de personnes affidées au publicq, affin qu'il n'en soit abuzé au mespris et détriment de la justice, a esté remis à MM. les commis, syndicq et députés dudict païs de s'informer plus exactement et prendre advis sur ce subject des officiers et consulz des lieux, pour après y pourveoir, si la nécessité le requiert, en sorte néantmoings qu'il n'y soit commis aulcun abus ny donné aulcun subject de plainte. Et d'aultant que M. le juge du bailliaige s'est plainct du refus que le receveur dudict diocèse faict d'acquitter quelques mandemens expédiez par MM. les commis, sindic et députés d'icelluy, pour subvenir, tant aux fraiz des procès de certains criminelz, jugez de l'authorité du prévost diocésain, que de l'exécution d'iceulx, disant n'y avoir aulcun fondz de deniers en sa recette et que les 500 livres couchez en son assiette et destinez à l'effect susdict, ont esté desjà employez à aultres affaires du païs ; chose laquelle ayant lieu, pourroit enfin causer l'impunité des maléfices et par conséquent la ruyne et misère du pauvre peuple, auquel, par tel deffault, la despense et entretenement dudict prévost et de sa suite demeureroit non-seullement inutille, mais luy reviendroit à foulle et surcharge en lieu de profit et soulagement. A esté conclud et arresté que les mandemens qui ont jà esté ou seront cy-après expédiés par lesdictz sieurs commis, syndic et députez, à l'effect que dessus, seront entièrement et promptement acquittez par ledict receveur, affin que la punition des crimes ne demeure retardée et que pour cest effect les sommes de deniers qui se trouveront destinées pour les susdictz fraiz, ne pourront estre diverties ny employées à aultres uzages, à peine de radiation aux comptes dudict receveur.

Sur aultre plaincte faicte ausdictz Estatz par le sieur de Pierrefiche, Seguin, de ce qu'ayant en main, depuis quelque temps, des jugemens, arrestz et commissions et aultres actes bons et vallables, contre certaines personnes prévenues de plusieurs excez et maléfices, qui méritent d'estre puniz et réprimez pour le soulagement du pauvre peuple, repos et seureté publique de ce diocèse et notamment des environs de ceste ville de Maruejolz, où la pluspart de ces crimes ont esté commis ; il luy auroit esté néantmoings impossible de les faire exécuter contre les prévenuz ; lesquelz s'asseurans ne pouvoir estre appréhendez par les officiers des lieux, à cause de leur impuissance, timidité ou aultres considérations, font gloire et habitude de leurs mauvaises et vicieuses actions, au détriment du publicq et de plusieurs particuliers offensez, qui ont juste subject, luy entre aultres, de supplier et requérir les Estatz, comme il faict très-instamment, faire donner la main forte nécessaire par le prévost diocésain, à l'exécution desdictz jugemens et arrestz ; lesquelz à ceste fin et tous aultres actes nécessaires ledict sieur de Pierrefiche offre luy mettre en main. A esté conclud et arresté que ledict prévost se transportera en ladicte ville de Maruejolz et aultres lieux nécessaires pour, avec ses archers et la main forte et assistance qui luy sera donnée, s'il y eschet par les habitans de ladicte ville, procéder à la capture desdictz prévenuz et aultres exécutions, deppendans desdictz jugemens et commissions ; lesquelz à ceste fin ledict sieur de Pierrefiche sera tenu luy mettre en main, pour après estre passé oultre comme il apartiendra, suivant la teneur d'iceulx.

En suitte de laquelle délibération, le sieur Rodes-Castaing, 1ᵉʳ consul de la ville de Maruejolz, a requis l'assamblée voulloir ordonner que ledict prévost soit tenu faire sa résidence ordinaire en ladicte ville de Maruejolz, l'année en laquelle la Cour du bailliaige de Gévaudan y fera sa séance suivant le contract de paréage, passé entre le roy Philippe-le-Bel, d'heureuse mémoire, et Mʳᵉ Guillaume Durand, lors évesque de Mende et comte dudict païs de Gévaudan.

Dudict jour, sézième de mars, en ladicte assamblée,
de relevée.

Sur la requeste verballement faicte ausdictz Estatz par MM. les consulz de ladicte ville de Maruejolz en faveur de l'église Notre-Dame dudict lieu, à ce qu'il pleust ausdictz Estatz leur donner et octroyer charitablement la somme de 100 livres tournois, oultre semblable somme à eulx accordée par lesdictz Estatz, il y a deux ans, et dont ne leur a esté encores payé aulcune chose, pour estre le tout employé à la réédification et réparation de ladicte église, de présent réduicte en pauvre et déplorable estat par l'injure des guerres ; a esté, par ladicte assamblée, accordé ausdictz consulz de ladicte ville de Maruejolz, pour les causes et à l'effect que dessus, la somme de 30 livres tournois, oultre lesdictes 100 livres à eulx dernièrement accordez pour pareille considération. Lesquelles sommes seront employées dans l'estat des debtes pour estre vérifiez suivant le reiglement du Conseil d'Estat, et, après, obtenu la permission, d'en faire l'imposition et levée sur le général dudict diocèse.

De mesmes sur semblable réquisition faicte par lesdictz sieurs consulz pour l'hospital de ladicte ville de Maruejolz, les Estatz leur ont octroyé, par forme d'aulmosne, pareille somme de 30 livres, pour subvenir à la réédification dudict hospital, et à ceste fin sera imposée en la présente assiette.

Comme aussi sur la requeste présentée ausdictz Estatz, au nom de la dame abbesse et religieuses du monastère des Chambons, prez ladicte ville de Maruejolz, tendant à ce que ladicte assamblée leur aulmosnat certaine somme pour la réédification de leur couvent, ruyné par les guerres, mais notamment pour remettre leur église, à laquelle ladicte dame faict commencer de travailler ; lesdictz Estatz leur ont octroyé pareille somme de 30 livres pour subvenir à ladicte réparation.

Sur la plaincte faicte par le sieur Aldin, au nom des habitans des lieux et paroisses de Brion, Grandval et aultres circonvoisines, des concussions que certains imposteurs incognuz commettent et exercent sur eulx, soubz prétexte de la recherche des faulx saulniers et de la débite du sel deffendu, ce qui tourne à grande oppression auxdictz habitans ; lesquelz ilz contraignent, par telles voyes obliques, de leur payer telles sommes que bon leur semble ; requérant qu'il pleust aux Estatz y pourveoir pour les tirer de ceste vexation. A esté conclud que le prévost diocésain se transportera sur les lieux pour en informer et tascher d'appréhender les coulpables pour les conduire ez prisons du bailliaige et leur faire et parfaire leur procès.

Sur la réquisition faicte par le sieur Langlade, 1er consul de la ville de Salgues, de faire pourveoir à la réparation des pontz des environs de ladicte ville qui s'en vont en ruyne, s'il n'y est bientost donné ordre ; à laquelle réquisition plusieurs consulz des aultres villes ayant joincte la leur, en ce qui les concerne ; a esté conclud que les délibérations prises sur mesme subject, es dernières assamblées desdictz Estatz, seront suyvies et exécutées selon leur forme et teneur.

Ayant esté représenté à l'assamblée par M. de Picheron, bailly de Gévaudan et commissaire ordinaire de l'assiette, qu'en l'année 1614, aux Estatz tenuz en ceste ville, il auroit procédé, avec les aultres sieurs commissaires de l'assiette, au département sur le général de ce diocèse de deux parties, entre aultres l'une de quinze ou seize cents livres, empruntée par ledict diocèse pour le faict du logement de la compagnie d'ordonnance de Mgr le Connestable dans cedict diocèse ; et l'aultre de trois mil trois cens livres pour l'aquittement de pareille somme prestée par ledict sieur Borrel, pour les affaires dudict diocèse. Et bien que lesdictes parties ayent esté imposées à la seulle prière et instante réquisition desdictz Estatz et affin de descharger ledict diocèse, tant du principal que des intérestz qu'il eust souffert en ceste mesme année, si le département en eust esté différé, et que pour porter d'aultant plus ledict sieur de Picheron et aultres commissaires à rendre ce bon office et soulagement audict diocèse, lesdictz Estatz leur eussent promis d'obtenir validation de ladicte imposition dans trois mois, et avant la levée d'icelle, suivant leur délibération et la charge apposée aux articles de l'assiette ; néantmoings à faulte d'y avoir satisfaict, comme ilz debvoient, et de rapporter par le receveur dudict diocèse ladicte validation en faisant son estat pardevant MM. les trésoriers généraulx de France, ilz auroient condampné lesdictz commissaires en 3,000 livres d'amende ; pour le recouvrement de laquelle se seroient adressez à luy seul, et à cest effect, prenant l'occasion de son passaige par Montpellier, revenant devers Mgr de Montmorency, au mois de septembre dernier, luy auroient faict commander l'arrest et saisir ses chevaulx et hardes, chose qui l'auroit contrainct, recherchant ses remèdes, de recourir à la Chambre des Comptes ; par arrest de laquelle, après plusieurs difficultés et une longue poursuite, accompaignée de plusieurs fraiz et despens par luy souffertz, oultre la peine et ennuy de ladicte solicitation et le retardement de ses affaires particuliers, ladicte somme de 3,000 livres auroient esté enfin réduitte et modérée à 200 livres, ainsi qu'il a faict veoir par ledict arrest, exhibé en plaine assamblée, en datte du IX septembre dernier ; requérant lesdictz Estatz le relever de ladicte somme de 200 livres et l'indempniser par mesme moyen desdictz fraiz et despens, par luy souffertz, qui lui reviennent à plus de 150 livres ; n'estant raisonnable qu'il souffrist ceste perte et incommodité, attandu que c'est le faict dudict diocèse et que la modération de ladicte amende a esté faicte par le moyen de sa diligence et poursuitte, au soulagement dudict diocèse, qui estoit tenu d'en relever lesdictz commissaires. Ce qu'ayant esté mis en considération par ladicte assamblée, après lecture faicte dudict arrest des articles d'assiette desdictes deux parties et de la délibération prize ausdictz Estatz, en ladicte année 1614, contenant la réquisition faicte ausdictz sieurs commissaires de faire ladicte imposition, avec promesse de les relever de tous despens, dommages et interestz qu'ilz pourroient souffrir à ceste occasion ; a esté conclud et arresté que le syndicq dudict diocèse empruntera lesdictes deux sommes de 200 livres, d'une part, pour ladicte amende, et 150 livres pour lesdictz fraiz et despens, d'aultre, pour estre icelles sommes fournies et délivrées audict sieur de Picheron, à l'effect de son remboursement et desdomagement susdictz ; néantmoings qu'il sera remercié de l'affection et bonne volunté par luy tesmoignée, à l'endroict du païs, en ceste occurrence, et prié de continuer en toutes aultres que se pourront présenter pour le soulagement d'icelluy.

Ce faict, mondict sieur le président a dict qu'ayant pleut à Dieu, permettre que l'assamblée ayt pourveu aux affaires pour lesquelz elle avoit esté convocquée, et ne restant aultre subject qui mérite la retenir icy davantage ; après avoir loué sa divine bonté et exhorté la compaignie à la persévérance de son acoustumée fidélité et obéyssance envers le Roy et à l'union et concorde qui doibt tousjours estre entre ses bons et fidelles subjectz, pour le bien du service de Sa Majesté et le repos et soulagement du pauvre peuple, il estime estre fort convenable et conforme à l'ancien uzage, que comme ladicte assamblée prent son commencement par l'invocation du

Saint-Esprit, elle se doibt terminer en action de grâces, par la bénédiction, laquelle, à ceste fin, il a donné aux assistans, comme est de bonne et louable coustume. Ce qui a esté la fin des Estatz.

Signé : A. Chanolhet, vicaire, président pour Mgr de Mende.

1617

Les commissaires de l'assiette. — Avantages de la paix et exhortation à la conserver. — Noms de MM. des Etats. — Procurations à régulariser. — Protestation et prétentions du baron du Tournel sur la baronnie de Cénaret. — Procédure de MM. Delon et Gallières à retirer et demander à ce que les sommes par eux vérifiées soient imposées. — Ponts à visiter. — Nomination de M. Tondut à la charge d'avocat du diocèse à la Cour des Aides. — Le second consul de Mende doit précéder le premier consul de Marvejols. — Rapport sur le don fait par la province au diocèse de Mende, en dédommagement de partie des dépenses faites pour l'entretien des gens de guerre. — Fournitures faites par les aubergistes de Mende. — Députés pour l'audition des comptes. — Les barons qui assistent en personne aux Etats ont la préséance sur les envoyés des autres barons. — Procès contre les habitans de Marvejols et des Cévennes qui refusaient de contribuer aux dépenses nécessitées pour combattre les ennemis du Roy. — M. de la Condamine, gouverneur du château de Peyre, demande le paiement des sommes à lui adjugées pour l'entretien des gens de guerre. — Dépenses du baron du Tournel pour levée de troupes. — Somme à payer à M. de Montesquieu. — Dette en faveur de M. Portalès. — Requête des habitans du Buisson, au sujet de l'incendie de leurs maisons et de leurs meubles. — Requête des habitans de Grèzes. — Vacations des députés auprès de Mgr de Montmorancy. — Demandes du prévôt de la maréchaussée. — Observations faites par le juge du bailliage. — Gages du prévôt et de ses archers. — Demande d'un prévôt dans les Cévennes. — Permission à demander à ce que les criminels qui font profession de la R. P. R. soient jugés dans le pays aux dépens du diocèse. — M. de Fumel, syndic, offre la démission de sa charge. — Audition des comptes. — Frais pour levée de gens de guerre par MM. de Grailles et de La Canourgue. — Admission de noble Etienne Dumas, envoyé de M. de Servières. — Compte de MM. Malés et Destriclis. — Désignation des députés pour l'audition des comptes. — Demande d'un commis des finances et d'un remboursement des frais pour les Cévennes. — Réquisition pour le rétablissement de l'indemnité en faveur des députés aux Etats généraulx. — Gratification à M. le marquis de Portes. — Proposition d'offrir une récompense aux personnes blessées au combat du Buisson. — Différent avec le comte du Roure. — Indemnité aux paroisses du Buisson et de Grèzes et exemption des tailles en faveur de diverses communautés qui ont souffert lors de l'invasion des troupes du sieur Dondredieu. — Démission de M. de Fumel de sa charge de syndic. — Plaintes contre les huissiers et les sergens. — Clôture de l'assemblée des Etats.

L'an mil six cens dix-sept et le jeudy, sixième jour du mois de juillet, environ neuf heures du matin, en la ville de Mende. Les gens des Trois Estatz particuliers du païs de Gévaudan et diocèze de Mende, après avoir, selon leur ancienne et louable coustume, ouy la messe de Saint-Esperit, en l'églize cathédralle, se sont assamblez en la salle haulte des maisons épiscopales, suivant le mandement de MM. les commissaires présidens pour le Roy aux Estatz généraulx de Languedoc, tenuz en la ville de Béziers, au mois de juing dernier. En laquelle assamblée estans venuz nobles François de La Molette, sieur de Morangiez, commissaire principal de l'assiette dudict diocèse, la présente année ; MM. Urbain Dumas, conseiller de Sa Majesté et juge au siége du bailliaige de Gévaudan ; Jehan de Jehan, docteur ez droictz, 1er consul de ladicte ville de Mende ; Robert Le Vieulx, notaire royal, et Guilhaume Gibert, marchant, 2e et 3e consulz d'icelle ville ; et Jehan de Tardieu, sieur des Pradelz, 1er consul de la ville de Maruejolz, commissaires ordinaires de ladicte assiette. Ledict sieur de Morangiez, proposant le faict des commissions de l'assiette, a dict que par la teneur d'icelles, estant amplement déclairées les causes de l'imposition des sommes de deniers y mentionnées, ce seroit chose inutile d'en faire aultre récit à l'assamblée, comme aussi de l'exhorter à consentir au département et levée de la quottité de ce diocèze, puisque ce sont deniers jà accordés par les Estatz généraulx de la province, ausquelz les depputés de ce diocèse ont asssisté, et que l'employ desdictz deniers regarde l'avancement du service de Sa Majesté et le bien des affaires et repos général de la province, à quoy ceste assamblée a tousjours accoustumé de se porter avec toute sorte d'affection et bonne volunté, si bien qu'il suffist d'entendre la lecture desdictes commissions. Laquelle ayant esté faicte en plaine assemblée par le greffier desdictz Estatz, Mgr de Mende, président en iceulx, auroit dict que chascun auroit peu recueillir, de la lecture desdictes commissions, le subject de l'imposition des sommes de deniers y contenues, si juste et nécessaire pour le bien de l'estat, qu'il ne faict aulcun doubte que ceste assamblée avec tous les habitans de ce diocèze ne se portent comme ilz ont tousjours faict à ce qui est de leur debvoir, sur l'exécution desdictes commissions et payement desdictes sommes et pareillement à l'acquittement des despenses qui ont esté faictes depuis quatre mois, sur l'occasion de ces derniers mouvemens, dont l'assamblée sera plus particulièrement informée durant la tenue d'icelle, par le récit de ce qui s'est passé, à mesure que le subject des affaires le requerra, qui fera veoir, toucher au doigt et cognoistre les grandes misères et calamitéz que la guerre, en si peu de temps, a produit au pauvre peuple de ce diocèze, et par conséquent juger combien la paix est désirable, utille et nécessaire, ayant esté sur ce rapporté, par mondict seigneur, plusieurs authoritéz et exemples, tant sacrés que profanes ; monstrant la différence qui se trouve entre la paix des meschans et celle des gens de bien et observateurs des commandemens de Dieu. Remonstrant en oultre qu'ayant pleu au Roy, procurer la paix à son royaume, ce pauvre diocèze entre tous aultres à occasion d'en rendre ses vœux à Dieu, pour la conservation de Sa Majesté, demeurant aussi fort obligé à Mgr le duc de Montmorancy pour le soing et protection particullière qu'il luy a pleu de prendre dudict diocèze en ces dernières occurrences, y ayant expressément envoyé M. le marquis de Portes, son oncle, par la valleur et diligence duquel ladicte paix y auroit été exécutée : si bien qu'il ne reste qu'à s'y maintenir et conserver, soubz l'obéyssance de sadicte Majesté et les commandements de sadicte Grandeur. A quoy ladicte assamblée auroit été exhortée par mondict seigneur le président. En suitte de quoy lesdictz sieurs commissaires, suivant la coustume, auroient permis la continuation de ladicte assamblée, pour y traitter des affaires qui regardent le bien du service du Roy et la conservation, en son obéyssance, repos et soulaigement dudict diocèze, ainsi qu'il a esté faict de tout temps.

Et incontinant après ont esté leues les procurations des sieurs envoyez et depputés ausdictz Estatz, ausquelz se sont trouvez assistans, assavoir, pour l'Estat ecclésiastique : vénérable personne M. Me André de Chanoilhet, docteur ez droictz, chanoine en l'église cathédrale dudict Mende, official et vicaire général de Mgr de Mende et envoyé du vénérable Chapitre de ladicte église ; Me Aldebert Aldin, envoyé de M. le dom d'Aubrac ; Me Pierre Enfruct, docteur ez droictz, chanoine en ladicte église, envoyé de M. le prieur de Sainte Enymie ; Me Anthoine de Chanoillet, docteur ez droictz, aussi chanoine en ladicte église, envoyé de M. le prieur de Lengoigne ; M. Anthoine Aldin, docteur ez droictz, juge de la temporalité de Paliers, envoyé de M. le commandeur dudict Paliers ; noble Charles de Panisse, chevalier de l'ordre de Saint-Jehan-de-Jérusalem et commandeur de Saint-Jehan-de-Jérusalem, en personne. Et pour l'Estat des sieurs barons et nobles dudict diocèze : M. Jehan Michel, lieutenant en la jurisdiction de la baronnie d'Apchier et envoyé de M. le baron d'Apcher, estant en tour de baron, la présente année ; noble Marc Damanze, sieur du Boys-du-Mont, envoyé de M. de La Faurie, comme baron de Peyre ; noble Jehan de Lobeyrac, sieur de Muret, envoyé de Mme du Haultvillar, pour la baronnie de Céneret ; noble Henry de S. Préject, sieur de La Foulhouze, envoyé de M. de Poliniac, comme baron de Randon ; M. le baron du Tournel, en personne ; noble Anthoine de Nugier, dict de La Roche, châtelain de Saint-Laurent-de-Ribe-d'Olt, envoyé de M. le baron de Canilliac ; noble Pierre de Rochemure, sieur de Fraisse, envoyé de M. d'Allenc ; M° Adam Bouton, docteur ez droictz, envoyé de M. de Montauroux ; noble Gabriel de Robert, sieur des Azagatz, envoyé de M. de S. Auban ; noble Claude de Cavata, envoyé de M. de Mirandol ; noble Claude de Brunenc, sieur de La Corniliade, envoyé de M. de Sévérac ; noble Simon Pauc, sieur d'Apias, envoyé de M. de Barre ; noble Jehan d'Achard, sieur de Miriniac, envoyé de M. de Gabriac ; noble Jehan-Jacques de Columb, sieur de Rochières, envoyé de M. de Portes ; M. de Servière, en personne ; M. Guilhaume Bardon, docteur ez droictz, envoyé de MM. les consulz nobles de La Garde-Guérin. Et pour le Tiers-Estat : M. M° Jehan de Jehan, docteur ez droictz, 1er consul de la ville de Mende ; M° Robert le-Vieulx, notaire royal ; et Guilhaume Gibert, marchant, 2° et 3° consulz de ladicte ville ; noble Jehan de Tardieu, sieur des Pradelz, 1er consul de la ville de Maruejolz ; Jehan Hugonnet, merchant et 1er consul de la ville de Chirac ; M° Claude Retrun, 1er consul de La Canourgue ; M° Jehan Raoul, 1er consul de la ville de Saint-Chély-d'Apchier ; M° Vincens Guillot, 2° consul de la ville de Salgues ; M° Pons S. Latgier, prati-

Histoire, etc.

cien, 1ᵉʳ consul de la ville du Malzieu ; Jehan Hérail, 1ᵉʳ consul de la ville de Florac ; Mᵉ Jehan de Combes docteur ez droictz, 1ᵉʳ consul de la ville de Ste-Enymie ; Mᵉ Jehan Villar, notaire royal et 1ᵉʳ consul de Châteauneuf-de-Randon ; Mᵉ Robert Valy, praticien, consul de la ville de Serverette ; Pierre Guérin, marchand et consul de Saint-Estienne-de-Valfrancisque; François Reboul, merchand et procureur de la viguerie de Portes ; Mᵉ Jehan Gineste, notaire royal et procureur de Barre ; Jehan Condon, sindic de la ville de Saint-Alban ; Mᵉ Jehan Reversat, notaire royal et procureur du mandement de Nogaret. Lesquelz assistans, après lecture desdictes procurations ont, suivant l'ancienne coustume, presté le serement accoustumé de procurer, en tant qu'à eulx est, l'advancement de l'honneur de Dieu, du service du Roy et des affaires et soulaigement dudict diocèse et de ne divulguer les délibérations des Estatz.

Et d'aultant que le consul de La Canourgue n'auroict remis procuration de sa communaulté, luy a esté ordonné la rapporter dans deux jours, à peine d'estre privé de l'entrée des Estatz, comme aussi a esté enjoinct au procureur de la viguerie de Portes, de remettre, dans le mesme dellay, soubz mesme peine, procuration suffizante de sa communaulté, attandu que l'extraict de la délibération par luy présentée se trouve deffectueuse.

Et sur la protestation faicte par M. le baron du Tournel, ainsi qu'il a accoustumé aux précédentes assamblées, qu'il ne consent à la réception et séance permise aux présens Estatz, à l'envoyé de Mme du Hault-Villar, pour raison de la baronnie de Céneret, à cause des droictz qu'il prétend sur ladicte baronnie et que s'il tollère l'assistance dudict envoyé c'est seullement en faveur des affaires qui se traitteront en ceste assamblée, pour le service du Roy et du publicq, affin de n'apporter du trouble et retardement ausdictes affaires par une plus grande contestation qu'il pourroit faire, sans que pour ce il entende préjudicier à ses droictz ; requérant sa protestation estre escripte. A esté déclairé par mondict seigneur le président, au nom desdictz Estatz, que ladicte protestation demeurant escripte, ledict sieur envoyé, pour ladicte baronnie de Céneret, demeurera receu, sans préjudice du droict prétendu par ledict sieur baron du Tournel.

Dudict jour, sixième de juillet, en ladicte assamblée, de rellevée, tenue au lieu que dessus.

Le sieur de Fumel, sindic dudict païs, a représenté, qu'ayant à rendre compte à la présente assamblée, de ce qui s'est passé aux affaires dudict païs, depuis la tenue des derniers Estatz, il estime debvoir commencer par le plus important, qui est celluy des debtes conceuz pour le général dudict païs, desquelz la vériffication, après plusieurs obstacles, a esté finallement faicte par MM. Delhom et de Galières, trésoriers généraulx de France, commissaires sur ce depputés par Sa Majesté, qui se transportèrent pour cest effect en ceste ville, en octobre dernier ; ayant cest affaire prins un si bon et heureux succez pour le soulaigement du diocèse, par le soing et la sage conduicte de mondict seigneur le président, que la pluspart desdictz debtes ont esté retranchez de grandes et notables sommes, de sorte qu'il reste maintenant à pourvoir à l'acquittement desdictz debtes qui peuvent revenir en tout environ à la somme de . . . . Mais d'aultant qu'il importe grandement, pour le soulai-

gement du païs, que le payement s'en fasse par ordre et
a plus longues années qui se pourra à la commodité du
peuple et que c'est chose qui semble deppendre en partie de l'advis qui sera sur ce donné à Sa Majesté par lesdictz sieurs commissaires en leur procédure ; c'est pourquoy il estime estre nécessaire d'envoyer devers eulx
pour les prier de faire expédier ladicte procédure avec
leurdict advis le plus favorable pour le soulaigement
dudict païs qu'il sera possible et par mesme moyen la
retirer de leurs mains, affin de l'envoyer au Roy et nos
seigneurs de son Conseil, pour en obtenir les procurations
nécessaires, estant aultrement à craindre que les créanciers en général ou chascun d'eulx en particulier, pour
faire leur condition meilleure avec l'incommodité du
païs, ne traitent de retirer lesdictz advis en gros ou chascun d'eulx en particulier, pour ce qui le concernera,
comme naguières a faict M. le trésorier Portalés, pour la
partie qui luy est deüe, de laquelle il a jà obtenu Lettres
d'assiette ; ce qui doibt d'aultant plus obliger l'assamblée d'y pourvoir et à ceste fin adviser le moyen de
faire payer les vaccations desdictz sieurs et de leur
greffier, qui reviendront à une notable somme, car sans
cela il est croyable qu'ilz feront difficulté de bailler
ladicte expédition. Sur quoy ayant esté délibéré et jugé
par l'assamblée estre plus utile au païs de faire retirer
ladicte procédure et advis desdictz sieurs trésoriers et
par mesme moyen faire reigler les termes de payement
desdictz debtes en plusieurs années pour plus grand
soulaigement dudict diocèse, que non pas d'en laisser
prendre l'advantaige aux créanciers ; a esté conclud et
arresté que ledict sindic s'acheminera à Montpellier, devers lesdictz sieurs, le plustost qu'il luy sera possible,

après la closture de l'assiette, pour traitter et arrester avec eulx ce qui est de leursdictes vaccations et les faire comprendre dans l'estat des fraiz de ladicte procédure, affin d'en pouvoir obtenir lettres d'assiette pour les faire imposer aulx prochains Estatz ; et cependant donner ausdictz sieurs telles asseurances qu'il conviendra, touchant leur payement, ou en tous cas essayer de trouver argent jusques ausdictz Estatz, pour ne perdre l'opportunité de retirer ladicte procédure et advis et de faire, comme dict est, reigler lesdictz termes pour le bien et soulagement dudict païs.

Et sur le rapport faict par ledict sieur de Fumel, syndic, des occasions qui ont empesché ou retardé la vérification de la ruyne des pontz de ce diocèze, dont il avoit pleu aux Estatz, en leurs dernières assamblées, luy donner charge et commandement, ensemble au greffier, du païs après avoir esté faicte lecture des délibérations sur ce prinses ces dernières années ; a esté conclud et arresté qu'elles seront suivies et effectuées le plustôt possible que faire se pourra, pour esviter aux inconvéniens qui peuvent arriver à cause du retardement de la réparation desdictz pontz.

Sur ce que M⁰ Fulcrand Tondut, docteur et advocat en la Cour des Aydes à Montpellier, a représenté à l'assamblée, qu'il y a quelque temps que la charge d'advocat dudict païs et diocèse en la Cour des Aydes, à Montpellier, demeure vacante par la mort de feu M. de Maureilhan, dernier possesseur d'icelle, et que l'honneur qu'il a heu pendant la vie dudict sieur de Maureillan, à cause de l'incommodité de sa vieillesse, et après sa mort, d'avoir esté employé aux affaires qui se sont présentez, et le désir qu'il a de pouvoir continuer en ce mesme exercice, l'ont obligé de se porter en ceste ville à la tenue des Estatz pour faire ceste très-humble prière à l'assamblée, de luy voulloir accorder sa requeste et le recepvoir en ladicte charge d'advocat dudict diocèze avec les mesmes droictz et privilléges que y appartiennent et dont jouissoit ledict feu sieur de Maureillan, sonbz l'asseurance qu'il donne, ce bien luy arrivant, que comme son père a pendant trente années rendu son très-humble et fidelle service audict diocèse et continue encores la charge de procureur, il s'efforcera en celle d'advocat de tesmoigner par le très-humble service qu'il doibt au païs natal de sondict père, le ressentiment qui luy restera d'ung tel bienfait. Lesdictz Estatz après en avoir délibéré et mis en considération les longz services rendus audict païs par sondict père, et pour la confiance qu'ilz ont des sens, capacité, loyaulté, preudhommie et dilligence dudict M° Fulcrand Tondut, son filz, a icelluy, pour ses causes, ont donné et octroyé ladicte charge d'advocat dudict païs et diocèze en ladicte Cour des Aydes, pour en icelle servir ledict païs et diocèse, aux honneurs, gaiges, droictz et privilléges y appartenans, telz que ledict feu sieur de Maurcillan avoit et pouvoit avoir en son vivant. De quoy, ledict sieur Tondut a humblement remercié l'assambléc. Et incontinant après, a presté le serement, es mains de mondict seigneur président ausdictz Estatz, de bien fidellement et dilligemment servir ledict païs et diocèse en la susdicte charge d'advocat.

Sur le différend meu par le sieur des Pradelz, 1ᵉʳ consul de la ville de Maruejolz, de ce que le second consul de la ville de Mende, en l'absence du premier, auroict esté premièrement appelé que luy, pour oppiner sur l'affaire cy-dessus proposé, disant que c'est contre l'ordre et reiglement des Estatz. Ledict sieur consul soutenant le contraire, et pour preuve de ce allégant une délibération prise par lesdictz Estatz en la ville de Maruejolz, l'année dernière, sur pareille question. Veu ladicte délibération, de laquelle a esté faicte lecture en ladicte assamblée ; a esté conclud que ledict second consul de Mende, en l'absence dudict premier, sera appelé et oppinera devant le premier consul de Maruejolz, pour les raisons particulièrement déclairées en ladicte délibération.

Sur ce que M. Chevalier, 1er consul de ladicte ville de Mende, l'année dernière, a représenté qu'ayant, en la qualité susdicte, assisté aux Estatz généraulx de Languedoc dernier tenus à Béziers, il scroit digne de blasme s'il ne s'acquittait de son debvoir de faire rapport, à la présente assamblée, de certains affaires qui ont esté traittez et arrestés par lesdictz Estatz, touchant le soulaigement de ce païs et diocèze, comme entre aultres les délibérations prises ausdictz Estatz, pour raison de la somme de 50,000 livres, d'une part, et 45,000 livres d'aultre, par eulx accordée audict diocèze, pour le rellever en partie des despenses qu'il a fournies et advancées, suivant le commandement et la commission de Mgr le duc de Montmorancy, gouverneur et lieutenant général pour le Roy en Languedoc, pour subvenir à l'entrettenement des gens de guerre et aultres despences nécessaires, tant pour s'opposer aux trouppes des sieurs Dondredieu et d'Assas et empescher leurs principaulx desseingz, que pour la réduction, en l'obéyssance de Sa Majesté, de la place de Grèzes, occupée par lesdictz sieur Dondredieu, et que pour satisfaire à l'intention desdictz Estatz, M. de Morangiez, commis des nobles dudict païs, et MM. de Jehan, 1er consul de la ville de Mende, la présente année, et Des Pradelz, 1er consul de la ville de Maruejolz, commis du Tiers-Estat, et luy, auroyent faict déclaration, par escript ausdictz Estatz, par laquelle ilz se départent de toutes prétensions et demandes qu'ilz pourroyent faire à ladicte province de Languedoc, pour les fraiz et despences susdicts, avec promesse de la faire tenir quitte envers et contre tous; acceptant la libéralité desdictz Estatz, avec remerciemens et promesse de rattiffication de la présente assamblée et entière satisfaction au contenu de la délibération desdictz Estatz généraulx; requérant icelluy sieur Chevalier, attandu l'importance du faict, qu'il pleust à ladicte assamblée passer ladicte rattiffication, suivant ladicte promesse. Et sur ce ayant esté délibéré, après lecture faicte de la susdicte déclaration et de ladicte délibération desdictz Estatz généraulx, a esté conclud et arresté que, soubz les humbles remerciemens que ladicte assamblée fait sur ce subject à MM. desdictz Estatz, ladicte déclaration faicte par lesdictz sieurs depputés demeure rattiffiée et approuvée par ladicte assamblée, à la charge néantmoings, attandu que ledict diocèze ne s'est encores prévalu d'aulcune desdictes sommes à luy accordées par lesdictz Estatz, soict desdictz 30,000 livres ny desdictz 45,000, bien que par délibération desdictz sieurs des Estatz, il résulte clairement avoir esté par eulx donné charge expresse au sieur trésorier de la Bourse de ladicte province, d'emprunter ladicte somme de 30,000 livres pour rembourser ledict diocèse, de partie desdictes despences, que mesdictz sieurs desdictz Estatz généraulx seront très-humblement suppliés par le sindic dudict diocèse ou aultres depputés d'iceluy, de faire actuellement et entièrement jouir ledict diocèze, de l'effect de leur intention, par le moyen du payement, tant de ladicte première somme de 30,000 livres que de la seconde de 45,000, audict diocèse accordées suivant leursdictes délibérations.

Du vendredy, septième jour dudict mois de juillet, du matin.

Sur la réquisition faicte par M⁰ Jehan Gendron; Jacques Bonnefoy et Hierosme Harlet, hoste de la ville de Mende, tant en leurs noms que des aultres hostes, de pourvoir à leur payement et remboursement des despenses par eulx fournies aulx gentilz hommes, cappitaines et gens de guerre qui ont esté employez par M. le marquis de Portes, tant pour s'opposer aux troupes des sieurs Dondredieu et d'Assas, que à la réduction de la place de Grèzes, en l'obéyssance du Roy, qui ont esté nourriz et entretenuz dans leurs maisons, sans avoir rien payé, comme appert des roolles de leur despense sur ce arrestez et signés; a esté conclud et arresté que par les sieurs qui seront nommez et députés pour l'audition des comptes des receveurs et aultres comptables, sera advisé les moyens plus commodes pour le payement desdictz hostes, après avoir veu particullièrement leursdictz roolles.

Et sur la réquisition faicte par le sieur Malles, tant en son nom que des aultres commis à la garde et distribution des vivres de munition pour les gens de guerre qui ont esté pour le service du Roy dans ledict diocèse, comme aussi des marchands qui ont fourni la chair nécessaire, de vouloir procéder à l'audition des comptes de leur administration qu'ilz ont en main ou députer des auditeurs pour y vacquer ; ouy sur ce le sieur de Fumel, sindic dudict païs, qui a dict que plusieurs jours avant la convocation des Estatz, MM. les commis et députés du païs auroyent esté fort solicités, par lesdictz commissaires des vivres, d'ouyr leursdictz comptes, et ayant esté par eulx renvoyez à la présente assamblée, il est nécessaire de députer, à cet effect, des auditeurs, comme aussi pour les comptes des commis à la recepte des impositions faictes sur ledict diocèse ez mois de mars et d'avril dernier ; lesdictz Estatz ont nommé et depputé, pour l'audition, examen et closture desdictz comptes, oultre MM. les commis, sindic et députés dudict diocèse, qui sont auditeurs nez, assavoir, pour l'église : M. le commandeur de S. Jehan et l'envoyé de M. de Ste Enymie. Pour la noblesse : M. le baron du Tournel et l'envoyé de M. le baron d'Apcher, baron du Tour, et pour le Tiers Estat : MM. les consulz de Salgues, du Malzieu, de Sainte Enimye, de Serverette et de Florac.

Et d'aultant que le sieur Michel, envoyé de M. le baron d'Apcher, baron du tour, la présente année, a faict plaincte de ce qu'on l'appeloit en ordre postérieur après M. le baron du Tournel, lorsqu'on venoit à oppiner de quelque affaire, disant la coustume estre telle que le baron, qui est en tour, procède en son année tour, les aultres en séance et voix délibérative ; requérant que ladicte coustume ayt lieu en sa personne. Ledict sieur baron du Tournel, au contraire, ayant soustenu que de tout temps les barons qui assistent en personne ausdictz Estatz ont accoustumé de procéder les envoyez des aultres, tant en séance que voix délibérative, ores qu'ilz se trouvent en tour et que c'est chose si notoire et commune qu'elle ne peult estre révocquée en doubte. Après en avoir esté délibéré, lesdictz sieurs estans sortis de la salle, a esté conclud que les sieurs barons qui assisteront ausdictz Estatz en personne, précéderont en séance et voix délibérative tous les envoyez des aultres sieurs barons, ores que l'ung d'iceulx se trouvast en tour, suivant l'ancienne coustume.

Les Estatz ayant esté informé du reffus que, les habitans des Cévennes et de la ville de Maruejolz, font de payer leurs quottités des impositions faictes audict diocèze ez mois de mars et d'avril dernier par commission de Mgr le duc de Montmorancy, gouverneur et lieutenant général, pour le Roy, en Languedoc, pour subvenir aux despenses nécessaires, tant pour s'opposer aux trouppes du sieur Dondredieu et d'Assas et empescher leurs pernicieux desseingz, que pour la réduction, en l'obéyssance de Sa Majesté, de la place de Grèze, occuppée par ledict sieur Dondredieu, s'estans lesdictz habitans randuz appellans desdictes impositions, en la Cour des Aydes à Montpellier ; au moyen de quoy ledict diocèze souffre de grandz despens, dommaiges et interestz, n'ayant par ce deffault le moyen d'aquitter plusieurs notables sommes de deniers qu'il a esté contrainct d'emprunter et employer, par advance et par nécessité, aux susdictes despenses ; ont conclud et arresté que par le sindic dudict diocèse ou aultre qui pourra estre depputé par MM. les commis dudict païs, le jugement dudict procès sera vifvement poursuivy pour obtenir la condempnation requise contre les habitans, attandu qu'ilz jouissent maintenant, aussi bien que les aultres, du fruit de la paix restablie dans ledict diocèze par le moyen desdictes despenses, ausquelles ilz font refuz contribuer contre tout debvoir de bons compatriotes.

Dudict jour, septième de juillet, de rellevée.

S'ëst présenté à l'assamblée M. de La Condamine Verdier, gouverneur du château de Peyre, qui a remonstré que pour satisfaire aux commandemens de Mgr le duc de Montmorancy, gouverneur et lieutenant général pour le Roy, en la province de Languedoc, et de M. le marquis de Portes, il auroit mis et tenu en garnison dans ledict château, durant deux mois et vingt jours, le nombre de 85 hommes de guerre, y compris ung lieutenant, enseigne, sergens et caporaux, pour la conservation de ladicte place, en l'obéissance de Sa Majesté ; ayant à cest effect emprunté et fourny les deniers nécessaires, pour leur solde et entrettenement. Et d'aultant que, par ordonnance de Sa Grandeur, il est mandé à MM. les commis, sindic et depputés dudict païs de Gévaudan, de luy payer la somme de 5,048 livres, à quoy revient ledict entrettenement, suivant la taxe portée par ladicte ordonnance ; à ceste cause, il a requis et prié l'assamblée pourveoir au payement de ladicte somme. Sur quoi après avoir esté faicte lecture, tant de ladicte ordonnance, portant contraincte contre lesdictz sieurs commis, sindic et depputés du 14 juing dernier, que de deux commissions adressantes audict sieur de La Condamine, l'úne de mondict Sgr de Montmorancy, du 15 mars dernier, et l'aultre dudict Sgr marquis, du 21 dudict moys, touchant l'establissement de ladicte garnison, et ouy le sieur Des Pradelz, 1ᵉʳ consul de Maruejolz, qui a dict et attesté avoir receu commandement de Sa Grandeur, estant aux Estatz généraulx, de requérir, la présente assamblée de sa part, de faire donner contentement audict sieur de La Condamine, n'ayant sadicte Grandeur

« voulu comprendre le faict dudict sieur de La Condamine
» au reiglement par elle faict à la réquisition desdictz
» Estatz généraulx, portant de retranchements de plusieurs
» aultres garnisons dont elle avoit faict expédié pareille-
» ment ordonnance, affin qu'il en demeurast satisfaict avec
la modération requise, après aussi avoir esté sur ce déli-
» béré et, du commun advis de ladicte assemblée, conféré
» et traitté avec ledict sieur de La Condamine, sur la
» réduction de la susdicte somme. A esté conclud et arresté
que MM. les commissaires de l'assiette seront requis, au
» nom de ladicte assemblée, d'asseoir et départir sur le
» général dudict diocèze, tant en vertu de ladicte ordon-
» nance que de la commission généralle de Sa Grandeur,
» du 13 mars dernier, la somme de 1,500 livres, à laquelle
» a esté convenu et accordé avec ledict sieur de La Con-
» damine, pour sondict remboursement, à la charge de
» luy estre payée au premier quartier de l'assiette.

Sur la réquisition faicte par M. le baron du Tournel, à
» ce qu'il pleut à l'assemblée pourveoir à son rembourse-
» ment, tant de la solde par luy fournie et advancée pour
» 'entrettenement de vingt-cinq arquebusiers establis en
» garnison pour le service du Roy, par M. le marquis de
» Portes, dans le château du Tournel, durant deux mois
» suivant son ordonnance du 28 mars dernier, que de plu-
» sieurs fraiz et despenses par luy employés à la levée de
» trois ou quatre cens hommes de guerre, pour s'opposer
» aux trouppes des sieurs Dondredieu et d'Assas et leur
empescher le passaige, comme aussi pour la réparation
» et fortiffication du fort de Chappiou, pour garder que
» lesdictes trouppes ne s'en saisissent comme ilz avoient
» résolu de faire ; les Estatz ont nommé et depputé pour
» veoir le roolle desdictz fraiz et despenses et en faire

rapport à l'assamblée : MM. les envoyés et depputés de
MM. d'Aubrac, de Lengoigne et d'Apcher et M. de Ser-
vièrcs et MM. les consulz de Saint-Chély, de Salgues, du
Malzieu et Lengoigne, avec MM. les commis, sindic et
depputés du païs, pour après, ouy ledict rapport, y estre
pourveu ainsi qu'il appartiendra.

Monsieur de Montesquieu a remonstré que sur l'occasion de la levée que faisoit en Cévennes le sieur Dondredieu des trouppes de gens de guerre, qu'il auroit
depuis conduictes en ce diocèze, il auroict, suivant la
prière qui luy en fut faicte par MM. du païs, mis sur pied
jusques à cent hommes de guerre, pour estre employez
selon les occurrences, comme ilz auroyent esté, ayant
entre aultres choses empesché le passage des trouppes
du sieur d'Assas au lieu de La Malène; lesquelles aultrement se fussent joinctes à celles dudict sieur Dondredieu,
au préjudice du service de Sa Majesté et des affaires et
tranquillité publicque dudict païs, à cause de quoy a requis qu'il pleut à l'assamblée luy accorder la somme de
2,000 livres, tant pour le rembourser de la despense et
fraiz par luy faictz en l'occurence susdicte, que pour le
dommaige souffert en ses villaiges du Planiol et aultres,
à cause du passaige des trouppes du sieur de Grailles.
A esté conclud que par les sieurs depputés, à veoir le
faict de M. le baron du Tournel, sera faicte vériffication
de la demande dudict sieur de Montesquieu, pour après,
ouy leur rapport en l'assamblée, y estre pourveu comme
de raison.

Sur ce que le sieur Massanne auroict représenté, de la
part de M. le trésorier Portalés, qu'ayant esté procédé à
la licquidation des sommes à luy deues comme rémissionnaire de M⁰ Pierre Portalés, son cousin, receveur

dudict diocèse, es années 1591, 1592 et 1593, par MM. les commissaires depputés à la vériffication des debtes d'icelluy, et sur ladicte licquidation, passé contract d'accord et transaction avec MM. les commis et depputés dudict païs, par lequel luy est deub la somme de 7,756 livres, ledict sieur Portalés auroict, en vertu dudict contract et de l'advis desdictz sieurs commissaires, obtenu arrest au Conseil d'Estat et lettres d'assiette de Sa Majesté pour faire imposer ladicte partie ; requérant l'assamblée d'y pourveoir, ensemble au payement de la somme de 230 livres pour son remboursement de pareille somme, à quoy l'expédition desdictes provisions a esté taxée. Requérant aussi par mesme moyen, faire imposer aultre somme de 11,095 livres, et 400 livres pour les fraiz de l'expédition à luy deue, comme rémissionnaire des hoirs de feu M. Olivier Sévérac, commis à la recepte dudict diocèse ez années 1593 et partie de 1594, suivant aultre arrest dudict Conseil et lettres d'assiette de sadicte Majesté, desquelles après avoir esté faicte lecture, ensemble desdictz arrestz et l'affaire mis en délibération ; a esté conclud et arresté que MM. les commissaires de l'assiette seront requis imposer ladicte somme de 7,756 livres, ensemble 230 livres, suivant lesdictes premières lettres d'assiette, pour estre, lesdictes deux parties, payées audict sieur trésorier Portalés, par le receveur dudict diocèse, aux termes de ladicte assiette. Et pour le regard de l'aultre partie de 11,095 livres, attandu qu'elle n'est licquide et qu'il y a plusieurs compensations à faire de la part du païs avec ladicte partie et plusieurs appuremens de la part dudict sieur Portalés sur les comptes dudict Sévérac ; a esté conclud qu'il n'y a lieu de faire imposer ladicte partie ny aultre deppendant d'icelle jusques après lesdictes licquidations, compensations et appurement faictz.

La requeste présentée par Philip Brugeiron, Jehan Combettes et certains aultres particuliers habitans du lieu du Buisson; tendant à ce qu'il pleut aux Estatz faire imposer en la présente assiette la somme de 4,159 livres d'une part, à quoy revient l'estimation faicte de leurs maisons bruslées lors de la deffaicte des gens de guerre du sieur Dondredieu, qui estoient logées audict lieu, et 1,200 livres pour la perte et bruslement de leurs meubles qui ne sont comprins en ladicte extimation, le tout suivant les ordonnances de M. le marquis de Portes, et la procédure sur ce faicte par M. le juge du bailliaige, icelle requeste, après avoir esté veue en l'assemblée, a esté remize entre les mains de mondict Sgr le président, avec prière, de la part desdictz Estatz, d'en faire le jugement et pourveoir aux supplians, selon qu'il jugera et qu'il trouvera juste et raisonnable.

A esté pareillement remis à mondict Sgr le président, de pourveoir sur le contenu d'aultre requeste des habitans du lieu et mandement de Grèze; requérant qu'il pleut ausdictz Estatz les descharger du payement de leurs quottités de toutes impositions faictes et à faire, tant ordinaires que extraordinaires de la présente année, en considération des pertes, ruynes et dommaiges par eulx souffertz sur l'occasion de l'occupation faicte par le sieur Dondredieu, du fort de Grèze et réduction d'icelluy en l'obéyssance du Roy, et ce à cause du logement des gens de guerre; tant de la préthendue religion que aultres, ez lieux dudict mandement; et oultre ce leur accorder charitablement la somme de 1,500 livres pour leur donner moyen de vivre et achepter du bestail pour l'agriculture.

Sur la réquisition faicte ausdictz Estatz, de la part de M. de Mirail et aultres qui furent députés l'année passée devers Mgr le duc de Montmorancy, suivant la délibération de l'assamblée desdictz Estatz, tenue en la ville de Maruejolz, pour veoir terminer par Sa Grandeur le différend meu à cause des oppositions fournies par aulcunes parroisses sur la levée de l'imposition faicte par commission de Sa Grandeur, pour l'entrettenement de la garnison de la ville de Mende, ladicte réquisition tendant à ce qu'il pleut aux Estatz pourveoir au payement des fraiz et vaccations du voiaige desdictz sieurs depputés ; a esté dict qu'ilz remettront l'estat desdictz fraiz devers MM. les commis, sindic et depputés du païs et aultres sieurs nommés pour l'audition des comptes ; et icelluy, par eulx veu et leur rapport ouy en l'assamblée, estre par elle pourveu au payement de ce qui se trouvera leur estre légitimement deub pour raison de ce.

Du sabmedy, huictième jour dudict mois de juillet,
du matin.

Le sieur Armand, lieutenant, audict diocèse, de M. le prévost général de Languedoc, s'estant présenté à l'assamblée, a remonstré que, depuis le temps qu'il a exercé sa charge en ce diocèse, il a accoustumé, selon son debvoir, de présenter ses verbaulx, chascune année, aux Estatz dudict diocèse ; à quoy il n'a voulu manquer de satisfaire en celle-cy. Et parce qu'il a eu beaucoup plus de peine et d'occupation au fait de sa charge qu'en d'aultres qu'il a eu l'honneur de servir le Roy et le païs en ce diocèse, et par conséquent plus de despense et de fraiz, mesmes à cause du siége de Saint-Julien, où il a tousjours assisté ; il a supplié les Estatz y avoir esgard, s'ilz jugent qu'ilz mérite quelque récompense, et par mesme moyen luy faire bailler les cazaques qui manquent à quelques ungs de ses archers et le faire rembourser de 22 escus qui luy sont deubz des fraiz de la conduitte d'ung prisonnier à Tholoze. Priant en oultre les Estatz luy continuer leur bienveillance et luy donner moyen de rendre les effectz de son debvoir et le maintenir et conserver contre ceulx qui taschent de le faire destituer de sa charge.

Ensuitte de quoy M. du Bouschet, juge du bailliaige de Gévaudan, a dict qu'il estime estre à propos de prier l'assamblée d'ordonner audict sieur Armand de ne différer à faire exécuter les sentences si tost qu'elles sont données contre les prévenuz, pour esviter les inconvéniens qui en arrivent, comme entre aultres dernièrement l'évasion de trois prisonniers, advenue à cause de trop de retardement qu'il y eust à les faire conduire aux gallères. Sur quoy mondict Sgr le président a exhorté ledict sieur Armand de s'acquitter plus soigneusement de sa charge en pareille occasion ; néantmoings respondant à sa demande, a dict qu'il n'estime pas y avoir personne qui ayt pensé à le faire destituer. Et pour le regard de ses chevaulchées, il est tenu de les faire dans le diocèze, et s'il y en a d'extraordinaires, qu'il s'asseure que le païs y aura esgard, comme aussi au remboursement des 22 escus qu'il demande, s'il se trouve qu'il luy soyent deubz.

Et sur ce que le sieur de Fumel, sindic dudict païs, a remonstré que bien que de tout temps l'on eust accoustumé en cedict païs de faire lever sur icelluy avec les deniers ordinaires les sommes à quoy pourroient monter les gaiges, solde et entrettenement annuelz d'ung prévost avec un greffier et le nombre d'archers qui estoit jugé nécessaire par l'assamblée des Estatz particuliers dudict païs, chascune année, selon les occurrences et disposition des affaires, pour le bien de la justice, la tranquillité publicque et la punition des crimes qui ne sont que trop fréquentz dans ledict païs ; néantmoigz depuis neuf ou dix années, à cause des inhibitions faictes d'imposer aulcuns deniers pour les gaiges desdictz prévost, sans expresse permission du Roy, les commissaires de l'assiette, ayant faict reffus de continuer ladicte imposition, et ledict païs ne pouvant se passer d'ung prévost avec sa suitte, l'on auroit esté contrainct d'emprunter les deniers desdictz gaiges, durant sept ou huict années, pour garder que ledict païs ne se remplist d'assassins, volleurs et telle aultre manière de gens mal vivans ; attandant qu'il pleut au Roy donner la permission requise touchant ladicte imposition. Laquelle finalement, après une longue poursuitte, Sa Majesté auroit accordé pour trois ans seullement de la somme de 2,500 livres chascune année pour l'entrettenement d'ung lieutenant de prévost général de Languedoc audict diocèse de Mende et païs de Gévaudan, ensemble d'ung greffier et de huict archers, ainsi qu'est porté par l'arrest du Conseil d'Estat, sur ce intervenu, par lequel sadicte Majesté permet aux gens des Trois Ordres dudict païs de Gévaudan luy nommer ung homme de la qualité requise, auquel sadicte Majesté fera décerner ses lettres de commission pour tenir et exercer ladicte charge, durant trois ans, pourveu qu'il s'en aquitte bien et deuement. Ayant à ceste cause ledict sindic requis lesdictz Estatz vouloir, à l'effect que dessus, faire ladicte nomination. Et sur ce ayant esté faicte lecture dudict arrest en ladicte assamblée, ensemble de la commission de Sa Majesté sur icelluy, l'affaire mis en délibération et considéré la qualité de M. Estienne Armand, et qu'il s'est bien et deuement aquitté de sa charge de lieutenant dudict prévost général de Languedoc audict diocèse, durant seize années qu'il l'a continuellement exercée en vertu des lettres dudict sieur prévost général, expédiées à la nomination dudict païs; lesdictz Estatz, pour satisfaire à l'intention et volunté de Sa Majesté, ont de nouveau, en tant que besoing seroit, nommé et nomment par le présent acte, ledict sieur Armand en ladicte charge de lieutenant de prévost général de Languedoc, audict diocèse de Mende et païs de Gévaudan, à ce qu'il plaise a Sa Majesté luy décerner ses lettres de commission, suppliant néantmoings sadicte Majesté vouloir conserver et maintenir ledict païs en ses anciens priviléges et coustumes, comme il a tousjours pleu faire à ses prédécesseurs roys, de très-heureuse mémoire et luy continuer la permission de ladicte levée, désormais comme très nécessaire au public.

Sur la réquisition faicte ausdictz Estatz par le consul de Barre, à ce que pour la nécessité qu'ilz ont d'ung prévost au quartier des Cévennes, à cause de la fréquence des crimes qui s'y trouve, il pleut à l'assamblée leur accorder l'entrettenement d'ung lieutenant particulier du prévost général de Languedoc avec le nombre d'archers nécessaire; et à ces fins voulloir recevoir celluy qui se présente, ayant des provisions de M. d'Augier, prévost général. Après avoir esté sur ce délibéré, et considéré que le sieur Armand, lieutenant audict diocèse dudict sieur prévost général, est tenu de faire ses chevaulchées aussi bien audict quartier des Cévennes que aultres endroictz dudict païs de Gévaudan et diocèze de Mende, e y exercer sa charge ainsi qu'il a naguières faict à l'occasion du siége de Saint-Julien et qu'il est en volunté de continuer comme il proteste, considéré aussi la surcharge que la multiplicité de nouveaulx officiers apporteroit au païs, joinct que par l'arrest du Conseil du Roy n'est permis ausdictz Estatz de nommer à Sa Majesté qu'ung seul lieutenant dudict prévost général, et d'ailleurs qu'il n'est loysible audict prévost général establir des lieutenants dudict diocèze, sans la nomination desdictz Estatz ; a esté conclud et arresté n'y avoir lieu de faire aultre nomination ny recevoir ledict lieutenant ; néantmoings pour satisfaire à la nécessité occurrente qui pourroit estre de présent audict quartier des Cévennes, a esté conclud que ledict sieur Armand, lieutenant susdict, sera exhorté d'y faire ses chevaulchées et s'y transporter à toutes occasions que lesdictz habitans l'en requerront. Ausquelz en oultre lesdictz Estatz ont accordé l'entrettenement de deux archers tant que la nécessité y sera, et ce toutesfois sans conséquence, et à la charge que lesdictz archers seront tenuz se joindre audict sieur Armand avec les aultres à toutes occurrences au premier mandement qu'ilz en auront dudict sieur Armand.

Et d'aultant que M. Du Bouschet, juge du bailliaige de Gévaudan, a remonstré qu'à faulte que les provisions du Roy attributaires du jugement des déclamatoires au bailliage, n'ont esté vériffiées en la Chambre de Castres, les officiers dudict bailliaige ne peuvent procéder au jugement des criminelz de la Religion préthendue réformée ; de laquelle la pluspart desdictz habitans desdictes Cévennes font profession, qui est cause en partie de la fréquence des crimes qui est dans lesdictes Cévennes, pour la difficulté qu'il y a d'aller faire juger les procès des criminelz prévostables audict Castres ; a esté advisé de faire exhorter lesdictes Cévennes à ce qu'ilz facent instance et poursuitte, en ladicte Chambre, pour obtenir ladicte vérification aux despens dudict diocèse, affin que par ce moyen la punition desdictz crimes en soit plus prompte et facile.

Le sieur de Fumel, syndic dudict païs, a représenté qu'il y a dix-huict ou vingt ans qu'il feust honoré, par les Estatz de ce païs, de la charge de sindic d'icelluy, charge si importante que la juste appréhension qu'il eust dès lors de ne s'en pouvoir acquitter aussi dignement, comme il a tousjours esté porté d'affection au bien des affaires et service du publicq, luy donnoit assez de subject de supplier les Estatz de l'en excuser, si l'honneur et la faveur qu'il receust en cela desdictz Estatz ne l'eussent particullièrement obligé de prendre le soing desdictz affaires, suivant leur intention, en attendant qu'il leur pleut y pourveoir de quelque aultre. De quoy environ un an après, il les auroit suppliez et encores depuis, par plusieurs fois, en diverses assamblées ; ce que n'ayant peu obtenir, il se seroit esvertué de continuer le service qu'il debvoit au païs, comme il seroit encore désireux pouvoir faire à leur contentement à l'advenir, pour aultant de temps que son service leur pourroit estre utile et agréable. Mais d'aultant qu'il se faict vieulx et indisposé, il luy seroit maintenant impossible, sans intéresser beaucoup sa santé ou retarder le bien desdictz affaires, d'y vacquer comme il apartient ; que ses raisons si considérables luy ont faict prendre ceste résolution de supplier lesdictz Estatz pour la dernière fois, comme il faict, de toute son affection, luy accorder ceste grâce et faveur d'agréer la démission qu'il faict en leurs mains de ladicte charge, avec ceste protestation néantmoings d'assister, d'instruction et de toute aultre chose qui sera en son pouvoir, celuy qu'il plaira ausdictz Estatz nommer en sa place, pour tesmoigner au pays qu'il ne se lassera jamais de luy rendre le service qu'il luy doibt, pourveu que ce soit hors de ladicte charge. Sur quoy Mgr le président a réparty que les Estatz demeurent si satisfaictz du debvoir et service renduz au pays par ledict sieur de Fumel, en l'exercice de sadicte charge, comme ilz ont tousjours bien tesmoigné en toutes occasions et notamment en ce qu'ilz n'ont jamais voulu accepter sa démission, que cela oblige encores de nouveau la compaignie de prier ledict sieur de Fumel, de continuer, comme il a faict par le passé, veu mesmes que son eaige ny son indisposition ne luy donnent aulcun subject du contraire. A laquelle responce ladicte compaignie, portant son consentement, auroit, d'une commune voix, approuvé la susdicte prière, n'ayant ledict sieur de Fumel fayt sur ce aultre rapport.

Dudict jour, sabmedy, huictième juillet, de rellevée, en la Chambre haulte de l'évesché, près la salle des Estatz.

Les Estatz ne se sont assemblez en corps pour donner temps à MM. les commis, sindic et depputés dudict païs et aultres nommez pour le faict des comptes, de vacquer à l'audition d'iceulx ; à quoy ilz auroyent commencé de procéder à l'examen de celluy des munitions de vivres administrés par les sieurs Mallez et Destrictis, estans à ceste fin assemblez au lieu que dessus.

Le dimenche, neufvième dudict mois de juillet, du matin.

Lesdictz Estatz auroient assisté à la messe et vacqué à prières et oraisons en l'églize cathédralle.

Dudict jour de dimenche, de rellevée.

Les sieurs commis et députés à l'audition desdictz comptes, s'estans assemblez au lieu susdict, ont continué de vacquer, le reste du jour, à l'examen dudict compte de munitions.

Du lundy, dixième jour dudict mois de juillet, du matin.

Sur ce que le sieur de La Bruguière a représenté, qu'il estime n'y avoir personne en ceste assamblée qui ne sache comme M. de Grailles, son oncle, M. de La Canourgue et luy, par commandement de Mgr de Montmorancy, se seroient acheminez en ce diocèse avec cinq ou six cens hommes de guerre, tant de cheval que de pied, pour assister ledict diocèze contre les desseingz et trouppes des sieurs Dondredieu et d'Assas ; ce que ne s'estant peu faire sans de grandz fraiz et despenses, où ilz se sont constitués, soit pour la levée, armement que entrettenement desdictz gens de guerre, ilz requièrent qu'il pleut à l'assamblée pourveoir à leur remboursment, suivant ce que mondict Sgr de Montmorancy leur en escript, n'estant raisonnable qu'ilz ayent randu ce service et donné un tel secours au païs à leurs despans ; l'affaire mis en délibération, après avoir esté faicte lecture d'une commission de Sa Grandeur, adressante ausdictz sieurs de La Bruguière et de La Canourgue, du 22 mars dernier, par laquelle il leur mande d'assambler tel nombre de gens de guerre qu'ilz jugeront nécessaire pour empescher ledict sieur d'Assas, du cousté du Rouergue, de se joindre avec ledict sieur Dondredieu et ses trouppes. Veu aussi les lettres par elles escriptes sur ce subject, tant à Mgr de Mende que à MM. les commis, sindic et depputés dudict païs et à M. de Morangiez ; a esté conclud et arresté qu'attandu que ceste action regarde le bien du service du Roy et du général de la province de Languedoc, lesdictz sieurs seront priés, de la part de ladicte assamblée, de se retirer devers Sa Majesté ou ladicte province sur la récompense de leur mérite.

Noble Estienne Dumas, sieur de Colaignes, s'est présenté pour estre receu en l'assamblée, au nom de M. de Servières, en vertu de sa procuration, de laquelle, après avoir esté faicte lecture, ledict sieur de Colaignes a esté receu et presté le serment accoustumé, sans conséquence, attandu que ledict sieur de Servières avoit déjà commencé d'assister aux Estatz, en personne.

Sur le rapport faict, par les sieurs députez aux comptes, de certaines difficultés qui se sont présentées à l'audition de celluy des sieurs Malles et Destrictis, des munitions de vivres, par eulx administrez ; la première difficulté procédant de ce que lesdictz comptables, sur les articles de la despence qu'ilz font en espèce de pain, ne rapportent aulcune attestation ny procédure pour vériffier le poidz et quantité de pain que debvoit rendre le bled par eulx administré, comme il est requis pour l'allocation de ladicte despence, laquelle par ce deffault se trouve faicte à plaisir et à la discrétion des comptables. La seconde est fondée sur un récépissé signé de Lestrange, rapporté sur le quatrième article de ladicte despense pour la quantité de 2,100 livres pains blancz ou bis, 56 cestiers vin et 3 sestiers émine avoine. Lequel récépissé on présume n'avoir esté signé de la main dudict sieur de Lestrange, oultre que lesdictz comptables ne rapportent aulcun estat portant reiglement de la distribution desdictz vivres, et la troisième et dernière difficulté procédant du grief préthendu par les comptables, de ce que pour le port et voiture desdictes munitions, il ne leur a esté alloué que 13 solz pour chascune beste de voiture. Requérant qu'il pleut ausdictz Estatz résouldre lesdictes difficultés ; lesquelles mizes en délibération et veu lesdictz articles et pièces dont est question, a esté conclud, sur la première difficulté, qu'à la dilligence et assistance de MM. les consulz du Malzieu et Serverette, lesquelz, à cest effect, l'assamblée à députés, sera faict l'essay et vériffication du poids et quantité de pain que peult randre ung sestier de bled, froment et seigle, mesure de Mende, pour servir de reigle à la réduction des quantités des espèces de pain en bled, en l'estat final dudict compte. Et quant à la partie employée soubz le récépissé signé de Lestrange, attandu qu'il a esté attesté à la compaignie y en avoir plusieurs aultres semblables ; veu aussi l'estat de la distribution faicte par le prévost Armand ; a esté conclud que ladicte partie sera allouée purement en ladicte despense. Et en ce qui touche les fraiz du bestail de voiture, taxés à 13 solz, pour chascun voiaige, que ladicte taxe demeurera, ayant esgard au peu de distance des magazins, jusques aux quartiers et logis des gens de guerre.

Ayant esté cy-dessus faicte nomination par les Estatz de neuf députés à l'audition des comptes, oultre MM. les commis et sindic du pays, lesdictz Estatz, advertis que ladicte audition pourra tirer à longueur, pour le nombre et grosseur desdictz comptes, et par conséquent les fraiz en seront d'aultant plus grandz, ont réduit le nombre desdictz députés jusques à quatre, assavoir : ung de l'église et ung de la noblesse et deux du Tiers-Estat, oultre lesdictz sieurs commis et sindic ; remettart l'assamblée ausdictz sieurs députés à s'accorder quelz d'entre eulx demeureront pour vacquer à ladicte audition.

Sur la réquisition faicte par le consul de Barre, à ce qu'il pleut aux Estatz ordonner au receveur dudict diocèze de tenir ung commis au quartier des Cévennes, pour y faire la recepte de leur portion des deniers des tailles, comme souloit estre faict anciennement, ainsi qu'il a dict ; ouy sur ce le sindic dudict diocèze, soustenant que c'est chose qui deppend dudict receveur ; en conséquence de l'accord passé entre MM. des Estatz de la province de Languedoc et les receveurs particuliers des diocèzes, portant reiglement sur l'exercice de leurs charge, a esté conclud que ledict receveur sera appelé en ladicte assamblée, pour, luy ouy et ledict reiglement veu, estre pourveu sur ladicte réquisition ainsi qu'il appartiendra.

Sur la requeste présentée par Pelat, depputé des paroisses unies du païs des Cévennes, disant que pour réprimer les larrecins, meurtres, volleries, viollences et aultres voyes de faict qui se commettoient ordinairement aux Cévennes et que les arrestz de condempnation de mort, donnez contre plusieurs personnes prévenues desdictz excès, ne demeurassent illusoires et sans exécution, comme ilz avoient esté fort longtemps, à cause du support et faveur qu'estoit donné ausdictz condampnés, par plusieurs gentils hommes dudict païs dans les chasteaux et maisons fortes, desquelz ilz estoient réfugiez ; lesdictes parroisses auroient recouru à Mgr le duc de Montmorancy, gouverneur et lieutenant général pour le Roy, en Languedoc, et en la Cour de parlement et Chambre de l'édict à Castres, pour avoir permission de s'unir affin de pouvoir faire plus facillement exécuter lesdictz arrestz et jugement de condempnations, comme ilz auroient faict avec plusieurs fraiz et despens qu'ilz auroient esté contrainctz y employer, qui reviennent à plus de 1,000 livres. Requérant qu'il pleut ausdictz Estatz leur accorder telle somme qu'ilz jugeront raisonnable pour leur remboursement. L'affaire mise en délibération, a esté conclud et arresté n'y avoir lieu de leur accorder aulcune chose, comme n'y estant ledict diocèse tenu.

M. l'envoyé du Chappitre de l'église cathédralle de Mende, a représenté au nom des députés de l'assemblée pour l'estat ecclésiastique que, bien que de tout temps et ancienneté lesdictz députés ayans entrée et voix délibérative aux assemblées desdictz Estatz eussent accoustumé d'estre comprins dans le roolle de la taxe du deffray des assistans ausdictes assemblées, néantmoings depuis sept ou huict années, pour l'artifice de quelques personnes mal affectionnées à leur ordre et à l'union et concorde des Estatz, auroit esté poursuivy arrest au Conseil du Roy, par le moyen duquel lesdictz ecclésiastiques demeurent escludz dudict deffray, comme aussi la taxe qui avoit accoustumé d'estre faicte à mondict Sgr le président ou son vicaire, pour les fraiz du voiaige des Estatz généraulx et aultres despenses qu'il faict pour le diocèse, réduicte à une fort petite somme. Au moyen de quoy MM. les commissaires de l'assiette et aultres à qui apartient de taxer ledict roolle, ont depuis faict difficulté d'y comprendre lesdictz ecclésiastiques et de restablir la taxe dudict seigneur évesque président ou son vicaire, qui est notable interest et préjudice à leur ordre. Requérant qu'il pleust ausdictz Estatz pourveoir au restablissement de ces choses en leur précédente forme. En suite de quoy M. de Morangiez, commis des nobles, après avoir pareillement remonstré qu'au mespris de leur ordre et détriment de cesdictz depputés ausdictz Estatz, ilz avoient esté de mesmes rejettés dudict roolle comme lesdictz ecclésiastiques, oultre que la taxe qu'avoit accoustumé d'estre faicte au baron du tour pour les fraiz du voiaige des Estatz généraulx, demeure entièrement abolie ; il auroict faict pareille réquisition à l'assamblée de prendre cest affaire en main pour semblable restablissement. Et les consulz des villes et aultres du Tiers-Estat, ayant aussi de leur part faict plaincte du trop grand retranchement de leurs taxes et les officiers du païs, de leurs gaiges et taxations, ont requis par mesme moyen qu'il y soict pourveu. Sur quoy après avoir esté faicte lecture d'aultre délibération prise par lesdictz Estatz sur ce subject, en l'année 1609. et ensemble de l'estat arresté par M. Marion, trésorier général de France, portant ledict retranchement, le tout mis en délibération et considéré le notable interest que le païs a d'estre maintenu et conservé en ses anciens privilléges et que le retranchement qui a esté faict du deffray pourroit causer plustost la désunion desdictz Estatz par l'innovation et changement de l'ancienne coustume que non pas le soulagement du peuple pour les petites sommes dont il s'agist, eu esgard à tout un païs ; a esté conclud et arresté qu'il sera dressé ung nouveau estat des fraiz ordinaires dudict païs et diocèse, dans lequel sera employé jusques à 1,500 livres pour ledict deffray, tant de l'église, noblesse que Tiers-Estat, pour estre présenté et remis, à la dilligence du sindic, devers nos seigneurs les commissaires et président aux Estatz généraulx de Languedoc, l'année prochaine, affin d'obtenir desdictz sieurs la vérification et avis nécessaires sur le restablissement, tant dudict deffray jusques à ladicte somme de 1,500 livres tournois pour les depputés desdictz trois ordres que des taxes accoustumées d'estre faictes audict seigneur président et baron du tour, ensemble des gaiges et taxations des officiers dudict païs, à la charge néantmoingz que s'il arrive quelquefois qu'à l'occasion du moindre nombre des depputés desdictz Estatz particuliers ou des journées d'iceulx, il y eust quelques deniers revenans bons de ladicte somme de 1,500 livres pour ledict deffray en ce cas, ilz seront employez aux aultres affaires urgens dudict païs ou tant moingz imposé pour la descharge du peuple.

Dudict jour, lundy, dixième dudict mois de juillet, de rellevée.

Sur ce que M. de Morangiez a représenté que M. le marquis de Portes luy auroit donné charge de faire entendre à la compaignie que sans le voiaige pressé qu'il luy a convenu faire pour accompaigner Mgr de Montmorancy à la Cour, il se fust donné l'honneur de se trouver en ceste assamblée pour le juste suject qu'il estimoit en avoir en premier lieu pour se conjouyr et louer Dieu avec eulx de la grâce et faveur qu'il luy a pleu leur départir de leur faire veoir et sentir le restablissement de la paix et tranquillité publicque en cedict païs, à la confusion de ceulx de la guerre; en après pour remercier l'assamblée et conséquemment tous les bons sujectz du Roi dudict pays, du tesmoignaige qu'ilz ont randu en ces dernières occasions de leur fidelle dévotion au service de Sa Majesté et prompte obéyssance aux commandement de mondict seigneur de Montmorancy. Et pour la fin les prier et conjurer de persévérer tousjours en ce debvoir soubz l'asseurance que ledict seigneur marquis leur donne que mondict seigneur de Montmorancy n'espargnera aulcune chose qui puisse dépendre de l'authorité qu'il a de Sa Majesté en ceste province ny de ses amis, serviteurs et moyens, voire de sa personne propre pour la protection, repos et soulaigement de cedict païs, en général et en particulier et que ledict seigneur marquis, de sa part, n'obmettra d'y contribuer tout ce qui sera en luy obligé, qu'il y est tant pour le service qu'il doibt à Sa Majesté que par le commandement exprès de mondict seigneur de Montmorancy, oultre l'inclination naturelle qui l'y retient comme gentilhomme du païs ; qui est en somme ce qu'il avoit charge de représenter à ladicte assamblée, de la part dudict seigneur marquis, avec ceste prière qu'il leur faict de croire que la gratification annuelle ou aultre recognoissance, de laquelle ledict païs en tesmoignaige de sa bonne volunté pourroit uzer à l'endroict dudict seigneur marquis, sera sans doubte tousjours employée avec le reste des moyens que Dieu luy a donnés pour le service du Roy et à l'advancement des affaires dudict païs. A quoy ayant esté réparty par mondict seigneur de Mende, président, qu'il estime n'y avoir personne qui ne recognoisse l'obligation que le païs doibt à mondict seigneur de Montmorancy du prompt remède que par son extrême soing il luy a pleu donner au grand mal qui s'en alloit prendre pied dans ce païs, parce que au mesme temps que les depputés envoyez de la part d'icelluy vers Sa Grandeur se trouvèrent en chemin pour luy porter la nouvelle de l'arrivée des troupes du sieur Dondredieu et de la surprise de Grèze ; elle avoit desjà faict partir M. le marquis de Portes, pour y venir pourveoir, comme il fit ; car ayant, trois jours après son arrivée, deffaict quatre des meilheures compaignies dudict sieur Dondredieu, qui estoit logées au lieu du Buisson, et peu de temps après assiégé ledict sieur Dondredieu dans ledict fort de Grèzes et contraint se rendre par composition. Cela auroit esté cause du restablissement de la paix et tranquillité dans ledict païs, et cela mesmes rend ung chascun assez capable de juger du fruict et mérite de ceste action, oultre les aultres qualités dudict seigneur marquis, notoires partout. Ce qu'ayant esté mis en considération par lesdictz Estatz, après que ledict sieur de Morangiez a esté sorty de la salle, a esté conclud et arresté, qu'en reconnoissance de l'affection que M. le marquis de Portes a voulu tesmoigner à ce pauvre pays et de l'extrême soing et dilligence qu'il luy a pleu rapporter à l'advancement du repos d'icelluy en ces dernières occurrences, lesdictz Estatz luy accordent la somme de 6,000 livres tournois. De quoy ledict sieur de Morangiers, adverty à son retour en l'assemblée, il en a remercié les Estatz, au nom dudict seigneur marquis, et promis luy en donner advis à la première occasion.

Sur la réquisition faicte ausdictz Estatz par M. de Rousses, au nom des sieurs de Boutonvilliers, de Canoy et de Patris, gentilz hommes de la suitte de mondict seigneur de Montmorancy, de ce que suivant le commandement de Sa Grandeur, ayant accompaigné M. le marquis de Portes venant en ce païs pour s'opposer aux desseingz du sieur Dondredieu, ilz n'auroyent voulu manquer de l'assister à la première occasion qui se seroit offerte pour le service du Roy et bien des affaires dudict païs, qui fut au villaige du Buisson, à la deffaicte de quatre compaignies dudict sieur Dondredieu, y estans logées, où lesdictz gentilz hommes rendirent un tel debvoir au combat, qu'ilz en ont remporté de signalées marques, y ayant esté blessés tous trois griefvement, chascun d'une mousquetade, dont ilz ne sont encores guéris, et est à craindre qu'ilz en demeurent estropiez ; au moyen de quoy et des grandes douleurs qu'ilz souffrent, ilz semblent de pire condition que ceulx qui moururent sur la place. Et d'aultant que ce sont personnes de mérite, lesquelz Dieu, leur faisant la grâce de recouvrer la santé, peuvent rendre quelque aultre bon service au Roy et au pays, mesmes y estant obligez par quelque honneste recognoissance ; l'exemple de laquelle ne peult estre que très-utille au publicq, oultre la considération de mondict seigneur de Montmorancy et de M. de Portes, qui affectionnent ces personnaiges. Requérant pour ces raisons les Estatz, qu'il leur pleut y avoir esgard. A esté advisé de renvoyer à MM. les commis et aultres députés à l'audition des comptes, pour y pourveoir ainsi qu'ilz jugeront estre juste et raisonnable. En suitte de quoy M. le consul de Saint-Chély a dict qu'il y a trois ou quatre aultres à Saint-Chély qui furent pareillement blessez audict combat du Buisson, au moyen de quoy faict semblable réquisition de leur estre pourveu de récompense.

M. Chevalier, 1ᵉʳ consul de ladicte ville de Mende, l'année dernière, a représenté que chascun sçayt assez comme en ladicte année, sur l'occasion des mouvemens qui arrivèrent à Aymarques, M. le comte du Roure, ayant faict une compaignie de gendarmes, se jetta dans ce diocèse, où ladicte compaignie fut plustost veue que sa commission ny aulcun advis de ce qui estoit de son intention ; ce qui obligea MM. les commis, sindic et députés, d'envoyer vers luy M. Bayssenc, au nom du sindic, par le retour duquel ayant apprins que ledict sieur comte luy avoit faict veoir une commission de mondict seigneur de Montmorancy, et voyant que ladicte compaignie faisoit progrez dans ledict diocèse, à la grande foulle et incommodité du peuple, lesdictz sieurs commis auroyent advisé de depputer encores, vers ledict sieur comte, ledict sieur Bayssenc, le sieur Barthélemy et luy, pour le prier de se retirer dudict diocèse, affin d'esviter les désordres qui en pourroyent arriver, et en tous cas et à l'extrémité luy promettre cent pistolles, pour l'obliger davantaige à faire vuider ladicte compaignie hors de ce diocèse, dans ung ou deux jours au plus tard. Suivant laquelle charge lesdictz depputés, après avoir recognu que la volunté dudict sieur comte estoit de séjourner dans le païs, luy auroyent porté parolle desdictz cent pistolles, à la charge de faire, le mesme jour, retirer ladicte compaignie, hors dudict diocèse. A quoy bien que ledict sieur comte n'aye satisfaict, ains au contraire faict séjourner sadicte compaignie plusieurs jours après dans ledict diocèse, néantmoingz il ne laisse de faire demande desdictz cent pistolles et s'en adresse à luy, comme consul de ladicte ville de Mende, avec menasse de le faire contraindre au payement de ladicte somme, en vertu de certaine commission qu'il dict en avoir, chose desraisonnable et de mauvais exemple, que pour avoir rendu service au pays il en demeurast en peine.

Suppliant par ce moyen les Estatz pourvcoir au payement de ladicte somme, du moings en cas que ledict sieur comte Du Roure feroit exécution sur ses biens, le voulloir indempniser et rellever de tous despens, dommaiges et intherestz qu'il en pourroit souffrir. Sur quoy a esté conclud· qu'il sera escript audict sieur comte Du Roure, au nom du pays, pour le prier se départir de la prétension qu'il a contre ledict sieur Chevalier, attandu que de sa part il n'a satisfaict à la charge et condition de ladicte préthendue promesse, et qu'au lieu de faire retirer sadicte compaignie dans le mesme jour hors dudict pays pour le soulager de la foulle et despense qu'il en souffroit, elle y auroit séjourné plus de six jours après. Et qui pis est, le sieur de La Gorce, au mesme temps seroit allé avec 40 ou 50 chevaulx, rôder ledict pays du costé de la montaigne. A esté aussi arresté qu'en cas que ledict sieur comte ne voulroict désister après la prière du païs et qu'il feroit uzer d'exécution sur ledict sieur Chevalier, ledict pays prendra le faict et cause contre ledict sieur comte, par toutes voyes de justice requises et nécessaires.

Sur les requestes présentées cy-devant, l'une par certains habitans du lieu du Buisson et l'aultre par ceulx du villaige et mandement de Grèzes; la première tendant à ce qu'il pleut aux Estatz faire payer ausdictz du Buysson, la somme de 4,159 livres, d'une part, à laquelle, par certaine procédure faicte par M. le juge du bailliaige de Gévaudan, en vertu d'une commission de M. le marquis de Portes, ont esté estimées les maisons qui leur furent bruslées pour faciliter et favoriser la desfaicte advenue audict lieu d'une partie des troupes du sieur Dondredieu, et 1,200 livres d'aultre part, pour la perte et bruslement de leurs meubles, non comprins en ladicte estime. La seconde requeste, à ce que en considération des pertes, ruynes et dommaiges souffertz par les habitans dudict lieu et mandement de Grèze, à cause de l'occupation faicte, par ledict sieur Dondredieu, du fort dudict Grèze, séjour des trouppes audict lieu et environs d'icelluy, comme aussi de celles de M. le marquis de Portes, pour la réduction dudict fort et conservation d'icelluy en l'obéyssance de Sa Majesté, ilz fussent deschargez, par lesdictz Estatz, du payement de leurs quotités de toutes impositions faictes et à faire en ce diocèse, durant la présente année. Et oultre ce leur estre charitablement octroyé la somme de 1,500 livres, pour leur donner moyen de vivre et achepter du bestail pour l'agriculture. L'une et l'aultre desdictes requestes renvoyées cy-devant par lesdictz Estatz à mondict seigneur de Mende, président, pour y estre par luy pourveu, selon qu'il trouveroit juste et raisonnable. Après que mondict sieur le président a dict que, bien qu'il eust pleu à l'assamblée remectre sur luy à pourveoir au contenu desdictes requeste et que par la recherche qu'il a particullièrement faicte d'aulcunes personnes, bien informées du faict, oultre ladicte procédure et la commune voix, il demeure vériffié que lesdictz habitans ont souffert en ceste occurrence des pertes et dommaiges plus grands que nulz aultres du diocèse, assavoir : ceulx du Buysson, à cause du bruslement de leurs maisons et meubles, et les aultres du grand nombre de gens de guerre et du long temps qu'ilz les ont eu sur les bras, néantmoingz, il n'auroit voulu accorder ausdictz habitans aulcune chose, sans le consentement de l'assemblée; en laquelle, ouy ledict rapport et l'advis de mondict seigneur, a esté conclud et arresté d'accorder, ausdictz habitans du Buysson, la somme de 900 livres, et pareille somme de 900 livres ausdictz habitans de Grèze, à distribuer entre eulx, selon le département qu'il plaira à mondict seigneur le président, d'en faire, et qu'à ceste fin, MM. les commissaires de l'assiette seront requis imposer lesdictes sommes sur le général dudict diocèse, à la charge que, moyennant icelles, lesdictz habitans seront tenuz, chascun comme le concerne, payer leur portion des tailhes, tant ordinaires que extraordinaires, faictes et à faire durant la présente année.

Sur les réquisitions faictes par les procureurs des lieux d'Yspaniac, Molines et le Brueil d'Esclanèdes, à ce que en considération des grandes foulles et ruynes, souffertes par les habitans desdictz lieux, à cause du passaige et séjour faict en iceulx par les trouppes du sieur Dondredieu, lorsqu'elles vinrent à Grèze, et encores apprès en se retirant, il pleust ausdictz Estatz les descharger du payement de leurs portions, tant des impositions jà faictes la présente année, que de celles qui se feront durant icelle, soict des deniers ordinaires ou des extraordinaires ; a esté conclud, attandu que lesdictes foulles sont notoires que lesdictz lieux demeureront deschargés de leurs quottités des impositions de 50,000 livres, d'une part, et 20,000 d'aultre, faictes sur ledict diocèse, ez mois de mars et d'avril derniers, à la charge de payer entièrement les aultres deniers qui seront imposez durant ladicte année ; ce qui sera notifié aulx commis à faire la levée desdictes impositions, affin qu'ilz n'en prétendent cause d'ignorance.

Et sur aultre réquisition faicte par le consul de la ville de Chirac, affin qu'il pleust semblablement ausdictz

Estatz accorder aux habitans dudict lieu la descharge du payement de toute nature de deniers imposez et à impozer la présente année, en considération des oppressions et foulles qu'ilz ont receues par le logement d'une grande partie des trouppes dudict sieur Dondredieu, durant vingt jours, comme chascun sayt, au moyen de quoy ilz ont esté réduictz à une grande pauvreté, qui leur oste le moyen de pouvoir payer leur quottité desdictz deniers ; a esté conclud que lesdictz habitans demeureront deschargés de leur quottité de l'imposition de 30,000 livres faicte sur ledict diocèse, au mois de mars dernier, à la charge de payer entièrement leur portion de l'imposition de 25,000 livres, faicte en avril après suivant, comme aussi de toute aultre nature de deniers qui pourront estre imposez sur ledict diocèse, la présente année ; ce qui sera notiffié au commis à la levée desdictz 30,000 livres, affin qu'il n'en prétende ignorance.

Ayant esté représenté par le sieur de la Corniliade, au nom de Mme d'Arpajon, qu'il auroict pleu à Mgr le duc de Montmorancy, gouverneur et lieutenant général pour le Roy en Languedoc, luy accorder exemption du payement de toutes impositions extraordinaires pour les habitans des terres qu'elle peult avoir en ce diocèze, au moyen de quoy requéroit qu'il pleut à l'assemblée faire jouir lesdictz habitans de ladicte exemption, suivant l'intention de mondict seigneur, et ce faisant, ordonner au receveur tenir quittes et deschargés lesdictz habitans, sans les contraindre au payement desdictz deniers extraordinaires. Après que lecture a esté faicte de ladicte exemption en ladicte assemblée, et qu'il a esté certiffié par aulcuns assistants d'icelle, lesdictz habitans avoir desjà payé leurs quottitez desdictz deniers, saulf quelques restes de l'imposition faicte l'année dernière pour, l'entrettenement de la garnison de la ville de Mende, a esté conclud qu'il sera faicte vérification desdictz restes et conféré avec MM. les consulz et procureurs de ladicte ville pour adviser d'accommoder cest affaire, au contentement des ungz et des aultres.

Du mardy, onzième dudict mois de juillet, de matin.

Sur la plaincte faicte aux Estatz par certains paysans du lieu du Buysson, de ce que en hayne, comme ilz croyent, de la deffaicte des gens du sieur Dondredieu, advenue audict lieu, aulcuns habitans de la ville de Maruejolz maltraittent lesdictz paysans en diverses façons, en ayant ces jours passés battu aulcuns et retenu quelque harquebuze qu'ilz portoient. De quoy, bien qu'ilz se soient plainctz à ladicte ville, il ne leur a esté randu aulcune justice ; requérans qu'il pleust aux Estatz les faire mettre en la protection et sauvegarde du Roy. Après que M. le premier consul de ladicte ville de Maruejolz, assistant à ladicte assemblée, a dict et protesté n'avoir rien seu de ce faict, lesdictz Estatz l'ont exhorté et prié s'informer qui sont ceulx qui ont commis ces actes et tenir la main que cela n'arrive plus, ce qu'il a promis faire.

Sur la requeste présentée au nom des habitans de plusieurs villaiges des environs de Grèze, tendant à estre deschargés de certaine contribution de bois à brusler et des aiz pour mettre en œuvre dont la garnison de Grèze leur faict demande et les veult contraindre au payement ; ouy le sieur premier consul de Maruejolz, qui a représenté avoir esté pourveu à cest affaire par le moyen de la délibération prinse aux Estatz généraulx de Languedoc, du 8ᵉ jour de juing dernier, par laquelle a esté arresté que par les depputés en Cour, le Roy seroit supplié faire démolir ledict fort de Grèze, de sorte qu'il ne reste que d'accélérer ceste poursuitte et à cest effect envoyer quelqu'un vers lesdictz sieurs députés ; l'affaire mis en délibération et veu ladicte délibération portant entre aultres choses que sur l'instance faicte sur ce subject par lesdictz Estatz généraulx à Mgr de Montmorancy, Sa Grandeur auroit faict response qu'il avoit envoyé en Cour vers Sa Majesté pour scavoir sur ce son intention ; a esté conclud, veu ladicte response, que l'on différera d'envoyer en Cour, attandant d'apprendre ce qui sera de la volunté du Roy par le moyen de Mgr de Montmorancy.

Le sieur de Fumel, syndic dudict païs, a dict avoir en main plusieurs requestes présentées aux Estatz par les habitans des parroisses de Gabrias, Cultures et aultres des environs de Grèze et aultres particuliers, requérans estre indempnisez ou remboursés des foulles et despenses par eulx extraordinairement souffertes, à cause de l'occupation du fort de Grèze et réduction d'icelluy en l'obéyssance du Roy. Et d'aultant qu'ilz le pressent de faire respondre lesdictes requestes, il a requis et supplié l'assamblée de ce faire. Sur quoy a esté arresté que lesdictes requestes seront veues par MM. les commis du pays et aultres depputés à l'audition des comptes et pourveu sur icelles ainsi qu'ilz adviseront estre à faire par raison, au plus grand soulagement du pays que faire se pourra.

Mgr le président a remonstré que le doubte et incertitude où les Estatz s'estoyent trouvés, après la proposition faicte par le sieur de Fumel, sindic, touchant la démission de sa charge, attandu que bien qu'ilz ne l'eussent accepté, néantmoingz il ne leur avoit donné aulcune asseurance de la voulloir continuer, l'avoient obligé, avec l'importance du faict, d'en parler en particulier audict sieur de Fumel, pour le disposer à ce qui est du désir des Estatz ou scavoir sa dernière résolution affin qu'à son deffault les affaires du païs ne demeurassent en confusion ou en arrière, au détriment du publicq ; mais n'en ayant peu tirer aulcune promesse et estimant ledict seigneur président que ledict sieur de Fumel s'est voulu réserver de la donner à l'assamblée, il l'en a voulu de rechef prier, au nom des Estatz. Sur quoy ledict sieur de Fumel, après les avoir remercié de l'honneur qu'il leur plaist luy faire, leur a déclairé qu'il eust bien désiré qu'il leur eust pleu accepter dès maintenant sadicte démission et le descharger de ce fardeau ; néantmoingz qu'il n'eust pas commis ceste faulte comme il ne fera jamais d'habandonner les affaires dudict pays, qu'il n'y eust esté pourveu d'ung aultre par lesdictz Estatz, affin que par son deffault ledict païs n'encourust aulcun dommaige.

Sur les plainctes faictes aux Estatz, par plusieurs consulz des villes, des abus et malversations qui commettent les huissiers et sergens faisans les contrainctes et exécutions pour la levée des tailles ; a esté conclud que lesdictz consulz remettront devers MM. les commis, sindic et aultres sieurs depputés à l'audition des comptes les mémoires desdictz abus et malversations pour y donner tel reiglement qu'ilz jugeront nécessaire pour le soulaigement du pauvre peuple.

Pour conclusion de ladicte assamblée, mondict seigneur le président a dict qu'il luy souhaite ung don et ung présent qui ne reçoit poinct d'estimation, tel que notre Seigneur fit à ses apôtres, leur layssant sa saincte paix ; paix parfaicte et véritable, que le vray moyen de l'avoir telle, est se divertir du mal et faire bien que pour la rendre durable, il la fault joindre avec la justice comme deux sœurs, et en somme se rendre vraiz observateurs des commandemens de Dieu ; attirant par ce moyen sur nous les effectz de sa saincte bénédiction, laquelle mondict seigneur le président a donnée aux assistans, qui a esté la fin de ladicte assemblée.

Signé : CHARLES, évesque de Mende.

1618

Ouverture de l'assemblée des Etats. — Les commissaires de l'assiette. — Rôle de MM. des Etats. — Contestation entre les prétendants à la baronnie de Peyre. — Prétentions de M. le baron du Tournel sur la terre de Cénaret. — Contestation entre M. du Tournel et M. de Roquefeuil. — Procurations à régulariser. — Le 3ᵉ consul de Mende précède celui de Marvejols. — MM. de Grailles et de Montesquieu demandent le remboursement des avances par eux faites pour la levée des gens de guerre. — Réquisition pour l'enregistrement des provisions de lieutenant du Roi, en la ville de Mende, accordées par Sa Majesté à M. le marquis de Portes, avec les protestations faites à ce sujet. — Imposition de 4,000 livres pour l'entretien des gens de guerre. — Ferme de l'équivalent. — Don de 100 livres aux religieux Cor-

deliers de Marvejols. — Admission de l'envoyé de
M. d'Apcher et des consuls de Barre et de Saint Chély.
— Préséance entre les barons. — Dette en faveur du
sieur du Montet.— Mesures pour les revenus de la terre
de Peyre. — Ponts à réparer. — Logement des gens de
guerre à Chirac et à La Canourgue. — Gratification à
M. de Billières, blessé à l'attaque du Buisson. — Somme
réclamée par M. Marimond à M. Bastide, receveur des
tailles en 1604. — M. de Borran, retenu prisonnier au
château de Mallevieille. — Cautions à fournir par le
fermier de l'équivalent. — Avis du premier consul de
Marvejols, sur les provisions du marquis de Portes, en
qualité de gouverneur du Gévaudan. — Plainte contre
la garnison de Grèzes. — Gratification à M. le marquis
de Portes ; protestation de divers membres de l'assemblée. — Demande de M. le trésorier Portalés. — Somme
allouée à M. de La Condamine, commandant au château
de Peyre. — Dette en faveur de M. Portalés. — Dépenses du prévôt de la maréchaussée. — Attribution de
juridiction à ce prévôt au sujet des faussaires. — Gratifications aux religieux Jacobins et Augustins de Marvejols. — Demande relative à l'établissement d'un receveur des tailles dans les Cévennes. — Secours à la
veuve d'Etienne Blanquet, tué au combat du Buisson.
— Acceptation du cautionnement fourni par le fermier
de l'équivalent. — Gratification à M. de Lasbros. —
Clôture de l'assemblée des Etats.

L'an mil six cens dix-huict, et le lundy quatorzième
jour du mois de may, en la ville de Maruejolz, les gens
des Estatz particuliers du païs de Gévaudan et diocèse de
Mende, après avoir, sellon leur ancienne et louable cous-

tume, assisté au matin, à la messe de Saint-Esprit, célébrée en l'église collégiale dudict Maruejolz, se sont assemblés en vertu des convocations de nos seigneurs les commissaires présidents pour le Roy aux Estatz généraulx de Languedoc, tenuz à Pézénas ez mois de janvier et febvrier, dans l'auditoire de la Cour ordinaire de ladicte ville de Maruejolz, où estans venuz noble Cristofle de Canoy, sieur et baron dudict lieu et de Bonneuil, commissaire principal de l'assiette dudict diocèse, la présente année ; M. M⁹ Urbain Dumas, sieur du Bouschet, conseiller du Roy et juge en la Cour du bailliage de Gévaudan ; M⁰ Anthoine Destrictis, notaire royal, 2⁰ consul de ladicte ville de Mende ; Michel Buysson, marchand, 3⁰ consul de ladicte ville, et M. Pierre Jalguet, notaire royal, greffier, 1ᵉʳ consul dudict Maruejolz, commissaires ordinaires de ladicte assiette. Ledict sieur de Canoy a dict que la compaignie a rendu tant de preuves de sa dévotion et fidélité au service de Sa Majesté, que se seroit entrer en doubte de sa persévérance, d'uzer d'aultre exhortation en leur endroict que de la simple lecture des commissions pour le faict desquelles ladicte compaignie a esté convoquée, qui est l'imposition et despartement de la quottité dudict diocèse des deniers accordés à Sa Majesté ausdictz Estatz généraulx, selon l'ancienne coustume, pour le soustien de la couronne et maintien de cest Estat ; offrant, ledict sieur de Canoy, de vacquer incontinant avec les aultres sieurs commissaires ordinaires et l'assistance de ladicte compaignie ou de telles personnes qu'elle voudra députer au département des sommes portées par lesdictes commissions. Desquelles ayant esté faictes lecture à voix intelligible à ladicte assemblée, M. de Chanolhet, chanoine de l'église cathédralle de Mende, official et vicaire général de Mgr de Mende et président audictz Estatz, a représenté audict sieur de Canoy, que comme ladicte compaignie n'a jamais forligné de son debvoir en aucune occasion touchant le bien et advancement des affaires et service de Sa Majesté ; il s'asseure aussi qu'elle se portera d'aultant plus volontiers à l'exécution desdictes commissions, qu'elle recognoist la cauze en estre ordinaire, utile et nécessaire pour le service de sadicte Majesté et conservation de ce royaulme, en paix et tranquillité. Néantmoings a requis, ledict sieur de Canoy, au nom desdictz Estatz, permettre la continuation de ladicte assamblée, suyvant l'ancienne coustume, tant pour délibérer sur ce subject, que pour traitter des affaires communs dudict diocèse. Laquelle permission accordée, a esté faicte lecture des procurations des envoyez et depputez ausdictz Estatz, ausquelz se sont trouvés assistans, assavoir, pour l'estat ecclésiastique : M. Me Jacques Péreret, docteur de Sorbonne, chanoine théologal de l'église cathédralle dudict Mende, envoyé de MM. du Chappitre de ladicte église ; Me Pierre Enfruc, docteur ez droictz, aussi chanoine de ladicte église, envoyé de M. de Sainte-Enimie ; M. Adam Chevalier, docteur ez droictz, envoyé de M. de Lengogne ; Me David Lagier, envoyé de M. des Chambons ; Me Anthoine Aldin, docteur ez droictz, envoié de M. de Paliers ; Me Guillaume Dumazel, envoié de M. de Saint Jehan. Pour MM. les barons et nobles : M. le baron du Tournel, en personne ; M. Jehan Michel, lieutenant de juge, ez terres de la baronnie d'Apcher et envoyé du sieur baron d'Apcher ; noble Anthoine de Jurquet de Lespinasse, sieur des Sallelles, envoyé de M. le baron de Céneret ; noble Henry de Saint Préject, sieur de La

Fouillouze, envoyé de M. le baron de Randon ; noble
Hiérosme de Lage, sieur dudict lieu, envoyé de M. le
baron de Canilliac ; M. de Servière, en personne ; noble
Pierre de Rochemure, sieur du Fraisse, envoyé de
M. d'Allenc ; noble Gabriel de Robert, sieur des Agasatz,
envoyé de M. de S. Auban ; M° Guillaume Bardon, docteur ez droictz, envoyé de M. de Mirandol ; noble Claude
de Brunenc, sieur de La Cournilbade, envoyé de M. de
Sévérac ; Symond Pauc, sieur d'Apias, envoyé de M. de
Barre ; Jean de Seguin, sieur des Bros, envoié de M. d'Arpajon ; M° Claude de Cavata, bâchelier ez droictz, envoyé de MM. les consulz nobles de La Garde-Guérin. Et
pour le Tiers-Estat : M° Anthoine Destrictis, notaire royal,
2° consul de la ville de Mende ; Michel Buisson, marchand et 3° consul de ladicte ville ; M° Pierre Jalguet,
notaire royal, greffier et 1er consul de la ville de Maruc-
jolz ; Anthoine Crespin et Guillaume Lafont, 2° et 3°
consulz dudict Maruejolz ; Estienne Julien, marchand et
1er consul de la ville de Chirac ; M° Claude Retrun, 1er
consul de la ville de La Canorgue ; M° Anthoine Constans, notaire royal et 1er consul de la ville de St-Chély-
d'Apcher ; Jehan Chabanel, 1er consul de la ville de
Salgues ; Jean de Beaufort, marchand et 1er consul de la
ville du Malzieu ; M° Guillaume Malzac, 1er consul de la
ville de Florac ; Pierre de Malgoires, consul de la ville
d'Ispaniac ; M° Jehan de Combes, docteur ez droictz,
1er consul de la ville de Sainte-Enimie ; M° Jehan Cayroche, consul de Châteauneuf-de-Randon ; M° Pierre
Pépin, docteur ez droictz, 1er consul de la ville de Serverette ; M° Pierre de La Pierre, 1er consul de Saint-
Estienne-de-Valfrancisque ; M° Gervais Chastel, consul
de la viguerie de Portes ; Anthoine Bonnet, sieur de

Valdejon, 1er consul de Barre ; George Aleman, consul de Saint-Auban ; Me Jean Reversat, notaire, procureur du mandement de Nogaret. Tous lesquelz assistans ont presté le serement, ez mains dudict sieur président, de procurer le bien et advancement du service du Roy et le repos et soulagement dudict diocèse.

Sur ce que le sieur de Fumel, sindic dudict diocèse, a représenté, après avoir esté adverty du différend qui s'est formé entre M. de Tholet, le sieur envoié de M. de La Faurie et le sieur de La Condamine ; chascun d'eulx préthendant debvoir estre receu et assister en la présente assemblée, en la place et au rang accoustumé de M. le baron de Peyre ; assavoir : lesdictz sieurs de Tholet et de La Faurie, à cause du droict que chascun d'eulx préthend en ladicte baronnie dont ilz sont en procès, et ledict sieur de La Condamine, commandant pour le service du Roy au chasteau de Peyre, comme séquestre des droictz, rantes et revenuz de ladicte baronnie, et ayant esté receu en ceste qualité aux Estatz généraulx de Languedoc, pour ledict sieur baron de Peyre. Et que par ce moyen chascun d'eulx se dispoze de venir prandre place en ceste compaignie, avec résolution de ne céder l'ung à l'aultre. De quoy ledict syndicq se doubte qu'il arrive quelque inconvénient, oultre le retardement des affaires de Sa Majesté et du publicq qui se doibvent traitter en la présente assemblée ; requérant à ceste occasion qu'il pleust aux Estatz y apporter l'ordre et tempérament requis ; a esté conclud, l'affaire ayant esté mis en délibération, que pour obvier à désordre et à l'interruption des affaires concernans le service de Sa Majesté et le repos et soulagement dudict diocèze, que lesdictz sieurs seront priez, de la part desdictz Estatz, se vouloir desporter et abstenir ceste présente année de l'entrée que chascun d'eulx préthend luy appartenir en iceulx, et ce toutesfois sans conséquence ny que cella puisse aucunement préjudicier aux droictz des parties. Ayant esté à cest effect depputez M. l'envoyé du Chapitre de Mende et ledict syndicq.

M. le baron du Tournel a dict, comme sur la lecture naguières faicte en la présente assamblée, de la procuration passée au sieur des Salelles, par Mme de Hault-Villar de S. Poinct, donnant pouvoir, audict sieur de Salelles, d'assister pour elle aux présens Estatz comme baronnesse de Céneret; ledict sieur du Tournel auroict représenté le droict qu'il prétend sur la baronnie dudict Céneret, pour raison duquel il est en procès avec ladicte dame; et d'aultant que son silence sembleroit donner ung tacite consentement au préjudice de son droict, il a déclairé qu'il proteste comme il a faict aux précédentes assamblées des Estatz de ne consentir ny acquiescer aucunement à la réception d'aucune personne, envoyée ausdictz Estatz soubz le nom de ladicte dame ou aultres ses parties, ains d'en avoir recours en temps et lieu à la justice. Sur quoy a esté conclud, pour ne retarder l'assamblée que les protestations dudict sieur baron du Tournel demeureront escriptes, ledict sieur de Salelles sera receu et aura séance et voix délibérative au rang et place dudict sieur baron de Céneret, sans préjudice toutesfois du droict prétandu par ledict sieur baron du Tournel.

Sur le différend intervenu entre M. le baron du Tournel et noble Louis de La Gardelle, sieur dudict lieu, envoyé de M. de Roquefeuil, prétandant par le moyen des arrestz obtenuz par ledict sieur de Roquefeuil, sur la baronnie du Tournel, debvoir estre receu en ladicte assamblée et y avoir la séance et voix délibérative apartenant à ladicte baronnie. Ledict sieur baron du Tournel au contraire soustenant lesdictz arrestz avoir esté obtenuz par surprise, et oultre ce ne regarder aucunement le droict de la séance desdictz Estatz, dont luy et le père et ayeul ont tousjours jouy sans contredict ; a esté conclud et arresté que ledict sieur baron du Tournel continuera la jouissance et pocession de ladicte séance en la présente assamblée et ledict sieur de La Gardelle, au nom qu'il procède, en demeurera exclud, sans préjudice des droictz, par ledict sieur de Roquefeuil, prétanduz sur ladicte baronnie.

Les procurations des consulz de la viguerie de Portes et Saint-Estienne-de-Valfrancisque ayant esté trouvées défectueuses et contre la forme de tout temps accoustumée ; a esté conclud que lesdictz consulz seront tenuz de les faire réformer et les remettre devers l'assemblée, en bonne et deue forme, dans trois jours, aultrement seront privez de l'entrée des Estatz, et que pour l'advenir aucung n'y sera receu en vertu de telles procurations ; de quoy sera faicte expresse mention aux lettres de la convocation, affin qu'il n'en prétande cause d'ignorance.

Du quinziesme jour dudict mois de may, du matin, au lieu que dessus, président mondict sieur le vicaire général.

Sur ce que Me Michel Buisson, 3e consul de la ville de Mende, a remonstré que le sieur premier consul de ladicte ville de Mende, se trouvant absent de la présente assamblée, à cause de son indisposition et maladie, le sieur Destrictis, 2ᵉ consul de ladicte ville y estant, représente son premier et tient son rang et place et par conséquent ledict Buysson estant subrogé au lieu dudict second, doibt précéder le second consul de ladicte ville de Maruejolz, qui l'empesche. Veu les délibérations des années précédentes, a esté conclud que ledict dernier consul prendra place après ledict second consul de Maruejolz, et ce faisant, précèdera le tiers consul dudict Maruejolz, suivant lesdictes délibérations.

Le sieur de Mazeran, nepveu du sieur de Grailles, a représenté que suivant la commission de Mgr de duc de Montmorancy, gouverneur en la province de Languedoc, ledict sieur de Grailles, au mois de mars de l'année dernière, auroit faict levée de 5 ou 600 hommes de guerre, tant de cheval que de pied, et iceulx conduictz et menez dans ce diocèse, pour s'oppozer aux trouppes des sieurs Dondredieu et d'Assas, et empescher l'effect des pernicieuses entreprises qu'ilz avoient projectées contre le service du Roy dans cedict diocèse. En quoy il estime que le Roy et le païs ont esté utillement servis et assistés par ledict sieur de Grailles et lesdictz gens de guerre. Et d'aultant qu'à ceste occasion ledict sieur de Grailles a esté constrainct faire de grandes despenses et advances de deniers, pour armer et faire marcher lesdictz gens de guerre, et qu'il ne seroit raisonnable que, oultre le service par luy randu en ceste action, la perte de ses moyens luy en restast pour toute récompense ; à ceste cauze, a prié et requis l'assamblée voulloir pourveoir à son remboursement et indemnité, ayant à cest effect exhibé ladicte commission. Sur quoy, après avoir esté faicte lecture d'icelle et d'aultre délibération prinze sur le mesme subject, l'année dernière, à la réquisition du sieur de La

Brugière, l'affaire a esté renvoyé à MM. les commis, sindicq et depputez dudict diocèse pour adviser d'y pourveoir ainsi qu'ilz verront estre à faire par raison.

Sur la requeste présentée par noble Georges de Montesquieu, à ce qu'il pleust à l'assamblée pourveoir au remboursement de l'advance par luy faicte, fraiz et despenses souffertes pour la levée, solde et entrettenement de cent hommes de guerre, qu'il avoit mis suz et entretenuz durant quinze jours au lieu de La Malène et lieux circonvoisins, pour s'opposer et donner empeschement sur le rivaige de la rivière de Tarn, au passaige des trouppes des sieurs Dondredieu et d'Assas, suyvant la prière et commandement qu'il en avoit receu de M. le marquis de Portes ; a esté advisé par l'assamblée de renvoyer ladicte requeste à MM. les commis, syndicq et depputez dudict païs, pour y pourveoir selon qu'ilz verront estre à faire par raison.

Sur l'exposition faicte ausdictz Estatz par M. de Canoy, commissaire principal de l'assiette dudict diocèse, qu'il auroit pleu au Roy, pour les cauzes portées en ses Lettres pattantes du mois de novembre dernier, establir et ordonner son lieutenant en la ville et diocèse de Mende, haut et bas païs de Gévaudan et en ce qui reste du païs des Cévennes, M. le marquis de Portes, pour en l'absence et soubz l'autorité de Mgr le duc de Montmorancy, gouverneur et lieutenant général de sadicte Majesté en Languedoc et de Mgr le duc de Vantadour, aussi lieutenant général audict gouvernement, commander en ladicte ville, diocèse et païs susdict. Et pour raison de laquelle charge ledict seigneur marquis auroit faict et presté le serment entre les mains de Sa Majesté, comme plus à plain résulte desdictes Lettres et acte de serement, inséré sur le reply d'icelles, que ledict sieur de Canoy a présentées ; requérant qu'elles soient leues en plaine assamblée et enregistrées ez registres dudict païs et acte sur ce luy estre expédiée pour servir et valloir ainsy qu'il appartiendra. Et incontinant, la lecture ayant esté faicte desdictes lettres, et le subject d'icelles mis en délibération et sur icelluy représenté par le sieur consul de la ville de Maruejolz que pour estre ladicte ville compozée non-seullement d'habitans catholiques, mais pour la pluspart de la religion prétandue réformée, il peult donner son advis sur ceste inopinée occurrance, sans en avoir préalablement communiqué au Conseil général de ladicte ville. Requérant à cest effect qu'il pleust ausdictz Estatz différer ladicte délibération jusques au lendemain. Et ensuite de ce auroit esté aussi remonstré par aucuns desdictz Estatz, assavoir : par le sieur envoyé de M. le baron de Canillac, n'y avoir lieu d'enregistrer lesdictes provisions, attandu qu'elles n'estoient vériffiées en la Cour de parlement, oultre qu'en temps de paix auquel nous sommes, Dieu grâces, il n'y a subject d'establir en ce diocèse aucun gouverneur particulier ; n'ayant jamais esté faict jusques à présent. Et par les consulz de Barre, Saint-Estienne-de-Valfrancisque, Saint-Germain, qu'ayant desjà formé opposition au Conseil de Sa Majesté, pour ce qui regarde le gouvernement des Cévennes, ilz ne peuvent approuver ledict enregistrement. Et par le sieur consul de la ville de Mende, que sadicte Majesté ayant jugé convenable d'establir ung personnaige en ce diocèse pour y commander soubz son auctorité, les habitans d'icelle tiennent à ung grand bien qu'elle aye jetté les yeux sur ledict seigneur marquis ; néantmoings, pour le notable préjudice que ladicte ville pourroit souffrir en ses priviléges et immunitez, en ce que par lesdictes provisions est faicte expresse mention de ladicte ville, ce qui sembleroit attribuer audict seigneur marquis, oultre l'auctorité générale et ordinaire sur ledict diocèse et païs, ung pouvoir spécial et extraordinaire sur ladicte ville, quoy qu'elle ayt tousjours esté exempte d'aultre gouverneur particulier que de leurs évesques et prélatz, seigneurs haulz justiciers d'icelle. Pour lesdictes considérations, il persiste en la déclaration par luy faicte audict sieur de Canoy en la dernière assamblée de MM. les commissaires dudict païs sur la présentation desdictes provisions. Et par le sieur de Fumel, syndic dudict païs, auroict esté dict, que comme Sa Majesté n'a pas voulu sans cauze establir ledict seigneur marquis, pour commander en cedict diocèse et païs, quoyque sans exemple, durant le temps de la paix, aussi est il croyable qu'il se randrà soigneux de soulager le général et les particuliers d'icelluy et les conserver et maintenir en leurs justes pocessions, coustumes, priviléges et immunitez, sans y rien innover et sans préjudice desquelles il estime lesdictes provisions, pouvoir estre enregistrées. Finalement, apprès que par M. de Chanolhet, grand vicaire de mondict seigneur de Mende et président ausdictz Estatz, a esté représenté estre choze véritable que l'autorité et droictz de l'église en ce diocèse qui résident principalement en la personne dudict seigneur évesque, comme prélat et comte dudict païs et seigneur hault justicier de ladicte ville, recogneu sur tous aultres, ung plus spécieulx et notable interest par la réception et enregistrement desdictes provisions, ainsi que ces jours passés en ladicte assamblée desdictz sieurs commis, a esté, par mondict seigneur de Mende, représenté, audict sieur de

Canoy, considération si juste et pieuse, qu'elle l'obligeast fort estroittement à s'opposer audict enregistrement. Néantmoings, pour tesmoigner la continuation de la fidelle obéyssance qu'il a tousjours randue aux commandementz de Sa Majesté et l'honneur qu'il reçoit avec les habitans de ladicte ville, de l'élection qu'il a pleu à Sa Majesté faire de la personne dudict seigneur marquis de Portes, il s'est fort volontiers réduict à la réservation de ses humbles remonstrances devers sadicte Majesté et nos seigneurs de son Conseil, à faire en temps et lieu pour la conservation de ses droictz, priviléges et immunitéz de son esglise ; a esté conclud et arresté que lesdictes Lettres de provision seront enregistrées ez registres dudict païs, a l'effect porté par icelles, et que de ce en sera expédié acte, pour servir et valoir en ce qu'il appartiendra, le tout néantmoings sans préjudice des coustumes et priviléges dudict pais, droictz, immunitez et auctorité dudict seigneur évesque de Mende, comte d'icelluy, franchises et libertés de ladicte ville, suyvant la susdicte délibération.

Le sieur de Fumel, scindicq dudict diocèse, auroict représenté qu'en attendant le succès du traitté de paix moyenné par le Roy, entre le roy d'Espaigne et le duc de Savoye, et pour en faciliter l'exécution, Sa Majesté auroit ordonné que certaines compaignies de gens de cheval et entre aultres celles de chevaulx légers de MM. les comte d'Auvergne et prince de Juinville (que sadicte Majesté auroict faict retirer de Piedmond et de la Savoye, après la résolution dudict traitté), s'arresteroient jusques après l'exécution d'icelluy, ez environs de la frontière dudict païs de Savoye. Au moyen de quoy, suyvant les ordonnances de MM. les ducz de Montmorancy et de Vantadour, gouverneur et lieutenantz généraulx, en la province de Languedoc, les diocèses de Viviers, Uzès, le Puy et Mande, furent désignés pour contribuer et fournir des vivres desdictz deux compaignies, qui ont logé et séjourné au bourg St-Andéol, en Viverez, depuis le 15 novembre dernier jusques au 26 décembre ensuivant, et deppuys le 27 dudict mois jusques au 27 de febvrier dernier, ez villes d'Yssingaulx et Monistrol en Vellay. Et d'aultant que à faulte de fournir par ce diocèse les deniers à quoy revenoit sa quottité dudict surtaulx, les scindicqz et habitans desdictz païs de Viverez et Vellay, qui en avoient faict les advances pour cedict diocèse, auroient obtenu de mesdictz seigneurs les gouverneurs et lieutenants généraulx des ordonnances de contraincte, en vertu desquelles ilz auroient uzé de rigoreuses exécutions contre ledict diocèse, saisy et faict vandre à l'inquant la marchandise ; de plus, les habitans d'icelluy, avec grandz fraiz, despens, dommaiges et interestz, oultre le préjudice et interruption du commerce ; pour à quoy pourveoir et coupper chemin à la continuation de ses désordres, MM. les commissaires et depputez dudict diocèse auroient passé des obligations et promesses au profict desdictz scindicq de Viviez et Vellay, pour les quottitez dudict diocèze qui reviennent, comprins les fraiz et despens desdictes exécutions et contrainctes, à la somme de 4,000 livres ; laquelle ledict diocèse n'ayant moyen faire payer que par imposition, comme chascun sçait, lesdictz sieurs commissaires députez auroient obtenu la permission, de mondict seigneur le duc de Vantadour, d'en faire la levée sur le général dudict diocèse, comme appert par son ordonnance, au pied de la requeste que luy en a esté présentée ; de sorte qu'il ne reste sinon qu'il plaize à l'assamblée d'en délibérer. Sur quoy, apprès avoir esté faicte lecture de ladicte requeste et de l'ordonnance de mondict seigneur le duc de Vantadour, portant ladicte permission ; a esté conclud et arresté que MM. les commissaires de l'assiette dudict diocèse, ceste présente année, seront requis par ledict scindicq, au nom desdictz Estatz, vouloir asseoir et imposer sur le général d'icelluy diocèse, ladicte somme de 4,000 livres, pour estre employée à l'acquittement desdictes obligations, remboursement des fraiz et despans, et des dommaiges des particuliers intéressés ; le tout à la descharge du diocèse.

Ayant esté, à la réquisition du sindicq dudict diocèse, faicte lecture, en ladicte assamblée, des articles de la ferme dudict de l'équivalent de la province de Languedoc, ainsi qu'il est accoustumé, et n'ayant, les fermiers dudict droict en ce diocèse, daigné de présenter, ausdictz Estatz, cautions resséantes et solvables pour le pris de ladicte afferme, en la forme portée par lesdictz articles ; a esté conclud et arresté que ledict droict sera, contre lesdictz fermiers, publié et mis à la folle enchère, pour estre délivré à la chandelle estaincte à celluy où ceulx qui se trouveront avoir faict la condition meilleure, sauf si par le jour lesdictz fermiers présentent lesdictes cautions.

Sur la requeste présentée par le P. Basille de Lubiani, gardien du couvent des Frères-Mineurs de la ville de Maruejolz, tendant à ce qu'il pleust à l'assambléc luy accorder la somme de 500 livres, pour luy ayder à fournir à partie des fraiz et despens nécessaires pour la réédification de leur église et couvent, qui ont esté entièrement ruynez et démolis par l'injure des guerres, et mesmes en l'année 1586, que ladicte ville fut assiégée et réduitte en l'obéyssance du Roy, par l'armée conduitte pour Sa Majesté par feu Mgr l'admiral de Joyeuse, comme il est notoire à ung chascun, aussi bien que la grande pauvreté des religieux dudict couvent, qui ne leur permet d'effectuer le désir et intention pour l'exécution d'ung œuvre si pieux et recommandable, sans la charitable assistance et favorable secours des bons catholiques et entre aultres de ceste notable assamblée, qu'il implore au nom de Dieu, pour le bien et manutention de la religion catholique en ladicte ville. A esté délibéré et conclud que ladicte assamblée a accordé et accorde, par forme d'aulmosne et gratification charitable, audict père Bazile, comme gardien susdict, la somme de 100 livres tournois, pour estre employée à la réédification de ladicte église dudict couvent et non aillieurs, et qu'à cest effect ladicte somme sera mise ez mains des scindicq des habitans catholiques de ladicte ville, qui sera tenu d'en faire la distribution sans aucun divertissement à peyne de répétition.

Dudict jour, quinzième may, de relevée.

M. Jean Michel, lieutenant en la justice ordinaire des terres de la Baronnie d'Apcher, s'est présenté pour M. le baron d'Apcher, en vertu de la procuration dudict seigneur ; de laquelle, après avoir esté faicte lecture, et le serement accoustumé presté par ledict sieur Michel, il a esté receu en ladicte assamblée.

De mesmes s'est présenté Me Anthoine Constans, notaire royal, 1er consul et député de la ville de Saint-Chély-d'Apcher, lequel après avoir aussi presté le serement requis, a esté pareillement receu.

Et incontinant après, Anthoine Bonnet, sieur de Valdejon, consul de Barre, a remis l'acte de sa nomination consulaire, portant pouvoir d'assister ausdictz Estatz.

Sur ce que le sieur Michel, envoyé de M. d'Apcher, a remonstré que suivant l'ancien ordre et observation des Estatz de ce diocèse, mesmes lorsqu'ilz se tiennent en la présent ville, le scindic a accoustumé d'appeler ledict sieur baron d'Apcher, immédiatement après le sieur baron de Peyre, et l'année qu'ilz se tiennent en la ville de Mende, immédiatement après le sieur baron qui se trouve en tour en la mesme année, par préférance à tous les aultres sieurs barons; requérant qu'il plaise à l'assamblée, en observant ledict ordre, ordonner qu'il oppinera incontinant après M. le baron du Tournel, qui y est en personne. A quoy ayant esté réparty par ledict sieur baron du Tournel, que lesdictz sieurs barons d'Apcher ny de Peyre n'avoient aucune préséance sur les aultres barons, sinon lorsqu'ilz sont en leur tour et rang d'assister aux Estatz généraulx de la province de Languedoc, comme se veoit par le portraict de la roue, anciennement sur ce faict, pour monstrer qu'il n'y a nul premier ny dernier, de sorte que ledict sieur baron d'Apcher ayant esté en tour l'année dernière, il se trouve le plus esloigné en la présente, et par conséquent le dernier de tous, puisque, suivant ladicte roue, les ungs doibvent alternativement succéder aux aultres en chascune année selon leur tour; a esté délibéré et conclud que lesdictz sieurs barons seront appellés par ledict scindicq et opineront au rang et ordre qu'ilz se trouveront assis en ladicte assamblée.

S'est présenté à l'assamblée Me Pierre Rodes-Castaing, docteur ez droictz, lequel comme mary de damoiselle

Marguerite de Meillac, filhe et héritière, par bénéfice d'inventaire de feu Pierre Meillac, sieur du Montet, de la ville de La Canorgue, a remonstré que ledict feu sieur du Montet, ayant passé transaction avec M° Jean Regy, en l'année 1586, pour raison de certaine quantité de vin qu'ilz debvoient fournir audict diocèse, pour subvenir à l'entrettenement et nourriture de l'armée estant devant la ville de Maruejolz pour la réduction d'icelle en l'obéissance du Roy, soubz la conduicte de feu M. l'admiral de Joyeuse ; et ledict Regy ayant mis en justice lesdictz mariez en l'observation dudict contract, mesmes pour les faire condampner à luy payer la somme de 1,000 livres avec despans et apportz. Après une longue poursuitte, tant en la Cour de parlement de Tholoze que en celle des Aydes de Montpellier ; ouy en tout le scindicq dudict diocèse, finalement, par arrest de ladicte Cour des Aydes contradictoirement donné, le 21 de mars dernier, lesdictz mariez auroient esté indempnes à payer audict Regy ladicte somme de 1,000 livres, avec despens. Et par le mesme arrest, ledict scindicq a esté condampné à rellever indempne lesdictz mariez, tant des sommes principalles, par eulx paiées audict Regy, que interestz, despuis le paiement d'icelles, suyvant la licquidation qui en seroit faicte par le commissaire qui, à ceste fin, seroit depputé, avec despans de l'instance taxée à 241 livres 19 sols ; le tout inthimé audict scindicq. Et d'aultant qu'il ne seroit raisonnable qu'il souffrit de si grandz despans, domaiges et interestz qu'il est constrainct paier à cauze des saisies que ledict Regy a faict faire du bestail de ses mesteries et icelluy faict vandre à vil prix ; attandu mesmes que ledict païs le doibt rellever du principal et despans, il a supplié l'assemblée pourveoir à son paiement et ramboursement, du moingz pour ce qui est des interestz de la somme principalle, en attandant que le debte soit vérifié et licquidé par MM. les commissaires depputez par Sa Majesté à la vérification des debtes, pour apprès estre impozé et paié avec les despans cy-dessus mentionnez. Sur quoy, après que le sieur de Fumel, scindicq dudict païs, qui a dict estre sur le poinct d'obtenir requeste civille contre ledict arrest, a particulièrement faict entandre, à ladicte assamblée, le mérite de cest affaire ; a esté délibéré et conclud qu'il est renvoié à MM. les commissaires et depputez dudict païs, ausquelz ladicte assamblée a donné et donne pouvoir de licquider les prétentions desdictz mariez, tant en principal que despans et selon leur advis, s'il y a lieu, de ladicte requeste civille, l'obtenir contre les hoirs de Pons Destrectz, sieur de Garrejac ; Jacques Chantuel et Hélye Chevalier, qui doibvent garantir ledict païs de ladicte condempnation.

L'assamblée, bien informée du soing et de la prévoyance dont Mgr de Mende avoit uzé avec MM. les commissaires depputez, scindicq dudict païs, pour empescher les désordres qui se pourroient commettre en la levée des fruictz, rantes et revenuz de la baronnie de Peyre (pendant le procès), par les parties que y prétendent droict ; chascune desquelles se préparoit de son costé de lever et jouir lesdictes rantes à main armée, ce qui ne se pouvoit faire qu'à la foulle et oppression, nonseulement des habitans de ladicte terre, mais aussi des lieux circonvoisins. Après plusieurs remonstrances et semonces par mondict seigneur et lesdictz sieurs commissaires, sur ce faictes ausdictes parties prétendantes, affin de les dispozer à se régler entre elles, ilz auroient enfin, au reffus d'icelles, recours à Mgr le duc de Montmorancy, comme gouverneur et lieutenant général pour le Roy, en la province de Languedoc ; lequel auroit ordonné que lesdictz fruictz, rantes et revenuz demeureroient, pendant ledict procès, par forme de dépost et séquestration, entre les mains des emphitéotes et aultres personnes qui en sont débiteurs, sans en pouvoir estre dessaisis, jusques à ce que aultrement par la justice en eust esté ordonné, avec inhibitions et deffance ausdictes parties, de vexer ny contraindre cependant lesdictz débiteurs, pour ce regard ; ordonnance plaine d'équitté et par le moyen de laquelle lesdictz désordres ont esté arrestez jusques à maintenant, que lesdictes parties, selon que ladicte assamblée a esté advertie, sont en termes de contrevenir à ladicte ordonnance ; pour à quoy obvier, a esté délibéré et conclud que mondict seigneur de Montmorancy sera supplié, au nom desdictz Estatz, voulloir, pour les susdictes considérations, renouveller ladicte ordonnance, avec plus expresses inhibitions et deffance ausdictes parties de rien attampter ny innover au préjudice d'icelles ; néantmoings, pour favoriser d'avantaige la requeste desdictz Estatz, que mondict seigneur de Mende sera supplié d'y joindre sa prière et recommandation envers sadicte Grandeur.

Sur les requestes présentées par les habitans des lieux de Vabres, Saint-Juéry, Requoles et aultres, tendantes à ce qu'il pleust aux Estatz pourveoir à la réparation des pontz desdictz lieux, pour le bien du publicq et la conservation et commodité du commerce, attandu le mauvais estat desdictz pontz qui menacent une entière ruyne, pour n'y avoir esté faicte aucune réparation depuis ung fort longtemps, à cause des guerres qui ont eu cours en ce royaulme. Après que lecture a esté faicte desdictes requestes et des délibérations prizes ez précédantes assamblées desdictz Estatz et mesmes en l'année dernière sur ce subject ; a esté conclud et arresté que lesdictes délibérations seront suyvies et entièrement effectuées selon leur forme et teneur, conformément aux réglements faictz par les Estatz généraulx de la province de Languedoc, touchant la réparation des pontz.

Veu par ladicte assamblée la requeste présentée par les habitans de la ville de La Canorgue, pour estre desdommagés, par le païs, du logement par eulx faict de quarante-cinq maistres de la compaignie de Mgr le duc de Vantadour, conduictz par le sieur Dalijon, enseigne de ladicte compaignie, qui passèrent en ce diocèse au mois d'octobre dernier ; ayant logé en ladicte ville de La Canorgue le 21 dudict mois, durant ung jour et une nuict. Le sieur consul de la ville de Chirac ayant faict semblable réquisition pour pareil logement et le sieur de Fumel, scindicq dudict diocèse, ayant esté ouy, qui a dict estre choze certaine et véritable que, par ordonnance de mondict seigneur de Vantadour, ladicte compaignie ayant commandement de passer par ce païs, ledict scindicq se seroit acheminé vers elle à l'entrée d'icelluy, pour penser luy faire prandre ung autre chemin ; mais ayant trouvé qu'elle estoit desjà logée au lieu d'Auroux, avec résolution de passer dans ledict diocèse, suivant l'ordre donné par mondict seigneur ; tout ce qu'il auroit peu obtenir du sieur de La Forest, conduisant ladicte compaignie, auroit esté de la faire marcher le plus diligemment qu'il seroit possible et passer à travers dudict païs pour le soulagement d'icelluy, sans y faire des logements que le moings qui se pourroit. Le premier desquelz, apprès ledict lieu d'Auroux, auroit esté à La Villedieu ; le second audict Chirac, et le dernier en ladicte ville de La Canorgue. A esté délibéré, conclud et arresté que les roolles et estatz des fraiz et despances souffertz par les susdictz lieux, à cause du logement de ladicte compaignie, seront veuz, vérifiez et arrestés par MM. les commissaires, scindicq et depputez dudict païs, et par eulx mesmes proveu au paiement et ramboursement desdictz lieux, sur les deniers qui restent à lever des impositions faictes audict diocèse, au mois de mars et d'avril 1617, de la somme de 30,000 livres, d'une part, et 25,000 livres d'aultre, pour s'opposer aux trouppes des sieurs d'Assas et Dondredieu, et réduire en l'obéissance du Roy, la place de Grèze, qui avoit esté occuppée par ledict sieur Dondredieu, si tant est qu'il se trouve du fondz ez dictes impositions pour faire ledict remboursement.

Sur la requeste présentée par noble Jean Bilhères, et par luy-mesmes verballement faicte à ladicte assamblée, à ce qu'en considération des blessures par luy receues de deux mousquetades en l'atacque faicte par M. le marquis de Portes contre les ennemis du Roy et du païs, qui estoient logés au lieu du Buysson, lors de la surprise, faicte par le sieur Dondredieu, de la place de Grèze, il pleust aux Estatz luy accorder certaine somme de deniers pour luy ayder à paier les médecins et chirurgiens qui l'ont pansé et médicaments ; eu esgard mesmes que desdictes blessures il en demeure estropié d'ung bras pour toute sa vye ; a esté délibéré et conclud. que pour aulcunement le récompenser des despans par luy souffertz, à cause de ladicte blessure, les Estatz luy ont accordé la somme de 300 livres.

M. Anthoine Constans, notaire royal et depputé de la ville de Saint-Chély-d'Apcher, a remonstré, au nom des hoirs de feu M° Estienne Bastide, qu'ayant esté ledict sieur Bastide cy-devant commis à la recette des tailles de ce diocèse, en l'année 1604, M. Philip Marimond, de Pézénas, prétendant luy estre deub, sur les deniers de ladicte recette, la somme de 2,100 livres, auroit mis en instance ledict Bastide en la Cour des Aydes à Montpellier et obtenu arrest de condempnation en icelle contre luy de ladicte somme, avec despans et interestz. Et d'aultant que ledict diocèse doict relever lesdictz hoirs, tant de ladicte somme principalle que desdictz despans et interestz jugés et à juger, il a requis et supplié ladicte assamblée y pourveoir au soulagement et descharge des pauvres enfans orphelins dudict Bastide, ayant mesmes esgard aux bons et utiles services, par ledict Bastide, randuz au païs durant plusieurs années en l'exercice de sa charge. Sur quoy, après avoir délibéré, a esté conclud, attandu la somme notable dont il s'agist, qui mérite une exacte recherche de la cause et nature du prétandu debte, que cest affaire est renvoyé par l'assamblée à MM. les commissaires, scindicq et depputez dudict païs, pour en faire la vérification qu'il convient et scavoir si ladicte somme est légitimement deue ausdictz hoirs, pour après, en ce cas, leur estre proveu par le païs ainsy qu'il appartiendra par raison.

Du seizième jour dudict mois de may, du matin.

M. le président a représenté avoir esté adverty par le sieur de Vesins, comme le sieur de Borran a esté naguières arresté et est de présent dettenu dans le château de Malevielle, sans luy voulloir permettre d'en sortir;

à cause de quoy, tant ledict sieur de Vezins que aultres gentilhommes des amis dudict sieur de Borran, travaillent pour assembler des gens de guerre, pour, à main armée et par la force, retirer et mettre en liberté ledict sieur de Borran, puisque avec violence et sans forme de justice, comme ils présupozent, ceste procédure a esté faicte. Et daultant que cest affaire saigrissant davantaiges, il est à craindre en oultre plusieurs inconvenians qui en peuvent arriver, que le pauvre peuple dudict diocèse, mesmes des environs dudict lieu n'en souffre de la foulle et oppression par le moyen de gens de guerre que lesdictz gentilhommes y conduiront; ledict seigneur président a prié et exhorte l'assemblée d'advizer aux expédiens dy pourveoir, avant que les choses passent plus avant. Et à l'instant mesmes estant arrivé à ladicte assemblée le sieur Malles, qui a rapporté comme le jour d'hier, sur l'advis qui fust donné, de ladicte détention dudict sieur de Borran, à Monseigneur de Mende, il l'auroit envoyé incontinant audict lieu de Malavieille, pour en apprendre le subject et le faire entendre aux Estatz, affin dy apporter le remède qu'ilz adviseroient plus à propos, pour coupper chemin aux désordres qu'aultrement en pourroient arriver, tellement que s'estant, ledict sieur Malles, enquis audict lieu de Malavieille de la cauze de ladicte détention, lui auroit esté respondu que en faisant par ledict sieur de Borran venir audict lieu de Malavieille le filz du feu sieur de Malavieille, qu'il détient en sa maison, il sera incontinant après, mis en liberté; ce qu'il n'a voullu manquer de venir rapporter a ladicte assemblée, suivant le commandement de mondict seigneur. Surquoy, après que de Canoy, commissaire principal et MM. les barons du Tournel et de Morangiers, qui avoient esté priez conférer avec ledict sieur de Vesins, de la part de l'assamblée, pour le dissuader de faire aucune levée de gens de guerre, ont rapporté, par la bouche dudict sieur du Tournel, que ledict sieur de Vesins, leur avoit donné parolle de se conformer à l'intention desdictz Estatz, sur l'assurance qu'il prend qu'ilz pourvoiront promptement à l'eslargissement dudict sieur de Borran ; n'estant raisonnable qu'il demeure ainsy arresté sans légitime cause et sans forme ny autorité de justice ; a esté advisé et conclud de prier MM. de la Fouillouze, envoyé de M. le baron de Randon ; de Lasbros, envoyé de M. d'Arpajon et le consul de la ville de Mende, de s'acheminer, de la part desdictz Estatz, vers la demoiselle de Malavieille, pour savoir d'elle, au vray, la cauze de la détention dudict sieur de Borran, et néaultmoings la prier, au nom de l'assemblée, de le faire eslargir et mettre en liberté pour couper chemin au désordre et inconvénians qui en pourroient aultrement arriver, oultre la foulle et oppression du pauvre peuple, en cas que à son refus les amys dudict de Borran viendraient à faire levée de gens de guerre et les mener, en ce diocèse, pour retirer ledict sieur de Borran, par force dudict lieu de Malavieille, sauf à ladicte demoiselle à se pourveoir, comme elle doibt, par les voyes ordinaires de la justice qui luy sont ouvertes, si bon luy semble.

Ledict sieur de Fumel, scindicq dudict diocèse, a exposé que le jourd'hier, par délibération de l'assemblée, fut arresté qu'à faulte que les fermiers de l'équivalant ne se présenteroient et caultionneroient suffizemment par le jour, qu'elle seroit mize sur eulx à la folle enchère, et qu'à cest effect, les proclamations en seront faictes aux lieux accoustumez, neaultmoings, daultant que ce matin, le sieur Desbros luy a faict voir une procuration que le sieur de Seguin, son père, luy a passée pour caultionner ladicte ferme, il a requis l'assamblée y pourveoir ; sur quoy ledict sieur Desbros, illec présent, ayant exhibé ladicte procuration et attandu l'absence des fermiers, supplie lesdictz Estatz luy donner dellay pour les faire venir et bailler nominateurs ; a esté délibéré et concluJ, après avoir esté faicte lecture de ladicte procuration que, par le jour, ledict sieur de las Bros caultionnera et baillera nominateur suffizans et capables pour ledict droict de l'équivallent, aultrement à faulte de ce faire, sera publié et mis à la folle enchère, pour estre délivré à celluy qui fera la condition meilleure en cautionnant suffizemment.

Le sieur Jalquet, 1ᵉʳ consul de la ville de Maruejolz, a dict que le jourd'hier n'ayant eu moïen de donner son oppinion et advis sur la présentation et enregistrement des provisions de M. le marquis de Portes, touchant le gouvernement de ce païs, pour n'avoir peu assambler le conseil de ladicte ville, affin de scavoir sur ce la résolution des habitans dicelle, tant catholiques que de la religion prétendue réformée ; c'est pourquoi, en ayant faict faire ce jourd'huy l'assamblée et en icelle ayant esté arresté par lesdictz catholiques qu'ilz se conforment à ce que par les Estatz a esté résolu sur ce suject, il en a voulu faire la déclaration à la compaignie. Mais pour le regard desdictz de la Religion prétendue réformée, il n'a charge d'y prester aulcung consentement pour les raisons contenues en l'acte du résultat du Conseil desdictz habitans, dont ledict sieur consul a remis l'extraict.

Sur quoy a esté advisé que ledict acte demeurera devers le greffe du païs, pour servir en ce qu'il appartiendra.

Et sur la plaincte faicte par ledict sieur consul, de plusieurs désordres que les soldatz de la garnison de Greze, commettant journellement, tant contre les habitans de ladicte ville de Maruejolz que des lieux circonvoisins; requérant qu'il pleust aux Estatz y pourveoir; a esté promis et asseuré par M. de Canoy, commissaire principal de l'assiette dudict diocèse de Mende, la présente année et ayant pouvoir et auctorité de la part de M. le marquis de Portes sur ladicte garnison, que devant que partir de ce païs, il y pourvoira au contentement de la compaignie.

M. de Canoy, commissaire principal de l'assiette dudict diocèse, a propozé que par délibération desdictz Estatz, ayant esté M. le marquis de Portes, receu gouverneur de ce païs, suivant les provisions qu'il a obteneu de sa majesté, il est raisonnable de pourveoir à son estat ainsy qu'est accoustumé à tous gouverneurs. Et daultant que l'année dernière lui fut accordé la somme de 6,000 livres, il requiert l'assemblée luy accorder pareille somme pour l'année présente, pour estre impozée en ceste présente assiette. Sur quoy M. le président, ayant remonstré, veu que l'assemblée a receu M. le marquis de Portes pour gouverner en ce païs, conformément à ses provisions, sans toutesfois déroger aux droictz et priviléges tant de Mgr de Mende que de la ville de Mende et du païs de Gévaudan, il semble estre raisonnable, pour lui donner plus de subject de conserver ledict païs contre tous ceux que vouldroient entreprendre de troubler le repos publicq dicelluy, qu'il lui doibt estre accordé pour son dict estat, et gratifications, telle somme qui sera advisé pour estre imposée en ceste assiette et paiée audict seigneur gouverneur, aux termes d'icelle. A esté conclud que l'asssamblée a accordé libéralement audict seigneur gouverneur, pour son estat, l'année présente, la somme de 4,000 livres tournois, laquelle sera impozée en ceste assiette par MM. les commissaires d'icelle qui en seront, en ceste fin, requis par le scindicq dudict païs au nom desdictz Estatz, à la charge d'estre rellevez de tous fraiz et despans qu'ilz pourroient souffrir, à raison de ce, et que ledict scindicq, au nom et fraiz dudict païs, poursuivra la validation de ladicte imposition, partout ou besoing sera. Incontinant après laquelle conclusion, l'envoyé de M le baron de Canillac, le consul de Florac, les procureurs de Barre, de Saint Estienne-de-Valfrancisque et de la viguerie de Portes, ont protesté qu'ilz n'entendent entrer en ceste gratification et ny prestent aulcung consentement, attandu qu'ilz sont opposans sur les provisions et réception dudict sieur gouverneur ; requérant leur dire estre escript, pour en faire apparoir en temps et lieu. Et M le premier consul de la ville de Maruejolz a dict aussi qu'il a opiné selon les termes de la délibération de sa communalté, prinse sur ce subject et arresté au contenu de ladicte délibération, consantant, suyvant icelle, à ladicte gratification, pour le regard des catholiques dudict Maruejolz seullement.

S'estant présenté à l'assemblée le sieur trésorier Portallés, comme receveur de M. Pierre Pourtalés, son cousin, ayant droict des hoirs de feu M. Olivier Sévérac, receveur électif dudict diocèse, ez années 1593 et 1594, a remonstré que, par arrest de la Cour des Aydes de

Montpellier, ledict diocèse ayant esté condempné de payer ausdictz hoirs, la somme de 11,095 livres, il se seroit retiré au Roy et à nos seigneurs de son Conseil d'Estat, affin d'avoir permission de faire impozer ladicte partie sur le général dudict diocèse, pour après luy estre paiée en l'acquit d'icelluy. Et daultant que ladicte permission a été accordée, tant par arrest du Conseil que par lettres patantes de sa majesté, qu'il a en main et qui par icelles est mandé, aux commissaires de l'assiéte dudict diocèse, de procéder à l'imposition et département de ladicte somme à l'effect susdict, il supplie les Estatz, ordonner au scindicq, de requérir lesdictz sieurs commissaires, de satisfaire au contenu desdictes lettres, si mieulx lesdictz Estatz n'ayment qu'il en fasse luy mesme la réquisition. Sur quoy, après avoir esté faicte lecture desdictz arrest et lettres pattantes et que par le sieur de Fumel, syndic dudict diocèse, a esté représenté que, bien qu'en apparence et selon le discours dudict sieur Portalés, il semble que la somme par luy demandée, soit légitimement deue; néaultmoings, il se rencontrent plusieurs difficultez et raisons pour débattre ses prétansions, car premièrement, pour l'arrest par luy obtenu au Conseil du Roy, pour faire imposer ladicte partie, cela ne lui attribue aucun droict, attandu qu'il a esté donné sur une simple requeste et sans cognoissance de cauze, le païs non ouy, et quant à l'arrest de la Cour des Aydes, il a esté obtenu par surprise sur une nouvelle production faicte par ledict sieur Portallés, au nom desdictz hoirs dudict Sévérac; laquelle n'a esté contredicte par ledict païs, l'advocat ny le procureur d'icelluy n'ayant jamais eu moyen d'en avoir communication, quelques réquisitions et diligence qu'ilz en ayent faictes;

d'ailleurs quand les susdictz arrestz seroient bien obtenuz, lesdictz hoirs se trouveroient débiteurs envers ledict païs de plusieurs notables sommes, tant par la fin du dernier compte rendu à la Chambre, quoyque au desceu dudict scindicq que par faulte d'appurer les comptes procédens de plusieurs parties passées en la despance d'iceulx soubz debet de quictance, à faulte de rapporter lesquelles il ne se peult esviter que lesdictes parties ne tombent en debet de clair, au profict dudict païs, se trouveront encores débiteurs, envers icelluy, lesdictz hoirs de plusieurs aultres sommes qu'ilz ont levées sur plusieurs parroisses dépendans des baronnies d'Apcher et de Peyre, bien qu'elles eussent esté passées en la despance et reprise des comptes dudict Sévérac, comme se vérifie par lesdictz comptes et les quictances que ledict scindicq a prins peines de recouvrer desdictes paroisses. Davantaige sont débiteurs lesdictz hoirs, audict païs, d'aultres sommes que ledict païs leur auroit paiées pour ramplacement de plusieurs quottitez des paroisses des Cévennes qui avoient esté trouvées en souffrance par la Cour des Aydes, sur le procès d'appel, rellevé par lesdictes Cévennes, des impositions extraordinaires des années dudict Sévérac ; lesquelles quottitez ledict Sévérac ou sesdictz hoirs n'auroient laissé de lever, en ayant à cest effect obtenu le restablissement de ladicte Cour, au nom dudict scindicq et à son desceu, et par ainsy lesdictz hoirs se trouvant paiez deux fois d'une mesme choze et par conséquent débiteurs envers ledict païs d'une notable somme, ilz n'en peuvent, en tous cas, em pescher la compensation avec leur demande ou dudict Portalés ; laquelle faicte, ledict scindicq n'estime pas qu'il soit rien deub ausdictz hoirs. Au moyen de quoy il ne voit pas qu'il y ait lieu, avant la licquidation desdictes chozes, de procéder à aucune imposition ainsi qu'il fsust arresté aux derniers Estatz, tenuz en la ville de Mende ; s'en remettant toutesfois à ce qu'il plaira à l'assemblée d'en délibérer, après avoir considéré les raisons par luy représentées. A esté conclud que MM. les commissaires de l'assiette seront requis, au nom de l'assamblée, de parler audict sieur trésorier Portalés, pour le disposer à se contenter de l'imposition de 4,000 livres, en déduction de ce qui luy peult estre deub. Et en cas qu'il ne vouldroit s'y accorder, lesdictz sieurs commissaires sont requis impozer, en la présente assiette, la somme de 6,000 livres, à condition que ladicte somme ne pourra estre paiée audict Portalés ny aultre, qu'au préalable il n'aye faict appurer lesdictz comptes et que toutes les licquidarie et compensation raisonnables sur les réquisitions dudict scindicq n'ayent esté faictes avec ledict sieur Portalés, pardevant MM. les commissaires et députez dudict païs, ausquelz lesdictz Estatz en ont donné et donnent plain pouvoir, et d'en passer, avec ledict sieur Portalés, tous contractz d'accord et transaction requis et nécessaires. Et en cas que par ladicte licquidation ne se trouvast qu'il fut deub audict sieur Portalés, au susdict nom, jusques à concurrance de ladicte somme de 6,000 livres, en ce cas qu'il se trouvera moings deub d'icelle, demeurera en fondz audict païs pour estre emploiée aux affaires plus urgens d'icelluy et que les susdictes conditions seront spécifiées en l'article de l'assiette de ladicte partie, à ce que ledict receveur n'en puisse faire le paiement qu'après luy avoir apparu vallablement d'avoir esté satisfaict ausdictes conditions, à peine de répétition sur luy.

Sur ce que le sieur de Fumel, scindicq dudict diocèse,

a représenté que le sieur de La Condamine, commandant pour le service du Roy, au château de Peyre, luy a baillé une ordonnance de Mgr le duc de Montmorancy, gouverneur et lieutenant général pour Sa Majesté en Languedoc, du 20 janvier 1616, par laquelle est enjoinct audict sieur de La Condamine, d'entretenir vingt soldatz et un sergent dans ledict château de Peyre, pour la conservation d'icelluy en l'obéyssance de Sa Majesté, à la charge d'estre paié et remboursé dudict entrettenement par le général de ladicte province de Languedoc ou dudict diocèse; suyvant laquelle ordonnance ledict sieur de La Condamine dict avoir entrettenu et payé à ses despans lesdictz vingt soldatz et ung sergent, selon les occurrances et mesmes durant les mois de mars et d'avril 1617, lorsque les trouppes des sieurs Dondredieu et Dassas estoient en ce païs, comme il fera voir par les roolles des monstres et reveues faictes pardevant le sieur Aldin, juge en la baronnie de Peyre et aultres officiers en icelle. Et d'aultant qu'il dict n'en avoir esté remboursé par le général de ladicte province, il requiert qu'il plaise à l'assamblée y pourveoir. Et sur ce ayant esté mis en considération par icelle que ores ledict diocèse ne soit tenu au paiement de la garnison dudict chasteau de Peyre, non plus que d'anciens aultres de ce pays, toutesfois, pour satisfaire aux ordonnances de mondict seigneur de Montmorancy, ledict diocèse auroit contribué à l'entrettenement de ladicte garnison de la somme de 2,200 livres, depuis les deux années dernières, oultre aultres sommes payées audict sieur de La Condamine. Pour ces raisons et aultres qui ont esté desduictes en ladicte assamblée, a esté conclud n'y avoir lieu d'entrer audict prétandu remboursement. Et néaultmoings, pour gratifier ledict sieur de La Condamine, lesdictz Estatz luy ont accordé la somme de 300 livres pour luy estre paiée par le receveur dudict diocèse la présente année.

Dudict jour seitzième may, en ladicte assamblée,
de rellevée.

MM. les commissaires de l'assiette, estant venuz à l'assamblée, ont faict rapport, par l'organe de M. de Canoy, commissaire principal, comme suyvant l'intention des Estatz, portée par la délibération prinze le jour d'hier, ilz auroient longuement parlé à M. le trésorier Portalés, pour le disposer à se contenter de l'imposition de 4,000 livres pour ceste année, aux conditions réservées par ladicte délibération, notamment de ne toucher ladicte partie qu'après une entière licquidation de ses demandes, au nom des hoirs de feu M. Olivier Sévérac, avec les prétentions du païs contre eulx ; mais n'ayant voulu accepter cest offre, ilz se seroient eslargis jusques à 6,000 livres, conformément à ladicte délibération ; ce qu'il auroit pareillement refuzé, s'estant néaulmoings réservé d'en parler luy mesmes à la compaignie. A laquelle, s'estant à l'instant présenté, il l'a priée de considérer s'il y a lieu ny apparance qu'il se doibve contenter de l'imposition d'une portion de son debte, en ceste présente assiette, attandu le pouvoir et mandement qu'est donné ausdictz sieurs commissaires par lesdictz arrestz et Lettres pattantes qu'il a en main, d'asseoir et imposer présentement l'entière somme de 11,000 livres ; et bien que ce soit choze que ne reçoive aulcune difficulté, néaultmoings, pour s'accommoder aux intentions du païs, offre de ne toucher les deniers qu'après l'apurement des comptes dudict Sévérac et entière licquidation de ses prétentions en la qualité qu'il procède avec celles dudict sieur scindicq, pourveu qu'elle se face dans huict jours prochains, pendant lesquelz il promect de s'arrester, à cest effect, en ce diocèse, et que ladicte assamblée députe présentement telles personnes qu'il luy plaira, pour y mectre la main incontinant; soubz condition aussi que ladicte licquidation faicte, ladicte somme de 11,000 livres, se trouvant luy estre deue, sera impozée en la présente assiette, pour luy estre paiée aux termes d'icelle ou bien telle aultre somme que ledict païs pourra debvoir par ladicte licquidation. Sur quoy ledict sieur Portalés, estant sorty, et l'affaire mis en délibération, après avoir esté représenté par ledict scindicq que, sur l'incertitude de ce qui peult estre deub audict sieur Portalés, il y a lieu de faire imposer ladicte somme de 6,000 livres ny aultre, qu'après ladicte licquidation, à laquelle il faut tousjours venir, soit en ceste année ou une aultre ; a esté conclud et arresté que, par MM. les commis et députez dudict païs, à l'assistance dudict sieur scindicq, sera procédé à la vérification et licquidation de toutes les demandes et prétentions dudict sieur Portalés, audict nom, et par mesme moyen, seront par eulx faictes toutes compensations justes et raisonnables pour l'atténuation et paiement de ce qui se trouvera luy estre légitimement deub par ledict païs, au plus grand soulagement et descharge d'icelluy, que faire se pourra ; leur donnant, lesdictz Estatz, pouvoir de ce faire et de passer tous contractz d'accord et transaction avec ledict sieur Portalés, sur ce requis et nécessaires. Et lesdictes liquidations et compensations ainsy que dessus faictes et accordées, la somme qui se trouvera nettement deue audict sieur Portalés, sera entièrement impozée en la présente assiette, pour luy estre payée par le receveur dudict diocèse, aux termes et conditions qui auront esté convenues et accordées entre lesdictz sieurs commissaires et depputez et luy, qui ayant esté rappellé en ladicte assamblée, et entendu ladicte délibération, a déclairé y voulloir acquiescer et satisfaire de sa part.

Le sieur Armand, prévost, en ce diocèse, de M. le prévost général de Languedoc, s'estant présenté à l'assamblée, a remonstré comme sur la nomination faicte de sa personne en ladicte charge de lieutenant dudict prévost général par les Estatz particuliers du païs de Gévaudan et diocèse susdict, et suyvant les arrestz du Conseil du Roy, il auroit naguières obtenu commission de Sa Majesté pour l'exécution de ladicte charge dans ledict diocèse et païs, aux honneurs, privilléges, prérogatives, pouvoir, pensions, gaiges et droictz à ladicte charge appartenant, comme plus amplement est porté par ladicte commission que ledict sieur Armand a présenté ; requérant qu'il pleust à l'assamblée, d'en faire faire lecture et en ordonner l'enregistrement au greffe du païs et par mesme moyen pourveoir au paiement de ses gaiges, ensemble du greffier et de ses archers, ainsy qu'ilz ont accoustumé. Néaultmoings, attandu que durant l'année il a esté constrainct faire plusieurs chevauchées extraordinaires, en l'exercice de sadicte charge, comme résulte de ses verbaulx, qu'il a exhibez, et à cest effect souffert plusieurs fraiz et despens non accoustumés, sans que pour iceulx luy ayt esté faicte aucune taxation, attandu aussi que lesdictz gaiges ordinaires ne peuvent suffire à son entretenement et de deux chevaulx que luy convient tousjours avoir avec luy, il pleust aussi ausdictz Estatz luy accorder, oultre lesdictz gaiges, telle aultre somme qu'ilz jugeront raisonable, pour luy donner plus de moyen de s'entrettenir et s'acquitter deuement de sadicte charge. Sur quoy après avoir esté faicte lecture de ladicte commission, a esté conclud et arresté qu'elle sera enregistrée ez registres dudict païs, pour, par ledict sieur Armand, exercer ladicte charge aux honneurs, gaiges et droictz y appartenans, conformément à ladicte commission et à la délibération desdictz Estatz, contenant ladicte nomination et aultres précédentes délibérations concernant ladicte charge et soubz les conditions y mentionnées, ausquelles ledict sieur Armand sera tenu de satisfaire ; ayant, moyennant ce, lesdictz Estatz consenty et accordé que lesdictes sommes à quoy reviennent lesdictz gaiges dudict sieur Armand, ensamble dudict greffier et archers seront imposées en la présente assiette, au mesme pied que l'année dernière, pour leur estre paiées par quartier, en la forme accoustumée. Et quant aux taxations requises par ledict sieur Armand, pour ses chevauchées extraordinaires, attandu que cela gist en connoissance de cause, auroient esté renvoyez à MM. les commissaires, scindicq et depputez dudict païs pour y pourveoir, selon qu'ilz verront estre affaire par raison.

Sur ce que ledict sieur Armand, lieutenant, audict diocèse, de M. le prévost général de Languedoc, a remonstré que par Lettres pattantes du Roy deuement vériffiées en la Cour de Parlement de Tholoze, enregistrées au siége présidial de Nismes, la cognoissance et jugement des compétances et incompétances ou déclinatoires dudict prévost, proposées par les accuzés et prévenuz des crimes qui sont de sa jurisdiction, ayant esté attribuée aux officiers du bailliaige de Gévaudan, avec l'assistance du nombre des graduez, porté par lesdictes

Lettres pattantes, il auroit, depuis seize ans qu'il est en charge, randu plusieurs jugements, avec l'assistance et advis desdictz officiers et graduez, portant condempnation de mort et aultres peines corporelles, dont l'exécution se seroit ensuivie, sans contredict, suyvant lesdictes Lettres pattantes. Et bien que les officiers du siége présidial ne puissent ny doibvent, au préjudice de la susdicte attribution, prétendre aulcune jurisdiction ny coynoissance sur le faict des criminelz par luy jugés en la manière que dessus, si estant que ung nommé Thomas Carrieu, pour penser randre illusoire la condempnation de mort naguières donnée, par ledict lieutenant de prévost, contre luy par deffaultz, pour crime de faulsseté, dont il est prévenu, s'estant retiré audict siége présidial, il en auroit obtenu plusieurs constrainctes et jugements, portant condempnation d'amendes et de despans et constraincte par corps, tant contre luy que contre le greffier de la prévosté ou son substitut, à faulte de remettre, au greffe dudict siége, la procédure par luy faicte, tant contre ledict Carrieu que aultres semblables qui font tout ce qu'ilz peuvent pour faire mectre à exécution lesdictes constrainctes par corps, pour avoir paiement desdictes amandes, choze préjudiciable et de pernicieuse conséquence au publicq, pour l'impunité que telles gens mal vivans se promettent par le moyen de ses traverses et empeschement recherchez au détriment des gens de bien. Ce qui auroit donné juste subject, audict sieur Armand, de recourir à ladicte Cour de parlement pour obtenir cassation desdictes constrainctes et condempnations avec fortification d'inhibitions ausdictz présidiaulx ; requérant, attandu que l'affaire importe au bien et repos publicq dudict diocèse, qu'il pleust à l'assamblée ordonner au scindicq d'icelluy, de prendre le faict et cauze et poursuivre, au nom et despans dudict diocèse, l'instance qui en est pendante en ladicte Cour de parlement. Néaulmoings, d'aultant que suyvant la délibération prise aux Estatz dudict païs le 19 janvier 1605, il a faict plusieurs fournitures, pour la poursuitte de quelques faulsaires, affin de tirer les preuves nécessaires à les faire condampner à la punition que requiert ung si pernicieux crime. Auroit pareillement requis ladicte assamblée, voulloir pourvcoir à son ramboursement et délibérer sur la continuation de la poursuite contre lesdictz faulsaires, comme chose très-utille et nécessaire pour le bien, repos et soulagement des habitans dudict païs. Ouy sur ce le sieur de Fumel, scindicq, qui a déclaré avoir desjà prins la cauze audict Parlement pour ledict prévost et griefz contre ledict Carrieu, lesdictz officiers présidiaulx et faict lecture, tant de ladicte délibération, du 19 janvier 1605, contre les faulssaires, que d'aultres délibérations desdictz Estatz, du 12 janvier 1611, touchant semblables constrainctes ordonnées, par lesdictz présidiaulx, contre ledict prévost et greffier ; a esté conclud et arresté, conformément ausdictes délibérations, que lesdictz faulsaires seront poursuivis, au nom et fraiz communs dudict pais, pour le regard desdictes condempnation d'amandes et constrainctes, que ledict scindicq prendra le faict et cauze pour ledict prévost et greffier ou son substitut et faira toutes poursuittes requizes et nécessaires au mesme nom et fraiz desdictz païs, pour faire casser et révocquer, par ladicte Cour de parlement, icelles condempnations et constrainctes, avec inhibitions ausdictz présidiaulx, de plus en ordonner à l'advenir en cas semblables. Néantmoings que ledict païs rellevera ledict prévost et greffier de tous despans, domaiges et interestz par eulz souffertz ou qu'ilz pourroient souffrir pour ce regard à l'advenir, attandu que c'est pour le bien de la justice et pour le repos et soulagement desdictz habitans dudict païs. Et quant à la taxe demandée, par ledict prévost, des fraiz jà par luy faictz à la poursuitte desdictz faulssaires, ladicte assamblée l'a renvoyé à MM. les commissaires et députez dudict païs à l'assistance dudict scindicq.

Sur la requeste verballement faicte ausdictz Estatz par le Père Borre, gardien du couvent des Jacobins, et par les religieux des Augustins de la ville de Maruejolz, à ce qu'il pleust ausdictz Estatz pourveoir au payement de la somme de 100 livres, au profict desdictz Jacobins, et 200 livres pour lesdictz Augustins, qui leur furent respectivement accordez par lesdictz Estatz, en l'année 1614, pour estre emploiées à la réédification de partie de leurs couventz ruinez par l'injure des guerres. A esté conclud et arresté que MM. les commissaires de l'assiette dudict diocèse seront requis, de la part de l'assamblée, de comprandre et départir, en l'assiette de ceste année, lesdictes deux sommes pour estre, par le receveur dudict diocèse, levées et après paiées au scindicq des habitans catholiques dudict Maruejolz, qui sera tenu icelles distribuer en présence dudict gardien et aultres religieux aux ouvriers qui feront lesdictes réparations et à mesure qu'ilz y travailleront et à proportion de ce que revient à chascun des supplians, sellon les sommes à eulx diversement accordées, à la charge que le païs relèvera lesdictz sieurs commissaires, conformément aux précédentes délibérations, attandu que c'est ung œuvre de piété.

Les sieurs consulz de Florac, Barre, Saint-Estienne-de-Valfrancisque et de la viguerie de Portes, au quartier

des Cévennes, ont remonstré que pour le soulagement
des communaultés du quartier et archiprétés desdictes
Cévennes et pour les rellever des fraiz et despans qu'il
leur convient faire pour porter, en la ville de Mende, les
deniers de leurs quottités des tailles, chascune année, ilz
désireroient que le receveur desdictes tailles, establit
ung commis ausdictes Cévennes, pour prandre et recevoir, sur les lieux, les deniers de chascun desdictz collecteurs et iceulx remettre par après ez mains dudict receveur ; requérans qu'il y feust advisé et pourveu par
lesdictz Estatz. Sur quoy, ouy M° Jehan Roux, commis
par MM. les trésoriers généraulx de France à faire la recette desdictes tailles, la présante année, qui a dict qu'il
ne peult ny ne doibt tenir aulcun commis audict quartier
des Cévennes et que c'est contre l'ordre et réglement des
finances et l'usage et coustumes dudict diocèse et païs,
estant les habitants d'icelluy ou les collecteurs de chascune paroisse tenuz porter les deniers desdictes tailles à
leurs fraiz et despans et à leur risque, au bureau ordinaire d'icelles de tout temps estably en la ville de Mende,
cappitalle dudict païs. Néaultmoings, a déclairé n'entendre empescher que lesdictz consulz nomment ung
personnaige suffizant et capable pour faire ladicte levée
à leurs fraiz et despans et sans aucune diminution de ses
gaiges et droictz, auquel à cest effect il délivrera l'estat
des quottitez des parroisses dudict quartier des Cévennes,
après toutesfois qu'il luy aura baillé bonnes et suffizantes
cautions resseantes et solvables dans ladicte ville de
Mende, qui s'obligeront de porter ou faire porter, en ses
mains, dans ladicte ville, à chascun terme, les deniers
desdictes quottitez quictement et nettement, sans aulcune

diminution, soit pour reprinzes ou pour gaiges, taxations, fraiz, voiture ny aultre choze quelconque, offrant moyennant lesdictes conditions et aultres contenues aux articles accordez entre les scindicqz généraulx de la province de Languedoc et les receveurs particuliers des diocèses d'icelluy de délivrer lesdictz estatz à celluy qui sera choisy par lesdictz consulz. Lesquelz à l'instant ont nommé Me Simond Pauc, dudict lieu de Saint-Estienne-de-Valfrancisque, illec présent, qui a déclairé qu'il acceptoit ladicte charge, aux conditions propozées par ledict sieur Roux, attandu lesquelz consantement et déclarations respectivement faictes, l'assamblée a dict n'empescher que ledict sieur Roux ne baille ledict estat, si bon luy samble, audict Pauc, soubz lesdictes conditions, sans toutesfois que le païs puisse estre en aucune façon constitué en fraiz pour ce regard, ny tenu d'aucun péril, risque, diminution ny d'aultre choze, soit envers ledict sieur Roux, lesdictes paroisses et tous aultres.

Sur la requeste présentée par Jeanne Dherbouzes, vefve d'Estienne Blanquet, de Saint-Chély-d'Apcher, à ce que en considération du service randu au Roy et au païs, par sondict mary, en l'attacque faicte par M. le marquis de Portes, aux compaignies des sieurs Dondredieu et Dassas, qui estoient logées et furent deffaictes au lieu du Buisson, où ledict Blanquet fut blessé à mort ; il pleust à l'assamblée accorder à la suppliante quelque somme pour luy ayder à vivre, attandu sa pauvreté ; a esté conclud et arresté qu'il luy est accordé, pour aulmosne et gratification charitable, la somme de soixante livres, pour luy estre paiée des deniers des impositions faictes ez mois de mars et d'avril 1617, pour la réduction, en l'obéyssance de Sa Majesté, de la place de Grèze, si tant est que le fondz de ladicte somme s'y trouve.

Du dix-septième dudict mois de may, en ladicte assamblée, du matin.

S'est présenté le sieur de Lasbros qui a dict avoir en main la procuration dudict sieur de Seguin, son père, pour se randre caultion du pris de la ferme de l'équivalent de ce diocèse, offrant d'y satisfaire présentement ; ayant oultre ce déclaré vouloir bailler pour nominateurs sire Jacques Michel, Pierre Rochier, Jean Vigan, Pol Julien, dict Thalainas, marchant, de Maruejolz, et Pierre Constans, dict La Roche, marchand, de Saint-Sauveur-de-Peyre. Et à l'instant les susnommés estant entrez à ladicte assamblée, ont offert de se randre nominateurs dudict sieur de Seguin et d'en passer les obligations nécessaires. Au moyen de quoy, ledict sieur de Lasbros a requis l'assamblée voulloir procéder à la réception dudict caultionnement et desdictz nominateurs ; ce qu'ayant esté mis en délibération et trouvé par ladicte assamblée ledict caultionnement soubz la nomination susdicte suffizant et capable ; a esté conclud et arresté que ledict cautionnement, soubz ladicte nomination, sera receu, et à cest effect lesdictz Estatz ont prié et subrogé MM. les commissaires de l'assiette, pour procéder à ladicte réception et faire passer pardevant eulx les obligations et submissions en tel cas requizes, nécessaires et accoustumées.

Et sur ce qui a esté expozé par ledict sieur de Lasbros, qu'en l'année dernière, par ordonnance de Mgr de Montmorancy et pour la conservation en l'obéissance du Roy, de la ville de Maruejolz, il auroit, à ses propres coutz et despans, entrettenu une compagnie de gens de guerre, à pied, dans ladicte ville ou aux faulbourgs d'icelle, durant trois ou quatre mois, sans en avoir eu aulcun remboursement ; et qu'oultre ladicte despance, ledict sieur de Seguin, son père, auroit souffert ung notable dommaige, à cause de la ruyne que les trouppes et aultres gens de guerre luy avoient faictes en une sienne mesterie proche de la place de Grèzes, suppliant l'assamblée de pourveoir tant audict ramboursement desdictes despances par luy advancées qu'audict desdomagement de sondict père, n'estant raisonnable que telles pertes tombent sur eulx, puisqu'elles regardent le publicq. A esté délibéré et concluded n'y avoir lieu d'aucune récompense pour lesdictes ruynes, attandu mesme que l'année dernière, le païs auroit pourveu au desdomagement des foulles et ruynes souffertes à cauze desdictz gens de guerre par les habitans de la paroisse de Grèze. Et pour le regard desdictes despenses et entrettenement de ladicte compaignie, bien que le païs n'y soit tenu, néaultmoings, pour gratifier ledict sieur de Lasbros, lesdictz Estatz luy ont accordé la somme de 300 livres, sans conséquence.

Finallement, M. le président a dict que, comme de tout temps, par une saincte et louable coustume, les Estatz se commencent par l'invocation du Sainct Esperit, affin d'obtenir la grâce d'ostre inspirez à des résolutions pieuses pour la conservation de la religion catholique, apostolique et romaine, advancement des affaires et service du Roy, le soulagement et repos du pauvre peuple, et, pour estre maintenuz et demeurer tous ensemble en une parfaite union et concorde, soubz le bénéfice des Edictz de Sa Majesté ; aussi de mesmes est-il de bonne coustume de finir lesdictz Estatz par la bénédiction à ce qu'il plaize à Dieu conserver tousjours les députez desdictz Estatz en son amour et grâce, avec augmentation de sa paix à tout le royaulme. C'est pourquoy, ayant l'assamblée à traitter pour le présent d'aultrès affaires, il a donnné sa bénédiction aux assistans, qui a esté le dernier acte desdictz Estatz qui se sont incontinant apprès séparez.

Signé : A. Chanolhet, vicaire général, président.

1619

Les commissaires de l'assiette. — Réponse de l'évêque au discours du commissaire principal. — Rôle de MM. des Etats. — Différent entre les prétendants à la baronnie de Peyre, au sujet de l'admission de leur envoyé à l'assamblée. — Procuration du consul de Saint-Etienne-de-Vallée-Française rejetée. — M. le marquis de Portes, gouverneur du Gévaudan. — Réponse de l'évêque aux bonnes paroles de ce seigneur. — Surtaux des vivres. — Mesures répressives sollicitées à l'occasion des exactions commises par les receveurs des tailles. — Abus de pouvoir des fermiers de l'équivalent. — Abus reprochés à la Chambre des Comptes et au receveur des gabelles. — Vérification des dettes du pays. — Plaintes des habitants de la baronnie de Peyre, contre le gouverneur du château de ce nom. — Indemnité à Mme d'Arfeuillette. — Gratification pour travaux de réparation au grand chemin près de Saint-Jean-de-Gardonenche. — Ponts à réparer. — Faux monnayeurs. — Le marquis de Portes exhorte l'assemblée à demeurer fidèle au Roi. — Etablissement des Capucins à Mende, gratification de

3,000 *livres pour la construction de leur église et couvent.* — *Requête du consul de Barre.* — *Frais de voyage du dom d'Aubrac.* — *Réquisition au prévôt Armand pour la capture des malfaiteurs.* — *Requête des habitants du Buisson.* — *Aumône aux religieux Mineurs de Brioude.* — *Gratification de 6,000 livres à M. le marquis de Portes.* — *Différent entre le diocèse et M. Portalés.* — *Frais de logement de gens de guerre.* — *Don de 150 livres pour la reconstruction de l'église de Marvejols.* — *Pont de Chirac.* — *Requête des Cévennes au sujet des impositions.* — *Indemnités à MM. des Etats.* — *Sommes dues à M. d'Hauteville.* — *Désignation du baron de tour.* — *Clôture de l'assemblée.*

L'an mil six cens dix-neuf et le jeudy, septiesme jour du mois de mars, environ dix heures du matin, les gens des trois Estatz particuliers du païs de Gévaudan et diocèse de Mende, se sont assemblez en la salle haulte des maisons épiscopalles de la ville de Mende, après avoir, selon leur acienne et louable coustume, ouy la messe de Saint-Esperit, en l'église cathédralle de ladicte ville; en laquelle assamblée estans venuz noble François de La Molette, sieur de Morengiez et de La Garde-Guérin, commissaire principal de l'assiette, la présente année; Guillaume du Mazel, sieur du Pynoul et de Remeize, bailly de Gévaudan; Pierre Brun, bourgeois, 1ᵉʳ consul de ladicte ville de Mende; Estienne Velaie, aussi bourgeois et 2ᵉ consul, et Arnald Sabatier, marchand et tiers consul de ladicte ville, et Mᵉ Jacques Molin, docteur ez droictz et 1ᵉʳ consul de la ville de Maruejolz, commissaires ordinaires de ladicte assiette. Auroit esté dict et représenté par ledict sieur de Morengiez, commissaire principal, que la convocation de la présente assemblée ayant esté faicte en la forme et pour des causes ordinaires et acoustumées, qui est l'exécution des commissions à luy et aux aultres sieurs commissaires adressantes, pour le département des deniers accordez au Roy, par les gens des trois Estatz du païs de Languedoc, il estime n'estre besoing d'employer le temps à faire entendre à la compaignie le subject desdictes commissions, puysqu'il se veoid particulièrement par la teneur d'icelles, moings à la persuader de contribuer ce qu'elle doibt à ladicte exécution pour la cognoissance qu'il a de leur ancien zèle et dévotion au service de Sa Majesté ; seullement a tesmoigné ausdictz Estatz qu'il est de sa part et les aultres sieurs commissaires, disposé de procéder audict département, quand bon leur semblera, avec leur assistance ou de telles personnes d'entre eulx qu'il leur plaira députer, affin que les affaires de Sa Majesté ne demeurent, par ce deffault, aulcunement retardez. Et incontinant après la lecture publiquement faicte, desdictes commissions, en ladicte assamblée, auroit esté représenté par très-révérend père en Dieu, Mʳᵉ Charles, évesque et seigneur de Mende, comte de Gévauden, conseiller de Sa Majesté, en ses conseilz privé et d'Estat, et président en icelle, que lesdictz Estatz et conséquemment le général du païs ont de tout temps rendu des tesmoignaiges si certains et approuvez de leur dévotion et fidélité au bien des affaires et service de sadicte Majesté, que leur persévérance ne peult estre révocquée en doubte en ceste occasion ordinaire et nécessaire au bien de l'Estat ; recougnoissans assez que, sans l'assistance et secours deub, à sadicte Majesté, par ses sujetz, les effectz de la justice, consistant principallement en l'exercice continuel de la récompense et de la peine, demeureroient infailliblement oysifz et le royaume conséquemment désolé, puysqu'il n'y a rien plus véritable que, par le moyen de la justice, les plus grandes monarchies et républiques du monde ont heureusement et longuement prospéré, comme par la privation d'icelle, elles ont couru au précipice de leur totalle ruyne, ainsi que mondict seigneur a clairement monstré par plusieurs authorités et divers exemples, tant des cahiers sacrez que profanes.

Et après le sieur de Fumel, syndic dudict diocèse, a requis, lesdictz sieurs commissaires, de permectre la continuation de la présente assamblée durant quelques jours, ainsi qu'il est acoustumé pour y estre traitté et déliberé des affaires communs dudict diocèse, pour le bien et soulagement du pauvre peuple ; laquelle permission a esté octroyée.

Dudict jour, septième de mars, en ladicte assamblée, de relevée, président mondict seigneur de Mende.

Le roolle des personnelz qui doibvent assistance ausdictz Estatz et les pouvoirs et procurations de leurs envoyez ou députés, ensemble des consulz des villes et communaultez, ont esté leuz en plaine assamblée où se sont trouvez assistans, assavoir, pour l'estat ecclésiastique : M. Mᵉ André de Chanoillet, docteur ez droictz, chanoine en l'églize cathédralle de Mende, official et vicaire général de mondict seigneur de Mende, et envoyé et député ausdictz Estatz, par MM. du Chapitre de ladicte église ; Fr. Pierre Pégorier, docteur en théologie, sacristain d'Aubrac et envoyé de M. d'Aubrac ; M. Mᵉ Pierre Enfruc, docteur ez droictz, chanoine de ladicte église cathédralle et envoyé de M. de Ste Enymie ; M. Mᵉ Anthoine de Chanoillet, aussi docteur et chanoine en ladicte église et envoyé de M. de Lengoigne ; M⁰ Aldebert Aldin, docteur ez droictz, juge et envoyé de M. de Paliers ; M⁰ Jehan de Jehan, docteur et advocat au bailliaige de Gévaudan et envoyé de M. de Saint Jehan. Et pour MM. les barons et estat des nobles : M. le baron du Tournel, en personne ; nobles Anthoine de Jurquet de Lespinasse, sieur de Salelles, envoyé de M. de Céneret, baron du tour, la présente année ; M⁰ Jehan Michel, bâchelier ez droictz, lieutenant en la justice de la baronnie d'Apcher et envoyé de M. le baron d'Apcher ; M⁰ Anthoine Aldin, docteur ez droictz, juge des terres de la baronnie de Peyre, envoyé de M. de Tholet, comme père et légitime administrateur des personnes et biens de damoiselles Marguerite et Jehanne de Tholet, ses filles, et de feu Marguerite de Peyre, sa femme, héritière contractuelle de feu Mʳᵉ Geoffroy-Astorg-Aldebert de Peyre, seigneur et baron dudict lieu, d'une part, et noble Alexandre de Pastorel, envoyé de M. de La Faurie, comme mary de dame Barbe de Combret, dame de ladicte baronnie de Peyre, d'aultre part ; noble Henry de Saint Préject, sieur de La Fouillouse, bailly es terres du Randonnat, envoyé de M. le baron de Randon ; noble N. de Pastorel, bailly de Florac, envoyé de M. le baron dudict Florac ; M. N. Langlade, docteur ez droictz, juge de la ville de Salgues, envoyé de M. le baron de Mercœur ; noble Anthoine Dunuguier, sieur de La Roche, cappitaine du château de Saint-Laurens, envoyé de M. le baron de Canilliac ; noble N. de Retz de Bressolles, sieur de Servières, en personne ; noble Pierre de Rochemeure, sieur de Fraisse, envoyé de M. d'Allenc ; M⁰ Pascal Gaude, bailly des terres de Montauroux et envoyé de

M. de Montauroux ; noble Gabriel de Robert, sieur des Azagatz, envoyé de M. de Saint Auban ; noble Nicolas de Gibertez, sienr d'Aubenas, envoyé de M. de Montrodat ; Me Guillaume Bardon, docteur ez droictz, envoyé de M. de Mirandol ; noble Claude de Brunenc, sieur de la Corniliade, envoyé de M. de Sévérac ; noble Philibert de Tézan de Seras, envoyé de M. de Barre ; Me Adam de Gibrat, docteur ez droictz, envoyé de M. de Gabriac ; noble Jean-Jacques de Columb, envoyé de M. de Portes ; M. André Bayssenc, docteur ez droictz, envoyé de M. d'Arpajon ; Me Claude de Cavata, bâchelier ez droictz, envoyé de MM. les consulz nobles de La Garde Guérin. Et pour le Tiers-Estat : le sieur Pierre Brun, sieur du Breuil, bourgeois et 1er consul de la ville de Mende ; Estienne Velaic, aussi bourgeois, et Arnald Sabatier, marchand, 2e et 3e consulz de ladicte ville ; Me Jacques Molin, docteur ez droictz, 1er consul de la ville de Maruejolz ; Jehan Breuil, marchand et 1er consul de la ville de Chirac ; Gilibert Martin, bourgeois et 1er consul de la ville de La Canourgue ; Me Jehan Raoul, praticien et 1er consul de la ville de Saint-Chély-d'Apcher ; Me Médard Julien, notaire royal et 1er consul de la ville de Salgues ; Me Médard Gibilin, bourgeois et 1er consul de la ville du Malzieu ; Jehan Boniol, bourgeois et 1er consul de la ville de Florac ; Me Tristan Grégoire, notaire royal, député de la ville d'Yspaniac ; Jehan de Pagesy, 1er consul de la ville de Sainte-Enymie ; Jehan Cayroche, consul de Châteauneuf-de-Randon ; Me Pierre Pépin, docteur ez droictz, consul de la ville de Serverette ; David de La Pierre, consul de Saint-Estienne-de-Valfrancisque ; Charles Bonnefille, consul de la ville de Lengoigne ; Pierre Parlier, marchand et consul de Barre ; Claude

Crozet, marchand et syndic de Saint-Auban ; M° Jacques Reversat, notaire et procureur du mandement de Nogaret. Et ont lesdictz assistans presté le serement acoustumé es mains de mondict seigneur le président, qui est de procurer, en tant qu'à eulx est, l'advancement du service de Sa Majesté et le repos et soulagement du païs et ne rien faire au contraire.

Sur le différend intervenu entre noble Alexandre de Pastorel, envoyé de M. de La Faurie, comme mary de dame Barbe de Combret, dame de la baronnie de Peyre, d'une part, et M° Anthoine Aldin, docteur ez droictz, juge des terres de ladicte baronnie, envoyé de M. de Tholet, comme père et légitime administrateur des personnes et biens de damoiselles Marguerite de Peyre, sa femme, héritière contractuelle de feu M. Geoffroy-Astorg-Aldebert de Peyre, seigneur et baron dudict lieu, d'aultre part, pour raison de l'entrée, séance et voix délibérative prétendue par chascun d'eulx, au nom qu'ilz procèdent, en la présente assemblée. Veu la délibération prize sur semblable différend aux Estatz tenuz à Maruejolz, au mois de mars 1616 ; ensemble les arrestz, ordonnances et aultres actes exhibez par les parties, et ouy leurs raisons ; a esté conclud et arresté, conformément à ladicte délibération, que lesdictz envoyez pourront alternativement assister ausdictz Estatz, la présente année, assavoir, le matin : ledict sieur de Pastorel, pour ladicte dame de La Faurie, et de relevée : ledict sieur Aldin, pour ledict sieur de Tholet, au nom de sesdictes filles, et ce sans conséquence à l'advenir, ny préjudice du droict des parties ; lesquelles sont exhortées, de la part de l'assamblée, affin d'obvier à telles contestations qui apportent du retard aux affaires du Roy et du païs, de demeurer d'accord d'ung seul envoyé, ou de s'abstenir de l'entrée desdictz Estatz, jusques à ce qu'elles ayent esté définitivement reiglées sur leurs droictz.

La procuration remise par M. David de La Pierre, consul de Saint-Estienne-de-Valfrancisque, ayant esté jugée défectueuse en toutes ses parties, a esté rejectée et arresté que, ledict sieur de La Pierre demeurera excluđ de l'entrée desdictz Estatz, jusques avoir rapporté procuration suffizante, en bonne forme ; ayant mondict seigneur le président exhorté les députés du quartier des Cévennes, de prendre garde cy-après à tel erreur, auquel ilz se laissent aller ordinairement.

M. le marquis de Portes, estant venu à l'assamblée, auroit dict et représenté que l'année passée, les Estatz, assamblez à Maruejolz, auroient trouvé dans les provisions et Lettres patentes de Sa Majesté, qui furent leues en plaine compaignie, l'honneur qu'il a pleu à sadicte Majesté luy faire, en faveur de M. de Montmorancy, gouverneur et lieutenant général, pour Sa Majesté, en Languedoc, de luy donner la charge de lieutenant de Sa Majesté, en ce païs de Gévaudan, diocèse de Mende et païs des Cévennes, honneur digne de personne plus capable, quoyque non davantaige zélé au service de Sa Majesté et qu'il doibt à plus juste titre référer à la considération de mondict sieur de Montmorancy, qu'à la faiblesse de son particulier mérite, et par ainsi suppliant de sa part à tel deffault, animer plus ardemment tous ses soings et travaulx pour plus dignement s'acquitter de ses dedvoirs; ce qu'il espère de la faveur et assistance de Dieu, au contentement de Sa Majesté, de mondict sieur de Montmorancy et de toute ceste compagnie, de laquelle il a receu tel tesmoignaige de sa bonne volunté, qu'il se sentoit obligé de les remercier, avec l'offre de ses particuliers services, avec prière très-affectionnée de se maintenir tousjours au debvoir du respect et de l'obéyssance et fidélité qu'ilz ont rendu en tous temps à Sa Majesté et à M. de Montmorancy, asseurez qu'il n'obmettra chose qui deppend de sa charge ny l'employ de ses moyens et amis et de sa propre vie pour leur repos et conservation et de tous les bons subjectz de sadicte Majesté de cedict païs.

Sur quoy auroit esté réparty par mondict sieur le président, que comme Sa Majesté a faict ung juste jugement des vertus et qualités de mondict sieur le marquis de Portes, ainsi a-t-elle trouvé ne pouvoir commettre ceste charge à personnage plus capable de la dignement exercer, à l'advancement du service de sadicte Majesté, ny plus utillement pour le repos et soulagement de ses subjectz que mondict sieur le marquis, tant pour sa grande expérience au faict des armes, la créance qu'il a dans le païs et les bons et asseurez tesmoignages qu'il a rendus de sa fidélité et affection au service de sadicte Majesté, oultre les aultres qualités requises, dont il est doué ; sachant aussi que les charges publiques et si éminentes ne sont données par Sa Majesté pour le profit et commodité de ceulx qui en ont l'exercice, mais pour prêter main forte et employer leur soing à la manutention de la piété, justice et du bien publicq, duquel ilz sont le soutien et les colonnes ; prenant la deffense et protection des petitz, affligez et opprimez et résistant puissamment à la violence des meschans, suyvant la nature du bon sang qui court à la partie offensée ; reconnaissant en oultre que la puissance et authorité, unye à telles charges, leur est baillée en dépost et qu'ilz la tiennent du souverain qui doibt luy-mesmes la justice à tous ses subjectz, au pied de laquelle seullement il doibt reigler et mesurer sa puissance ; prenant soing de son peuple et l'aymant comme le père ses enfans ou comme le pasteur son troupeau ; se proposant tousjours le profit et repos de ses subjectz, sans estre porté d'aultre respect que de l'interest publicq, comme faict nostre bon et juste roy, qui faict paroistre en toutes ses actions que ses subjectz ne luy ont pas esté donnnez en servage mais en tutelle, et qu'il est aultant pour eulx que relevé par dessus eulx, qui est le plus esclattant fleuron de sa couronne et le plus asseuré fondement de Sa Grandur et Majesté, joincte à la piété et à la crainte et grâce de Dieu. Si a mondict sieur le président, au nom desdictz Estatz, remercié mondict sieur le marquis. des offres de son assistance et en recougnoissance de ce offert les vœux de leurs obéyssance et services tant pour le service de sadicte Majesté que pour le particulier de mondict sieur.

Le sieur de Fumel, syndic dudict païs, faisant le rapport à l'assamblée d'aulcuns affaires qui avoient esté traittez aux Estatz généraulx de Languedoc, où ledict diocèse avoit interest, et entre aultres touchant le surtaux des vivres des compaignies de messeigneurs les comte d'Auvergne et prince de Janville, auroit représenté que cedict diocèse avec ceulx de Viviers, Uzès et le Puy, ayant, comme chascun scayt, esté contrainctz, suivant les ordonnances de messeigneurs de Montmorancy et de Vantadour, de fournir plusieurs sommes de deniers, pour subvenir à la taxe dudict surtaulx, pour le nombre de huict vingtz maistres desdictes compaignies, durant le temps de cent dix-sept jours, à raison de 19 solz par jour, pour chascun maistre ; le debvoir obligeoit ledict sieur à poursuivre ausdictz Estatz généraulx, comme il auroit faict conjoinctement avec les susdictz diocèses, le remboursement desdictes sommes. Sur quoy, après plusieurs traverses et oppositions des aultres diocèses de la province, enfin sur le rapport faict par Mgr l'évesque d'Allet et aultres sieurs députés par lesdictz Estatz à la vérification desdictes fournitures et despenses, joinct la favorable assistance de mondict seigneur de Mende, auroit esté, par lesdictz Estatz, accordé ausdictz diocèses, la somme de 19,700 livres, à ce comprins 4,000 livres accordez et imposez, l'année dernière, à mesme fin, suivant la délibération desdictz Estatz du 15ᵉ février 1618, et ce pour toutes prétensions desdictz diocèses sur ce subject ; ayant esté arresté qu'à cest effect, la somme de 15,700 livres restante desdictz 19,700 livres seroit pareillement imposée la présente année, pour estre distribuée comme lesdictz 4,000 livres, ausdictz quatre diocèses, à proportion de ce que chascun d'iceulx feroit apparoir, par quictances vallables, vériffiées par lesdictz sieurs commissaires, avoir contribué et fourny pour ledict surtaulx ; à la charge néantmoings que chascun desdictz diocèses, avant que les mandemens des sommes qui leur reviennent leur soient expédiez, sera tenu rapporter et remettre, es mains du greffier desdictz Estatz généraulx, déclaration qu'ilz ne prétendent, pour raison desdictes fournitures et despenses, faire à l'advenir aulcunes aultres demandes à ladicte province, en quelque sorte et manière que ce soit. Et c'est pourquoy, affin que ledict diocèse puisse jouyr dudict remboursement, estant nécessaire de faire ladicte déclaration, il a requis l'assamblée d'y pourveoir, sans aultre retardement. Sur quoy après avoir esté faicte lecture, en ladicte assamblée, de la délibération desdictz Estatz généraulx, a esté conclud et arresté, conformément à icelle, que moyennant l'actuel remboursement de l'entière part et portion qui doibt revenir audict diocèse, de ladicte somme de 19,700 livres, à proportion des deniers par ledict diocèse fourniz, à cause dudict surtaux ; icelluy diocèse ne prétend, pour raison de ce, faire aulcunes demandes à ladicte province, en quelque sorte ny manière que ce soit.

Et continuant ledict sieur de Fumel, syndic, sondict rapport, auroit faict entendre à ladicte assamblée que, sur plusieurs plainctes rendues ausdictz Estatz généraulx, par aulcuns députés des villes et diocèses, des exactions que les receveurs de leurs diocèses commettent, tant contre la teneur des articles accordez entre lesdictz Estatz et les receveurs desdictz diocèses, que par le moyen d'aultres émolumens, qu'ilz tachent d'establir et augmenter en conséquence desdictz articles; lesdictz Estatz, pour obvier à ce mal, auroient arresté qu'à l'ouverture des assiettes, sera faicte lecture desdictz articles à l'advenir, affin que les députés en icelles, scachant les clauses et conditions d'iceulx, en puissent procurer l'observation et s'opposer aux contraventions, et en cas d'icelles, requérir les scindicz des diocèses, d'en faire enquérir, pour après l'inquisition remise devers le sindic général de Languedoc, chascun en sa séneschaussée, estre par luy faictes toutes poursuites requises et nécessaires, touchant l'exacte observation desdictz articles. Et oultre ce, sont, les députés qui se trouveront aux prochains Estatz, chargez de rapporter, avec leur procuration, certificat, signé du commissaire principal ou ordinaire ou du greffier du diocèse de la lecture qui aura esté faicte desdictz articles esdictes assiettes. Suivant lequel rapport mondict seigneur le président auroit faict faire lecture en plaine assamblée, tant de la délibération desdictz Estatz généraulx sur ce subject que desdictz articles et ordonné, audict sindic, tenir la main en ce diocèse à l'exacte observation d'iceulx et à l'exécution de ladicte délibération s'il y eschet, et au greffier dudict diocèse, d'expédier, en temps et lieu, le certificat requis, conformément à ladicte délibération.

Davantage, a esté rapporté, par ledict sieur de Fumel, syndic, une aultre plainte qui a esté faicte ausdictz Estatz généraulx, touchant certains abus qui se commettent par les fermiers de l'équivallent en quelques diocèses ; lesquelz, en cas de fraulde ou par supposition d'icelle, poursuivent les accusez par voyes extraordinaires et criminelles, au lieu de se pourvoir civillement par requête ou exploict libellé pour la prétendue faulte, suivant les articles en dernier lieu dressez sur l'afferme de l'équivallent, ausquelz lesdictz fermiers contreviennent ordinairement en plusieurs sortes. Pour réprimer lequel abus, auroit esté arresté par lesdictz Estatz généraulx qu'en toutes instances des appellations qui seront interjectées en la Cour des Aydes, où sera question de contraventions ausdictz articles, le syndic général de Languedoc interviendra ausdictes instances et, en icelles, poursuivra l'obéissance desdictz articles de l'équivallent et contravensions faictes à iceulx partout où il appartiendra, comme résulte plus particulièrement de ladicte délibération desdictz Estatz généraulx, de laquelle a esté faicte lecture en ladicte assamblée, affin que les députés d'icelle en demeurent informés.

Et poursuivant ledict syndic sondict rapport, il auroit faict entendre l'ordre prins par lesdictz Estatz généraulx pour arrester le cours d'ung aultre abus qui se commettoit par MM. de la Chambre des Comptes de Montpellier, par le moyen de diverses recherches que ladicte Chambre faict sur les comptes renduz depuis cinquante ou soixante ans, à cause des restes des tailles des deniers royaulx, n'onobstant que par édict général et déclarations particulières de Sa Majesté, faictes en faveur de la province de Languedoc, elle ayt esté deschargée desdictz restes, comme plus particulièrement est porté par la délibération desdictz Estatz généraulx, de laquelle pareillement a esté faicte lecture.

Finallement, sur le rapport sommairement faict par le sieur de Fumel, syndic, de ce qui s'estoit passé ausdictz Estatz généraulx touchant les abus qui se commettent au faict des gabelles, et, en suite dudict rapport, ayant esté donné advis à la présente assamblée de plusieurs concussions qui se font au quartier d'Aubrac et de Salgues, par quelques gens incognuz, soubz prétexte de la recherche du sel deffendu ; au moyen de quoy ilz exigent plusieurs sommes sur le peuple ; a esté conclud qu'il sera baillé coppie des reiglemens faictz touchant les gabelles, à ceulx qui feront de semblables plaintes, pour s'en servir selon l'ordre prescript en iceulx.

Sur ce qui a esté représenté par ledict sieur de Fumel, syndic dudict diocèse, que la vérification des debtes d'icelluy ayant esté faicte par MM. Delhon et de Gallières, trésoriers généraulx de France, en Languedoc, commissaires à ce députés par Sa Majesté, Messieurs des Estatz particuliers de ce païs, par leur délibération du 6 juillet 1617, ayant jugé nécessaire pour le bien des affaires d'icelluy, de retirer la procédure desdictz sieurs commissaires; avec leur advis, pour sur icelle faire poursuivre, devers Sa Majesté, les provisions nécessaires, auroient arresté que ledict syndic feroit ung voyaige à Montpellier pour demeurer d'accord, avec lesdictz sieurs commissaires, de leurs despens et vaccations, pour icelles faire comprendre, par mesme moyen, dans l'estat des fraiz de ladicte procédure, affin d'obtenir de Sa Majesté permission de les imposer avec lesdictz debtes, pour le payement desdictz sieurs commissaires. Ou bien en cas qu'ilz ne vouldroient accepter ladicte condition, leur donner telles asseurances de leur payement que ledict syndic jugeroit nécessaire. Et en tout cas, au refus desdictz deux partis, emprunter audict Montpellier ou aillieurs, la somme dont ilz seroient demeurez d'accord, affin de ne perdre l'occasion de retirer ladicte procédure avec l'advis desdictz sieurs commissaires, tendant surtout à l'atermoyement du payement desdictz debtes, aux plus longs termes que faire se pourra, pour plus de soulagement et moindre incommodité du pauvre peuple. Laquelle délibération, ledict syndic auroit souvent tasché d'éfectuer ; mais à cause du voyage faict à la Cour par le sieur de Gallière, qui auroit esté long et le changement du bureau des finances transféré à Béziers, il luy auroit esté impossible de promovoir cest affaire, comme il espère faire maintenant ; luy ayant, le sieur de Vidal, greffier desdictz sieurs, promis, au dernier voyage qu'il fit à Montpellier, de travailler à disposer et mettre au net ladicte procédure, si bien qu'il importe de résouldre la somme qui leur doibt estre accordée et pourveoir au recouvrement d'icelle. Ce qu'ayant esté mis en délibération, après lecture faicte de la susdicte délibération, a esté conclud et arresté que ledict sieur syndic s'acheminera audict Montpellier au plustost qu'il pourra, pour traiter avec lesdictz sieurs commissaires desdictz fraiz et vaccations et en demeurer d'accord avec eulx, au meilleur mesnage et plus grand soulagement du païs que faire se pourra, pourvu que la somme n'excède 1,000 escus, à payer comptant, ou 1,200 escus à mettre dans l'estat desdictz debtes; et à cest effect emprunter, si besoing est, audict Montpellier ou ailleurs, d'une ou plusieurs personnes, ladicte somme de 1,000 escus, pour le temps et à telles conditions que ledict sieur syndic jugera nécessaire. Et ce faisant, en passer toutes asseurances, contractz et obligations convenables, à la charge d'estre relevé d'icelles par ledict païs, tant pour le principal que pour tous despens, dommages et interestz qui en deppendront si aulcuns il en souffroit à ceste occasion. Et moyennant ce, ledict sieur de Fumel, syndic, retirera desdictz sieurs commissaires ladicte procédure et estat desdictz debtes avec leur advis, pour estre le tout remis devers sadicte Majesté et nosdictz seigneurs de son Conseil, pour obtenir sur ce les provisions nécessaires.

Dudict jour, huictième de mars, en ladicte assemblée, de relevée.

Sur ce qui a esté remonstré par le sieur Rodes, docteur ez droictz, de la ville de Maruejolz, au nom des habitans de la terre et baronnie de Peyre que, nonobstant les inhibitions faictes en vertu des arrestz du Conseil d'Estat et aultres Courtz souveraines et ordonnances de Mgr. le duc de Montmorancy, gouverneur et lieutenant général pour le Roy au païs de Languedoc, au sieur de La Condamine, commandant pour le service de Sa Majesté au château de Peyre, d'exhiger desdictz habitans aulcunes corvées ny aultres charges, soubz quelque prétexte que ce soit ; ledict sieur de La Condamine et aultrés commandans soubz luy audict chasteau où estant de la garnison, contraignent journellement lesdictz habitans, non seulement à faire les corvées et manœuvres que bon leur semble, mais encore au payement des deniers communs dudict diocèse imposez pour les debtes et affaires d'icelluy en l'assiette dernière, ores qu'ilz n'ayent aulcune charge ny commission du receveur des tailles, auquel lesdictz habitans ont desjà payé (comme ilz debvoient) leurs quottitez desdictz deniers, et qu'ilz en ayent ses quittances, ausquelles ledict sieur de La Condamine et aultres de ladicte garnison, n'ont voulu avoir esgard ; requérant qu'il pleust ausdictz Estatz y pourveoir et prendre en main la deffense et protection desdictz habitans, comme membres du corps du païs. Veu lesdictz arrestz et ordonnances et ouy le sieur de Fumel, syndic dudict païs, qui a dict, comme Mgr de Mende et MM. les députés de ce diocèse, aux Estatz généraulx tenuz à Béziers, ayant faict plaincte à mondict seigneur de Montmorancy desdictz désordres et l'affaire disputé et débatu devant Sa Grandeur et M. le président Faure avec ledict sieur de La Condamine qui s'y estoit acheminé ; enfin auroit esté ordonné par sadicte Grandeur que, moyennant la somme de 1,000 livres, à laquelle toutes les demandes et prétensions que ledict sieur de La Condamine avoit contre ledict diocèse, ont esté réduictes, il sera tenu de rendre, ausdictz habitans ou audict receveur, tout ce qu'il a receu d'eulx des deniers desdictes tailles, comme aussi la marchandise qu'il avoit prise au sieur Barthélemy Trescazalz, marchand, de la ville de Mende, avec inhibitions et deffences, audict sieur de La Condamine, d'uzer désormais de telles voyes. A esté conclud et arresté que ladicte ordonnance sera inthimée audict sieur de La Condamine, à la diligence dudict sieur syndic ; lequel tiendra la main à l'exécution d'icelle ; et ce faisant, que les habitans ou collecteur des paroisses de ladicte terre de Peyre en seront remboursez ou tiendront lieu de payement de leurs quottités envers ledict receveur, si jà n'avoit esté payé ; néantmoings l'assamblée a remercié mondict seigneur de Mende, du soing et de la peine qu'il luy a pleu continuer de prendre, pour le bien et soulagement du païs, sur l'occurrence de cest affaire. Et par mesme moyen, a esté advisé de prier M. le marquis de Portes, lieutenant, pour le Roy, en ce diocèse, de faire envers ledict sieur de La Condamine, que toute sorte de corvées cessent sur lesdictz habitans à l'advenir et pour faire ladicte prière, de la part desdictz Estatz, audict seigneur marquis, ont esté députés MM. les envoyez du Chapitre et de M. le baron de Randon et consuls de Salgues et du Malzieu.

S'estant présenté M. Anthoine Destrictis, advocat de la ville de Mende, lequel, au nom et comme procureur de damoiselle Françoise d'Arfeuillette, vefve de feu M° Estienne Bastide, en son vivant contrôleur des tailles du diocèse d'Agde, et commis de M. Marcelin de Manifacier, receveur dudict diocèse, en l'année 1604, et héritier, par bénéfice d'inventaire, dudict feu sieur, qu'elle auroit faict représenter à MM. de l'assamblée desdictz Estatz, tenue en la ville de Maruejolz, l'année dernière, comme M. Philip Marimon, bourgeois, de Pézénas, avoit obtenu arrest de la Cour des Aydes à Montpellier, du 12 décembre 1615, confirmé par aultre arrest de la mesme

Cour, du mois d'avril 1617, par lequel entre aultres choses, les hoirs dudict sieur Bastide auroient esté condampnez envers ledict sieur Marimon, en la somme de 2,131 livres 17 solz, avec despens et interestz. Lesquelz despens auroient esté taxez à 162 livres et lesdictz interest liquidez jusques au 21 may 1617 à 902 livres 18 solz, revenans lesdictes parties à la somme de 3,198 livres. A faulte de payement de laquelle, ledict Marimon auroit faict procéder par exécution sur ledict office de contrôleur et faict bannir certaine partie de 600 livres imposée par ledict païs, soubz le nom dudict sieur Bastide, à ce non compris 213 livres 12 solz, deubz audict Marimon, pour les interestz de ladicte somme principale de 2,131 livres, depuis ledict jour 21 mai 1616, jusques à la fin d'octobre 1617. Et pour les despens desdictes saisies exécutoires des rapportz sabatines et aultres despens faictz après lesdictz arrestz, 119 livres 8 sols, revenans, toutes lesdictes parties ensemble, à la somme de 3,530 livres 10 sols ; laquelle ladicte damoiselle, audict nom, auroit esté contraincte payer et à ceste fin céder et remettre audict Marimon, à vil pris, ledict office de contrôleur, pour n'avoir aultre moyen de subvenir audict payement ny aultre personne qui voulut entendre à l'achept dudict office ; ce qui luy revient à dommage et interest très-notable, oultre plusieurs aultres fraiz et despens qu'elle a souffertz en ceste poursuitte. Et d'aultant que le principal suject d'icelle et desdictes condempnations procède du banniment faict sur ledict Bastide, le 23 décembre 1605, de la somme de 2,100 livres, à la réquisition du syndic dudict diocèse, qui prétendoit ladicte somme n'estre deue audict Marimon, ains devoit estre répétée au profit du pays, comme ayant esté à ceste fin rayée en la despense du compte, dudict sieur de Manifacier, rendu audict païs par ledict Bastide, de l'administration par luy faicte des deniers extraordinaires, imposez en ladicte année 1604. Et pour ces raisons, ladicte damoiselle auroit faict requérir et supplier ladicte assamblée, tenue audict Maruejolz, qu'il luy pleust pourvcoir au remboursement desdictes sommes, par elles payées audict Marimon, et au surplus, l'indempniser des aultres fraiz, dommages et interestz par elle souffertz, sans permettre qu'elle fust constituée en plus grandz fraiz et despens à poursuivre la garantie qui luy estoit réservée par lesdictz arrestz contre ledict diocèse, comme elle ne voulloit faire sans y estre portée par extrême nécessité. Ce qu'ayant esté mis en délibération en la susdicte assamblée, elle auroit arresté de renvoyer l'affaire à MM. les commis, députés et syndic dudict païs, pour estre par eulx procédé à la vérification de la demande et prétensions de ladicte damoiselle. Et d'aultant qu'ilz y auroient vacqué et ne reste sinon qu'il plaise ausdictz Estatz de les ouyr, il en supplie très-humblement la compaignie, audict nom de ladicte damoiselle, et après, luy voulloir rendre justice, mettant en considération sa qualité de vefve, la perte qu'elle a faicte dudict office, l'incommodité qu'elle a souffert en ses affaires, les despens, dommages et interestz que ceste longue et fascheuse poursuite luy a causez, et finallement avoir quelque ressentiment des services renduz par sondict feu mary, durant plusieurs années audict païs, pour le bien et advancement des affaires d'icelluy. Sur quoy, ouy le rapport desdictz sieurs commis, syndic et députés par la bouche dudict sieur syndic, et veu ladicte délibération portant ledict renvoy ; veu aussi les susdictz arrestz, ensemble les comptes mentionnez en iceulx et aultres pièces y désignées, et sur le tout opiné et délibéré ; a esté conclud et arresté, pour esviter à plus grandz fraiz et despens et à l'evénement incertain d'un plus long procès, que lesdictz Estatz, pour toutes demandes et prétensions de ladicte damoiselle d'Arfeuillette, tant en principal que pour tous despens, dommages et interestz cy-dessus mentionnez et tous aultres quelconques, luy ont accordé et accordent la somme de 3,000 livres, pour luy estre payée par le receveur dudict diocèse, et, à cest effect, employée en l'estat des debtes dudict diocèse, qui sera dressé et présenté à MM. les commissaires députez pour la vérification des debtes dudict diocèse ou MM. les commissaires qui présideront, pour le Roy, à la prochaine assemblée des Estatz généraulx de Languedoc, pour estre par eulx procédé à la vérification en tel cas requise, et sur icelle donné leur advis à Sa Majesté pour avoir permission d'imposer et lever ladicte somme avec les aultres parties dudict estat, sur le général dudict diocèse, l'année prochaine ; à la charge néantmoings de poursuivre, par ledict syndic contre ledict Marimon, la répétition de la susdicte partie de 2,100 livres qui demeure rayée au susdict compte, et qu'à cest effect ladicte damoiselle remettra, es mains dudict sieur syndic, la quittance dudict Marimon de ladicte partie ou l'extraict d'icelle, en bonne et deue forme, pour pouvoir agir contre luy. Et par mesme moyen ladicte damoiselle, audict nom, sera tenue quitter ledict diocèse, de toutes lesdictes prétensions, et renoncer à toutes actions et procès pour ce regard, tant en principal que despens, dommages et interestz.

Lecture faicte, en ladicte assamblée, d'une lettre que

le capitaine Janiquou a escripte à Mgr de Mende, à ce qu'il plaise aux Estatz l'assister de quelque somme pour luy ayder à supporter les fraiz et despenses jà par luy faictz utillement et qu'il continue pour la commodité publicque à la réfection et réparation du grand chemin de la descente de la montaigne, prez le lieu de St-Jean-de-Gardonnenche, affin de le rendre plus libre et asseuré et de facile accez, tant aux gens de pied que de cheval, comme aux voituriers et muletiers allant de ce païs au bas Languedoc, et après que le syndic dudict diocèse a esté ouy qui a attesté ladicte réparation comme l'ayant veue naguières estre fort utille, pour le commerce, à toute sorte de personnes, lesdictz Estatz ont accordé audict cappitaine Janiquou, pour ceste fois et sans conséquence, la somme de soixante livres tournois à l'effect de ladicte réparation.

Sur la réquisition faicte par aulcuns des consulz des villes et lieux dudict diocèse, assistans ausdictz Estatz, de pourveoir à la réparation des pontz qui menacent de ruyne ; veu les précédentes délibérations des Estatz, a esté conclud et arresté qu'elles seront effectuées selon leur forme et teneur et que, conformément à icelles, le syndic et greffier dudict diocèse se porteront sur les lieux des pontz plus importans, pour faire les vérifications et aultres actes et formalitez requis et nécessaires, suivant lesdictes délibérations, pour après estre procédé à la délivrance des pris faictz, ainsi qu'il apartiendra ; néantmoings, pour d'aultant plus faciliter et promouvoir lesdictes réparations, a esté advisé que les habitans des villes et lieux plus proches desdictz pontz et comme plus interessez à la réparation d'iceulx, emprunteront les sommes de deniers nécessaires à cest effect, à la charge que ledict syndic s'obligera, pour le païs, au remboursement desdictes sommes, desduict le préciput qui doibt estre fourny par lesdictes villes et lieux et qu'à l'effect dudict remboursement, les deniers seront imposez suivant le reiglement.

Du sabmedy, neufviesme jour dudict mois de mars, du matin, en ladicte assamblée.

Sur ce que le sieur Michel, envoyé de M. le baron d'Apcher, auroit représenté qu'il auroit esté naguières faicte une grande procédure et quelques exécutions, en suitte d'icelle, contre certains prévenuz de faulse monnoye, par MM. les vi-bailly et lieutenant en la justice de Saint-Flour, en Auvergne ; et d'aultant que sur l'exécution les suppliciez par leurs déclarations auroient chargé quelques particuliers de ce diocèse ; lesdictz sieurs vibailly et lieutenant, par debvoir de leurs charges et zèle au bien de la justice et punition d'ung tel crime, auroient envoyé en ce diocèse le capitaine Bauche, pour s'informer s'il s'y trouveroit quelques procédures contre lesdictz dénoncez pour fonder une condempnation, et par mesme moyen, pour prier et requérir ceste assamblée d'assister ceste poursuite de quelque somme de deniers, pour subvenir aux fraiz qu'il y convient faire, attandu qu'il regarde le bien de la justice en ce diocèse ; et ayant esté ledict cappitaine Bauche appelé en ladicte assamblée, où il a faict la même exposition et réquisition ; a esté conclud qu'à la diligence du syndic dudict diocèse sera faict perquisition au greffe du bailliaige et de la prévosté s'il y a aulcunes charges ou procédure qui regardent ceste poursuite. Et pour le regard de l'assistance demandée pour subvenir aux fraiz d'icelle, qu'il n'y a lieu, quant à présent, d'accorder aulcune chose pour ce regard ; ayant néantmoings ordonné audict cappitaine Bauche la somme de 45 livres pour la despense et fraiz de son voyaige, sans que cela puisse estre tiré à conséquence.

Estant venu à l'assamblée M. le marquis de Portes, lieutenant pour Sa Majesté audict païs de Gévaudan et diocèse de Mende, il auroit dict que, le soing que Mgr le duc de Montmorancy, gouverneur et lieutenant général pour sadicte Majesté en Languedoc, a tousjours eu de maintenir la province en paix et tranquillité est si grand et singulier qu'il a esté sans exemple et si heureux que l'on en doibt remercier Dieu, que cela se veoid confirmé par l'honneur qu'il faict à M. de Mende et à luy, de leur envoyer la coppie de la lettre que le Roy luy a escripte le 24 de febvrier dernier, portant advis du départ de la Royne, mère de Sa Majesté, du château de Blois ; laquelle il a estimé debvoir faire veoir à la compagnie pour se fortifier d'aultant plus en la résolution de se maintenir en paix et tranquillité ; à quoy mondict sieur les a encores particullièrement exhortez et à la continuation de leur obéyssance et fidélité au service de Sa Majesté. Et après ayant esté faicte lecture de ladicte lettre en ladicte assamblée, mondict seigneur de Mende, président, auroit réparty que le grand soing qu'il plaist à mondict seigneur de Montmorancy et à luy, avoir de ce païs, oblige infiniment ceste compaignie à les en remercier et à persévérer toujours en la dévotion qu'elle doibt au service de Sa Majesté.

Mondict seigneur de Mende a représenté à l'assamblée que son plus grand désir a tousjours esté selon son devoir de pouvoir apporter quelque réformation à l'estat ecclésiastique, en son diocèse, affin qu'ilz soient véritablement et en effect la lumière du monde, qu'il espère avec la grâce de Dieu y donner ung notable advancement à sa prochaine visite, soit à l'endroict des ecclésiastiques séculiers que des réguliers ; que pour ceulx-cy, il y en a desjà ung commencement en la ville de Maruejolz ; mais le désir qu'il auroit d'en pouvoir establir en cedict diocèse qui fussent tous réformez, luy ont faict desseigner le bastiment d'ung couvent pour des Capucins en ceste ville de Mende. Mais comme l'entreprise n'est pas de si petite importance, qu'elle ne revienne à 4,000 escus ou environ, aussi se promet-il, tant de l'assistance de la noblesse et du général du païs, oultre le secours des habitans de ceste ville, qu'ilz contribueront voluntiers de leurs moyens, et ce sainct et pieux desseing vrayment digne de leurs charitables libéralités, pour participer aux prières et mérites de ces bons pères. Et quoyque ce soit la première requeste qu'il a faicte au païs, ne l'ayant pas mesmes voulu importuner pour le bastiment de son église cathédralle et que ce ne soit aussi chose sans exemple, notamment aux Estatz généraulx, néantmoings cela deppend de la dévotion et piété de l'assamblée, sur laquelle il s'en repose et remet entièrement. Sur quoy ayant esté délibéré, a esté conclud et arresté d'accorder et aulmosner par le général du païs et diocèse, la somme de 3,000 livres, payable en trois années prochaines également, pour estre employée à la construction et bastiment dudict couvent des Capucins en ladicte ville de Mende, sans pouvoir estre divertie à aultres uzages et qu'à cest effect ladicte somme sera imposée sur le général dudict païs esdictes trois années, à la diligence du syndic d'icelluy, les formes en tel cas requises deuement observées.

Sur la requeste présentée par Pierre Parlier, consul du lieu de Barre, la présente année, narrative comme Anthoine Bonnet, sieur de Masméjean, consul dudict Barre, l'année dernière, luy ayant faict donner assignation pardevant M. le sénéchal de Beaucaire et Nismes pour se veoir condampner à le rembourser de la somme de 500 livres, despens, domages et interestz par luy souffertz à cause de l'emprisonnement et violente détention de sa personne, faictz dans le château de Saint-Julien, par le sieur de Gabriac on ses complices, prétendant ledict Masméjan, les habitans dudict lieu de Barre, estre tenuz audict remboursement, pour avoir esté ledict emprisonnement faict en chemin, luy, revenant des Estatz particuliers dudict pays, comme consul et député dudict lieu. Par mesme moyen ledict Parlier prétend debvoir estre relevé de ladicte assignation par le général du pays. Requérant à ceste fin qu'il plaise aux Estatz pourveoir au remboursement de ladicte somme, ou bien en tout cas faire prendre le faict et cause pour luy, au nom et aux despens dudict païs. Ouy sur ce le syndic d'icelluy, qui a dict avoir esté à ceste fin assigné audict Nismes, à la requeste dudict Parlier, en assistance de cause ; a esté conclud et arresté n'y avoir lieu d'entrer audict remboursement comme n'y estant le païs tenu, ny par conséquent à prendre le faict et cause, pour ledict Parlier, au moyen de quoy ledict syndic fera présenter à l'assignation pour y deffendre ledict païs et insister à relaxe.

A esté représenté à l'assamblée, par le sieur Pigorier, sacristain d'Aubrac, qu'en l'année 1646, MM. des Estatz, assamblez en la ville Maruejolz, luy auroient faict l'honneur, quoy qu'en son absence de le nommer et députer conjoinctement avec MM. de Mirail et Rodes-Castaing, pour s'acheminer devers Mgr le duc de Montmorancy et luy faire entendre le différend intervenu en cedict diocèse sur l'occasion de la levée des deniers imposez par commission de Sa Grandeur, pour l'entretenement de la garnison de la ville de Mende. A quoy n'ayant peu satisfaire de sa part, M. de Cozerans, dom dudict Aubrac, auroit voluntiers prins ceste charge, comme seigneur du païs, ayant séance aux Estatz d'icelluy et fort zélé au soulagement du peuple qui auroit faict le voyaige comme les aultres devers sadicte Grandeur, estant lors à Tholoze, et se seroit dignement aquitté de ladicte charge. Et d'aulqu'il ne seroit raisonnable que ledict sieur dom d'Aubrac souffrist la despense dudict voyaige, l'ayant faict pour le bien des affaires dudict diocèse, il a requis et prié l'assamblée de le faire payer et rembourser comme les aultres sieurs députés qui ont esté entièrement satisfaictz ainsi qu'il a esté adverty. Sur quoy ayant esté délibéré, lesdictz Estatz bien que ledict diocèse ne fust tenu à aulcuns fraiz dudict voyaige, attandu que ledict dom n'avoit esté député par lesdictz Estatz et que ses propres affaires l'avoient appelé audict Tholoze, néantmoings, pour son mérite et la grande instance faicte par ledict sieur Pigorier, luy ont accordé la somme de six vingtz livres sans conséquence à l'advenir en semblables occurrences.

Dudict jour, neufviesme de mars, en ladicte assamblée, de relevée.

Sur la requeste présentée par Guillaume Rogier, baille de Montjusieu, tendant à ce qu'il pleust à l'assamblée ordonner au sieur Armand, lieutenant, en ce diocese, de M. le prévost général de Languedoc, d'apporter plus de soing et diligence qu'il n'a jusques icy faict pour la capture des prévenuz de l'hommicide et forme d'assassinat commis en la personne de son filz ; ne s'estant encores ledict sieur Armand mis en aulcun debvoir de se saisir de leurs personnes ; a esté conclud que le sieur Armand sera exhorté, de la part des Estatz, de vacquer avec tout le soing et diligence requises à la capture et punition, tant desdictz prévenuz que de tous aultres, estans de sa jurisdiction, selon que le debvoir de sa charge l'y oblige, affin que par l'exercice de la justice, le païs soit maintenu en repos et tranquillité et le pauvre peuple en seureté.

Sur aultre requeste des habitans du lieu du Buysson, à ce qu'il pleust aux Estatz de les faire payer de la somme de 350 livres, à eulx deue de restes de 1,000 livres qui leur furent ordonnez et accordez par le païs, ez annnées 1617 et 1618, pour la ruyne par eulx soufferte de leurs maisons, pour faciliter, pour le bien du service du Roy et le repos du païs, la deffaicte des compaignies du sieur Dondredieu qui y estoient logées ; et néantmoings, effin qu'ilz ayent moyen de remettre et réédifier entièrement leursdictes maisons, faire imposer, en la présente assiette, la somme de 3,139 livres restante de l'estimation faicte d'icelles, de l'authorité de M. le marquis de Portes, lieutenant pour Sa Majesté en ce païs ; aultrement supplient les Estatz avoir agréable qu'ilz recourent à la justice ; a esté conclud que, par MM. les commis du païs sera pourveu, si jà n'est faict, au payement desdictz 1,050 livres. Et pour l'aultre demande, ores que ladicte somme de 1,000 livres eust esté trouvée raisonnable et suffizante et ladicte estimation suspecte. Néantmoings, pour certaines considérations, leur a esté encores accordé 500 livres en quittant par eulx toutes prétensions et renonciation à tous procès par acte exprez.

Sur la requeste présentée par les Pères Minimes de Saint-Ferréol-de-Brioude, les Estatz leur ont accordé et aulmosné la somme de 60 livres, pour leur ayder à subvenir à l'édification et bastiment de leur couvent audict lieu, où ilz sont naguières establiz et fort estroittement logés, et qu'à cest effect ladicte somme sera imposée en la présente assiette et payée par le receveur dudict diocèse ausdictz Pères Minimes, sans conséquence.

Le dimenche, dixième jour dudict mois de mars, lesdictz Estatz ne se sont assamblez pour traitter d'affaires, ains ont vacqué à prières, et à ceste fin assisté au service divin en l'église cathédrale de ladicte ville de Mende, à ce qu'il pleut à Dieu conserver le Roy et maintenir la paix en ce royaume.

Du lundy, XI° dudict mois de mars, en ladicte assamblée, du matin.

Sur ce que M. de Morengiez a représenté que ces deux années dernières les Estatz de ce païs auroient rendu tant de tesmoignage de leur bonne volunté à l'endroict de M. le marquis de Portes, mesmes pour la gratification dont ilz auroient uzé envers luy, qu'il estime n'estre besoing de grand discours pour les persuader à la continuation d'icelle; néantmoings leurs libéralités ayant esté différentes selon le temps, les affaires et les occurrences; c'est maintenant à la compaignie de prudemment considérer celles qui se présentent et semblent nous menacer de quelque trouble et remuement, et par conséquent obliger tant plus estroitement la présence dudict seigneur marquis à une résidence plus ordinaire dans ledict païs et à des fraiz et despenses extraordinaires pour la conservation d'icelluy en l'obéissance du Roy et manutention de leur repos et liberté. En quoy non-seulement ne seront par ledict seigneur espargnées les libéralitez dont ilz auront uzé envers luy non plus que le reste de ses moyens, ses soings et sa propre vie, si les occasions le requièrent ; priant l'assemblée d'en prendre une ferme et entière créance. Et après que l'affaire a esté mis en délibération, et veu la grande apparance de quelque nouveau trouble en ce royaume ; a esté conclud et arresté, pour donner plus de moyen, audict seigneur marquis, de maintenir et conserver ledict païs en repos et liberté, soubz l'authorité de Sa Majesté, suivant la charge dont il a pleu à sadicte Majesté l'honnorer, de luy accorder, pour ceste année, et sans tirer conséquence à l'advenir, la somme de 6,000 livres : laquelle MM. les commissaires de l'assiette sont requis voulloir asseoir et départir sur le général dudict païs et diocèse, ceste présente année ; et qu'à cest effect seront obtenues de Sa Majesté les lettres d'assiette sur ce nécessaires, portant permission de faire ladicte imposition.

Le sieur de Fumel, syndic dudict diocèse, a exposé que, sur l'instance qui fut faicte aux Estatz particuliers d'icelluy, l'année dernière, par M. le trésorier Portalés, comme cessionnaire de M. Pierre Portalés, son cousin, ayant le droict des hoirs de feu M. Olivier Sévérac, receveur dudict diocèse, ez années 1593 et 1594, de luy faire payer la somme de 2,227 escus de principal, et 1,467 escus d'intérêt pour treize années d'arrérages, depuis le 7 janvier 1604 jusques au 7 janvier 1617, mon-

tant par chacun an, à raison du denier sèze, 415 livres
4 sols 6 deniers. Le tout revenant ensemble à 11,095
livres 13 solz 9 deniers, à quoy ledict diocèse avoit esté
condampné par arrestz de la Cour des Aydes du 7 octobre 1602 et 9 aoust 1604 ; ayant oultre ce, ledict Portalés, obtenu arrest du Conseil et Lettres patentes de Sa
Majesté du dernier mars 1618, contenant mandement,
aux sieurs commissaires de l'assiette, d'imposer ladicte
somme de 11,095 livres avec les fraiz raisonnables de la
levée, ensemble les fraiz de l'expédition desdictes provisions, modérez et taxez à 420 livres. Desquelles deux
dernières sommes ledict sieur Portalés auroit requis
l'imposition estre faicte ausdictz Estatz. Lesquelz prétendans ledict diocèse n'en estre entièrement débiteur et
que lesdictz arrestz avoient esté donnez par surprise,
seroient entrez en traitté avec ledict sieur Portalés. Mais
n'estans pas tombés d'accord, auroient, par leur délibération du 16° may dernier donné pouvoir, à MM.^{rs} les
commis et députés dudict païs, de procéder à la vérification des prétensions et demandes dudict sieur Portalés, après la tenue desdictz Estatz, et par mesme moyen
faire liquidation et compensation des sommes qu'il peult
debvoir de sa part audict pays, pour après estre procédé
à l'imposition des deniers qui se trouveront luy estre
deubz de restes. A quoy voulant lesdictz sieurs commis
satisfaire, ledict sieur Portalés, au lieu de s'y disposer
librement de son costé comme il avoit promis, auroit
tant faict par la force de ses persuasions que lesdictz
sieurs commissaires, par le moyen desdictz arrest et
Lettres patentes, se seroient portez à imposer la somme
de 7,000 livres, soubz la parolle donnée par ledict sieur
Portalés, de se remettre pour le surplus au jugement de

deux advocatz ou aultres personnes de Montpellier, et à
la charge de ne toucher ladicte partie qu'au préalable il
n'eust faict lever les bannimens qui avoient esté mis sur
lesdictz deniers et encores faict appurer et descharger
entièrement les comptes renduz par ledict Sévérac et ses
hoirs, audict païs, conformément aux conditions apposées aux articles des précédentes assiettes, soubz le nom
dudict Sévérac, ses hoirs ou ayant cause, et sans approbation desdictz arrestz et Lettres patentes. Et bien que
ledict sieur Portalés fust obligé de tenir sa promesse, il
auroit au contraire faict de nouvelles poursuites en la
Cour des Aydes; la continuation desquelles auroit esté
arrestée par ledict sieur syndic passant audict Montpellier au retour des Estatz généraulx, ayant renouvelé
ledict arbitraige et à cest effect capté jour auquel ledict
sieur syndic estant retourné en ladicte ville et nomination faicte d'arbitres de part et d'aultre, assavoir, pour
ledict païs : de M. du Cros, advocat audict Montpellier,
et pour ledict sieur Portalés : de M. Nassanne, contrôleur
de l'extraordinaire des guerres. Et par lesdictz sieurs
arbitres veues tant la demande dudict sieur Portalés que
les impugnations dudict sieur syndic, au lieu de prononcer comme ilz debvoient sur le tout, ledict sieur
Massanne s'en seroit de sa part excusé, soubz prétexte du
deffault d'ung tiers dont ledict sieur syndic n'avoit peu
demeurer d'accord et de ce qu'il n'estoit muny de procuration expresse des Estatz. Cela toutesfois n'auroit
gardé le sieur Portalés d'envoyer en ceste assamblée,
pour faire encore instance de nouveau de faire imposer
quelque aultre partie, soubz promesse de reprendre les
voies dudict arbitraige et encores à la charge que, si par
ledict arbitrage la partie qui sera imposée ne se trouve

luy estre deue, elle ne luy sera payée, ains demeurera es mains du receveur, pour estre employée à l'aquittement de quelques aultres debtes du pays. Et partant ledict sieur syndic, ayant requis l'assamblée d'y pourveoir, et l'affaire mis en délibération, a esté conclud et arresté que ledict syndic ira de rechef audict Montpellier pour reprendre ledict arbitrage et ce néantmoings sans tiers si faire se peult ; ayant ladicte assamblée promis d'agréer tout ce que ledict sieur syndic sera faict, géré et négocié pour ce regard et l'en relever indempne. Et d'aultant qu'elle a esté advertie qu'auxdictz comptes dudict Sévérac ont esté employées et passées plusieurs sommes pour deniers renduz et non receuz, soubz le nom de diverses paroisses, bien que ledict Sévérac ou ses commis en ayent faict recepte et donné leurs quittances aux collecteurs d'icelles et que la plus grand part du debte prétendu par ledict sieur Portalés, audict nom, descend de ces faulses reprises ; a esté ordonné audict sieur syndic de faire exacte et diligente recherche desdictes quittances pour s'en servir contre ledict Portalés, ainsi qu'il appartiendra, pour le soulagement dudict diocèse.

Et quant à l'imposition demandée par ledict sieur Portalés, a esté advisé, pour n'interrompre le cours dudict arbitraige, de n'empescher que lesdictz sieurs commissaires de l'assiette ne comprennent en icelle jusques à la somme de 2,000 livres, à la charge qu'elle sera par le receveur, dudict diocèse délivrée et mise es mains dudict syndic et non d'aultre, pour estre par luy mesmes payée audict sieur Portales, si après ledict arbitrage vuydé, se trouve liquidement ledict diocèse luy estre débiteur jusques à concurrence de ladicte somme ;

après aussi que ledict sieur Portalés aura faict lever les susdictz banniments et oultre ce, faict entièrement descharger et appurer lesdictz comptes, et que toutes compensations, requises de part d'aultre, auront esté faictes, autrement ladicte partie de 2,000 livres demeurera en fondz es mains dudict syndic pour estre employée à l'aquittement d'aultres debtes dudict païs, selon que par les Estatz dicelluy sera advisé et daultant moins imposé l'année prochaine, le tout sans préjudice des réservations apposées sur la partie de 7,000 livres par lesdictz sieurs commissaires, computé au département de l'année dernière ny approbation du surplus desdictz arrest et lettres patentes. Et en cas que ledict sieur Portalés n'accepteroit la présente délibération, que ledict syndict fera toutes instances et poursuites nécessaires en justice pour la descharge et soulagement dudict diocèse contre ledict sieur Portalés.

Ayant esté représenté à l'assemblée par ledict sieur de Fumel, syndic dudict diocèse, comme en l'année 1617, au mois d'octobre, sur l'advis qui fut donné par MM. les consulz du Puy à MM. les commis de ce païs, de ce que les compaignies d'ordonnances de messeigneurs les ducs de Montmorency et de Vantadour, ayant esté contremandées du voyaige qu'elles debvoient faire en Piémont et se retirant au bas Languedoc, estoient sur le poinct de prendre leur chemin dans ce diocèse et y faire quelque séjour. A quoy mesdictz sieurs les commis désirant obvier pour le soulagement du païs, auroient député M. de Morangiers, commis des nobles et luy, pour aller trouver lesdictes compaignies et tascher de divertir leur passaige, et s'estant mis en chemin, ilz auroient apprins à Lengoigne que celle de mondict seigneur de Montmorancy avoit prins aultre routte et l'aultre estoit desja entrée dans ce diocèse du costé d'Auroux, et La Villedieu, ou l'ayant trouvée logée et apprins du sieur d'Alizon et du maréchal de logis qui en avoient la conduicte, l'ordre du passage donné à ladicte compaignie dans cedict diocèse, sans moyen de la révocquer; tout ce qu'il auroit peu faire, auroit esté de rompre la résolution qu'ilz avoient faicte dy arrester quelques jours, pour rafraichir ladicte compaignie, les ayant obligez de se retirer promptement et ne faire que deux logemens dans ledict diocèse, moyennant 200 escus que ledict sieur syndic promis leur faire porter au dernier logement; mais n'ayant peu leur en envoyer que 100, ledict sieur d'Alizon luy a depuis faict grande instance et continué tous les jours d'acquitter les 100 restans. Et daultant qu'il est obligé de promesse et que ledict diocèse en a ressenty du soulagement, considéré la foulle et despense que le moindre séjour eust apporté au pauvre peuple, il a requis l'assamblée voulloir pourveoir au payement desdictz 100 escus restans. A esté conclud et arresté que MM. les commissaires de l'assiette seront requis, au nom desdictz Estatz, de comprendre en icelle, la somme de 500 livres, pour estre payée audict sieur d'Alizon, suivant la promesse à luy faicte par ledict sieur syndic.

Veu la requeste présentée par le second consul de la ville de Maruejolz, narrative comme par l'injure des temps et désordre des guerres civilles de ce royaume, touchant le faict de la Religion, les églises de ladicte ville auroient esté totallement ruynées et démolies et notamment l'église collégiale Notre-Dame qui soulloit servir d'église parrochielle aux habitans, lesquelz pour ne demeurer par ce deffault entièrement destituez de l'exercice de la religion catholique, quoyque d'aillieurs reduictz à une extrême misère et pauvreté, se seroient esforcez de réparer une masure de maison ou salle, où s'assambloient anciennement les confrairies de ladicte ville, l'ayant faicte couvrir et accommoder, le moings mal qui leur a esté possible, de sorte que faulte d'aultre elle leur tient lieu d'église parochialle. Mais parce qu'il est petit pour recevoir tout le peuple de la paroisse, mesmes es jours de festes, qui est une grande incommodité, laquelle apporte du refroidissement à la dévotion, ilz avoient advisé, pour suppléer à ce manquement, attandu que le lieu ne se peult alonger ny eslargir, dy faire dresser deux tribunes aux deux costez, par le moyen desquelles tous les parroissiens y pourront estre à couvert, et d'aultant que l'exécution de ce bon œuvre n'est retardé que par leur impuissance, ilz implorent la charitable assistance des Estatz qui participeront au mérite des prières de ce pauvre peuple. Ce qu'ayant esté mis en délibération, a esté conclud et arresté d'ayder, ausdictz habitans catholiques de ladicte ville de Maruejolz, de la somme de 150 livres, pour subvenir aux fraiz de ladicte réparation et construction desdictes galleries. Et qu'à ceste fin MM. les commissaires de l'assiette seront requis asseoir et départir ladicte somme avec les fraiz ordinaires dudict diocèse, pour estre levée par le receveur et payée ausdictz consulz et habitans catholiques, à l'effect que dessus, sans pouvoir estre divertie ny employée à aultres uzages, à peine de répétition sur les parties prenantes.

Sur ce que ledict sieur consul de la ville de Chirac a remonstré que, pour esviter l'entière ruyne de leur pont, ilz auroient faict travailler à la réparation d'icelluy, suivant le pris faict qu'ilz en auroient baillé aux ouvriers. En quoy oultre 240 livres de leur préciput et 400 livres par eulx cy-devant receuz du païs, ilz ont fourny et advancé la somme de 520 livres qui leur est encores deue; requerant qu'il pleust aux Estatz pourveoir à leur remboursement. Ouy sur ce le sieur de Fumel, syndic, qui a dict n'avoir esté appelé audict pris faict, bien que ce soit une forme essentielle prescripte par les reiglemens des Estatz généraux de Languedoc et des particuliers de ce diocèse, que lesdictz habitans ou consulz de Chirac ont obmise et partant ny avoir lieu de remboursement; a esté conclud et arresté que ledict syndic, faisant la visite générale des fontz dudict diocèse avec le greffier d'icelluy païs, vérifieront ladicte réparation et despenses faictes pour icelle et en feront rapport à la prochaine assamblée des Estatz dudict diocèse.

Sur la requeste présentée par les consulz des lieux des Cevennes audict diocèse de Mende et païs de Gévaudan, à ce qu'il pleut aux Estatz faire imposer, sur ledict diocèse, la somme de 20,000 livres ou telle aultre qu'il leur plaira, pour subvenir au remboursement des sommes par eulx fournies, pour l'assiégement des lieux de Gabriac et de Saint-Julien, démolition et razement d'iceulx, suivant les arrestz des Courtz souveraines et les ordonnances de messeigneurs de Montmorancy et de Vantadour, et pour les fraiz des poursuites faictes contre Jacques de Gabriac et ses complices, occupateurs desdictz lieux et prévenuz de plusieurs crimes, ensemble pour les despenses des procédures et exécutions des jugements intervenuz contre eulx, attandu qu'ilz n'ont eu aultre assistance que de MM. des Estatz généraulx de la pro-

vince de Languedoc qui leur auroient accordé la somme
de 12,000 livres ; l'affaire mis en délibération et considéré que le général dudict diocèse contribue à ladicte
somme de 12,000 livres et que lesdictz des Cevennes se
sont renduz refuzans de payer leur quotte part et portion
des impositions faictes sur ledict diocèse, pour s'opposer
aux entreprises du sieur Dondredieu, pour la réduction,
en l'obeyssance du Roy, de la place de Grèze occupée
par ledict sieur Dondredieu, qui estoit ung faict général,
beaucoup plus favorable et digne de l'assistance de tout
le diocèse que celluy dudict Gabriac, qui ne regardoit
que quelques personnes et lieux particuliers desdictes
Cevennes; a esté conclud et arresté ledict diocèse ny
estre tenu; néantmoings, en cas que lesdictz des Cevennes payeroient librement et sans procès leur portion
des deux impositions de 50,000 livres d'une part et
25,000 livres d'aultre, faictes sur le général dudict
diocèse, pour s'opposer audict sieur Dondredieu et réduire ledict fort de Grèze, lesdictz Estatz ont donné
pouvoir à MM. les commis, syndic et députés dudict
païs dy adviser et prendre telle délibération qu'ilz jugeront estre à propos pour les affaires dudict diocèse,
et d'y comprendre, s'il y a eschet, la somme fournie par
le consul de Florac, faisant vallablement apparoir d'icelle.

Le sieur de Fumel, syndic, a faict entendre à l'assemblée que, suivant la délibération des Estatz particuliers
de ce diocèse, de l'année 1617, il a faict envers MM. les
commissaires, présidens pour le Roy en l'assemblée des
Estatz dernièrement tenuz en la ville de Béziers, tout ce
qui luy a esté possible, affin d'obtenir leur advis touchant le restablissement du deffray de MM. de l'estat de

l'église et de la noblesse, gaiges des officiers du diocèse, fondz pour les affaires occurens et quelques autres parties qui ont esté rayées et retranchées dans l'estat du Roy, en hayne dudict diocèse et au préjudice des affaires d'icelluy, et notamment de l'assamblée desdictz Estatz particuliers ; qu'il auroit trouvé lesdictz sieurs commissaires de bonne volunté, pourveu qu'on leur face apparoir des actes et pièces justificatives, pour montrer la possession et uzage, durant plusieurs années de ce que l'on requiert, ce que n'ayant esté préveu, ceste poursuite seroit demeurée sans effect pour ceste présente année ; ce que ledict sieur syndic a supplié lesdictz Estatz n'attribuer à négligence ny deffault de bonne volunté. Sur quoy lesdictz Estatz luy ont ordonné de faire recerche et se munir de toute sorte d'actes et papiers nécessaires pour pouvoir obtenir ledict advis desdictz seigneurs commissaires à la prochaine assamblée desdictz Estatz généraulx et sur icelluy le restablissement desdictes parties rayées et retrenchées, dont ledict sieur syndic est chargé de faire toutes instances et poursuites nécessaires devers le Roy et nosseigneurs de son Conseil.

Sur le desdommagement requis de la part de M. d'Haulteville, maistre en la Chambre des Comptes de Montpellier, à cause du retardement faict, durant quatre ou cinq années, de son remboursement d'une partie de 700 livres qu'il avoit prestée et fournie actuellement pour les affaires dudict diocèse, en l'année 1612, estant à Paris ; ensemble des fraiz d'un voyage de M. de Moyssac, son beau-frère, qu'il envoya exprez aux Estatz à Maruejolz, l'année 1614, pour demander payement de ce qui luy estoit deub par ledict diocèse ; a esté conclud et arresté que ledict syndic fera vérification si ledict retardement est procédé de la part des receveurs ou bien dudict diocèse, comme de mesmes s'il ne fut accordé quelque chose par lesdictz Estatz audict sieur de Moyssac, pour les fraiz de sondict voyaige, dont ledict sieur syndic fera rapport à l'assemblée.

Les Estatz, suivant l'ancienne coustume, et pour obvier aux disputes et contestations qui pourroient arriver à l'occasion du tour du sieur baron du païs qui doibt assister aux prochains Estatz généraulx de Languedoc ; après en avoir faicte vérification, ont déclaré ledict tour apartenir à M. le baron du Tournel et qu'à luy escheoit d'assister, l'année prochaine, ausdictz Estatz généraulx et d'avoir les prééminences en tel cas accoustumées. Et pour conclusion de la présente assamblée, Monseigneur a dict que la fin de toutes les actions bien reiglées doibt correspondre à son principe, que ceste assamblée ayant de tout temps acoustumé d'estre commencée par une action pieuse, comme est l'invocation du Saint-Esprit, à ce qu'il veuille diriger les délibérations des Estatz ; la mesme loy requiert, à la fin d'iceulx, leurs vœux et prières à sa divine majesté, pour impétrer l'accomplissement et favorable succès de leurs bonnes intentions, au bien du service du Roy, repos et soulagement du pauvre peuple, affin que cest œuvre publique demeure couronné de sa saincte et divine bénédiction ; laquelle mondict seigneur le président a donnée aux assistans, suivant l'ancienne coustume, qui a esté la fin de l'assamblée.

1620

Les commissaires de l'assiette. — Le marquis de Portes se rend à l'assemblée et la remercie de sa bienveillance. — Liste de MM. des Etats. — Prétention du baron du Tournel sur la baronnie de Cénaret. — Deux représentants pour la baronnie de Peyre. — Contestation entre les deux consuls de Serverette pour l'entrée aux Etats. — Don des arrérages des tailles de 1596. — Abus sur le fait des gabelles. — Gratification aux députés des Etats. — Dette en faveur de M. Portalés. — Accord à poursuivre avec les Cévennes. — Gratification en faveur du marquis de Portes. — Promesse faite par l'assemblée d'être fidèle au Roi. — Ponts à réparer. — Demande d'un archer en résidence dans la ville de Saugues. Pont de Chirac. — Remercîments de M. de Portes de la gratification à lui accordée. — Différend entre le baron de tour et le bailli, sur la préséance, décidée en faveur du bailli de Gévaudan. — Somme due par le diocèse à M. Rodes-Castaing. — Gratification de 150 livres en faveur de la prieure du Chambon, pour le rétablissement de son église et du couvent. — Don pour l'église de Marvejols et pour la chapelle des Cordeliers. — Frais de logement de gens de guerre à rembourser à diverses paroisses. — Entretien de deux archers dans les Cévennes. — Désignation du baron de tour. — Clôture de l'assemblée des Etats.

L'an mil six cens vingt et le lundy vingt et septieme jour du mois de juillet, environ l'heure de neuf du matin, en la ville de Maruejolz et dans la chambre estant sur l'auditoire de la justice de ladicte ville; se sont assamblez les gens des Trois Estatz particuliers du païs de Gévaudan et diocèse de Mende, après avoir, selon leur ancienne et louable coustume, entendu la messe de Saint-Esperit, célébrée en l'église collégiale de ladicte ville. En laquelle assamblée seroient venuz noble François de La Moléte, sieur de Morengiez et de La Garde-Guérin, commissaire principal de l'assiette dudict diocèse, la présente année, MM. Mes Urban Dumas, sieur du Bouschet, conseiller du Roy et juge du bailliaige de Gévaudan ; Adam Bouton, docteur ez droictz, sieur de Saulsses, 1er consul de la ville de Mende ; Henry Barrau, notaire royal, 2e consul ; Jehan Salvan, praticien, 3e consul de ladicte ville, et Jehan Aldin, docteur ez droictz, lieutenant audict bailliaige, 1er consul de ladicte ville de Maruejolz, commissaires ordinaires de ladicte assiette. Et incontinant après y seroit aussi venu Mre Anthoine Hercules de Budos, marquis de Portes, chevalier des ordres du Roy, conseiller en ses conscilz d'Estat et privé, capitaine de cinquante hommes d'armes de ses ordonnances, vice-admiral de France et lieutenant de Sa Majesté audict diocèse de Mende, hault et bas païs de Gévaudan, et païs des Cévennes. Lequel seigneur auroit dict, qu'estant très-asseuré de la fidélité, affection et obéyssance que ceste compaignie, avec le reste du païs, porte au service de Sa Majesté, ce seroit chose inutille de l'exhorter à ce debvoir, de sorte qu'il se contentera de luy tesmoigner que tout ainsi qu'il tient à beaucoup d'heur d'avoir esté honoré d'une charge qui l'oblige à la protection dudict païs en général et des biens et commodités d'un chascun en particulier, comme aussi de leurs vies, de mesme la sienne avec ses moyens et amys, seront fort librement employez pour mériter la continuation de leur amytié et de leurs bonnes voluntés en son endroict; de quoy il a prié la compaignie voulloir prendre une entière et parfaite créance. Sur quoy Mgr de Mende, comte de Gévaudan, conseiller du Roy, en ses Conseils d'Estat et privé, et président ausdictz Estatz auroit, au nom d'iceulx, remercié ledict seigneur marquis, du tesmoignaige qu'il luy a pleu leur donner de sa bienveillance, oultre les effectz qu'ilz en ont ressenty ; à la continuation desquelz ilz tascheront de l'obliger de plus en plus par la persévérance de leurs fidelles affections et obéyssance au service de Sa Majesté, soubz les commandements de Mgr de Montmorancy et les siens; s'asseurant que comme ilz ont personnages relevez en autorité et puissance par dessus les peuples et sujectz de Sa Majesté qui leur sont donnez en charge, ilz le sont encore plus en volunté et grandeur de courage pour se porter à toutes occasions à leur protection et soulagement.

En suite de quoy ledict sieur de Morengiez, commissaire principal de ladicte assiette, ayant proposé le faict des commissions d'icelle et après en avoir esté faicte lecture en ladicte assemblée, auroit offert de procéder à l'exécution en la manière acoustumée à l'assistance desdictz Estatz ou de telz d'entre eulx qu'il leur plaira députer. Auquel effect et pour délibérer de leurs aultres affaires communs, lesdictz sieurs commissaires ont agréé la continuation de ladicte assemblée suivant leur ancienne coustume.

Et à l'instant auroit esté faicte lecture des procurations rapportées par les députez et envoyez ausdictz Estatz, ausquelz se sont trouvez présens et assistans, assavoir, pour l'estat ecclésiastique : M. M° André de Chanoillet, docteur ez droictz, chanoine et official en l'église cathédralle de Mende et envoyé du Chapitre de ladicte église ; religieuse personne frère Pierre Pégorier, sacristain du couvent et hospital d'Aubrac ; M° Pierre Enfruct, chanoine en ladicte église cathédralle, envoyé de M. de Sainte Enymie ; M° Mathieu de Fontaines, curé de Chirac, envoyé de M. de Lengoigne ; M. Aldebert Aldin, docteur ez droictz, juge ez terres de la commanderie de Paliers, envoyé de M. de Paliers ; M. Jehan de Jehan, docteur ez droictz, envoyé de M. de Saint Jehan. Pour l'estat des nobles : M. Du Tournel, baron du tour, la présente année, en personne ; M° Jehan Michel, lieutenant en la justice ordinaire de la ville de Saint-Chély-d'Apchier, envoyé de M. le baron d'Apchier ; noble Anthoine de Jurquet, sieur des Salelles, envoyé de M. le baron de Céneret ; noble Henry de Saint Préject, sieur de La Fouillouse, envoyé de M. le baron de Randon ; noble Jean-Baptiste d'Aurelle, sieur de Beauregard, envoyé de M. le baron de Mercœur ; noble Anthoine de Nugiez, sieur de La Roche, envoyé de M. le baron de Canilliac ; noble Pierre de Rochemure, sieur de Fraisse, envoyé de M. d'Allenc ; M° Pascal Gaude, bailIe en la jurisdiction de Montauroux, envoyé de M. de Montauroux ; noble Louys Adam de Robert, sieur de Chazalz, envoyé de M. de Saint Auban ; M° Guillaume Bardon, docteur ez droictz, envoyé de M. de Mirandol ; noble Claude de Brunenc, sieur de la Corniliade, envoyé de M. de Sévérac ; noble Jacob de Randaval, sieur d'Inosses, envoyé de M. de Gabriac ; noble Jehan Jacques de Columb, envoyé de M. de Portes ; noble Estienne de Sales, sieur de La Vayssière ; noble Jehan de Seguin, sieur de Las Bros, envoyé de M. d'Arpajon ; M° Claude de Cavata, bâchelier ez droictz, envoyé de MM. les consulz nobles de La Garde-Guérin. Et pour le Tiers-Estat : M. Adam Bouton, docteur ez droictz, sieur de Saulses, 1ᵉʳ consul de la ville de Mende ; Mᵉ Henry Barrau, notaire royal, 2ᵉ consul, et Jehan Salvan, praticien, 3ᵉ consul de ladicte ville ; M. Mᵉ Jehan Aldin, docteur ez droictz, lieutenant particulier au bailliaige de Gévaudan, 1ᵉʳ consul de ladicte ville de Maruejolz ; Pierre Monteilz, marchand et 1ᵉʳ consul de la ville de Chirac ; Gabriel de Rostang, sieur de La Vaysse, consul ancien de la ville de La Canorgue ; Mᵉ Estienne Moussier, notaire royal et 1ᵉʳ consul de la ville de Saint-Chély-d'Apcher ; Mᵉ Jacques Langlade, sieur de La Fargète, 1ᵉʳ consul de la ville de Salgues ; Mᵉ Bertrand Constand, notaire royal, 1ᵉʳ consul de la ville du Malzieu ; Jehan Liguière, 1ᵉʳ consul de la ville de Florac ; Mᵉ Tristand Grégoire, notaire royal, député du consul et de la communaulté de la ville d'Yspaniac ; Jacques Sabatier, sieur de La Roquette, consul de Saint-Estienne-de-Valfrancisque ; Claude Brugeiron, marchand, 1ᵉʳ consul de la ville de Lengoigne ; Pierre Julien, sieur des Mazes, consul du lieu de Barre ; Mᵉ Pierre Chalmeton, docteur ez droictz, consul de la ville de Saint-Alban ; Mᵉ Jehan Reversat, notaire royal, député des syndicz et procureurs du mandement de Nogaret. Tous lesquelz assistans ont presté ez mains de mondict seigneur de Mende, président, le serment acoustumé, de procurer l'advancement du service de Sa Majesté et le repos et soulagement du peuple.

Ensuite de laquelle action, M. le baron du Tournel auroit représenté à l'assemblée qu'encores qu'il soit bien fondé à s'opposer à la réception du sieur de Salelles, comme envoyé pour Mme de Haultvillar, pour la baronnie de Céneret, à cause et par le moyen des droietz que ledict seigneur du Tournel a sur ladicte baronnie et dont le procès est pendant au Conseil du Roy ; néantmoings, pour ne donner aulcun subject de retardement aux affaires de Sa Majesté et du païs qui doibvent estre traittez en ceste assamblée, il se contentera de continuer la protestation par luy faicte sur le mesme différend, ez précédentes assamblées des Estatz, de ne consentir à ladicte réception ; requérant à cest effect sadicte protestation estre escripte ; ce que lesdictz Estatz ont accordé, sans préjudice du droict des parties.

S'estant présenté à ladicte assamblée M⁰ Jehan Vidal, docteur et advocat de Maruejolz, et incontinant après noble Claude de Morillon, sieur de Boussac, chascun d'eulx requérant d'estre receu et d'avoir séance et voix délibérative en icelle pour M. le baron de Peyre, assavoir : ledict Vidal, en vertu de la procuration par luy exhibée de dame Barbe de Combret, vefve de noble Bertrand de Paulo, sieur de La Faurie, et ledict sieur de Boussac, par le moyen d'aultre procuration, à luy passée par damoiselle Marie de Solatges, sœur et procuratrice généralle de M⁰ François de Solatges, son frère, seigneur et baron de Tholet. Veu par lesdictz Estatz lesdictes procurations, ensemble la délibération prise aux Estatz derniers touchant pareil différend, et considéré le retardement que telles disputes raportent aux affaires du païs, avec détriment du publicq ; a esté conclud et arresté, pour ceste seconde fois, que lesdictz deux procureurs ou envoyez, seront receuz et auroient séance et voix délibérative en ladicte assamblée, pour M. le baron de Peyre, alternativement, assavoir : l'ung le matin et l'aultre de relevée, et ce sans conséquence à l'advenir et à la charge que les parties, attandant le jugement du procès, seront tenues demeurer d'accord d'ung seul procureur et envoyé ausdictz Estatz ; aultrement à faulte de ce, l'ung et l'aultre seront excludz de l'entrée desdictz Estatz en leur prochaines assamblées, soubz lesquelles conditions lesdictz procureurs ont presté le serement acoustumé et esté admis à la présente assamblée.

Et sur aultre différend intervenu pour mesme sujet de l'entrée et assistance ausdictz Estatz, prétendue et demandée par chascun des deux consulz de la ville de Serverette, assavoir : Jehan Blanquet, en vertu d'une attestation de huict habitans dudict Serveréte, faicte pardevant notaire, par laquelle ilz tesmoignent et déclarent avoir ouy dire publiquement, comme chose notoire, que celluy desdictz consulz qui faict résidence dans ladicte ville de Serveréte, est tenu et représenté premier des deux qu'on a acoustumé de créer annuellement en ladicte ville, et celuy du faulbourg dernier, et ainsi a esté observé de tout temps ; jouissant néantmoings également de leurs charges et dignités consulaires. Et M⁰ Jehan Chalvet, en vertu d'une procuration de la communaulté des habitans de ladicte ville et par eulx signée, par laquelle luy est donné pouvoir exprès d'assister en la présente assamblée avec les aultres clauses requises et acoustumée en forme. Après que lecture a esté faicte desdictz deux actes, a esté conclud et arresté que ledict Chalvet, suivant son pouvoir et comme consul, assistera à ladicte assamblée, au nom des habitans de ladicte ville de Serverète, et ledict Blanquet en demeurera exclud.

Dudict jour, vingt-septiesme de juillet, en ladicte assemblée, de relevée.

Le sieur de Fumel, syndic dudict diocèse, a représenté qu'il estime estre fait à propos, utille et nécessaire, avant que traitter d'aultres affaires, d'informer la compaignie de certaines délibérations prises aux Estatz généraulx de Languedoc et des provisions obtenues du Roy, touchant le bien et soulagement des diocèses, affin que les habitans de celluy-cy en puissent tirer le fruict convenable aux occasions qui s'en pourront présenter. Et pour cest effect il auroit en premier lieu exposé que le feu roy Henry quatrième, de glorieuse mémoire, après avoir donné la paix à son royaume, luy donna, par Edict général, toutes les restes des tailles et aultres deniers royaulx deubz et escheuz avant et durant les troubles et guerres civiles, jusques au premier jour de janvier 1596. Ce qui auroit esté confirmé depuis par diverses déclarations en faveur et à la descharge de la province de Languedoc, vérifiées où besoing a esté, mesmes en la Chambre des Comptes à Montpellier ; néantmoings, au préjudice desdictz édict et déclarations, le receveur des restes de ladicte Chambre, à la poursuite du procureur général en icelle, vingt-deux ans après l'establissement de la paix et de la vérification de la descharge desdictes tailles, auroit expédié ses contrainctes contre les receveurs particuliers des dioceses, fermiers de l'équivallent et aultres comptables de ladicte province, leurs vefves, enfans, héritiers, pleiges et caultions pour le payement des debetz des comptes par eulx renduz, tant des deniers ordinaires apartenans à Sa Majesté que des extraordinaires qui apartiennent ausdictz diocèses, et ce depuis l'année 1559 jusques en ladicte année 1596, quoyque la pluspart desdictz debetz procèdent des parties employées en reprinze et tenues en souffrance esdictz comptes, à cause des lieux occupez pendant lesdictz troubles. Lesquelles souffrances ladicte Chambre a déclaré depuis peu de temps estre tombées en debet de clair, et au moyen de ce formé de debetz de grandes sommes sur les Estatz finaulx desdictz comptes. En vertu desquelles contrainctes, les huissiers de ladicte Chambre, accompaignez du commis dudict receveur des restes, auroient faict de rigoreuses exécutions sur les biens desdictz receveurs ou fermiers et cautions, troublant par ce moyen le repos d'un nombre infiny de familles. Et non contens de s'adresser aux héritiers desdictz receveurs décédez depuis longues années ou aux possesseurs de leurs biens, soubz prétexte qu'au temps de leur administration lesdictz receveurs estoient électifs, lesdictz huissiers auroient dressé leurs exécutions contre les scindicqz des diocèses comme subsidiairement obligez, les voullans contraindre d'aller appurer les comptes de l'administration desdictz receveurs depuis soixante années et payer les debetz d'iceulx, procédans de la radiation desdictes reprinzes. De quoy ayant esté faict plaincte au Roy et nos seigneurs de son Conseil, par le syndic général de la province, et représenté à Sa Majesté le trouble auquel le général et les particuliers de ladicte province ont esté mis par le moyen desdictes exécutions et qu'elles se font contre les édictz du feu Roy et l'intention de sadicte Majesté, à laquelle d'ailleurs n'en revient aulcune commodité, ains seullement aux officiers de ladicte Chambre, à ce que son bon plaisir fust de casser lesdictes contrainctes et assignations pour raison de ce données aux syndicz desdictz diocèses et faire défense à ladicte Chambre, attandu le laps de temps et la descharge desdictes tailles de rendre lesdictz diocèses responsables des debetz de comptes desdictz deniers ordinaires et extraordinaires ny des charges d'iceulx comptes. Et pour le regard des comptables, ordonner que toutes parties employées en reprinze, à cause des lieux occupez pendant lesdictz troubles et jusques au premier de janvier de ladicte année 1596, seroient tenues pour restablies et deschargées, en vertu desdictz édictz, sans que eulx ny leurs héritiers puissent estre constituez en aulcuns fraiz, pour le restablissement d'icelles. Et au cas ilz seroient trouvez redevables de clair pour raison d'aultres parties rayées ou aultrement, que les deniers qui se recouvreront desdictz debetz seront employés au profit et descharge desdictz diocèses, pour estre tant moings imposé ez années suyvantes. Sadicte Majesté par la response qu'elle auroit faicte au cahier des doléances à elle présenté de la part desdictz Estatz généraulx, le 9 aoust dernier, auroit déclaré son intention estre que ses subjectz de Languedoc demeureront quittes et deschargez des arrérages des tailles, équivalents et aultres deniers royaulx et extraordinaires, escheuz jusqu'au premier janvier 1596, en la forme portée par l'édict faict sur la réduction de la ville de Tholoze ; déclaration du 14 juin 1605 et Lettres patentes du 3ᵉ d'aoust 1615, et ce pour les restes deubz par le peuple, sans que les receveurs, leurs héritiers et lieutenans ny les syndicz des diocèses, qui les ont cy-devant esleuz, en puissent estre recherchez, sans toutesfois que ladicte descharge se puisse estendre aux receveurs ou aultres qui ont retenu lesdictz deniers entre leurs mains ; lesquelz ilz seront contrainctz payer à Sa Majesté sans que lesdictz diocèses en soient responsables.

En second lieu, auroit esté exposé par ledict syndic, qu'encores qu'en l'année 1608, par arrest du Conseil d'Estat du 6 mars, eust esté ordonné entre aultres choses que le receveur de la bourse de Languedoc, diocèses, villes et communaultez, seroient tenuz rendre compte, à la Chambre des Comptes de Montpellier, de tous deniers qui se lèvent sur eulx, néantmoings, par les articles accordez à Pézénas le 24 febvrier 1616, entre les gens des Estatz généraulx de Languedoc et les députés de ladicte Chambre des Comptes, authorisez par le Roy en son Conseil, lesdictes villes et communaultez, leurs consulz et administrateurs en auroient esté deschargez et permis a eulx de rendre leursdictz comptes en leurs assemblées, suivant l'ancienne forme à l'assistance des juges, magistratz, et en leur absence des lieutenants principaulx ou aultres premiers officiers, aux villes qui résident en icelles, et des premiers officiers des seigneurs haultz justiciers aux villes qui leur appartiennent, des sommes dont l'imposition leur aura esté accordée par le Roy, pour leurs despenses ordinaires, suivant les estatz qui ont esté arresté au Conseil ou qui le seront cy-après, sans que les comptes en soient renduz à ladicte Chambre. Et quoyqu'elle ne deubst faire aulcune contravention ausdictz articles, si est que depuis peu les officiers d'icelle auroient envoyé des commissaires, par les diocèses, faire leurs chevaulchées pour se faire représenter les livres des collecteurs des tailles ; ce qu'ayant obligé le syndic général de Languedoc présenter requeste à Sa Majesté et nos seigneurs de son Conseil, à ce qu'il luy pleust faire faire itératives deffenses à ladicte Chambre, de plus user de telles entreprises ny contrevenir directement ou indirectement ausdictz articles. Sadicte Majesté, par arrest de sondict Conseil, du 30 décembre dernier, l'auroit ainsi ordonné, sauf aux trésoriers de France de ladicte province de faire ladicte vérification en faisant leurs chevaulchées, sans aulcuns fraiz, suivant l'arrest d'émologation desdictz articles.

Ensuite ledict syndic auroit exposé que, sur les plainctes qui estoient faictes ausdictz Estatz par les consulz des villes et bourgs et aultres personnes ayant administration de la chose publique, de ce que sans avoir esgard aux occupations qu'ilz avoient pour les affaires de leur communaulté qui ne leur donnoient presque ung moment de relasche, pour pouvoir vacquer à leurs affaires propres, les huissiers et sergens, procédans aux saisies des biens immeubles, ont acoustumé de les commettre et establir séquestres ausdictz biens saisiz, au grand préjudice et retardement des affaires desdictes communaultez, les syndicz généraulx de la province, pour réprimer tel abuz, en attendant plus ample provision s'il y eschet, auroient faict imprimer ung extraict de l'article XXIII° du cahier présenté au Roy par les Estatz généraulx et respondu par Sa Majesté en l'année 1584, sur semblable sujet, et encores d'ung arrest de la Cour de parlement de Tholoze, du XXIII mars 1619, par le moyen de laquelle response et dudict arrest, lesdictz consulz demeurent deschargez desdictz séquestres; desquelz imprimez, lesdictz syndicz généraulx ayant distribué plusieurs exemplaires à chascun diocèse, pour s'en servir aux occasions qui s'en présenteront, et à cest effect en ayant délivré certain nombre audict sieur de Fumel, syndic susdict, il en a voulu advertir l'assamblée, à ce que les consulz ou aultres qui en auroient besoing y puissent avoir recours.

Auroit esté pareillement représenté à ladicte assamblée, par ledict sieur de Fumel, syndic dudict diocèse, comme sur la requeste présentée au Roy, en son grand Conseil, par les députés et sindic général de la province de Languedoc, à ce que, sans avoir esgard à l'arrest donné audict Conseil le XX juin 1617, ny à la commission expédiée sur icelluy, deffenses fussent faictes à la Chambre des Comptes de Montpellier, de passer oultre à la recherche des droictz de francs fiefz, nouveaulx acquestz et amortissemens en ladicte province et au procureur général de Sa Majesté d'en faire poursuite, après que ledict arrest auroit esté veu audict Conseil, par lequel est enjoinct à ladicte Chambre des Comptes de continuer la recherche par elle commencée à l'encontre des gens de main de ladicte province pour raison des droictz par eulx deubz, à cause des biens par eulx possédez au ressort de ladicte Chambre, et au procureur général de ladicte Majesté d'en faire poursuite. Veu aussi ladicte commission par laquelle est mandé à ladicte Chambre contraindre tous gens de main-morte en l'étendue de son ressort, de vuyder leurs mains des biens et héritages non amortiz ou de bailler homme vivant, mourant et confiscant, ou d'obtenir lettres d'amortissement, moyenant la finance que seroit arbitrés par ladicte Chambre, en laquelle les susdictz arrest et commission auroient esté enregistrez le 27 avril 1618. Veu pareillement le contract passé en l'assamblée des Estatz de ladicte province de Languedoc, tenuz à Béziers le troisième décembre 1596, entre le sieur marquis de Mirepoix et lesdictz Estatz, stipulans par les syndicz d'iceulx, par lequel contract ledict sieur de Mirepoix, au nom de Sa Majesté, quitte les villes, communaultez, universitez, hospitaulx et non nobles et générallement tous ceulx de ladicte province qui sont contribuables aux francz-fiefz, nouveaulx acquestz et amortissement, sous la charge et département du sieur de Vantadour, lieutenant général pour sadicte Majesté en ladicte province (aultres que le Clergé), de toute la finance, droictz et debvoirs qu'ilz pourroient debvoir, tant pour le passé que pour quarante ans à venir, à raison des biens sujectz ausdictz droictz, moyenant la somme de 15,000 livres. Et veu encores les Lettres patentes du 10 mars 1597, signées Henry, et plus bas, par le Roy : de Neufville, contenant la ratification dudict contract et descharge, pour ledict temps de quarante ans à venir, de tous lesdictz droictz de francs-fiefz, nouveaulx acquestz et amortissemens, au profit de tous les contribuables à iceulx, suivant ledict contract, registré en la Cour de parlement de Tholoze le 11 octobre 1597, et en ladicte Chambre le 22 novembre ensuyvant. Sa Majesté, en sondict Conseil, auroit deschargé ledict pays de Languedoc, villes et communaultés d'icelluy et aultres contribuables ausdictz droictz de francs-fiefz, nouveaux acquest et amortissemens de la recherche desdictz droictz pour le temps restans de quarante années, mentionnées ausdictes Lettres; faict deffense, à son procureur général en ladicte Chambre et tous aultres, en faire aulcunes poursuites et à ladicte Chambre de passer oultre à l'exécution desdictz arrestz et commission; lequel Sa Majesté a révocqué et interdict toute recherche desdictz droictz audict païs pendant ledict temps. Duquel arrest, donné audict Conseil d'Estat, tenu à Tours, le 19 septembre 1619, auroit esté, à la réquisition dudict syndic, faict lecture en ladicte assamblée et ordonné l'enregistrement d'icelluy aux registres du païs, pour y avoir recours selon que l'occasion le requerra.

De mesmes auroit esté exposé par ledict sieur de Fumel, syndic, qu'ayant esté cy-devant permis, par le feu Roy, aux gens des Trois Estatz du pays de Languedoc, la levée d'une creue de 40 solz sur chascun quintal de sel pour en pouvoir disposer et l'employer aux affaires de la province, sur laquelle creue auroit depuis esté prins 3 solz qui ont esté incorporez à la creue de 20 solz destinez pour le payement des gaiges de MM. de la Cour de parlement de Tholoze, si bien qu'il n'estoit plus resté de ladicte creue de 40 solz que 57 solz, qui auroient esté uniz avec les aultres creues à la gabelle ordinaire qui se lève à présent au profit de Sa Majesté, lesdictz Estatz en ayant faict plainte à sadicte Majesté, elle auroit accordé l'extinction de ladicte creue de 57 solz, après cinq années, dont lesdictz Estatz auroient consenty la levée en estre faicte, commençant au premier jour de janvier 1618 et finissant à pareil jour 1623, à la charge qu'après ledict temps, ladicte creue demeureroit estainte et supprimée. Et ce faisant que le prix de chascun quintal de sel ne seroit plus que de 10 livres trois sols au lieu de 12 livres, qui se payent à présent. Pour asseurance de quoy Sa Majesté en auroit faict expédier ses Lettres patentes en forme d'édict du mois de janvier 1619 ; de la copie desquelles, remise par ledict syndic, a esté faicte lecture en ladicte assemblée pour servir d'instruction aus sieurs députez d'icelle, comme chose importante au bien et soulagement du païs.

Davantaige auroit esté exposé par ledict sieur de Fumel, syndic dudict diocèse, que pour remédier aux plainctes généralement faictes, ausdictz Estatz, des exactions extraordinaires qui se commettent à la levée des deniers des rapportz des procès, tant de la Court de parlement, Cour des Aydes, Chambre des Comptes que aultres Cours subalternes, comme aussi des amendes données par lesdictes Cours ; d'aultant que les exacteurs desdictz rapportz et amendes contraignent les parties condampnées à payer le quadruple de ce qu'elles montent, auroit esté arresté par délibération desdictz Estatz que les syndicz généraulx poursuyvront ung réglement ausdictes Courtz de parlement des Aydes et Chambre des Comptes sur ce sujet ; et icelluy obtenu en envoyeront les copies aux diocèses de ladicte province. Néantmoings que le Roy et nos seigneurs de son Conseil, seront très-humblement suppliez d'ordonner qu'inhibitions et deffenses seront faictes, tant ausdictes Courtz souveraines que aux inférieures, d'expédier aulcunes contrainctes pour la levée des rapportz par elles jugez. Sur le sujet de laquelle délibération le sieur de Massanes, l'un des généraulx de ladicte Court des Aydes, assistant ausdictz Estatz, pour la ville de Montpellier, auroit prié l'assemblée de croire qu'il n'y avoit point d'abuz du costé de ladicte Cour des Aydes, d'aultant que par les reiglemens d'icelle, il n'est permis aux huissiers de faire aulcune exécution pour lesdictz rapportz que deux mois après l'arrest donné, n'estant non plus permis ausdictz huissiers, de prendre ny demander aulcune chose pour leurs despens, si lesdictz deux mois passez celluy qui doibt ledict rapport en faict actuellement le payement à l'huissier requérant ou aultre ayant pouvoir et commission suffizante de recevoir lesdictz rapportz ; seullement, en cas de refus de payement desdictz rapportz, est ordonné audict huissier, pour tous despens, ung escus par jour. De quoy ledict sieur de Fumel, syndic, a estimé debvoir particulièrement advertir l'assamblée, affin de s'en servir s'il y eschet.

A dict encores ledict sieur de Fumel, syndic, avoir esté prinzes plusieurs aultres délibérations ausdictz Estatz généraulx, touchant le bien général de la province ou des aultres diocèses d'icelle où cestuy-cy en particulier, semble n'avoir aulcun interest et entre aultres pour ce qui regarde le faict des gabelles et les abus et malversations qui se commettent en plusieurs desdictz diocèses, dont cestuy-cy, Dieu grâces, s'est jusques à présent garanty ; mais en cas que le général ou quelque particulier des villes d'icelluy se trouvast pour ce regard grevé ou molesté en quelque façon que ce soyt, il se pourra retirer à MM. les commis et députés du païs qui adviseront aussitost d'y apporter le remède convenable selon l'occurrence.

Et venant aux affaires qui regardent particullièrement ledict diocèse, mesmes celles que ledict syndic estoit obligé de promouvoir, il auroit exposé que, par délibération des Estatz particuliers dudict diocèse, du 10ᵉ juillet 1617, sur les plaintes génerallement faictes par les sieurs députés de l'Estat, de l'église de la noblesse, du Tiers-Estat et des officiers dudict diocèse et païs, du retranchement excessif qui avoit esté faict des fraiz, taxes et gaiges acoustumez, de leur estre accordez ordinairement ez assamblées desdictz Estatz particuliers, ledict retranchement faict à la poursuite de personnes mal affectionnées à l'union et au repos et soulagement dudict diocèse, et sans ouye les parties, auroit esté conclud et arresté qu'il seroit dressé ung nouvel estat des fraiz ordinaires dudict païs et diocèse, dans lequel seroit employé jusques à 1,500 livres pour le deffray des députés, tant de l'église et de la noblesse que du Tiers-Estat, pour estre ledict estat présenté et remys, à la diligence dudict syndic, devers MM. les commissaires, présidens aux Estatz généraulx de Languedoc, affin d'obtenir leur advis pour le restablissement, tant des taxes dudict deffray jusques à ladicte somme de 1,500 livres pour les députés desdictz trois ordres, comme aussi des taxes acoustumées estre faictes au seigneur président et baron du tour desdictz Estatz particulliers, et pareillement des gaiges et taxations desdictz officiers ordinaires dudict païs et diocèse. L'exécution de laquelle délibération, bien que ledict syndic reconnaisse debvoir avoir poursuivye en tous ses chefz, suivant l'intention desdictz Estatz, néantmoings, scachant les scrupules et difficultés que les sieurs commissaires desdictz Estatz généraulx ont acoustumé de faire, à donner leurs advis en pareilles occasions, il auroit estimé se debvoir contenter, pour ceste fois, de poursuivre le premier point de ladicte délibération qui est le restablissement dudict deffray, pour lequel il auroit obtenu l'advis desdictz sieurs commissaires, estimant que ceste rétention dont il a uzé n'empeschera pas, mais au contraire donnera de la facilité à l'obtention des aultres chefz de ladicte délibération, ensemble l'advis desdictz sieurs commissaires, touchant ledict restablissement dudict deffray. A esté conclud et arresté que sur ledict advis, sera par ledict syndic faicte la poursuite nécessaire pour obtenir du Roy et nos seigneurs de son Conseil l'arrest et provision convenables pour rendre ledict diocèse plainement jouyssant dudict restablissement ; néanmoings que ledict syndic ne désistera de poursuivre et obtenir, devers lesdictz sieurs commissaires, leur advis touchant les aultres poinctz de ladicte délibération, suivant le désir et intention desdictz Estatz, affin que lesdictz sieurs président desdictz Estatz et baron du tour, ny lesdictz officiers ne demeurent frustrez des droictz et taxations accoustumées.

A esté encores représenté par le syndic que, suivant les délibérations des Estatz derniers, il se seroit acheminé à Montpellier, pour reprendre et continuer l'arbitrage commencé avec le sieur trésorier Portalés, touchant la liquidation des sommes de deniers qu'il prétendoit luy estre deues par ledict diocèse comme rémissionnaire des hoirs de feu M. Olivier Sévérac, commis à la recette des tailles, ez années 1593 et 1594. Auquel arbitraige ayant esté procédé par le sieur Massanne pour ledict sieur Portalés et encores le sieur Joly, advocat, que l'on fut contrainct prendre pour tiers, à cause de la discordance des aultres deux ; ilz auroient finalement rendu sentence, consistant en plusieurs et divers chefz qui ont esté particullièrement déclarez par ledict sieur syndic. Et bien que par icelle, il semble en apparance, qu'oultre la somme de 11,000 livres, de laquelle ledict sieur Portalés a obtenu arrest du Conseil d'Estat à son profit dèz le mois de mars 1617, ledict diocèse se trouvera débiteur envers luy, d'aultres grandes sommes ; néantmoings, en l'exécution et liquidation des chefz de ladicte sentence, ledict sieur sindic se promet, par le moyen des compensations claires et inévitables audict sieur Portalés, que ledict diocèse en tous cas demeurera quitte envers ledict sieur Portalés, moyenant ladicte somme de 11,000 livres dudict arrest ; de laquelle ne restant à imposer que 2,300 livres, ledict syndic a prié l'assemblée adviser s'il sera à propos d'en faire l'imposition en la présente assiéte, à la charge que ladicte partie ne luy sera délivrée qu'après avoir appuré les comptes dudict Sévérac, faict oster les banimens et satisfaict aux aultres conditions apposées aux articles des aultres parties imposées ez assiettes dernières, en déduction desdictz 11,000 livres. Sur quoy. après avoir esté délibéré, veu ledict arrest dudict Conseil d'Estat et articles des précédentes assiettes, a esté conclud et arresté que la négociation dudict sieur de Fumel, syndic, demeurant agréée par ladicte assemblée, MM. les commissaires de l'assiette seront requis imposer ladicte somme de 2,500 livres en vertu dudict arrest, et ce toutesfois soubz le nom dudict syndic et pour estre par le receveur dudict diocèse mise en ses mains, et par ledict syndic payée et délivrée audict sieur trésorier Portalés, en cas que par ladicte sentence arbitralle toutes compensations et déductions faictes, ledict diocèse se trouvast débiteur de ladicte somme de 2,500 livres envers ledict sieur Portalés; après aussi que ledict sieur Portalés aura faict lever les baniments et saisies faictes ou à faire avant le payement de ladicte partie sur les deniers prétendus estre deubz par ledict diocèse audict Sévérac, et encores à la charge qu'avant ledict payement, ledict sieur Portalés fera appurer et descharger les comptes renduz audict diocèse tant par ledict Sévérac que ses hoirs, tant pour ce qui est de leur faict que par M° Pierre Portalés, de l'administration par luy faicte ez années 1591, 1592 et 1594, de son faict propre, suyvant le contract d'accord et transaction passée entre le païs et luy et les arrestz de la Cour des Aydes. Aultrement ne pourra, ladicte somme de 2,500 livres, estre par ledict syndic délivrée audict sieur Portalés, ains demeurera entre ses mains pour estre employée au payement d'aultres debtes dudict diocèse et tant moings imposée à la prochaine assiette, le tout néantmoings sans approbation dudict arrest, comme obtenu par surprize, ledict syndic non ouy et par lequel lesdictz Estatz se réservent de faire poursuivre le retranchement en temps et lieu, au profit dudict diocèse, mesmes pour les interestz adjugés audict Portalés contre ledict diocèse.

Du mardy, vingt-huictième dudict mois de juillet, du matin, en la susdicte assamblée, au lieu que dessus.

Sur ce que ledict sieur de Fumel, syndic dudict diocèse, auroit représenté que les habitans du païs des Cévennes, qui sont dudict diocèse, prétendans ne debvoir contribuer aux fraiz et despenses faictes en l'année 1617, pour réduire, en l'obéyssance du Roy, la place et forteresse de Grèze, lors occupée par le sieur Dondredieu, auroient refusé de payer leurs portions et quottités des sommes de 30,000 livres d'une part, et 25,000 livres d'aultre, qui furent imposées sur le général dudict diocèse, en vertu des commissions de Mgr le duc de Montmorancy, gouverneur et lieutenant général pour Sa Majesté au païs de Languedoc, pour subvenir à la solde et entrettenement des gens de guerre et aultres fraiz de ladicte réduction. Et pour arrester les exécutions et contrainctes que le receveur faisoit sur eulx, pour avoir payement de leursdictes quottités, ilz auroient relevé appel en la Cour des Aydes à Montpellier, des assiettes et département desdictes sommes, et faict inhiber ledict receveur ; lequel par ce moyen auroit eu les mains liées, sans pouvoir lever ung seul denier de leurs portions et quottités desdictes impositions. Ce qui auroit obligé ledict syndic de faire poursuivre l'instruction et jugement de ce procès. Mais quelque soing et diligence qu'il y ayt rapporté, il luy a esté impossible d'en veoir encore l'yssue, à cause de la diversité et nombre d'incidens formez et aultres fuittes et moyens de chicane praticquez par les procureurs desdictes Cévennes, durant le cours dudict procès ; aussi que ladicte poursuitte en auroit esté interrompue et différée par le moyen du traitté d'accord, proposé par lesdictz des Cévennes, l'année dernière, et des remises et longueurs dont ilz ont uzé en l'élection de leurs députés et du lieu pour vacquer audict traitté. Mais d'aultant que les consulz desdictes Cévennes, qui ont séance aux présens Estatz, luy ont dict avoir charge avec aultres nommez en leur procuration de composer dudict différend, il a requis et supplié l'assamblée voulloir délibérer sur ce et en prendre une bonne résolution. A quoy ayant esté réparty par M. Jacques Sabatier, sieur de La Roquette, consul de Saint-Estienne-de-Valfrancisque, que ores leur Conseil les trouve bien fondez en leur appel et que par son advis ilz ayent desjà obtenu lettres d'évocation de l'instance au Conseil privé de Sa Majesté, néantmoings, pour tesmoigner le désir qu'ilz ont de vivre en paix et amytié avec le reste du païs, ilz se veullent librement porter à l'accord, non-seullement du susdict procès et différend, mais encores de celluy qui est aussi pendant en ladicte Cour des Aydes, pour raison des assiettes et département des années 1603, 1604 et 1605. Ayant à cest effect exhibé ladicte procuration, de laquelle, après avoir esté faicte lecture en plaine assamblée, ensemble de la délibération prise aux Estatz derniers, sur la requeste à eulx présentée par lesdictz habitans des Cévennes ; a esté conclud et arresté que, pour maintenir la paix, union et bonne correspondance entre les habitans dudict païs et diocèse et les descharger des fraiz et despenses extraordinaires d'ung grand procès, ledict traitté sera continué jusques à la perfection d'ung bon accord, si faire se peult; et à cest effect lesdictz Estatz ont donné pouvoir à MM. les commis et députés dudict païs avec ledict syndic de l'assamblée en la ville de Mende, dans le 25 d'aoust prochain, avec lesdictz consulz et aultres qui seront députés par lesdictz habitans des Cévennes, pour négocier et résouldre ledict accord, au plus grand bien et soulagement du peuple que faire se pourra. Et en cas que lesdictz des Cévennes ne s'y vouldroient trouver, ou qu'ilz s'esloigneroient des moyens légitimes et raisonnables dudict accord, a esté ordonné, par lesdictz Estatz, audict syndic, s'acheminer incontinant après audict Montpellier, pour poursuivre soigneusement l'instruction desdictz procès en ce qu'il y eschera et conséquemment le jugement d'iceulx le plustost qu'il luy sera possible.

M. de Morangiez a dict que, lesdictz Estatz ayant rendu tant des preuves de leur affection au service du Roy et de tesmoignages de leur bonne volonté envers M. le marquis de Portes, lieutenant de Sa Majesté audict païs, et les habitans d'icelluy ressenty tant de soulagement et commodité des soings particuliers et des fraiz extraordinaires par ledict seigneur marquis, heureusement et utillement employez depuis quatre années et continuez jusques à présent pour restablir et conserver le repos dans ledict païs et empescher les mauvais desseins de plusieurs mal affectionnez au service de Sa Majesté, il estime superflu de faire souvenir la compaignie de la continuation de la gratification dont elle a acoustumé d'uzer envers ledict seigneur marquis, veu mesmes la nécessité qui presse sur l'occurrence de ces mouvemens, si bien qu'il ne reste qu'à les asseurer qu'en occasion plus oportune, ilz ne scauroient tesmoigner à Mgr de Montmorency la persévérance de leur dévotion au service de Sa Majesté et de leur bonne volonté envers ledict seigneur marquis. Et s'estant retiré de ladicte assamblée où l'affaire a esté mis en délibération, a esté conclud et arresté, pour donner moyen audict seigneur marquis de supporter lesdictz fraiz, affin de pouvoir maintenir ledict païs en repos et seureté soubz l'autorité de Sa Majesté, mesmes sur l'occurrence desdictz mouvemens, de luy accorder pour ceste année, sans tirer à conséquence à l'advenir, la somme de six mille livres. Laquelle, MM. les commissaires de l'assiette sont requis voulloir asseoir et départir sur le général dudict païs et diocèse, ceste présente année, et qu'à cest effect seront obtenues, de Sa Majesté, les Lettres nécessaires portans permission d'en faire l'imposition.

Incontinant après, ledict sieur de Morengiez, revenu à ladicte assamblée et adverty de ladicte délibération, en a remercié les Estatz au nom dudict seigneur marquis et promis luy en donner advis.

Ensuitte de ceste action, la compaignie ayant esté exhortée par mondict seigneur de Mende, président en icelle, à demeurer tousjours unye et fidellement constante à l'obéyssance et service du Roy, soubz les commandemens de Mgr de Montmorancy et dudict seigneur marquis de Portes, représentans le pouvoir et authorité de Sa Majesté, toute l'assamblée auroit, unanimement et d'une commune voix, protesté de voulloir vivre et se maintenir tousjours en ceste bonne et saincte résolution, sans jamais s'en desmouvoir.

Sur les réquisitions unanimement faictes par plusieurs

consulz des villes dudict diocèse, assistans à ladicte assamblée, de pourvcoir à la réfection et réparation de leurs pontz qui s'en vont en ruyne, s'il n'y est promptement remédié, à faulte de quoy, ilz en peuvent arriver plusieurs inconvéniens au préjudice du publicq. Ouy sur ce le sieur de Fumel, syndic dudict diocèse, qui auroit sommairement représenté le contenu aux reiglemens faictz aux Estatz généraulx de Languedoc, et les délibérations conséquemment prises aux Estatz particuliers de ce diocèse sur ce subject, suivant lesquelles ledict syndicq n'eust manqué avec le greffier desdictz Estatz se transporter sur les lieux pour faire la visite desdictz ponts ainsi qu'il leur a esté ordonné, sans les empeschemens ou interruptions survenues à cause des mouvemens ou aultres affaires publiques qui ont jusques icy retardé l'exécution de son désir et bonne volunté sur ceste occasion. Et après que lecture a esté faicte desdictes délibérations en plaine assamblée, a esté conclud et arresté qu'elles seront suivies selon leur forme et teneur, et ce faisant, que lesdictz sindics et greffier se porteront esdictz lieux au plustôt que faire se pourra, pour procéder à ladicte visitation, après laquelle les enchères et moings dictes, touchant les pris faictz desdictes réparations, seront remises devers mondict seigneur de Mende, président, et MM. les commis et députés dudict pays, pour en passer les baulx et contractz à ceulx qui feront la condition du païs meilleure, et après faire poursuivre et obtenir l'advis de MM. les commissaires présidens pour le Roy ausdictz Estatz généraulx, suivant lesdictz reiglemens, affin de pouvoir, sur iceulx, avoir permission de Sa Majesté et nos seigneurs de son Conseil, d'imposer les sommes nécessaires sur le général dudict diocèse, déduction faicte du préciput que les villes et lieux proches desdictz ponts, sont tenus de fournir, et à quoy elles sont exhortés de pourveoir de bonne heure.

Sur la plainte faicte par M. le consul de la ville de Salgues, de ce que le prévost dudict diocèse ne fait ses chevaulchées ordinaires en ladicte ville et lieux circonvoisins, comme ez aultres dudict diocèse, attandu que cela donne lieu à plusieurs maléfices qui s'y commettent impunément et plus fréquemment; requérant, pour ces considérations, qu'il pleust ausdictz Estatz ordonner audict prévost de se porter plus souvent en ladicte ville ; et néantmoings, suivant les précédentes délibérations, leur accorder l'entretenement d'ung archer dudict prévost qui soit tenu de résider ordinairement en ladicte ville, pour donner plus de crainte à ceulx qui ont envie de mal faire et authoriser les captures et aultres actes de justice contre les coulpables ; a esté conclud et arresté que ledict prévost sera exhorté, de la part desdictz Estatz, de faire ses chevaulchées ordinaires et aultres fonctions, à quoy sa charge l'oblige, aussi bien en ladicte ville de Salgues qu'en tous les aultres lieux dudict diocèse, sans aulcune différence. Et pour le regard de l'entretenement demandé pour ung archer et la résidence d'icelluy en ladicte ville, est ordonné au syndic dudict diocèse de veoir lesdictes délibérations et en faire rapport aux Estatz, pour estre sur ce plus amplement délibéré.

M. le consul de la ville de Chirac a représenté que, l'année dernière, sur l'instance par luy faicte à l'assamblée des Estatz tenuz en la ville de Mende, à ce qu'il pleust pourveoir au payement de la somme de 520 livres, deue à ladicte ville de restes du pris faict de la réparation de leur pont, comme ayant esté ladicte somme fournie et advancée par les habitans de ladicte ville, oultre 240 livres pour leur préciput et 400 livres par eulx cy-devant receuz dudict diocèse, le tout employé à ladicte réparation, comme très-utille et nécessaire, lesdictz Estatz, par leur délibération, auroient conclud et arresté que le syndic dudict diocèse, faisant la visite des pontz, vérifieront ladicte réparation, ensemble les despenses faictes pour icelles, affin d'en faire rapport à la présente assemblée ; mais ores qu'ilz ayent souvent requis et prié ledict sieur syndic s'acheminer audict Chirac pour ladicte vérification, il leur auroit esté impossible de l'obtenir de luy. Et d'aultant qu'il sont pressez de payer ladicte partie aux créanciers, desquelz ilz ont esté contrainctz de l'emprunter ; ilz supplient l'assemblée ne différer davantage d'en faire faire l'imposition pour leur remboursement, attandu qu'elle a esté actuellement employée à ladicte réparation. Sur quoy, veu la susdicte délibération et ouy ledict syndic, qui a dict n'avoir eu moyen se transporter audict lieu de Chirac à cause de plusieurs aultres occupations pressées et importantes au bien des affaires dudict païs, ayant en oultre remonstré qu'il n'avoit jamais esté appellé aux pris faictz desdictes réparations, ains avaient esté baillez par lesdictz habitans à leur plaisir et volunté, sans garder aulcun ordre ny formalité requis et prescriptz par les reiglemens des Estatz généraulx et les délibérations des Estatz particuliers dudict diocèse, au moyen de quoy ledict païs n'estoit tenu audict remboursement. A esté conclud et arresté, conformément à ladicte précédente délibération, que ledict syndic, faisant ladicte visite génóralle desdictz pontz du diocèse, vérifiera ladicte réparation et despenses et en fera rapport à la prochaine assamblée desdictz Estatz.

Dudict jour, vingt-huictième de juillet, en ladicte assamblée, de relevée.

Estant, M. de Morangiez, venu à ladicte assamblée, il a dict avoir faict entendre, à M. le marquis de Portes, la gratification dont il avoit pleu aux Estatz uzer en son endroict. De quoy il l'avoit chargé les remercier très-affectueusement et les asseurer qu'il a ung tel ressentiment du tesmoignage de leur bonne volunté que cela l'oblige à redoubler ses soings pour maintenir le païs en repos et tranquillité, et à cest effect employer tout ce qui peult deppendre de luy.

Et incontinant après, M. du Bouschet, conseiller du Roy et juge au bailliaige de Gévaudan, commissaire ordinaire de l'assiette dudict diocèse, a représenté qu'il estime n'y avoir personne en la compagnie qui ne scache que le commissaire principal de ladicte assiette et après luy immédiatement le bailly, ou en son absence le juge audict bailliage ou son lieutenant, ne puissent et doivent, comme officiers royaulx et commissaires ordinaires de ladicte assiette, précéder les sieurs députés des trois Estatz dudict diocèse en leurs assamblées, qui se font annuellement, pour le département des deniers du Roy et aultres deniers des tailles, et que c'est chose observée dèz si longtemps, qu'elle ne peult estre révocquée en doubte; néantmoings, M. le baron du Tournel, estant en son tour de baron dudict diocèse, la présente année, a prins place et séance immédiatement après ledict sieur commissaire principal, qui par ce moyen demeure séparé dudict juge du bailliaige, son collègue, lequel se trouveroit post posé aux sieurs députés desdictz Estatz, au préjudice de l'ancien ordre et de l'authorité et pouvoir donné ausdictz commissaires, et quoique par toute sorte de considérations, il désire en son particulier rendre tous les respectz qui se peuvent à M. le baron du Tournel, si est ce que sa charge l'obligeant à demeurer ung avec ledict sieur commissaire principal, comme estant leur pouvoir, commun et inséparable, il ne peult ny ne doibt différer de requérir l'assamblée de considérer ce pervertissement d'ordre et d'y pourveoir prudemment, selon sa louable coustume, pour obvier à une plus grande confusion. Sur quoy, après que mondict sieur le baron du Tournel a eu réparty que le rang et place qu'il tient ce jourd'hui en l'assamblée n'est aultre que celluy mesme qu'il a tenu dèz le jour de l'entrée des Estatz et qu'il a depuis continué en présence dudict sieur du Bouschet, sans qu'il ayt faict semblant de s'en plaindre, de sorte que sa proposition ne peult estre maintenant considérable ; a esté conclud et arresté que l'ordre ancien sera désormais observé et entretenu sans aulcune innovation.

Sur ce que le sieur Rodes-Castaing, de la ville de Maruejolz, a représenté qu'après avoir esté contrainct de plaider environ trente ans, au nom de sa femme, comme héritière de feu Pierre Meillac, sieur du Montet, de la ville de La Canorgue, finalement il auroit obtenu arrest par lequel il auroit esté condampné audict nom à payer à M. Jehan Regy, marchand, de Saint-Cosme, en Rouergue, la somme de 1,000 livres, avec despens et apport. Et par le mesme arrest de la Cour des Aydes contradictoirement donné avec le syndic dudict diocèse, ledict syndic auroit esté, par mesme moyen, condampné à relever indempnes lesdictz mariez, tant des sommes principalles par eulx payées audict Regy, que des interestz d'icelles, depuis le payement, suivant la licquidation qui en seroit faicte par le commissaire qui seroit à ceste fin député, avec despens de l'instance, taxez à 241 livres 19 solz. Et depuis en conséquence de la délibération prise aux Estatz tenuz en la ville de Maruejolz, au mois de may 1618, par laquelle ilz donnaient pouvoir à MM. les commis et députés dudict païs, de liquider les prétensions desdictz mariez, auroit esté passé accord entre lesdictes parties, portant liquidation et réduction de toutes lesdictes prétensions, à la somme de 2,000 livres, payable en la présente année. Requérant à cest effect qu'il pleust à l'assamblée d'en faire faire l'imposition et levée sur ledict diocèse, attandu qu'il est journellement vexé et molesté de la part dudict Regy. Ce qui l'obligera de se servir, contre le diocèse, des mesmes constrainctes dont l'on usera contre luy. Et après, le sindic dudict diocèse ayant esté ouy, qui a remonstré ceste partie ne pouvoir estre imposée sans expresse permission du Roy, suivant les derniers reiglemens faictz au Conseil d'Estat, ny ladicte permission obtenue de Sa Majesté, sans l'advis de MM. les commissaires députés à la vérification des debtes dudict diocèse, ce qui auroit esté cause qu'il auroit faict comprendre ladicte partie en leur procédure génerallement desdictz debtes, pour en donner par mesme moyen leur advis, comme des aultres, et sur le tout obtenir une seulle permission, pour esviter à double fraiz ; tellement qu'il ne reste qu'à recouvrer desdictz sieurs commissaires ladicte procédure avec leur advis ; ce qu'il espère pouvoir faire bientost et l'envoyer audict Conseil ; ne l'ayant peu faire plustost à cause de l'absence de M. de Gallières, l'ung desdictz commissaires, et du sieur Du Vidal, leur greffier, qui ont faict ung long séjour à la Cour, où ilz sont encores. A esté délibéré et conclud que ledict syndic, après le retour desdictz sieurs de Gallières et Du Vidal, en Languedoc, diligentera de retirer ladicte procédure et advis, selon qu'il luy a esté cy-devant ordonné, affin de poursuivre, devers Sa Majesté et nos seigneurs de son Conseil, les provisions nécessaires pour l'imposition et levée des sommes qui se trouveront deues aux créanciers dudict diocèse, entre lesquelz ledict sieur Rodes se trouve compris.

Sur la requeste présentée ausdictz Estatz par religieuse personne, dame Jehanne de Chastel, prieure du prieuré du Chambon-lez la ville de Maruejolz, à ce que en considération du bruslement, démolition et ruyne entière de son couvent et presque de toute l'église et des grandes sommes de deniers nécessaires pour la réparation d'icelles affin d'y pouvoir restablir le service divin qui en a esté banny par l'injure des guerres, par le moyen desquelles lesdictes ruynes sont advenues; il leur pleust exercer leurs charitez et à cest effect luy accorder telle somme qu'ilz adviseront, pour luy ayder à subvenir à ladicte réparation et mettre ladicte église en estat qu'elle et ses religieuses ayent moyen d'y faire ledict service divin; a esté délibéré et conclud de luy accorder la somme de sept vingt dix livres; laquelle MM. les commissaires de l'assiette seront requis d'imposer sur le général dudict diocèse, la présente année, à la charge qu'elle ne sera employée à aultre uzage pour quelque cause ou occasion que ce soit.

Veu la requeste présentée ausdictz Estatz par le prieur et religieux du couvent des Frères Prescheurs Jacobins réformez de ladicte ville de Marieujolz, narrative de la ruyne et démolissement de leur église et couvent, advenus par le malheur des guerres et de l'occupation du du fondz d'iceluy, à présent réduict en une forteresse ou citadelle, joinct la perte des tiltres et droictz dudict couvent, le tout arrivé du mesme désordre et confusion desdictes guerres, qui a empesché l'effect du désir qu'ilz ont d'acquérir une petite maison, pour pouvoir vacquer au service divin, en leur chapelle et aultres exercices spirituelz de prédications, confessions et aultres, selon l'institution de leur ordre, s'il ne plaist ausdictz Estatz, par leur acoustumée bienveillance et dévotion ez choses qui regardent la piété et l'advancement du service de Dieu, leur départir leurs aulmosnes et charitez ; lesquelles ilz implorent à l'effect de leurs bonnes et recommandables intentions ; a esté délibéré et conclud de leur accorder la somme de 200 livres, pour leur ayder et subvenir à l'achept d'une maison en ladicte ville de Maruejolz, à la charge que ladicte somme ne pourra estre divertie ny employée à aultres uzages, soubz quelque prétexte que ce puisse estre, et seront MM. les commissaires requis, de la part desdictz Estatz, départir ladicte somme en la présente assiette en la forme acoustumée.

A esté pareillement accordé aux consulz et habitans de ladicte ville de Maruejolz, la somme de sept vingtz dix livres pour icelle employer à la réparation de l'hospital de ladicte ville, cy-devant ruyné en la conflagration généralle d'icelle, advenue par l'injure des guerres civilles de ce royaume, et à cest effect MM. les commissaires de l'assiette seront requis imposer ladicte somme et icelle comprendre au département des fraiz ordinaires la présente année, à la charge qu'elle ne pourra estre divertie à aultres uzages, à peine de répétition.

De mesmes sur la requeste présentée par MM. les prebtres et chanoines de l'église dudict Maruejolz, leur a esté accordé la somme de sept vingt dix livres, pour subvenir à la réparation qu'ilz continuent de faire en ladicte église pour la remettre en estat décent et convenable pour y faire le service divin et y recevoir commodement les parroissiens et aultres catholiques des environs de ladicte ville qui y abordent ordinairement plus que de coustume, à l'honneur et gloire de Dieu, et qu'à cest effect pareille réquisition sera faicte, ausdictz sieurs commissaires, d'imposer ladicte partie en la présente assiette, soubz la mesme charge de n'estre divertie à aultres uzages.

Sur aultre requeste présentée ausdictz Estatz par le syndic du couvent des Frères-Mineurs de ladicte ville de Maruejolz, implorant, comme les aultres, l'assistance du païs pour subvenir à la construction d'une chapelle où lesdictz religieux puissent faire le service divin, attandu que leur couvent fut, par l'injure des guerres, ruyné de fondz en comble ; a esté accordé la somme de 60 livres pour estre imposée comme dessus et soubz les mesmes charges.

Sur la réquisition faicte à ladicte assamblée par les sieurs consulz des villes de Chirac et La Canourgue et les procureurs des lieux de La Villedieu et d'Auroux, à ce qu'il pleut à ladicte assamblée pourveoir au payement de la somme de 400 livres qui leur fut accordé par MM. les commis, syndic et députés dudict païs, à raison de 100 livres pour chascun desdictz lieux, et ce pour les rembourser de partie de la despense par eulx fournie à la compaignie d'ordonnance de Mgr le duc de Vantadour, aux logemens qu'elle auroit faict esdictz lieux au mois d'octobre 1617, se retirant au bas Languedoc, au retour des frontières de la Savoye, par commandement du Roy ; n'estant raisonnable qu'ilz demeurassent frustrez de ladicte somme à eulx accordée, qui ne revient pas à la quatrième partie de la despense et foulle par eulx soufferte qui tourne à la descharge et au soulagement des aultres lieux dudict diocèse. Ouy sur ce ledict syndic et veu la délibération prize aux Estatz tenuz en la ville de Maruejolz, au mois de may 1618, a esté conclud et arresté qu'il sera pourveu au payement de ladicte somme par lesdictz sieurs commis et députés sur les deniers qui proviendront de la levée des restes deues, par les habitans des Cévennes, des impositions et assiettes faictes audict diocèse ez mois de mars et d'avril en ladicte année, de la somme de 30,000 livres, d'une part, et 25,000 livres d'aultre, en cas qu'il s'y trouvera du fonds, ou en deffault de ce, ladicte somme sera imposée à la prochaine assiette, à l'effect dudict remboursement, à la charge néantmoings que lesdictz lieux feront quittance de toutes aultres prétensions, pour ce regard, à la descharge dudict diocèse.

Le sieur de La Fouillouse, envoyé de M. le vicomte de Polignac, baron de Randon, auroit remonstré que feu Jacques de Licques, ayeul de François de Licques, de la ville du Puy, auroit esté associé avec feu Mathieu Farnier et aultres au faict de la recepte des deniers extraordinaires qui furent imposez audict diocèse de Mende, en l'année 1578, et après plusieurs et divers arrestz obtenuz par les hoirs dudict Farnier, qui seul portoit le nom de ladicte recepte, auroit esté passé transaction avec le syndic dudict diocèse. Et depuis, par arrest du Conseil d'Estat, MM. Delhom et de Gallière, trésoriers généraulx de France, auroient esté commis et députés à la vérification des debtes d'icelluy diocèse, lequel, par leur procédure, faicte au mois de novembre 1616, auroit esté trouvé débiteur, entre aultres envers ledict Farnier, en la somme de 7,500 escus, oultre une partie de 1,000 escus, deue au sieur de Saint Auban, payable par les paroisses particulières dudict diocèse. Laquelle partie revient audict de Licques, suivant la transaction passée entre le sieur Meyronnenc, agent de Mme de Saint Auban et ledict de Licques, le 10 novembre, audict an 1616. Et de plus est deub audict de Licques, sur ledict debte dudict Farnier, la somme de 1,200 escus, à prendre des premiers deniers qui seront imposez ainsi qu'est porté par le contract passé avec la vefve de feu Claude Farnier, filz et héritier dudict Mathieu, le 3 décembre 1618. Desquelles sommes, bien que depuis la vérification d'icelles ledict syndic deubst procurer le payement à l'aquittement et descharge dudict diocèse, il auroit au contraire tousjours différé et à ceste fin négligé de retirer ladicte procédure et l'advis desdictz sieurs commissaires, au grand préjudice et interest desdictz créanciers. Et d'aultant que ledict seigneur vicomte de Polignac a le droict cédé desdictes deux sommes deues audict sieur de Licques, ledict sieur de La Fouillouse, au nom dudict seigneur de Polignac, a requis ladicte assemblée de pourveoir au payement d'icelles, ensemble des interestz, du moings depuis ladicte année 1616 que ladicte vérification fut faicte et que le deffault de payement procède de la négligence dudict syndic, qui n'est pas moings obligé à procurer le payement desdictes parties que de plusieurs aultres qu'il a faict acquitter, mesmes une de 7,000 livres au sieur Portalés, quoyqu'elle ne fust pas plus légitimement deue ny à meilleur tiltre ny la personne plus digne de considération que ledict seigneur vicomte, qui a moyen d'assister le pays en aultre qualité et plus puissamment que ledict sieur Portalés. Sur quoy a esté dict que le païs n'empesche ledict seigneur vicomte de se pourveoir par saisie ou aultres remèdes de justice sur ce qui se trouvera liquidement deub aux hoirs dudict sieur Farnier, moyennant que ledict païs demeure vallablement deschargé envers eulx et tous aultres qu'il appartiendra.

Sur la réquisition faicte par les consulz des Cévennes, à ce qu'il pleut à l'assamblée leur accorder l'entretenement d'ung lieutenant de prévost pour faire résidence ordinaire, en leur quartier, disant que le sieur Armand, lieutenant, audict diocèse, de M. le prévost général de Languedoc, ne tient compte d'y faire ses chevaulchées, comme il est tenu, au moyen de quoy, plusieurs maléfices demeurent impunys audict quartier des Cévennes, joinct que les deux archers, qui leur furent ordonnez et accordez les années passées, s'aquittent mal de leur debvoir ; et quoyqu'ilz ayent faict apparoir de quelque nomination faicte de leur personne, par certaines parroisses desdictes Cévennes, néantmoings lesdictz consulz la désavouent ; a esté délibéré, conclud et arresté, n'y avoir lieu de leur accorder l'entretenement par eulx demandé, néantmoings ledict sieur Armand sera exhorté de faire ses chevaulchées ordinaires audict quartier des Cévennes, comme ez aultres dudict diocèse, selon le debvoir de sa charge et que les occasions et la nécessité le requerront, conformément aux précédentes délibérations, en conséquence desquelles l'entretenement desdictz deux archers sera continué la présente année, veu que la nécessité dure encore.

Pour garder l'ordre acoustumé et esviter à confusion, les Estatz ont déclaré le tour de baron dudict diocèse, pour l'année prochaine, apartenir à M. le baron de Randon, comme succédant, immédiatement en ordre, à M. le baron du Tournel, qui est en tour la présente année.

Finallement mondict seigneur le président a représenté que, comme la compaignie doibt avec juste occasion louer Dieu de ce que les affaires y ont esté traittez et résoluz paisiblement et avec toute douceur, vray tesmoignaige des bonnes intentions des Estatz à l'advancement du service du Roy et du repos et soulagement du pauvre peuple, elle n'a moindre sujet d'implorer sa divine bonté à ce qu'il luy plaise permettre que ses vœux et louables intentions demeurent joinctz aux dignes et vertueux desseings des personnes qui peuvent opérer à la manutention de la tranquillité publique, s'asseurant que Dieu ne refusera ceste grâce, si l'on s'en veult rendre capable, en se conservant en estat de gens de bien par l'observation de ses sainctz commandements. A quoy il a exhorté l'assamblée et luy a donné sa bénédiction, suivant l'ancienne et louable coustume desdictz Estatz, qui a esté la dernière action faicte en iceulx.

1621

Les commissaires de l'assiette. — Discours du Président. Liste des membres de l'assemblée des Etats. — Contestations entre le commandeur de Gap-Français et l'en-

voyé du dom d'Aubrac pour la préséance. — Admission de M. Loberie, pour le baron de Mercœur, et de M. de Rochemure, pour le seigneur d'Allenc. — Les deux envoyés des prétendants à la baronnie de Peyre. — Témoignages de gratitude à l'égard de M. le marquis de Portes. — Admission de l'envoyé du baron de Cénaret et du baron du Tournel. — Ferme de l'équivalent, observations, représentations. — Serment des Etats pour se confirmer au service du Roi. — Ferme de l'équivalent à la folle enchère. — Moyens à prendre en cas de trouble dans le diocèse. — Requête des habitants de Montrodat, au sujet de leurs prétentions, pour avoir droit d'entrée aux Etats du diocèse. — Admission de divers procureurs. — Vérification des dettes. — Accord avec les habitants des Cévennes. — Admission des envoyés de MM. de Sévérac et d'Arpajon. — Plainte des fermiers de l'équivalent à cause de leur emprisonnement. — Refus d'accepter les cautions présentées par l'adjudicataire de l'équivalent. — Gratification au marquis de Portes. — Pont de Souilletz à vérifier. — Bains de Bagnols. — Mesures prises en cas de troubles. — Mise aux enchères de la ferme de l'équivalent. — Demande de M. Castain, créancier du pays. — Secours à diverses communautés religieuses. — Règlement sur les demandes de secours pour œuvres pieuses. — Réquisition du prévôt pour l'augmentation du nombre des archers. — Le syndic du diocèse prendra fait et cause pour le prévôt de la maréchaussée contre le siége présidial de Nîmes. — Admission de M. Michel Armand, fils, pour exercer la charge de lieutenant de prévôt pendant l'absence de son père. — Désignation du baron de tour. — Clôture de l'assemblée des Etats.

L'an mil six cens vingt-ung et le mercredy vingt-septiesme jour du mois de janvier, sur les neuf heures du matin, dans la salle haulte des maisons épiscopalles de la ville de Mende, ont esté assamblés les gens des trois Estatz particuliers du païs de Gévaudan et diocèze de Mende, suivant le mandement et commissions de nos seigneurs les commissaires qui ont présidé pour le Roy aux Estatz généraulx de Languedoc, tenuz en la ville de Pézénas, es mois de novembre et décembre derniers. En laquelle assamblée, estans venuz nobles François de Molette, sieur de Morangiez et de La Garde, commissaire principal de l'assiette dudict diocèse, la présente année ; Guillaume Dumazel, sieur du Pivou et de Remeize, bailli de Gévaudan ; M. M° André Bayssenc, docteur ez droictz, 1er consul de ladicte ville de Mende ; sires Jean Colomb, bourgeois, 2e consul, et Hélic Prades, merchant et 3e consul de ladicte ville, et noble Aldebert de Seguin, sieur de Prades, 1er consul de la ville de Maruejolz, commissaires ordinaires de ladicte assiette, auroict esté, par ledict sieur commissaire principal, dict que luy et ses collègues auroient esté commis et subdélégués, par lesdictz seigneurs commissaires présidens ausdictz Estatz généraulx, pour procéder à l'assiette de la portion de ce diocèse, des deniers accordés à Sa Majesté par lesdictz Estatz généraulx, ainsi qu'il est porté par les commissions qui leur en ont esté adressées. Par la lecture desquelles, l'assamblée verra les justes causes qui ont meu lesdictz Estatz généraulx d'accorder libéralement lesdictz deniers à sadicte Majesté, qui obligeront d'aultant plus la compaignie (comme il s'asseure de la continuation de leur dévotion et fidélité au bien du service du Roy) à promptement effectuer le contenu esdictes commissions, et à ceste fin l'assister avec sesdictz collègues en l'assiette et département qu'il leur est mandé de faire desdictz deniers en leur présence ou de telles personnes de ladicte assamblée qu'il leur plaira députer ; offrant, de leur part, d'y vacquer à toute heure que ladicte assamblée advisera. Ayant au surplus ledict sieur de Morangiez randu tesmoignaige à la compaignie de la continuation de l'affection de Mgr de Montmorancy, très-particulière envers ce païs, comme aussi de M. le marquis de Portes, leur gouverneur, et du regret qu'il a d'avoir esté empesché, par ung rheume, de se trouver en la présente assamblée, comme il avoit desseigné, pour leur offrir ses services et les asseurer, de vive voix, qu'il n'y a obstacle qu'il ne surmonte, quand l'occasion s'offrira de conserver et maintenir la paix dans le païs, pour leur bien et soulagement. Et sur ce, après avoir esté faicte lecture desdictes commissions, auroit esté représenté par très-révérend père en Dieu, Mre Charles, évesque et seigneur de Mende, comte de Gévaudan, conseiller du Roy en ses conseilz privé et d'Etat, et président desdictz Estatz, que la teneur des susdictes commissions et le discours dudict sieur commissaire principal donnent assez de cognoissance de ce que l'assamblée est obligée de faire ensuitte desdictz Estatz généraulx de la province, qui ont seu dignement considérer la nécessité des affaires de Sa Majesté, pour les grandes despenses qu'elle a esté contraincte faire, à cause des mouvemens passez qui sembloyent menasser l'Estat d'une grande ruyne et laquelle estoit inévitable si elle n'eust esté prévenue par les soings et la présence de sadicte Majesté, avec la grâce et assistance de Dieu, qui l'a voulu mener et conduire par la main en toutes ses actions et derniers exploictz qui ont par merveilles restably la France en l'estat paysible qu'elle est à présent, et la religion catholique dans le païs de Bearn, d'où elle avoit esté bannie et chassée, actions non moings utilles et profitables à tous les subjectz de sadicte Majesté, qu'admirables à tout le monde, et d'aultant plus glorieuse à sadicte Majesté, qu'elles sont pleines de zèle et piété envers Dieu et de clémence et débonnaireté envers ses peuples qui ont ung digne sujet en cela, de recognoistre la grande obligation qu'ilz ont à sadicte Majesté et particullièrement ce pauvre pays, de luy continuer à jamais ses fidelles obéyssances avec ses vœux plus intimes à Dieu, pour la conservation de sadicte Majesté en santé et prospérité, comme aussi à Mgr de Montmorancy, représentant son authorité en la province, et M. le marquis de Portes, en ce pays et diocèze, et qui ont grandement contribué leurs soingz pour empescher le trouble et maintenir la paix et le repos dans ledict pays, pour le bien et soulagement des sujectz de Sa Majesté. Si a mondict seigneur le président, au nom desdictz Estatz, remercié Sa Grandeur et mondict seigneur le marquis, en la personne dudict sieur de Morangiez, de la continuation de leur bienveillance envers cedict pays, avec asseurance qu'ilz persévèreront à jamais en l'obéissance et fidélité qu'ilz doibvent à sadicte Majesté et à sadicte Grandeur et audict seigneur de Portes. Ensuitte de quoy, le sieur de Fumel, syndic dudict païs, a requis lesdictz sieurs commissaires, suivant la coustume, de permettre la continuation de l'assamblée, pour délibérer, tant sur le faict desdictes commissions que des aultres affaires communes dudict pays et diocèze et y pourvoir selon que la nécessité le requerra, pour le bien du service du Roy et le repos et soulagement du pauvre peuple. Ce que lesdictz sieurs commissaires ont librement accordé, soubz l'asseurance de la fidélité de l'assamblée envers sadicte Majesté.

Et incontinant après, sur la lecture du roolle des personnelz qui ont accoustumé d'avoir entrée et voix délibérative à ladicte assamblée, ont esté trouvez présens et assistans en icelle, assavoir, pour l'estat ecclésiastique : M. M⁰ Jacques Pereyret, docteur en la faculté de Sorbonne, chanoine théologal de l'église cathédralle de Mende et envoyé du Chappitre de ladicte église ; religieuse personne frère Pierre Pégorier, sacristain d'Aubrac ; M⁰ Pierre Enfruct, chanoine de ladicte église cathédrale de Mende et envoyé de M. de Sainte Enimye ; Mʳᵉ Mathieu de Fontanes, curé de Chirac, envoyé de M. de Lengoigne ; M⁰ Aldebert Aldin, docteur ez droictz, juge de la jurisdiction de M. le commandeur de Palhers ; M. de S. Jehan, commandeur de Gap-Francès, en personne. Et pour MM. les barons et Estat des nobles : noble Henry de Saint Préject, sieur de La Fouillouze, envoyé de M. le baron de Randon, baron du tour la présente année ; M. Jean Michel, lieutenant en la justice ordinaire de Saint-Chély-d'Apchier, envoyé de M. le baron d'Apcher ; noble André de Bressolles, sieur du Villeret, envoyé de Mme de La Faurie, d'une part, et M. Anthoine Aldin, docteur ez droictz, envoyé de M. de Tolet, tous deux prétendans droict à la baronnie de Peyre ; noble Anthoine de Jurquet, sieur de Salelles, envoyé de M. le baron de Céneret ; M⁰ Jean Borrelly, docteur ez droictz, sieur de Salesses, envoyé de M. le baron du Tournel ; M⁰ Pierre Loberie, docteur ez droictz, lieutenant en la justice du bailliaige de Mercœur, envoyé de M. le baron de Mercœur ; noble Anthoine de Nugiez, sieur de La

Roche, envoyé de M. le baron de Canilliac ; noble Pierre de Rochemeure, sieur de Fraisse, envoyé de M. d'Allenc ; M⁰ Pascal Gaude, bailly des terres et jurisdiction de Montauroux et envoyé de M. de Montauroux ; noble Gabriel de Robert, sieur des Asagatz, envoyé de M. de S¹. Auban ; noble Nicollas de Gibertés, sieur d'Aubenas, envoyé de M. de Montrodat ; M⁰ Guillaume Bardon, docteur ez droictz, juge en la jurisdiction de Mirandol, envoyé de M. de Mirandol ; noble Claude de Brunenc, sieur de La Corniliade, envoyé de M. de Sévérac ; noble Philippe de Thézan, sieur de Fabrègues, envoyé de M. de Barre ; noble Jean-Jacques de Columb, envoyé de M. de Portes ; M⁰ Michel Duron, docteur ez droictz, envoyé de M. de Servières ; noble Trophime de Seguin, sieur de La Combe, envoyé de M. d'Arpajon ; M⁰ Claude de Cavata, envoyé de MM. les consulz nobles de La Garde-Guérin. Et pour le Tiers-Estat : M⁰ André Baissenc, docteur ez droictz ; Jean Colomb, bourgeois, et Hélie Prades, consulz de la ville de Mende ; noble Aldebert de Seguin, sieur de Prades, 1ᵉʳ consul de la ville de Maruejolz ; sire Vincent Lafont, merchant et 1ᵉʳ consul de la ville de Chirac ; sire Estienne Maigne, merchant et 1ᵉʳ consul de la ville de La Canorgue ; M⁰ Estienne Moussier, notaire royal et 1ᵉʳ consul de la ville de Saint-Chély-d'Apchier ; noble Anthoine de Langlade, sieur de La Valette, docteur en médecine, 1ᵉʳ consul de la ville de Salgues ; M⁰ Guillaume Imbert, docteur ez droictz, juge et depputé de la ville du Malzieu ; M. Anthoine Bonniol, 1ᵉʳ consul de la ville de Florac ; M⁰ Gabriel Compang, consul de la ville d'Yspaniac ; Ramond de Fumel, sieur de Caprières, 1ᵉʳ consul de la ville de Sainte-Enymie ; M⁰ Pierre Daudé, consul de Châteauneuf-de-Randon ;

Jean Chauvet, bourgeois et 1ᵉʳ consul de Serverette ; noble Jacques Sabatier, consul vieulx de Saint-Estienne-de-Valfrancisque ; Gervays Jehan, merchand et consul de la ville de Lengoigne ; Mᵉ Jehan Giberne, consul de la viguerie de Portes ; Jean Tinel Lombard, sieur de La Bastide, consul de Barre ; Mᵉ Jean Enjalvin, notaire royal, syndic de la ville de Saint-Auban ; Mᵉ Jean Boudon, 1ᵉʳ consul du mandement de Nogaret.

Lesquelz assistans, après que les procurations des envoyés et des consulz ont esté leues, ont presté le serement accoustumé, es mains de mondict seigneur le président, de procurer en leurs oppinions et suffrages l'advancement du service du Roy et le repos et soulagement du pauvre peuple et ne descouvrir les délibérations des Estatz.

Sur le différend intervenu entre M. de S. Jean et l'envoyé de M. d'Aubrac, pour raison de leurs séances ausdictz Estatz, prétendant ledict envoyé dudict sieur d'Aubrac debvoir précéder ledict sieur de S. Jean, d'aultant que dans les roolles des sieurs ecclésiastiques, nobles et du Tiers-Estat dudict païs qui ont accoustumé de tout temps former l'assamblée desdictz trois Estatz, le sieur d'Aubrac est estably premier en ordre que ledict sieur de S. Jean, comme se veoid évidemment par lesdictz roolles, et partant qu'il doibt procéder ledict sieur de S. Jean en la présente assamblée ; laquelle il a supplié voulloir en sa personne maintenir ledict sieur d'Aubrac en ses droictz et privilléges anciens. Au contraire ledict sieur de S. Jean soustenant l'ordre estre tel en ceste compaignie et y avoir de tout temps observé que les envoyés des ecclésiastiques ou nobles qui ont séance ausdictz Estatz ne peuvent précéder ceulx qui s'y trouvent en personne ; à cause de quoy il ne doibt céder sa place audict envoyé ; a esté conclud que ledict sieur de Saint Jean, attandu qu'il est en personne, précèdera ledict envoyé dudict sieur d'Aubrac, suivant les précédentes délibérations.

M. Pierre Loberie, docteur ez droictz, s'est présenté pour estre receu en l'assamblée pour M. le baron de Mercœur, et ce en vertu des Lettres de provision de lieutenant général en la justice du duché de Mercœur, qu'il a exibées, disant n'avoir peu recouvrer procuration de M. le duc de Vendosme, seigneur dudict Mercœur, à cause de son éloignement de ce païs, mais offre se faire agréer. Sur quoy lecture faicte de ladicte provision, ledict Loberie a esté receu et presté le serement requis, à la charge de remettre dans deux mois, devers le greffe du païs, adveu dudict seigneur, de sa comparution et assistance en la présente assamblée et de rapporter à l'advenir procuration expresse, à peine d'estre privé de l'entrée desdictz Estatz.

Dudict jour, vingt-septiesme janvier, en ladicte assamblée, de rellevée.

S'est présenté à l'assamblée noble Pierre de Rochemure, sieur de Fraisse, avec procuration de M. du Besset, comme seigneur d'Allenc. De laquelle ayant esté faicte lecture, ledict sieur de Fraisse a esté receu, et à cest effect presté le serement accoustumé.

Sur le différend d'entre noble André de Bressolles, sieur du Villeret, envoyé pour assister ausdictz Estatz, de la part de Mme de La Faurie, à cause de la baronnie de Peyre, et Mᵉ Anthoine Aldin, docteur ez droictz, pareillement envoyé de M. de Tholet, pour y avoir la mesme assistance pour ladicte baronnie de Peyre ; tous deux soustenans y avoir droict. Veu leurs procurations et la délibération prise aux Estatz derniers sur semblable différend ; ilz ont esté admis et receuz à ladicte assamblée pour y avoir séance et voix délibérative, alternativement l'ung au matin et l'aultre de rellevée et commençant, ledict sieur de Villeret, comme premier présenté ; le tout sans préjudice du droict des parties et sans conséquence à l'advenir. A la charge aussi que, si lesdictes parties ne sont d'accord ou n'ont faict reigler leur différend par la justice, entre cy et la prochaine assamblée des Estatz, elles, ny leurs envoyés n'y seront point admises, attandu le désordre et pervertissement que cela apporte aux anciennes formes des Estatz.

Apres seroit entré à l'assamblée M. Parlier, secrétaire de Mgr le marquis de Portes, gouverneur audict païs, qui auroit dict que, ne pouvant ledict seigneur, à cause d'une indisposition qui luy est survenue depuis quelques jours, se trouver en ceste compaignie, comme il espéroit selon son désir, pour leur confirmer de vive voix les asseurances de la continuation de ses affections à l'avancement du service du Roy et à la manutention du repos et soulagement du pays, il luy auroit commandé d'y venir exprès pour leur randre, de sa part, ce même témoignage, oultre la lettre qu'il en escript à l'assamblée, qui a esté remise par ledict sieur Parlier. De laquelle ayant esté faicte lecture et entendu, par icelle, le regret qu'il a de ne pouvoir, à cause de son indisposition, se trouver en ceste assamblée, avec la résolution néantmoingz d'employer en toutes occasions son rang et sa vie pour conserver au pays la tranquillité que Mgr de Montmorancy, soubz les heureux auspices du Roy, y a establie ;

a esté conclud que mondict sieur le marquis sera humblement remercié, de la part de ladicte assamblée, du tesmoignaige de ses bonnes volontés et sera supplié de continuer en icelles, soubz les protestations et nouvelles asseurances que lesdictz Estatz luy donnent, de la persévérance de leurs devoirs et obéyssance très-fidelles au service de Sa Majesté et aux commandements de Sa Grandeur et aux siens.

Noble Anthoine de Jurquet, sieur de Salelles, s'estant présenté et requérant estre receu en l'assamblée pour et au nom de M. le baron de Cénaret, en vertu des procurations de Mme de Hault-Villar, baronnesse dudict Cénaret, par luy remises ez assamblées desdictz Estatz ces dernières années, n'ayant eu moyen rapporter nouvelle procuration ceste année, pour estre ladicte dame à Paris, depuis plusieurs moys, où elle n'a peu estre advertie du temps de ladicte convocation desdictz Estatz.

A esté délibéré et conclud que, pour ceste fois tant seulement et sans tirer conséquence, ledict sieur de Salelles sera receu en la présente assamblée, à la charge de rapporter, dans trois moys, ratiffication de ladicte dame, de la présentation dudict sieur de Salelles en ladicte assamblée ; à quoy ledict sieur de Salelles s'obligera en son propre et de respondre de tous les événements des délibérations qui seront prizes en ladicte assamblée.

Et sur ce l'envoyé de M. le baron du Tournel auroit continué les protestations accoustumées estre faictes par ledict sieur, en chascune assamblée desdictz Estatz, de ne prester aulcun consentement à la réception des envoyés de ladicte dame de Hault-Villar, pour ladicte baronnie de Céneret, attandu le droict que ledict sieur du Tournel préthend, dès longtemps sur icelle, et dont il y a procès pendant au Conseil du Roy.

Le sieur de Fumel, syndic dudict païs, a représenté que, s'acheminant aux Estatz généraulx derniers, tenuz à Pézénas, il auroit esté contrainct s'arrêter quelque temps aux Cévennes, pour terminer l'accord qu'on avoit commencé de traitter avec les communaultés dudict pays, touchant les procès qu'ilz avoient intentés en la Cour des Aydes de Montpellier. Comme aussi estant audict Montpellier, les aultres procès pendans en ladicte Cour, l'auroient obligé d'y arrester une aultre partie de temps, en sorte qu'il n'auroit eu moyen de se trouver ausdictz Estatz que sur les derniers jours d'iceulx. Néantmoings il auroit apprins entre aultres affaires comme l'équivallant du trienne prochain auroict esté délivré au sieur Salvan, bourgeois de la ville d'Alby, à 266,000 livres par an. Et quoiqu'il semble que par le moyen du pris excessif auquel est monté ceste ferme, le pauvre peuple en demeure soulagé, à cause de la diminution des deniers de l'ayde et octroy ; si est ce que d'aultre costé, il est à craindre que les fermiers, pour trouver leur compte, ne causent plus de perte et dommaige au publicq que ne feroit l'imposition dudict ayde et octroy, s'il n'y est remédié par les officiers des lieux, comme ilz peuvent et doibvent, tenant la main à faire observer exactement les reiglemens et ordonnances faictes sur la prohibition des tavernes et cabaretz, et conséquemment les articles accordés par les gens desdictz Estatz généraulx sur ladicte ferme dudict équivallent en leurdicte dernière assamblée ; desquelz à ceste fin, il a offert de bailler, aux consulz des villes, des exemplaires imprimez qu'il a recouvertz audict Montpellier.

Et d'aultant qu'il estime ce diocèse avoir esté grevé au contenu du XLIX⁰ desdictz articles, touchant le vin prim ou vert qui ne se peult boire sans estre meslé avec aultre vin estranger ou du pays, en ce qu'il est porté par ledict article qu'il sera payé droict d'équivallant pour le vin estranger qui sera meslé avec ledict vin prim, et sera ledict vin estranger représenté au fermier et raisonné avant que de le mesler et ne sera censé estre meslé s'il n'y a du moingz ung tiers d'aultre vin ; ce qui semble obliger les habitans dudict diocèze à mesler une grande quantité de vin estranger audict vin prim, afftn que le droict dudict équivallant en demeure plus grand au fermier, au préjudice du pauvre peuple et de l'ancienne coustume du diocèze ; à ceste cause ledict syndic a requis l'assamblée en délibérer. Sur quoy après avoir esté faicte lecture dudict article, et attandu l'ambiguitté d'icelluy, a esté conclud que ledict sieur sindic fera perquisition des plus vieulx articles qui se pourront trouver dudict équivallant, pour les rapporter à la prochaine assiette et les conférer avec les dessusdictz, affin d'adviser s'il y a grief avant que d'en faire plaincte ausdictz Estatz généraulx pour en demander la réformation.

Veu aussi l'article huictième par lequel est porté que les arrestz donnés, touchant la prohibition des tavernes, sortiront leur plain et entier effect sans que pour l'observation d'iceulx les fermiers puissent prétendre aulcune diminution du pris, despens, dommaiges ny interestz ; mondict seigneur le président a exorté les sieurs députés de l'assamblée, chascun en droict soy, comme le peult concerner, de tenir soigneusement et exactement la main à l'observation dudict article, comme très-juste et très-nécessaire pour le public.

Auroit esté représenté pareillement par ledict syndic, sur le suject dudict équivallant, que le sieur Paulet, fermier dudict diocèze, du trienne escheu à la fin d'aoust 1618, ayant obtenu certain arrest contre la province, pour estre remboursé de la somme de 1,500 livres, pour son desdommagement des pertes et non jouissances par luy préthendues souffertes durant ledict trienne, notamment à cause de l'arrivée des trouppes menées dans ledict diocèze par le sieur Dondredieu, et du séjour de celles que y furent ordonnées par Mgr de Montmorancy, pour la réduction, en l'obéyssance du Roy, du fort de Grèzes, en l'année 1617 ; cela auroit donné lieu à une délibération prise ausdictz Estatz généraulx, le 25e de décembre dernier, par laquelle lesdictz Estatz chargent ledict sindic de recouvrer l'estat des soubz affermes faictes par ledict Paulet et aultres actes qu'il pourra recouvrer touchant ladicte afferme et icelles envoyer au sieur de La Motte, syndic général de Languedoc, incontinant après les Estatz, pour s'en servir au procès dudict Paulet, au Conseil de Sa Majesté. Sur quoy a esté conclud que ledict sieur de Fumel, sindic dudict diocèze, satisfaira à ladicte délibération le plus promptement qu'il pourra, attandu mesmes que c'est chose qui regarde le soulagement de la province, et par conséquent dudict diocèse, et qu'au rapport de tous les depputés de ceste assamblée, les sous-fermiers dudict équivallant n'ont souffert aultre perte ou non jouissance, ains au contraire receu de l'augmentation du droict d'icelluy, à cause du séjour, dans ledict diocèze, des troupes employées à ladicte réduction de Grèze, joinct que les soubz-affermes estoient faictes près de deux ans auparavant l'arrivée desdictes trouppes et soubz les mesmes pactes de tous périls et fortunes de guerre et aultres conditions portées par l'afferme généralle sans aulcune réservation, en sorte que lesdictz soubz-fermiers ne peuvent préthendre justement aulcune diminution, ores qu'ilz eussent souffert quelque non jouissance comme ilz n'ont pas.

Sur l'advis donné à l'assemblée par ledict sieur de Fumel, sindic, que lesdictz Estatz généraulx de Languedoc, pour tesmoigner leur zèle et affection au bien de son service, auroient unanimement résolu et juré, au nom des villes et diocèzes de la province, de se conserver inviolablement en la fidélité qu'ilz doibvent à Sa Majesté, comme ses très-humbles et très-obéyssans sujectz, et d'employer leurs biens et leurs vies pour le bien de son estat, envers tous et contre tous, de quelque qualité et condition qu'ilz soient.

Et où il se trouveroict aulcun dans ledict païs qui vouldroit rien attempter ou entreprendre au préjudice du bien de son service, repos de son estat et de la province, soubz quelque occasion, suject ou prétexte que ce soit, Mgr le duc de Montmorancy et en son absence Mgr le duc de Vantadour, lieutenant général pour le Roy, est supplié d'employer les moyens et les forces du pays et suivant les délibérations d'icelluy cy-devant prinses, pour rompre les mauvais desseingz et tailler en pièces les perturbateurs du repos publicq.

Ayant en oultre lesdictz Estatz délibéré que la mesme résolution seroit prize ez assemblées de chascun diocèse et Conseil des villes dudict pays, affin qu'unanimement et de mesme cœur et volunté tous soient dispozés et résoluz à renverser les artifices et desseingz des mauvais serviteurs et sujectz de Sa Majesté ; pour cest effect, MM. les depputés desdictz Estatz ont esté chargés de rapporter, aux prochains Estatz, tesmoignaige asseuré, comme pareille délibération aura esté prinze en leurs assamblées.

Lesdictz Estatz particuliers, après avoir entendu la lecture, faicte en leurdicte assamblée, de la susdicte délibération, ont unanimement, au nom des villes et habitans dudict diocèze, faict semblable résolution et serement que lesdictz Estatz généraulx, et ce faisant, promis se conserver inviolablement en la fidélité qu'ilz doibvent à sadicte Majesté, comme ses très-humbles et très obéissans sujectz, et de satisfaire de leur part au surplus de ladicte délibération.

A esté dict aussi par ledict sieur de Fumel, sindic, qu'encores qu'il eust appréhendé pour le pauvre peuple le rehaulsement des tailles, la présente année, à cause de la subvention de 400,000 livres, accordée au Roy par lesdictz Estatz généraulx et payable en deux années, néantmoings il estime que cedict diocèse ne se trouvera chargé de plus grandes sommes que l'année précédente ; de quoy il a creu debvoir tenir advertie ladicte assamblée.

Sur ce que par ledict sieur de Fumel, sindic dudict diocèse, a esté représenté, qu'encores que par le neufviesme et dixième des articles arrestés ausdictz Estatz généraulx derniers, tenus à Pézénas, sur la ferme du droict de l'équivallant en Languedoc, soict expressément porté que les fermiers particuliers des diocèzes seront tenuz bailler leurs caultions ez assiettes desdicz diocèzes, de personnes suffizantes et capables, résidens et domiciliez esdictz diocèzes, qui s'obligeront pour l'entier pris de ladicte ferme, et qu'à deffault de ce les commissaires et depputés desdictz diocèzes procéderont au bail de ladicte ferme de l'équivallent à la folle enchère desdictz fermiers sans aulcune sommation ny interpellation s'ilz ne sont habitans dans lesdictz diocèses ou n'ont esleu domicile dans icelles, où ladicte interpellation puisse estre faicte ; néantmoings lesdictz fermiers ny personne pour eulx ne s'estant présenté pour ledict caultionnement; et s'agissant de l'interest du Roy et du pays en l'observation desdictz articles, son debvoir l'oblige à requérir et supplier l'assamblée d'y pourvoir ; a esté conclud et arresté, suivant lesdictz articles, que publications seront faictes ez places et lieux publicz de la présente ville de Mende, du bail de l'afferme dudict équivallant à la folle enchère des fermiers d'icelle s'ilz ne se présentent avec leurs caultions dans demain 28ᵉ du présent, par tout le jour, et à ces fins enjoinct audict syndic faire faire lesdictes publications en deffault desdictz fermiers.

Sur la lecture qui a esté faicte, en ladicte assamblée, d'une délibération prinze ausdictz Estatz généraulx le 20ᵉ décembre dernier, touchant les expédiens convenables et requis pour maintenir la province en paix et tranquillité en cas qu'il y auroit quelques gens mal affectionnez au service du Roy, qui vouldroient troubler le repos publicq et remuer dans ladicte province, et qu'il arriveroit quelque extraordinaire accident, comme prize de ville ou aultres cas d'hostilité, par le moyen duquel le service du Roy peult estre troublé ou altéré ; et que pour y pourveoir, il fust nécessaire de faire levée de gens de guerre, lesdictz Estatz généraulx, en ce cas, ont advisé de supplier les seigneurs gouverneur et lieutenans généraulx de la province que, en pourvoyant ausdictes occurrences par leur prudence et authorité, il leur plaise, par mesme voye, moyenner envers Sa Majesté qu'ilz se puissent servir de ses deniers. Et cependant assambleront les sénéchaussées ou bien les Estatz généraulx de la province, selon l'exigence du faict, pour pourveoir à faire faire les advances nécessaires par emprunt. Ausquelles assamblées seront appellés MM. de l'église et de la noblesse, villes et diocèzes qui ont entrée aux Estatz de la séneschaussée, où le cas escherra, de faire ladicte assamblée et en laquelle lesdictz mouvemens seront arrivez ; leur donnant, lesdictz Estatz, pouvoir d'ordonner au sieur de Pénaultier, trésorier de la Bourse, de faire ledict emprunt jusques à la somme de dix mil escus, pour subvenir à l'advance qu'il conviendra faire pour la levée desdictz gens de guerre, suivant les ordonnances de mondict seigneur de Montmorancy et l'advis de MM. les prélatz, barons et depputés du Tiers-Estat qui se trouveront à ladicte assamblée. Et où lesdictz désordres feroient plus grand progrès et qu'il seroit nécessaire continuer ou augmenter lesdictes despenses, mondict seigneur de Montmorancy sera supplié d'assambler les Estatz généraulx pour adviser de pourveoir de plus grand remède, selon qu'il sera trouvé nécessaire, pour le bien de l'Estat, le service du Roy et le repos de la province. Lesdictz particuliers ont arresté que ou quelqu'un desdictz inconvéniens arriveroit audict diocèse ou aultre suject de trouble en icelluy, MM. les commis, depputés et sindic d'icelluy, en donneront incontinant advis à mondict seigneur de Montmorancy et à M. le marquis de Portes, leur gouverneur, avec supplication d'y pourveoir au plustost que sera possible.

Sur la requeste présentée à ladicte assamblée sous le

nom des consulz modernes de la ville et parroisse de Montrodat, tant pour eulx que pour les aultres manans et habitans de ladicte parroisse et mandement, expositive qu'ayant heu de tout temps le privillége et faculté d'assister et oppiner aux assamblées des Estatz particuliers du diocèze de Mende et païs de Gévaudan, comme les aultres consulz, procureurs et scindicz des aultres villes d'icelluy ; néantmoings, depuis la prise et bruslement de ladicte ville de Montrodat, guerres et pestes, ayant eu cours, et qui auroient randu ladicte ville presque déserte, les consulz d'icelles n'auroient esté appellés esdictes assamblées desdictz Estatz, comme ilz avoient accoustumé avant lesdictz inconvéniens et désolation de ladicte ville et mandement. Lesquelz cessans maintenant et ladicte ville estant repeuplée, Dieu grâces, comme elle estoit auparavant, et n'estant raisonnable de luy faire perdre ledict privilége, attandu qu'elle est des plus anciennes dudict diocèse et ladicte parroisse et mandement de grand estanduc, ilz supplient lesdictz Estatz ordonner qu'ilz jouiront à l'advenir de leursdictz privilléges. Et ce faisant, seront appellés et auront entrée et voix délibérative esdictes assamblées desdictz Estatz et assiettes dudict diocèze, comme les aultres consulz desdictes villes ; a esté délibéré et conclud, attandu que les supplians ne rapportent aulcuns actes pour preuve de leur prétendu privilége, que perquisition sera faicte des anciens registres des Estatz dudict païs, pour iceulx veuz, à la prochaine assamblée, en estre prize telle délibération qu'il appartiendra.

Du jeudy, vingt-huictième dudict mois de janvier, du matin, au lieu susdict.

S'est présenté, pour M. le baron d'Apchier, M. Jean Michel, lieutenant en la justice ordinaire de Saint-Chély-d'Apchier, et sa procuration veue, a esté receu et presté le serment accoustumé.

Me Michel Duron, docteur ez droictz, s'est aussi présenté pour M. de Servière, en vertu de sa procuration, veu laquelle il a esté receu et a presté le serment requis.

Et sur la réquisition faicte par M. Pascal Gaude, bailli des terres et jurisdiction des mandemens de Montauroux, à ce qu'il fust receu en ladicte assemblée pour ledict sieur de Montauroux, en vertu d'une lettre à luy escripte de Paris le 2e du présent mois, par Mme de Rochebaron, luy donnant pouvoir d'assister ausdictz Estatz ; a esté délibéré et conclud, veu ladicte lettre, que ledict Gaude sera receu sans conséquence pour ceste fois, tant seullement ; néantmoingz, pour coupper chemin à l'abus qui se va glissant ausdictz Estatz, d'y admettre ou tollérer des personnes sans pouvoir légitime et suffizant de ceulx qui ont droict de séance et voix délibérative en iceulx, a esté arresté que désormais personne n'y sera receu sans procuration expresse, en bonne forme et avec les clauses en tel cas requises et accoustumées, sans qu'il soict permis à l'advenir de mettre en délibération si aulcun doibt estre receu en ladicte sans procuration expresse à l'effect susdict.

Sur ce que le sieur de Fumel, sindic dudict diocèse, auroit représenté que, par délibération desdictz Estatz particuliers, tenus en la ville de Mende, au mois de mars 1619, luy fut ordonné de s'acheminer à Montpellier pour traitter avec MM. Delhon et de Gallières, trésoriers généraulx de France et commissaires depputés par le Roy à la vérification des debtes dudict diocèse de Mende, de ce qu'ilz pouvoient prétendre à cause des fraiz et vaccations par eulx employés durant le temps qu'ilz ont travaillé à ladicte vérification et en demeurer d'accord avec eulx, au meilheur mesnaige qui se pourroit, pourveu que la somme n'excédast 1,000 escus, à payer comptant, ou 1,200 escus à mettre et employer dans l'estat desdictz debtes, luy ayant lesdictz Estatz donné pouvoir à cest effect d'emprumpter, si besoing estoit, audict Montpellier ou aillieurs, ladicte somme de 1,000 escus. Et moyennant ce, retirer desdictz sieurs commissaires, la procédure par eulx faicte sur ladicte vériffication avec l'advis qu'ilz sont tenus de donner au Roy sur icelle, pour pouvoir obtenir, de Sa Majesté, les provisions nécessaires pour l'aquittement desdictz debtes. Et quoiqu'il ayt souvent faict entendre ausdictz sieurs commissaires, notamment audict sieur de Gallières, le contenu de ladicte délibération et offert de la part du pays d'y satisfaire et leur fournir comptant ladicte somme de de 1,000 escus ou leur passer obligation de 1,200 escus, payables lorsque la levée en aura esté faicte, en vertu de la permission qui en sera obtenue de Sa Majesté, comme des aultres partiés dudict estat desdictz debtes, à la charge de luy expédier et délivrer leur procédure ; néantmoings, pour estre lesdictz sieurs commissaires esloignez l'ung de l'aultre ou pour la mauvaise intelligence qui est entre eulx ou bien à cause des voyaiges faictz en Cour, tant par ledict sieur de Gallières que par le sieur du Vidal, leur greffier, qui est encores de présent à Paris, il a esté impossible audict syndic syndic de faire expédier ladicte procédure, bien qu'à ce dernier voyaige, naguières par luy faict audict Montpellier, il ayt représenté audict sieur de Gallières, le préjudice que ceste longueur apporte au pays, à cause des dommaiges et interestz prétendus par les créanciers d'icelluy qui sont en voye de le mettre en justice et le constituer en grandz fraiz et despens qui seroict, avec les fraiz de ladicte procédure, une double surcharge au pauvre peuple ; n'ayant, ledict sindic, peu tirer aultre chose dudict sieur de Gallieres qu'une excuse fondée sur l'absence dudict du Vidal, qui avoit la clef du coffre où sont les actes et papiers de leur commission, avec promesse toutesfois de faire rompre ledict coffre en cas que dans ung mois ledict du Vidal ne seroit de retour audict Montpellier, qui est la dernière responce qu'il auroit faicte audict syndic. Requérant qu'il pleust à l'assamblée y pourveoir par son accoustumée prudence, soubz ceste créance que de sa part il a faict tout ce qui estoit en luy. A esté délibéré et conclud que lesdictz sieurs commissaires seront d'abondant requis, par ledict sindic, d'expédier et randre ladicte procédure soubz les conditions cy-dessus mentionnées, de leur fournir comptant ladicte somme de 1,000 escus, ou bien 1,200 escus à mettre dans l'estat des debtes ; et en cas qu'ilz ne le feroient dans trois mois, que ledict sindic, suivant le reiglement et ordre général de la province, se retirera devers MM. les commissaires, présidens pour le Roy, aux Estatz généraulx de Languedoc, pour estre par eulx procédé à la vérification desdictz debtes, et après, sur leur advis obtenu de Sa Majesté et nos seigneurs de son Conseil, les provisions sur ce nécessaires, ainsi qu'il est accoustumé. Néantmoings, pour oster ausdictz sieurs Delhon et de Gallières tout prétexte de nouvelle excuze, qu'il leur sera escript, de la part de l'assamblée, à chascun séparément, pour les prier d'expédier et randre ladicte procédure sans aultre dilation. Et en cas qu'ilz ne le feroient, que ledict syndic, par acte publicque, leur fera les réquisitions et protestations sur ce requises et nécessaires, pour, à leur refus, se pouvoir plus vallablement retirer devers lesdictz sieurs commissaires, présidens ausdictz Estatz généraulx.

Sur la lecture faicte d'ung contract d'accord et transaction passé le 5ᵉ décembre dernier, receu par M. Anthoine Leblanc, notaire royal de Florac, entre ledict sindic dudict pays de Gévaudan, suivant le pouvoir à luy donné par MM. les commis et depputéz dudict païs, par délibération du 17ᵉ novembre dernier, d'une part, et les procureurs, consulz et députez de Florac, Barre, Vebron, Molezon, Beusse-Canourgue, Balmes et Rousses, Saint-Laurens-de-Trève, Bédoesc, Coqurès, Grizac, Fraissinet, Saint-Flour-du-Pompidour, Le Bousquet, Saint-Martin-de-Lansuscle, Cassanhas, Les Balmes et Le Prunet, d'aultre part. Par lequel contract, entre aultres choses, a esté renoncé aux procès pendans en la Cour des Aydes, à Montpellier, entre lesdictes parties, par le moyen des appellations interjectées par les habitans des Cévennes, des assiettes et départemens faictz sur ledict diocèze ez années 1603, 1604 et 1605, comme aussi des assiettes faictes es mois de mars et avril 1617, de trente mille livres, d'une part, et de trente mille livres d'aultre, par commission de Mgr le duc de Montmorancy, gouverneur et lieutenant général pour le Roy en Languedoc, prétendans, lesdictz des Cévennes, debvoir estre deschargés de plusieurs parties couchées esdictes assiettes, pour avoir souffert une incroyable despence aux passaiges des troupes qui venoient de Languedoc en ce diocèse, qui avoit du tout incommodé ledict quartier des Cévennes, de sorte que par ce moyen, ilz disoient estre en voye de deschargement. Ledict syndic dudict diocèse insistant au contraire. D'avantaige a esté accordé entre lesdictes parties que les habitans et contribuables desdictes parroisses et communaultez des Cévennes et bas Gévaudan, seront tenuz payer et satisfaire au receveur dudict diocèze, qui sera en charge à la présente assiette et aux termes des tailles de la présente année, tous et chascuns les deniers deubz de restes, par les communaultés et parroisses cy-dessus exprimées de leurs quottités des impositions des années 1603 et 1605, à la charge qu'ilz demeureront entièrement quittes de toutes restes qu'ilz pourroient dêvoir, de l'année 1604, ensemble des fraiz et dilligences et taxatz obtenuz contre eulx par les receveurs de ladicte année 1604, à quoy que le tout se puisse monter. Pareillement les susnommés consulz, sindicz et depputés, au nom qu'ilz procèdent, payeront entièrement à semblables termes que dessus leurs quottités et portions de la susdicte imposition de 30,000 livres, comme conceue et faicte pour le service du Roy et pour les communs affaires du diocèze. Et pour le regard de celle de 25,000 livres, ledict sieur sindic a promis, au nom dudict païs, tenir aussi entièrement quittes, les susnommés et leurs parroisses et communaultez, de leurs quottités, à peine de tous despans, dommaiges et interestz ; de quoy ledict syndic se charge, en considération des despans, dommaiges et interestz et foulles souffertz par lesdictes communaultés, à cause du passaige des gens de guerre dans ledict païs durant ladicte année et pour toute aultre sorte et nature de prétentions et demandes desduictes par leurs griefz au discours du procès ; le tout sans préjudice ny dérogation aulcune des arrestz de reiglement donnez par ladicte Cour des Aydes, entre ledict syndic et ledict pays des Cévennes et bas Gévaudan. mesmes de celluy de l'année 1592. De plus a esté accordé que les susnommés et leurs communaultés seront quittes et deschargés de leurs quottités de la somme de 100 livres, descendant de six taxatz obtenuz de ladicte Cour des Aydes par le greffier dudict diocèze, à cause des expéditions et remizes des procédures par luy faictes à leur instance, depuis l'année 1609, à icelle somme comprins les fraiz de certains exploictz et dilligences faictes pour avoir payement desdictz taxatz, et ce toutesfois sans conséquence pour les aultres fraiz desdictz procès ; lesquelz, chascune des parties seront tenues de payer comme les concerne.

Seront en oultre lesdictes parties respectivement, chascune comme le regarde et ceux que ne font apparoir descharge des parroisses susnommées faire ratiffier le présent contract, scavoir : ledict syndic aux présens Estatz, et lesdictz consulz et procureurs, dans deux mois prochains, et envoyer l'acte de ladicte ratiffication. Après que lecture a esté pareillement faicte en ladicte assamblée, de la délibération desdictz sieurs commis cy-dessus mentionnée, lesdictz Estatz ont unanimement ratiffié et approuvé ledict contract d'accord, selon sa forme et teneur, à la charge d'estre pareillement ratiffié par lesdictes parroisses et satisfaict par elles du contenu d'icelluy. Et d'aultant que ledict sindic a faict entendre à ladicte assamblée que les parroisses restantes dudict païs des Cévennes, non comprises au susdtct contract, sont portées de pareille volunté à demeurer d'accord, comme les aultres, avec ledict diocèse, pour raison des susdictz procès, et luy ont mandé qu'ilz envoyeront à cest effect dans peu de jours leurs procurations et depputés ; a esté conclud et arresté que lesdictes procurations seront de mesmes receuz à traitter avec lesdictz sieurs commis. depputés et sindic dudict diocèze. Et en cas que l'accord ne pourroit estre fait et résoleu, est enjoinct audict sindic, après la closture de l'assiette, d'aller à Montpellier pour poursuivre le jugement dudict procès en ladicte Cour des Aydes.

Dudict jour, vingt-huictiesme janvier, de relevée.

Noble Claude de Brunenc, sieur de La Corniliade, s'est présenté comme envoyé de M. de Sévérac ; et, sa procuration leue, a esté receu après avoir presté le sérement accoustumé.

S'estant aussi présenté noble Trophime de Seguin, sieur de La Combe, comme envoyé de M. d'Arpajon, a esté pareillement receu après sa procuration leue et le serement par luy presté, sans préjudice néantmoings de l'ordre et reiglement des Estatz généraulx de Languedoc, par lequel, ung seigneur qui possède plusieurs terres, chascune d'icelles ayant droict d'entrée et voix délibérative ausdictz Estatz, ne peult avoir qu'une seule voix, pour tout en iceulx ny en son absence y envoyer qu'ung seul député.

Sur la plaincte que le sieur de Fumel, sindic dudict païs, a représenté luy avoir esté faicte par le sieur Jacques Mestre, de la ville de Sommières, se disant fermier de l'équivallant dudict diocèze, pour le trienne prochain, de ce que M° Jean Pouget, merchant, de la ville de Maruejolz, venant en ceste ville, pour s'obliger et randre caultion des deniers de la ferme dudict équivallent, a esté constitué prisonnier pour quelque debte civil, ce qui donne de l'empeschement aux affaires du Roy, sur le faict dudict équivallent, qui est privillégié et par conséquent les personnes venans aux présens Estatz pour le caultionnement de ladicte ferme, doibvent jouir de la mesme asseurance et liberté que font les sieurs députés desdictz Estatz soit en venant, séjournant ou s'en retournant; icelluy syndic requérant estre délibéré sur ladicte plaincte; a esté conclud et arresté, après que ladicte assemblée a esté deuement certifiée ledict emprisonnement avoir esté faict pour debte civil et que ledict Pouget venoit exprez en ceste ville de Mende pour faire ledict caultionnement, et attandu qu'il s'agist des affaires du Roy et conservation des priviléges desdictz Estatz, que ledict Pouget demeurera eslargi dudict emprisonnement ou arrestation de sa personne, pour ceste fois, saulf l'honneur et respect deub à MM. de la justice, de l'authorité desquelz ladicte arrestation avoit esté faicte.

S'est présenté sieur Jacques Mestre, habitant de Sommières, disant que la ferme du droict de l'équivallent, du diocèze de Mende, pour le trienne prochain, luy auroit esté délivré pour le pris et aux conditions mentionnées en son bail qu'il a en main, et parce que l'une d'icelles entre autres l'oblige de caultionner devant ceste assemblée, pour la seureté des deniers de ladicte ferme, il nomme et offre bailler pour caultions M⁰ Philip Merimond, merchand, bourgeois de la ville de Pézénas ; noble Jean de Barbut, escuyer, habitant de la ville de Sommières ; M⁰ Pierre Escudier, receveur des tailles audict Pézénas ; sire Jean Pouget, marchand, de la ville de

Maruejolz. Requérant qu'il pleust à ladicte assamblée les recevoir ainsi qu'il est accoustumé. Sur quoy lecture faicte du bail de ladicte ferme, ensemble des articles accordés aux Estatz généraulx derniers tenus audict Pézénas, sur le faict dudict équivallent, et notamment le neufvième desdictz articles, par lequel est expressément porté que les fermiers particuliers des diocèzes seront tenus bailler leurs caultions de personnes suffizantes et capables, résidens et domiciliez dans lesdictz diocèzes; et après que l'affaire a esté mis en délibération, agité et meurement considéré et trouvé que les dessusnommés ne sont suffizans ny capables pour ledict caultionnement, pour les causes et raisons desduictes en l'assamblée, oultre que de tous il n'y en a qu'un seul résident et domicilié dans ce diocèse; a esté conclud et arresté, conformément auxsdictz articles desdictz Estatz généraulx que, ledict Mestre sera tenu bailler caultions de personnes suffizantes et capables, resseantes et domiciliez dans ledict diocèse, aultrement à faulte de ce faire au présent lieu dans demain, avant midi, sera procédé à la folle enchère de ladicte ferme sur ledict Mestre ; auquel à ceste fin le sindic dudict diocèse fera notifier la présente délibération.

Sur ce que M. de Morangiez a représenté que l'année passée les Estatz ayant jugé nécessaire, pour le bien du service du Roy et la conservation du païs en son obéyssance, de donner moyen à M. le marquis de Portes, lieutenant de Sa Majesté audict pays, de supporter les despenses extraordinaires qu'il luy convient faire en ladicte année, pour tenir le païs en seureté, et ce faisant, luy continuer la gratification qui luy avoit esté auparavant accordée, il ne doubte aulcunement que, subsistant les mesmes causes et considérations, comme elles sont plus urgentes que cy-devant ; ceste assamblée ne vueille aussi prudemment pourveoir aux mesmes despences qu'elle a faict par le passé, tout ainsi qu'il peult véritablement asseurer lesdictz Estatz, que le zèle et l'affection dudict seigneur marquis, envers le païs, ne sont aulcunement descheuz, mais au contraire redoublez, pour, en faisant randre à Sa Majesté l'obéyssance qui lui est deue, maintenir ses bons et fidelles sujectz en repos et tranquillité, comme il a faict jusques icy, sans y espergner ny ses moyens ni sa propre vie. Ce qu'ayant esté mis en délibération et considéré les despences extraordinaires ausquelles, de nécessité, la continuation de ces troubles et mouvemens vont obligeant ledict seigneur marquis, pour la protection du païs contre les rebelles à sadicte Majesté et perturbateurs du repos public ; a esté conclud et arresté d'accorder audict seigneur de Portes, pour ceste année, sans tirer à conséquence à l'advenir, la somme de 6,000 livres tournois ; laquelle MM. les commissaires de l'assiette sont requis voulloir asseoir et despartir sur le général dudict païs et diocèze la présente année ; et qu'à cest effect seront obtenues, de Sa Majesté, les provisions nécessaires, portant permission d'en faire l'imposition.

Et estant, ledict sieur de Morangiez, revenu à ladicte assamblée et luy ayant, mondict seigneur le président, faict entendre que les Estatz recognoissans la continuation de la bonne volunté de mondict sieur le marquis envers le païs, cela les auroit obligés, avec l'occurrence de ces mouvemens, à luy continuer la mesme gratiffication que l'année dernière ; le sieur de Morangiez en auroit remercié lesdictz Estatz, au nom dudict seigneur, avec asseurance qu'il demeurera d'aultant plus fortifié en la résolution et bonne volunté qu'il a de protéger le pays et luy procurer tout le soulagement que se pourra en général et en particulier.

Sur la réquisition faicte par le sieur Pascal Gaude, bailly et envoyé de M. de Montauroux, de voulloir pourvoir à la repparation du pont de Souilletz, comme estant grandement nécessaire pour la commodité du commerce ; a esté conclud et arresté que, le syndic et greffier dudict païs, faisant la visite des pontz dudict diocèse, suivant la visite des précédentes assamblées des Estatz, se porteront audict lieu de Souilletz, pour vériffier ce qui est dudict pont de Souilletz, et en faire leur rapport à la prochaine assamblée, pour après y estre pourveu, ainsi qu'il appartiendra.

Le sieur du Villeret de Bressolles a représenté à l'assamblée qu'entre les singularitez dont la nature a voulu orner ce diocèze, celle de la propriété et vertu singulière des eaulx chaudes du bain de Baniolz, pour la guérison de plusieurs et diverses maladies, demeure grandement recommandable en l'antiquité de l'édifice et bastiment qui est à la source desdictes eaux, construitz pour la commodité des malades, tesmoigne l'affection et le zèle de nos prédécesseurs, à conserver une chose si utille au publicq ; néantmoingz, comme il n'y a rien en ce monde qui ne souffre quelque changement ou altération par succession du temps, il seroit arrivé depuis quelques années que lesdictes eaux seroient aulcunement descheues de leur première faculté, soit à cause de quelques nouveaux édifices de maisons particulières, naguières construictes aux environs desdictz bains, les fondemens desquelles peuvent avoir faict dériver quelques sources d'eaux froides dans lesdictz bains, ou bien par quelque aultre moyen incognu ; ce qui auroit obligé les Estatz du pays, il y a quelques années, de prendre la délibération que la recherche en seroict faicte pour y estre pourveu. Mais cela seroict demeuré sans effect et lesdictz bains en aussi mauvais estat qu'auparavant. Et parce que faisant la pluspart du temps son habitation audict lieu de Baniolz, ces manquemens luy sont plus notoires qu'à tout aultre, il a estimé estre obligé, par debvoir de compatriote, d'en advertir lesdictz Estatz pour y pourveoir, avant que la ruyne totalle desdictz bains arrive, laquelle se peult esviter par une curieuse recherche de la cause de ladicte altération, pour y porter le remède convenable, après lequel se pourroient faire quelques aultres adjancement, comme d'ung petit pont sur la rivière, d'une chapelle et ung petit logis pour les pauvres; oultre qu'il estime que lesdictes eaux estant bien recherchées et recueillies, il y en auroit à suffizance pour remplir le second bain qui soulloit servir séparément, le temps passé, pour les femmes, choses qui donneroient une grande commodité aux malades et rendroient lesdictz bains beaucoup plus fréquentez qu'ilz ne sont. En faveur de quoy, ledict sieur du Villeret, en son particulier, auroit offert la place pour faire ladicte chapelle et de s'employer en tout ce qu'il pourra, pour l'advancement d'ung si bon œuvre. Sur quoy, après avoir esté remercié, de la part de l'assamblée, de ses offres et bonne volunté, veu aussi les délibérations prinses sur ce mesme subject ez années 1609 et 1611, et ouy le sieur de Fumel, syndic dudict pays, qui a dict avoir mis en justice ung nommé Ruffy, de Baniolz, pour le faire condempner à réparer et remettre ledict bain en son premier estat, pour estre ladicte altération arrivée, comme l'on croit, à cause du bastiment, par luy nouvellement faict, d'une maison près la source dudict bain ; mais que ledict Ruffy estant mort pendant le procès, la poursuitte, à ceste occasion, en auroit esté interrompue. A esté concluderont à la vériffication desdictz bains, et à ceste fin y appelleront les ouvriers et aultres personnes qu'ilz jugeront nécessaire à ceste action, et du tout feront leur rapport à la prochaine assamblée, pour icelluy veu, en estre délibéré plus amplement.

Sur ce qui auroict esté propozé par mondict seigneur le président que, le jour d'hier, ayant esté prins délibération en la présente assamblée, par laquelle, en cas qu'il arrivast quelque trouble ou mouvement nouveau, qui obligeast ce diocèse à pourveoir promptement à la deffense, conservation et seuretté d'icelluy, MM. les commis, sindic et depputés sont chargés d'en tenir incontinant advertiz Mgr de Montmorancy et M. le marquis de Portes, avec humble supplication d'y pourveoir, selon qu'ilz verront estre nécessaire, il semble y avoir quelque manquement pour n'y estre faicte aulcune mention des préparatifs convenables et requis en telles occurrences, comme achept d'armes, pouldres et aultres munitions de guerre, affin qu'à faulte de ce, l'on ne se trouvast prévenu et surpris des ennemis, avant que l'ordre et commandement desdictz seigneurs gouverneurs fust arrivé. Ce qu'ayant esté considéré par ladicte assamblée, après avoir entendu la lecture de ladicte délibération, a esté conclud et arresté que, arrivant quelque nouveau suject

de trouble et remuement qui peult donner quelque
appréhension de mal à ce diocèse, lesdictz sieurs commis, depputés et sindic, oultre l'advis qu'ilz sont tenus
donner ausdictz seigneurs gouverneurs, sont chargez de
convocquer, en ceste ville, une petite assamblée, com-
posée du sieur baron de tour et quelques aultres des
principaulx de la noblesse, ayant voix aux Estatz, telz
qu'ilz adviseront et s'ilz sont dans le païs pour estre
promptement assamblés, ensemble des consulz des principalles villes, sy faire se peult, pour, tous ensemble,
pourveoir au recouvrement des armes, munitions de
guerre et aultres choses et moyens nécessaires pour la
conservation et seureté du païs, attendant l'ordre et
commandement desdictz seigneurs, affin que, par faulte
de ce, il n'en arrivast quelque inconvénient et détriment
audict pays.

Du vendredy, vingt-neufviesme dudict mois de janvier,
du matin, en ladicte assamblée, environ huict heures.

Le sieur de Fumel, sindic dudict diocèze, a exposé
qu'ayant dès hier faict notiffier au sieur Jacques Mestre,
de Sommières, fermier du droict de l'équivallent de ce
diocèse, pour le trienne prochain, la délibération qui fut
prise en ladicte assamblée ; par laquelle, conformément
aux articles accordés par les Estatz généraulx sur le faict
de l'équivallent, à faulte de bailler, par ledict Mestre,
dans ce jourd'huy, avant midi, caultions pour la seureté
de ladicte ferme, de personnes suffizantes et capables,
resseans et domiciliez dans ledict diocèse, il seroit procédé sur luy à la folle enchère de ladicte ferme. Ledict
Mestre luy auroict ce jourd'hui nommé deux aultres per-

sonnes, oultre les précédans, assavoir : Pierre Daudé, du village de Châteauneuf, et Jean Richard, de la ville de Florac, lesquelz ledict Mestre a requis estre receuz comme résidens dans ledict diocèse, suffizans et capables. Sur quoy, ayant esté délibéré et trouvé par le tesmoignaige des consulz et aultres habitants desdictz lieux et des circonvoisins que ledict Daudé, originaire de la ville de Montpellier, s'est puis quelque temps marié audict Châteauneuf et n'a aulcuns biens de son chef, ains ceulx qu'il possède appartiennent à sa femme et que ledict Richard, de Florac, est un pauvre cousturier ; a esté conclud et arresté, attandu leur insuffizance et incapacité, que, conformément ausdictz articles généraulx, ladicte ferme dudict droit de l'équivallent dudict diocèze de Mende, pour ledict trienne prochain, sera publiée à la folle enchère sur ledict Mestre et délivrée à celluy ou ceux qui feront la condition meilleure. Et d'aultant que l'affaire pourroit retenir la compaignie trop longement, lesdictz Estatz, pour esviter à fraiz et despens, ont donné et donnent pouvoir à MM. les commis, députés et sindic dudict pays, de procéder, avec MM. les commissaires de l'assiette, au bail et délivrance de ladicte ferme, à la folle enchère dudict Mestre, conformément ausdictz articles, le tout pour la seureté desdictz deniers de ladicte ferme et à la descharge et soulagement dudict diocèze.

Sur la réquisition faicte par M. Pierre Rodes-Castain, advocat, de la ville de Maruejolz, de luy faire payer la somme de 2,000 livres à luy deue par ledict diocèze, par transaction passée avec luy le 21° jour du mois de mars 1619, disant que l'année passée le diocèse luy fit payer les interest, de la continuation desquelz il se contenteroit si les créanciers du feu sieur du Montet, son beau-père, ne le vexoient et faisoient décréter son bien, pour le principal. Veu par ladicte assamblée ledict contract d'accord et ouy le sindic dudict diocèse, a esté conclud et arresté que MM. les commissaires de l'assiette seront requis imposer, sur le général dudict diocèse, la somme de 100 livres, pour restes et entier payement de 250 livres, à quoy reviennent les interestz de ladicte somme de 2,000 livres, pour deux années, qui escherront au mois de mars 1622, selon le calcul qui en a esté sur ce faict en ladicte assamblée.

Sur la requeste verballement faicte par le second consul de la ville de Maruejolz, à ce qu'il pleut à l'assamblée, continuant ses charitables aulmosnes, octroyer quelque somme de deniers, pour ayder à la repparation des églises dudict Marieujolz, qui ont esté ruynées et démolies par l'injure des guerres, assavoir : celle de Notre-Dame-de-la-Carce, qui est la parrochielle, et celle des couventz des Pères Jacobins et Cordelliers de ladicte ville, comme aussi pour la réparation de l'hospital dudict Maruejolz et de l'église et couvent des Chambons, proche de ladicte ville. Veu les délibérations et assiettes des dernières années, a esté accordé, d'ung commung consentement, à chascune desdictes églises et couventz et audict hospital, la somme de 100 livres, payable en deux années également, assavoir : la moitié ceste année et le reste l'année prochaine. Auquel effect MM. les commissaires de l'assiette seront requis en faire l'imposition, à la charge que les deniers ne pourront estre divertis ny employés à aultres uzaiges, et le tout sans conséquence à l'advenir.

Et sur aultre requeste aussi verballement faicte par

M. l'envoyé du Chappitre de l'église cathédralle de Mende, à ce que, pour les mesmes considérations de la démolition et ruyne advenue par l'injure des guerres des églises et couvent des Pères Carmes et Cordelliers de ladicte ville de Mende, comme aussi de l'hospital de ladicte ville, et attandu qu'ilz n'ont pour ce regard ressenty les charitables effectz de la dévotion et piété de ceste assamblée, ores qu'ilz ayent esté longuement constituez en pareille nécessité que ceulx dudict Maruejolz, il pleut à ladicte assamblée, leur octroyer la somme de 200 livres, pour estre employée à la réédification et réparation desdictz lieux. Après que vérification a esté faicte n'avoir esté cy-devant imposé aulcune chose pour lesdictes réédifications et réparations desdictes églises et couventz. Et pour le regard de l'hospital de ladicte ville de Mende, ruyné pour la construction de la citadelle faicte en ladicte ville, y avoir arrest de la Cour des Aydes, contradictoirement donné, par lequel ledict diocèse est condempné en la somme de 5,000 livres pour la réédification dudict hospital ; a esté unanimement accordé, à chascun desdictz deux couvents, la somme de 300 livres, payable la présente année, à l'effect de ladicte réparation, sans conséquence, et à la charge de ne pouvoir estre employée à aultres uzaiges. Et pour ce qui touche ledict hospital, que les intherestz de ladicte somme de 5,000 livres, portée par ledict arrest, seront payés au sindic des pauvres dudict hospital, et à ceste fin, imposés la présente année, comme aussi la somme de 600 livres pour lesdictz deux couventz, par MM. les commissaires d'icelle, à la réquisition desdictz Estatz.

De mesmes seront, lesdictz sieurs commissaires, requis impozer la somme de 100 livres tournois, par moitié la présente année et la prochaine, accordée par lesdictz Estatz aux Pères Cordeliers de la ville de Saint-Chély, pour la réparation de leur église, sans conséquence, comme dessus ny divertissement des deniers.

Et d'aultant qu'il importe de reigler le grand nombre de demandes qui se font ordinairement ausdictz Estatz particuliers par plusieurs et diverses personnes, pour subvenir aux réparations des églises et aultres œuvres de piété ; a esté conclud et arresté, conformément aux délibérations des Estatz généraulx que, doresnavant ausdictz Estatz particuliers ne sera receue aulcune requeste touchant les œuvres de piété, si elle n'est présentée par le sindic dudict diocèse et à son rapport, et pour le lieu seullement dans lequel les Estatz se tiendront lors.

Le sieur Armand, lieutenant, audict diocèse de Mende, de M. le prévost général de Longuedoc, a faict particulier récit à l'assemblée, des captures et exécutions par luy faictes en l'exercice de sa charge durant l'année passée, et en a exhibé son verbal ; requérant les Estatz qu'il·leur pleust avoir agréable le service qu'il a rendu au Roy et au pays ; et affin qu'il le puisse continuer avec plus grand effet, luy augmenter le nombre de ses archers, comme très-nécessaire, pour réprimer et tenir en crainte plusieurs personnes qui, soubz prétexte et à la faveur de ces fréquentz mouvemens, se donnent plus librement la licence de commettre une infinité de crimes et maléfices, desquelz ilz se promettent l'impunité. Sur quoy a esté conclud et arresté n'y avoir lieu ny moyen d'augmenter le nombre d'archers audict prévost, saulf à luy de prendre main forte, la nécessité le requérant.

Et sur l'exposition faicte par ledict sieur Armand, lieutenant susdict, de ce que, à l'instance de MM. du siége présidial de Nismes, il est tousjours poursuivy et pareillement son greffier, de remettre, devers ledict siége, les procédures par luy faictes en l'exercice de sa charge, pour y estre jugées, nonobstant les Lettres pattentes du Roy, vériffiées en la Cour de parlement de Tholoze, portant attribution aux officiers du siége de Bailliaige de Gévaudan, du jugement en dernier ressort des matières criminelles de la juridiction dudict prévost. Veu par l'assamblée les précédentes délibérations des Estatz sur ce mesme suject, mesmes celle du XVI° may 1618 ; a esté conclud et arresté que, le sindic dudict diocèse, conformément à ladicte délibération, prendra le faict et cause pour lesdictz lieutenant de prévost et greffier en ladicte prévosté ou son subztitut, et les relèvera de tous despans, dommaiges et intérestz qu'ilz pourroient encourir, conformément à ladicte délibération. A esté par mesme moyen conclud et arresté que ledict sieur Armand sera exorté n'excéder les limittes de sa charge et jurisdiction en la capture d'aultres criminelz que de ceulx de son gibier, pour ne confondre et faire préjudice aux justices ordinaires du pays.

Sur le rapport faict à l'assamblée par le sieur de Fumel, sindic dudict diocèze, du contenu en la délibération prinse le 6° jour de septembre dernier, par MM. les commis et depputés dudict pays de Gévaudan et diocèze de Mende, par laquelle et pour les causes et considérations y mentionnées, auroit esté conclud et arresté, soubz le bon plaisir des Estatz particuliers dudict pays, de permettre à M° Michel Armand, notaire royal, l'exercice de la charge de lieutenant, audict diocèze, de M. le prévost général de Languedoc, en l'absence de M. Estienne Armand, son père, commis depuis longues années à l'exercice de ladicte charge, après toutesfois que ledict Armand, filz, aura obtenu commission dudict sieur prévost général et presté le serement requis et accoustumé, entre les mains du sieur président desdictz Estatz, selon qu'il est porté par ladicte délibération ; de laquelle, après avoir esté faicte lecture en ladicte assamblée et meurement considéré les motifz d'icelle, tendans au bien de la justice, à la seureté du pays et au repos et soulagement d'icelluy ; lesdictz Estatz ont approuvé, ratiffié et émologué la susdicte délibération selon sa forme et teneur, et en tant que bezoing seroit, ont nommé et nomment audict sieur prévost général, ledict M⁰ Michel Armand à l'exercice de ladicte charge de lieutenant, en l'absence de sondict père, soubz les conditions néantmoingz mentionnées en ladicte délibération et aultres portées par les délibérations, contenans nomination de sondict père et ses prédécesseurs, et par les actes de leur réception ez assamblées desdictz Estatz et non aultrement.

Lesdictz Estatz, observant leur ancienne coustume, touchant le tour des barons dudict diocèse, qui doivent assister chascune année aux Estatz généraulx de Languedoc, ont déclairé que le seigneur baron de Florac doibt entrer en son tour, pour aller ausdictz Estatz généraulx la présente année, comme succédant au tour du seigneur baron de Randon, qui est passé en la dernière assamblée desdictz Estatz généraulx, tenus à Pézénas.

Finallement mondict seigneur de Mende, président, auroit dict l'occasion que l'assamblée avoit de louer Dieu, de l'union et bonne intelligence qui si estoit rencontrée, espérant unanimement à l'advancement du service du Roy et au soulagement du pays, de manière que, pour comble de la bénédiction de Dieu, ne reste à désirer que la paix, non-seulement entre les hommes, mais aussi celle des hommes avec Dieu. Laquelle il l'a supplie voulloir pour jamais eslargir à ce pauvre pays ; et sur ce il a donné sa bénédiction à ladicte assemblée, ainsi qu'il est de bonne et louable coustume. Et ce faict, lesdictz Estatz se sont séparez.

1622

Les commissaires de l'assiette. — Discours de Mgr l'évêque président des Etats. — Rôle des membres de l'assemblée. — Motifs qni empêchent le marquis de Portes de se rendre en Gévaudan. — Votes de remercîments pour l'intérêt qu'il prend au pays. — Ordonnance de Mgr de Montmorency, au sujet des désordres qui régnaient dans divers diocèses du Languedoc. — Différents entre les envoyés des prétendants droits à la baronnie de Peyre. — Dépenses pour levées de gens de guerre à vérifier. — Admission de divers députés. — Sommes à imposer, demandées par M. d'Entraigues, bailli de Gévaudan, pour avances par lui faites pendant les troubles. — Opposition de MM. des Etats comme n'étant le pays tenu à cette dépense. — Somme de 5,335 livres 9 sols 2 deniers, à imposer par le diocèse, pour entretien de gens de guerre. — Vérification des demandes faites par les gentils hommes qui ont secouru le diocèse, pour s'opposer aux rebelles, qui étaient venus fondre sur Florac. — Etat des sommes allouées à diverses personnes qui ont souffert du passage des gens de guerre. — Etat des dépenses faites par M. d'Etraigues, à vérifier. — M. de Polignac, créancier du diocèse. — Gratification à accorder à M. de Langeat. — Nouvelles réquisitions de M. d'Entraigues ; le pays lui accorde 1,500 livres. — Allocation de 500 livres à M. le baron du Tournel. — Don de 1,000 livres pour la construction de l'église et du couvent des Capucins de Mende. — Observation du règlement donné par Mgr de Montmorency, au sujet des troubles qui ont eu lieu dans la province. — Infraction à ce règlement par les habitants du Bleymard. — Gratification à M. le marquis de Portes. — Observations de M. d'Entraigues, au sujet de la garnison de Marvejols. — Etapes et fournitures de vivres. — Etat des dépenses à vérifier. — Impositions pour l'entretien de sept cents hommes de guerre et pour achat de munitions. — Poursuite contre l'assassin de M. de la Rouveyrolle. — Admission de M. Michel Armand pour lieutenant de prévôt à la place de son père. — Requête des archers de la prévôté. — Désignation du baron de tour. — Vérification des demandes et requêtes présentées aux Etats.

L'an 1622 et le mardy 5ᵉ jour du mois d'avril, environ neuf heures du matin, en la ville de Mende, et dans la salle haulte des maisons épiscopalles, se sont assemblez les gens des trois Estatz du païs de Gévaudan et diocèse de Mende, suivant le mandement de nos seigneurs les commissaires qui ont présidé pour le Roy aux Estatz généraulx de Languedoc, dernièrement tenus ez villes de Béziers et Carcassonne. En laquelle assamblée, estant venus M. de Morangiez, commissaire principal de l'assiette dudict diocèze ; M. Mᵉ Urbain Dumas, conseiller

de Sa Majesté et juge au bailliaige de Gévaudan ; Mᵉ Jean
Roux, contrôleur, pour sadicte Majesté, des tailles audict
diocèze, 1ᵉʳ consul de ladicte ville de Mende ; sire Gibert Gardès et André Fontunie, merchans, 2ᵉ et 3ᵉ consulz d'icelle ville, et M. Jean Aldin, docteur ez droictz,
1ᵉʳ consul de la ville de Maruejolz, commissaires ordinaires de ladicte assiette. Ledict sieur de Morangiez a
dict que les commissions qui luy ont esté adressées et à
MM. ses collègues, par nos seigneurs les commissaires
présidens pour sadicte Majesté ausdictz Estatz généraulx
de Languedoc contiennent si particulièrement les sommes
qui ont esté accordées à Sa Majesté par ladicte assamblée, et les justes causes et considérations dont elle y a
esté portée, que ceste compaignie n'en sauroit estre
mieulx informée que par la lecture desdictes commissions, ny davantaige excitée à l'exécution d'icelles, que
par l'exemple desdictz Estatz généraulx ; ce qui l'empesche, avec la cognoissance qu'il a de la dévotion et
fidélité au service de sadicte Majesté, de ladicte compagnie, d'uzer de plus long discours envers elle, pour
penser l'obliger davantaige à une action si importante,
utille et nécessaire, au bien du service de Sa Majesté et
de l'estat général de ce royaume et particullièrement de
la province de Languedoc, estant de sa part bien marry
de n'avoir heu moyen plustôt de se rendre en ce pays
pour vacquer au faict de ladicte commission, en ayant
esté rettenu par l'espérance principallement que M. le
marquis de Portes, lieutenant, pour Sa Majesté audict
pays, luy donnoit de pouvoir, selon son désir, s'acheminer bientost par deça, comme il eust faict, sans l'exprès commandement de Mgr de Montmorancy, qui l'a
obligé de demeurer encores quelques temps prèz de luy,

pour des occasions très-importantes au service de sadicte
Majesté, en ladicte province, espérant néantmoings réparer ce manquement dans peu de jours et continuer à
tout le païs les tesmoignaiges de son affection à la conservation et soulaigement d'icelluy. Sur quoy, après la
lecture qui a esté faicte en ladicte assamblée desdictes
commissions, Mgr de Mende, comte de Gévaudan, conseiller au Conseil d'Estat de Sa Majesté et président desdictz Estatz, a représenté à la compaignie que, par la
teneur desdictes commissions, se voit clairement comme
l'ayde et secours demandé par le Roy et accordé par les
Estatz généraulx de ladicte province, ne tend à aultre
fin qu'à maintenir l'authorité de Sa Majesté contre les
pernicieux desseins des rebelles, ennemys du repos publicq, de la justice et de toute bonne police, ainsi que
sadicte Majesté a desjà très-bien commencé, ayant réduict ung grand nombre de villes et places en son obéissance, l'année dernière ; et fault espérer de la grâce de
Dieu qu'il continuera les effectz de ses sainctes bénédictions et louables et justes résolutions de Sa Majesté, que,
si la divine bonté a permis quelque relasche ausdictz rebelles, c'est pour leur donner temps de recognoistre
leurs faultes et se convertir ; mais enfin s'ilz se rendent
obstinez et indignes de sa miséricorde, la rigueur de sa
justice les saura bien trouver, quoyqu'ilz sachent faire ;
qu'en ceste entreprise et action de sadicte Majesté qui
regarde la querelle de Dieu, la conservation du Roy,
celle des propres vies et biens de ses bons et fidelles
subjectz et le repos universel de ce royaume, tous les
ordres d'icelluy doivent coopérer et contribuer, chascun
de sa part, selon son pouvoir. Les ecclésiastiques, les
larmes, prières et oraisons et encores leurs moyens,

comme l'assemblée générale du clergé a faict une notable somme de deniers ; la noblesse ses soings, peynes et travaulx et sa propre vie, comme elle faict ; et le Tiers-Estat son industrie et moyens, et à ce, ilz sont d'aultant plus obligez que l'on veoit journellement augmenter les cruaultez que lesdictz rebelles exercent en divers lieux de ce royaume et notamment ez provinces de Guienne et de Languedoc, que si ce diocèze s'en trouve plus deschargé que plusieurs aultres, c'est une grâce spéciale de Dieu, dont nous sommes d'aultant plus obligez de le louer et bénir et particulièrement luy randre actions de grâces pour la santé recouverte de Mgr de Montmorancy, qui est toujours porté d'une singulière bienveillance envers ce diocèse, fortifiée des continuelles faveurs et bons offices que mondict sieur le marquis de Portes daigne de randre, près de Sa Grandeur, à tout ce qui regarde l'advancement des affaires de ce païs.

Et incontinant après, le sieur de Fumel, sindic, a requis lesdictz sieurs commissaires de permettre la continuation de ladicte assamblée, tant pour délibérer sur le faict desdictes commissions que sur les aultres affaires communs dudict païs et y donner l'ordre convenable, ainsi qu'il est accoustumé. Laquelle permission ayant esté par lesdictz sieurs commissaires accordée ausdictz Estatz, auroit esté à l'instant procédé à la lecture et vérification des procurations rapportées par les envoyés des consulz de l'assamblée, à laquelle se sont trouvés assistans, assavoir, pour l'Estat ecclésiastique : M. M° Jacques Percyret, docteur en la faculté de Sorbonne, chanoine théologal de l'église cathédralle de Mende et envoyé du Chappitre de ladicte église ; M° Noël Pradel, chanoine et sacristain de l'église de Maruejolz, et envoyé de

M. d'Aubrac ; M⁰ Pierre Enfruct, chanoine de ladicte église de Mende et envoyé de M. de Sainte Enymie ; M. Mathieu Fontanes, curé de Chirac, envoyé de M. des Chambons ; Mᵉ Aldebert Aldin, docteur ez droictz, envoyé de M. de Paliers ; M. de Saint Jean, commandeur de Gap-Francès, en personne. Et pour MM. les barons et Estat des nobles : noble Pierre de Pastorel, bailli des terres de M. le baron de Florac, estant en tour de baron la présente année, envoyé dudict sieur baron ; Mᵉ Jean Michel, bâchelier ez droictz, lieutenant en la justice de la baronnie d'Apchier et envoyé dudict sieur baron d'Apcher ; Mᵉ Anthoine Aldin, docteur ez droictz, juge des terres de la baronnye de Peyre et envoyé du sieur de Tholet, pour le sieur baron dudict de Peyre ; noble Anthoine de Jurquet et d'Espinasse, sieur des Salelles, envoyé de M. le baron de Cénaret ; M. Pierre Borrelli, docteur ez droictz, sieur de Pelouze, juge des terres de la seigneurie du Tournel et envoyé de M. le baron dudict Tournel ; M. d'Alleret, bailly et intendant des terres du duché de Mercœur, envoyé pour la baronnie dudict Mercœur ; noble Gabriel de Chariel, sieur du Pouget, bailli et cappitaine en la baronnie de Randon et envoyé de M. le baron de Randon ; noble Anthoine de Nugiez, sieur de La Roche, envoyé de M. le baron de Canilliac ; M. Pascal Gaude, bailli des terres et jurisdiction de Montauroux et envoyé de M. de Montauroux ; Mᵉ Guillaume Bardon, docteur ez droictz, juge en la jurisdiction des terres de Mirandol et envoyé de M. de Mirandol ; noble Jean-Jacques de Columb, envoyé de M. de Portes ; Mᵉ Claude de Cavata, bâchelier ez droictz et envoyé de MM. les consulz nobles de La Garde-Guérin. Et pour les Tiers-Estat : M. Jean Roux, contrôleur, pour le Roy, des

tailles du diocèse de Mende ; Gilbert Gardès et André
Fontunie, merchans, consulz de la ville de Mende ;
M° Jean Aldin, docteur ez droictz, 1ᵉʳ consul de la ville
de Maruejolz ; sire Jean Vidal, merchant et 1ᵉʳ consul de
la ville de Chirac ; Jean de La Falguière, sieur du Mazelet, 1ᵉʳ consul de la ville de La Canourgue ; sieur Jean
Gras, merchant, 1ᵉʳ consul de la ville de Saint-Chély-
d'Apchier ; M° Pierre Merle, greffier et second consul de
la ville de Salgues ; M° Bertrand Buffière, notaire royal,
1ᵉʳ consul de la ville du Malzieu ; M. Claude Simon,
sindic de la ville d'Yspaniac ; M. Jehan Mercier, consul
de Châteauneuf-de-Randon ; M° Aymar Roux, notaire
royal et 1ᵉʳ consul de la ville de Serverette ; M. Martin
Merle, notaire royal et député de la ville de Langoigne ;
Pierre Cairel, depputé du mandement de Nogaret.

Tous lesquelz assistans ont presté ez mains de Mgr de
Mende, président, le serement accoustumé, de procurer
de tout leur pouvoir le bien et advancement du service
de Sa Majesté et le repos et soulagement du pauvre peuple, et ne révéler les secretz de l'assamblée.

Dudict jour, cinquiesme d'avril, en ladicte assamblée,
de relevée, président en icelle mondict seigneur de
Mende.

-Est arrivé à ladicte assamblée M. de Picheron d'Entraigues, bailli de Gévaudan.

Seroict aussi entré dans ladicte assamblée M. Parlier,
secrétaire de mondict seigneur le marquis de Portes,
lieutenant pour le Roy, audict païs de Gévaudan, qui
auroict présenté une lettre escripte, par mondict seigneur, à ladicte assamblée, dattée à Béziers, du 7ᵉ du
passé, de laquelle a esté faicte lecture, contenant, entre

aultres choses, le regret qu'il a d'avoir esté cause du retardement desdictz Estatz, sans avoir moyen de profiter le contentement de leur pouvoir protester ou plustôt tesmoigner la suitte des affections qu'il a au repos et soulaigement du païs et à la conservation d'icelluy, ainsi qu'ilz pourront apprendre de la bouche de M. de Morangiez, son cousin, et comme la volunté de mondict seigneur de Montmorancy, qui lui avoit paru jusques icy favorable à son extrême désir, pour luy permettre de venir par deçà, se trouvoit maintenant changée, non pour manquer d'affection et de soing pour ce païs, car il en conserve aultant qu'il s'en peult désirer, mais pour croire, comme il estime, avec raison, que la suffizance et affection de mondict seigneur de Mende, secondée de bonnes intentions de ladicte assamblée, suffiroient, avec la cognoissance des voluntés du Roy et de mondict seigneur de Montmorancy, dont ledict sieur de Morangiez se trouve chargé, pour faire trouver à ladicte assamblée peu à dire à son arrest, près de sadicte Grandeur ; qu'il plaint grandement les foulles et despenses de ce païs et consent entièrement et sans réserve ny condition aulcune à tous les remèdes que l'assamblée jugera à propos de prendre pour leur soulagement, au moingz de celles qui ont esté faictes par l'ordre qu'il y a establi, par leur advis et désir ; car pour celles qui viennent du Roy ou de sadicte Grandeur, qui représente Sa Majesté ou bien desdictz Estatz généraulx, il n'en parle poinct, cognoissant les Estatz, aultant obéissans et respectueux que prudens ; les exortant néantmoings sur toutes choses, de préférer la seureté du païs à toute aultre incommodité et les conjurant de croire qu'il préférera tousjours leur bien à toute aultre satisfaction ; estimant n'en pouvoir avoir de plus parfaictes, que de leur tesmoigner, en général et particulier, sans espargner sa vie, le désir qu'il a d'employer tout ce qui deppend de luy pour la seuretté et conservation du païs, remettant audict sieur de Morangiez à informer la compaignie de l'estat du général des affaires et de ses pensées sur les particuliers de cedict païs ; lesquelz néantmoings il remet à la prudence de mondict seigneur de Mende, auquel il exorte l'assamblée de déférer, comme à ung aultre soy-même, et aux bons advis de ladicte compaignie à laquelle il donne néantmoings espérance de la veoir dans peu de jours.

Sur quoy ledict sieur de Morangiez a représenté que la cause du retardement de la venüe de mondict seigneur le marquis, a esté l'exprès commandement qu'il a receu de Sa Grandeur de demeurer près de sa personne, sur les grandes et importantes occasions qui se présentent au bas Languedoc, pour le service de Sa Majesté, où mondict seigneur le marquis se trouve grandement utille et nécessaire, l'ayant néantmoings chargé de dire à la compaignie qu'il se repose entièrement aux soingz de mondict seigneur de Mende et à leurs prudens advis de résouldre ce qui sera du bien du païs et du service du Roy ; qu'ayant esté cy-devant faict, par mondict seigneur avec l'advis de MM. les commis du païs, ung estat des garnisons nécessaires en icelluy, il estime ne debvoir estre changé ; néantmoings, tendre principallement à ce qui est de la seureté et conservation du païs, soubz espérance que le Roy, venant à Lyon, dans peu de jours, comme l'on asseure, les affaires prendront quelques heureux progrès, qui retirera le pauvre peuple de tant de misères et calamités publicques. En suite duquel discours, mondict seigneur de Mende, au nom de l'assamblée, a remercié mondict seigneur le marquis de la continuation de ses soingz et tesmoignaiges de ses bonnes voluntés ; lesquelles ladicte compaignie taschera, en général et particulier, de conserver chèrement par leurs plus humbles et fidelles obéyssances.

Sur ce que le sieur de Fumel, syndic dudict païs, a représenté que sur les plainctes faictes aulx Estatz généraulx par plusieurs députés en iceulx, des grandz désordres qui se commettoient quasi par tous les diocèses de la province, au préjudice du service de Sa Majesté et du bien des affaires publicques, Sa Grandeur auroict jugé nécessaire de faire dresser une ordonnance, portant règlement particulier sur tous les désordres, pour estre publié et observé en chascun desdictz diocèses, duquel, à la réquisition dudict sindic, a esté faict lecture en ladicte assemblée, et conclud et arresté qu'il en sera expédié des coppies aulx consulz des villes dudict diocèse pour le faire publier en icelles et tenir la main à l'exacte observation d'icelluy sur les peynes y contenues.

S'est présenté à l'assemblée noble Pierre de Bressolles, sieur de La Bessière, lequel a remis une procuration de dame Barbe de Combret, dame de La Faurie, luy donnant pouvoir d'assister à la présente assemblée, au nom de ladicte dame, comme baronnesse de la terre et seigneurie de Peyre ; ayant par mesme moyen remys la coppie de certain arrest de la Chambre de l'Edict à Nérac, portant adjudication, par décret, au profict de ladicte dame, de la moitié de ladicte baronnie, oultre les droictz à elle auparavant acquis sur l'aultre moitié, requérant, au moyen de ce, qu'il pleust à l'assemblée le recevoir et donner séance en icelle, selon le rang que le sieur baron de Peyre a accoustumé de tenir ausdictz Estatz. Au contraire le sieur Aldin, envoyé de M. de Tholet, insistant ledict arrest avoir esté obtenu par surprise et y avoir évocation de ceste instance en la Cour de parlement; au moyen de quoy ledict sieur de La Bessière ne peult assister en ladicte qualité en ceste assamblée, joinct qu'il a esté desjà receu et presté le serement pour ledict sieur de Tholet. Après avoir esté faicte lecture de ladicte procuration et de la délibération prise aux Estatz dudict païs, l'année dernière, sur semblable différend, ont esté nommez et depputez MM. Bardon, docteur ez droictz, envoyé de M. de Mirandol; de Jean, aussi docteur, envoyé de MM. des Chambons, et Baissenc, aussi docteur, consul l'année dernière de la ville de Mende, pour voir ledict arrest et aultres pièces et titres des parties pour en faire rapport demain matin à l'assamblée, pour, sur icelluy estre délibéré sur ledict différend, et cependant les parties s'abstiendront de l'entrée desdictz Estatz.

Sur ce que le sieur de Fumel, sindic, a représenté que plusieurs gentilz hommes et aultres personnes estoient desjà arrivées en ceste ville, qui font instance d'estre remboursées et recognuz des despens, fraiz, soingz et peines qu'ilz prétendent avoir employez pour le service du Roy et la conservation de ce pays en la levée des gens de guerre, ou aultrement, sur l'occurrence de ces derniers mouvemens; mesmes depuis le mois d'octobre dernier, lorsque les rebelles, à Sa Majesté du païs des Cévennes, ayant faict ung grand armement, s'approchèrent de la rivière de Tar, pour la passer et entrer dans le diocèze pour le ravager ou y surprendre et forcer des places; requérant qu'il pleust aux Estatz d'ouyr lesdictes demandes pour y pourveoir, s'il est raisonnable ou en descharger le diocèze, attandu qu'ilz prétendent de demeurer icy aux despens d'icelluy. Ont esté nommez et depputés pour ouyr particullièrement lesdictes demandes et en faire rapport à l'assamblée demain matin, MM. le député du Chapitre de Mende ; l'envoyé de M. le baron de Tour et MM. les consulz de Mende, de Marvejols et Lengoigne, à l'assistance de MM. d'Entraigues, bailly de Gévaudan, commissaire ordinaire et de Mirandol.

Du mercredy, sixiesme jour dudict mois d'avril, du matin, en ladicte assamblée.

S'est présenté noble Louys Adam de Robert, sieur de Chasaulx, comme envoyé de M. de Saint Auban, pour assister en ladicte assamblée, en laquelle, après la lecture de sa procuration et le serement par luy presté, il a esté receu et donné place.

Pareillement a esté receu M. de Servières, en personne.

S'estant aussi présentez nobles Jean de Salles, pour M. de Sévérac ; Claude de Brunenc, sieur de La Corniliade, pour M. d'Arpajon ; noble Nicolas de Gibertés, sieur d'Aubenas, pour M. de Montrodat ; Mes Marc Comte, consul de la ville de Sainte-Enymie, et Jean Fraisse, sindic de Saint-Auban ; requérant séance chascun comme les concerne. Après lecture faicte de leurs procurations, ilz ont esté receus en ladicte assamblée, chascun en la qualité qu'il procède, et à ceste fin ont presté le serement accoustumé.

Sur le rapport faict par le sieur Bardon, envoyé de M. de Mirandol avec les aultres sieurs depputés par l'assamblée le jour d'hier pour veoir la coppie de l'arrest remise par le sieur de La Bessière, pour dame Barbe de

Combret, dame de La Faurie, avec aultres tiltres, si aulcuns sont produictz par le sieur Aldin, pour M. de Tholet, touchant la séance que chascun d'eulx préthend avoir dans les Estatz, à cause de la baronnie de Peyre ; a esté conclud et arresté que, sans déroger à la teneur de la délibération prinse l'année dernière, en plains Estatz et sur le mesme suject, ains icelle demeurant en sa forme et valleur, lesdictz sieurs de La Bessière et Aldin, envoyés susdictz, au nom que chascun d'eulx procède, auront entrée, séance et voix délibérative ausdictz Estatz, en la présente assamblée alternativement, l'ung au matin et l'aultre de rellevée. Et pour l'advenir lesdictes parties se retireront, si bon leur semble, à la Cour de parlement de Bordeaulx, où l'instance principalle desdictes parties a esté renvoyée, pour former incident et obtenir reiglement particulier touchant ladicte séance ; aultrement, à faulte de ce faire, ou d'en demeurer d'accord dans ledict temps, attandu le retardement que telle dispute et contestation apporte aux affaires qui se traittent ausdictz Estatz, qui tourne au dommaige et despences dudict païs, lesdictes parties demeureront forclozes de ladicte entrée et séance, jusques qu'elles auront faict apparoir dudict reiglement, ou d'ung accord touchant ledict différend. Ensuitte de laquelle délibération, le sieur de La Bessière a esté receu en ladicte assamblée et presté le screment pour y assister alternativement, au nom de ladicte dame de La Faurie.

Du mercredi, sixième jour d'avril 1622, en ladicte assamblée desdictz Estatz dudict païs de Gévaudan.

Sur l'exposition faicte ausdictz Estatz par M. d'Entraigues, bailly de Gévaudan et gouverneur de la ville de Maruejolz, des grandz soingz, peines, fraiz et despences par luy employées pour le bien du service du Roy et la seureté du païs de Gévaudan, pour la garde et conservation de ladicte ville en l'obéyssance de Sa Majesté, depuis le commencement de ces dernières rebellions, n'y ayant esparnhé aulcune chose qu'il ayt pensé nécessaire à cest effect ; et n'estant raisonnable, qu'en son particulier il souffre lesdictes despenses, c'est pourquoi Sa Majesté luy en auroict ordonné le remboursement, et, à ceste fin, faict expédier les provisions sur ce nécessaires, en forme de Lettres d'assiette, données au camp devant Montauban, le 7ᵉ jour d'octobre dernier, ensemble ung estat arresté au Conseil de Sa Majesté, le 21ᵉ febvrier, aussi dernier, pour l'entretenement de la garnison de ladicte ville, pour les mois de janvier, febvrier et mars, dernier passez ; requérant l'assamblée voulloir pourveoir à sondict remboursement, suivant l'intention de Sa Majesté. Desquelles lettres et de la coppie dudict estat, signée par collation : Bourrelli, notaire, ayant esté faicte lecture par lesquelles, entre aultres choses, est mandé aux commissaires et depputés aux assiettes et sindicz des trois Ordres dudict païs de Gévaudan que, sur et tant moingz de ce à quoy pourroit monter les advances par ledict sieur d'Entraigues faictes, selon le roolle qui en sera veu, examiné et arresté ausdictz Estatz, ilz ayent à faire imposer et lever, sur ledict païs, la somme de 6,000 livres, pour estre employés à l'effect que dessus et non ailleurs. Et par ledict estat Sa Majesté ordonne la somme de 4,630 livres, estre levée sur ledict païs, en vertu des commissions qui en seront expédiées et mises es mains du sieur de Villontreys, trésorier de l'extraordinaire des guerres, pour estre icelle somme employée au payement des soldes et entretenement de 100 hommes de guerre, pour la garnison de ladicte ville.

Et sur ladicte réquisition ouy le sindic dudict païs de Gévaudan, qui auroict représenté que si ledict sieur d'Entraigues s'est acquité soigneusement du debvoir de sa charge en la garde et conservation de ladicte ville de Maruejolz, MM. les commis et depputés dudict païs sont aussi grandement louables des soingz, fort particuliers, qu'ilz ont randus par les prudens advis de Mgr de Mende, pour faire assister ledict sieur d'Entraigues, et par préférance à tous aultres, des deniers et aultres moyens du païs pour la conservation de ladicte ville de Maruejolz à toutes occurrences, quoyque ledict païs se trouve d'ailleurs chargé de plusieurs grandes et urgentes despenses, principallement pour la garde des villes et places dudict diocèse, frontieres du païs des Cévennes, et pour résister et s'opposer aux ordinaires entreprises que les rebelles dudict païs font sur le reste dudict diocèse. Et nonobstant ce, lesdictz sieurs commis et députés n'auroient laissé la déclaration faicte par les habitans de ladicte ville, faisant profession de la religion préthendue refformée, de pourveoir jusques à présent au payement de la solde de 40 hommes de guerre à pied, establis par ordonnance de Mgr de Montmorancy, gouverneur et lieutenant général pour Sa Majesté, en Languedoc, pour, avec les habitans de ladicte ville, la garder et conserver en l'obéyssance de Sa Majesté, oultre les recreues et aultres sommes accordées extraordinairement par lesdictz sieurs députés audict sieur d'Entraigues, selon les occurrences. Toutes lesquelles choses sont néantmoingz passées soubz silence dans lesdictes provisions et estat, quoique fort considérables, puisque par le moyen d'icelles, avec les soings dudict sieur d'Entraigues, ladicte ville a esté conservée jusques icy, et par ainsy n'y avoit lieu, pour ce regard, de recourir à Sa Majesté, pour obtenir lesdictes provisions et estat, joinct que c'est contre l'ordre et au préjudice des privilléges de la province qu'il a tousjours pleu à Sa Majesté, pour son accoustumée bonté, prudence et justice, maintenir et conserver, pour le bien de son Estat et de ses subjectz, comme ledict sieur d'Entraigues scayt très-bien. Et pour ce ledict syndic estime en devoir estre faicte remonstrance à Sa Majesté, de la part dudict païs, à ce qu'il luy plaise révocquer lesdictes provisions comme du tout contraires et préjudiciables aulx susdictz ordres et privilléges, et cependant lesdictz sieurs commissaires de l'assiette requis de surceoir l'exécution d'icelles, jusques à ce que, le païs ouy, en ayt esté aultrement ordonné par Sa Majesté, en son Conseil. Et sur ce ayant esté meurement délibéré par ladicte assamblée, a esté conclud et arresté, pour lesdictes raisons et aultres qui ont été alléguées en icelle, que ledict sieur d'Entraigues sera remercié, de la part desdictz Estatz, de ses soings et du debvoir qu'il a rendu à la garde et conservation de ladicte place en l'obéyssance de sadicte Majesté, lesquelz il est prié de continuer; ayant à cest effect, lesdictz Estatz, délibéré de continuer, aussi de leur part, l'entretenement desdictz 40 hommes, suivant ledict ordre, tant que la nécessité le requerra. Et par mesme moyen, est ordonné audict sindic, de faire, devers Sa Majesté et nosseigneurs de son Conseil, toutes les instances et poursuittes nécessaires pour la révocation desdictes provisions et descharge desdictes despenses extraordinaires, pour le soulagement du pauvre peuple, comme n'y estant ledict païs tenu, et à ceste fin requérir, si besoing est, l'intervention et assistance du sindic général de ladicte province ; et cependant MM. les commissaires de l'assiette sont requis surceoir à l'exécution de ladicte commission et imposition desdictes sommes, suivant la réquisition dudict sindic, conformément aux privilléges de la province et délibération desdictz Estatz généraulx d'icelle.

Le sieur de Fumel, sindic, auroict remonstré que, par délibération des Estatz généraulx de Languedoc, du 28ᵉ décembre dernier, auroict esté accordé la somme de 100,000 livres, pour l'entretenement de cent maistres de la compaignie de Mgr de Montmorancy, de trente carabins de la recreue de ses gardes et de douze cens hommes de pied, durant trois mois, lors prochains ; et d'aultant que lesdictz Estatz ayans jugé que la province ne pourroit ceste année supporter l'imposition de ladicte somme, à cause des extrêmes ruynes et foules que les habitans ont supporté et que les deniers de ladicte imposition ne pourroient estre recouvrés entièrement ny assez tost, à cause de l'occupation faicte de plusieurs lieux par les rebelles, ilz auroient délibéré et arresté que la ville de Tholoze et les diocèses de la province seroient tenus de fournir, dans la quinzaine de janvier, febvrier et mars, lors prochains, par forme de prest, ez mains de M. Pierre-Louis de Reich, trésorier de la Bourse dudict païs, et par ses simples quittances, leurs portions de la somme de 100,000 livres, suivant le département et l'ordre qui en a esté faict en ladicte assamblée, par lequel, la portion du diocèze de Mende se trouve monter 5,335 livres 2 sols 2 deniers, payables dans le quinzième dudict mois de febvrier, à la charge que en rapportant quittance dudict sieur de Reich, il sera pourveu, par imposition, sur le général de la province, en la prochaine année 1623, au payement de ladicte somme et intherestz d'icelle, sans difficulté ; au moyen de quoy et que ledict terme est jà escheu, ledict sindic a extimé en debvoir advertir la compaignie pour en délibérer et y pourveoir, selon qu'il luy plaira adviser. Sur quoy lecture faicte de ladicte délibération et d'une lettre escripte à Mgr de Mende par M. le trésorier Portalés, du 15° du passé, par laquelle, entre aultres choses, il prie mondict seigneur de Mende vouloir tenir la main à ce que MM. les députés de ce diocèse tiennent preste ladicte somme, pour laquelle ledict sieur de Pénaultier luy a deslivré sa quittance, pour en faire le recouvrement ; et qu'à cest effect il faict partir dans deux mois son commis pour la recevoir, ou bien, si le diocèse avoit moyen, de le faire tenir à Lyon, à M. de La Court ; ledict sieur Portalés trouveroit homme près de luy qui la luy fourniroit incontinant, en rapportant lettre dudict sieur de La Court. A esté conclud et arresté que MM. les commissaires de l'assiette seront requis d'impozer ladicte somme, pour estre levée aux termes des aultres deniers ; néantmoingz, attandu que ledict terme donné par lesdictz Estatz généraulx est escheu, et veu l'advis dudict sieur Portalés, que l'on advisera tous les moyens qui se pourront, d'emprunter ladicte partie, pour la fournir audict sieur Portalés, soict es mains de son commis, estant icy, ou par la voye dudict sieur de La Court ; de quoy ledict sieur sindic a esté expressément chargé.

Dudict jour, sixième d'avril, de relevée.

Lesdictz Estatz ne se sont assamblez en corps, affin de donner loisir et commodité aux sieurs depputés, à vérifier les demandes et prétensions des sieurs gentilz hommes et aultres qui se sont mys en despence pour secourir ce diocèze, chascun selon son pouvoir, de certain nombre de gens, sur la fin d'octobre dernier, contre les trouppes des rebelles du païs des Cévennes et bas Languedoc, qui estoient venus fondre ez environs d'Yspaniac.

Du jeudy, septiesme dudict mois d'avril, de matin, en ladicte assamblée.

M. l'envoyé du Chappitre de Mende a rapporté que, suivant la charge qu'il pleut à l'assamblée le jour d'hier luy donner et au sieur envoyé de M. le baron du tour, ensemble à MM. les consulz des villes de Mende, Maruejolz et La Canorgue, ilz ont veu les demandes et prétensions des gentilz hommes, cappitaines et aultres personnes qui se sont employées et mis en debvoir de donner secours et assistance de gens de guerre à ce païs, sur l'occasion du grand armement et dessaing faict contre icelluy, sur la fin du mois d'octobre dernier, par les rebelles au Roy, du païs des Cévennes et bas Languedoc, qui vinrent fondre à Florac et ez environs d'Yspaniac, pour attaquer ledict lieu et après se jetter dans ce diocèse. Ont aussi rapporté lesdictz sieurs depputés, avoir, sur chascune desdictes demandes, ouy particulièrement les parties et veu les lettres à elles escriptes et aultres pièces par elles remizes pour justiffication de leursdictes demandes et prétensions; desquelles ledict sieur envoyé du Chapitre a faict particulier dénombrement, et sur le tout donné son advis. Après lequel, ayant esté délibéré par l'assamblée sur chascune desdictes demandes par ordre ; a esté conclud et arresté d'accorder les sommes cy-dessoubz escriptes et requérir MM. les commissaires de l'assiette d'en faire l'imposition sur le général dudict diocèze pour estre payées, assavoir : à M. de Senuejolz, la somme de 710 livres à luy accordée, tant à cause de la levée de 110 hommes de pied, par luy conduictz aux Plantatz, pour se joindre aux aultres trouppes, que des voiaiges qu'il a faictz à ceste occasion au lieu d'Altier et aultres lieux circonvoisins, pour commander et conduire les compaignies qu'il y dressa, ayant faict eslite de 5 ou 600 hommes des mieulx armés des communaultez unyes dans les terres de M. le vicomte de Polignac, pour s'opposer ausdictz ennemys rebelles ; en quoy il auroit employé plusieurs jours et faict des fraiz et despens nécessaires en telle occasion.

A M. de La Couronne, de la ville de Saint-Flour, la somme de 400 livres, en considération de la levée de 200 hommes de pied, entretenement d'iceulx, munitions fournies et aultres despenses mentionnées en son estat, modérées et arrestées, d'ung commung consentement, à ladicte somme de 400 livres.

A M. de Leugière, la somme de 1,000 livres, pour avoir mis sur pied 1,020 hommes de guerre, scavoir : 150 de sa compaignie ; de M. de La Vernade, aultre 150 ; de M. de La Roche, 100 hommes ; de M. de Paupelonne, 100 hommes ; de M. de Laval, de Baniolz, 80 hommes ; de M. Du Cros, 120 hommes ; de M. de Montaniac, 100 hommes ; de M. d'Ubas, 80 hommes ; de M. de Robiac, 100 hommes, et de M. de La Devèze, 140 hommes ;

ayant tous lesdictz cappitaines et gens de pied, logé dans les terres, dudict sieur de Leugière, durant quatre ou cinq jours les ungz, et les aultres deux ou trois jours; ayant, oultre ce, ledict sieur de Leugière, fourny les munitions de guerre nécessaires ausdictes compaignies, comme poudre, plomb et meiche, qu'il auroict envoyé achepter en Avignon; le tout pour venir secourir et assister cedict diocèze, sur le suject de l'occurrence susdicte, estant dès lors desjà entré, dans ledict diocèse, ledict sieur de La Vernade, avec 150 hommes. Pour toutes lesquelles choses, ladicte somme de 1,000 livres a esté unanimement accordée par lesdictz Estatz audict sieur de Leugière.

A M. Du Choisinès, la somme de 500 livres; pour toutes choses qu'il pourroit préthendre, tant pour le moyen de la délibération prise en sa faveur par MM. les commis et députés du païs, le 7ᵉ de novembre dernier, pour les causes y contenues, que pour toutes aultres despenses, par luy préthendues, à cause de la levée et armement desdictz gens de guerre, mentionnez en ladicte délibération dont il faict maintenant demande, à la charge de tenir quicte le païs envers et contre tous et précompter ce qu'il a receu de la parroisse de St-Flour-de-Mercoire et lieu du Choisinès, des impositions extraordinaires des 18,000 et 30,000 livres de l'année dernière; de quoy l'article de l'assiette sera chargé par exprès.

A M. de Vernon, la somme de 150 livres, en considération de la levée de 200 hommes du pied qu'il auroit tenus assamblez environ cinq ou six jours, attendant commandement de marcher vers les ennemys.

A M. de Redoussas, la somme de 100 livres, pour la levée de six vingt hommes de pied par luy conduictz en la ville de Mende, à l'effect dudict secours.

A M. de Valcrozet, pareille somme de 100 livres, pour semblable levée de 120 hommes et conduicte d'icculx en ladicte ville de Mende pour la mesme occasion.

A M. de Serres, aultre somme de 100 livres, pour semblable cause et pour le mesme effect.

Et sur l'advis donné à ladicte assemblée par ledict sieur envoyé du Chappitre, que, par délibération des Estatz généraulx de Languedoc, dernièrement tenus, ausquelz il a assisté, auroit esté ordonné que les munitions ou pouldres et salpêtre qui ont esté tirées, par ce diocèse, du magasin de la province, estably au Puy, seroient remplacés pour s'en pouvoir servir en cas de nécessité; a esté conclud et arresté que MM. les commissaires de l'assiette seront requis impozer, en la présente assiette, telle somme que sera jugé nécessaire pour faire ledict remplacement, et qu'à cest effect sera faicte vériffication desdictes munitions, tirées dudict magasin; à la charge néantmoings que ledict remplacement se fera par forme de repos en ceste ville, pour avoir moyen de s'aider dans ce diocèse plus oportunément desdictes munitions, l'occasion le requérant.

Et sur les demandes faictes à ladicte assemblée par les consulz des villes de Salgues, Saint-Chély, Le Malzieu et par sieurs de La Rouvière, du Boys Dumont et de Beauregard, de Salgues, touchant la prétention de certain remboursement de fraiz et despens, par eulx faictz en la levée et armement de quelque nombre de soldatz, lors de l'acheminement des rebelles des Cévennes, en ce diocèse, en novembre dernier, a esté dict n'y avoir lieu de remboursement.

Sur la réquisition faicte par M. de Bilières, de le voulloir rellever de la parolle par luy donnée, de la part de

MM. du païs, à M. de Langeat, touchant la reconnaissance à luy promise ; a esté conclud et arresté qu'il sera faicte une députation devers ledict sieur, de la part du païs, pour le remercier de l'assistance qu'il a tesmoigné voulloir rendre audict païs ; néantmoings, le prier voulloir descharger ledict sieur de Bilières de ladicte parolle et a esté depputé M. l'envoyé du Chapitre, pour faire entendre ladicte délibération audict sieur de Bilières.

Pour veoir et examiner l'estat des demandes et prétentions de M. de Picheron d'Entraigues, qu'il a naguières remis, et en faire rapport à l'assemblée, ont esté nommés et depputés, M. l'envoyé du Chappitre de Mende, avec les aultres sieurs cy-devant depputés, à veoir et vériffier les demandes et prétensions des gentilz hommes et capitaines, touchant la levée des gens de guerre par eulx faicte pour, ouy leur rapport sur le contenu audict Estat, en estre délibéré par l'assemblée, ainsi qu'elle jugera nécessaire.

Veu par les Estatz la requeste présentée par Jean Grenier, du lieu de Grèzes, près Salgues, pauvre homme chargé de dix-sept enfants, tendant à ce qu'ayant esgard à la grande perte et dommage qu'il a souffert à cause du bruslement d'une sienne mesterie, avec soixante chartées de foing et aultant de gerbes en bled et de trente trois bestes à corne, qui estoient dans la maison, grange et estables d'icelle mesterie, lhors de cest inconvénient, arrivé par la malice d'aulcuns soldatz des troupes de sieurs de Montréal et d'Anibal, qui estoient logés en ladicte mesterie lors de leur passage en ce païs, au mois de septembre dernier ; il pleust à l'assemblée, prenant compassion de sa mizère et de son désastre, luy accorder telle somme de deniers qu'il luy plaira, pour luy aider à se remettre et à continuer à nourrir sa famille et paier sa quottité des charges publicques. Veu aussi aultre requeste de Marquèse Villarie, vefve de feu Jean Gauzy, Jean Chardon et Clémens Chardon, du lieu de La Bastide et Vieulx-Fraisse, parroisse de Rocles, tendant aussi à mesme fin qu'il pleust aux Estatz leur accorder quelque somme, par pitié et commisération, à cause de la ruyne extrême par eulx soufferte, par le bruslement de leurs maisons et bledz, y estant dedans, arrivé par la malice de quelques soldatz du régiment de M. Danibal, qui y mirent le feu, après avoir emporté tous leurs meubles et commodités. Et veu finallement aultre requeste de Jean Fages, laboureur du lieu du Celier, narrative du bruslement de sa grange et maison avec environ 40 chartées gerbes de bledz, 35 chartées foing, paille, meubles et oustilz, estans dans icelles, ledict bruslement advenu, non par accident, mais par la rage d'un carabin de la compaignie conduicte par le cappitaine Lyris, logée audict lieu au mois d'octobre dernier; requérant icelluy, suppliant qu'il pleust ausdictz Estatz, pour la mesme considération, luy accorder quelque somme de deniers; après avoir esté délibéré sur le contenu ausdictes requestes, a esté conclud et arresté d'accorder charitablement, à chascun desdictz pauvres supplians, la somme de 100 livres, que MM. les commissaires de l'assiette seront requis imposer sur ledict diocèze pour leur en estre faict payement par le receveur dudict diocèze.

M. l'envoyé du Chappitre de Mende a dict avoir représenté à M. d'Entraigues, suivant la charge à luy donnée par les Estatz, l'intérest que le païs avoit avec occasion de se plaindre de la forme de procéder qu'il avoit tenue sur ses prétensions et demandes, comme préjudiciables et du tout contraire à l'ordre et aux priviléges du païs, qui par ce moyen ne peult avoir aulcun esgard ; néantmoings, pour le désir que l'assamblée a tousjours eu de luy donner tout le raisonnable contentement qui se pourra, l'auroit chargé et les aultres sieurs depputés, d'apprendre de luy le menu de ses prétensions. Sur quoy ledict sieur d'Entraigues, après avoir protesté n'avoir aulcunement pensé, en poursuivant les provisions qu'il a obtenues, de faire aulcun préjudice aux priviléges de la province ny du diocèse, auroit, pour toute response, touchant ses prétensions, baillé audict sieur depputé, ung estat des despenses qu'il dict avoir faicte pour la conservation de ladicte ville de Maruejolz, revenant à 32,479 livres, pour les causes particullièrement exprimées ez articles dudict estat, qui sont en grand nombre. Sur quoy l'assamblée auroict depputé ledict sieur du Chapitre, pour veoir ledict estat et en faire son rapport demain, à l'assamblée, pour après en estre délibéré.

Et sur le rapport faict par ledict sieur envoyé du Chapitre, d'avoir parlé à M. de Billières et faict entendre la teneur de la délibération prise le jour d'hier, pour le faict de M. de Langeat, et représenté qu'il avoit occasion d'en demeurer content et satisfaict, ledict sieur de Billières luy auroit réparty qu'il restoit content, pourveu qu'il luy apparust de la descharge de sa parolle envers ledict sieur de Langeat, mais qu'il ne croit pas que ledict sieur de Langeat demeure satisfaict par des simples complimens, s'ilz ne sont accompaignez de quelque effect et réalité. Et d'aultant que ledict sieur de Billières ne se seroit plus avant expliqué sur ce dernier poinct ; a esté advisé que l'envoyé de M. de Mirandol, avec le sieur de Fumel, sindic, luy parleront encores, de la part de l'assamblée, pour le prier de l'esclarcir sur ce suject, en sorte qu'elle en puisse prendre une bonne délibération.

Sur ce que le sieur du Pouget, envoyé de M. le vicomte de Polinhac, baron de Randon, a représenté de sa part à l'assemblée que par la vériffication des debtes dudict diocèse, faicte en l'année 1616, par MM. Delhom et de Galières, trésorier de France et commissaires depputés à cest effect, par arrest du Conseil d'Estat, ledict diocèse se trouve débiteur enverz les hoirs de feu Mathieu Farnier, de la ville du Puy, en la somme de 20,000 livres et plus, sur laquelle revient au sieur Liques, une partie, entre aultres de 5,600 livres, à prendre des premiers deniers qui seront imposés, suivant ung contract passé entre la vefve de feu Claude Farnier, filz et héritier dudict Mathieu et ledict sieur Liques ; de laquelle partie ledict seigneur vicomte ayant le droict cédé dudict sieur de Licques ; ledict sieur du Pouget a requis l'assemblée de pourveoir au payement d'icelle, en l'acquict dudict diocèse, et à ceste fin la faire imposer en la présente assiette, au nom dudict seigneur vicomte, par le moyen de la rémission et transport à luy faictz, à la charge d'obtenir lettres d'assiette ou de validation, et que jusques icelles obtenues et rapportées au sindic dudict païs et diocèse, les deniers imposez demeureront es mains du receveur dudict diocèze, comme deppositaire de justice, pour l'asseurance et descharge du pays.

A esté concluddet arresté, suivant les délibérations prinses les années précédentes, aux assemblées des Estatz dudict diocèse, que le sindic d'icelluy fera toutes dilligences nécessaires pour retirer, le plustost que faire se pourra, la procédure faicte par lesdictz sieurs commissaires, touchant ladicte vériffication avec leur advis, en tel cas requis, pour sur iceulx obtenir, de Sa Majesté, permission d'imposer la susdicte partie comme les aultres qui se trouveront vériffiées. Et en cas que ladicte procédure et advis ne pourroient estre recouvrez, à cause de l'empeschement de la guerre, que ledict sindic aura recours à MM. les commissaires présidens pour Sa Majesté aux Estatz généraulx de Languedoc, pour faire vérifier ledict debte, et après, obtenir de sadicte Majesté, sur leur advis, la permission requise pour faire ladicte imposition, au contentement dudict seigneur vicomte.

Du vendredy, hnictième jour d'avril, de matin.

Sur ce que le sieur de Fumel, sindic dudict païs, a remonstré, qu'ayant, M. le baron de Langeat, donné advis par M. de Bilières, environ le 10ᵉ de novembre dernier, de son entrée dans ce diocèse avec ses trouppes de cheval et de pied, pour assister ce païs, affin de s'opposer aux desseingz des ennemys rebelles de Languedoc et des Cévennes, qui avoient paru près de la rivière de Tarn, ez environs des lieux d'Yspaniac et Quézac, vers la fin d'octobre et le commencement dudict mois de novembre, MM. les commis et depputés dudict païs, sur le rapport à eulx faict par les sieurs du Villeret et Bardon, qui furent après envoyez de la part d'icelluy vers ledict sieur de Langeat, de l'offre qu'il leur avoit faict de descharger, cedict diocèse, du long séjour et nourriture desdictz gens de guerre, logez alors dans la parroisse de Grandrieu, en luy donnant asseurance de le faire recognoistre par les Estatz dudict païs, à leur prochaine assamblée ; lesdictz sieurs commis, pour coupper chemin à la continuation de la foulle du pauvre peuple, auroient prins délibération de faire paier, de leur part, ledict sieur de Langeat, en effectuant son offre, de faire retirer incontinant lesdictz gens de guerre hors dudict diocèze, avec la moindre foulle que se pourroit ; à la charge de procurer, par lesdictz sieurs commis, envers lesdictz Estatz, une recognoissance honorable au contentement dudict sieur baron. En suitte de laquelle délibération et pour facilliter l'effect d'icelle, ledict sieur de Billières auroict esté de mesmes prié, par lesdictz sieurs commis, d'en voulloir porter la parolle audict sieur de Langeat. Ce qu'ayant dès lors faict, il se présente maintenant pour semondre et requérir l'assamblée de sa promesse ; et ce faisant, luy donner moyen de retirer sa parolle, pour luy donner audict sieur. L'affaire mis en délibération et lecture faicte de celle desdictz sieurs commis, a esté conclud et arresté de députer, devers ledict sieur de Langeat, M. du Pouget, envoyé en ceste assamblée, de M. le baron de Randon, pour remercier très-affectueusement ledict sieur de Langeat, de la part desdictz Estatz, du tesmoignaige qu'il a voulu rendre de son affection au service du Roy et à la conservation de ce païs, en son obéyssance, par son acheminement avec lesdictz gens de guerre dans ce diocèse, sur l'occurrence susdicte. Et par mesme moyen luy donner asseurance de l'obligation qu'il a, par ce bon office, acquise sur ce païs, pour luy en randre, en toutes occasions, tout le service et l'assistance qui pourra provenir du général et des particuliers dudict pays.

Estant venu à l'assamblée M. d'Entraigues, bailly de Gévaudan et gouverneur de la ville de Maruejolz, il auroit représenté que, pour donner tousjours des puissantes preuves de sa fidélité et singulière dévotion au service du Roy et de son affection envers ce païs, et mesme depuis ces derniers mouvemens des rebelles à Sa Majesté, il auroit en la fonction et charge qu'il a pleu à Sa Majesté luy commettre sur ladicte ville, contribué toute sorte de soingz et de peines pour, non-seullement contenir en debvoir plusieurs habitans d'icelle, mais aussi pour empescher les conjurations formées par lesdictz rebelles sur icelle, pour la distraire de l'obéyssance de Sa Majesté. En quoi Dieu l'ayant grandement favorisé d'avoir jusques ici conservé ladicte ville dans ladicte obéyssance, il espère le faire encores moyennant la continuation de l'assistance de moyens qu'il a pleu au païs d'y contribuer ou d'une plus grande, si les Estatz ont agréable de la luy accorder selon leur zèle et dévotion au service de sadicte Majesté et à la seuretté et repos du païs. Comme il estime que lesdictz Estatz par leur accoustumée prudence le jugeront très-nécessaire, et néantmoins fort raisonnable de le faire rembourser de quelques advances par luy faictes pour ladicte garnison du passé, suivant les délibérations de MM. les commis du païs, envers lequel si les extrêmes soingz par luy randus sont trouvés dignes de quelque juste considération, il en laisse le jugement à l'assamblée, des bonnes grâces de laquelle il désire tousjours la continuation. Sur quoy, après avoir esté délibéré et lecture faicte des délibérations prinses par lesdictz sieurs commis, touchant la seureté de ladicte ville, et attandu l'importance d'icelle, a esté conclud et arresté que, ledict sieur d'Entraigues sera remercié, de la part desdictz Estatz, des effectz de sa bonne affection au service de sadicte Majesté et au soulagement et repos du païs et prié de continuer tousjours. Et pour luy donner moyen de conserver ladicte ville aussi bien à l'advenir qu'il a faict au passé, que l'assamblée donnera ordre à la continuation du payement des quarante hommes de la garnison de ladicte ville, cydevant accordés et entretenus par le païs depuis le commencement de juillet dernier jusques à présent, suivant l'ordonnance de Mgr de Montmorancy, gouverneur et lieutenant général pour le Roy en Languedoc, et ce durant le temps que la nécessité le requerra. Néantmoingz, en recognoissance des soings et peines dudict sieur d'Entraigues, et afin de l'obliger d'aultant plus à continuer, luy a esté accordé par gratiffication la somme de 1,500 livres, à ce compris 600 livres à luy cy-devant accordée par deux délibérations desdictz sieurs commis, des 2 et 12 janvier dernier, et ce oultre aultre gratiffication de 300 livres que le païs luy auroict accordé et faict payer dèz le 26e d'aoust dernier, le tout à la charge qu'il sera tenu se départir de toutes aultres prétensions, si aulcunes il avoict contre ledict païs, pour raison de la garde de ladicte ville et ses deppendances et d'en faire toutes les déclarations sur ce requises et nécessaires.

M. de Pelouze, envoyé de M. le baron du Tournel, a remys, de la part dudict sieur, un mémoire des prétensions et demandes dudict sieur, et suivant icelluy prier l'assamblée luy donner contentement et pour cest effect voulloir mettre en considération que les terres dudict sieur, servent de frontière à ce païs contre les rebelles à Sa Majesté, depuis le lieu appelé Col de Bourbon, jusques au causse de Sauveterre, qui sont six lieux d'estendue, et que pour s'opposer ausdictz rebelles depuis leurs ouvertes désobéyssances, ledict sieur baron a esté contrainct faire plusieurs despenses pour faire armer et dresser les habitans de sadicte terre et les mectre en estat, non-seullement de deffence, mais aussi pour pouvoir promptement secourir le païs, en cas de nécessité. Que depuis lesdictz mouvemens, ledict sieur baron a plusieurs fois mys sur piedz, comme chascun scait, les gens de guerre qu'il a pleu tirer de sa terre et iceulx entretenus chez luy à ses propres despens et iceulx munitionnés de pouldre, mesche et plomb, la nécessité le requérant, comme il fera tousjours pour le bien du service du Roy et le soulagement du païs, auquel il a notable intherest comme ung des barons d'icelluy. Que sur le commancement de novembre dernier, lorsque les troupes des rebelles des Cévennes, préthendoient envahir ce païs, il se rendict au lieu de Montmirat avec ses enfants et environ 300 hommes de pied et se joignit à M. de Mirandol, pour s'opposer ausdictz rebelles, ayant faict plusieurs fraiz pour munitionner lesdictz gens de guerre ; faisant à ceste fin venir les vivres de sa maison du Boy. Que sadicte terre servant, comme dict est, de frontière à ce païs, il se trouve à ceste cause tous les jours en une extrême peyne et incommodité, estant contrainct de mettre ordinairement plusieurs sentinelles sur la Lozère, pour tenir l'œil à ce que ceulx de Florac, Pont de Montvert, Barre, La Brousse, Villeneufve, l'Albaret et aultres lieux, occuppés par lesdictz rebelles, ne prennent quelque advantaige au préjudice du païs ; ce qu'il ne peult faire sans de grandes et ordinaires despences.

Que sur la prière à luy faicte par le païs après la prize d'Alzon et sur la délibération prize par lesdictz rebelles d'assiéger Nant, ledict sieur baron auroit faict levée de plus grand nombre de gens de guerre qu'il auroict peu et iceulx conduict avec le reste du secours de ce païs dans le païs de Rouergue, ayant à ceste occasion souffert plusieurs fraiz.

Qu'à toutes occasions ledict sieur baron auroit envoyé secours à la garnison d'Yspaniac avec la plus grande dilligence qu'il luy a esté possible, selon les advis qui luy ont esté donnez de la nécessité, le tout à ses fraiz et despans.

Qu'au reffus faict par la ville de La Canorgue, de recevoir la compaignie du régiment de Languedoc, commandée par M. le baron, son filz, à laquelle avoict esté baillé quartier à ladicte ville, il fut contrainct la ramener à Saint-Estienne-du-Valdonnez, où il la fit nourrir par les logis, à huict solz par jour chascun soldat, durant le temps de huict jours, dont il demande remboursement.

Que ledict sieur baron, son filz, fit l'armement de sadicte compaignie, soubz la promesse que le païs fit de le faire paier de 200 escus, pour ledict armement, sans toutesfois en avoir touché aulcune chose, et encores de plus entretenu ladicte compaignie, en Languedoc, durant cinq mois, sans recevoir qu'une seule paye. A quoy il prie les Estatz avoir esgard.

Comme aussi requiert ledict sieur baron, luy estre faict droict sur son estat de cappitaine, à luy deub durant le temps que sadicte compaignie ou brigade d'icelle a demeuré à Yspaniac, comme aux aultres cappitaines qui ont leurs brigades establies au mesme lieu.

Sur quoy, après avoir esté délibéré, a esté conclud et arresté d'accorder, pour toutes choses, audict sieur du Tournel, la somme de 500 livres ; laquelle MM. les commissaires de l'assiette seront requis imposer ; et ledict sieur du Tournel prié continuer ses soingz au bien du service du Roy et conservation du païs ; et ce faisant, se contenir dans l'ordre d'icelluy, sans l'enfeindre ny altérer.

Dudict jour, huictiesme dudict mois d'avril, en ladicte assamblée, de relevée.

Sur ce que le sieur envoyé du Chappitre de l'église cathédralle de Mende a représenté que les deniers qui ont esté cy-devant donnés et eslargiz charitablement, tant par le général du païs et de la ville de Mende que par les particuliers, pour la fabricque de l'église et couvent des révérendz peres Capucins establis en ladicte ville, ont esté pour la pluspart employez au payement de l'achept du fondz et pourpris où ledict couvent a esté fondé et scitué et le surplus à la construction et bastiment des fondemens et d'une partie de ladicte église et couvent, de manière qu'il ne leur reste aulcun moyen mainctenant pour continuer et conduire heureusement ce pieux ouvrage et dessein à sa dernière perfection et sans une nouvelle assistance du païs, tout ce qui se trouve jusques icy bien advancé et les deniers et peynes que l'on y a desjà employés demeureroient inutilles et perduz, et par conséquent le païs et la ville privez du fruict des prières et aultres dévotes et crestiennes actions qu'ilz pourroient randre, qui sont de puissantes armes pour conserver et deffandre le général et les particuliers du pays; requérant à ceste occasion, ledict sieur envoyé dudict Chappitre, de la part desdictz révérendz pères, qu'il pleust ausdictz Estatz eslargir encores telle charitable aulmosne qu'il leur plaira, à l'effect que dessus. Après avoir esté sur ce délibéré, a esté conclud et arresté, d'une commune et unanime voix, que lesdictz Estatz donnent et accordent libérallement ausdictz révérendz pères Cappucins, la somme de 1,000 livres tournois, pour estre employée à la continuation du bastiment dudict couvent, et qu'à ceste fin, MM. les commissaires de l'assiette sont requis d'en faire l'imposition la présente année, à la charge que lesdictz deniers ne pourront estre divertis à aultres uzaiges, pour quelque cause et prétexte que ce soict.

Les articles du reiglement faict par Mgr le duc de Montmorancy, gouverneur et lieutenant général pour le Roy en Languedoc, le 5ᵉ jour de febvrier dernier, touchant l'ordre que Sa Grandeur a jugé nécessaire d'estre observé durant ces mouvemens dans ladicte province et dans les diocèzes et villes deppendans d'icelle, pour le bien du service de Sa Majesté et la seureté de ladicte province ; ont esté de rechef leuz en ladicte assamblée et arresté que publication en sera faicte en toutes les villes du présent diocèze et principaulx lieux des parroisses, et qu'à ceste fin en seront baillez des coppies aux consulz desdictes villes et aultres depputés en la présente assamblée, lesquelz ont esté exortés, par Mgr le président, de tenir la main, chascun comme le concerne, à l'exécution du contenu esdictz articles.

Et d'aultant que par le XIᵉ article dudict reiglement, les inhibitions et deffenses à tous les sujectz du Roy, de ceste province, ou des circonvoisines, sont réitérées de converser ou commercer par eulx ou par personnes interpositées avec les rebelles à Sa Majesté, leur porter bledz, les faire mouldre ou cuire, à peine de confiscation de corps et de biens, et qu'au préjudice du service de sadicte Majesté et contre ledict reiglement, quelques habitans du lieu du Blaymar ne layssent de faire porter et voiturer ordinairement des bledz et aultres commodités ausdictz rebelles, au lieu du Pont-de-Montvert et aultres lieux des Cévennes, et ne s'en veullent abstenir, quelques deffences que les officiers du lieu leur en ayent faictes, ainsi que l'assamblée en a esté advertie ; a esté conclud et arresté que ledict reiglement sera publié audict lieu du Blaymar, et en cas de contravention en sera informé par lesdictz officiers, et l'information remise devers le sindic dudict païs, il se joindra aux poursuittes nécessaires contre ceulx qui se trouveront coulpables, ainsi que par MM. les commis et depputés dudict païs sera jugé convenable et nécessaire.

Sur ce qui a esté représenté par M. de Morangiez que, comme M. le marquis de Portes se trouve tousjours et maintenant plus que jamais dans le désir et l'espérance de revenir dans peu de temps en ce pays, pour y continuer les fonctions de la charge qu'il a pleu au Roy luy donner en icelluy et agir puissamment contre les rebelles ennemys de Sa Majesté, pour le bien de son service et la seureté et conservation dudict païs, en son obéyssance, et dont il est chargé d'asseurer la compaignie, ores que la présence dudict seigneur soict grandement utille et nécessaire, prèz la personne de Mgr de Montmorancy, gouverneur et lieutenant général pour le Roy, en Languedoc, aux grandes et importantes occasions qui s'y présentent, pour le bien général de la province, ainsi que chascun peult recognoistre ; ledict sieur de Morangiez ne peult par conséquent faire aulcun doubte que ceste assamblée, pourvoyant aux nécessités publicques et présentes de ce païs et prévoyans celles de l'advenir mesmes, les grandes despenses que ledict seigneur marquis aura subject continuer pour le bien des affaires dudict païs, elle ne luy donne le moyen de le pouvoir faire et l'oblige à redoubler les effectz de ses bonnes inclinations et des parfaictes affections qu'il a tousjours tesmoigné envers ce païs ; a esté conclud et arresté, après avoir esté sur ce délibéré, d'accorder audict seigneur, pour ceste année, sans tirer à conséquence à l'advenir, la somme de 6,000 livres. Laquelle MM. les commissaires de l'assiette sont requis imposer sur le général dudict diocèse, et qu'à ces fins seront obtenues de Sa Majesté les provisions nécessaires.

Du sabmedy, neufviesme dudict mois d'avril, de matin.

M. d'Entraigues, bailly de Gévaudan et gouverneur de la ville de Maruejolz, estant revenu à l'assamblée, a représenté qu'il a desjà remys devers la compaignie les Lettres pattentes du Roy, portans mandement d'imposer, sur le diocèse, la somme de 6,000 livres, sur et tant moingz des despenses par luy faictes pour la garde et conservation de ladicte ville en l'obéyssance de Sa Majesté et pour le repos et seureté dudict diocèse, desquelles despenses il a pareillement remis l'estat, pour estre veu et vériffié et arresté par l'assamblée, suivant l'intention de Sa Majesté, comme aussi auroict remis coppie de l'estat faict au Conseil du Roy, pour l'entretenement de la garnison de ladicte ville, durant les mois de janvier, febvrier et mars dernier passez ; et d'aultant qu'il ne luy auroict esté donné sur ce suject la satisfaction qu'il debvoict justement espérer de l'assamblée, il a estimé la debvoir requérir (pour sa descharge et affin que s'il arrivoit aulcune faulte de ladicte place, il se trouve exempt de coulpe), qu'il plaise à ladicte assamblée pourveoir à l'entretenement de ladicte garnison pour l'advenir, le recours du surplus demeurant sur luy, ainsi qu'il verra à faire. Sur quoy faicte lecture en ladicte assamblée des deux précédentes délibérations prises en icelle sur ce subject, et attandu que par icelles a esté suffizamment pourveu pour le passé et pour l'advenir au faict de la garnison de ladicte ville, suivant l'ordonnance de mondict seigneur de Montmorancy, oultre la recreue de ladicte garnison et la gratiffication accordée audict sieur d'Entraigues, mentionnée esdictes délibérations ; a esté conclud et arresté que lesdictes délibérations tiendront selon leur forme et teneur.

Sur la réquisition faicte par aulcuns des consulz des villes assistans à l'assemblée et aultres particuliers, à ce qu'il pleust aux Estatz veoir et arrester les roolles des despences et fournitures des vivres par eulx faictes pour la nourriture des régimens des sieurs de Pérault, de S^t. Jean, de Montréal et Danibal et aultres gens de guerre, passans en ce diocèse pour aller au camp devant Montauban, affin d'empescher les désordres qu'à faulte de ce ilz eussent peu faire plus grandz qu'ilz n'ont faictz à la foulle du pauvre peuple, n'estant raisonnable que ladicte despence soict portée par lesdictz particuliers, attandu mesmes que c'est en exécution de l'ordre prins par MM. les commis et depputez du païs ; a esté conclud et arresté que lesdictz roolles seront veuz, vériffiez et arrestés par lesdictz sieurs commis, sindic et depputés dudict païs, pardevant Mgr de Mende, président, avec l'assistance de MM. les envoyés du Chappitre et baron du tour et les consulz du Malzieu et Lengoigne et que MM. les commissaires de l'assiette seront requis imposer en l'assiette ce qui se trouvera deub à ceulx qui ont faict lesdictes advances pour le remboursement d'icelles.

Et d'aultant que plusieurs consulz des villes et aultres personnes particulières prétendent remboursement des despences qu'ilz disent avoir faictes pour la garde desdictes villes et aultres lieux et places dans ledict païs, et ce, en conséquence de l'estat faict par M. le marquis de Portes, le 26 febvrier 1604, de certaines garnisons dudict diocèse, ores que ce ne soict que pour ung mois, ou bien en vertu des délibérations de MM. les commis, députés et sindic dudict païs ou aultrement ; a esté pareillement conclud et arresté que lesdictes despenses et aultres prétensions et demandes seront vérifiées et examinées et liquidées par lesdictz sieurs commis, députés et sindic, pardevant mondict seigneur le président et assistance desdictz sieurs envoyez du Chappitre et baron du tour et consulz du Malzieu et Lengoigne, pour estre pareillement lesdictz sieurs commissaires de l'assiette requis imposer les sommes qui se trouveront légitimement deues par ledict diocèse.

Le sieur de Fumel, sindic dudict païs, a représenté que le plus important affaire qui reste maintenant à délibérer et résouldre, pour le bien du service du Roy et la conservation et seureté du païs, consiste aux moyens et deniers desquelz il fault faire fondz, pour le payement de tel nombre de gens de guerre et pour tel temps qu'il sera jugé nécessaire, pour la garde des villes et places dudict païs ; estant impossible aultrement de résister aux ennemys rebelles à Sa Majesté, du païs des Cévennes, ny empescher l'effect de leurs entreprises et mauvais desseingz qu'ilz forment tous les jours contre ce diocèse, comme chascun scait qu'ilz ont faict par le passé, mesmes depuis ung an, qu'ilz se sont ouvertement jettés dans la rebellion et notamment environ la Toussaintz et Noël, qu'ilz avoient armé si puissamment que, sans la grâce de Dieu et le bon ordre qu'y donnèrent ceulx qui ont la direction des affaires et dont le païs a particulière obligation à Mgr de Mende et juste occasion de l'en remercier, lesdictz ennemis eussent faict urg grand progrèz dans cedict païs, ainsi qu'il est aysé à juger et considérer la peine en laquelle l'on s'est trouvé pour le payement et entretenement des gens de guerre, tant de cheval que de pied, qui ont subsisté dans le païs, depuis ung an, pour s'opposer ausdictz ennemys, ayant esté MM. les commis contrainctz, pour subvenir ausdictes despenses, en deffault d'aultre fondz, d'emprumpter plusieurs sommes de deniers, quand la nécessité l'a requis ; lesquelles il convient maintenant, remplacer et rembourser, et à ceste fin en faire l'imposition, ensemble des sommes nécessaires pour l'entretenement desdictz gens de guerre à l'advenir et pour aultres despenses de la guerre, urgentes et inévitables ; requérant qu'il pleust aux Estatz y pourveoir. Sur quoy, après avoir esté délibéré, a esté conclud et arresté de requérir MM. les commissaires de l'assiette d'asseoir et imposer la somme à laquelle revient la solde et entrettenement de 700 hommes de guerre à pied, durant six mois prochains, pour estre establiz en garnison ou aultrement employez dans le pays pour la conservation d'icelluy en l'obéyssance du Roy, suivant l'ordre de M. le marquis de Portes et non aultrement ; comme aussi seront, lesdictz sieurs commissaires, requis imposer sur ledict diocèse, les sommes deues par ledict diocèse pour les despences faictes l'année dernière, à cause de la guerre, suivant l'estat et vérifications qui en sera faict par lesdictz sieurs commis, sindic et députés.

Et sur ce que M. de Morangiez, commissaire principal de ladicte assiette, a dict qu'il est obligé, suivant le reiglement faict par Mgr de Montmorancy, gouverneur et lieutenant général pour le Roy en Languedoc, qui fut hier leu en ceste assamblée, de la faire souvenir et l'exorter de satisfaire en ce que la regarde au contenu en icelluy, mesmes entre aultres choses de pourveoir à fournir ung magasin d'armes et munitions de guerre, à l'effect porté par ledict reiglement. Après avoir esté sur ce délibéré, a esté conclud et arresté qu'il sera faict fondz, en la présente assiette, de la somme de 3,000 livres, pour estre employées à l'achept desdictes munitions, qui seront mises et reposées dans ung magasin, en la présente ville de Mende, qui sera fermé à trois clefz, dont l'une sera gardée par Mgr de Mende et les aultres deux par MM. le premier consul de ladicte ville et sindic du païs, pour après estre lesdictes munitions employées, selon que la nécessité le requerra, pour le bien du service du Roy et la seureté du païs.

Dudict jour, neufviesme d'avril, en ladicte assamblée, de rellevée.

Sur la requeste présentée par noble Jacob de Randavel, seigneur d'Ynosses, narrative de l'assassinat commis en la personne du sieur de La Rouveyrolle, son frère, par Josué Trotannant, de la ville de Maruejolz, assisté d'une trentaine de ses complices, avec armes à feu ; et comme ledict suppliant estoit en peine de faire saisir le coulpable, pour le faire remettre entre les mains de la justice, Dieu auroit permis que pensant icelle esviter, il seroit tombé fortuitement entre les mains des officiers du bailliaige de la ville de Saint-Flour, qui l'auroient constitué prisonnier sur quelques indices de conspiration contre ladicte ville, où ledict suppliant estant incontinant accouru et aussitost faict sa plaincte et dénonciation et remys la procédure faicte par le prévost de Gévaudan et MM. les officiers du bailliaige dudict païs, contre ledict Trotanant, touchant ledict assassinat, il auroit demandé le renvoy dudict Trotanant pardevant ledict prévost, en conséquence de ladicte procédure ; mais ne l'ayant peu obtenir après une longue poursuitte, ains ayant lesdictz officiers de Saint-Flour retenu et commancé l'instruction du procès, tant sur ledict assassinat que aultres crimes de lèze-majesté divine et humaine, dont ledict prisonnier se trouve chargé, il auroit, pendant ces longueurs, recouru à la Chancellerie et obtenu Lettres d'appel en la Chambre de l'Edict à Paris, croyant, par ce moyen, esviter la punition desdictz crimes. Laquelle, quoyque plus importante au public qu'au suppliant, il ne désisteroit de continuer s'il pouvoit plus avant fournir aux grandes despenses qu'il conviendra faire, tant pour la conduicte dudict prisonnier à Paris, que pour la poursuitte de l'instruction et jugement du procès ; requérant, au moyen de ce, et attandu que la punition exemplaire desdictz crimes est de très-grande importance et conséquence au publicq, qu'il pleust ausdictz Estatz ordonner au sindic de faire lesdictes poursuittes aux despans dudict païs ou en son deffault, accorder au suppliant telle somme de deniers que l'assamblée jugera suffizante pour subvenir aux susdictes despences ; a esté conclud d'accorder audict suppliant la somme de sept vingtz dix livres à l'effect que dessus.

La requeste présentée aux Estatz, M. de Montesquieu, demandant remboursement au païs des despenses par luy faictes pendant ces derniers mouvemens pour l'entretenement de certain nombre de soldatz, pour garder le passaige de la rivière de Tarn, au lieu de La Malène, contre les ennemys rebelles à Sa Majesté, a esté renvoyé à MM. les commis et aultres sieurs qui ont esté depputés par l'assamblée pour procéder à la vériffication des aultres despenses génerailes et y pourveoir, ainsi qu'ilz verront estre à faire pour raison.

Sur les plainctes génerailes qui ont esté faictes ausdictz Estatz des grandes volleries, meurtres, assassinatz et aultres excès et crismes qui se commettent dans ce païs et diocèze avec beaucoup plus de licence et liberté et plus fréquemment depuis ces derniers mouvemens et soubz prétexte d'iceulx qu'il ne se faisoit auparavant ; à cause de quoy estant requis et nécessaire, pour le bien de la justice et du publicq, de faire apporter par le lieutenant audict diocèse, de M. le prévost général de Languedoc, une grande dilligence pour l'exacte recherche et punition desdictz crimes ; ce que M. Estienne Armand, lieutenant dudict sieur prévost général, ne peult désormais faire, pour s'acquiter deuement de sa charge, à cause de son eaige et de l'indisposition de sa personne. Et d'aillieurs lesdictz Estatz ayant esté bien informés des bonnes vie, mœurs, religion catholicque, apostolique et romaine, sens, suffizance et dilligence de M° Michel Armand, notaire royal, filz dudict Armand ; veu aussi la délibération de MM. les commis, députés et sindic dudict pays, du 6° septembre 1620, par laquelle, soubz le bon plaisir desdictz Estatz et pour les mesmes causes de l'indisposition dudict sieur Armand, père, lesdictz sieurs auroient permis l'exercice de ladicte charge à sondict filz, après qu'il auroict, pour ce faire, obtenu la commission sur ce requise dudict sieur prévost général. Lesdictz Estatz, pour les susdictes causes et aultres bonnes considérations et mesmes des services longuement randus audict païs par ledict Armand, père, en l'exercice de sa charge, ont conclud et arresté, pour la continuation dudict exercice en icelle, d'eslire et nommer au Roy, Mgr de Montmorancy, gouverneur et lieutenant général pour Sa Majesté en Languedoc, et audict sieur prévost général, en ladicte province, ledict M⁰ Michel Armand, filz, pour de ladicte charge jouir, aux gaiges, taxations et droictz y appartenans, et avec le nombre d'archers que le païs jugera nécessaire, à condition néantmoingz que pour ledict exercice, il sera tenu d'obtenir, de Sa Majesté ou de mondict seigneur de Montmorancy ou sieur prévost général, les provisions nécessaires sur la présente nomination et soubz les aultres conditions, insérées ez nominations faictes par le païs, de sondict père et son prédécesseur en ladicte charge, qui luy ont esté déclairées et desquelles il a dict s'estre randu capable.

La requeste présentée par les archers dudict lieutenant de prévost, pour l'augmentation de leurs gaiges, attandu la modicité d'iceulx et la cherté des vivres ; a esté renvoyée à MM. les commis, députés et sindic dudict païs pour y pourveoir comme ilz verront estre à faire par raison.

Le tour du baron du présent païs de Gévaudan, qui doibt assister aux Estatz généraulx de Languedoc et particuliers de cedict païs, pour l'année prochaine, a esté déclaré par l'assamblée, appartenir à M. le baron de Mercœur, attandu que M. le baron de Florac s'est trouvé en tour la présente année, suivant son rang et l'ordre accoustumé.

Pour la dernière action faicte en ladicte assamblée,

mondict seigneur de Mende, président en icelle, a dict qu'il estime que chascun des assistans et tous ensemble sont égallement touchés d'une pareille et juste compassion pour les grandes et extraordinaires despenses que le pauvre peuple de ce diocèse, comme plusieurs aultres de la province, sera contrainct de supporter ceste année à cause de la guerre excitée par ceulx de la préthendue Religion, rebelles au Roy, et peult estre pour nos péchés et faulte d'amour et charité envers Dieu et de zèle envers la Religion ; que le vray moyen de s'exempter de ces malheurs est de se rendre exempt de vice et de péché et se convertir totallement à Dieu, n'ayant aultre chose devant les yeulx que son amour et craincte et l'obéyssance et service deub au Roy, affin d'attirer par ces moyens, sur nous, les effectz de la grâce de sa divine bonté avec sa saincte bénédiction. Laquelle mondict seigneur de Mende a donnée à ladicte assamblée, qui a esté la fin d'icelle.

L'an mil six cens vingt-deux, et le quinziesme jour d'avril, en la ville de Mende et dans la Chambre haulte des maisons épiscopalles, estans assamblez MM. les commis, députés et sindic du païs de Gévaudan, pardevant Mgr de Mende, comte dudict païs et conseiller du Roy, en ses Conseilz d'Estat et privé, assisté de M. de Pastorel, envoyé de M. le baron de Florac, baron du tour, la présente année, et de M. Bertrand Buffière, 1ᵉʳ consul de la ville du Malzieu, ensemble de M. Martin Merle, député des consulz de la ville de Lengoigne, tous ensemble députés par les gens des Estatz particuliers dudict païs, dernièrement tenus en ladicte ville de Mende, tant pour ouïr les demandes de certains gentilz hommes, capitaines et aultres particuliers, sur le payement de plusieurs sommes qu'ilz prétendent leur estre deues pour fournitures faictes ou aultrement pour le faict de la guerre, que pour pourveoir aux aultres affaires du païs, selon que la nécessité le requerra.

Sur l'exposition faicte par ledict sieur Merle, de ce que, en exécution des articles du reiglement faict par Mgr de Montmorancy, gouverneur et lieutenant général pour le Roy, en Languedoc, publié en la ville de Langoigne, les consulz et officiers de ladicte ville auroient, ces jours passez, arresté vingt-une charge de sel ou d'huille portés par dix-huict muletz et trois aultres bestes à bast, pour avoir esté vériffié par lesdictz officiers et consulz que les muletiers, conduisans lesdictes choses, estoient de la religion préthenduë et qu'ilz n'avoient aulcun passeport, charge ny adveu d'aulcunes personnes, ayant pouvoir et authorité du Roy, ains que ladicte voiture se faisoit en faveur et à l'advantaige de ceulx de ladicte religion prétenduë, rebelles à Sa Majesté, ainsi qu'il résulte plus particullièrement du verbal et inquisitions sur ce faictz, par lesdictz officiers, exibé par ledict sieur Merle, requérant qu'il pleust à l'assamblée luy donner l'ordre de ce que lesdictz consulz et officiers auroient à faire sur ce subject; a esté advisé de prier mondict seigneur de Mende et M. de Morangiez, commis des nobles dudict païs, d'escrire à mondict seigneur de Montmorancy et à M. du Faure, intendant de la justice, près Sa Grandeur, pour leur donner advis de ceste occurrence et supplier sadicte Grandeur, déclarer sur icelle ce qui sera de son intention, et ledict sieur du Faure, d'en faciliter la despêche.

Le mémoire des prétentions de M. de La Saumais,

ayant esté leu en l'assamblée, par lequel il demande au pays le payement de 280 livres, à luy ordonnée et accordée par délibération desdictz sieurs commis et depputés, du 3ᵉ décembre dernier, pour les causes y contenues et oultre 240 livres, à luy pareillement ordonnée par la mesme délibération, pour son appoinctement comme capitaine d'une des quatre compaignies du régiment de Languedoc, establye à Yspaniac pour le temps de quatre mois, à raison de 60 livres par mois, et encores 540 livres pour le payement de 75 hommes oultre les 25 de sa compaignie, mis à Yspaniac, qu'il dict avoir entretenus durant dix-huict jours, commencés le 17 novembre 1621, jusques au 4ᵉ décembre en suivant, et de plus 84 livres pour 55 hommes durant six jours. Et d'abundant 90 livres pour soixante hommes durant quatre jours, et finallement 150 livres qu'il dict luy avoir esté promis lors du passage de M. de Saint Jean, en ce païs, pour la creue de sa compaigie. Veu par lesdictz sieurs la délibétion cy-dessus mentionnée et sur le tout délibéré, a esté conclud et arresté d'accorder audict sieur de Saumais ladicte première somme de 280 livres, mentionnée en ladicte délibération, comme aussi luy accorder 150 livres pour tout ce qu'il peult prétendre pour son appointement de cappitaine, durant lesdictz quatre moys, en conséquence de ladicte délibération, ores que par icelle ne soict parlé d'appoinctement et que la somme de 60 livres y mentionnée ne se doibve entendre que pour une fois tant seullement, sans l'estandre et amplier durant quatre mois; davantaige luy accorder 70 livres pour ladicte prétendue creue de sadicte compaignie, ores qu'il n'apparoisse d'aulcune délibération ny promesse, de la part du païs, et pour ladicte partie de 540 livres auroict esté trouvé n'y avoir lieu de luy accorder aulcune chose comme ne luy estant deue pour les raisons contenues en ladicte délibération ny pareillement pour les articles de 84 livres d'une part et 96 livres d'aultre ; n'apparoissant aulcunement du temps ny de la cause de ceste despense, de manière que toutes lesdictes prétensions et demandes dudict sieur de la Saumais, pour le passé, ont esté réduictes aux susdictes trois parties, revenans ensemble à la somme de 500 livres, laquelle MM. les commissaires de l'assiette sont requis d'imposer pour le payement dudict sieur de la Saumays.

Et sur aultre estat ou mémoire remys par M. de Cheminades, veu la susdicte délibération et conformément à icelle, a esté accordé audict sieur, pour toutes prétentions, 430 livres, assavoir : 280 livres d'une part, et 150 livres d'aultre, pour les mesmes considérations qu'elles ont donné lieu à la demande dudict sieur de La Saumays, pour raison desdictz deux parties. Et pour le regard de celles de 540 livres et 84 livres, comme aussi celle de 48 livres, a esté jugé par lesdictz sieurs de l'assamblée n'y avoir lieu d'y obliger le pays envers ledict sieur de Cheminades, non plus qu'il a esté faict pour semblables parties ou de pareille nature envers ledict sieur de La Saumays, de sorte que pour toutes choses du passé il se trouve deub, audict sieur de Cheminades, la somme de 430 livres, laquelle pareillement lesdictz sieurs commissaires sont requis d'impozer.

Comme aussi seront requis imposer la somme de 300 livres accordée pareillement, assavoir : 150 livres à M. le baron du Tournel, le filz, et pareille somme de 150 livres à M. de Morangiez, chascun d'eulx commandant une compagnie de 100 hommes de guerre à pied, dudict régiment de Languedoc, et ce en conséquence de la délibération desdictz sieurs commis et depputez, dudict 3e décembre dernier, par laquelle leur est accordé à chascun d'eulx 60 livres, qu'ilz prétendoient leur appartenir par chascun mois, pour leur appoinctement durant quatre mois escheuz, depuis ledict 3e décembre, et qui a esté néantmoingz reiglé aux demandes desdictz sieurs de La Saumays et Cheminades, à ladicte somme de 150 livres chascun.

Sur la requeste présentée par M. de Montesquieu, tendant à ce qu'il pleust ausdictz sieurs depputés luy accorder la somme de 3,000 livres ou telle aultre qu'elle jugera raisonnable pour les despenses par luy faictes pour l'entretenement ordinaire de 30 hommes de guerre à pied, qu'il a tenus au lieu de La Malène, pour empescher aux ennemys rebelles à Sa Majesté le passaige de la rivière de Tar, lequel aultrement leur demeuroit libre pour exécuter leurs pernicieux desseingz contre les fidelles sujectz de Sa Majesté en ce païs; ayant le suppliant faictes les advances de ses propres moyens durant ces mouvemens, sans avoir receu du païs que la somme de 100 livres tournois. Veu ladicte requeste et plusieurs lettres escriptes sur ce suject audict sieur de Montesquieu, par MM. les commis, députés et sindic dudict païs, luy a esté accordé, pour toutes prétensions et demandes, la somme de 300 livres, oultre lesdictes 100 livres par luy receues; laquelle somme de 300 livres lesdictz sieurs commissaires sont requis imposer en la présente assiette avec les aultres deniers extraordinaires dudict diocèze.

Et sur la réquisition faicte de la part de M. le commandeur de Gap-Francès, de le faire rembourser de la somme de 36 livres, par luy fournye pour faciliter la levée de 80 hommes de guerre qu'il avoit mis sur pied, suivant les lettres desdictz sieurs commis et depputés du païs, lors du grand armement des ennemys rébelles au Roy, qui parurent près d'Yspaniac, environ la Toussaintz dernier; a esté arresté que lesdictz sieurs commissaires seront pareillement requis imposer ladicte somme de 36 livres pour le remboursement dudict sieur commandeur.

Comme aussi la somme de 50 livres tournois, fournie par le sieur de Fraisse, pour sa despence, et de quatre hommes à cheval durant cinq jours qu'il auroit demeuré en ceste ville de Mende, où il estoit venu, suivant l'ordre et mandement desdictz sieurs commis et depputés, pour assister le païs sur l'occurrence susdict de l'arinement desdictz ennemys.

Et sur l'instance faicte par certains hostes de la ville de Mende et aultres particuliers habitans d'icelle et du pais, de les faire paier des sommes à eulx deues de restes, à cause des vivres par eulx fourniz pour la nourriture des gens de guerre, qui furent employez par M. le marquis de Portes, gouverneur en icelluy, pour la réduction en l'obéyssance du Roy du fort de Grèzes, a esté conclud et arresté, après avoir veu l'estat desdictz restés que lesdictz sieurs commissaires seront requis imposer, assavoir : soubz le nom de M. Tristand Grégoire, 93 livres 1 sol 3 deniers, pour restes et entier payement de 2,372 livres, pour vente de bledz, vin et chair; de MM. Pierre Malles et Anthoine Destrictis, 219 livres, pour la moitié de 438 livres restante de 2,220 livres 4 sols 8 deniers qui leur estoit deue par l'estat final de leur compte de l'administration des vivres; des hoirs de feu M. Pierre Massedor, appothicaire, 179 livres 17 solz, pour la moitié de 359 livres 14 solz restante de 719 livres 8 solz qui luy estoit deue, pour fournitures de drogues ; du sieur Barthélemy Trescazal, 31 livres 17 solz 6 deniers, pour entier payement de 63 livres 15 solz, pour marchandises par luy fournye ; du sieur de Saint Martin, de Chanac, 75 livres, pour restes et entier payement de 150 livres, pour fourniture de bledz et bestail ; de M⁰ Jacques Bonnefoy, hoste dudict Mende, 202 livres 18 solz 5 deniers, pour la moitié de 405 livres 16 solz 3 deniers, restans de 1,620 livres 6 sols, pour despenses par luy fournie en sa maison, à plusieurs gentilz hommes et aultres ; de Mᵉ Hérosme Harlet, 75 livres 10 solz, pour entier payement de 302 livres, pour pareille cause ; de Vidal Cyveyragol, aultre hoste, 60 livres, pour entier payement de 245 livres, pour semblable cause ; de M. André Roux, comme rémissionnaire de Nicolas Bousquet, 51 livres 12 solz 9 deniers, pour entier payement de 206 livres 11 sols pour semblable fourniture ; de Mᵉ Michel Chassany, appothicaire, 15 livres, pour entier payement de 30 livres, pour fournitures de drogues ; de de la vefve ou héritière de feu Mᵉ Aubazac, 75 livres, pour entier payement de 150 livres à elle accordées pour avoir esté son mary tué à la deffaicte du Buisson ; de M. Adam Chevallier, 75 livres, pour entier payement de 500 livres pour son remboursement de pareille somme, par luy payée au sieur de Creussolles ; du sieur de Fumel, 50 livres, pour entier payement de plus grande somme, à luy deue par ledict estat des restes ; de M. Hélie de Saint Bauzile et Guillaume Bestion, 127 livres 19 solz, pour entier payement du compte par eulx rendu de l'administration de vivres et munitions.

Dudict jour, quinzième d'avril, en ladicte assamblée, de rellevée.

Sur le remboursement requis par noble Jean de Sales, de Saint-Chély-du-Tarn, de la somme de 500 livres, qu'il dict avoir fournie pour l'entretenement de dix soldatz durant deux mois et demy, affin d'empescher le passaige des ennemys rebelles à Sa Majesté, audict lieu de Saint-Chély et d'Haulterive, suivant l'ordre de M. de Mirandol ; a esté conclud et arresté d'accorder, pour toutes lesdictes despenses, audict sieur Sales, la somme de 100 livres, laquelle MM. les commissaires de l'assiette sont requis imposer.

Le reste de ladicte séance dudict jour a esté employée par lesdictz sieurs députés à débattre et contester le contenu des demandes et prétensions des sieurs de La Saumays et de Cheminades, et en faire la vériffication sur leurs quictances et aultres pièces justificatives desdictes demandes, attandu qu'ilz soustenoient leur estre deub plus grandes sommes que celles à eulx taxées par lesdictz sieurs depputés.

Du seizième jour du mois d'avril mil six cens vingt-deux.

Le sieur de Fumel, sindic dudict païs, a représenté que, suivant la charge à luy donnée par délibération de MM. des Estatz particuliers de ce païs, du 6ᵉ de ce mois, il auroict faict toute sorte de de dilligences pour emprumpter la somme de 5,325 livres 2 solz 2 deniers, à laquelle ce diocèse se trouve taxé pour sa quottité de 100,000 livres, accordée à Mgr de Montmorancy, gouverneur et lieutenant général pour le Roy en la province de Languedoc, pour l'entretenement de sa compaignie d'ordonnance, celle de carabins et de 1,200 hommes du régiment de Languedoc ; ce néantmoingz il luy auroict esté impossible de trouver de comptant ladicte partie, et tout ce qu'il a heu moyen de faire, a esté de tirer parolle du sieur Brun, merchant de ceste ville, que le sieur du Brueil, son filz, qui s'achemine à Lyon, emploiera son crédit pour faire trouver et fournir ladicte partie au sieur de La Court, qui a charge de la faire tenir à M. le trésorier Portalés, ainsi que ledict sieur Portalés a cy-devant escript à Mgr de Mende. Et d'aultant que le sieur Myot, commis du sieur Portalés, naguières venu en ceste ville, presse ledict sindic de luy faire délivrer ladicte partie, en vertu de la quittance du sieur Reich, trésorier du païs de Languedoc, de laquelle il dict estre porteur, comme aussi d'une ordonnance de mondict seigneur de Montmorancy, inthimée audict sindic avec gast et garnison d'huissiers, à faulte d'y satisffaire ; ledict sindic a requis lesdictz sieurs députés, de pourveoir audict payement, selon qu'ilz adviseront pour le mieulx. Sur quoy, ayant esté délibéré et reconnu l'impossibilité de recouvrer en ce païs ladicte partie, jnsques à ce que la levée des deniers des tailles puisse estre faicte ; veu aussi la lettre escripte par ledict sieur Portalés à mondict seigneur de Mende, le priant faire en sorte que lesdictz sieurs députés facent paier ladicte partie à sondict commis ou audict sieur de La Court à Lyon ; attandu aussi que ledict sieur commis s'achemine audict Lyon ; a esté conclud et arresté que ledict sieur Brun, sera remercié de la part du païs de l'offre qu'il luy a pleu faire audict sindic, laquelle il est prié d'effectuer et faire fournir ladicte partie de 5,355 livres 2 sols 2 deniers, audict sieur de La Court, à Lyon, dans quinze jours prochains, ensemble les intherestz raisonnables telz que seront convenus entre ledict sieur du Brueil, son filz, avec ledict sieur de La Court, à la charge que ladicte partie et intérest d'icelle seront renduz et remboursez audict sieur Brun, dans la fin du mois de may prochain, par le receveur dudict diocèse, à peine de tous despans, dommaiges et intherestz, en rapportant par ledict sieur Brun récépicé dudict sieur de La Court, de la susdicte partie, avec la quittance de M. Pierre-Louys Reich, trésorier de la bourse dudict païs de Languedoc, dont ledict sieur Myot, commis dudict sieur Portalés, se dict porteur. Lequel moyennant la présente asseurance est aussi prié descharger ledict diocèse de toute sorte de contraincte, fraiz et despens qu'il pourroit faire audict diocèse.

Sur l'estat des demandes de M. de Miral, pour estre remboursé des sommes contenues en icelluy, qu'il dict avoir fournies ; a esté délibéré et arresté, sur chascun des articles dudict estat, ce que s'ensuict : sur le premier, de la somme de 576 livres, pour l'entretenement de six hommes de guerre à pied, pour la garde du château de Miral, depuis le 8ᵉ aoust dernier, à raison de 8 solz par jour, suivant le reiglement de M. le marquis de Portes, lieutenant pour le Roy au païs de Gévaudan, a esté dict et arresté, attandu que l'estat faict par ledict seigneur marquis, le 26ᵉ febrier 1621, pour l'entretenement des garnisons des lieux mentionnés audict estat, ne s'estendoit qu'à ung seul moys et pour lequel seullement avoit esté faict fondz à la recepte dudict diocèze ; qu'il sera pourveu sur cest article conformément au règlement général qui sera prins sur les aultres demandes qui ont esté faictes aux Estatz pour toutes les aultres garnisons du diocèse, fondées sur le mesme estat.

Sur le second article de 144 livres, pour la despense de douze soldatz, pour garder le passaige et pont du Tarn, a esté accordé, audict sieur de Miral, la somme de 120 livres.

Et pour le troizième, de 360 livres, pour l'entretenement de 60 hommes de guerre, pour la garde des passaiges de ladicte rivière de Tarn, pour s'opposer aux trouppes du sieur de Rohan, et ce depuis le 26ᵉ aoust, jusques au 10ᵉ septambre dernier, qui sont quinze jours ; a esté accordé audict sieur, la somme de 200 livres pour ledict nombre d'hommes, durant dix jours, à raison de 6 solz 8 deniers par jour.

Et sur le quatrième article de 360 livres pour trente soldatz de creue aulx châteaulx de Miral et Bédoesc, depuis le 30ᵉ octobre jusques au 30ᵉ novembre ; a esté dict n'y avoir lieu d'accorder aulcune chose, attandu qu'il n'apparoit d'aulcune délibération ny aultre pièce justificative et que ladicte creue n'estoit nécessaire.

Sur le cinquième, de 88 livres, pour l'entretenement de quatre soldatz de creue, pour la garde du château de Bédoesc, depuis le 30ᵉ novembre jusques au 25ᵉ janvier dernier ; attandu qu'il a esté vériffié lesdictz soldatz n'avoir esté establiz audict temps, a esté dict n'y avoir lieu de payement.

Sur le sixième article, pour l'entretenement de vingt soldatz pour la garde dudict lieu de Bédoesc, depuis le 25ᵉ janvier dernier, jusques à présent ; d'aultant que dudict nombre de vingt convjent rabatre les quatre de l'estat dudict seigneur marquis qui sont compris dans ledict nombre ; a esté accordé, pour les seize restans, la somme de 160 livres, pour le temps d'ung mois, et à raison de 10 livres par moys, chascun soldat ; et pour ung aultre mois finy le 2° du présent, luy est accordé 80 livres pour huict soldatz, à la mesme raison, oultre les quatre dudict estat.

Sur le septième article, de 560 livres, pour les réparations faictes audict chasteau de Bédoesc, depuis l'effort que les ennemys firent le 25 janvier sur ledict lieu, a esté délibéré qu'après le reiglement prins pour le faict des garnisons prétendues, en conséquence de l'estat faict par ledict seigneur marquis, s'il se trouve de restes deues ausdictz chanoines, sera pourveu au faict desdictes réparations, ainsi qu'il sera jugé raisonnable, du consentement desdictz sieurs chanoines sur lesdictz restes.

Sur le huictième article, touchant les despenses faictes par ledict sieur, pour tenir des espions dans les Cévennes, luy a esté accordé 62 livres ; revenant toutes les susdictes parties accordées à la somme de 630 livres, sur laquelle, desduict 64 livres 14 solz par luy receue de la paroisse de Bédoesc, et aultre de 64 livres 12 solz de la paroisse de Cocurès, luy seroit deub de restes, 500 livres 14 solz.

Veu par l'assamblée, l'estat des demandes et prétensions de M. de Lambrandés, pour estre remboursé de la despense par luy faicte pour l'entretenement de quinze soldatz qu'il auroit tenu de creue dans sa tour d'Yspaniac et chasteaulx de Quézac et Rocheblave, durant huict jours, finiz le 4° janvier dernier, et pour la perte faicte par le sieur de La Recouse, son filz, à cause de l'entretenement de 60 soldatz, à luy ordonnez en aoust dernier, durant quinze jours ; lesquelz il auroit esté contrainct payer pour quatre jours de plus, pour n'avoir heu moyen plustost de les congédier, pour avoir esté lors rettenu en ceste ville, attandant sur ce l'ordre dudict congé, oultre que, ayant payé lesdictz soldatz, à raison de 12 livres chascun, il n'a esté remboursé qu'à raison de 10 livres ; a esté conclud et arresté d'accorder, pour toutes lesdictes demandes et prétensions dudict sieur, la somme de 100 livres, laquelle lesdictz sieurs commissaires sont pareillemeent requis impozer en la présente assiette.

Sur la requeste présentée par Tristand Serres, cordonnier, de la ville d'Yspaniac, à ce qu'il pleust ausdictz sieurs, luy ordonner telle récompense qu'ilz jugeront raisonnable, en considération de plusieurs voiaiges qu'il a faictz de ce païs au bas Languedoc, au péril de sa vie, par commandement de MM. les commis du païs, pour recognoistre l'estat des affaires des ennemys rebelles et descouvrir les desseingz et entreprinses qu'ilz avoient contre cedict païs; a esté conclud et arresté de luy accorder, pour tout, la somme de 50 livres, qui sera imposée en la présente assiette.

Lecture faicte de l'estat remys par les consulz et habitans d'Yspaniac, contenant les despenses par eulx faictes en ces dernières occurrences, soict pour le logement des gens de guerre qui ont esté souvent envoyés en ladicte ville, pour s'oppozer aux passaiges des ennemys rebelles, ou pour les ustencilles qu'ilz leur ont fournies, comme aussi pour le bois et chandelles des corps de garde de la garnison y establye depuis ung an, oultre les foulles et dégastz extraordinaires que l'insolence desdiotz gens de guerre leur ont faict souffrir avec grande perte ; a esté accordé ausdictz habitants, du commung advis de l'assamblée, la somme de 500 livres, pour estre, à ceste fin, imposée en ladicte assiette, par lesdictz sieurs commissaires.

Du dimenche, dix-septième dudict mois d'avril, de rellevée.

Sur la réquisition faicte par sire Jean Gras, 1ᵉʳ consul de la ville de Saint-Chély-d'Apchier, qu'il pleust à l'assamblée veoir et arrester l'estat de la despence et fourniture par luy et ses collègues, faicte suivant les lettres et mandement de MM. les commis, depputés et sindic dudict païs, pour la nourriture des régimens de MM. de Pérault et Danibal, à leur passaige près ladicte ville de Saint-Chély, allans, pour le service du Roy au camp devant Montauban, au mois d'octobre dernier ; et que par mesme moyen soit pourveu à leur remboursement en la présente assiette, ayant à ceste fin remis ledict estat certiffié par les officiers dudict lieu, ensemble une lettre et ung certifficat dudict sieur de Pérault et les lettres desdictz sieurs commis et sindic. Le tout veu, vériffié et examiné en ladicte assamblée et sur ce délibéré, ledict estat, montant à 744 livres, a esté réduict, modéré et liquidé à la somme de 300 livres pour toutes choses, et conclud que MM. les commissaires de l'assiette seront requis imposer ladicte somme pour le remboursement desdictz consulz.

Les habitans du Blaymard ayant faict remettre aultre estat de la despence et fourniture de vivres par eulx faicte pour la nourriture du régiment de M. de Saint Jéhan et aultres gens de guerre, allant audict camp devant Montauban ; lecture faicte dudict estat, certiffié par les officiers du lieu ; veu aussi le roolle de la vefve du feu bailli Reversat ; le certifficat du maître d'hostel dudict sieur de Saint Jehan ; les lettres escriptes par MM. les commis et sindic dudict païs ausdictz habitans ;

le tout a esté modéré et taxé à la somme de 200 livres, pour estre payée, assavoir : 60 livres à ladicte vefve, et le surplus ausdictz habitans, et que à ceste fin MM. les commissaires de l'assiette seront requis d'en faire l'imposition.

L'estat de la fourniture des vivres faicte par M⁰ Jacques Bouscharenc, du lieu d'Auroux, pour subvenir à la nourriture des compaignies de gens de guerre du régiment de MM. de Montréal et d'Anibal, allant audict camp de Montauban, ayant esté veu, avec l'attestation des officiers du lieu, les certificats desdictz sieurs de Montréal et d'Anibal et de l'enseigne de la compaignie du chevalier de La Pierre, du régiment dudict sieur d'Anibal, ensemble les lettres et aultres certificatz de M. Pierre Barthélemy, commis au faict desdictz vivres, ledict estat a esté taxé et modéré à la somme de 180 livres et conclud que lesdictz sieurs commissaires de l'assiette sont requis icelle imposer pour le remboursement dudict Bouscharenc et de ceulx qui ont fourny lesdictz livres.

Se sont présentés à ladicte assemblée les sieurs Jean Falguières, sieur du Mazellet ; Guillaume Bonnet, consul de la ville de La Canourgue, et Gabriel Rostang, sieur de la Vaïsse, qui ont remys l'estat des fournitures de vivres par eulx faicte au passaige des compaignies du régiment de Languedoc, conduict par M. de Saint Jean ; requérant qu'il pleust à l'assemblée pourveoir à leur remboursement en la présente assiette. Après avoir esté faicte lecture dudict estat, montant 770 livres, du certificat des officiers du lieu, de la lettre escripte ausdictz consulz par MM. les commis du païs ; certificat du maître d'hôtel dudict sieur de Saint Jean et du capitaine Gardille, maréchal de lotgis dudict régiment, le tout examiné, lesdictes fournitures ont esté taxées et modérées à la somme de 50 livres, pour le remboursement des susnommés et conclud, qu'à ceste fin, MM. les commissaires de l'assiette seront requis icelle imposer sur le général dudict diocèse.

A esté pareillement conclud de requérir lesdictz sieurs commissaires imposer la somme de 100 livres, à laquelle a esté, par ladicte assamblée, réduict et modifié l'estat de la despence fournye par les consulz et habitans de la ville de Sainte-Enimye, pour la nourriture et entretenement du sieur de Marennes, avec douze hommes de cheval et cinquante mousquetaires, suivant les lettres de Mgr de Mende, l'estat de ladicte despence et certificat dudict sieur de Marennes, qui s'estoit acheminé en ce païs pour luy donner secours et assistance contre les desseingz des ennemys, rebelles au Roy, du bas Languedoc et des Cévennes, s'estans lors portés en nombre de quatre ou cinq mil hommes de guerre aux environs d'Yspaniac et Quézac, au mois de novembre dernier; laquelle somme de 100 livres sera employée au remboursement desdictz consulz et habitans.

Sur la requeste présentée par sieur Pierre Bonicel, du lieu de Falisson, à ce qu'il pleust à l'assamblée pourvoir à son desdommagement, à cause de la despence par luy fournye et soufferte au logement que M. d'Apchier, avec 55 hommes de cheval de sa suitte, auroict faict en sa maison durant deux jours, au commencement de novembre dernier, s'acheminant avec grand nombre de gens de guerre, pour s'opposer ausdictes trouppes desdictz rebelles de Languedoc et Cévennes ; ayant le suppliant fourny tous vivres nécessaires audict logement, comme appert par le certificat du sieur Fournier, secrétaire dudict sieur ; a esté accordé au suppliant la somme de 120 livres ; laquelle lesdictz sieurs commissaires seront aussi requis impozer pour son remboursement.

De mesmes seront requis imposer 20 livres pour les vivres fournis par George Veyret et Anthoine Brunel, du lieu de Rocles, à la compaignie collonelle du régiment de M. d'Anibal, à son passaige, pour aller au camp devant Montauban, en octobre dernier.

Veu la requeste présentée par le sindic de la paroisse de Grandrieu, à ce que pour desdommaiger les habitans de ladicte parroisse et notamment des villaiges de Grandrieu, Chabestras, Florensac, la Chappelle, la Bataille, Manaresches et Laldeyrès, pour avoir contribué à la nourriture des gens de guerre qui ont pris leurs logemens esdictz lieux, l'année dernière, et entre aultres de la compaignie conduicte par M. le chevalier de St-Auban, celle des carabins de M. le marquis de Portes, du régiment de MM. de Montréal et d'Anibal, et des trouppes du sieur baron de Langeat, il pleust à l'assemblée leur accorder telle somme qu'elle jugera raisonnable ; a esté délibéré et conclud de leur accorder la somme de 150 livres, pour aulcunement les rellever de ladicte despense, et, qu'à ceste fin, lesdictz sieurs commissaires sont requis imposer ladicte partie.

Lecture faicte de l'estat de la despense fournie par les habitantz de Montjeusieu, pour la nourriture de deux compaignies du régiment de Languedoc, de 62 chevaulx ou mulletz, allans pour le service du Roi, au camp devant Montauban, au mois d'octobre dernier ; veu aussi la lettre escripte, par lesdictz sieurs commis et députés, aux consulz dudict Montjusieu, avec le certificat signé des lieutenant et sergent desdictes compaignies et des officiers du lieu, ledict estat a esté taxé et modéré à la somme de 120 livres, laquelle sera imposée pour le remboursement desdictz habitans ;

Comme aussi la somme de 50 livres, à laquelle a esté de mesmes réduict l'estat des vivres fournis par les habitans du lieu et parroisse de Salelles, à la compaignie du sieur de la Visclède et plusieurs aultres gens de guerre de cheval et de pied, volontaires, qui s'estoient joinctz à ladicte compaignie, allant audict camp de Montauban, selon qu'il est porté par ledict estat, signé et notiffié par les officiers du lieu.

Et par mesme moyen seront, lesdictz sieurs commissaires, requis impozer la somme de 120 livres, à quoy ladicte assamblée a réduict et modéré l'estat de la fourniture des vivres, faicte par les habitans et sindicz des lieux d'Auxilliac, Maruejollet, Chardonnet et Corréjac, pour la nourriture des compaignies des sieurs d'Aleman, de Crespon et du Baye, à leurdict passaige, allant audict camp de Montauban, comme appert du certificat des capitaines, en suitte de l'ordre signé par M. de St Jehan.

Et sur la réquisition faicte par le sieur Michel, lieutenant en la justice de Saint-Chély-d'Apchier, de le faire rembourser des fraiz par luy faictz en plusieurs voiaiges qu'il luy auroict convenu faire pour le bien des affaires dudict païs et diocèse, en l'année 1617, sur l'occurrence de la réduction, en l'obéyssance du Roy, du fort de Grèze, lors occupé par le sieur Dondredieu et ses adhérans ; a esté accordé, audict sieur Michel, la somme de 60 livres tournois.

Du lundy, dix huictième dudict mois d'avril, du matin.

Sur la requeste présentée par Claude Pinède, et l'estat qu'il a remys touchant la despense, par luy fournie à la compaignie de carabins du sieur de Crussolle, au logement qu'elle fit au lieu du Cellier, le 15ᵉ d'octobre dernier, à ce qu'il pleust à l'assamblée pourveoir à son remboursement, ledict estat, auroit esté réduict et modéré à la somme de 50 livres.

Pareille somme de 50 livres auroit esté accordée à M. Pascal Gaude, du lieu du Chambon, en considération des voiaiges par luy faictz dudict lieu du Chambon en la ville de Mende, pour affaires importans au païs de Gévaudan et diocèse de Mende.

Les estatz de la despence et fournitures faictes par les consulz de la ville de Serverette ou ceulx qui ont esté par eulx commis pour la nourriture de sept compaignies du régiment de M. Pérault, ont esté veuz par ladicte assamblée, comme aussi les lettres de MM. les commis, sindic et députés, ensemble les certificatz dudict sieur de Pérault, et sur le tout, a esté conclud et arresté de réduire et moder lesdictz Estatz, pour toutes choses préthendues et demandes pour lesdictes despenses et fournitures, à la somme de 550 livres, à ce compris le desdomaigement du premier préparatif desdictes munitions qui n'auroient esté employées, et que pour cest effect lesdictz sieurs commissaires de l'assiette seront requis comprendre ladicte somme au département des deniers extraordinaires la présente année ;

Et d'imposer de mesmes la somme de 80 livres, à laquelle a esté réduict et modéré l'estat des vivres fournis par les habitans de Saint-Denis, à une partie du régiment dudict sieur de Pérault, logé audict lieu et quelques aultres villaiges de la parroisse ou mandement dudict lieu ;

Imposer aussi 20 livres qui ont esté accordées à Michel Ginhac, procureur du lieu de La Villedieu, sur la requeste par luy présentée pour le rembourser de partie de la despence par luy fournye à la compaignie du sieur de La Condamine, du régiment dudict sieur de Pérault.

Ladicte assamblée ayant veu et examiné l'estat remys par M. Tristand Grégoire, de la ville d'Yspaniac, des despenses par luy fournies, tant pour voiaiges qu'il a faictz ou messaigers qu'il a envoyés en divers lieux pour les affaires dudict païs, dégast et perte qu'il a souffert de plusieurs matériaulx de bois et pierre, dont il avoit faict provision pour le bastiment d'une maison qui luy auroient esté prins et enlevez pour fortiffier ladicte ville contre les ennemys, deschet des farines et vin qu'il tient dans le fort de ladicte ville, par forme de munition morte, suivant l'ordre de MM. les commis et depputés du païs, et pour la fourniture qu'il a faicte du bois, huille et chandelle nécessaires au corps de garde dudict fort, depuis un an ; le tout auroict esté taxé et licquidé à la somme de 300 livres tournois, pour le remboursement dudict sieur Grégoire, soubz le nom duquel ladicte somme sera pour cest effect impozée, comme les précédentes, en la présente assiette.

Dudict jour, dix-huictième d'avril, de rellevée, lesdictz sieurs depputés ne se sont assamblés en corps, affin de donner temps à ceulx qui ont esté nommés pour vériffier les payements faictz pour l'entretenement des garnisons dudict diocèse depuis le moys de mars dernier jusques à présent.

Du dix-neufviesme dudict mois d'avril, du matin.

Sur les plainctes faictes à l'assamblée, de ce que le sieur de Châteauneuf de Senuejolz, apporte de l'interruption au commerce et trafic ordinaire que les habitans de ce diocèse font en la ville du Puy, arrestant les marchans qui passent par Saint-Aond, comme il a faict naguières le sieur Blanquet, de Serverette ; lequel il détient audict lieu de Saint-Aond, et faict refus de le mettre en liberté, soubz prétexte qu'il est de la prétendue religion, sans avoir esgard aux déclarations faictes par le Roy, en faveur de ceulx de ladicte religion, qui se trouvent dans l'obéissance, comme faict ledit Blanquet, au nom duquel l'assamblée auroit esté suppliée voulloir employer son authoritté pour son eslargissement ; a esté conclud et arresté qu'il sera escript audict sieur de Châteauneuf, de la part de ladicte assamblée, pour le prier de mettre en liberté ledict Blanquet, comme estant en la protection et sauvegarde de Sa Majesté, au moyen de la submission par luy faicte, devers les officiers de Sa Majesté, de voulloir vivre et mourir en son obéissance ; comme de mesmes sera escript, à MM. les commis et depputés du païs de Vellay, de voulloir tenir la main à l'eslargissement dudict Blanquet, attandu que ledict lieu de Saint-Aond, où il est dettenu, est situé dans ledict païs de Vellay, qui n'a pas moindre intérest à l'entretien dudict commerce que le païs de Gévaudan.

Estant venu à l'assamblée M. du Pouget, naguières depputé par les Estatz devers M. le baron de Langeat, il a faict son rapport du succèz de sa députation, et comme ledict sieur de Langeat se trouvoit grandement satisfaict de l'honneur qu'il avoit pleu ausdictz Estatz luy faire, n'ayant pour son regard désiré d'eulx une plus grande recognoissance selon le tesmoignaige qu'il luy en a randu pour le faire entendre à l'assamblée ; néantmoingz ledict sieur du Pouget, pour faciliter en toute façon le moyen de retirer, dudict sieur baron, parolle, à luy donnée par M. de Billières, il auroit encors offert audict sieur baron la somme de 50 pistolles, de la part desdictz Estatz, oultre leur remerciement et tesmoignaiges de l'obligation qu'ilz luy avoient de sa bonne volonté, qui est tout ce que ledict sieur du Pouget a dict avoir peu profiter en sa délégation. Sur quoy, après que ledict sieur du Pouget auroit esté remercié, par l'assamblée, de la peine et du soing qu'il luy a pleu rendre en ceste occasion ; a esté conclud et arresté, pour effectuer l'offre par luy faicte audict sieur baron de Langeat, que MM. les commissaires de l'assiette seront requis impozer, sur le général dudict diocèze, ladicte somme de 50 pistolles, vallant 367 livres 10 solz, pour estre, par le receveur d'icelluy, payés audict sieur baron de Langeat, aux termes de ladicte assiette.

Et par mesme moyen sera impozé 100 livres, d'une part, accordées audict sieur de Billières, pour le rembourser de la despence par luy employée en plusieurs voyaiges qu'il feit devers ledict sieur de Langeat, pour le dispozer à descharger ledict diocèze du séjour et de la foulle que ses troupes y faisoient, et 10 pistolles, valant 73 livres 10 solz, accordées audict sieur du Pouget, pour la despence et fraiz par luy employez en sa députation.

Veu, par lesdictz sieurs députés, la délibération prise par les Estatz le 9ᵉ du passé, leur donnant pouvoir de vériffier et licquider les advances qui ont esté faictes par certains consulz des villes et aultres particuliers habitans du païs, pour le payement de la solde et entretenement des gens de guerre, qui furent establyz pour le service du Roy esdictes villes et lieux dudict païs par M. le marquis de Portes, lieutenant pour Sa Majesté en icelluy; lesquelles garnisons, bien que par l'estat d'icelles, arresté par ledict seigneur gouverneur, le 26° febvrier 1621, n'eussent esté ordonnées et le paiement faict fondz pour le payement d'icelles, que pour ung moys, tant seullement, estimant que l'occasion et le subject de la guerre cesseroit bientost; néantmoingz, la cause et les effectz aiant faict progrez jusques à maintenant, lesdictz consulz et particuliers habitans auroient esté obligés, par debvoir et nécessité, de continuer ledict payement à leurs propres fraiz et despens, soubz espérance d'en estre remboursez par le païs, qui par ce moyen a esté conservé en l'obéyssance de Sa Majesté contre les entreprises des ennemis rebelles, et s'est maintenu en repos et seureté. Et ouy le sindic dudict païs sur les demandes et prétensions de ceulx qui ont faict lesdictes advances; a esté conclud et arresté qu'elles demeureront reiglées pour tout temps, à six mois, tant seullement, compris le premier mois dudict estat; sur lequel pied et fondement, lesdictz sieurs depputés ayant procédé à ladicte vériffication par le menu, et faicte déduction des deniers jà remboursez par le pays, ont trouvé qu'il reste encores débiteur des sommes cy-dessoubz escriptes; assavoir :

— Aux consulz de La Garde-Guérin, de la somme de 200 livres tournois, pour l'entretenement de 10 hommes de guerre à pied, au château dudict lieu, à raison de 10 livres par mois, durant deux mois, restans à rembourser dudict nombre de six;

A M. le comte Du Roure, de la somme de 300 livres, pour la solde de six hommes, au château de Grisac, durant cinq mois restans, à rembourser dudict nombre de six ;

A MM. les chanoines de Bédoesc, de 200 livres, pour la solde de quatre hommes à Bédoesc, durant cinq mois, restans de six ;

A M. de Sainte Enymie, de 180 livres, pour 6 hommes au château de Prades, durant trois mois, à rembourser sur ledict nombre de six ;

A Madame du Hault-Villar et au sieur de Muret, de 600 livres, qui est 300 livres à chascun, pour douze hommes aux châteaux de Montferrand et Muret, durant cinq mois à rembourser ;

Au sieur de Saint Martin, de 400 livres, pour vingt hommes au château de Chenac, pour deulx moys restans à rembourser ;

Au caporal François, de 200 livres, pour 10 hommes au château du Villar, durant deulx moys, dont il n'a esté remboursé ;

A Mre Jean Reynal, curé du Monastier-lez-Chirac, de 360 livres, pour la solde de huict hommes à la tour dudict Monastier, durant quatre moys et demy ;

A M. du Gibertés, de 240 livres, pour quatre hommes au château de La Vinhe, durant lesdictz six mois entiers, dont il n'avoit eu aulcun remboursement ;

Au sieur de La Condamine, de 300 livres, pour dix hommes au château de Peyre, durant trois moys, assavoir : ung moys restant dudict nombre de six, et deux mois que luy ont esté accordés de plus, à cause de l'importance de la place et la despence extraordinaire qu'il est contrainct faire pour la garde d'icelle ;

A M. de Mirandol, de 300 livres, pour six hommes au château de Mirandol, durant cinq mois, restans à rembourser ;

A Mlle de Vareilles, de 90 livres, pour trois hommes au château de Charbonnières, pour trois mois à rembourser ;

Au sieur de Camargue, de 1,500 livres, pour toutes restes de la solde de quarante hommes establyz au villaige de Grèze, à ce compris 600 livres, dont cy-devant avoit esté expédié mandement audict sieur de Camargue, sur le sieur de La Roche, qui ne l'auroit acquitté à faulte de fondz ;

Au sieur de La Rouvière, de 150 livres, pour trois hommes au château de Serverette, pour cinq mois deubz de restes ;

Au sieur de La Roche, de 180 livres, pour 3 hommes à la tour de Saint-Germain, pour lesdictz six mois entiers ;

Au sieur de Miral, de 60 livres, pour six hommes au château dudict Miral, durant ung mois, restant dudict nombre de six.

Dudict jour, dix-neufviesme d'avril, de rellevée.

Sur la réquisition faicte par le sieur Armand, lieutenant de M. le prévost général, audict diocèse, de pourveoir à son remboursement des fraiz et despens qu'il luy a convenu advancer et fournir en plusieurs vaccations et chavaulchées extraordinaires, par luy faictes avec ses archers, hors dudict diocèse, pour l'exercice de sa charge, luy a esté accordé la somme de 60 livres, moitié à luy et le reste ausdictz archers.

Veu le roolle présenté par les consulz de la ville de Chenac, tant de la despence par eulx fournie à certains hostes de ladicte ville, pour la nourriture de quelques soldatz de la compaignie de M. de Morangiez que, pour la perte et intérestz qu'ilz ont souffert en l'achept de 30 sestiers, froment ou seigle, qu'ilz avoient faict mouldre, comme aussi en la revente de 30 moutons, qu'ilz avoient acheptés, pour subvenir à la nourriture du régiment de Languedoc, dont le passaige avoit esté désigné audict Chenac, suivant l'ordre de MM. les commis du païs; tout le contenu audict roolle a esté taxé et réduict à la somme de 100 livres tournois, qui sera imposée comme dessus, pour le remboursement desdictz consulz.

Et oultre ce, la somme de 50 livres accordées à Claude Rochier et Pierre Gleyse, du lieu du Villar, assavoir : audict Gleyse, 41 livres, et audict Rochier, 9 livres pour leur remboursement de la despence par eulx fournie à une aultre partie des soldatz de ladicte compaignie qui n'avoient eu moyen de paier leurs hostes, après leur licentiement et conged.

Sur la réquisition faicte par le sieur du Pouget, commandant pour le service du Roy à la tour et fort de Châteauneuf-de-Randon, de pourveoir à son remboursement des deniers par luy advancés pour la solde et entretenement de la garnison dudict lieu, jusques à présent; après avoir esté sur ce délibéré, a esté concluvcf et arresté que, pour toutes restes de ce qui avoit esté accordé pour ladicte garnison, sera imposé la somme de 900 livres en la présente assiette, et qu'à cest effect MM. les commissaires d'icelle en seront requis au nom dudict païs.

Du vingtiesme jour dudict mois d'avril, de rellevée.

Lesdictz sieurs députés mettant en considération les despenses extraordinaires que M. de Mirandol, lieutenant de la compaignie de gendarmes de M. le marquis de Portes, gouverneur pour le Roy, au païs de Gévaudan, a faictes, depuis le mois de novembre dernier, jusques à présent, en plusieurs et divers voiaiges qu'il luy a convenu faire en ceste ville de Mende, celle d'Yspaniac et aultres lieux dudict païs et son séjour en icelluy, à toutes occurrences, pour le bien du service de Sa Majesté et la conservation dudict païs en son obéyssance, suivant les commandements qu'il en a receu de mondict sieur le gouverneur ; désirans le rellever desdictes despenses, luy ont accordé la somme de 1,000 livres ; laquelle lesdictz sieurs commissaires sont requis imposer avec les aultres deniers extraordinaires dudict diocèse.

Ayant esté aussi jugé raisonnable de recognoistre l'assiduité de la peine et soin continuellement randu, durant l'année passée, par les sindic et greffier dudict diocèze, aux fréquentes assamblées qui se sont tenues presque journellement, à cause des affaires de la guerre, ayant à cest effect esté constrainctz de quicter leurs affaires particuliers, leur a esté ordonné la somme de 250 livres tournois, assavoir : audict sindic, 100 livres. et audict greffier 150 livres, sans préjudice de leurs taxations et salaires, soit pour voiaiges, despesches, registres, que aultres vaccations extraordinaires ; lesquelles parties, lesdictz sieurs commissaires sont aussi requis imposer, ensemble le supplément de la taxe qui pourra estre faict par MM. les commis et depputés dudict païs avec lesdictz sieurs commissaires, sur les registres et contrerolles dudict greffier.

Comme aussi la somme de 150 livres, ordonnée à M. du Pivou, bailly de Gévaudan, pour le recognoistre en partie des soingz et peines extraordinaires par luy rendues à la garde de la ville de Mende, durant l'année dernière et présente, à l'occasion des entreprises dressées contre ladicte ville par les rebelles du païs des Cévennes.

Seront de mesmes requis imposer la somme de 120 livres, ordonnée au sieur du Cros, pour ung voiaige par luy faict de ladicte ville de Mende, devers Mgr de Montmorancy et M. le marquis de Portes, au camp devant Montauban, pour leur représenter l'estat des affaires dudict diocèze, affin qu'il fust leur bon plaisir d'y pourvoir, selon leur prudence et que la nécessité le requerroit.

Auroit esté pareillement accordé au sieur Boyer, de Maruejolz, 60 livres, pour plusieurs voiaiges qu'il a faictz de ladicte ville de Maruejolz en celle de Mende, pour les affaires importans le repos et tranquillité dudict païs.

Le compte du roolle de la despence faicte chez M* Hiérosme Harlet, hoste de la ville de Mende, par une partie du train de M. le comte d'Apchier, estant venu pour s'opposer aux ennemys rebelles, au mois d'octobre dernier, a esté veu par lesdictz sieurs depputés et arresté que la somme de 64 livres 11 solz, qui se trouve deue audict Harlet, luy sera payée et à ceste fin imposée en la présente assiette avec les aultres parties cy-dessus.

1623

MM. les commissaires de l'assiette. — Rôle de MM. des Etats. — Admission de divers députés. — Deux prétendants à la baronnie de Peyre. — Eloges adressés à l'évêque de Mende. — Abus et vexations commis par les receveurs ; mesures pour y mettre un terme. — Restes de la gratification de Mgr de Portes à payer. — Nouvelle gratification de 6,000 livres au même seigneur, gouverneur du Gévaudan. — Admission de l'envoyé du baron de Cénaret et du député de la ville de Saugues. — Réquisition de M. de Roux, sur l'intimation de l'arrest du Conseil, touchant les deniers de la guerre. — Vérification des dettes du diocèse. — Dépenses faites par M. d'Entraigues, bailli de Gévaudan. — Contestation entre les Etats et le sieur de Tauriac, sieur de Saint-Rome, au sujet du remboursement des sommes payées pour l'acquisition de la seigneurie de Montméjan. — Dette en faveur de M. Rodes-Castaing. — Don de 1,000 livres aux Capucins, et de 600 livres aux Cordeliers de Mende. — Admission de l'envoyé de M. de Montrodat. — Sommes dues à M. Marimon. — Don de 100 livres à l'église de Marvejols, de 600 aux Carmes de Mende, et de 300 livres à la prieure du Chambon. — La somme de 4,500 livres accordée à M. d'Entraigues. — Don de 50 livres aux religieux de l'ordre de Saint-Dominique de Marvejols. — Indemnité aux habitants d'Ispagnac et de Montmirat, et autres communautés et particuliers qui ont souffert pendant les troubles. — Le prévôt fera ses chevauchées du côté de Saugues, pour purger La Margeride des malfaiteurs qui la fréquentent. — De-

mande faite par *M. Parlier*, secrétaire de *Mgr de Portes*. — *Le baron de tour en faveur de M. de Canillac*. — *Clôture des Etats*. — *Sommes à imposer pour dépenses faites pendant les derniers troubles*.

L'an mil six cens vingt-trois et le lundy, sixième jour du mois de febvrier, environ neuf heures du matin, en la ville de Mende, et dans la salle haulte des maisons épiscopalles, se sont assamblez les gens des Estatz particuliers du païs de Gévaudan et diocèse de Mende. Après avoir, suivant l'ancienne et louable coustume, ouy la messe du Saint-Esprit, célébrée dans l'église cathédralle de ladicte ville ; en laquelle assamblée sont venuz : M. M° Jean de Roux, conseiller du Roy et controlleur des tailles dudict diocèse, commissaire principal de l'assiette d'icelluy ; noble Guillaume Du Mazel, sieur du Pyvoul et de Remyeize, bailly de Gévaudan ; noble Jehan Jacques de Columb, receveur des décymes audict diocèse, 1er consul de ladicte ville de Mende ; M° Firmin Borne, appothicaire, 2e consul, et Gabriel Claret, tiers consul d'icelle ville, et noble Estienne de Seguin, sieur de Peyrefiche, 1er consul de la ville de Maruejolz, commissaires ordinaires de l'assiette la présente année. Lequel commissaire principal a dict, qu'il auroit pleu à MM. les commissaires qui ont présidé aux Estatz généraulx de Languedoc, dernièrement tenuz ez villes de Béziers et Beaucaire, le députer et commettre pour la tenue de l'assiette de ce diocèse avec les aultres sieurs commissaires ordinaires d'icelle, affin de procéder conjoinctement au département des sommes à quoy reviennent les quotitez dudict diocèse des deniers accordez par lesdictz Estatz généraulx. Et d'aultant que par les commissions appert évidemment des justes causes de l'octroi desdictz deniers, il estime n'estre besoing d'en faire aultre récit à ladicte assamblée, puysque par la lecture qui sera faicte desdictes commissions elle en demeurera fort amplement et particullièrement informé ; la requérant néantmoings de l'assister ou faire assister, par leurs députés, au département desdictes sommes, auquel il offre de procéder incontinant ainsi qu'il luy est mandé et ordonné par lesdictes commissions et instructions desdictz seigneurs présidens, affin que, par faulte de ce, les affaires et service du Roy n'en demeurent retardez. Et incontinant après lecture faicte publiquement desdictes commissions en ladicte assamblée, auroit esté dict par Mgr de Mende, comte de Gévaudan, conseiller de Sa Majesté, en ses conseilz privé et d'Estat et président desdictz Estatz particuliers, que sur les sommes mentionnées esdictes commissions, ayant esté, avec grande cougnoissance de cause et juste sujet, accordés par lesdictz Estatz généraulx à sadicte Majesté, et ceste compaignie persévérant tousjours comme elle faict, plus que jamais, en la fidelle et dévote obéissance qu'elle doibt à sadicte Majesté, il ne fault pas doubter qu'elle ne se porte à la prompte exécution desdictes commissions, et d'aultant plus soigneusement qu'elle voit l'employ desdictz deniers estre faict par Sa Majesté pour réprimer, par ses armes, les insolences des rebelles ennemis de Sa Majesté et de son Estat, qui taschent de secouer l'obéyssance pour uzurper la royaulté ; ayans par ce moyen causé une infinité de maulx et d'oppression dans le royaume, telz que la désobéyssance a de tout temps et en tous lieux accoustumé de produire, ainsi que mondict scigneur le président a particullièrement faict veoir par plusieurs raisons, exemples et authorités de l'Escriture saincte et prophane ; et partant l'occasion rester plus digne aux gens de bien de louer Dieu et confesser haultement l'estroitte obligation qu'ilz ont à Sa Majesté, d'avoir contrainct lesdicts rebelles à luy demander la paix, et par mesme moyen estre bien raisonnable de se porter à la recougnoissance d'une seconde obligation envers les ministres de l'Estat et notamment de M. de Montmorancy, en la province de Languedoc, et de M. le marquis de Portes, en ce pays, pour tant de grandz et signalez exploictz rendus de leur valleur et très-dignes effectz de leur prudence, au gouvernement de leurs charges, durant ces derniers mouvements, pour le bien et advancement du service de sadicte Majesté, à la confusion desdictz rebelles et particullièrement pour le soulagement de ce pauvre diocèse qui, par une spéciale grâce et faveur, a esté préservé des grandes ruynes et extraordinaires ravaiges que les aultres diocèses de ladicte province ont souffert par les ennemis ou par ceulx du mesme party ; estimant aussi, mondict seigneur le président, ne debvoir faire les continuelles peines que MM. les commis et officiers du païs ont, à toutes occurrences, rendues aux affaires d'icelluy durant ces mouvemens, que si de sa part il a coopéré en ces louables actions et contribué ses veilles et ses soings, il estime n'avoir faict que ce qu'il debvoit au mérite d'une si juste cause, pour la deffense de laquelle, la pluspart de la noblesse et des villes et communaultés du païs, s'estant aussi monstrez fort promptz et dilligens, le général d'icelluy leur en a de mesmes fort grande obligation, puysque, par ces moyens, les ennemis ont esté frustrez de l'effect de leurs espérances et pernicieux desseingz et le païs garanty de la ruyne et désolation dont ilz le menaçoient.

Ensuitte de laquelle remonstrance et après la permission accordée par MM. les commissaires de l'assiette, de continuer la présente assemblée pour pouvoir traitter des affaires communs du païs, ainsi qu'il est acoustumé de tous temps, auroit esté faicte lecture du roolle des sieurs ecclésiastiques, barons et aultres nobles et des consulz des villes dudict païs et diocèse qui ont de tout temps séance et voix délibérative en ladicte assemblée, en laquelle se sont trouvez présens et assistans à la lecture dudict roolle, assavoir, pour l'estat ecclésiastique : M. M⁰ André de Chanoillet, docteur ez droictz, chanoine et official, envoyé du Chapitre de l'église cathédralle de Mende ; M⁰ Noël Pradel, bâchelier en théologie, sacristain de l'église de Maruejolz, envoyé de M. d'Aubrac ; M⁰ Pierre Enfruct, chanoine de l'église cathédralle de Mende, envoyé de M. de Sainte Enymie ; M⁰ Michel de Fontanes, curé de Chirac, envoyé de M. de Lengoigne ; M⁰ Jehan de Jehan, docteur ez droictz, envoyé de M. des Chambons ; M. de Panisse, commandeur de Saint Jehan, en personne. Et pour MM. les barons et aultres nobles : noble Gabriel de Charriel, sieur du Pouget, envoyé de M. le baron de Randon ; noble Anthoine de Nugier, sieur de La Roche, envoyé de M. le baron de Canilliac ; noble Jehan de Pastorel, envoyé de M. le baron de Florac ; M⁰ Jehan Michel, bâchelier ez droictz, lieutenant en la justice de Saint-Chély, envoyé de M. le baron d'Apcher ; M⁰ Pierre Borrelly, docteur ez droictz, sieur de Pelouze, envoyé de M. le baron du Tournel ; noble Jehan de Vernyn, sieur du Chenin, envoyé de M. d'Allenc ; M⁰ Pascal

Gaude, baille de Montauroux, envoyé de M. de Montauroux ; noble Louys-Adam de Robert, sieur de Chazaulx, envoyé de M. de Saint Auban ; M⁰ Guillaume Bardon, docteur ez droictz, juge en la justice des terres de Mirandol, envoyé de M. de Mirandol ; noble Cézar de Tézan de Ceras, sieur de Laval, envoyé de M. de Barre ; noble Pierre Brugeron, sieur du Crozet, envoyé de M. de Servière ; M⁰ Claude de Cavata, bâchelier ez droictz, envoyé de MM. les consulz nobles de La Garde-Guérin. Et pour le Tiers-Estat : noble Jean-Jacques de Columb, receveur des décymes du diocèse de Mende et 1ᵉʳ consul de la ville de Mende ; M⁰ Firmin Borne, apothicaire, 2ᵉ consul, et Gabriel Claret, 3ᵉ consul de ladicte ville ; noble Estienne de Seguin, sieur de Pierrefiche, 1ᵉʳ consul de la ville de Maruejolz ; Charles d'Achard, sieur de Mijoule, 1ᵉʳ consul de la ville de La Canorgue ; sire Claude Robin, marchand, consul de la ville de St-Chély-d'Apcher ; M⁰ Pierre Trébuchet, notaire royal, consul de la ville du Malzieu ; M⁰ Jehan Fuelvar, consul de la ville de Florac ; M⁰ Pierre Jassin, consul de la ville d'Yspaniac ; noble Jehan d'Albiniac, consul de la ville de Ste-Enymie ; Louys Rodier, consul de Châteauneuf-de-Randon ; M⁰ Aymar Roux, consul de la ville de Serverette ; Henry Sabatier, sieur d'Herbouses, consul de Saint-Estienne-de-Valfrancisque ; M⁰ Gervais Chantuel, député de la ville de Lengoigne ; sire Jacques Noguier, consul de Barre ; M. Aymar Fraisse, consul de la ville de Saint-Auban ; M⁰ Jehan Reversat, notaire, consul du mandement de Nogaret. Lesquelz assistans, après que les pouvoirs et procurations par eulx remys ont esté leuz et trouvez suffizans, ont presté le serement acoustumé, ez mains de mondict seigneur le président, qui est de procurer, en ceste assamblée, l'advancement de l'honneur de Dieu, du service du Roy, du repos et soulagement du pays, et ne déclarer les opinions et délibérations des Estatz qui requièrent estre tenues secrètes.

Dudict jour, sixième de febvrier, en ladicte assamblée, de relevée.

Se sont présentez : noble Doreille, sieur d'Alleret, envoyé de M. le baron de Mercœur ; noble Claude de Brunenc, sieur de La Corniliade, envoyé de M. de Sévérac ; M° Pierre Rodes-Castaing, docteur ez droictz, envoyé de M. d'Arpajon ; M° Pierre Grasset, marchand et consul de la ville de Chirac ; lesquelz après lecture faicte des pouvoirs et procurations par eulx remys et le screment presté, comme dessus, ont esté receuz en ladicte assamblée, ez lieux, rang et ordre acoustumez.

S'estans aussi présentez : M. Anthoine Aldin, docteur ez droictz, envoyé de M. de Tholet, d'une part, et M° Jehan Vidal, aussi docteur, envoyé de Mme de La Faurie, d'aultre part, chascun desdictz envoyez requérant d'estre receu en la présente assamblée en vertu des procurations qu'ilz ont exhibées desdictz seigneur et dame, et à cause du droict qui leur est acquis en la baronnie de Peyre, par les moyens amplement desduictz par lesdictz envoyez ; et sur ce ayant esté faicte lecture desdictes procurations, ensemble des délibérations prises par les Estatz, sur le mesme différend, ez précédentes années et notamment l'année dernière, eu esgard à la continuation des guerres dans la province, qui ont empesché les parties de poursuivre le reiglement nécessaire sur ledict différent, ainsi qu'il avoit esté prescript par ladicte délibération ; a esté conclud et arresté, veu ledict empeschement que, sans préjudice du droict des parties et sans conséquence à l'advenir, lesdictz envoyez auront alternativement entrée et séance en la présente assamblée et durant icelle, scavoyr : ung le matin et l'aultre de relevée, à la charge que si lesdictes parties n'ont faict vuyder ledict différend par la justice, avant la tenue des Estatz prochains, elles demeureront excluses de l'entrée desdictz Estatz, suivant ladicte délibération.

Le sieur de Fumel, syndic, a représenté qu'il estimeroit ne s'estre pas acquité du debvoir de sa charge si, après la conclusion des affaires importans au service du Roy, avant que traitter de ceulx qui regardent le repos et soulagement du païs, il ne faisoit entendre à la compaignie le juste subject qui l'oblige de rendre à Mgr de Mende, président ausdictz Estatz, ung remerciement singulier et fort exquis des soings particuliers et peynés extraordinaires qu'il a voulu prendre durant ces mouvemens, (en l'absence de Mgr le marquis de Portes, lieutenant pour Sa Majesté audict païs, sur l'occurrence des plus urgens et importans affaires d'icelluy) qui ont esté véritablement de tel fruict et utilité que, sans iceulx, l'estat dudict païs estoit au péril de sa ruyne et désolation, dont chascun de l'assamblée peult avoir plus de cougnoissance que de moyen d'uzer de la reconnoissance digne de l'estroicte obligation qui en restera pour jamais audict païs en général et à chascun des habitans d'icelluy en particulier. Sur quoy auroit esté réparty par Monseigneur, qu'il a esté ung fort faible instrument des bonnes intentions dudict seigneur gouverneur, et que s'il a rendu les effectz de ses debvoirs avec quelque utilité au service du Roy et du païs, cela doibt estre plustost rapporté à la grâce et faveur spécialle de Dieu, et après à l'assistance et bon ordre estably par Mgr de Montmorancy et ledict seigneur gouverneur, que non pas à luy, qui néantmoings n'excèdera jamais l'affection qu'il doibt au service de Sa Majesté et du publicq.

Sur la réquisition faicte par le sieur de Fumel, syndic dudict païs, à ce qu'il pleust ausdictz Estatz remédier aux abus que les receveurs des tailles en icelluy ont accoustumé de commettre en la levée d'icelles, au grand préjudice du pauvre peuple et contre l'ordre et reiglement de la province et des instructions de MM. les commissaires, présidens pour le Roy aux Estatz généraulx de Languedoc. Lesquelz abus se pratiquent en trois ou quatre sortes, scavoir : aux exécutions et contrainctes que lesdictz receveurs font contre les collecteurs ou habitans des parroisses, en la taxe excessive des fraiz et despens desdictes exécutions ; au rabais du pris et valleur des espèces d'or et d'argent en les recevant desdictz collecteurs, et au droict de quictance qu'ilz exhigent plus grand qu'il ne leur est attribué. Ce qu'ayant esté mis en délibération, et veu les articles desdictes instructions sur ce subject ; a esté conclud et arresté, pour empescher lesdictz abus que, dans les mandz desdictes tailles, la présente année, seront insérées les conditions que lesdictz receveurs seront tenuz d'observer touchant les poinctz cy-dessus mentionnez, assavoir : qu'ilz ne pourront contraindre les collecteurs des lieux et communaultez dudict diocèse que quinze jours après que le terme de payement escheu ; et lesdictz quinze jours passez, ne pourront envoyer qu'ung messager seullement affin d'advertir lesdictz collecteurs de ne manquer de venir faire leur payement dans huict jours, après lesdictz quinze jours expirez ; auquel messager ne pourra estre payé pour son voiaige que 6 solz tournois par le collecteur qui se trouvera en demeure; et icelle continuant après lesdictz huict jours, pourront lesdictz receveurs envoyer ausdictz collecteurs ung huissier ou sergent, auquel, pour son voiaige, sera payé à raison de 20 solz par jour. Et pour ce qui regarde le pris des espèces d'or et d'argent, lesdictz receveurs seront tenuz de les recevoir selon le cours commun dudict diocèse ou du lieu où le bureau principal de la recepte est estably, sauf pour ce qui est des quottitez de l'octroy, creue et taillon, que lesdictz collecteurs seront tenuz payer au pris que les espèces ont cours à la recette génerale, si mieulx ilz n'ayment payer les susdictes quottitez en argent blanc. Finallement que lesdictz receveurs ne pourront prendre le droict de quittance que lorsqu'une nature de deniers sera payée entièrement pour toute l'année et à raison de 2 solz 6 deniers de chascune nature, pour une fois tant seullement, à ce non comprins lesdictz deniers d'octroy, creue et taillon, pour lesquelz ne se doibt payer aulcun droict de quittance, à peine de concussion. Lesquelles natures de deniers lesdictz Estatz ont trouvé revenir en tout au nombre de huict, dont ledict droict de quittance peult estre exhigé desdictz collecteurs. Si ont, par mesme moyen, arresté que MM. les commissaires de l'assiette seront requis faire taxe raisonnable au greffier dudict diocèse, tant pour l'envoy desdictz mandz que pour l'addition qu'il fera des susdictes conditions en chascun d'iceulx, oultre la forme ordinaire.

Ayant esté représenté à l'assamblée par M. Parlier, secrétaire de Mgr le marquis de Portes, lieutenant pour le Roy audict païs de Gévaudan et diocèse de Mende, le désir que ledict seigneur avoit de se trouver aux présens

Estatz pour les asseurer tousjours de la continuation et ses affections au repos et soulagement dudict païs ; ce qu'il eust faict infailliblement, si d'ung costé les commandemens du Roy ne l'eussent obligé de demeurer prez de sa personne et de l'aultre le juste suject qu'il a de prendre une parfaicte confiance du zèle de Mgr de Mende et de sa particullière affection au soulagement et repos de cedict païs, qui sont les deux principales causes qui ont privé ledict seigneur gouverneur du contentement qu'il s'estoit promis de veoir ceste compaignie, dont ledict sieur Parlier a dict leur debvoir rendre ce tesmoignaige et par mesme moyen leur représenter que ces deux dernières années les Estatz ayant considéré les grandes despenses que ledict seigneur avoit faictes pour le bien des affaires dudict païs et conservation d'icelluy en l'obéyssance de Sa Majesté, contre les entreprises et desseins des rebelles, luy auroient accordé la somme de 6,000 livres, en chascune desdictes années, avec intention qu'il en jouyst entièrement et sans aulcune diminution ; ce néantmoings, l'effect seroit demeuré imparfaict et tronqué d'une bonne partie, à cause du refus que les receveurs dudict diocèse font de l'acquitter entièrement, soubz prétexte que les habitans des Cévennes, qui se sont trouvez dans la rébellion, durant ledict temps, n'ont jamais voulu payer ce qu'ilz doibvent de leurs quotités, et à présent se couvrent des Edictz de pacification, pour le bénéfice desquelz disent avoir esté deschargez de telles contributions. A quoy ledict sieur Parlier a requis l'assamblée voulloir pourveoir par son accoustumée prudence. Et sur ce ouy le sieur de Fumel, syndic, qui a tesmoigné que s'il a esté faicte quelque levée desdictz deniers sur lesdictes Cévennes, ça esté de fort peu de chose et sur le commencement de l'année 1621, avant que les habitans desdictes Cévennes eussent prins ouvertement les armes ; tellement qu'il n'eschet qu'à vérifier ce qu'ilz ont payé à la recette et pourveoir au surplus du manquement. A esté conclud et arresté que ladicte vérification, préallablement faicte, la partie qui se trouvera de manque, pour parfaire la somme accordée audict seigneur gouverneur, en chascune desdictes années, sera fournie et advancée par les receveurs qui ont esté en exercice durant icelles, à la charge d'en estre remboursez en la présente, et qu'à ceste fin MM. les commissaires de l'assiette seront requis imposer les deniers de ladicte advance avec les interestz d'icelle, s'il y eschet, pour l'entier acquittement desdictes sommes accordées audict seigneur gouverneur.

Lesdictz Estatz ayant meurement considéré les despenses extraordinaires que Mgr le marquis de Portes, lieutenant pour le Roy, au païs de Gévaudan et diocèse de Mende, a esté contrainct de faire pour la conservation d'icelluy en l'obéyssance de Sa Majesté et qu'il luy conviendra continuer pour y maintenir les habitans en repos et seureté, oultre les soings très-particuliers qu'il rend ordinairement en toute sorte d'occasion à ce qui regarde le soulagement du pauvre peuple, ont, pour les susdictes raisons et aultres bonnes considérations, unanimement accordé audict seigneur, la somme de 6,000 livres tournois, pour ceste année et sans conséquence à l'advenir, et arresté que MM. les commissaires seront requis imposer ladicte somme sur le général dudict diocèse, et qu'à cest effect seront obtenues de Sa Majesté les lettres d'assiette et provisions requises et nécessaires.

Du mardy, septième jour dudict mois de febvrier, du matin, en ladicte assamblée.

Se sont présentez : noble Anthoine de Jurquet, sieur des Salelles, comme envoyé de M. le baron de Céneret et Mᵉ Jacques de Langlade, député de la ville de Salgues, qui ont remys leurs pouvoirs, desquelz après avoir esté faicte lecture et le serement par eulx presté, suivant la coutume, ilz ont esté receuz en l'assamblée.

En laquelle seroit venu M. Mᵉ Jehan de Roux, commissaire principal de l'assiette dudict diocèse, la présente année, lequel auroit représenté qu'en la qualité de commis, l'année dernière, à faire l'administration des tailles d'icelluy diocèse, luy auroit esté signifié ung arrest du Conseil d'Estat, et en vertu d'icelluy faict commandement de remettre es mains du trésorier de l'extraordinaire des guerres ou bien du trésorier provincial dudict extraordinaire en Languedoc, tous les deniers qu'il peult avoir en mains, de la nature susdicte ou en deffault d'iceulx les acquestz sur ce nécessaire, affin d'en pouvoir rendre compte à la Chambre, ainsi que le debvoir de leur charge les y oblige. Et d'aultant qu'il a faicte ladicte administration, en vertu des mandemens et ordonnances de MM. les commis, députés et syndic dudict païs de Gévaudan, et pour la conservation d'icelluy en l'obéyssance de Sa Majesté et qu'il en pourroit estre inquiété par lesdictz sieurs trésoriers ; il a requis lesdictz Estatz voulloir prendre le faict et cause pour luy. Sur quoy ouy le sieur de Fumel, syndic, qui a dict que cest affaire regarde non-seullement ce diocèse en particulier, mais aussi le général de la province, laquelle, en pareilles occasions, en a faict instance et obtenu des arrest au Conseil contraire au susdict ; a esté conclud et arresté que le sieur de Fumel retirera copie de ladicte intimation et sur icelle fera despesche, au nom de ceste assamblée, tant à M. de La Motte, syndic général de Languedoc, que à MM. les députés des Estatz généraulx, qui sont de présent à la Cour, pour leur donner advis de ladicte intimation et les prier de faire sur ce les poursuites nécessaires, pour faire révocquer ledict arrest et par ce moyen arrester le cours des vexations, qu'à faulte de ce ledict diocèse en pourroit souffrir.

Le sieur de Fumel, syndic dudict diocèse, a représenté que les Estatz du pays, ayans cy-devant prudemment jugé qu'il estoit très-important au bien des affaires dudict diocèse et fort utile et raisonnable, de pourveoir soigneusement à l'acquittement de plusieurs sommes de deniers deues à ung grand nombre de créanciers du païs, ilz auroient prins délibération, en diverses assamblées tenues ez années dernières, de faire retirer, au plustost qui se pourroit, l'advis que MM. Delhom et de Galières, trésoriers généraulx de France, en la généralité de Montpellier, commissaires extraordinaires, députés par le Roy, pour la vérification des debtes dudict diocèse, sont obligez de rendre et donner à Sa Majesté, sur la procédure par eulx faicte touchant ladicte vérification, affin d'obtenir de sadicte Majesté les provisions nécessaires sur ce suject ; mais l'effect desdictes délibérations ayant esté jusques icy retardé, tant à cause des troubles et mouvemens derniers, que de l'absence dudict sieur de Galières et du greffier de ladicte commission et aultres empeschemens, il semble nécessaire, maintenant que le païs se trouve soulagé des despenses extraordinaires de la guerre, par le moyen de la paix générale, dont il a pleu à Dieu nous favorizer, de profiter le temps pour l'acquittement desdictz debtes, sans aultre dilation, afin d'oster, ausdictz créanciers, tout sujcct et prétexte de vexer ledict diocèse par contraintes et condempnations de despens, dommaiges et interest qu'ilz pourroient obtenir à faulte de ce. Sur quoy, veu lesdictes délibérations et notamment la dernière, a esté conclud et arresté, conformément à icelle, que dans huict jours, après la tenue de la présente assamblée, ledict syndic fera despesche expresse audict sieur de Galières, pour le disposer à rendre ledict advis, soubz les asseurances portées par lesdictes délibérations ou aultres qu'il sera jugé par MM. les commis et députés dudict païs, raisonnable et nécessaire, pour après, ledict advis retiré, estre envoyé au Conseil et sur icelluy faictes les poursuites requises à l'obtention des lettres d'assiette et aultres provisions convenables pour l'acquittement desdictz debtes. En quoy lesdictz sieurs commis et députez se pourront prévalloir de l'assistance et du nom de MM. les députés des Estatz généraulx de Languedoc pendant leur résidence à la Cour. Et en cas que ledict sieur de Galières feroit refus de rendre ledict advis ou que sur l'expédition d'icelluy eschcut quelque notable dificulté, digne de considération, pour rendre ledict advis invalide et sans effect ; en ce cas, lesdictz sieurs commis et députez consulteront et prendront advis sur les moyens et expédiens plus convenables pour retirer, dudict sieur de Galières et dudict greffier, ladicte procédure et pièces justificatives desdictz debtes, pour, sur icelles, former et fonder une nouvelle vérification pardevant MM. les commissaires, présidens pour le Roy aux Estatz généraulx de Languedoc, et sur icelle obtenir leur advis, suyvant l'ordre et reiglement général de la province.

Sur l'advis qui a esté donné à l'assamblée de l'arrivée, en ceste ville, de M. d'Entraigues, bailly de Gévaudan et gouverneur de la ville de Maruejolz, avec dessein de faire instance du payement de plusieurs sommes qu'il prétend luy estre deues par le diocèse, à cause de la garde de ladicte ville ; ladicte assamblée, pour se préparer à une juste deffense sur ce suject, auroit employé le reste de ceste séance à estre employé à la vérification des sommes qui ont esté par ledict diocèse, payées audict sieur d'Entraigues, tant pour l'entretenement de la garnison de ladicte ville que aultres considérations qui le regardent.

Dudict jour mardy, septième de febvrier, en la susdicte assamblée, de relevée.

Le sieur de Fumel, syndic dudict diocèse, a représenté qu'en l'année 1556, en suitte des sentences et jugemens de condempnations donnez contre feu Bussac et ses complices, les juges procédans à la vérité des biens des condempnez, pour subvenir aux fraiz des poursuites et des procédures nécessaires sur ce suject, auroient vendu et adjugé a Jehan de Tauriac, sieur de Saint-Rome, la terre et seigneurie de Montméjan et une mestairie appelée de Brunas, pour le pris de 6,000 livres tournois. Et quelque temps après, en ayant esté dépossédé à la poursuite de Jehanne d'Olmières, fille dudict Bussac, seroit depuis intervenu arrest de la Cour de parlement de Paris, le 7 septembre 1584, donné entre Anthoine de Tauriac et Mᵉ Robert de Chanoillet, syndic, lors dudict diocèse, portant condempnation, contre ledict syndic, de garantir ledict de Tauriac dedans deux mois de la poursuite contre luy faicte par ladicte Jehanne d'Olmières, ez noms qu'elle procédoit et faire jouyr ledict de Tauriac desdictes terres et mestairie; et à faulte de ce faire dans ledict temps et icelluy passé, ledict syndic condampné par emprisonnement de sa personne, à rendre, audict Anthoine de Tauriac, ladicte somme de 6,000 livres, ensemble les despens, dommaiges et interest souffertz à cause de ladicte éviction et les despens, tant en demandant que deffendant, depuis taxez à 638 escus 52 sols 6 deniers. A laquelle condempnation ayant esté faict commandement audict syndic, ez années 1593 et 1599. de satisfaire, ledict syndic se seroit retiré au Conseil et faict appeller en icelluy Jehan de Tauriac en reiglement de juges, où seroit intervenu arrest, portant renvoy en ladicte Cour de parlement de Paris pour procéder en l'instance de garantie et sur ledict exécutoire de despens. En vertu duquel arrest, ledict syndic auroit esté appellé en ladicte Cour, en janvier 1605, à la requeste dudict Jehan de Tauriac, pour y veoir retenir leur cause et liquider les dommages et interest. Et sur ce le décès dudict Jehan de Tauriac estant arrivé, damoiselle Jehanne de Saint Estienne, sa vefve, auroit, par arrest du mois de febvrier 1613, fait retenir ladicte cause en ladicte Cour, sans préjudice de la péremption par ledict sieur syndic prétenduc. Et en suitte de ladicte rétention auroit esté par ladicte vefve, baillé demande en liquidation desdictz dommages et interestz, revenans, assavoir, pour le principal de ladicte terre et mesterie, 20,000 livres et plus; et pour les fruictz 16,500 livres, oultre 3,500 sestiers de froment, 1,100 sestiers seigle, 2,200 sestiers avoyne, 55 quintaulx fromage, 55 moutons et aultres choses contenues en ladicte demande, pour quelques aultres dommages et interestz, fraiz et despens exposez. Sur quoy ledict sindic ayant baillé ses deffenses et entre aultres proposé fins de non recevoir, ladicte vefve ou héritiers auroient eu recours aux commissaires députés par le Roy à la vérification généralle des debtes dudict diocèse, par lesquelz il auroit esté procédé à celluy dudict Tauriac, en la présente ville, en l'année 16. . ., de sorte que sur la demande et actes remys devers lesdictz sieurs commissaires, de la part de ladicte vefve ou héritiers, par le sieur de Monnac, leur procureur, et les impugnations rendues par ledict syndic et les réplicques et contestations de part et d'aultre, pardevant lesdictz sieurs commissaires, ledict debte auroit esté finallement et avec grand cognoissance de cause, reiglé et liquidé à la somme de 20,000 livres, tant pour le principal que pour tous despens, dommages et interest ; néantmoings, présentement le sieur des Gardies, au nom de sa femme, comme héritière dudict feu sieur de Saint Rome, son père, vient de luy faire intimer certaines lettres royaulx ; en quoy il monstre voulloir plustost continuer le cours du procès que de s'arrêter à ladicte vérification, quoyque d'aultre part et soubz main, il face parler d'accord en luy augmentant ladicte somme de 20,000 livres. Sur quoy, après avoir esté délibéré, a esté conclud et arresté que ladicte asssamblée donne pouvoir ausdictz sieurs commis et députés, de traitter avec ledict sieur des Gardies ou aultres, ayant charge suffizante et en passer le contract sur ce nécessaire, moyennant ladicte somme de 20,000 livres, pour toutes prétentions ; et en cas qu'ilz n'y vouldroient acquiescer, que ledict syndic, après une exacte consultation, continuera les poursuites en tel cas requises contre ledict **Tauriac.**

Sur ce que le sieur Rodes-Castaing, docteur et avocat, habitant de la ville de Marieujolz, a représenté à l'assamblée que, comme mary de damoiselle Marguerite de Meillac, fille et héritière du feu sieur du Montet, de la ville de La Canorgue, après certains arrestz donnez par la Cour des Aydes à Montpellier, entre luy et le syndic dudict, il se seroit porté à terminer le différend à l'amyable, ainsi qu'il résulte de la transaction et contract d'accord, sur ce passé le 21 mars 1619, par lequel il auroit quitté ledict diocèse de toutes ses demandes et prétensions, moyenant la somme de 2,000 livres, ores qu'il luy en fust deub davantaige, sous l'espérance qu'on lui donnoit que ladicte somme seroit imposée dans les Estatz, lors prochains, pour luy estre payée incontinant après, affin qu'il eust moyen d'acquiter les parties esquelles il a esté condampné enver le sieur Regy, de Saint-Cosme, pour les affaires dudict diocèse ; par lequel n'ayant esté satisfaict audict payement et ledict Regy ne s'estant voulu contenter des interestz, ledict sieur Rodes auroit esté grandement molesté par contrainctes et exécutions et nouvellement par une saisie faicte ces jours passez à la poursuite du sieur de Salacroux, comme remissionnaire dudict Regy, de cent bestes à l'ayne, trois cavalles et aultre bestal gros ; pour lequel recouvrer ou partie d'icelluy, il auroit esté contrainct s'obliger au payement de la somme de 1,000 livres, envers ledict sieur de Salacroux, dans six mois ; ce qui lui donne juste sujet de supplier l'assamblée faire imposer, en la présente assiette, ladicte somme de 2,000 livres ou du moings ladicte partie de 1,000 livres, affin qu'il ayt moyen se tirer de ladicte obligation et esviter une nouvelle vexation, qu'à faulte de ce il sera contrainct de souffrir, et en tout cas, qu'il plaise ausdictz Estatz faire advancer, par forme de prest, ladicte somme, à la charge des intérestz jusques à l'actuel remboursement. Veu par ladicte assamblée ledict contract d'accord, et attandu que ladicte partie ne peult estre imposée sans lettres d'assiette, qui n'ont encores esté obtenues, a esté conclud et arresté que le payement des intérestz de ladicte somme de 2,000 livres, sera continuée ceste année au sieur Rodes, et qu'à cest effect MM. les commissaires de l'assiette seront requis en faire l'imposition.

Sur la requeste présentée par les révérends pères Capucins de l'église et couvent, naguières fondez lez la présente ville de Mende, à ce que le bon plaisir des Estatz fust de continuer envers eulx les effectz de leurs dévotions et charitez pour subvenir aux moyens nécessaires pour la perfection de la fabrique de ladicte église; laquelle aultrement demeureroit longuement retardée, et par ce défault, en danger d'attirer la ruyne et anéantissement de tout ce qu'il y a desjà de faict, quoyque tellement advancé qu'ils espèrent, avec la grâce de Dieu et le secours favorable du païs, que dans ceste année ilz auront moyen d'y demeurer à couvert et par conséquent y rendre le service qu'ilz doibvent à Dieu avec leurs vœux et plus ardentes prières pour le salut et conservation de ce diocèse; a esté conclud et arresté d'accorder charitablement, ausdictz religieux, la somme de 1,000 livres à payer en deux années, moytié la présente, pour subvenir à leur fabrique, et, le surplus, la prochaine, pour l'employer à l'achept de livres. Et qu'à cest effect MM. les commissaires de l'assiette seront requis d'en faire l'imposition esdictes deux années, sans que les deniers soyent divertiz, à peine de répétition.

Veu de mesmes aultre requeste des révérends pères Cordeliers de l'église et couvent, anciennement fondé prèz ladicte ville de Mende, tendant à ce qu'il pleust ausdictz Estatz, leur aulmosner quelque somme de deniers, pour subvenir à la restauration de ladicte église, la pluspart de laquelle se trouve dès longtemps ruynée par l'injure des guerres, mesmes depuys les dernières, advenues en ce royaume, à cause des différendz de la religion, tellement que si la réparation de ladicte église est plus longtemps différée, la totalle ruyne de ce qui reste, s'ensuyvra bientost, qui serait une grande perte et dommage ; laquelle ilz sont hors d'espérance de pouvoir esviter, si ce n'est par le charitable secours qu'ils requièrent humblement desdictz Estatz, pour la conservation et prospérité desquels ilz seront d'aultant plus obligez de continuer leurs vœux et plus dévotes prières à Dieu ; a esté conclud et arresté d'accorder auxdictz religieux la somme de 600 livres, payable, la moitié ceste année et l'aultre moytié l'année prochaine, dont MM. les commissaires de l'assiette seront priez faire l'imposition, à la charge que les deniers ne pourront estre employez à aultres uzages.

Du mercredy, huictième jour dudict mois de febvrier, en ladicte assamblée, du matin.

S'est présenté noble Jacques de Rodes, escuyer, homme d'armes de la compaignie de Mgr le Connestable, requérant estre receu en ladicte assamblée, comme envoyé de M. de Montrodat ; ce qui a esté faict après la lecture de sa procuration et le serement par luy presté, en tel cas requis.

A esté remonstré à l'assamblée par le sieur Marimon,

filz de feu Mᵉ Philip Marimon, bourgeois de Pézénas, que ledict diocèse se trouvant débiteur de certaines sommes de deniers envers sondict père, assavoir : de 3,450 livres, pour les causes contenues en une transaction et contract d'accord, passé entre MM. les commis, sindic et députés dudict diocèse et sondict père, le 19 juillet 1616, d'une part ; 415 livres 13 solz 4 deniers, à quoy ledict syndic auroit esté condampné par arrest de la Cour des Aydes, du 30 mars 1618, pour les intérestz de ladicte partie de deux années, d'aultre ; et encores 618 livres 8 sols 6 deniers, par taxat de ladicte Cour, obtenu contre ledict syndic, le 7 aoust 1619, revenans, lesdictes trois parties ensemble, à la somme de 4,484 livres. Ledict exposant se seroit acheminé exprès en cedict diocèse, croyant de toucher ladicte somme, comme héritier de sondict père, attandu mesmes qu'elle avoyt esté imposée sur le général d'icelluy diocèse, l'année dernière, et vériffiée par MM. les commissaires présidens pour le Roy aux Estatz généraulx de Languedoc ; néantmoings le receveur dudict diocèse, faict refus de luy payer ladicte somme, disant que la plus grand part d'icelle à esté prins par MM. du païs et employé aux affaires très-urgens et importans au service du Roy, à la conservation du païs en son obéissance contre les entreprises des rebelles à Sa Majesté, au plus fort des derniers mouvemens, et que le surplus de ladicte somme, qui est la portion des parroisses des Cévennes, n'a pu estre levé, quoy qu'imposé sur icelles, à cause de leur manifeste rébellion et désobéyssance ; au moyen duquel refus, ledict exposant se trouvant frustré du payement de ladicte somme, à son grand intérest et dommage, requéroit l'assemblée d'y pourveoir, ensemble aux intérestz, pour le retardement dudict payement, sans préjudice des aultres prétentions qu'il a contre ledict diocèse, dont il baillera estat. Sur laquelle réquisition, veu par l'assamblée les articles de l'assiette de l'année dernière, contenant lesdictes parties, ensemble les délibérations desdictz sieurs commis et députés, touchant le divertissement et employ d'une portion d'icelles, attandu aussi la rétention faicte par les habitans des Cévennes, de ce que montent leurs quottitez, prétendans en estre deschargez par les édictz de pacification ; a esté conclud et arresté que, pour le remplacement de ladicte somme de 4,484 livres, MM. les commissaires de l'assiette seront requis d'en faire l'imposition pour estre payée aux héritiers dudict feu Philip Marimon, en l'acquit dudict diocèse. Et pour les autres prétentions, si aulcunes il en a, MM. les commis et députez dudict païs les vérifieront pour y pourveoir, ainsi qu'ils verront estre à faire par raison.

Sur la requeste de MM. les chanoines du Chapitre et église collégiale de la ville de Maruejolz, tendant à ce qu'il pleust aux Estatz les assister de quelque somme de deniers pour subvenir à la réédification de leur église, ruynée par l'injure des guerres, comme il est très-notoire à la compagnie ; a esté conclud et arresté de leur accorder la somme de 100 livres, laquelle lesdictz sieurs commissaires seront requis imposer ceste année, pour estre employée à l'effet requis, sans qu'elle puisse être divertie, à peine de répétition.

Lecture faicte, en ladicte assamblée, de la requeste présentée par les révérends pères religieux du couvent des Carmes, de la ville de Mende, narrative de la ruyne et entière démolition du couvent et église qu'ilz souloient avoir lez ladicte ville et prez des fossez d'icelle, advenue par l'injure des guerres ; occasion de laquelle ilz furent contrainctz se retirer dans une maison particulière de ladicte ville, avec une indicible incommodité, de sorte qu'à peine ont-ilz peu trouver un petit lieu pour faire une chapelle, qui néantmoings n'est pas capable de contenir la quatrième partie du peuple qui journellement y est en affluence. Au moyen de quoy requièrent qu'il plaise ausdictz Estatz leur aulmosner quelque somme pour ayder à l'accroissement de ladicte chapelle ou édification d'une plus grande. A esté conclud et arresté d'accorder ausdictz révérendz pères religieux des Carmes, la somme de 600 livres tournois, à l'effect que dessus, payable la moitié ceste année et l'aultre moytié l'année prochaine ; et pour ce faire, MM. les commissaires de l'assiette, seront requis en faire l'imposiiion esdictes deux années, à la charge que les deniers seront distribuez par les ordonnances de Mgr de Mende.

Sur aultre requeste présentée par la dame prieuresse du Chambon, a esté accordé, à ladicte dame, la somme de 300 livres, pour subvenir à la réédification de l'église dudict prieuré, longtemps ruynée par l'injure des guerres, et que pour le payement de ladicte somme MM. les commissaires seront requis icelle employer en l'assiette de la présente année, à condition qu'elle ne pourra estre divertie ny employée à aulcuns aultres uzages.

Dudit jour, mercredy, huictième de febvrier, en ladicte assamblée, de relevée.

Ayant esté représenté à l'assamblée par M. d'Entraigues, bailly de Gévaudan et gouverneur de Marieujolz, que sur le refus à luy faict, l'année dernière, par l'assamblée des Estatz de ce païs, de pourveoir au payement de la somme de 52,000 livres, dont il leur faict instance pour son remboursement des fraiz et despenses par luy fournies et advancées, pour la garde et conservation, en l'obéyssance du Roy, de la ville de Marieujolz, il se seroit retiré au Roy, pour luy estre pourveu par Sa Majesté. A laquelle ayant pleu prendre sur soy le payement de la plus grande partie de ladicte somme, elle auroit rejetté le surplus, jusques à 10,530 livres, sur ledict païs, et ordonné par arrest de son Conseil, que le païs seroit contrainct au payement. Lequel, bien qu'il eust moyen de retirer par les rigueurs, à luy permises par ledict arrest, néantmoings, il n'auroit uzé de plus grandes que de faire saisir quelques petites parties jusques à 1,000 ou 1,100 livres, sur certains collecteurs dudict Marieujolz et des environs, en attendant la convocation de ceste assamblée, avec le gré de laquelle il est plus désireux de retirer son remboursement que par aulcune aultre voye; la suppliant à ceste cause, d'y voulloir mettre la dernière main. Sur quoy, ayant esté meurement délibéré, après avoir esté faicte lecture des délibérations prinzes l'année dernière, ensemble de la coppie des lettres patantes de Sa Majesté, données au camp devant Montauban, le 7 octobre 1621, pour l'imposition de la somme de 6,000 livres, pour certains fraiz et despenses prétendues par ledict sieur d'Entraigues et de la coppie de l'estat faict à Paris, le 21 febvrier 1622, signé Phelipeaux, pour l'entretenement de la garnison dudict Marieujolz, montant 4,530 livres, lesdictes deux parties revenans à la susdicte somme de 10,530. Veu aussi l'estat des sommes payées ou accordées par ledict païs audict sieur d'Entraigues, tant pour ledict entretenement que pour aultres fraiz et gratifications, revenant à 8,400 livres ; et considéré que, suyvant l'ordonnance et reiglement de Mgr le duc de Montmorancy, gouverneur et lieutenant général pour le Roy en la province de Languedoc, ladicte garnison depuis le temps de la déclaration faicte par les habitans dudict Marieujolz, a esté tousjours bien payé, voire par advance et préférance à toutes aultres dudict pays jusques à la paix ; n'ayant ledict sieur d'Entraigues aulcun subject de s'en plaindre, à raison de quoy le diocèse croit n'estre en sorte quelconque tenu à aultre remboursement dudict sieur d'Entraigues, ains se debvoir opposer à ses demandes, tant au Conseil de Sa Majesté que par tout aillieurs où besoing seroit ; néantmoings l'assemblée ayant considéré que le procès qui pourroit intervenir pour ce regard pourroit constituer le païs en de plus grandz fraiz et aultres raisons qui y ont esté particulièrement représentées ; a esté conclud et arresté d'accorder audict sieur d'Entraigues, pour toutes ses demandes et prétensions, en quelque sorte que ce soit ou puisse estre, la somme de 4,500 livres, à ce comprins 1,500 qui luy furent accordez l'année dernière par les Estatz dudict païs et depuis imposez et couchez soubz le nom dudict sieur d'Entraigues, en ung article de l'assiette de ladicte année dernière, à la charge et non aultrement que ledict sieur d'Entraigues se départira de toutes lesdictes prétensions qu'il pourroit avoir contre ledict païs et diocèse, en vertu desdictes provisions ou aultrement, en quelle forme et manière que ce soit, sans se rien réserver ny retenir pour raison de la garde de ladicte ville de Marieujolz, fraiz et despens faictz à la poursuite des provisions et arrestz par luy obtenuz.

Desquelles provisions et de tout le contenu en icelles, il sera aussi tenu se départir et en faire toutes les déclarations sur ce requises et nécessaires, moyenant ladicte somme de 4,500 livres, scavoir : lesdictes 1,500 livres d'une part, imposez ladicte année dernière, qui luy seront payez par M. Jehan Roux, commis à la recepte dudict diocèse, ladicte année, par la simple quittance dudict sieur d'Entraigues, nonobstant les charges et conditions apposées au susdict article d'assiette, attandu que les déclarations portées par icelluy sont contenues en la présente délibération, et 3,000 livres d'aultre que MM. les commissaires de l'assiette seront requis imposer ceste année, pour estre aussi payée audict sieur d'Entraigues par le sieur de La Roche, receveur, soubz les charges et conditions et non aultrement. Laquelle délibération entendue par ledict sieur d'Entraigues, il l'a acceptée et en a remercié lesdictz Estatz et promis, de sa part, tenir, garder et observer le contenu en icelle, sans préjudice de ses aultres prétensions et desdommagement pour les pouvoir poursuivre devers Sa Majesté ou en avoir recours contre qui appartiendra, aultres toutesfois que ledict païs. De quoy il le tient quitte.

Les Estatz, ayans vêu la requeste à eulx présentée par les révérendz pères Jacobins de la ville de Maruejolz, leur ont accordé la somme de 50 livres, pour leur ayder à subvenir à l'achept de certaine maison qui leur est nécessaire pour leur habitation, et qu'à cest effect MM. les commissaires de l'assiette seront requis en faire l'imposition pour la présente année.

Sur la requeste présentée par les habitans d'Yspaniac, à ce que en considération des foulles et ruynes par eulx supportées, tant à cause du passage et logement, audict lieu, des trouppes de gens de guerre du sieur Dondredieu, en l'année 1617, que d'aultre logement par eulx encore souffert en ces derniers mouvemens des quatre compaignies du régiment de Languedoc, establies pour le service du Roy, dans ce diocèse, ausquelles ilz auroient fourny les ustancilles durant vingt mois, avec le bois et chandelles, à quatre corps de garde, à raison de deux quartz d'escu par jour, et oultre ce, faict plusieurs réparations et fortifications en leur ville, revenans à plus de 2,000 livres, sans compter ce qu'il pleust aux Estatz leur accorder, l'année passée; par le moyen desquelles despenses, ledict lieu ayant esté conservé en l'obéyssance de Sa Majesté, le reste du diocèse est demeuré couvert et garanty des incursions, ravages et aultres entreprises des ennemis rebelles, comme il est notoire à ung chacun. Pour ces considérations, joinct que lesdictz habitans n'ont pas jouy de l'exemption et descharge de leurs cottitez des impositions de 25 et 30,000 mil livres, faictes en ladicte année 1617, à eulx promise par délibération prinze en ladicte année, il pleust ausdictz Estatz leur accorder la somme de 2,000 livres, pour leur donner moyen de mettre leur ville en meilleur estat de se deffendre contre les ennemis de Sa Majesté, cas advenant ausquelz ladicte ville est opposée comme ung boulevert, pour leur empescher le passage de la rivière de Tarn et l'oportunité de l'entrée dans cedict diocèse; a esté conclud et arresté d'accorder, ausdictz habitans, la somme de 400 livres tournois. Laquelle MM. les commissaires seront requis imposer en la présente assiette pour estre employée à la réparation des murailles de ladicte ville cy-devant ruynées par l'injure des guerres, à la charge que lesdictz deniers ne pourront estre convertiz à aulcuns aultres uzages et que lesdictz habitans seront tenuz faire apparoir, au païs, de l'employ, tant de ceste partie que de 500 livres à eulx accordez par lesdictz Estatz, l'année dernière, à l'effect desdictes réparations.

Veu la requeste des habitans de Montmirat, narrative de la grande perte, ruyne et désolation par eulx soufferte, au moyen du bruslement de la plus grande partie de leurs maisons qui fut faict au mois de. . . . . par la résolution et malice des ennemis rebelles au Roy et en hayne de la retraitte que lesdictz habitans donnoient dans ledict lieu aux catholiques et fidelles subjectz de Sa Majesté, durant la guerre, ostant par ce moyen la liberté du passage ausdictz ennemis ; a esté accordé ausdictz habitans la somme de 300 livres, pour aulcunement les relever de ladicte perte et leur ayder à remettre leurs maisons ; à la charge que ladicte somme sera distribuée le plus justement que se pourra entre ceulx, tant seullement, qui ont souffert ledict bruslement. Et pour ce MM. les commissaires seront requis imposer ladicte somme, en la présente assiette, pour estre payée ausdictz intéressez, par le receveur dudict diocèze.

A esté de mesmes accordé par lesdictz Estatz, à Robert de Cubezolles, du lieu de Bugeac, paroisse de Salgues, la somme de 60 livres, en considération de la grande perte qu'il a soufferte au bruslement de ses maisons, granges et de tous ses bledz, foings et meubles qu'il avoit dedans, advenu par la trop grande indiscrétion ou malice des soldatz du régiment de M. de Montréal, logez en sadicte maison, lors de son passage, s'acheminant au camp devant Montauban, en octobre 1621, ayant lesdictz soldatz, à leur départ, laissé des mèches allumées dans ladicte grange, parmi la paille, dont ledict bruslement seroit inopinément survenu bientost après leur départ, comme est porté par la requeste présentée par ledict Cubezolles.

Lesdictz Estatz ont renvoyé à leur assemblée, l'année prochaine, pour estre pourveu, ainsi qu'il apartiendra par raison, sur demande et réquisition faicte par noble Cézar de Tézan, sieur de Laval, envoyé de M. de Barre, au nom des habitans des villaiges de Villeneufve, Laval, et certains aultres lieux, prèz dudict Barre, à ce qu'il pleust à l'assemblée pourvcoir au desdommagement de la perte et ruyne soufferte par lesdictz habitans, à cause du bruslement de leurs maisons, advenu par l'injure de la guerre durant ces derniers mouvemens.

Auroit esté représenté à l'assemblée par le sieur de Valcrozés, au nom de M. de Crussolle, son frère, qu'ayant pleu à Mgr le duc de Montmorancy, gouverneur et lieutenant général pour le Roy en Languedoc, establir une garnison de 50 hommes de guerre à pied, dans Villefort, soubz la charge dudict sieur de Crussolle, et ordonner par sa commission de 8 febvrier, de l'année dernière, qu'il seroit pourveu à leur entretenement, assavoir : par le diocèse d'Uzès, pour le nombre de vingt hommes ; pour celuy de Viviers, pour dix hommes, et par ceulx du Puy et Mende, chascun pour pareil nombre de dix hommes, jusques à ce que aultrement, par Sa Grandeur, en eust esté ordonné, avec clause expresse portés, tant par la susdicte commission, que par aultre de Sa Grandeur, du 8ᵉ d'octobre dernier, que à faulte d'y avoir esté satisfaict, les commis, syndic et députés desdicts diocèses, y seroient contrainctz, chascun pour sa portion, comme pour les propres deniers de Sa Majesté. Ledict sieur de Crussolles, pour ne manquer à son debvoir, sur le commandement à luy faict par sadicte Grandeur, auroit faict les advances nécessaires en deffault desdictz diocèses et mesmes de celluy de Mende, durant le temps de six mois. Desquelles advances il a requis l'assamblée le voulloir faire rembourser, pour ce qui est de la portion dudict diocèse. Sur quoy, après avoir esté faicte lecture desdictes commissions, conféré et traitté pour reigler et modérer les prétensions dudict sieur de Crussolles, a esté convenu et accordé avec ledict sieur de Valcrozez, au susdict nom, pour toutes lesdictes prétensions dudict remboursement, à la somme de 300 livres ; moyenant laquelle il a quitté ledict diocèse et promis tenir quitte envers ledict sieur de Crussolles et tous aultres qu'il apartiendra. Pour le payement de laquelle somme, MM. les commissaires seront requis en faire l'imposition en la présente assiette, soubz le nom dudict sieur de Crussolles.

Sur la réquisition faicte par le député des consulz de la ville de Salgues, de leur accorder ung archer, entretenu aux despens du diocèse, pour faire résidence en ladicte ville, et oultre ce leur faire encores bailler une cazaque par le prévost, pour la mettre ez mains de celluy que lesdictz consulz adviseront pour accompaigner ledict archer et s'en servir à la capture des vagabondz, larrons et volleurs qui courent ordinairement la montaigne de La Margeride, proche de ladicte ville, commettant une infinité de maléfices. Veu les délibérations prizes sur semblable sujet ces dernières années, et attandu le petit nombre d'archers entretenuz audict diocèse, qui ne peut estre séparé ny escarté de la présence du prévost, sans incommoder grandement et rendre inutille l'exercice de sa charge, a esté conclud et arresté n'y avoir lieu d'entendre à ladicte réquisition ; néantmoings pour remédier à la cause et sujet d'icelle, le prévost est exhorté, de la part desdictz Estatz, de rendre ses chevaulchées les plus soigneuses et fréquentes qui se pourra dudict costé de ladicte montaigne, affin de la purger de ceste vermine et la rendre libre et asseurée aux gens de bien.

Sur la réquisition faicte par M. Parlier, secrétaire de Mgr le marquis de Portes, lieutenant pour le Roy, au pays de Gévaudan, à ce qu'il pleust à l'assamblée pourveoir à son remboursement de la despense par luy employée en deux voyaiges qu'il a faictz, par commandement de mondict seigneur le marquis, du bas Languedoc en ce diocèse, pour affaires importans la conservation d'icelluy, en l'obéyssance de Sa Majesté, contre les pernicieux desseings des rebelles et par mesme moyen, d'avoir esgard à ses vacations, peines et soings par luy renduz près dudict seigneur, à cause d'une infinité de dépesches par luy faictes, pour le bien et utilité dudict diocèse, à toute sorte d'occurrences pendant ces derniers mouvements ; a esté délibéré et conclud de renvoyer à MM. les commis, députés et syndic et à MM. les commissaires de l'assiette, à pourveoir sur ladicte réquisition, ainsi qu'ils trouveront estre juste et raisonnable, lorsqu'ils procéderont aux taxes et liquidations qui pourront rester à faire après la tenue de la présente assamblée, touchant les affaires dudict diocèse.

Le tour du seigneur baron du païs, qui doibt assister, l'année prochaine à l'assamblée des Estatz généraulx de Languedoc, suyvant l'ancienne coustume et l'ordre observé de tout temps audict diocèse, estre trouvé et déclaré apartenir à M. le baron de Canilliac, attandu que M. le baron de Mercœur estoit en tour la présente année.

Finallement mondict seigneur de Mende, président desdictz Estatz, ayant par ung docte et rare discours, représenté les heureux et utilles effectz que l'obéyssance des peuples envers leurs princes a acoustumé de produire en tous lieux et exhorté lesdictz Estatz à la persévérance de celle qu'ilz ont tousjours rendue au Roy trèschrétien, nostre souverain seigneur ; et après avoir loué Dieu de la grâce qu'il faict à son peuple de le maintenir en paix ; il a donné la bénédiction aux assistans, suivant l'ancienne coustume desdictz Estatz, qui a esté la fin de l'assamblée.

S'est présenté le sieur Destrictis, lequel a remonstré qu'ayant rendu compte de l'administration des vivres, employez à la nourriture des gens de guerre, qui furent ordonnez en ce diocèse, en l'année 1617, pour la réduction, en l'obéyssance du Roy, du fort de Grèze, le diocèse se seroit trouvé débiteur envers luy et le sieur Malles, son associé, par l'estat final de son compte, de la somme de 2,220 livres ; de laquelle il leur est encores deub de restes 229 livres pour entier payement dudict debet ; et parce que la longue dilation dudict payement leur est grandement préjudiciable ; il a requis l'assamblée y voulloir pourveoir. Sur quoy, vérification faicte dudict debet, sur l'estat final dudict compte et des payements sur les assiettes et comptes des receveurs dudict diocèse ; a esté conclud et arresté que ladicte comme de 229 livres restante desdictz 2,220 livres, sera payée et acquittée ausdictz sieurs Destrictis et Celles, par le sieur de La Roche, receveur des tailles dudict diocèse, des prémiers deniers qui proviendront de la levée, à luy commise, des restes des habitans des Cévennes, et qu'à ceste fin en sera expédié mandement ausdictz sieurs Destrictis et Malles, sur ladicte nature de deniers.

Sur la réquisition faicte par le sieur de Jehan, au nom des habitans de la ville de Lengoigne, de pourveoir au remboursement de la despense par eulx fournye, l'année dernière à la brigade de M. de Mirandol, lieutenant de la compaignie de gendarmerie de M. le marquis de Portes, et ce, suivant l'ordonnance et l'ordre de Mgr le duc de Montmorancy, gouverneur et lieutenant général pour le Roy en Languedoc, du 12e avril dernier. Veu l'estat de ladicte despense, le reiglement de Sa Grandeur et sa commission, ladicte despense a esté taxée et modérée à la somme de 200 livres, pour toutes choses ; laquelle sera imposée en la présente assiette pour le remboursement desdictz habitans.

Ayant esté faicte lecture de la délibération prize ausdictz Estatz, du 8e du présent mois, a esté taxé et ordonné à M. Parlier, secrétaire de M. le marquis de Portes, la somme de 300 livres, tant pour les fraiz de deux voyaiges, qu'il a faictz, du bas Languedoc en ce diocèse, pour affaires importans la conservation d'icelluy en l'obéyssance du Roy, que pour recognoissance des soings, peines et vacations par luy employez pour plusieurs et diverses despesches par luy faictes soubz mondict sieur le marquis, pour le soulaigement et repos dudict diocèse, durant l'année, sur l'occurrence des derniers mouvements, pour estre ladicte somme imposée sur ledict diocèse en la présente assiette et, par le receveur d'icelluy, payée audict sieur Parlier, en l'acquit dudict diocèse.

L'estat remys par le sieur du Villeret-La-Fage, des fournitures de munitions de guerre et aultres fraiz par luy faictz, pour le service du Roy en la conservation dudict païs en l'obéyssance de Sa Majesté, l'année dernière, en plusieurs occurrences, a esté veu, vérifié et examiné, réduict, modéré et taxé à la somme de 60 livres tournois, pour estre imposée en la présente assiette et payée audict sieur du Villeret, pour son remboursement.

Veu aussi, par lesdicts sieurs, le roolle des expéditions extraordinaires, faictes durant l'année dernière par le greffier dudict diocèse et des journées et vacations par luy employées aux affaires d'icelluy, tant pour l'expédition des délibérations desdictz sieurs commis et députés, lettres escriptes à Messeigneurs de Montmorancy, de Portes et aultres seigneurs, gentilz hommes, villes et communaultés à toutes occurrences, et des mandements, ordonnances, roolles, estatz et aultres actes requis, touchant la distribution des deniers de la guerre durant ladicte année, eu esgard aussi, oultre le grand nombre desdictz actes, aux journées qu'il a employées à se trouver et assister à toutes les assemblées, faictes par lesdictz sieurs commis pour délibérer desdictes affaires et après à aller faire signer ausdictz sieurs lesdictes délibérations ordonnées et aultres expéditions ; et d'abundant, pour avoir tenu le registre et contrerolle desdictz mandemens et ordonnances sur le payement des garnisons dudict diocèse, comme aussi de quatre compagnies du régiment de Languedoc, establies dans icelluy en ladicte année, ensemble de la brigade de la compagnie de gens d'armes de M. le marquis de Portes, auquel effect il luy auroit convenu entretenir ordinairement ung clerc, prèz de luy ; auroyt esté par lesdictz sieurs taxé audict greffier, pour son salaire de toutes sesdictes journées, vacations et expéditions et de son clerc, la somme de 300 livres tournois, pour estre imposée en la présente assiette, et payée audict greffier par le receveur dudict diocèse.

Pareille somme de 300 livres a esté taxée au syndic dudict diocèse, à ce comprins 100 livres à luy ordonné, l'année dernière, dont il n'auroit esté payé, pour ses journées et vacations extraordinaires esdictes deux années, considéré l'affluence des affaires occurens journellement à cause de la guerre, laquelle somme sera de mesmes imposée en ladicte assiette, pour estre payée audict syndic, comme dessus.

Le sieur de Costeregord a représenté la perte notable qu'il a faicte d'ung cheval de grand pris, comme chascun sçayt, qui luy fut tué au mois de. . . . . dernier, estant en faction pour le service du Roy, contre les ennemis rebelles à Sa Majesté, de la ville de Meyrueys, requérant qu'il pleust ausdictz sieurs uzer de la récompense convenable à une telle perte, arrivée en une action si méritoire et pour ung si digne sujet. Sur quoy a esté accordé, audict sieur de Costeregord, la somme de sept vingt dix livres, tournois ; laquelle sera imposée comme dessus pour estre payée audict sieur de Costeregord.

Ayant esté remonstré ausdicts sieurs, de la part de Me Pierre Tondut, procureur du païs, en la Cour des Aydes, à Montpellier, qu'oultre les peines et vacations par luy employées à la poursuite des affaires et procès dudict païs en ladicte Cour des Aydes, il a rendu des soings extraordinaires pour la conservation des papiers dudict païs pendant le désordre et confusion où se trouvoit ladicte ville de Montpellier, durant le temps qu'elle a demeuré assiégée ; requérant qu'il fut le bon plaisir desdictz sieurs d'y avoir tel esgard que requiert le mérite de l'action en une occasion si dangereuse ; a esté taxé et accordé, pour toutes choses audict sieur Tondut, la somme de 100 livres tournois qui sera imposée et payée comme dessus.

Sur la réquisition faicte par le sieur de S. Martin, commandant pour le service du Roy dans le château de Chanac, de pourveoir à son remboursement de la somme de 1,600 livres par luy fournie et advancée pour la solde et entretenement de vingt hommes de guerre à pied, establiz en garnison pour le service de Sa Majesté dans ledict château, en vertu de la commission de Mgr le duc de Montmorancy, gouverneur et lieutenant général pour Sa Majesté en la province de Languedoc, et ce depuis le 6ᵉ jour de septembre 1621, jusques au 6 de may dernier, qui sont 8 mois, durant lesquelz il a payé ladicte garnison de ses propres deniers. Veu ladicte commission en datte du 12 febvrier audict an, par aquelle est ordonné que le diocèse pourvoira audict entretenement ; a esté arresté que ladicte somme de 1,600 livres sera imposée en la présente assiette pour estre payée par le receveur dudict diocèse, pour le remboursement dudict sieur de S. Martin.

Et sur semblable réquisition faicte de la part de M. de Morangiez, de le faire rembourser de la somme de 400 livres qu'il auroit fournie et advancée pour le payement de dix soldatz, establiz en garnison, pour le service du Roy, dans le château de La Garde-Guérin, en vertu de l'estat dressé par M. le marquis de Portes, lieutenant pour Sa Majesté, au païs de Gévaudan, le 26 febvrier 1621, et ce pour le temps de quatre mois escheuz le 26ᵉ de janvier 1626, dont il n'auroit peu estre remboursé, par le receveur dudict diocèse, à faulte de fondz en ladicte année.

Veu le susdict estat, par lequel ladicte garnison se trouve reiglée audict nombre de dix hommes, à raison de dix livres chacun par mois; a esté arresté que ladicte somme de 400 livres, sera imposée et payée audict sieur de Morangiès pour son remboursement.

De mesmes a esté arresté que la somme de 500 livres sera imposée en ladicte assiette, soubz le nom de M. du Pouget, commandant pour le service de Sa Majesté, dans le fort de Châteauneuf-de-Randon, pour son remboursement de pareille somme qu'il auroit fournie par advance, pour la solde de dix mousquetaires establiz en garnison dans ledict fort, suivant la commission de mondict seigneur le duc de Montmorancy et le susdict estat, et ce pour trois mois escheuz le sixième décembre audict an 1621, n'en ayant esté payé par ledict diocèse, par la mesme faulte de fondz.

Le sieur de Naves de Mirandol, ayant représenté luy estre deub la somme de 120 livres, qu'il auroit advancée à six soldatz mousquetaires, establiz dans le château dudict Mirandol, durant deux mois escheuz le 6e novembre 1621, dont il n'auroit aulcune chose receu dudict païs, à faulte de fondz, et pour ce requéroit en estre remboursé. Veu ledict estat reiglant ladicte garnison audict nombre de six hommes, à raison de dix livres par mois, a esté arresté que ladicte somme de 120 livres sera payée audict sieur de Naves et à cest effect imposée en la présente assiette.

Sur la plaincte faicte par le sieur de Camargue, commandant pour le service du Roy dans le fort de Grèze, de ce que le receveur dudict diocèse n'auroit voulu acquitter le mandement qu'il avoit pleu ausdictz sieurs commis et députez luy expédier sur luy, de la somme de 500 livres, pour la solde et entretenement de 40 hommes de guerre, à pied, establiz, suivant l'estat dudict seigneur marquis de Portes, dans le village dudict Grèze, et ce depuis le 10ᵉ jour d'octobre, jusques au 2ᵉ de novembre, qu'ilz furent congédiez ; s'estant ledict receveur excusé sur la faulte de fondz ; veu ledict estat, comme aussi ledict mandement que ledict sieur de Camargue a rendu ausdictz sieurs commis et députez ; a esté arresté que ladicte somme sera imposée en ladicte assiette et payée audict sieur de Camargue par le receveur dudict diocèse.

Dudict jour, trézième de febvrier, en l'assemblée desdictz sieurs commis et députez, assistans lesdictz sieurs commissaires, de relevée.

Auroit esté remonstré, de la part de M. de Mirail, le refus faict, par le receveur dudict diocèse, d'acquitter le mandement qui luy auroit esté expédié par lesdictz sieurs commis et députés, de la somme de 120 livres, à luy ordonnée pour la solde et entretenement de six hommes de guerre, establiz pour le service du Roy, dans le château dudict Mirail, pour deux mois, commencez le 10ᵉ de juillet dernier, ledict receveur s'excusant sur la faulte de fondz ; au moyen de quoy, ledict sieur de Mirail requéroit lesdictz sieurs, de pourveoir à son remboursement. Et sur ce veu ledict estat des garnisons, ensemble ledict mandement remys devers lesdictz sieurs, a esté arresté que ladicte somme de 120 livres sera comprize en la présente assiette et payée audict sieur de Mirail, pour sondict remboursement.

Veu aussi par lesdictz sieurs le mandement expédié, sur le receveur dudict diocèse, à M. de Columb, 1er consul de la ville de Mende, de la somme de 300 livres, pour son remboursement de semblable somme qu'il avoit fournie à feu M. de S. Auban et à luy ordonnée pour toutes restes et entier payement des frais et despenses par ledict sieur de S. Auban faictes en vertu d'une ordonnance de Mgr le duc de Montmorancy, du 13 febvrier 1621, pour la solde et entretenement de dix hommes de guerre, establiz en garnison, pour le service du Roy, audict lieu de S. Auban. Lequel mandement n'ayant esté acquitté par faulte de fondz, ledict sieur de Columb, l'auroit rendu ausdictz sieurs, ensemble ladicte ordonnance : requérant qu'il fust par eulx pourveu à son remboursement. A esté arresté que ladicte somme de 300 livres sera imposée en la présente assiette et payée audict sieur de Columb, à l'effect susdict, à la charge qu'il fera tenir quitte le diocèse, tant desdictes 300 livres que de toutes restes de prétensions des hoirs dudict sieur de S. Auban, pour raison et à cause de ladicte garnison.

Sur ce qui auroit esté représenté ausdictz sieurs, de la part de MM. le baron du Tournel, fils ; de Morangiès ; de La Saumais et de Cheminades, chascun d'eulx ayant le commandement d'une compaignie de gens de guerre à pied, du régiment de Languedoc, que leur ayant esté expédié ung mandement, à chascun d'eulx sur le receveur dudict diocèse, de la somme de 108 livres, pour la solde et entretenement de vingt-cinq hommes de guerre, à quoy chascune desdictes compagnies auroit esté réduicte ; ladicte solde revenant à ladicte somme de 108 livres, pour le temps de six jours, escheuz le 10e de novembre dernier, auquel jour lesdictes compaignies auroient esté congédiées, à cause de la publication de la paix ; ledict receveur, s'excusant sur la faulte de fondz, faict refus d'acquitter lesdictz mandemens ; et pour ce requéroient qu'il fust pourveu d'aillieurs à leur payement. A esté arresté, veu le contrerolle tenu par le greffier dudict diocèse des mandements expédiez, que la somme de 452 livres sera imposée en ladicte assiette, soubz le nom desdictz sieurs du Tournel, de Morangiès, de La Saumaye et Cheminades, pour leur estre payée à raison de 108 livres chascun, à la charge de rapporter par ledict receveur, en faisant ledict payement, lesdictz mandemens, chascun de ladicte somme, avec les roolles des monstres sur ce nécessaires.

Sur les plainctes souvent réitérées par le sieur de La Saumays, de ne luy avoir esté faict raison suffisamment sur ce qui luy est légitimement deub, suivant l'estat des demandes par luy remys devers lesdictz sieurs, l'année dernière ; veu ledict estat et la délibération desdictz sieurs du 15 d'avril dernier ; a esté arresté que la somme de 300 livres sera imposée, en la présente assiette, pour estre payée audict sieur de La Saumays, ainsi qu'il a esté convenu et accordé avec luy, pour supplément de toutes prétensions qu'il pourroit avoir contre ledict diocèse, oultre la somme de 500 livres imposée soubz son nom, en l'assiette extraordinaire dudict diocèse, l'année dernière, suyvant ladicte délibération, pour les causes y mentionnées. En la susdicte première somme compris 90 livres restans à payer de 240 livres, à quoy revenoit son appointement de cappitaine, durant quatre mois escheuz le 4ᵉ d'avril dernier, à raison de soixante livres par mois, à luy accordez par aultre délibération desdictz sieurs, du 3e décembre 1621. A la charge que moyenant ladicte somme de 300 livres, ledict sieur de La Saumays sera tenu faire quittance de toutes demandes et prétensions que peult avoir contre ledict diocèse.

A esté par mesme moyen arresté d'imposer et payer, audict sieur de Cheminades, la somme de 273 livres, pour semblables prétensions à celles dudict sieur de La Saumais, que ledict sieur de Cheminades a contre ledict diocèse, oultre 450 livres imposez soubz son nom en ladicte assiette, l'année dernière, suivant ladicte délibération du 15e dudict mois d'avril et pour les causes y contenues. En ladicte première somme, pareillement compris 90 livres à luy deubz de restes de 240 livres, pour semblable appointement de cappitaine, durant lesdictz quatre mois, à la mesme raison de 60 livres par mois; moyenant laquelle première somme de 273 livres, ledict sieur de Cheminades sera tenu faire quittance de toutes prétensions et demandes qu'il peult avoir contre ledict diocèse.

Et sur l'instance faicte par lesdictz sieurs du Tournel, fils, et de Morangers, de pourveoir au payement de pareille somme de 90 livres, deue à chascun d'eulx par ledict diocèse, pour restes de semblable appointement de cappitaine, durant lesdicts quatre mois, à la mesme raison de 60 livres, a esté arresté que la somme de 180 livres sera imposée en ladicte assiette, soubz les noms desdictz sieurs du Tournel et de Morangers, pour leur estre payée à raison de 90 livres chascun.

1624

Les commissaires de l'assiette. — Paroles de M. le marquis de Portes à la louange de l'évêque de Mende, décédé, et de son successeur. — Qualités que doivent avoir les assemblées publiques. — Discours de M. de Chanoillet, vicaire général. — Rôle de MM. des Etats. — Admission de M. de La Condamine pour la baronnie de Peyre. — Les 2ᵉ et 3ᵉ consuls de Mende doivent précéder ceux de Marvejols. — Ferme de l'équivalent. — Sommes empruntées à vérifier et à imposer. — Députation de M. le marquis de Portes. — Vérification des ponts à réparer. — Réparations des chemins et des montjoies. — Equivalent. — Réquisitions contre le sieur Armand, prévôt. — Plaintes contre certains gentils hommes qui contraignent les bergers de Languedoc à s'arrêter dans leurs terres. — Demande de M. de S. Rome. — Verbail de vérification des dettes. — Secours aux habitants de divers villages des Cévennes. — Requête du sieur Bonhomme, pour remboursement de certaines sommes à lui dues. — Demande des Jacobins de Marvejols. — Don de 150 livres pour l'église de Notre-Dame-de-la-Carce, et de 200 livres pour les capucins de Marvejols. — Don de 400 livres aux Capucins de Mende; de 150 livres à la prieure du Chambon; de 450 aux Cordeliers de Mende. — Gratification à la veuve de M. Tondut, ancien procureur du diocèse. — Demande de M. de Grégoire, sieur de S. Rome, créancier du pays. — Gratification à M. le marquis de Portes et à son secrétaire. — Dépenses pour levée de gens de guerre par M. de Choisinet. — Un insigne voleur à punir. — Le prévôt Armand. — M. de S. Rome. — Réquisitions du syndic de l'hôpital de Mende, pour le paiement de 6,000 livres, dues par le pays. — Demande de secours pour la réparation de l'hôpital de Marvejols. — Bains de Bagnols. — Gratification à M. d'Entraigues. — Nomination d'un procureur à la Cour des Aydes. — Gratification aux Jacobins de Marvejols. — Désignation du baron de tour. — Réquisitions contre le prévôt de la maréchaussée. — Demande du seigneur de Peyre et de M. le comte du Roure. — Gratification à M. de Camargue et à divers seigneurs et communautés du pays pour entretien des gens de guerre.

L'an mil six cens vingt-quatre, et le mercredy, troisième jour du mois de juillet, environ neuf heures du matin, en la ville de Maruejolz et dans la chambre haulte de l'auditoire de la Cour ordinaire de ladicte ville, les gens des Estatz particuliers du païs de Gévaudan et diocèse de Mende, après avoir, selon leur ancienne et louable coustume, entendu la messe de S. Esperit, dans l'église collégiale dudict Maruejolz, s'estans assemblez en vertu des commissions de nos seigneurs les commissaires, présidens pour le Roy aux Estatz généraulx de Languedoc, dernièrement tenuz en la ville de Béziers, ez mois de. . . . . . seroient venuz en ladicte assemblée Mgr le marquis de Portes, vis-admiral général de France, lieutenant pour Sa Majesté es païs de Gévaudan et haultes et basses Cévennes, nobles François de Molète, sieur de Morangiers et de La Garde-Guérin, commissaire principal de l'assiette dudict diocèse, la présente année; Trophime de Launé, sieur de Picheron et d'Entraigues, bailly de Gévaudan ; André de Brugeron, sieur de Pommiez, 1ᵉʳ consul de la ville de Mende ; Mᵉ Hélie de Saint Bauzille, notaire royal, 2ᵉ consul, et Jean Pitot, marchand, 3ᵉ consul dudict Mende, et Mᵉ Daniel Barrau, notaire royal et greffier de ladicte Cour ordinaire de Marieujolz et premier consul de ladicte ville, commissaire ordinaire de ladicte assiette. Et après avoir pris leurs places et séances, selon leur rang et ordre acoustumé, ledict seigneur marquis a dict, qu'il a quitté tout aultre soing et légitime debvoir pour satisfaire à celluy de confirmer de nouveau à l'assemblée les asseurances de ses entières affections, que si les mouvemens derniers luy ont donné quelque occasion de leur en produire les effectz, garantissant le païs d'oppression, il espère que la paix, que la puissante bonté du Roy a si utillement establie, fournira encores de moyens à son dessain, de procurer au païs toute sorte de soulagement, que ce sont ses vœux et ses passionnez désirs ; mais il ne peult passer soubz silence le déplaisir que ceste compaignie doibt avoir avec luy, de ce qu'il n'y sera pas assisté, comme par le passé, de la prudence, vigilance et probité de feu M. l'évesque de Mende, regret quy luy durera aultant que la vie et qui doibt estre éternel à la compaignie. Et si l'on y pouvoit attandre quelque consolation, ce doibt estre au rencontre des mérites de son successeur ; lesquelz sont si recommandables que nous avons juste sujet de remercier Dieu d'avoir inspiré leurs majestés à nous le donner, et Mgr de Montmorancy à nous le procurer. C'est aussi de cet incomparable seigneur, comme de ses pères que la province de Languedoc, et ce diocèse en particulier, a receu et recevra longuement, si nos souhaitz ont lieu, ses plus solides advantages, les siens seront à leur perfection si les Estatz luy continuent leur amytié et leur confiance, comme il les en conjure de tout son cœur ; et leur proteste que pour la conservation de ces gaiges qui luy sont si chers, il n'espargnera non plus à l'advenir son soing, son sang ny sa vie qu'il a faict par le passé.

Et à l'instant M. de Chanoillet, chanoine en l'église cathédralle de Mende, et vicaire général en l'évesché dudict Mende, le siége épiscopal vacant, président ausdictz Estatz, auroit réparty et dict que toutes assamblées publiques, pour estre légitimes, doibvent avoir quatre qualités essentielles : la première, d'estre esclairées de cest œil tout voyant, par lequel les Egyptiens, en leur hyérogliliques, représentoient la puissance et Providence divine, le logeant au milieu du front, comme le soleil visible au milieu de trois planètes supérieures, Dieu proteste dans son Evangile de se trouver au millieu de deux ou trois assamblez, en son nom ; c'est le propre du centre de rendre les lignes égales tirées droittement de la circonférance à luy. La seconde qualité, que Sa Majesté ou ceulx qui représentent sa personne en ordonne la convocation, et par ce moyen les authorise. La troisième, qu'elles ne respirent aultre air que le service et obéyssance deue au prince et à ses vives images. La quatrième, que les assamblées mirent au soulagement du public ; *et obliti commodorum suorum,* préfèrent le général en particulier. Cest ancien romain avoit bonne grâce, disant : *Publica procedendo tua nequaquam servas.* Ung aultre nous apprenoit une honnorable et profitable pratique en ces estatz : *ut tutela sic administratio Reipublicæ ad utilitatem eorum qui reguntur non qui regunt referendo est.* Je n'ose promettre tout ceci de ceste auguste assamblée, Dieu en sera le seul et vray président, la portant à tout bien par les mouvemens internes de son sainct Esprit que nous venons d'invocquer. Le Roy et mes seigneurs noz gouverneurs entièrement satisfaictz de nos obéyssances, le peuple soulagé aultant que la nécessité des affaires et les charges inévitables le pourront permettre, MM. des Trois-Ordres rapporteront leurs plus syncères affections et saynes opinions à ce grand modérateur, pour attirer d'en hault ses bénédictions et donner sujet au peuple de s'escrier avec allégresse : *Benedictus Dominus qui tales nobis dedit defensores*. Et vous Monsieur, qui représentez en ces Estatz et païs la personne et authorité du Roy, ayant tesmoigné jusques icy l'amour et l'affection envers ceste vostre petite province de Gévaudan, n'ayant espargné ny vostre sang, ny vostre vie, ny vos moyens à la réduire en l'obéyssance de son prince, lorsqu'elle estoit oppressée par ses ennemis, y maintenir la paix acquise par vostre vallcur, l'ayant relevée de ses ruynes passées et remise en sa première splendeur ; nous vous supplions, puisque le grand Dieu, par ses armes victorieuses du petit Dieu terrestre, Louis le juste, *nobis hæc otia fecit*, de nous y maintenir et donner le soulagement, espère bannir la force et violence qui s'y pourroient glisser sur diverses occasions par des esprits remuans et ennemis du repos publicq et paroistre non-seullement bon, vray et légitime gouverneur, mais protecteur et père du peuple. Si les empereurs romains taschoient, par des vertus héroïques, bien mériter de la République, affin que le peuple les honnorast du titre de père, vostre valleur, Monsieur, surpassant celle des empereurs, se l'estant desjà acquis, le scaura bien conserver ; le passé le vous a donné ; le présent le confirme et l'advenir ne respire que de le vous laisser pour éternel héritage ; et nous le vous donnions tous unanimement, vous surnommant père de la patrie. Le père doibt aux enfants, l'amour ; eulx l'obéissance. Continuez le debvoir de père, comme l'on proteste d'acquitter celluy de bons enfans. Et ce père universel fera pleuvoir sur vous la rosée de ses grâces et la toison d'or de ses bénédictions. Et après non pas nos langues, faibles instruments de nos hommages, mais nos cœurs tous brizés pour vostre service, forceront la divine Majesté d'estendre voz jours à une éternité de siècles, puysque par vostre piété et valleur, *Tu Troica vivere dignus sœcula, et Euboïci transcendere pulveris annos.*

Et incontinant après, M. de Morangiès, commissaire principal de ladicte assiette, auroit dict que la cause essentielle de ceste assemblée consistoit à l'exécution des commissions, à luy et aux aultres sieurs commissaires de l'assiette de ce diocèse décernées, pour le département des sommes à quoy revient la quotité d'iceluy des deniers octroyez à Sa Majesté et aultres accordez par l'assemblée desdictz Estatz généraulx de la province ; c'est pourquoy offrant de sa part avec ses collègues vacquer au faict desdictes commissions, il a requis l'assistance de ladicte assemblée ou de telz d'entre eulx qu'il leur plaira députer pour vacquer incontinant audict département, affin que la levée des deniers n'en demeure retardée au préjudice du service de Sa Majesté et du publicq. Et à cest effect de l'ordonnance desdictz sieurs commissaires, lecture a esté faicte desdictes commissions en plaine assamblée. La continuation de laquelle a esté, par lesdictz sieurs commissaires, permise à la réquisition du syndic dudict pays, tant pour délibérer sur le sujet desdictes commissions que pour pourveoir aux affaires et nécessitez publicques dudict diocèse, a la charge de n'y traitter d'aulcune chose qui puisse préjudicier aux affaires et service de Sa Majesté.

Dudict jour, troisième de juillet, en ladicte assamblée, de relevée, président en icelle ledict sieur de Chanoillet, vicaire général.

Le roolle des sieurs députez des trois Estatz qui ont accoustumé d'avoir séance et voix délibérative en ceste assamblée, ayant esté leu par ordre, selon leur rang, ensemble les pouvoirs et procurations des envoyez en icelle, y ont esté trouvez présens et assistans, assavoir, pour l'Estat ecclésiastique : M. M° Jacques Dumas, docteur ez droictz, chanoine en l'église cathédralle de Mende, envoyé du Chapitre de ladicte église ; M° Estienne Aldin, docteur ez droictz, envoyé de M. le dom d'Aubrac ; M. M° Jean-Jacques Lefebvre, docteur en théologie, envoyé par M. le prieur de Sainte Enymie ; M° Fontanes, curé de Chirac, envoyé de M. le prieur de Lengoigne ; M° Adam Chevalier, docteur ez droictz, envoyé de M. l'abbé des Chambons ; M° Barthélemy Aldin, docteur, chanoine en l'église collégiale de Maruejolz, envoyé de M. le commandeur de Paliers ; M° Jehan de Jehan, docteur et advocat, envoyé de M. le commandeur de S. Jehan. Et pour MM. les barons dudict païs : noble Pierre du Aran de La Condamine, baron de Peyre, en personne ; noble Anthoine de Nugiez, sieur de La Roche, envoyé de M. le baron de Canilliac, estant en son tour, la présente année ; M° Jehan Michel, bâchelier ez droictz, lieutenant en la justice ordinaire de Saint-Chély-d'Apcher, envoyé de M. le baron d'Apcher ; noble

François de Pierrebesses, sieur de la Clastres-Basses, envoyé de M. le baron de Cénerct ; Mᵉ Pierre Borrelli, docteur ez droictz, sieur de Pelouze, juge en la jurisdiction ordinaire du Tournel, envoyé de M. le baron du Tournel ; Mᵉ Jacques Langlade, docteur ez droictz, sieur de La Fargète, juge de Salgues, envoyé de M. le baron de Mercœur ; noble Gabriel de Chariel, sieur du Pouget, envoyé de M. le baron de Randon ; noble Pierre de Pastorel, envoyé de M. le baron de Florac. Et pour MM. les aultres nobles : noble Jehan de Verny, sieur du Chenin, envoyé de M. d'Allenc ; noble Jacques Clavel, sieur du Monteil, baille en la jurisdiction de Montauroux, envoyé de M. de Montauroux ; noble Adam de Robert, sieur de Chazaulx, envoyé de M. de S. Auban ; noble de Gibertés, sieur d'Aubenas, envoyé de M. de Montrodat ; Mᵉ Guillaume Bardon, docteur ez droictz, juge en la jurisdiction de Mirandol, envoyé de M. de Mirandol ; Mᵉ Jehan-Baptiste de Fumel, sieur de Larchette, docteur et advocat, envoyé de M. de Sévérac ; noble César de Tézan, sieur de Laval, envoyé de M. de Barre ; noble Claude de Chapelain, sieur du Cros, envoyé de M. de Gabriac ; noble Pierre de Brugeron, sieur du Crozet, envoyé de M. de Portes ; noble Louys de Bressolles, sieur de Villerousset, envoyé de M. de Servière ; noble Jehan de Sales, envoyé de M. d'Arpajon ; Mᵉ Claude de La Cane, bâchelier ez droictz, envoyé de MM. les consuls nobles de La Garde-Guérin. Et pour MM. du Tiers-Estat : noble André de Brugeron, sieur de Pommiés, 1ᵉʳ consul de la ville de Mende ; Mᵉ Hélie de S. Bauzille, notaire royal, 2ᵉ consul, et Jehan Pitot, marchant et 3ᵉ consul dudict Mende ; Mᵉ Daniel Barrau, greffier en la Cour royalle de la ville de Maruejolz, 1ᵉʳ consul de ladicte ville ; M° Boyer, bourgeois, 2° consul, et Pouderoux, marchand et 3° consul d'icelle ville ; M° Pierre Dieuloufès, notaire royal, 1ᵉʳ consul de la ville de Chirac ; M. Michel Flourit, notaire royal et 1ᵉʳ consul de la ville de La Canorgue ; M° Anthoine Prieur, bourgeois et 1ᵉʳ consul de la ville de St-Chély-d'Apcher ; M° Jacques Auzérand, notaire royal et second consul de la ville de Saulgues ; M° Jehan Guy, bourgeois et 1ᵉʳ consul de la ville du Malzieu ; M° Salomon Leblanc, 1ᵉʳ consul de la ville de Florac ; M° Astorg Creissenc, consul d'Yspaniac ; André Comitis, consul de la ville de Sainte-Enymie ; Jehan Verdier, consul de Châteauneuf-de-Randon ; M° Robert Broillet, consul de la ville de Serverette ; Estienne Pauc, sieur du Pouzadou, consul de Saint-Estienne-de-Valfrancisque ; M. Jehan Julien, lieutenant en la jurisdiction ordinaire de la ville de Lengoigne, député de ladicte ville ; M° Jacques Vareilles, consul de St-Germain, député de la viguerie de Portes ; Ysaac Parlier, sieur de Pomeyrolz, consul de Barre ; Noé Aymar, sieur de Bauzon, consul de la ville de Saint-Auban ; M° Bertrand Boudon, marchand, consul du mandement de Nogaret. Lesquelz assistans ont presté le serement acoustumé, entre les mains dudict sieur vicaire général, président ausdictz Estatz, assavoir : de procurer par leur advis et opinions en la présente assemblée, l'honneur et gloire de Dieu, le bien et advancement du service du Roy et le repos et soulagement du peuple, et ne divulguer les affaires qui ne sont à révéler.

Sur la réquisition faicte par M. Aldebert Aldin, docteur ez droictz, de la ville de Maruejolz, à ce qu'il pleust à l'assemblée luy donner séance en icelle au rang et lieu que M. le baron de Peyre a droict et coustume d'y tenir, ayant à cest effect remis la procuration à luy passée par M. de Tholet, comme père et légitime administrateur des personnes et biens de damoiselles Marguerite et Jehanne de Tholet, ses filles, et de feu dame Marguerite de Peyre, fille et héritière de feu Mre Geoffroy-Astorg-Aldebert de Peyre, sieur et baron dudict lieu, ayant par mesme moyen, pour le soutien de son droict, exhibé ung arrest du grand Conseil, obtenu par le sieur de Tholet, contre le sieur de La Condamine. Lequel sieur, assistant à ladicte assamblée, après avoir entendu la réquisition dudict Aldin, auroit réparty que quand bien il n'auroict de son costé obtenu comme il a des arrestz contraires à celluy que ledict sieur Aldin exhibe, le droict prétendu de l'entrée ausdictz Estatz ne luy est nullement acquise par vertu dudict arrest, pour avoir esté donné contre ledict sieur de La Condamine, en qualité de séquestre, tant seullement, et non en qualité de sieur de la maison et baronnie de Peyre, mais moings encores et en plus fortz termes, à présent que les choses ont changé de face par le moyen du mariage contracté entre ledict sieur de La Condamine et dame Barbe de Combret, à laquelle ladicte baronnie de Peyre appartient, scavoir : la moitié par le moyen des arrestz sur ce intervenus, et l'aultre moytié faisant le total, en vertu d'ung décret, bien et deuement obtenu ; de sorte que l'arrest dudict sieur de Tholet luy demeure inutile par les susdictes raisons, oultre qu'il ne touche aulcunement au fondz et propriété de ladicte baronnie de Peyre, et, pour ung dernier, ledict sieur de La Condamine a dict que ledict sieur Aldin n'est de la qualité requise, pour avoir séance dans ladicte assamblée. En laquelle, après avoir esté faicte lecture desdictz arestz, et attandu que ledict sieur de La Condamine se trouve en possession de ladicte maison de Peyre et assistant en personne dans l'assamblée et que ledict Aldin n'est qu'envoyé, a esté conclud et arresté que, sans préjudice du droict des parties, ledict sieur de La Condamine continuera, durant la présente assamblée, d'y avoir séance et voix délibérative à cause de ladicte terre et baronnie de Peyre.

Sur le différend intervenu entre les seconds et tiers consulz de Mende, d'une part, et les seconds et tiers consulz de Marieujolz, d'aultre, de ce que lesdictz consulz de Marieujolz disoient ne debvoir estre précédés par lesdictz seconds et tiers consulz de Mende, en l'assamblée desdictz Estatz, ouy sur ce le syndic dudict diocèse et veu la coppie de l'ancien reiglement touchant l'ordre et séance des députés et assistans ausdictz Estatz, a esté conclud et arresté, suivant ledict reiglement, que les second et tiers consulz dudict Mende précèderont les seconds et tiers consulz dudict Maruejolz ausdictz Estatz, attandu que de leur part, ilz ne font apparoir d'aulcun titre.

Le sieur de Fumel, syndic dudict diocèse, a représenté que par le 9e article du règlement faict aux Estatz généraulx de la province, touchant la ferme du droict de l'équivallent, qui se lève dans icelle, les fermiers dudict droict sont tenus de présenter et faire recevoir ez assamblées des assiettes de chascun diocèse, des caultions suffizantes, resséantes et solvables, pour asseurance du payement du pris de la ferme de chascun desdictz diocèses ; et d'aultant que le sieur de Gisquet, à qui la ferme de ce diocèse a esté délivrée ausdictz Estatz généraulx, pour le trienne prochain, est arrivé en ville pour présenter ses caultions, du nom desquelles il luy a remis une liste ; ledict syndic a requis l'assamblée délibérer sur la réception d'icelles. Sur quoy, après avoir esté faicte lecture du nom desdictes caultions, contenus en ladicte ville, assavoir : M. Delestang, sieur de La Loubière ; M. Firmin Borne, appothicaire, habitans de la ville de Mende ; M° Pierre Pépin, docteur ez droictz ; Estienne Moré, sieur de Rosiez, et Jehan Moré, habitans de Serverette ; Jehan Chastan et Jacques Vignol, habitans de la ville de Saint-Chély-d'Apcher, oultre lesquelz ledict syndic a dict ledict sieur Gisquet en voulloir encores bailler d'aultres si besoing est ; a esté conclud et arresté que MM. les commissaires de l'assiette, avec l'assistance de MM. les commis, députés et sindic dudict païs, sont priez de recevoir lesdictes caultions, comme ayant esté trouvées suffizantes par ladicte assamblée, sans préjudice toutesfois de l'offre faict par le sieur Gisquet, d'en bailler plus grand nombre. Si a ladicte assamblée arresté que le contract de la réception desdictes caultions susnommées en sera, par lesdictz sieurs commissaires, commis, sindic et députés, passé audict sieur Gisquet, soubz les obligations, clauses et conditions en tel cas requises et acoustumées.

Ledict syndic auroit encores représenté, qu'après la réduction en l'obéyssance du Roy de la ville de Montpellier, Sa Majesté auroit establay, dans la province de Languedoc, trois compaignies de cavallerie, soubz la charge du sieur de Valançay ; et pour apporter ung ordre et reiglement par le moyen duquel lesdictes compagnies peussent commodément vivre de leur solde et appointement, sans fouller ny surcharger le peuple des lieux où elles seroient mises en garnison, sadicte Majesté, par ses lettres patentes du 16 juillet de l'année dernière, auroit ordonné audict sieur de Valancay, d'establir des magazins de foin et d'avoine en tel lieu qu'il adviseroit pour la nourriture desdictes compagnies, et par les mesmes lettres enjoinct, aux syndicz des diocèses du bas Languedoc, de départir égallement sur les habitans desdictz diocèses le supplément et surtaux de la despense desdictz magazins, selon l'ordre acoustumé. Et d'aultant que pour satisfaire aux ordonnances données sur ce sujet par ledict sieur de Valançay et subséquemment à celles de Mgr de Montmorancy, gouverneur et lieutenant général pour Sa Majesté en ladicte province, MM. les commis et députés de ce païs et luy, s'estans trouvez aux Estatz généraulx derniers tenuz à Béziers, auroient esté contrainctz d'emprunter la somme à quoy ledict diocèse avoit esté taxé, suivant l'estat faict par le sieur de Valançay, et qu'il est raisonnable de les relever indempnes desdictz emprumptz et des obligations sur ce par eulx passées. A ces causes il a requis l'assemblée faire procéder à la liquidation et vérification desdictes sommes et après à l'imposition d'icelles, en vertu des lettres d'assiette obtenues de Sa Majesté, pour l'aquittement des obligations susdictes par eulx passées. Sur quoy, après avoir esté faicte lecture de la coppie desdictes lettres, a esté conclud et arresté que par MM. les commis et députés dudict païs sera procédé à la liquidation et vérification susdictes, et MM. les commissaires de l'assiette requis d'en faire l'imposition, pour l'aquittement desdictes obligations, à la descharge de ceulx qui les ont passées. Lesquelz l'assemblée remercie du soing et de la peine par eulx rendu en cest affaire. Et d'aultant qu'il a pleu à Mgr le marquis de Portes, conti-

nuant en ce subject les effectz de ses affections et bonnes
voluntés envers cedict païs, empescher par sa faveur et
crédit les rigoreuses contrainctes dont le général et les
particuliers d'icelluy estoient menassez par les cappitaines et aultres chefz desdictes compaignies qui, par
faulte de payement avoient délibéré de les renvoyer
dans cedict païs. Lesdictz Estatz, pour luy en rendre le
très-humble remerciement qui luy en est deub de leur
part, ont députés MM. les envoyez du Chapitre de Sainte-
Enymie, M. le baron de Peyre, l'envoyé de M. de Randon et les consulz de Mende et de Marvejolz.

Du jeudy, quatrième jour dudict mois de juillet, de matin, en ladicte assamblée, président que dessus.

M. Dumas, chanoine et envoyé du Chapitre de l'église
de Mende, a dict que suivant la charge qu'il pleut à
l'assamblée le jour d'hier luy donner et aux aultres sieurs
députés, ilz auroient faict le remerciement à Mgr le marquis de Portes, touchant le soulagement qu'il avoit pro-
curé à ce païs, ayant empesché les rigueurs et contraintes dont la compaignie de cavallerie avoient délibéré
d'uzer envers icelluy. Sur quoy mondict seigneur leur
auroit protesté ne désirer rien tant que de pouvoir rencontrer les occasions de continuer de rendre audict païs
les effectz du debvoir à quoy sa charge et son inclination
l'ont tousjours obligé, comme il espère Dieu luy fera la
grâce de le pouvoir tesmoigner en toute sorte d'occasion.

Sur les requestes présentées au nom des habitans des
ville et lieux de Langoigne, Altier, Recoules, St-Lagier-
de-Peyre, Saint-Julien-d'Arpahon, Sainte-Croix-de-Valfrancisque, et aultres lieux, à ce qu'il fust pourveu par
l'assamblée à la réparation de leurs pontz, attandu la

grande ruyne d'iceulx et l'urgente nécessité qui l'oblige d'y donner ordre pour le bien publicq et affin d'empescher une infinité d'inconvéniens et désastres qui arrivent journellement à faulte desdictes réparations. Ouy sur ce le syndic dudict païs, qui a sommairement représenté le contenu des délibérations sur ce sujet prises par les Estatz ses dernières années, ensemble des reiglements faictz aux Estatz généraulx, par lesquelz entre aultres est porté que par préciput les villes proches desdictz pontz seront tenues fournir 80 escus et les villaiges 40 escus ; tellement que si lesdictes réparations n'excèdent lesdictes sommes, le diocèse n'est tenu d'y contribuer ; a esté conclud et arresté que, suivant lesdictes délibérations, ledict syndic et le greffier du pays se porteront sur les lieux le plustôt qu'il se pourra pour faire la visitation desdictz pontz, en dresser les verbaux nécessaires et observer les aultres formes et solennités en tel cas requises et portées par lesdictz reiglemens et délibérations et s'informer particullièrement des péaiges qui se lèvent par les propriétaires des terres et jurisdictions où lesdictz pontz sont assiz et situez, pour faire employer lesdictz péaiges ausdictes réparations, attandu qu'ilz y sont destinez et ne se lèvent à aultre fin.

Et d'aultant que le consul de Langoigne a représenté que le pont dudict lieu est l'ung des plus importans du païs, et qu'encores il soit d'ung costé situé dans le terroir du païs de Viverez, lequel par ce moyen est tenu contribuer par moytié à la despense de la réparation d'icelluy ; néantmoings, il est adverty que le syndic dudict païs prétend et se jacte de l'en rendre exempt ; ce qui pourroit estre cause d'ung grand procès. A quoy ledict syndic a prié l'assamblée voulloir prendre garde et y pourveoir. A esté conclud et arresté qu'en cas ledict syndic de Viverez obligeroit le consul et habitans dudict Lengoigne à ung procès par un refus de contribuer à ladicte réparation, en ce cas le syndic de ce diocèse assistera en cause lesdictz habitans, sans pour ce toutesfois constituer ledict diocèse en fraiz ny despens.

Ensuitte de quoy ayant esté représenté par M. l'envoyé de M. le baron de Randon que si la réparation des pontz est jugée nécessaire en ce diocèse, l'accomodement des chemins et passages et chemins qui sont de difficile accez, semble n'estre pas moings requis, quoique de beaucoup moindre despense, notamment pour les lieux plus haultz de la montaigne, mesmes durant la plus grande rigueur de l'hiver et extrême abondance des neiges qui causent la perte de plusieurs personnes, oultre le retardement du traficq et commerce, à faulte d'y apporter quelque remède, ainsi que noz devanciers avoient commencé de faire, ayant dressé des montjoies, pierres relevées sur les grands chemins, pour servir de guide et adresse aux passans ; mais soit que lesdictes pierres soient tombées ou que ceulx qui estoient chargez de cest ouvrage ne s'en soient pas deuement acquittez, il serait à désirer pour le publicq de faire redresser lesdictes pierres, voire mesmes d'en faire eriger des nouvelles plus éminentes et en plus grand nombre, selon l'estendue des lieux de la montaigne où elles sont plus nécessaires. Sur quoy a esté de mesmes conclud et arresté que lesdictz syndic et greffier, en procédant à la vérification desdictz pontz, vacqueront à celle desdictz chemins et passages et en chargeront leur verbal, pour estre veu à la prochaine assemblée des Estatz et pourveu en icelle a ce qui sera jugé nécessaire sur ce subject.

Lecture faicte en ladicte assamblée de la délibération prize aux Estatz généraulx, dernièrement tenuz à Béziers, pour le faict de l'équivallent de ce diocèse, pour le trienne courant, par laquelle, sur l'exposition faicte ausdictz Estatz par le sieur de La Motte, syndicq général de Languedoc, qu'il luy auroit esté inthimé ung arrest du Conseil d'Estat du 14 mars, dernier, obtenu par M. Pierre Barthélemy, fermier dudict équivallent, contenant renvoy à la Court des Aydes de Montpellier, pour estre pourveu comme elle verra à faire, pour raison, dans deux mois, sur la demande du rabaiz de 10,000 livres, d'une part, et 4,000 livres d'aultre, que ledict Barthélémy prétend luy debvoir estre faict sur le pris de son afferme, suyvant l'advis sur ce donné au Roy par MM. les trésoriers généraulx de France ; auroit esté arresté, par ladicte délibération, que ledict syndic se présentera à ladicte Cour des Aydes pour demander la communication, tant dudict advis que des enquestes sur lesquelles ledict advis a esté donné, pour après le tout veu par ledict syndic, tenir deuement advertiz les députés dudict diocèse à ce qu'ilz travaillent à la vérification bien exacte, soit par acte ou par tesmoings, de ce que ledict Barthélémy peult avoir receu de ladicte ferme, soit en vertu des soubs affermes que pour les baulx et quittances, et qu'à l'effect de ladicte vérification, ledict syndic général obtiendra commission de ladicte lettre adressante au premier magistrat royal sur les lieux. A esté conclud et arresté, en attendant ladicte commission, que le syndic dudict diocèse se transportera sur les lieux des soubz affermes dudict équivallent pour s'instruire et informer au vray et bien exactement de ce que ledict fermier a retiré des droictz dudict équivallent, en quelque sorte que ce soit et des lieux où véritablement il n'a peu tirer aulcune chose et à quel pris lesdictz lieux estoient ou soulloient estre affermez, affin que par le moyen de ladicte instruction, la vérification qui sera faicte par vertu de ladicte commission en soit plus prompte et plus exacte, pour débattre lesdictes enquestes et empescher que ledict fermier ne puisse avoir rabais que pour les véritables pertes qu'il peult avoir faictes en ladicte ferme.

Sur la réquisition faicte par le sieur de Fumel, syndic, qu'il pleut à l'assamblée reigler les affaires de la prévosté dudict païs, tant à cause de l'instance que font les habitans des Cévennes de leur donner ung lieutenant de prévost et quelques archers, que pour raison des plaintes qui ont esté faictes par aulcuns des sieurs députés de l'assamblée, tant contre M. Michel Armand, lieutenant en ce diocèse de M. le prévost général de Languedoc, qui le rendroient incapable de sa charge, si elles demeuroient vérifiées, que contre M. Estienne Armand, son père, qui l'a cy-devant longuement exercée. Les Estatz, pour descharger le païs, tant que faire se pourra, des fraiz et despenses superflues et inutiles que le long séjour et continuation de ceste assamblée luy pourroit causer pour la décision de plusieurs affaires qui gist en une longue et particullière cognoissance du faict, comme celluy dont est question, ont arresté de renvoyer ledict affaire à MM. les commis et députés dudict pays, pour, avec l'assistance de MM. les commissaires principal et ordinaires de l'assiette, en délibérer pardevant Mgr le marquis de Portes, lieutenant pour Sa Majesté audict païs et y pourveoir, selon son bon et prudent advis, voire mesmes par l'interposition de son authorité s'il le trouve ainsi convenable et nécessaire, pour le bien du service de sadicte Majesté et le repos et seureté dudict diocèse.

Et sur plusieurs demandes et requestes présentées a ladicte assamblée par aulcuns consulz, sindicz et particuliers habitans dudict païs, affin d'avoir remboursement de plusieurs despenses souffertes ou sommes par eulx fournies, tant à cause du logement des trois compagnies de chevaulx-légers des sieurs barons de Laurières, de Mongon et Bussy-Lamet, tant à leur entrée et passage, arrivant en ce diocèse, pour y demeurer et tenir garnison durant ung mois en certaines villes d'icelluy, comme ilz ont faict suivant l'ordre sur ce donné par Mgr le duc de Vantadour, lieutenant général pour Sa Majesté audict païs de Languedoc, comme aussi s'en retournant audict bas Languedoc, que pour les restes deues audictz particuliers, pour l'entretenement des garnisons establies, pour le service du Roy, audict diocèse, ou aultres fournitures et despenses qui gisent en particulière vérification, laquelle ne se pourroit exactement faire sans détenir longuement l'assamblée et conséquemment causer de plus grands fraiz et excessives despenses audict païs. Pour obvier ausquelles, lesdictz Estatz ont pareillement renvoyé la vérification et entière liquidation desdictes demandes et semblables prétensions ausdictz sieurs commis, députés et syndic, pour y estre par eulx procédé, avec l'assistance desdictz sieurs commissaires de l'assiette, pardevant mondict seigneur le marquis de Portes, et après pourveu au payement et remboursement, selon qu'ilz verront estre à faire par raison. Et à cest effect sont, lesdictz sieurs commissaires, requis imposer, sur le général dudict diocèse, les sommes qui se trouveront légitimement deues après ladicte vérification, affin d'acquitter d'aultant ledict diocèse et le descharger des despens, dommages et interestz, qu'à faulte de ce, il pourroit souffrir.

Ayant esté faicte plaincte à ladicte assamblée, par aulcuns consulz assistans en icelle, de certains abus qui se commet en ce diocèse lorsque le bestail menu du bas Languedoc y arrive pour y paistre et séjourner durant la saison de l'été, en ce que quelques gentilz hommes du païs, de leur authorité privée, abusans de l'oportunité du passaige dudict bestail prez de leurs maisons ou dans leurs terres, contraignent les bergers et conducteurs dudict bestail de le laisser et faire arrester dans icelles ou le mener oultra leur gré ez lieux que lesdictz gentilz hommes leurs désignent, ores que telle façon ne doibvent estre, comme elle n'a jamais esté pratiquée dans ce diocèse, ayant lesdictz bergers et conducteurs tousjours esté libres de mener leur bestail ez lieux où bon leur a semblé, pour la nourriture et pasturage d'icelluy et de retirer, par le moyen des marchez et accordz qu'ilz ont acoustumé de faire de gré à gré avec les habitans desdictz lieux, certaines commoditez qui les obligent à laisser plus longuement ledict bestail dans le païs et l'y ramener l'année subséquente, dont revient ung grand profit pour la fumature des terres d'icelluy. Au moyen de quoy, estant important de retrancher le cours de cest abus et désordre, affin de ne perdre le fruict et uzage dudict bestail, comme il seroit à craindre par la tolérance dudict désordre ; a esté conclud et arresté qu'il en sera faicte remonstrance de la part desdictz Estatz, à Mgr le marquis de Portes, lieutenant pour Sa Majesté audict païs, à ce qu'il luy plaise interposer son authorité à l'endroict de ceulx qui commettent ledict désordre, ayant à cest effect esté députés par lesdictz Estatz, devers mondict seigneur, les envoyez dudict Chapitre de Mende, de MM. de Sainte Enymie, les barons du tour et baron de Randon, et MM. les premiers consulz de Mende et de Maruejolz avec le syndic dudict païs.

Lesdictz Estatz advertiz que le sieur de Saint Rome, de Millau, est arrivé en la présente ville pour faire demande à l'assamblée d'une grande et notable somme qu'il prétend, au nom de sa femme, luy estre deue par le païs, pour raison de l'éviction de la terre et seigneurie de Montméjean et de la mestairie de Brunas, dès longtemps vendue par ledict païs aux prédécesseurs dudict sieur de S. Rome, pour subvenir aux despenses et fraiz des poursuites et exécutions des jugemens donnez contre le feu sieur de Bussac, Yzabeau de Montméjean, sa femme et aultres complices, auroient pour rendre chascun de l'assamblée d'aultant plus capable du faict de ladicte éviction, entendu la lecture de la délibération prise sur ce sujet, en l'assamblée desdictz Estatz, l'année dernière, et d'abundant ouy le discours qui leur en auroit esté plus particulièrement faict par le syndic dudict diocèse, affin de pouvoir sur ce, prendre une délibération plus solide, après que ledict sieur de S. Rome aura esté ouy et faict sa demande en plaine assamblée.

Dudict jour, quatrième de juillet, en ladicte assamblée, de relevée.

Sur ce que le sieur de Fumel, syndic, a représenté que par délibération des Estatz tenuz l'année dernière luy fut ordonné, suyvant plusieurs aultres délibérations prizes ez précédentes années, de se transporter à Montpellier ou à Béziers, pour retirer l'advis sur la vérification faicte par MM. les trésoriers Delhom et de Gallières des debtes du présent diocèse suivant l'arrest du Conseil et les lettres patentes du Roy, affin d'obtenir, par le moyen dudict advis, lettres d'assiette et pourveoir à l'acquittement desdictz debtes, à la descharge dudict diocèse envers les créanciers d'icelluy ; pour à quoy satisfaire, s'acheminant aux Estatz généraulx dernièrement tenuz audict Béziers, il seroit passé par Montpellier, en espérance d'y rencontrer ledict sieur de Gallières et traitter avec luy de cest affaire, attandu le décèz dudict sieur Delhom ; mais il auroit apprins qu'il estoit à la Cour depuis quelques mois pour ses affaires particuliers. Cest empeschement et aultres qu'il avoit rencontrez ez années précédentes, procédant de l'absence desdictz sieurs commissaires ou des derniers mouvemens, ayant esté cause de ce long retardement, il a supplié l'assamblée de croire que ce n'est pas son deffault et qu'il ne désire rien tant que de satisfaire aux délibérations et voluntés des Estatz, selon le debvoir de sa charge. Veu lesquelles délibérations en ladicte assamblée, a esté conclud et arresté, conformément à icelles, sans aultre retardement, incontinant après le retour dudict sieur de Gallières, en Languedoc, s'acheminera devers luy et retirera, par les moyens prescriptz dans lesdictes délibérations, le susdict avis et procédure desdictz sieurs commissaires, en bonne et deue forme, pour estre mise es mains de MM. les commis et députés dudict païs, et par eulx envoyée devers le Roy et nos seigneurs de son Conseil, selon et ainsi qu'ilz adviseront plus à propos pour pouvoir obtenir de Sa Majesté les provisions nécessaires sur l'aquittement desdictz debtes, à la moindre surcharge du pays que faire se pourra.

Sur la requeste présentée par les habitans des villaiges de Villeneufve, Laval et Lalabrède, au quartier des Cévennes, à ce qu'il pleust aux Estatz, prenant compassion de leur mière et désolation advenue par le bruslement qui auroit esté faict par les gens de guerre, sur la fin de ces derniers mouvemens de la plus grande partie de leurs maisons, meubles et aultres choses qui estoient dedans, leur accorder par aulmosne et charité, quelque somme de deniers, pour leur ayder à se restablir et remettre dans leurs maisons et avoir moyen de vivre et acquitter leurs tailles et aultres tailles, à quoy ilz sont tenuz ; a esté par l'assamblée accordé ausdictz habitans, la somme de 100 livres tournois pour estre distribuée à chascun d'eulx proportionnement, selon le dommage qu'il a souffert ; de laquelle somme MM. les commissaires de l'assiette sont à cest effect requis faire le département sur ledict diocèse.

Sur la réquisition faicte par le sieur de La Fargète, pour et au nom des hoirs de feu M. Estienne Bonhomme, de la ville de Salgues, de pourvoir au payement de la somme de 1.900 livres, en laquelle ledict diocèse est trouvé débiteur envers lesdictz hoirs, par la fin du compte par eulx rendu à la chambre de l'administration de certaines munitions de vivres par ledict diocèse, commise audict Bonhomme en l'année 1580, comme ledict sieur de La Fargète a faict veoir par ledict compte qu'il en a exhibé ; a esté concIud et arresté que ledict compte sera remys devers le syndic dudict diocèse, pour le veoir et conférer avec celluy que ledict Bonhomme en avoit rendu au pays, pour vérifier d'où peult procéder ladicte somme dont ledict diocèse a esté rendu débiteur, et après en faire rapport à MM. les commis et députés dudict pays, pour sur ce prendre telle délibération qu'ilz jugeront à propos pour le bien dudict pays.

Du vendredy, cinquième jour dudict mois de juillet, de matin, en ladicte assamblée, président que dessus.

Sur la requeste présentée par les pères du couvent réformé des Frères-Prescheurs-Saint-Dominique, de la ville de Maruejolz, contenant, comme à l'occasion de la ruyne et démolition faicte de leur couvent dans ladicte ville, durant la guerre, par ceulx de la prétendue religion, ilz ont esté depuis contrainctz de demeurer errans et comme exhilez de ladicte ville, sans y pouvoir rendre le service qu'ilz doibvent à Dieu, selon leur vœu et profession de leur ordre, d'aultant qu'ilz n'ont aulcun lieu propre ny moyen de rebastir leur église ny aulcun logement pour leurs personnes, à cause de leur grande misère et pauvreté, oultre que la place et le fondz ou leur église et couvent estoient situez, a esté réduict en citadelle par lesdictz de la prétendue religion et toujours depuis a esté par eulx tenu et occupé, soubz prétexte d'une morte-paye, qu'ilz ont trouvé moyen d'y entretenir, bien que contre l'intention de Sa Majesté et le reiglement par elle faict sur le razement des citadelles de la province de Languedoc et l'arrest de la Chambre de l'édict du 22 mars 1597, sur la vérification des lettres patentes de Sa Majesté, touchant la réédification des murailles de ladicte ville de Marieujolz, contenant expresses deffenses ausdictz habitans et aultres de bastir ny édifier audict lieu aulcune citadelle ou aultre fort, à peine d'estre punis comme rebelles à Sa Majesté et perturbateurs du repos public. Et bien que ledict arrest leur ayt esté notifié et les inhibitions faictes, ilz n'auroient jamais voulu déserter de leur injuste occupation ; au moyen de quoy lesdictz supplians requéroient l'assistance du païs pour pouvoir estre réintégrez dans leur bien, affin d'y continuer le service divin qu'ilz y doibvent ; a esté conclud et arresté que Mgr le marquis de Portes, lieutenant pour Sa Majesté audict païs de Gévaudan, sera très-humblement supplié, de la part des Estatz, voulloir assister de sa faveur la juste poursuite que lesdictz pauvres religieux ont sujet de faire devers Sa Majesté et par tout ailleurs où besoin sera pour estre réintégrez dans leurs biens.

La requeste présentée par les doyen, chanoines et bénéficiers de l'église collégiale de la ville de Maruejolz, ayant esté leue, tendant à ce qu'il pleust aux Estatz les assister de moyens pour pouvoir continuer les réparations nécessaires de l'église où ilz font à présent le service divin ; ce qui leur seroit impossible ny de faire les fondemens de l'ancienne et la rebastir comme il est nécessaire, l'aultre se trouvant trop petite pour contenir le peuple catholique de ladicte ville et des environs qui y aborde. Les Estatz leur ont accordé la somme de 150 livres, pour estre employée à la réparation de ladicte église ruynée et non ailleurs, et à cest effect MM. les commissaires de l'assiette sont requis icelle comprendre dans le département des deniers extraordinaires de la présente année.

M. d'Entraigues, bailly de Gévaudan et commissaire ordinaire de l'assiette du présent diocèse, a dict avoir receu lettre close du Roy, par laquelle il luy est ordonné de tenir la main à ce que les Pères Capucins qui ont esté establiz en la ville de Maruejolz, y trouvent le logement et entretenement nécessaire. Et d'aultant que cela ne se peult faire sans le secours et assistance des moyens du païs, il a prié l'assamblée voulloir, en chose si favorable, promouvoir l'effect du désir de Sa Majesté. Sur quoy lesdictz Estatz ont accordé la somme de 200 livres, pour estre employée au logement desdictz pères et non ajllieurs, et dont MM. les commissaires de l'assiette sont requis faire l'imposition.

Et ensuitte de ce lesdictz Estatz ont aresté de requérir pareillement lesdictz sieurs commissaires, de comprendre en ladicte imposition la somme de 400 livres qu'ilz ont par mesmes moyens accordée aux Pères Capucins du couvent establi en la ville de Mende, pour leur ayder à parfaire leur bastiment, mesme à couvrir leur église ; laquelle par ce deffault tomberoit en ruyne, joinct que sans icelle ilz ne peuvent faire deuement le service divin ; laquelle somme leur a esté accordée sans préjudice de l'octroy à eulx faict l'année passée, de la somme de 500 livres, pour estre imposée l'année prochaine et employée en achapt de livres suivant la délibération desdictz Estatz.

L'assamblée inclinant à la requeste présentée par la dame prieure du Chambon, narrative de la ruyne de l'église et couvent dudict prieuré, advenue par l'injure des guerres, à cause de la religion, et qu'elle n'a moyen de s'y loger pour y rendre le debvoir auquel sa profession l'oblige, sans l'ayde et assistance du païs, qu'elle implore en une occasion si pieuse et favorable, pour l'honneur et service de Dieu, auroit accordé, à ladicte dame, la somme de 150 livres, pour employer à la réparation de ladicte église, et qu'à cest effect MM. les commissaires de l'assiette sont requis imposer ladicte somme.

M. Adam Chevalier, docteur et advocat, a représenté à l'assamblée que les pères Cordeliers du couvent de la ville de Mende, portez de zèle et grande dévotion à l'honneur et service de Dieu, auroient entrepris la restauration de leur église, laquelle a esté la plus grande part ruynée depuis environ 50 ans, à l'occasion des guerres arrivées en ce royaume, pour le faict de la Religion. Et quoyque ce dessain semble excéder leurs commodités, néantmoings, pour parvenir à ung si bon et sainct œuvre, ilz ont depuis plusieurs années uzé d'un tel espargne, qu'oultre les réparations qu'ilz ont faictes pour leur logement, ilz espèrent, avec l'ayde de Dieu et les charitez d'aulcuns particuliers habitans de ladicte ville de Mende, de pouvoir subvenir à la plus grande partie de la despense nécessaire pour cest ouvrage ; mais ilz recognoissent bien qu'il sera impossible de le mettre à sa perfection sans le secours et assistance des aulmosnes et charités des Estatz, lesquelles ces pauvres religieux implorent en toute dévotion et humilité et auzent se la promettre de la piété et zèle acoustumé desdictz Estatz, et d'aultant plus favorablement qu'ilz ont esté anciennement les fondateurs de ladicte église et couvent. Et d'aultant que la somme de 500 livres qui leur fut accordée, l'année dernière, dont ilz n'ont esté encores payez, ne seroit pas suffisante, à beaucoup près, pour parfaire ledict ouvrage, lequel aultrement demeureroit inutile avec tout ce qui y auroit esté employé ; lesdictz religieux supplient l'assamblée voulloir leur accorder deux ou trois cens escuz de plus pour estre imposez et payez aux termes de la présente assiette. Sur quoy, après avoir esté délibéré et veu le mérite de l'affaire, a esté conclud et arresté d'accorder ausdictz religieux la somme de 450 livres tournois, à ce comprins lesdictz 300 livres de l'année dernière qui n'ont esté acquittez pour estre icelle somme employée à ladicte réparation précisément, à peine de répétition en cas de divertissement, et qu'à cest effect, MM. les commissaires sont requis icelle comprendre en ladicte assiette de ceste annnée.

Dudict jour, vendredy, cinquième de juillet, en ladicte assamblée, de relevée.

S'estant présenté à l'assamblée le sieur Tondut, advocat du païs en la Cour des Aydes à Montpellier, il a dict que feu son père estant puys naguières décédé, après avoir rendu audict païs, en qualité de procureur d'iceluy en ladicte Cour, de longs et fidelles services durant trente-quatre ou trente-cinq ans, il a creu rester obligé de venir renouveller à la compagnie le tesmoignaige de ceulx qu'il doibt audict païs en ladicte qualité d'advocat d'icelluy, dont il a pleu aux Estatz l'honnorer; les asseurant que sondict père s'est toujours dignement acquitté du debvoir de sa charge; qu'à son exemple il n'obmettra de continuer à rendre en la sienne toute sorte de soing, d'affection et fidélité que l'occasion et le bien des affaires dudict païs pourra désormais requérir en ladicte Cour; que si les longs services de sondict père et la peine et grand soing qu'il a pris durant les derniers mouvemens et mesmes pendant le siége de la ville de Montpellier, pour conserver les papiers du païs qu'il avoit en sa maison, sont par l'assamblée jugez dignes de récompense à l'endroit de sa vefve, que son bon plaisir soit d'y avoir esgard ou la laisser en liberté de disposer de l'office de sondict mary pour en pouvoir tirer récompense de celluy qu'il plaira au pays en pourveoir. Sur quoy ouy le syndic d'icelluy qui a confirmé les tesmoignages des services dudict défunt et de ses soings et peines pour la garde et conservation desdictz papiers ; a esté conclud et arresté d'accorder à ladicte vefve, la somme de 100 pistolles, à payer la moitié l'année présente et le reste la prochaine, et qu'à cest effect MM. les commissaires de l'assiette seront requis en faire le département en chacune desdictes années, à la charge de rendre par ladicte vefve à MM. les commis du païs ou à celluy qui succédera audict office de procureur, selon que par eulx sera advisé, lesdictz papiers et actes concernant les affaires communs d'icelluy sans rien réserver de ce qui luy peult servir.

Noble Anthoine de Grégoire, sieur de S. Rome, estant entré dans l'assamblée, a dict estre venu pour demander justice et requérir les Estatz de le faire payer d'une notable somme que le païs luy doibt depuis 65 ans, pour une éviction favorable et privillégiée ; et d'aultant plus que le père et ayeul de sa femme y ont perdu la vie durant la poursuite et qu'il y a des arrestz contradictoirement donnez dont le païs ne se peult desdire, tant pour les intérestz que pour le principal ; et quoy que cest affaire soit passé par les mains des sieurs commissaires députés pour la vérification des debtes de ce diocèse, néantmoings cela ne peut porter aulcun préjudice à ce qui luy est acquis par sesdictz arrestz, non plus que le traitté qu'on dict avoir esté faict sur ce sujet à Montpellier entre luy et MM. du païs, à quoy il ne se peult tenir ; toutesfois ne refuse point d'entrer en liquidation et accommodement de cest affaire amyablement avec ladicte assamblée, à laquelle, pour cest effect, il a baillé ung estat de ses demandes et prétensions ; duquel après avoir esté faicte lecture et ledict sieur de S. Rome sorty, a esté délibéré de députer MM. les envoyez du Chapitre de Mende, de MM. les barons de Randon et de Mercœur et des consulz nobles de La Garde-Guérin et 1er consul de la ville de Mende, pour conférer avec ledict sieur de S. Rome et faire ouverture des expédiens d'accord, sans rien arrester, ains en faire rapport à l'assamblée.

M. de Chanoillet, grand vicaire en l'évesché de Mende, le siége d'icelluy vacant, et président ausdictz Estatz, a dict qu'ayant à parler de Mgr le marquis de Portes, lieutenant pour le Roy, en ce païs et aux haultes et basses Cévennes, ce seroit témérité à luy, d'entrer dans ses mérites et craindroit de s'y perdre, estant d'ailleurs tellement venuz à la cougnoissance de tout le païs, qui a ressenty bien avant les effectz de ses bonnes intentions pour le repos et soulagement d'icelluy en plusieurs et diverses occasions, tant à la Cour qu'au bas Languedoc, voire depuis les derniers Estatz de ce diocèse, que les choses parlant assez d'elles mesmes, il se contentera de dire qu'il estime que l'assamblée jugera que ce seroit tomber sciemment dans l'ingratitude de ne luy en tesmoigner le ressentiment par le remboursement des fraiz et despens qu'il y a employez. Sur quoy ayant esté délibéré, a esté conclud et arresté unanimement d'accorder, audict seigneur, la somme de 6,000 livres tournois, de laquelle il sera prié de se contenter et MM. les commissaires de l'assiette, d'en faire l'imposition sur le général dudict païs.

Et d'aultant que lesdictz Estatz ont esté deuement informez des fraiz, peines et soings que M. Parlier, secrétaire de mondict seigneur, a utillement contribué pour les affaires dudict païs aux susdictes occasions près la personne de mondict seigneur et aillieurs, selon qu'il luy a esté ordonné ; à ces causes et affin de l'obliger tousjours de continuer à l'advenir, luy a esté accordé, par ladicte assamblée, la somme de 400 livres tournois, de laquelle lesdictz sieurs commissaires seront de mesmes requis faire l'imposition sur ledict diocèse.

Sur la réquisition faicte au nom de M. de Choisinet, par le sieur Adam Chevalier, docteur et advocat, à ce qu'il pleut à l'assamblée pourveoir au remboursement des fraiz faictz par ledict sieur de Choisinet, pour la levée de certain nombre de gens de guerre, lorsque les rebelles au Roy, du bas Languedoc et des Cévennes, aux derniers mouvemens, firent leurs efforts de se jetter dans ce diocèse ; a esté arresté que ledict sieur Chevalier est prié d'en remercier ledict sieur de Choisinet de la part de l'assamblée.

Lesdictz Estatz advertiz qu'ung nommé Arnaldon, insigne volleur, naguières recouru ou eschappé des mains de ceulx qui avoient charge de le conduire aux gallères, estoit tombé entre les mains du sieur de S. Didier, qui le tient prisonnier en sa maison du Fort, et qu'il importe au publicq de le faire chastier promptement ; ont arresté que le syndic dudict diocèse escrira audict sieur de Saint Didier pour le prier de remettre ledict Arnaldon entre les mains du prévost pour en faire faire justice.

Du sabmedy, sixième jour dudict mois de juillet, en ladicte assamblée, du matin.

Le sieur Armand, lieutenant en ce diocèse de M. le prévost général de Languedoc, a remonstré à l'assamblée qu'ores suivant les délibérations des Estatz, il ayt esté pourveu de son office, installé et institué en l'exercice d'icelluy, néantmoings, à ce qu'il a esté adverty, quelques ungs mal affectionnez en son endroict, taschent de le faire destituer, quoy qu'il n'ayt failly ny commis aulcune forfature en sadicte charge ; au moyen de quoy il a supplié l'assamblée le maintenir en icelle et ne permettre, lorsqu'il se parlera de cest affaire, que trois ou quatre des sieurs députés ou envoyez aux Extatz qui sont ses ennemis ayent cest advantage d'y assister ny donner leur suffrage et opinion sur ce sujet.

Ouy le rapport faict à l'assamblée par le sieur envoyé du Chapitre de Mende sur la conférence qu'il a eue en ses co-députez, suyvant l'intention des Estatz avec le sieur de S. Rome, pour adviser des expédiens convenables pour faciliter l'acommodement de cest affaire par la voye amyable, et attandu les grandes dificultez que ledict sieur de S. Rome y apporte de son costé, ont esté députés les sieurs envoyez de MM. les barons de Randon et de Mercœur, pour prier M. le marquis de Portes, lieutenant pour le Roy en ce païs, de voulloir mettre la main et employer sa faveur et authorité pour faire réussir ledict accord au plus grand soulagement dudict païs que faire se pourra.

Sur la réquisition faicte par le sieur de Pomiez, 1er consul de la ville de Mende, à ce qu'il pleut aux Estatz pourveoir au payement de la somme de 6,000 livres, en laquelle ledict diocèze a esté condampné envers les pauvres de l'hospital de ladicte ville, par arrest de la Cour des Aydes de Montpellier, contradictoirement donné, ou du moings leur payer les interestz en cas que la commodité des aultres affaires du païs ne permit de subvenir, ceste année, au principal, quoiqu'il leur soit grandement nécessaire, pour la réédification de leur maison ; a esté conclud et arresté, veu les aultres grandes charges que le païs doibt porter ceste année de faire payer ausdictz pauvres les intérestz tant seullement, que MM. les commissaires de l'assiette sont à cest effect requis comprendre en l'imposition des deniers extraordinaires.

En suitte de quoy le sieur Barrau, 1er consul de la ville de Maruejolz, ayant requis l'assamblée accorder à ladicte ville une somme de deniers pour la réparation de l'hospital d'icelle qui auroit esté démoly lors de la réduction, en l'obéissance du Roy, de ladicte ville, a esté délibéré et conclud n'y avoir lieu de leur rien accorder.

Sur ce qui a esté représenté par le sieur de Fumel, syndic dudict païs, que noz devanciers ayant esté portez d'une louable curiosité fort utile au publicq et aux particuliers en la construction des bains de Bagnolz, pour en rendre l'uzage plus commode et fructueux, comme il a esté jusques icy, il semble que les mesmes causes obligent le pays de prendre garde qu'ilz soient entretenuz en bon estat, sans qu'ilz souffrent notable altération, comme l'on dict qu'il y a depuis quelques années, à cause du divertissement d'une partie de la source ou du meslange des eaux froides dans icelle ; ce qui pourroit, avec le temps, rendre lesdictz bains inutilles. Pour à quoy obvier, ledict syndic auroit requis l'assamblée d'en délibérer, et par mesme moyen adviser, pour la décence et honnesteté publique, de faire restablir et séparer le bain des femmes de celluy des hommes, comme il souloit estre par cy-devant, comme aussi de faire ung petit logement ou couvert pour les pauvres qui n'ont moyen de se faire recevoir dans l'hostellerie ou aultres maisons du villaige ; a esté conclud et arresté que ledict syndic se portant avec le greffier du païs à la visite des pontz du diocèze, suyvant la charge qui leur en a esté cy-devant donnée par les Estatz, feront par mesme moyen la visitation desdictz bains, prendront garde exactement aux manquemens et à tous ce qui sera nécessaire pour le restablissement d'iceulx dont ilz dresseront leur verbal, pour icelluy, veu à la prochaine assemblée des Estatz, en estre baillé les prix faictz et faict le fondz nécessaire pour l'acquittement d'iceulx.

M. d'Entraigues, bailly de Gévaudan et gouverneur de la ville de Maruejolz, a représenté qu'il y a environ vingt-six ans qu'il a esté establi en ce païs, sans avoir donné sujet à personne de se plaindre de ses déportemens et actions, ny avoir espargné sa vie ny ses moyens pour le service du Roy, et pour empescher les dessaings de plusieurs qui tendoient à troubler le repos du païs. Et bien qu'en considération de ce ledict pays eust esté condampné envers luy, par arrest du Conseil d'Estat, en la somme de 10,000 livres, néantmoins, ayant tousjours vescu, comme il désire faire, en bonne intelligence avec ledict païs, il se seroit contenté de la somme de 5,000 livres ; s'accommodant aux prières et intentions des Estatz et donnant ses intérestz particuliers au publicq pour en avoir son recours envers le Roy, à la charge que le pays y auroit esgard ; qui est ce qu'il a juste occasion d'espérer et se promettre de ceste assemblée pour les susdictes considérations, et affin qu'il ayt moyen de continuer le service qu'il doibt au Roy et au publicq, comme il désire faire le reste de sa vie. Sur quoy, ouy le syndic dudict diocèse, et veu les délibérations prises sur ce sujet ez dernières années ; a esté conclud et arresté d'accorder encores audict sieur d'Entraigues pour surcroist de toutes prétensions la somme de 50 pistolles, dont MM. les commissaires sont requis faire l'imposition ceste année sans que cela puisse estre tiré à conséquence à l'advenir; lequel sieur d'Entraigues estant revenu à l'assamblée et adverty de la susdicte délibération, en a remercié les Estatz et dict qu'il faict plus d'estat de la bonne volunté de la compaignie que de l'argent.

Ayant esté faict rapport à l'assamblée par les sieurs envoyez de MM. les barons de Randon et de Mercœur, comme suivant la prière par eulx faicte de la part des Estatz à M. le marquis de Portes, lieutenant pour le Roy en ce païs, d'employer sa faveur et son authorité envers le sieur de S. Rome, pour faciliter l'accommodement de l'affaire qu'il a avec le païs et faire modérer ses prétensions; ledict seigneur s'y seroit porté avec beaucoup d'affection et mesnagé l'intérest du païs aultant qu'il a esté possible, et quoyque du premier offre faict audict sieur de S. Rome, de 18,000 livres, l'on soit venu jusques à 21,000, néantmoings s'estant roydy à 25,000, mondict seigneur n'auroit pas trouvé bon de s'estendre plus avant sans l'advis et consentement de l'assamblée. Sur quoy a esté arresté que, par les sieurs envoyez du Chapitre et de MM. les barons de Randon et de Mercœur, mondict seigneur sera remercié, de la part des Estatz, du soing et de la peine qu'il luy a pleu prendre pour cest affaire et supplié de continuer et y mettre la dernière main, selon qu'il jugera plus à propos pour le bien du païs, à la charge que ledict sieur de S. Rome soit tenu faire apparoir de l'employ des deniers de l'éviction, et de s'accommoder du payement de la somme qui luy sera accordée à plusieurs années pour le soulagement du diocèse.

Sur l'exposition faicte ausdictz Estatz par le sieur de
Fumel, syndic dudict païs, que l'office de procureur
d'icelluy en la Cour des Aydes de Montpellier, se trouvant
puys naguières vacant, par le décès de feu Mⁿ Pierre
Tondut, qui en estoit le dernier possesseur, son debvoir
l'oblige d'advertir l'assamblée et la requérir, avant
qu'elle soit séparée, de remplir ceste place de quelque
personne capable, affin que par faulte de ce, les affaires
que ledict pays a et pourra avoir en ladicte Cour, ne
souffrent aulcun détriment. Lesdictz Estatz pour le louable
tesmoignage qui leur a esté rendu des bonnes vie,
mœurs, probité, diligence, expérience et capacité de
M. Pélerin, procureur en ladicte Cour des Aydes, ont
icelluy choisy et nommé pour exercer ledict office de
procureur dudict païs en icelle Cour, vacant, comme dict
est, par le décès dudict Tondut, et, en temps que besoing
seroit, luy en ont faict don, pour en jouyr aux honneurs,
gaiges, droictz, profitz et émolumens y appartenans, telz
et semblables que souloit jouir ledict Tondut.

Sur la requeste présentée par les Frères Prescheurs,
de la ville de Maruejolz, tendant à ce qu'il pleut aux
Estatz leur donner et aulmosner quelque somme, pour
subvenir à l'achept d'un logement dans ladicte ville,
sans lequel ilz n'y peuvent faire leur résidence ny faire
le service divin, à quoy leur ordre et profession les
oblige ; lesdictz Estatz leur ont accordé la somme de
100 livres, pour estre employée à l'achept dudict logement
et remise à ceste fin es mains des consulz de ladicte
ville.

Les sieurs envoyez du Chapitre de Mende et de MM. les
barons de Randon et de Mercœur, ont rapporté d'avoir
faict le remerciement à Mgr le marquis de Portes dont

ilz avoient esté chargez par l'assamblée, avec prière de la part d'icelle, de continuer à s'employer en l'affaire du sieur de S. Rome, pour terminer selon que mondict seigneur jugeroit plus à propos pour le bien et soulagement du païs, qui s'en remettoit entièrement à luy. Ce néantmoings il leur auroit protesté n'y voulloir toucher plus avant, veu l'opiniastreté dudict sieur de S. Rome, que préallablement les Estatz ne luy reiglent ce qui est de leur intention. Lesquelles il désire de suivre sans les excéder aulcunement.

Pour satisfaire à l'ordre et coustume ancienne, les Estatz ont déclaré le tour et baron du païs appartenir à M. le baron d'Apchier, l'année prochaine, comme estant en son tour d'assister à la prochaine assamblée des Estatz généraulx de Languedoc qui seront convoquez par mandement du Roy en la manière acoustumée.

Finallement mondict sieur le président a dict qu'il rendoit grâces immortelles à Dieu tout-puissant, d'avoir jetté sur l'assamblée le regard favorable de sa divine bonté, ne pouvant que se louer des entières affections envers le public, pendant la tenue d'icelle, puysque *in unum conspirantibus animis magis de salute publica quam privata in his privatis consiliis cogitatum est.* Que l'ouverture s'en est faicte par l'invocation de la grâce et se doibt clorre suyvant ses mesures par la bénédiction ; que l'on voyoit aux costez du propiciatoire deux chérubins s'entrevisageant amoureusement avec ces motz audessus : *sub tegmine alarum tuarum.* Au plus hault ung aultre chérubin couvrant de ses deux aisles et le propiciatoire et les deux chérubins ; sa devise estoit : *expando alas meas sub umbra illarum requiescite.* Par dessus tout paroissoit ung vieillard revestu des habitz sacerdotaulx.

Au bout de sa robe on lisoit : *Ego vos protegam et benedicam.* Trois anges soustenoient ce propiciatoire, figure mystique de l'église. Mais en ceste action de l'Empire François, les deux chérubins sont messeigneurs noz gouverneurs, vrais atlas qui soustiennent de leur espaule le ciel de la France. Le chérubin d'en hault : Louys le juste, image parfaicte de la divinité. Le vieillard : Jésus-Christ, prebtre selon l'orde de Melchisédec. Les trois anges marquent les trois ordres : l'Eglise, la noblesse et le Tiers Estat. L'Eglise : le soutien par l'ardeur de ses prières ; la noblesse : par armes ; le Tiers-Estat : par justice. L'Eglise semblable à ces anges gardiens et Dieux tutélaires de ce propiciatoire ; la noblesse à ce chérubin qui estoit à l'entrée du temple avec une espée flamboyante et au milieu de la lame il y avoit : *Nemini hostium parco.* Le Tiers-Estat lie le tout par la sévérité des lois ; punissant les mauvais, salariant les bons. Que jamais doncq l'Eglise ne s'en sépare ains, attachée par amour, veille tousjours à sa conservation ; que vostre courage, noblesse françoise, paroisse espandant vostre sang, non pour le poinct qui n'est quasi poinct, mais pour la deffense de l'église, fidelle espouse de Dieu et de la personne sacrée du prince, *cum quo totus concucitur orbis terrarum.* Soyez comme vrais Lyons, les yeulx ouvertz après ses ennemis ; que rien ne vous sépare de la fidélité jurée ; que le vent de la parcialité et division (perte et ruyne totalle de l'estat) ne donne jusques à voz oreilles, pour vous porter à des contraires mouvemens. Soyez inébranlables comme rochers et faictes par voz vertueuses actions que *etiam si totus illabatur orbis, impavidum feriant ruinœ.* Et le Tiers-Estat soit comme une colonne d'airain, appuyée sur l'obéyssance et la force, servant de rempart contre la rébellion, par la sévère exécution des ordonnances, seuls affermissements de la monarchie, et que les trois ordres unis par ensemble : *in vinculo charitatis*, attirent sur la France les thrésors célestes. Le combat de l'ange avec Jacob estoit honorable, la nuict entière s'y passa ; l'ange luictoit ; Jacob résistoit, l'ange voulloit abattre Jacob, mais Jacob prévalloit. Les forces ne se trouvant égalles, l'ange succombe, rend les armes, se confesse vaincu, et en hommage dict à Jacob, avec une voix basse et remplie d'humilité : de grâce, Jacob, laisse moy, c'est assez, demeure en lice : *Dimitte me aurora est*. Jacob repart : *non dimittans te nisi benedixeris mihi*. L'ange forcé et violanté frappa Jacob à la cuysse, y grave trois charactères, le bénist et se retire. Il est temps Messieurs de faire la retraitte : *Dimitte me, aurora est*. Désirez vous la bénédiction, descendez, ange du grand Conseil en ceste assamblée pour la bénir ; mais non ! Demeurez, *ne opprimamur a gloria*. Je feray quoy qu'indignement ceste charge et désire auparavant MM. des Trois Ordres, graver en lettres d'or, non sur les cuisses, mais au profond de vos cœurs, trois choses nécessaires : Dieu, le Roy, le peuple. Voulez-vous ressentir les faictz de la bénédiction ? rendez l'honneur à Dieu, l'obéyssance au Roy, l'amour au peuple.

La fin duquel discours a esté celle de ladicte assamblée, laquelle s'est incontinant après séparée et se sont les gens desdictz Estatz retirez.

Signé : De Chanolhet, président.

Du mardy, neufvième jour dudict mois de juillet, audict an, 1624, de matin, en la ville de Mende et dans la Chambre proche de la salle basse des maisons épiscopalles de ladicte ville, pardevant Mgr le marquis de Portes, chevalier des ordres du Roy, conseiller en ses Conseilz d'Estat et privé, vis-admiral général de France et lieutenant pour Sa Majesté es païs de Gévaudan, haultes et basses Cévennes, estant assamblez MM. les commissaires principals et ordinaires de l'assiette du diocèse de Mende, commis, députez et syndicq dudict païs de Gévaudan, assistez de MM. du Conseil d'icelluy, pour traitter de certaines affaires qui leur ont esté renvoyez par l'assamblée des Estatz particuliers dudict païs, naguières tenus en la ville de Maruejolz, et y pourveoir et donner l'ordre requis, suivant le pouvoir qui leur en a esté donné par ladicte assamblée.

Le sieur de Fumel, syndic dudict païs, a représenté que sur la réquisition par luy faicte ausdictz Estatz, dernièrement tenus en ladicte ville de Maruejolz, de reigler les affaires de la prévosté dudict païs, tant sur la demande que font les habitans du quartier des Cévennes, de leur donner ung prévost et quelques archers, disant que le sieur Armand, lieutenant de M. le prévost général de Languedoc, ne tient compte d'y aller faire ses chevauchées, comme il est tenu, tout ainsi quez aultres quartiers du diocèse. Que sur les plaintes qui ont esté faictes ausdictz Estatz par aulcuns des sieurs députés en iceulx, tant contre ledict Armand, lieutenant susdict, qui le rendroient incapable de sa charge si les causes d'icelles demeuroient vérifiées, que contre M. Estienne Armand, son père, cy-devant commis à ladicte charge. Lesdictz Estatz pour ne demeurer trop longtemps sur pied en leur assamblée, affin de soulager d'aultant le pays de la despense que la plus grande longueur luy eust apporté, auroient arresté de renvoyer certaines affaires, et par exprès celluy de ladicte prévosté, à MM. les commis et députés dudict païs pour, avec MM. les commissaires principal et ordinaires de l'assiette dudict diocèse, en traitter et délibérer pardevant mondict seigneur le marquis de Portes, lieutenant pour le Roy audict païs et diocèse et pourveoir ausdictes affaires, selon son bon et prudent advis et mesmes par son authorité, si le cas le requéroit, pour le bien du service de Sa Majesté et le repos et soulagement dudict païs. Sur quoy ayant esté appelez et ouys en ladicte assamblée, les sieurs de La Condamine, baron de Peyre et du Pouget, envoyé de M. le baron de Randon, qui ont persisté en la plainte par eulx rendue ausdictz Estatz et faict aparoir de certains actes et décretz de prise de corps contre ledict Armand, lieutenant susdict; veu aussi les lettres de provision de ladicte charge de lieutenant de prévost audict diocèse, par luy obtenues en titre d'office, quoyque contre les privilléges et l'ordre de la province de Languedoc et dudict diocèse et les expresses délibérations d'icelluy, prises sur le sujet de sa nomination et réception en ladicte charge. Et après que, sur le tout, ledict Armand auroit esté ouy et demandé délay pour se justifier sur les accusations rendues contre luy par ses ennemis, à ce qu'il dit, et qu'il auroit par mesme moyen déclaré son intention n'avoir jamais esté de s'ayder des susdictes provisions, non plus que de les obtenir en la forme qu'elles sont, l'erreur estant procédé du secrétaire qui les a dressées, qu'il désire faire réformer au contement du païs ; a esté conclud et arresté, pour donner temps audict Armand de se justifier et affin de ne laisser le païs destitué de personne qui occupe ladicte charge, qu'il sera loysible audict Armand, s'acquittant bien et deuement d'icelle, d'en continuer l'exercice durant le temps qui reste de la présente année, sans aprobation toutesfois desdictes provisions, la révocation desquelles ledict syndic est très-expressément chargé de poursuivre, au nom et aux despens dudict païs, comme aussi d'interdire, de la part d'icelluy, audict M⁰ Estienne Armand, père, toute sorte d'exercice et fonction de ladicte charge, et pour cest effect requérir MM. les magistratz du bailliaige de Gévaudan, de n'avoir désormais esgard en jugement ny aultrement à aulcunes des procédures qu'il pourroit continuer de faire, et sera en oultre enjoinct, par exprèz, tant audict père que au filz, de remettre devers le greffe de la prévosté et dudict bailliaige toutes les informations et aultres actes et procédures qu'ilz ont en leur pouvoir, dépendant du faict de ladicte charge, pour y estre gardez et conservez, affin d'y avoir recours quand besoing sera. Et pour le regard des archers, qu'il en sera choisy nombre suffizant, capable et de la probité requise, qui feront leur résidence en la ville de Mende et seront tenuz suyvre ledict lieutenant de prévost et l'assister, faisant l'exercice de sa charge. Et quant à la demande faicte par les habitans du quartier des Cévennes, que pour la conséquence et affin de n'entrer en division et partialité dans le païs ny en plus grand fraiz et despenses, il n'y a lieu ny apparence de leur accorder l'entretenement d'ung prévost, attandu que ledict lieutenant peult suffire et se porter ausdictes Cévennes comme ez aultres lieux et quartier dudict païs, selon les occurrences, ainsi qu'il est tenu et obligé et qu'il luy a tousjours esté très-empressément ordonné par plusieurs délibérations des Estatz tenus ez années précédentes ; ce néantmoings, sur le tesmoignage rendu par les députés dudict quartier des Cévennes, de ce que depuis les derniers mouvemens les larcins y ont esté plus fréquents, leur a esté accordé l'entretenement de deux archers nommez par ladicte assemblée, assavoir : Jehan Marron et . . . . qui feront leur résidence dans lesdictes Cévennes, tant pour donner, par leur présence, plus de crainte aux meschans, que pour faire plus oportunément la capture des délinquans, s'il y eschet, comme aussi pour d'aultant plus fortifier ledict lieutenant de prévost, lorsqu'il y fera ses chevaulchées ou aillieurs, pour le faict de sa charge, selon que la nécessité le pourra requérir. Et d'aultant que veu l'estat présent de la disposition desdictes Cévennes, il y peult arriver des occasions où il sera besoing d'en informer aussitost que les faultes seront commises, sans pouvoir pour cest effect attandre la venue dudict lieutenant de prévost ou du greffier de ladicte prévosté, de peur que les preuves n'en dépérissent et par conséquent la punition demeure illusoire ; ladicte assemblée, pour y pourveoir, auroit advisé de faire bailler par ledict greffier ses lettres de substitution à quelque personne capable et résseante sur les lieux dans lesdictes Cévennes, pour, en son absence, vacquer aux inquisitions et aultres actes nécessaires, tant que ceste nécessité présente le requéra. Et pour cest effect, icelle assamblée deuement informée de la probité, diligence et capacité de M° Rampon, notaire royal, auroit eu agréable et approuvé le choix et nomination faict par ledict greffier, de la personne dudict

Rampon, à la charge qu'il sera tenu remettre tous les actes et procédures, qui auront esté par luy faictz, devers ledict greffier pour, sur iceulx, estre procédé à l'instruction et jugement des procès des prévenus ou aultres expéditions nécessaires ou pour y avoir recours en tout cas, selon qu'il est requis, pour le bien et l'ordre de la justice dans ledict diocèse, à la charge aussi que le païs aura esgard au travail et labeur dudict Rampon, touchant le faict de ladicte substitution, le tout par provision et sans conséquence, préjudice ny diminution des gaiges et droictz dudict greffier ou ses substituez.

Sur l'exposition faicte par M. le baron de Peyre, sieur de La Condamine, que, pour satisfaire au commandement réitéré de Mgr le duc de Montmorancy, gouverneur et lieutenant général pour le Roy en Languedoc, et suivant la teneur de ses commissions, il auroit estably, dans le château de Peyre, pour la garde et conservation d'iceluy en l'obéyssance de Sa Majesté, le nombre de quarante soldatz de creue, lesquelz il auroit esté contrainct de payer et entretenir durant dix mois, à raison de 480 livres par moys, selon le reiglement de Sa Grandeur, et à cest effect emprunter les deniers de ladicte solde et entretenement à gros intérestz, pour n'avoir, MM. du païs, tenu compte d'y pourveoir, quoyqu'il leur fust expressément ordonné par sadicte Grandeur, et qu'il leur en ayt faict et faict faire plusieurs et diverses communications, demandes et protestations, comme aussi pour son remboursement, tant du principal que des intérestz qui luy revient à une grande perte. En quoy qu'il ayt eu moyen d'y contraindre MM. les commis et députés du pays en leurs propres et privez noms, comme les particuliers habitans d'icelluy, suyvant la teneur desdictes ordonnances; néantmoings, désirant de vivre en amytié et bonne intelligence avec le païs, sans molester le général ny les particuliers, il auroit patienté jusques à présent, soubz espérance qu'enfin ledict païs entreroit en raison et considération sans l'obliger de venir aux extrémités et faire valloir les remèdes qui luy sont donnez par lesdictes ordonnances, dont il porteroit ung extrême déplaisir. Requérant l'assamblée, pour toutes ces considérations, pourveoir à sondict remboursement, comme ilz peuvent faire sans difficulté, veu les susdictes ordonnances qui portent permission d'imposer la somme nécessaire. Ouy sur ce le syndic dudict diocèse, qui auroit impugné la demande dudict sieur de Peyre, par trois raisons, la première que mondict seigneur de Montmorancy, ayant à la réquisition des Estatz généraulx, accordé la révocation de toutes commissions pour l'entretenement de garnisons extraordinaires, comme celle dont est question, par conséquent la prétention dudict sieur de Peyre, ne peult avoir lieu. La seconde raison, que ladicte garnison estoit inutile et superflue, attandu qu'il y a une morte paye, entretenue aux despens de la province, qui suffist pour la garde dudict lieu, qui d'ailleurs est de soy naturellement fort et inaccessible, oultre que le diocèse auroit encores payé, durant ledict temps, le nombre de dix soldatz d'extraordinaire ; ce que en tout cas viendroit à desduire sur ledict nombre de quarante, et finalement que ledict sieur de Peyre, moyenant le payement desdictz dix soldatz, auroit faict quittance génerallement au païs, sans aulcune réserve ; nonobstant lesquelles raisons, ledict sieur de Peyre réplicquant à icelles et insistant à sondict remboursement ; enfin après plusieurs conférences et contestations sur ce sujet, eues avec ledict sieur de Peyre, et affin d'obvier aux contrainctes et vexations que le païs en général et les habitans en particullier eussent peu souffrir avec grandz fraiz et despens, auroit esté convenu et accordé par ladicte assamblée, avec ledict sieur de Peyre, à la somme de 1,800 livres, pour toutes lesdictes prétentions et demandes; icelle somme payable, assavoir : la moytié la présente année, et l'aultre moytié la prochaine, aux termes des assiétes, à la charge de remettre par ledict sieur de Peyre, devers le greffier du pays, les originaulx desdictes commissions et ordonnances de mondict seigneur de Montmorancy et tous aultres actes qu'il a sur ce sujet et de faire quittance génerallement desdictes prétensions, moyenant ladicte somme de 1,800 livres. Laquelle pour cest effect MM. les commissaires de l'assiette sont requis imposer sur ledict diocèse.

Et sur la demande faicte à ladicte assamblée, de la part de M. le comte du Roure, du payement de la valeur de cent pistolles, dont il dict luy avoir esté faict promesse, de la part de MM. les commis et députés du païs, pour le descharger du logement qui avoit esté donné sur icelluy à sa compagnie de gendarmes, en l'année 1616; a esté arresté de prier Mgr le marquis de Portes, d'accommoder cest affaire et faire contenter ledict sieur comte du Roure, pour 50 pistolles; attandu que ledict sieur n'auroit entièrement satisfaict à la promesse par luy faicte, de faire sortir du païs ladicte compagnie, au jour préfix, ains la pluspart d'icelle y seroit demeurée trois ou quatre jours après, soubz la conduite du baron de La Gorce, rôdant la pluspart du païs, à la foulle et surcharge du peuple.

Le sieur de Camargue, commandant pour le service

du Roy au fort et chasteau de Grèze, a représenté que, suivant la commission de Mgr le marquis de Portes, lieutenant pour Sa Majesté au païs de Gévaudan, il auroit estably dans ledict fort le nombre de vingt-cinq soldatz, et iceulx entretenus durant les moys de mars, avril et may de l'année 1621, et ce par forme de creue, à cause des entreprises que les rebelles avoient sur ladicte place. Et pour la mesme cause et suyvant l'exprez commandement de mondict seigneur le Gouverneur, il auroit faict plusieurs réparations au villaige de Grèze pour le fortifier et mettre en deffense contre lesdictz rebelles ; à l'effect desquelles choses il auroit fourny et advancé plus de 1,500 livres de ses propres deniers, dont mondict seigneur auroit promis le faire rembourser par le païs, suivant le roolle qu'il en auroit remys devers le syndic d'icelluy, qui l'auroit finallement renvoyé à la présente assamblée; en laquelle, veu ladicte commission, ensemble le roolle desdictes réparations et ouy ledict syndic, a esté conclud et arresté d'accorder audict sieur de Camargue, la somme de 1,000 livres pour toutes lesdictes prétensions, dont MM. les commissaires de l'assiéte sont requis faire l'imposition la présente année, pour estre payée audict sieur de Camargue, à la charge de faire quittance générale des susdictes prétensions, sans en rien réserver.

Et sur la réquisition faicte par les syndics de certaines parroisses des environs de Grèze, de les descharger de la contribution qu'ilz font, par ordre de MM. du païs, de certain nombre de charretées de bois, à quoy ils ont esté taxez pour les corps de garde dudict fort de Grèze, attandu qu'ilz n'ont plus d'intérêt à la conservation d'icelluy que les aultres habitans du païs, et néantmoings eulx seuls ont jusques icy porté ceste surcharge, sans en avoir receu aulcun remboursement ny récompense ; a esté conclud et arresté de descharger lesdictes paroisses de ladicte contribution dudict bois, et au lieu d'icelluy accorder, audict sieur de Camargue, la somme de 200 livres, pour chascune année, pour l'entretenement du feu desdictz corps de garde. Laquelle somme MM. les commissaires sont requis égaliser sur le général dudict diocèse, à la charge que, moyenant icelle, ledict sieur de Camargue ne pourra demander cy-après aulcun bois pour ce regard ausdictes paroisses.

Le sieur du Villeret de Chanac, ayant requis à ladicte assamblée remboursement de ce qui luy est deub de restes des fraiz par luy employez au voyaige et séjour par luy faict à la Cour, prez Mgr de Montmorancy et de Portes, à la prière de feu Mgr de Mende et de MM. les commis du païs, pour affaires grandement importans le bien du service du Roy et le repos et seureté dudict, ainsi que mondict seigneur de Portes et lesdictz sieurs commis scavent trop mieulx ; luy a esté accordé, pour toutes restes et entier payement dudict voiaige, la somme de sept vingt dix livres ;

Et aux sieurs de Malbosc et du Fayet, pareille somme de 150 livres, assavoir : 90 livres audict sieur de Malbosc, pour aulcunement le desdommager de la perte qu'il a soufferte au bruslement de sa maison, advenue sur la fin des derniers mouvemens, en servant le Roy et le païs, et 60 livres audict sieur du Fayet, pour le rembourser des fraiz par luy faictz et advancez, à cause des fréquentz advertissements qu'il a donnez, durant lesdictz mouvemens, à ceulx qui avoient charge, pour le service de Sa Majesté, dans cedict païs, des desseings et entreprises des ennemis rebelles à sadicte Majesté ; revenant lesdictes deux parties à ladicte première somme de 150 livres tournois.

A esté pareillement accordé aux valletz de chambre de mondict seigneur le gouverneur, la somme de 60 livres et aux officiers de sa maison, semblable somme de 60 livres, en la recougnoissance de la peine extraordinaire qu'il leur convient prendre prez de mondict seigneur, à l'occasion des affaires dudict païs, à toutes occurrences.

Si auroit ladicte assamblée conclud et arresté de requérir lesdictz sieurs commissaires d'imposer, en la présente assiette, la somme de 1,800 livres, pour le remboursement du sieur de Columb, de pareille somme, sur et tant moings de 3,845 livres, deubz par ledict diocèse à M° Nicolas de Vilontreys, trésorier général de la cavallerie légère en Languedoc, pour subvenir à la solde et entretenement de la compagnie d'arquebuziers dictz carabins des gardes de mondict seigneur de Montmorancy, gouverneur et lieutenant général pour le Roy, en Languedoc, et ce pour les mois d'avril, may et juin 1622, et suivant les ordonnances de Sa Grandeur, portant permission d'imposer l'entière somme sur le général du diocèse, et en cas de refus, contraincte par corps contre les députés et syndic, lequel en effect en auroit souffert l'emprisonnement de sa personne.

Les taxations prétendues et demandées par MM. de Mirmand, commissaire ; de Falc, trésorier principal et particulier, contrôleur des guerres, pour raison de la somme de 25,000 livres, imposée et levée sur ledict diocèse, pour les fraiz de la guerre, mesmes pour l'entretenement des quatre compagnies du régiment de Languedoc, ayant tenu garnison ez lieux d'Yspaniac, Sainte-Enymie et le Blaymar, en l'année 1622, ont esté, par ladicte assamblée, du consentement dudict sieur Parlier, modérez à la somme de 800 livres ; laquelle lesdictz sieurs commissaires sont de mesmes requis comprendre en la présente assiette.

Du jeudy, unzième jour dudict mois de juillet, de matin, en ladicte assamblée, tenue au lieu que dessus.

Sur la requeste présentée par les habitans de la ville de Chirac, demandans remboursement de la somme de 500 livres, pour la despense par eulx fournie au logement de la compaignie de chevaulx-légers du sieur baron de Laurières, faict en ladicte ville le 20ᵉ d'aoust dernier, durant ung jour entier ayant administré les vivres nécessaires à ladicte compagnie. Veu par ladicte assamblée le certificat du sieur de Villemontet, lieutenant de ladicte compaignie dudict jour 20 aoust, a esté accordé, par ladicte assamblée, ausdictz habitans, pour leur remboursement, la somme de 100 livres tournois, que lesdictz sieurs commissaires sont requis imposer en la présente assiette ;

Comme aussi la somme de 150 livres tournois accordée ausdictz habitans sur et tant moings de ce qui se trouvera leur estre légitimement deub, à cause des fournitures par eulx faictes par la réparation de leur pont.

La despense fournie par les habitans du lieu des Salelles, à douze maistres et quarante-cinq chevaulx de la compagnie de. M. de Mongon ; veu le certificat remis par lesdictz habitans, signé Lescoudray, a esté taxée à la somme de 40 livres pour leur en estre faict remboursement en la présente assiette ;

Aux habitans de la ville et faulbourg de La Canorgue, auroit esté taxé et accordé, pour ladicte assamblée, la somme de 100 livres, pour leur remboursement des vivres par eulx fourniz et administrez à la compaignie dudict sieur baron de Laurières, à la charge de tenir quite le diocèse envers l'hoste de l'enseigne de Saint Estienne ; lequel, au refus des habitans de Banassac, auroit logé et nourry une brigade de la compaignie de M. de Bussy-Lamet, ayant lesdictz habitans, pour justification de ce que dessus, remys ung certificat signé : Villemonte et ung aultre signé : Baron, du XXIe jour d'aoust dernier.

La demande faicte par les habitans du Monastier-lez-Chirac, de la somme de sept vingt dix livres, pour le logement et fourniture des vivres nécessaires pour une couchée à ladicte compaignie dudict sieur de Bussi-Lamet ; veu le certificat du sieur d'Anterieux, cornète de ladicte compagnie du 20e dudict mois d'aoust, remys par lesdictz habitans, a esté réduitte et modérée à la somme de 80 livres.

Veu par ladicte assamblée les certificatz des sieurs de Maumoux et de S. Loup, conduisant la compagnie de M. de Mongon, remys par les habitans des lieux d'Auxillac, le Pavent, Marujollet et Chardonnet, la demande par eulx faicte de la somme de 500 livres, pour leur remboursement des fraiz du logement et des vivres et des bestes à bast, par eulx fourniz à ladicte compagnie, allant au bas Languedoc, au mois d'aoust 1623, et encores au mois de juin dernier, s'en retournant en France, a esté modérée et réduicte, pour tout, à la somme de 120 livres.

Aux habitans du lieu d'Aulmont, a esté taxé la somme

de 120 livres, pour le logement et vivres, par eulx fourniz à la mesme compaignie dudict sieur de Mongon, depuis le 5e dudict mois de juin, jusques au 7e qu'elle en en partit, ainsi qu'ilz ont faict apparoir par les certificatz dudict sieur de S. Loup et du sieur La Coulleur, fourrier.

Auroit esté pareillement faict taxe de la somme de 100 livres aux habitans des lieux de Mialanes et la Vialète, au mandement de S. Auban, pour le logement et vivres par eulx fourniz, durant deux couchées, à la compaignie du sieur baron de Laurières, audict mois d'aoust 1625, suivant le certificat ou attestatoire des officiers dudict S. Auban, qu'ilz en ont remys.

Aux habitans des lieux du Cellier et d'Auroux, a esté taxé et ordonné la somme de 300 livres tournois, pour avoir logé les susdictes trois compaignies desdictz sieurs baron de Laurières, de Montgon et Bussy-Lamet, et fourni les vivres nécessaires, durant trois jours, audict mois d'avril 1625, ainsi qu'est apparu par les certifficatz des sieurs de S. Loup et de Bouchard, du Xe dudict mois d'avril, qui ont esté remys par lesdictz habitans.

Pour le logement et vivres fournis ausdictes trois compagnies, durant deux couchées, au mesme mois d'avril, a esté taxé et odonné aux habitans de Luc, Pranlac, Bertail et Chanialz, la somme de sept vingt dix livres, ayant, pour justification de ce, remys ung estat certiffié par les officiers ordinaires dudict lieu de Luc.

Les habitans de La Bastide ayant fourny logement et les vivres nécessaires à une brigade de la compagnie de M. d'Albeuf, au mois de novembre 1622, suivant l'ordre de Mgr le Connestable, ainsi qu'on faict aparoir par certificat du sieur de Chéran, maréchal de logis, leur a esté taxé et ordonné pour leur remboursement, la somme de 40 livres.

Sur les demandes et instantes réquisitions faictes à ladicte assamblée, ensuitte de celles qui avoient esté faictes aux Estatz derniers par plusieurs particuliers, de pourveoir à leur remboursement des sommes par eulx fournies et advancées pour la solde et entretenement de gens de guerre, establiz en garnison en plusieurs et divers lieux dudict diocèse, pour la garde et conservation d'iceulx en l'obéissance du Roy, durant les mouvemens de l'année 1622, dont ilz n'auroient peu avoir payement, à faulte de fondz, ladicte assamblée, suyvant le renvoy à elle faict par lesdicts Estatz, après avoir veu le contrerolle desdictes garnisons, tenu par le greffier du païs et vérifié les payemens faicts sur chascune d'icelles, a trouvé devoir estre faict remboursement, aux personnes cy-dessoubz nommées, des sommes par eulx fournies pour les causes et selon qu'il sera cy-après spécifié, assavoir : M. de Picheron, sieur d'Entraigues, bailly de Gévaudan et gouverneur de Maruejolz, de la somme de 400 livres, pour pareille somme par luy fournie et advancée pour la solde et entretenement de quarante hommes de guerre à pied, establiz pour le service de Sa Majesté en ladicte ville de Maruejolz, et ce pour ung mois entier, commencé le 22ᵉ d'octobre audict an 1622, dont il n'auroit peu estre payé, à faulte de fondz, comme dict est ;

Au sieur de Mirail, la somme de 240 livres, pour semblable somme qu'il auroit advancé et payée à douze soldatz establiz en garnison, pour le service de Sa Majesté, au château de Bédoesc, et ce pour leur solde et entretenement durant deux mois, commencez le 10ᵉ septembre audict an 1622, n'en ayant esté remboursé à cause de la mesme faulte de fondz ;

A M. le comte du Roure, la somme de 120 livres, dont il auroit faict l'advance et payement à six soldatz, establiz en garnison au château de Grizac, et ce pour leur solde et entretenement de deux mois, commencez ledict jour 10ᵉ de septembre audict an ;

Au sieur Lambrandés, la somme de neuf vingtz dix livres qu'il auroit advancée et payée à dix-neuf soldatz, establiz en garnison ez chasteaulx de Quézac, Rocheblave et tour d'Yspaniac, pour leur solde et entretenement, durant ung mois, commencé ledict jour dixième septembre audict an, n'en ayant peu avoir remboursement pour la mesme faulte de fondz ;

A M. de Naves de Mirandol, la somme de 60 livres, par luy advancé et payée à six soldatz, establis au château dudict Mirandol, pour leur solde et entretenement, durant ung mois, commencé ledict jour, dixième septembre audict an ;

Au sieur Grégoire d'Yspaniac, la somme de 50 livres, pour pareille somme qu'il auroit advancée et payée à cinq soldatz, establis en garnison dans le fort du Monastier dudict Yspaniac, pour leur solde et entretenement, durant ung mois, commencé le 10ᵉ novembre audict an, et ce en attendant que la paix fust bien affermie, et pour la seureté des munitions de guerre dudict pays, qui avoient esté reposées dans ledict fort ;

Au sieur de Serre, la somme de 80 livres, pour la despense qu'il avoit faicte, pour garder les passaiges des environs de sa maison du Champ, contre les rebelles dudict païs, et ce depuis le 10ᵉ dudict mois de septembre jusques au 10ᵉ de novembre, que l'édict de la paix y fut publié ;

A Mˡˡᵉ de Redoussas, la somme de 30 livres, qu'elle

auroit payée et advancée à trois soldatz, pour garder les passaiges des environs de sa maison, depuis le 10ᵉ d'octobre, jusques audict jour, 10ᵉ de novembre.

Sur la réquisition faicte par le sieur Chantuel, de la ville de Mende, et commis, en l'année 1597, à faire la recepte des tailles audict diocèse, de pourveoir au payement des sommes esquelles, par arrest de la Cour des Aydes de Montpellier, ledict diocèse a esté condampné envers luy, luy a esté accordé, par ladicte assemblée, la somme de six vingt livres, sur et tant moings de ce que se trouvera luy estre liquidement deub, sans préjudice des exceptions et légitimes deffenses du syndic dudict diocèse.

Sur la requeste présentée par les habitans de la ville d'Yspaniac, à ce qu'il pleut à l'assamblée faire pourveoir au remplacement de ce que monte la quotité dudict lieu des impositions de 25 et 30,000 livres, faictes en l'année 1617, pour le faict de la réduction de Grèzes, qu'ilz avoient payées, quoyque par délibération des Estatz, tenuz ladicte année, ilz en eussent esté deschargez en considération du logement et nourriture des gens de guerre, envoyez audict lieu, pour s'opposer au passaige des rebelles qu'ilz auroient supporté ; a esté dict que les supplians se retireront, si bon leur semble, à l'assamblée des Estatz prochains, pour leur estre proveu selon son bon plaisir.

Signé : Dumas, vicaire.

1625

Les commissaires de l'assiette. — M. le marquis de Portes. — Discours de M. Dumas, vicaire général. — Rôle de MM. des Etats. — Les députés de la noblesse et du clergé devront envoyer des personnes capables et de leur qualité. — Dettes du pays à acquitter. — Dépenses pour les bains de Bagnols. — Mesures à prendre pour faire cesser les brigandages qui se commettent. — Réquisition au sujet de l'édit portant création d'offices d'auneur et marqueur de draps. — 1,000 livres accordées à M. de S. Didier pour frais de capture de deux malfaiteurs. — Demande d'une gratification par M. le prévôt de la maréchaussée. — Ordonnances au sujet des bohémiens et de la chasse aux pigeons. — Mesures à prendre pour s'opposer aux troupes du duc de Rohan. — Frais à payer à M. de Felgeyrolles, au sujet de la marque des draps. — Indemnité à M. de Choisinet, pour levée de gens de guerre. — Ordonnance pour une imposition de 9,000 livres. — Mesures de précaution ordonnées par le marquis de Portes. — Indemnité de 100 livres à M. du Bouchet, pour l'incendie de sa maison de Montmirat. — Don à diverses maisons religieuses. — Fournitures faites aux gens de guerre par les communautés. — Admission de l'envoyé de M. de Randon. — Demande de M. d'Entraigues, pour avoir pourvu à la conservation de la ville de Marvejols. — Gratification accordée au commandant du château de Meyrueis. — Frais de garnison établie au château de Peyre. — Somme due à M. Charles Hugonenc. — Pont de Langogne. — Le diocèse du Vivarais prétend n'être point tenu à la moitié *des frais de cette réparation. — Entretien des ponts des environs de Mende. — Don de 500 livres pour le pont de Bayard. — Indemnité à l'hôpital de Mende. — Divers ponts à réparer. — Demande du sieur Jean Badaroux, archer. — Gratification au marquis de Portes et à son secrétaire. — Demande de M. le baron de Randon, pour frais par lui faits, pour levée de gens de guerre. — Clôture des Etats.*

L'an mil six cens vingt-cinq, et le mardy, premier jour du mois de juillet, environ neuf heures de matin, en la ville de Mende. Les gens des Estatz particuliers du païs de Gévaudan et diocèze dudict Mende, après avoir, suivant leur ancienne et louable coustume, entendu la messe du Saint-Esprit, célébrée dans l'église cathédrale, s'estans assamblez dans la salle haulte des maisons épiscopalles, en vertu des commissions de nos seigneurs les commisssaires, présidens pour le Roy aux Estatz généraulx de Languedoc, tenuz en la ville de Béziers, au mois de mars dernier, seroient venuz en ladicte assamblée : Mgr le marquis de Portes, vis-admiral de France et lieutenant pour Sa Majesté ez païs de Gévaudan, haultes et basses Cévennes ; nobles François de Molette, seigneur de Morangiez et de La Garde, commissaire principal de l'assiette dudict diocèze, la présente année ; Guillaume Dumazel, sieur du Pivou et de Remieyse, bailly de Gévaudan ; Urbain Dumas, sieur du Bouschet et de Cultures, conseiller de Sa Majesté, juge en la Cour du bailliaige de Gévaudan et 1er consul de ladicte ville de Mende ; Léonard Bourrassay et Ferriol Doladille, merchans, aussi consulz d'icelle ville, et M. Me Jean de Lignon, docteur en médecine, 1er consul de la ville de

Maruejolz, commissaires ordinaires de ladicte assiette. Et ayant prins leur place, chascun selon son rang et ordre accoustumé, mondict seigneur le marquis a dict avoir quicté tout aultre devoir pour venir donner à l'assamblée les asseurances des entières affections qu'il a au repos et soulagement de ce païs, et pour y mectre tel ordre, qu'avec la grâce de Dieu et nonobstant les présents mouvemens, les bons subjectz de Sa Majesté n'en souffrent aulcune foulle, et affin que ses bonnes intentions soient suivies, et pour le bien du service de Sa Majesté, a requis l'assamblée faire tel fondz qui sera jugé nécessaire par imposition ou aultrement, pour le payement des gens de guerre qu'il conviendra establir dans ledict païs, si la nécessité le requiert, pour empescher que les rebelles à sadicte Majesté ne y puissent prendre aulcun advantaige, à cause des dessaingz et entreprises qu'ilz font sur icelluy sellon les advis qu'il en a ; et bien que par les commandemens à luy donnés par Sa Majesté il soict obligé s'en retourner dans peu de jours au bas Languedoc, il est néantmoings si soigneux de la conservation de cedict païs que, si la nécessité le requiert, il reviendra incontinant avec le secours convenable, et n'espargnera son sang ny sa vie, non plus qu'il a faict pour le passé, pour le bien et repos dudict païs et conservation d'icelluy en l'obéyssance du Roy.

Sur quoy, par noble et vénérable personne M. M⁰ Jacques Dumas, chanoine en l'église cathédralle dudict Mende, et grand vicaire de Mgr le révérendissime évesque dudict Mende, président ausdictz Estatz, a esté réparti et dict : Messieurs, c'est une des plus solides félicités parmi les hommes, de rencontrer en la domination des souverains et en la conduite des supérieurs, la qualité qui n'a aultre fin que celle qui regarde le soulaigement et les advantaiges des peuples. Xenophon, appeloit ung bon prince, non pas seullement celluy qui estoit bon en soy, par le reiglement de ses mœurs, mais bien celuy qui veilloit soigneusement au bien et à la conservation de ceulx qui estoient soubmiz à son authorité. L'on oioit autrefois proférer bien souvent à l'empereur Auguste, qu'il eust volontairement deppozé son empire, s'il eust recogneu n'estre pas expédient au bien publicq qu'il fust empereur. Dieu mesme nous a donné une idée fort expresse de ceste vertu au lieu où il est appellé *Rex regum et dominus dominantium.* C'est en l'apocalyse où S. Jean dict : *Vidi præcinctum ad mamillas zona aurea*, qu'il l'a veu ceint d'une ceinture d'or, proche du cœur, proche des mamelles. C'est une façon de ce ceindre bien extraordinaire, mais bien mystérieuse, car nous savons que l'or est le vray symbolle de charité et que les mamelles, le laict et le cœur ne nous parlent que de bonté, de douceur et d'amour, qui est la plus belle et la plus reihe parure d'ung prince. Et si Dieu par la bouche de son disciple a voulu réhausser ceste sur céleste débonnaireté parmy les attributz divins, à combien plus de raison a-t-il voulu que les roys et les supérieurs qui sont en terre, ses vives imaiges, en soient les imitateurs et qu'ilz praticquent, par ordre de subordination, cest amour envers les subjectz, oh combien doncques nous devons nous estimer heureux de ressentir de telles douceurs au règne et en la domination de nostre grand Roy, si bon et si juste, qu'il ne peult paroistre à noz yeulx que *præcinctus ad mamillas zona aurea*. Ceste vertu, ceste qualité, luy attire et à tous ses subjectz une si grande abondance des grâces du Ciel que nous en voyons comme dans ung cercle d'or, le zèle des provinces r'enflamme le culte divin, fommente la religion espurée, la justice et authorité, la vertu recherchée, l'honneur à son prix et les puissances subalternes plausiblement exercées ; et c'est icy Monseigneur où nous recognoissons nostre condition incomparablement fortunée, depuis qu'il a pleu à ce grand Roy nous loger soubz vostre conduicte ; dans laquelle nous avons rencontré le comble de nostre bonheur et tout ce qui nous a esté nécessaire pour nous rellever de noz calamitez passées et lorsque les ennemis du repos publicq ne sont eslevées pour entreprendre sur noz vies, noz conditions et noz libertés, vous aves si puissamment rebouché leurs salies, que nous pouvons dire maintenant avoir beaucoup plus d'advantaige sur eulx, qu'ilz n'avoient auparavant sur nous. Vous adjoutés à cela, tous les jours, de grandes prérogatives, Monseigneur, car aujourd'huy, où nous voyons toute ceste province remplie de gens de guerre, presque de toutes part la considération de ce que vous nous estes, de ce que vous estes dans l'estat et spéciallement dans ceste province, nous faict ressantir, dans le cours de voz accoustumées faveurs, l'exemption d'une foulle, qui nous seroit presque insupportable. Messieurs, j'adjouteray qu'en la pensée du bonheur qui nous accompaigne, nous debvons priser infiniment et par actions de grâces à Dieu, d'avoir inspiré nostre Roy à nous donner ung si grand personnaige pour prélat en ce diocèze, doué de si éminentes qualités, qu'il me seroit imputé à témérité d'en entreprendre les éloges, puisque les plus honnorables exploictz que nos roys puissent commetre aux personnes de ceste qualité, nous servent assez de preuve de ce qui est en luy très digne d'admiration ; mon debvoir est pour la préminance qu'il a dans ceste assamblée, de vous faire espérer de sa part et au rencontre toute sorte de tesmoignaiges d'affection et vous exorter quant et quant à suivre les mouvemens qui regardent le bien et service du Roy et le soulaigement de ce païs. Suivons doncques, embrassons et exécutons les volontés de Sa Majesté et celles de noz supérieurs, ausquelles, par amour, les âmes bien nées ce doibvent attacher les aultres, par la crainte des menaces de Dieu, qui nous dict par son prophète Ozée : Je vous donneray un roy en ma fureur et vous en osteray ung aultre en mon indignation, à cause de vostre désobéyssance.

Et incontinant après avoir esté par mondict sieur de Morangiez de mesme dict que le principal suject de l'assamblée, en l'essentielle cause d'icelle, consistant à pourveoir à l'imposition, des quottitez dudict diocèze, des deniers accordez à Sa Majesté par lesdictz Estatz généraulx de Languedoc en leur dernière assamblée, et aultres sommes contenues ez commissions desdictz Estatz, suivant la coustume notoire à tous ; ce seroit chose superflue d'uzer d'aultre ny plus long discours que de requérir ceste compaignie de députer ceulx d'entre eulx que bon leur semblera, ainsi qu'il est accoustumé, pour, avec leur assistance, estre par luy et les aultres sieurs commissaires, ses collègues, procédé au département desdictz deniers, suivant la teneur desdictes commissions, offrant de sa part y vacquer incontinant, affin que par faulte de ce, la levée desdictz deniers et par conséquent les affaires et service de Sa Majesté et du public, n'en demeurent retardés. Et sur ce, par ordonnance desdictz sieurs commissaires, lecture auroit esté faicte desdictes commissions en plaine assamblée, la continuation de laquelle, à la réquisition du syndic dudict pays, et suivant la coustume auroit esté, par lesdictz sieurs commissaires, permise, tant pour pouvoir délibérer sur le faict desdictes commissions que des aultres affaires communs dudict diocèse, ainsi que la nécessité le requiert, à condition de n'y traitter aulcune chose, au préjudice du service de Sa Majesté. Et cela faict et lesdictz seigneur gouverneur et sieurs commissaires principal et bailly, sortis de l'assamblée, auroit esté procédé à la lecture du roolle des sieurs de l'église, barons et aultres nobles et du Tiers-Estat dudict païs, qui ont accoustumé d'avoir séance et voix délibérative en ladicte assamblée. Où se sont trouvés présens et assistans, assavoir, pour l'ordre ecclésiastique : M. M° Jean-Jacques Lefebvre, docteur ez droitz, chanoine et prévost en l'église cathédralle dudict Mende et envoyé du Chappitre de ladicte église ; M° Estienne Aldin, docteur ez droictz, envoyé de M. le dom d'Aubrac ; M. M° Pierre Enfruc, docteur ez droictz, chanoine en ladicte église cathédralle et envoyé de M. le prieur de Sainte Enimye ; M° Mathieu Fontanes, bâchelier en théologie, curé de Chirac et envoyé de M. le prieur de Langoigne ; M° Aldebert Aldin, docteur ez droictz, envoyé de M. le commandeur de Paliers. Et pour MM. les barons : noble Pierre d'Aran de La Condamine, sieur et baron de Peyre, en personne ; M° Jacques de Langlade, sieur de La Fargette, envoyé de M. le baron d'Apcher, estant en tour la présente année ; noble François de Peyrebesses, sieur de Clastres basses, envoyé de M. le baron de Cénaret ; M° Pierre Borrelli, sieur de Pelouze, envoyé de M. le baron du Tournel ; noble Pierre de Pastorel, envoyé de M. le baron de Florac ; M° Pierre de Loberie, lieutenant général au duché de Mercœur, envoyé de M. le baron de Mercœur ; noble Anthoine de Nugez, sieur de La Roche, envoyé de M. le baron de Canilhac. Et pour MM. les aultres nobles : noble de Beaumont de Rochemure, seigneur d'Allenc, en personne ; noble Jacques de Clavel, sieur du Monteil, baille en la juridiction de Montauroux, envoyé de M. de Montauroux ; noble Louys-Adam de Robert, sieur de Chazalz, envoyé de M. de S. Auban ; Mre Claude de Gibertés, sieur de Montrodat, en personne ; Me Guilhaume Bardon, docteur ez droictz, envoyé de M. de Mirandol ; noble Jehan Sales, envoyé de M. de Sévérac ; noble Claude Chappelain, sieur du Cros, envoyé de M. de Gabriac ; noble Jehan-Jacques de Columb, envoyé de M. de Portes ; noble Claude de Bressolles, sieur de Servière, en personne ; noble André de Fumel, sieur de Fraissinet, envoyé de M. d'Arpajon ; Me Claude de Cavata, bâchelier ez droictz, envoyé de MM. les consulz nobles de La Garde-Guérin. Et pour l'ordre du Tiers-Estat : M. Urbain Dumas, sieur du Bouschet et de Cultures, conseiller de Sa Majesté, juge en ladicte Cour du bailliaige de Gévaudan, 1er consul de ladicte ville de Mende ; Me Léonard Bourrassay et Ferriol Doladille, merchans, 2e et 3e consulz de ladicte ville ; Me Jean de Lignon, docteur en médecine, 1er consul de la ville de Maruejolz ; Anthoine Malzac et Jean Joyes, 2e et 3e consulz dudict Maruejolz ; Me Folcarand Bastide, notaire royal, 1er consul de la ville de Chirac ; Me Michel Florit, notaire royal et 1er consul de la ville de La Canourgue, l'année dernière ; Me Estienne Parry, docteur en médecine, 1er consul de la ville de Saint-Chély-d'Apcher ; Me Cabanel, notaire royal et 1er consul de la ville de Salgues ; Me Pierre Vigier, bourgeois et 1er consul de la ville du

Malzieu ; noble Jean de Gentil, escuyer, 1er consul de la ville de Florac ; Me Arthauld Fort, consul de la ville d'Yspaniac ; Me Pierre André, docteur ez droictz, 1er consul de la ville de Sainte-Enimye, l'année dernière ; Me Guilhaume Bousquet, notaire royal, consul de Châteauneuf-de-Randon ; Robert Escurette, sieur de Combettes, 1er consul de la ville de Serverette ; Me Jacques Castanet, notaire royal, consul de Saint-Estienne-de-Valfrancisque ; Me Jean Julien, lieutenant en la jurisdiction ordinaire de Langoigne, consul de la ville de Langoigne ; Me Jean Rausie, consul de la viguerie de Portes ; Anthoine Cousin, sieur de La Croix, consul de Barre ; Me Jean Roffiac, praticien, consul de la ville de Saint-Auban, et Me Jean Boudon, baille en la jurisdiction de Treslant, consul du mandement de Nogaret. Tous lesquelz assistans susnommés, après que les pouvoirs et procurations remises, tant par MM. les envoyés, de la part de MM. de l'église et des nobles, que par les consulz des villes et communaultés ont esté leues en plaine assamblée et trouvé suffizantes, ont presté le serement accoustumé entre les mains de mondict sieur le président, qui est de procurer, en leurs suffrages, l'honneur et gloire de Dieu, le bien et advancement du service du Roy et le repos et soulagement du pauvre peuple, et de ne révéler les oppinions et délibérations de l'assamblée.

Dudict jour, premier de juillet, en ladicte assamblée, de relevée, président le sieur Dumas, grand vicaire.

Sur l'exposition faicte par M. de Montrodat, qu'il estime que c'est chose très-raisonnable et conforme à tout bon ordre et aux anciens reiglemens de tout temps observez en ceste compaignie, que les nobles qui ont séance et voix en icelle, s'y trouvans eulx mesmes en personne, doibvent précéder les envoyez, non-seullement des aultres nobles, mais aussi les envoyez de MM. les barons qui ne se trouvent de la qualité requise. Après avoir esté sur ce délibéré et faict lecture, en plaine assamblée, du reiglement ancien touchant l'ordre desdictz Estatz, a esté conclud que les siéges du parquet, de MM. les députés des Trois Ordres, seront rangez et accommodez en la forme portée par ledict ancien reiglement, et au demeurant, que suivant les précédantes délibérations, MM. de l'église et de la noblesse seront advertiz, à la prochaine convocation de l'assamblée desdictz Estatz, d'y envoyer des personnes capables et de leur qualité, ainsi qu'ilz sont tenuz faire, conformément à ce qui s'observe en l'assamblée des Estatz généraulx de la province de Languedoc, a l'instar desquelz les particuliers de ce païs ont esté establiz et réglez.

Le sieur de Fumel, sindic dudict diocèse, a remonstré qu'entre aultres affaires, dont il fut chargé, par l'assamblée des Estatz derniers, comme très-importans au païs, ce fut de procurer l'aquittement des debtes d'icelluy qui sont légitimement deubz, et à ces fins de retirer, de M. le trésorier Delhon et par luy conjoinctement, en qualité de commissaires en ceste partie députés par Sa Majesté, et par mesme moyen, retirer semblablement l'advis qu'il sont tenuz, par leur commission, de donner à Sa Majesté, touchant ladicte vérification et le payement desdictz debtes. Et quoyqu'il y ayt rapporté toute sorte de soingz et de diligence, néantmoingz il luy a esté impossible de retirer ladicte procédure dudict sieur de Gallières, qui prent prétexte de ne la rendre, que les fraiz et vaccations, exposez durant icelle, tant par ledict sieur Delhom et luy que par leur greffier ne leur ayent esté payez, qu'il faict revenir à 1,200 escus, sans en voulloir rien rabattre, ne s'estant voulu contenter de l'asseurance et promesse qu'il luy a voulu passer de la somme de 1,000 escus. Au moyen de quoy il a requis et prié l'assamblée d'y apporter l'ordre qu'elle advisera plus convenable, pour rédimer le païs, tant des vexations que les créanciers luy peuvent faire souffrir que des traverses et incommoditez que ledict sieur de Gallières leur peult donner, qui desjà menace d'obtenir, au Conseil de Sa Majesté, une plus grande taxe, à cause des susdictz fraiz et vaccations, et encores de remettre l'advis es mains de chascun des créanciers en particulier ; ce qui ne pourroit apporter qu'ung grand désordre et confusion avec notable préjudice audict païs, d'aultant que lesdictz créanciers, en vertu dudict avis, pourroient chascun séparément obtenir lettres d'assiette pour l'imposition de leur debte, sans ordre ny réglement des payemens, quoyque le plus important de cest affaire consiste à l'attermoyement desdictz payemens à plusiurs années et divers termes, pour soulager d'aultant le pauvre peuple, lequel aultrement se trouveroit accablé d'une insupportable surcharge tout à la fois. Sur quoy, après plusieurs raisons desduictes, a esté conclud que ledict sieur sindic emprumptera la somme de 1,000 escus, pour payer lesdictz fraiz et vaccations, et par mesme moyen retirera ladicte procédure et estat de vériffication, ensemble l'advis desdictz sieurs commissaires et tous aultres actes et papiers sur ce nécessaires, pour le tout, représenté et veu à la prochaine assamblée desdictz Estatz particuliers, estre sur ce prins telle délibération qui sera jugé nécessaire, pour le bien et utillité dudict païs. Et faisant ledict syndic le payement desdictz fraiz et vaccations en sera par luy retiré quittance, tant dudict sieur de Gallières que aultres que besoing sera ; ou bien en tout cas, si ledict sieur de Gallières et aultres ne se veullent contenter desdictz 1,000 escus, leur accorder la somme de 1,200 escus, à la charge qu'icelle sera employée dans ledict estat des debtes vérifiez, affin de pouvoir obtenir lettres d'assiette, pour en faire l'imposition, levée et payement, à qui appartiendra. Et en cas que ledict syndic ne pourroit recouvrer lesdictz actes dans trois moys et que la faulte procédant dudict sieur de Gallières, en ce cas ledict syndic est chargé de faire appeller lesdictz créanciers, pardevant MM. les commis et députés dudict païs, pour estre par eulx, avec l'assistance d'ung député des présents Estatz de chasque ordre, traitté d'accommodement avec lesdictz créanciers, à la meilheure condition, pour la descharge dudict païs que faire se pourra ; et à cest effect l'assamblée leur a donné pouvoir de passer tous contractz et obligations sur ce nécessaires, soubz promesse d'estre rellevez indempnes par le païs, et à l'instant ont été nommez, pour assister ausdictz sieurs commis et députés, assavoir : M. Lefebvre, prévost de l'église cathédralle et envoyé du Chapitre de ladicte église ; M. de Montrodat, et M. le consul de la ville de Lengoigne.

Ayant esté remonstré par M. le 1ᵉʳ consul de Mende que, pour le bien et l'utilité du publicq, sur l'advis donné à MM. les commis et députes du pays, que les bainz de Bagnolz, en ce diocèse, s'en alloient en ruyne, s'il n'y estoit promptement remédié. M. le syndic et luy, après deue vérification faicte des réparations qui estoient plus nécessaires pour la conservation desdictz bains, auroient, soubz le bon plaisir des Estatz, baillé quelques prisfaictz qui peuvent revenir à six vingtz livres ou environ. Requérant qu'il pleust à l'assamblée, iceulx agréant, pourveoir au payement de ladicte somme, qui est encores deue à ceulx qui ont faict lesdictes réparations, attandu que sans icelles ladicte ruyne estoit inévitable et conséquemment préjudiciable au publicq. A esté conclud que les susdictz prisfaictz demeurant approuvez et rattifficz par l'assamblée, comme faictz pour la commune utillité du païs, MM. les commissaires de l'assiette seront requis imposer ladicte somme, en l'assiette de ceste année, pour estre employée au payement desdictz prisfaictz et non ailliers, et ce aux termes des aultres deniers du païs. Et pour le regard des aultres réparations moingz pressées et nécessaires, remis d'en délibérer aux prochains Estatz.

M. le baron de Peyre a remonstré que feu M° Michel Armand, ayant esté nommé par le pays, pour exercer la charge de lieutenant de prévost en ce diocèse, il auroit, en vertu d'une délibération dudict pays, obtenu provision de Sa Majesté, contrère à ladicte délibération et aux coustumes, ancien ordre et privilléges, non-seullement dudict pays, mais aussi de la province de Languedoc. Ce qu'ayant esté bien recogneu par l'assamblée des Estatz, tenuz en la ville de Maruejolz, l'année dernière, elle auroit ordonné audict Armand de poursuivre la refformation desdictes provisions, ainsi qu'il convient, conformément à l'ancien uzaige, sans se pouvoir ayder d'icelles, au préjudice desdictz privilléges et au surplus auroit renvoyé à MM. les commis et députés du pays pour, en la présence et soubz les bons advis et authorité de mondict seigneur le gouverneur, prendre tel reiglement au faict de la prévosté qu'il seroit jugé plus utile et nécessaire au bien de la justice et la punition des crimes et maléfices grandement fréquentz en ce diocèze. Depuis seroit arrivé la mort dudict M⁰ Michel Armand, sans que le pays aye procédé à la nomination d'aultre personne en sa place pour l'exercice de ladicte charge ; à cause de quoy les volleurs sont en règne plus que jamais en ce païs et mesmes dans les terres de sa baronnye où le pauvre peuple n'oze aller par les champs, qu'avec de grandes crainctes et appréhensions de tomber ez mains desdictz volleurs, et le mal est encores qu'ayant dernièrement faict saisir et constituer prisonnier l'ung d'icculx et des plus mauvais garnimens, il se trouva en grand peine à luy faire faire son procès, faulte d'avoir esté, après la mort dudict Armand, faicte nomination de personne capable pour ladicte charge, chose digne de considération, qui l'oblige d'en faire plaincte et requérir l'assemblée d'y pourveoir. Sur quoy ayant esté délibéré et lecture faicte des délibérations de l'année dernière, ont esté depputez et nommez par mondict sieur le président, assavoir : M. l'envoyé du Chapitre de Mende ; M. le baron de Peyre et MM. les premiers consulz de Mende et de Maruejolz, pour, conjointement avec MM. les commis, syndic et depputez du païs, s'assambler en présence de mondict seigneur le marquis, pour délibérer et prendre tel réglement au faict de la prévosté que le suject et nécessité publicque le requièrent, conformément ausdictes précédentes délibérations.

Du mercredy, second jour dudict mois de juillet,
du matin.

Ledict sieur de Fumel, sindic, a remonstré qu'il receut, il y a quelques jours, une dépesche de M. le syndic général de Languedoc, avec ung arrest qu'il luy escript avoir obtenu de la Cour de parlement de Tholoze, contre le sieur de S. Montan et ses agentz, touchant le faict de l'édict de création et establissement des offices des marqueurs et aulneurs de drap en la province de Languedoc. Ledict arrest portant inhibitions à tous commissaires, officiers et aultres de passer oultre à l'exécution dudict édict, à peine de 4,000 livres. Et d'aultant qu'il estime que ce païs est notablement intéressé audict establissement pour le préjudice que le pauvre peuple en pourroit souffrir, il auroit incontinant faict inthimer ledict arrest à M. le commissaire subdélégué, pour le faict dudict establissement, comme aussi aux agentz et aultres ayant charge dudict sieur de S. Montan. Mais affin qu'au préjudice desdictes inhibitions, il ne soict rien attanté par ledict sieur commissaire ou aultres, il croid qu'il seroict à propos de prier Mgr le marquis de Portes, de la part de l'assamblée, de s'employer à ce qu'il ne soit rien innové pour ce regard contre le public. Sur quoy, après avoir esté délibéré et lecture faicte dudict arrest, ont esté nommez par mondict sieur le président : MM. les envoyés du Chapitre de Mende et de M. de Sainte Enimye ; M. le baron de Peyre et M. de Montrodat et MM. les consulz de Mende, Maruejolz, Lengoigne et Florac, pour prier mondict seigneur de tenir la main à ce qu'il n'arrive aulcun inconvénient sur ceste occurrence, et par mesme moyen qu'il luy plaise tenir advertie Sa Majesté et nos seigneurs de son Conseil, du notable préjudice que l'exécution dudict édict causeroit à ce diocèse en particulier.

Sur ce qui a esté représenté à l'assamblée par l'envoyé de M. le baron du tour, que l'année dernière, du costé de la montaigne, se commettoient une infinité de volleries par deux insignes volleurs, entre aultres l'ung nommé Fricauld et l'aultre Arnaldon, de quoy les plaintes estoient générales par toutes les montaignes; ce qui obligea le zèle de M. de S. Didier de faire surprendre et attraper lesdictz volleurs par des gens qu'il auroit mis et tenuz aux champs, environ ung mois, et son dessaing auroit si heureusement succédé qu'enfin ledict Arnaldon se seroit trouvé pris, et depuis auroit esté conduict, jugé et exécuté à mort en la présente ville de Mende, comme fut aussi quelque temps après ledict Fricaud; ayant en ceste occurrence esté par ledict sieur de S. Didier expozé plusieurs fraiz et despenses qu'il dict revenir à plus de 1,000 livres; requérant qu'il pleust à l'assamblée de pourveoir à son remboursement, comme très-juste et raisonnable. A esté conclud qu'oultre le remerciement que ledict sieur de S. Didier est prié de recevoir de la part de l'assamblée du soing et dilligence qu'il a voulu apporter en ceste action, il luy est accordé, pour les fraiz et despences qu'il y peult y avoir exposez, la somme de cent pistolles, pour luy estre payée en deux années égallement par moitié, aux termes des assiettes, à commencer en la présente, et qu'à cest effect MM. les commissaires d'icelle seront requis d'en faire l'imposition.

S'estant présenté à l'assamblée M. Estienne Armand, lieutenant, en ce païs de M. le prévost général de Languedoc, et remonstré que depuis l'année 1600, qu'il fut nommé et receu à ladicte charge de lieutenant, il s'est estudié de servir le Roy et le païs en l'exercice d'icelle avec une entière fidélité et toute sorte de soing et de dilligence, à quoy le debvoir l'obligeoit, ayant purgé ledict païs en temps d'ung grand nombre de volleurs qui oprimoient le pauvre peuple ; lesquelz il a faict punir et exécuter exemplairement et en la capture d'iceulx, il a tousjours tenu plus cher et précieux son honneur et son devoir, que sa propre vie, ny toute sorte de moyens qu'il n'a jamais espargnez, ayant en l'exercice de sadicte charge et pour le bien du repos et seureté du pauvre peuple, employé les plus fertilles années de son eaige et consommé ce peu de bien qu'il avoit en propre jusques en l'année 1622. En laquelle se treuvant saisy d'une forte et longue maladie, il pleust à MM. les commis, sindic et députés dudict pays, commettre feu M. Michel Armand, son filz, à l'exercice de ladicte charge pour y vacquer, soit durant sadicte maladie, comme aussi après icelle alternativement en son absance ; ce qui auroit esté observé jusques à la mort de sondict filz, naguières advenue en faisant service audict païs. En quoy ayant souffert une notable perte, oultre celle des meilleures années de son eaige et de ses moyens, il a supplié l'assamblée d'y avoir esgard et mettre en considération ses longz et utilles travaulx et le recognoistre de ses vaccations extraordinaires, selon que l'assamblée jugera raisonnable sur les verbaulx et procédures qu'il en remettra devers M. le sindic du païs ; et par mesme moyen qu'il luy plaise faire imposer, en la présente assiette, ses gaiges ordinaires comme es années précédentes, affin qu'il puisse continuer de randre au païs ses fidelles services, comme il a faict par le passé en l'exercice de ladicte charge.

Sur la lecture qui a esté faicte en plaine assamblée de deux ordonnances données par Mgr le duc de Montmorancy, gouverneur et lieutenant général pour Sa Majesté en Languedoc, l'une portant deffanses aux Bohémiens de marcher par païs en trouppe ou aultrement et de prendre, emporter ny fourrages, aulcuns meubles, vivres ny aultre chose du pauvre peuple, soict par force ou aultres moyens frauduleux ; l'aultre portant aussi deffanses de chasser et oultre ce de tirer aux pigeons, le tout sur les peines déclairées esdictes ordonnances, dattées du 8ᵉ mai et juing derniers ; a esté conclud et arresté que, pour faciliter l'exacte observation d'icelles, par tout ce pays, chascun de MM. les députés, en la présente assamblée, sera tenu d'en prendre au greffier des Estatz une coppie collationnée, pour icelle faire lire et publier et registrer es jurisdictions et maisons communes de leur distroict et des lieux circonvoisins, où il escherra de le faire. De quoy M. le président a chargé l'honneur et conscience desdictz sieurs députés.

Dudict jour, second dudict mois de juillet, de rellevée. Lesdictz Estatz ne se sont assamblez en corps, affin de donner loisir à MM. qui ont esté depputés de la part de l'assamblée, de vacquer aux affaires pour lesquelz ilz ont esté commis, pour le bien et soulagement du pays.

Du jeudy, troisième jour dudict mois de juillet, du matin, en l'assamblée desdictz Estatz.

Ayant esté représenté à ladicte assamblée par mondict sieur le grand vicaire et président ausdictz Estatz que

Histoire, etc.

l'arrivée, de M. le duc de Rohan, dans le pays des Cévennes, proche d'une petite journée de ceste ville, avec nombre de gens de guerre et les fréquens advis qui viennent de divers endroictz des levées et préparatifs que les ennemys rebelles à Sa Majesté font de tous costés pour l'exécution de leurs mauvais dessaings, doibt jetter ceste compaignie dans une juste appréhension du péril et danger de la perte de ce pays, affin de prévenir ce mal et y apporter les précautions et remèdes nécessaires, pour le bien du service de Sa Majesté et la conservation dudict païs en son obéyssance. Et parce que rien de plus oportun et favorable ne pouvoit escheoir à ce païs en ceste occurrence que la venue de Mgr le marquis de Portes, lieutenant pour Sa Majesté en icelluy, la nécessité et la raison obligent la compagnie avant que ledict seigneur parte pour se porter aux lieux où les commandemens plus particuliers de sadicte Majesté le peuvent appeller, de le supplier et requérir de mettre ce païs à couvert, attandu qu'il se trouve à présent desnué de gens de guerre et de moyens pour pouvoir destourner l'oraige qui le menace. Lesdictz Estatz après avoir constaté et délibéré sur ce suject, ont conclud et arresté de supplier instamment mondict seigneur le marquis, d'establir dans ledict païs tel nombre de gens de guerre de cheval et de pied qu'il jugera nécessaire pour la seureté et conservation d'icelluy et pour le temps et avec l'ordre qu'il luy plaira d'adviser, en attandant l'événement des entreprises desdictz ennemys, ou la certitude et affermissement de la paix. Et affin que par faute de moyens nécessaires pour subvenir à l'entretenement desdictz gens de guerre et aultres despenses forcées, ledict païs ne demeure exposé à la mercy desdictz ennemis, et attandu que de présent il n'y a aulcung fondz dans la recette d'icelluy pour y fournir, qu'il plaise audict seigneur, en l'absence de Mgr le duc de Montmorancy, gouverneur et lieutenant général pour Sa Majesté en la province de Languedoc, de permettre et ordonner à MM. les commissaires principal et ordinaires de l'assiette dudict diocèse, l'imposition sur tous les contribuables d'icelluy, de la somme de 9,000 livres tournois, à la charge qu'elle ne pourra estre divertie ny employée à aultres uzaiges qu'au susdict entretenement et despences forcées, saulf en l'acquit des debtes ou aultres urgens affaires dudict diocèse en cas et non aultrement que l'occurrence de la guerre et nécessité présente cessast. Pour faire laquelle remonstrance, prière et réquisition de la part desdictz Estatz à mondict seigneur le marquis ont esté députés : MM. les envoyés du Chapitre de Mende et MM. de Sainte Enimye et de Lengoigne ; l'envoyé de M. le baron du tour ; MM. d'Allenc et de Servière et MM. les consulz de Mende, Maruejolz, de Lengoigne, de Salgues et de Florac.

Ouy le rapport de M. l'envoyé du Chappitre de Mende et aultres sieurs députés par l'assamblée desdictz Estatz, pour parler à Mgr le marquis de Portes, lieutenant pour le Roy, en ce païs, touchant divers affaires qui regardent le service de Sa Majesté et le bien dudict païs, et entre aultres de l'ordre et des moyens nécessaires pour la seureté et conservation d'icelluy contre les dessains des ennemis rebelles à sadicte Majesté, sur lequel ordre lesdictz sieurs députez ont dict qu'ayant faict entendre à mondict seigneur la teneur de la deslibération prize par l'assamblée de faire imposer la somme de 9,000 livres tournois, pour l'entretenement des gens de guerre qu'il plaira à mondict seigneur d'establir dans ledict pays, en attandant que l'on puisse veoir plus clair aux affaires, et à ceste fin, l'ayant supplié de faire expédier, en l'absence de mondict seigneur de Montmorancy, son ordonnance portant permission et mandement à MM. les commissaires de l'assiette, de procéder à l'imposition de ladicte somme, il auroit grandement loué le zèle desdictz Estatz au bien du service de sadicte Majesté et leur saige prévoiance pour la seureté dudict pays. Ayant en oultre promis, non-seullement de faire expédier ladicte ordonnance, conformément au désir et délibération desdictz Estatz ; mais d'employer tous ses plus grandz soingz, sa vie et ses moyens pour la deffense et protection dudict païs, comme aussi de s'employer à ce qu'il n'arrive aulcun attentat au faict d'aulneurs et marqueurs de draps en ce diocèse, au préjudice de l'arrest de la Cour de parlement de Tholoze, donné à la poursuitte du sindic général de Languedoc, non que pour cela il trouve mauvais de rechercher quelques expédiens d'accommodement avec le commis du sieur de S. Montan, pour tenir les poursuittes en suspens, attandant à ce qu'il plairra à Sa Majesté et nos seigneurs de son Conseil d'en ordonner sur l'opposition dudict sindic général ou du particulier de ce païs. Et pour le regard du faict du prévost, il s'en remect à la prudence et volunté de l'assamblée pour y pourveoir ainsi qu'elle advisera pour le mieulx en continuant en leur charge le sieur Armand, père et les archers qui y sont, si elle les recognoist et juge capables, ou y apportant le changement qu'elle trouvera raisonnable et nécessaire. Et après avoir esté sur le tout délibéré, a esté conclud et arresté que mondict seigneur sera remercié, de la part desdictz Estatz, de la continuation de son affection et bonne volunté envers le pays, le syndic d'icelluy demeurant néantmoingz chargé de retirer au plustôt ladicte ordonnance pour, incontinant après, requérir, en vertu d'icelle, MM. les commissaires de l'assiette de procéder à l'imposition de ladicte somme de 9,000 livres pour estre levée par le receveur dudict diocèze et payée aux gens de guerre qui seront establiz par mondict seigneur, pour la conservation dudict païs en l'obéyssance de sadicte Majesté, et ce, suivant les mandemens et ordonnances de mondict seigneur et l'ordre qu'il luy plaira donner ausdictz gens de guerre, tant de cheval que de pied, sans que lesdictz deniers puissent estre divertiz ; saulf si avant le premier terme, la paix estoit entièrement establie, en ce cas lesdictz deniers seront employés à l'aquittement des debtes dudict païs. Et quant au faict des offices d'aulneurs et marqueurs de draps, que lesdictz Estatz accordent, au sieur de Felgeyrolles, commis dudict sieur de S. Montan, la somme de 45 pistolles, pour tous fraiz qu'il peult prétendre avoir faictz, à la charge qu'il fera déclaration et promesse de laisser les affaires en l'estat qu'ilz sont, sans faire aulner ny marquer aulcuns draps ny procéder plus avant à l'exécution dudict édict en ce diocèse, jusques à ce que le syndic général de Languedoc, deuement ouy au Conseil de Sa Majesté, par arrest dudict Conseil, en ayt esté ordonné.

Sur l'exposition et remonstrance qui a esté faicte à l'assemblée par M. le président, que, le sieur de Chaussinés auroit faict ung armement et levée d'ung bon nombre de gens de guerre et iceulx conduictz dans ce pays pour le joindre aux aultres gens de guerre qui estoint sur pied dans icelluy, affin de s'opposer aux entreprises et dessaingz que les rebelles à Sa Majesté avoient fournis et estoient sur le poinct de l'exécuter contre ledict pays; à la prière duquel ledict sieur de Choisinés s'estoient mis en debvoir et constitué en de grandz fraiz et despenses, pour faire ladicte levée et armement, et néantmoingz en récompense ne luy auroit esté accordé par ledict païs que la somme de 500 livres tournois, qui est beaucoup moingz que ce qu'il a fourny et advancé de ses propres moyens. Ce qui luy donne juste sujeet de requérir l'assemblée d'y avoir esgard. En laquelle, après avoir esté faicte lecture des délibérations prises aulx Estatz, les années dernières touchant ce faict, a esté conclud et arresté d'accorder audict sieur de Chausinés, pour tout supplément de ses prétensions pour ce regard, la somme de 300 livres, laquelle MM. les commissaires de l'assiette sont requis d'imposer ceste année pour estre payée audict sieur de Chausinés aux termes de ladicte assiette.

Estant Mgr le marquis de Portes revenu à l'assemblée, il a dict qu'elle estoit grandement louable du soing qu'elle a prins de pourveoir aux moyens nécessaires à la conservation de ce païs en l'obéyssance de Sa Majesté, que pour son regard il espère avec la grâce de Dieu donner tel ordre à tout ce qu'il conviendra pour la protection et seureté de ses bons et fidelles sujectz de sadicte Majesté dans icelluy, qu'il n'en arrivera aulcun mal. Et quoyque les commandements particuliers qui luy ont esté donnez par sadicte Majesté, l'obligent de s'en retourner bientost au bas Languedoc, il ne sera pas néantmoings si esloigné ny si mal soigneux de ce diocèze, qu'à toutes occurrences il n'ayt moyen de se porter aussitost, avec le secours et l'assistance convenable, pour empescher que lesdictz ennemys ny prennent pied ny aulcun adyantaige, les asseurant qu'il n'en arrivera poinct de faulte de son costé, pourvu que de leur part les habitans du païs s'aquittent de leur debvoir. Mais il ne peult ny ne doibt, car il importe tenir caché l'advis qui luy a esté donné que la pluspart des villes de ce païs méprisent la garde d'icelles ; de quoy il porte ung extrême regret pour les malheurs qui en peuvent arriver sur lesdictes villes pour la perte d'icelles comme sur le reste du païs, à cause de la négligence et stupidité desdictes villes. Au moyen de quoy il a exorté et conjuré MM. les consulz d'icelles de faire réparer ceste faulte à l'advenir et exciter les habitans et citoiens de faire si bonne et exacte garde que lesdictz ennemys ne puissent avoir aulcune prise sur eulx, en attendant que l'on puisse veoir plus clair aux affaires ou recevoir aultre commandement des supérieurs. Et d'aultant qu'en tout cas il juge estre nécessaire de scavoir de quel nombre de gens de guerre du païs capable de porter les armes d'entre le peuple il pourra faire estat asseuré, pour s'en servir promptement en cas de nécessité, pour assister et grossir les trouppes de gens de guerre qu'il establira et pourra faire venir d'ailleurs dans le pays ; il a exorté pareillement lesdictz consulz de dresser et luy envoyer au plustôt ung roolle desdictz habitans capables à cest effect, ensemble des armes qui se peuvent trouver dans leurs villes et parroisses, affin de leur pouvoir oportunément donner l'ordre en temps et lieu à toutes occasions que la nécessité le requerra. Et à ce que lesdictes villes et communaultés se rendent plus promptz et dilligentz à ce debvoir qui regarde l'intérêt publicq et le particulier d'ung chascun du pays, il a prié l'assamblée d'en former une délibération et en faire distribuer les coppies ausdictz sieurs consulz, pour les porter à leurs communaultez et les faire promptement effectuer, affin que par leur deffault il n'en puisse arriver aulcun inconvénient au préjudice du service du Roy et de la conservation et seureté du païs. Sur quoy, M. le président, au nom de l'assamblée, a remercié mondict seigneur de la continuation du soing particulier qu'il luy plaist tousjours prendre de la conservation et protection de ce pauvre païs, et par mesme moyen luy a faict entendre oultre ce, que les sieurs députés par l'assamblée luy en ont peu dire de sa part, la teneur de la délibération ce jourd'huy mesme prinze par les Estatz, d'imposer la somme de 9,000 livres, pour estre employée par son ordre à l'entretenement des gens de guerre qu'il jugera nécessaire d'establir dans ledict païs. Et néantmoingz, d'aultant que MM. les commissaires de l'assiette pourroient faire difficulté de procéder à l'imposition de ladicte somme, sans permission, auroit supplié mondict seigneur, au nom de l'assamblée, attandu l'urgente nécessité qui presse et ne donne pas le loisir de recourir à Sa Majesté ny à Mgr de Montmorancy, qui est absent et esloigné de la province, de voulloir, pour l'importance du faict au service de sadicte Majesté et à la seureté du païs, ordonner ausdictz sieurs commissaires de ne différer l'imposition de ladicte somme de 9,000 livres sur le général dudict diocèze, à l'effect que dessus, soubz les charges et conditions portées par la susdicte délibération. A quoy mondict seigneur, veu l'instante réquisition, l'importance et la nécessité de l'affaire, a dict qu'il se porteroit volontiers pour ceste fois sans conséquence et qu'à ceste fin il feroit expédier l'ordonnance sur ce nécessaire ; offrant au surplus tout ce qui peult deppendre de luy pour le salut du païs.

Dudict jour, troisiesme de juillet, en ladicte assamblée, de rellevée.

M. du Bouschet, 1ᵉʳ consul de la ville de Mende, a remonstré qu'à ces derniers mouvemens, les rebelles à Sa Majesté, estans venus au villaige de Montmirat, auroient mis le feu à plusieurs maisons du lieu, lesquelles par ce moyen seroient entièrement tombées en ruyne, et d'aultant qu'entre icelles il y en eust une qui luy appartient, laquelle depuis il a faict réparer et remettre à ses propres coustz et despens, sans assistance du païs, lequel toutesfois auroit uzé de recognoissance envers les aultres pour aulcunement les rellever du dommaige souffert à cause dudict bruslement et le sien n'estant pas moingz considérable, il a supplié l'assamblée d'y avoir pareillement esgard. Sur quoy a esté accordé par l'assamblée, audict sieur du Bouschet, pour toutes prétensions pour ce regard, la somme de 100 livres, payable en la présente assiette.

Sur les requestes présentées par les révérendz pères Capucins des villes de Mende et Maruejolz, Carmes, Cordeliers, Jacobins et aultres relligieux desdictes villes et par le chappelain de Saint-Jean-lez-Mende et les relligieuses de Saulgues, a esté accordé et aulmosné, par les Estatz, assavoir : ausdictz pères Capucins dudict Mende, la somme de 400 livres tournois, pour estre employez à la fabricque de leur couvent, oultre 500 livres tournois qui leur restent deubz dez l'année 1623, à eulx accordées pour l'achept de livres, pour estre lesdictes deux sommes imposées et payées ausdictz pères la présente année, aux termes de l'assiette. Et aux aultres relligieux et relligieuses, la somme de 600 livres, à distribuer entre eulx, par l'ordre de M. le président, avec MM. les commis, syndic et depputés dudict païs à imposer à ceste fin et payer comme dessus.

Sur les demandes faictes, par plusieurs consulz et communaultés de divers lieux de ce pays, à ce qu'il pleust à l'assamblée pourveoir à leur remboursement des fournitures par eulx faictes pour la nourriture et ustencilles de gens de guerre de cheval et de pied en plusieurs et divers passaiges et logemens par eulx faictz esdictz lieux, avec ordre; a esté conclud que remettant par lesdictz lieux MM. les commis, députés et sindic dudict païs, les roolles desdictes fournitures, bien et deuement certiffiez et attestés avec les certifficatz et aultres actes requis à la justification desdictes fournitures s'il y eschet, sera par lesdictz sieurs commis et depputés pourveu ausdictz lieux, de taxe raisonnable et par l'assamblée des Estatz dudict païs l'année prochaine à l'imposition et jugement desdictes taxes pour le remboursement des inthérestz.

M. Jehan Pelat, consul de Ste-Croix-de Valfrancisque, l'année dernière, a requis et supplié l'assamblée voulloir pourveoir à l'imposition de telle somme qu'elle jugera raisonnable et nécessaire pour la réparation du pont dudict lieu de Sainte-Croix, attandu l'importance et utillité d'icelluy pour le commerce et traficq dudict pont avec le bas Languedoc. Sur quoy a esté conclud que, faisant apparoir, à la prochaine assamblée desdictz Estatz, des actes servans à la vériffication de l'estat et ruynes dudict pont, ladicte assamblée y aura tel esgard que de raison.

Du vendredy, quatriesme dudict mois de juillet, en
ladicte assamblée, du matin.

Le sieur du Pouget, envoyé de M. le baron de Randon, s'est présenté et a esté receu à l'assambléc après avoir presté le serement accoustumé.

Estant, M. d'Entraigues, venu à l'assamblée, il auroit dict et remonstré que, comme ses intentions n'ont jamais esté aultres que de servir fidellement le Roy et le païs, et ce faisant, conserver la ville de Maruejolz, comme gouverneur d'icelle en l'obéyssance de Sa Majesté, et la maintenir en l'union et bonne correspondance qu'elle doibt avoir avec le reste du païs, ainsi qu'il l'a faict par cy-devant. Il estime aussi qu'il plaira à l'assamblée juger très-juste et nécessaire de pourveoir pour son accoustumée prévoiance à l'entretenement de gens de guerre convenables, pour la garde de ladicte ville. A dict en oultre, qu'en l'année 1605, ayant remis devers MM. des Estatz dudict païs en leur assamblée les lettres d'assiette par eulx obtenues de Sa Majesté pour l'imposition de la somme de 3,000 livres que le païs luy avoit accordés pour les causes y contenues, et depuis ladicte partie ayant esté rayée au compte du receveur dudict diocèse, pour n'avoir rapporté sur icelle lesdictes lettres d'assiette; à cause de quoy, et pour empescher le receveur d'agir contre luy, il préthend faire répéter ladicte partie, il requiert l'assamblée luy faire randre lesdictes lettres, n'estant raisonnable que par tel défault qui ne procède de luy, ladicte radiation ayt lieu à son préjudice. Et de plus auroit représenté, qu'ayant, en qualité de bailly et commissaire ordinaire de l'assiette de ce diocèze, procédé es années dernières au département et imposition de certaines sommes sur le païs, sans commission, quoyque néantmoingz, à la réquisition et instance des gens des Estatz et députés d'icelluy, il auroit esté, pour raison de ce, condempné en des amendes pour lesquelles il se trouve poursuivy en la Chambre des Comptes; et d'aultant que ce sont tous affaires qui regardent le païs, pour lesquelz il n'est raisonnable qu'il demeure en peine ny en perte, et mesmes pour la garde de ladicte ville, à laquelle il ne peult subvenir sans l'assistance dudict païs; pour ces considérations, il a requis l'assemblée de pourveoir à ses demandes et notamment pour le faict de la garde de ladicte ville. Sur quoy, M. le président l'auroit remercié des soingz qu'il a prins pour la conservation d'icelle et asseuré que l'assemblée délibérera sur ses réquisitions.

Sur ce que par M. le commissaire principal de l'assiette a esté représenté que le sieur Régis, commandant, pour le service du Roi, au château de Meyrueys, place servant de frontière et bolevart à ce païs, contre les rebelles à Sa Majesté de ce quartier là des Cévennes auroit, faict certaines despences et fraiz pour empescher plusieurs et divers desseingz que les ennemys rebelles avoient formez contre cedict païs. Lequel ledict sieur Régis a tousjours tenu couvert de ce costé là par son industrie et dilligence, oultre les advis qu'il a donnez à toutes occasions desdictz desseingz par luy esventez avec grand soing et despense; chose digne de considération et d'une honeste recognoissance, tant pour rembourser ledict sieur Régis de ses advances et fournitures, que pour l'obliger à continuer ses bons offices envers ledict païs, comme très-utiles et importans à la conservation d'icelluy; a esté conclud d'accorder audict sieur Régis, par forme de gratiffication, la somme de vingt pistolles, que MM. les commissaires de l'assiette seront requis d'imposer en la présente assiette, pour estre payée audict sieur Régy, aux termes des aultres deniers.

Sur l'exposition faicte par M. le baron de Peyre, que par ordonnance de Mgr le duc de Montmorancy, gouverneur et lieutenant général pour le Roy, en Languedoc, le nombre de 40 soldatz, auroient esté establiz de creue et d'extraordinaire, en garnison au château de Peyre, en l'année 1622, et oultre ce encores aultre nombre de dix soldatz, par ordonnance de Mgr le marquis de Portes, lieutenant pour Sa Majesté en ce païs de Gévaudan, le tout pour la conservation de ladicte place en l'obéyssance de Sa Majesté, attandu l'importance d'icelle. Et quoyque par lesdictes ordonnances fust mandé à MM. du pays, de pourveoir à l'entretenement desdictz soldatz pour le temps porté par icelles, néantmoingz quelles instances qu'il en aye jusques icy faictes au païs, il n'en a esté payé que pour dix. Et n'estant raisonnable que les advences qu'il a faictes pour l'entretenement des quarante, luy demeurent sur les bras, sans en estre remboursé par le païs, suivant l'intention de Sa Grandeur, portée par ladicte ordonnance, requéroit l'assamblée d'y pourveoir ; a esté conclud, après lecture faicte des délibérations cy-devant prinses sur ce subject, d'accorder audict sieur de Peyre, pour toutes ses demandes et dernières prétensions, pour ce regard, la somme de 200 livres, qui luy sera imposée et payée l'année prochaine, soubz les aultres charges et conditions portées par lesdictes délibérations et sans qu'il luy soit loisible d'y plus revenir ny en faire aulcune aultre demande.

Sur le rapport faict par M. le premier consul de Marvejolz, que par délibération prinze en l'assamblée de MM. les députés de la séneschaussée de Beaucaire et Nismes, tenue à Montfrin, le 4 juillet 1621, ayant esté emprunté la somme de 75,000 livres, le sieur de La Motte, syndic général de Languedoc, auroit requis MM. les depputés de ladicte séneschaussée de le descharger, du mandement de Mgr de Montmorancy, de la somme de 52,000 livres, du 22° may 1624, pour estre payée aux consulz, syndicz et depputés de ladicte séneschaussée par le trésorier de la bourse dudict païs, des deniers de l'imposition faicte, ladicte année, pour fin de paye de 704,500 livres, accordez audict seigneur par les Estatz généraulx de ladicte province. Et par délibération de ladicte séneschaussée, du 8° may dernier, ayant esté arresté que ledict mandement seroit mis es mains du sieur Jean Grandon pour, en vertu d'icelluy, retirer ladicte somme, et icelle payer au sieur Charles Hugonenc, ung des créanciers de ladicte séneschaussée, et en l'acquit d'icelle ; il est maintenant nécessaire de faire procuration audict Grandon, pour recevoir ledict mandement et retirer ladicte somme et icelle payer audict Hugonenc, tout ainsi qu'à esté faict par les aultres diocèzes de ladicte séneschaussée. Sur quoy, après avoir esté faicte lecture de la susdicte délibération de ladicte séneschaussée, dudict jour 8° mai dernier, a esté conclud que par le syndic de ce diocèse sera faicte procuration et donné pouvoir audict sieur Grandon de retirer ledict mandement et ladicte somme de 52,000 livres tournois, pour estre par luy payée audict sieur Charles Hugonenc, en l'acquit et descharge des diocèzes de ladicte séneschaussée, et ce néantmoingz soubz les charges, conditions et protestations contenues en ladicte deslibération.

Le sieur Julien, consul de la ville de Lengoigne, a remonstré qu'il y a instance pendante en la Cour des Aydes de Montpellier, entre le sindic de ce diocèse et le syndic du diocèse de Viverez, pour raison de ladicte réparation du pont scitué près ladicte ville de Lengoigne, sur ce que ledict sindic de Viverez soustient que ledict pont est scitué dans cedict diocèze et non dans celluy de Viverez, et par conséquent qu'il n'est aulcunement tenu à la réparation dudict pont. Et d'aultant qu'il est hors de doubte que la moitié dudict pont ne soict assiz dans ledict diocèse de Viverez et l'aultre moitié dans ce diocèze, et par ainsi n'estre raisonnable que ladicte ville de Lengoigne face les poursuittes nécessaires à ses fraiz et despens contre le sindic dudict Viverez, attandu que c'est proprement le faict de ce diocèze, a requis et supplié l'assamblée ordonner au sindic d'icelluy de faire lesdictes poursuites ; a esté délibéré et conclud que ledic syndic consultera et prendra advis de gens de conseil, pour résouldre si ce diocèze est tenu ausdictes poursuites, et, ledict advis rapporté devers MM. les commis et députés du païs y estre par eulx pourveu, comme ilz jugeront nécessaires suivant ledict advis.

Ayant esté remonstré par M. le premier consul de la ville de Mende que, dèz longtemps les deux pontz proches de ladicte ville, servant et grandement nécessaires au passaige des charrettes, gens de cheval et de pied, se trouvent réduictz en très-mauvais estat, de sorte que toutes les années, ladicte ville est constraincte d'entrer en despense de plus de 400 livres, pour l'entretenement d'iceulx ; et parce qu'il n'y en a pas de plus importans audict diocèse, pour plusieurs considérations, il a requis l'assamblée voulloir accorder, telle somme qu'elle advisera pour subvenir audict entretenement, en attandant la commodité et les moyens nécessaires de les voulter de pierre et les réduire en tel estat, que ceste despense ordinaire ne soict plus nécessaire ; a esté conclud d'accorder, à ladicte ville de Mende, la somme de 200 livres, pour estre employée à l'entretenement desdictz deux pontz, et de laquelle MM. les commissaires de l'assiette sont requis faire l'imposition la présente année, à l'effect susdict, à la charge qu'elle tiendra lieu de payement, en déduction de la somme que le pays pourra estre tenu de contribuer, pour la réparation desdictz deux pontz.

Sur ce que M. le commissaire principal auroit représenté que les sindicz de la paroisse de La Garde-Guérin, pour obvier à la ruine du pont de Bayard, scitué dans ladicte paroisse et très-important, nécessaire, comme chascun scait, pour le traffic et commerce de ce païs, ilz auroient fourny et advancé plus de 400 livres, pour le réparer et mettre en bon estat ; requérant qu'il pleust à l'assamblée pourveoir à leur remboursement, comme juste et raisonnable ; a esté conclud que pour toutes fournitures faictes par lesdictz sindicz, pour ladicte réparation, leur a esté accordé la somme de 50 pistolles, pour leur en estre faict payement la présente année et à ces fins, MM. les commissaires de l'assiette requis d'en faire l'imposition.

Dudict jour, quatriesme de juillet, en ladicte assamblée, de rellevée.

Sur l'exposition faicte par M. le premier consul de la ville de Mende, comme par arrest de la Cour des Aydes de Montpellier, le sindic de ce païs auroit esté condempné, envers les pauvres de l'hospital de ladicte ville, en la somme de 6,000 livres, pour la réédification de leur maison et hospital de ladicte ville, dans laquelle ilz se retrouvent depuis la ruyne de leurdicte maison si mal et incommodement logez, que ladicte réédification ne leur scauroit estre plus nécessaire et opportun ; requérant, au moyen de ce, qu'il pleust à l'assamblée pourveoir au payement de ladicte somme principalle avec les inthérestz qui y sont deubz ; a esté conclud, veu la délibération des Estatz de l'année dernière, et attandu les grandes charges du diocèse en la présente, d'accorder ausdictz pauvres, durant icelle, les inthérestz de la somme principalle, pour leur estre payés aux termes des aultres deniers de la présente assiette, et à ceste fin imposez en icelle par lesdictz sieurs commissaires à la réquisition desdictz Estatz.

Le sieur Du Pouget, envoyé de M. le baron de Randon, a remonstré que le pont de Junchères, très-important au diocèse, est assiz, moitié dans icelluy et moitié dans le Vellay. Au moyen de quoy le sindic dudict pays de Vellay, veu la ruine dudict pont, auroit faict procéder à la vériffication d'icelle pour scavoir à quoy il est tenu de contribuer pour la part des fraiz nécessaires à la réparation dudict pont, de sorte que c'est maintenant au syndic de cedict diocèze de faire le semblable ; ce qu'il a requis et supplié l'assamblée de luy ordonner, comme aussi de faire vérifier le mauvais estat auquel sont les deux pontz, proches de Châteauneuf-de-Randon, quoyque fort importans au pays, comme chascun scait. Semblable réquisition a esté faicte, tant par M. le consul de Maruejolz, pour raison des pontz appellés de Pompeyrenc et de Grenier, que par M. l'envoyé de M. le baron de tour, pour les pontz appellés, l'ung du Moulin-Neuf et l'aultre Moulin-Roudier, lez la ville de Salgues, comme aussi par M. le consul de Sainte Enymie, pour le pont dudict lieu. Sur quoy, veu les délibérations prises par lesdictz Estatz les années dernières, touchant la réparation desdictz pontz ; a esté conclud qu'elles seront suivies et effectuées le plustost que faire se pourra, pour l'utilité et commodicté publicque.

Sur l'exposition faicte par M. le consul de la ville de Florac, que Jehan Badaroux, dict Montbrun, auroit servi le pays comme archer du prévost d'icelluy au quartier des Cévennes, durant vingt-cinq années et jusques aux derniers mouvemens ; à cause desquelz, il n'auroit rien receu de ses gaiges ; requérant qu'il pleust à l'assemblée le restablir en sa charge et le faire payer de ses gaiges comme les aultres archers, ou du moingz luy ordonner quelque récompense telle que sera le bon plaisir des Estatz ; a esté conclud que ledict Montbrun se retirera devers MM. les commis, sindic et depputés du païs, ausquelz l'assemblée donne pouvoir de luy accorder ce que par eulx sera délibéré et advisé juste et raisonnable.

M. le président a dict que, pour rendre quelque tesmoignaige des debvoirs dont ce païs se recognoist estre tenu envers Mgr le marquis de Portes, lieutenant pour Sa Majesté en icelluy, et luy ayder aulcunement à supporter les despenses et fraiz extraordinaires que l'occurrence des affaires l'oblige de joindre aux soingz particuliers et très exquis qu'il luy a tousjours pleu d'avoir de la conservation et du salut de ce païs à toutes occasions, il estime que l'assemblée, pleine de prudence et de circonspection et d'équitable affection envers ledict seigneur, aura très-agréable la proposition qu'il faict, avec raison, si elle doibt entrer en considération d'ung si juste suject, attandu mesmes l'estat et disposition des affaires présens qui penche plus du cousté des troubles et mouvemens, que de celluy de la paix. Sur quoy, ayant esté délibéré, a esté conclud et arresté unanimement d'accorder à mondict seigneur, pour ceste année, la somme de 6,000 livres, laquelle il est prié d'accepter, et MM. les commissaires de l'assiette d'en faire l'imposition sur le général du diocèze, pour estre levée et payée, par le receveur des tailles, es mains de mondict seigneur, aux termes de ladicte assiette.

Sur ce que M. le consul premier de Mende, a représenté qu'estant fidelle tesmoing d'une bonne partie des services utillement rendus au païs, par M. de Parlier, secrétaire de mondict seigneur le marquis de Portes, sur l'occurrence des affaires qui se sont présentées ceste année, tant prez la personne de mondict seigneur, comme aussi à la Cour, mesmes dernièrement en la poursuitte et obtention de l'arrest du Conseil, portant descharge des amendes données par la Chambre des Comptes aux commissaires de l'assiette de ce diocèze, pour avoir, à la réquisition d'icelluy, imposé les gaiges du prévost et de sa suitte ; ledict arrest portant aussi permission d'imposer lesdictz gaiges, durant trois années prochaines ; ayant, ledict sieur Parlier, uzé de tel mesnaige en ceste poursuitte au proffict du pays, qu'il auroit trouvé moyen, par son crédit, d'espargner et le faire descharger de la plus grande partie des fraiz accoustumez, qu'aultrement ledict païs eust esté contrainct de payer ; ledict sieur consul, pour les susdictes considérations, estimerait faire faulte envers le pays, d'obmettre à tenir ladicte assamblée advertie de l'affection et du mérite de ce personnaige, pour le bien des affaires dudict païs, affin qu'elle puisse les mettre en la juste considération qu'elle advisera plus à propos. Après avoir sur ce délibéré, a esté accordé, audict sieur Parlier, 50 pistolles, pour estre imposée en la présente assiette, par MM. les commissaires d'icelle, à la réquisition desdictz Estatz, et payée audict sieur Parlier aux termes des aultres deniers.

Ayant esté expozé par le sieur Du Pouget, envoyé de M. le baron de Randon que, durant les derniers mouvemens, il auroit obtenu commission de Mgr de Montmorancy, gouverneur et lieutenant général pour le Roy en Languedoc, pour l'entretenement de 50 soldatz de la garnison de la tour de Châteauneuf, aux fraiz et despens de ce païs, duquel néantmoings il n'a peu estre payé que pour le nombre de dix, le surplus luy estant encore deub ; et qu'oultre cela il auroit esté employé lhors desdictz mouvemens, tant par feu Mgr de Mende, que MM. les commis et députés du païs à mettre sur pied de gens de guerre, pour se joindre aux aultres qui avoient esté levez et conduictz en ce diocèse pour s'opposer au ravage et aultres desseingz que les ennemis rebelles à Sa Majesté menassoient d'exécuter dans icelluy ; à quoy il se porta fort soigneusement, ayant par plusieurs fois faict levée de gens de guerre, pour le service dudict pais, dont Mgr le marquis de Portes luy auroit promis le faire indempniser par le païs. Mais d'aultant que mondict seigneur est absent, il a requis l'assemblée agréer que sa proposition demeure escripte, pour luy servir en temps et lieu pour demander son remboursement audict païs.

Finallement mondict sieur le président, ayant donné

la bénédiction à l'assamblée, elle se seroit incontinant après séparée et les gens desdictz Estatz se seroient aussitost retirez.

Signé : Dumas, vicaire, président.

1626

MM. de l'assemblée d'assiette. — Discours du marquis de Portes. — Réponse de M. le président des Etats. — Liste de MM. des Etats. — Présentation de M. de Montbreton, mari de Mlle de Tholet, à qui la baronnie de Peyre appartient et réquisition contre sa réception. — Préséance décidée en faveur des consuls de Mende contre ceux de Marvejols. — Protestation de M. du Tournel pour la baronnie de Cénaret. — Réquisition contre l'envoyé du prieur de Langogne sur ce qu'il n'est pas ecclésiastique. — Prétentions des consuls de Saugues, du Malzieu et de Saint-Chély, à la préséance. — Etablissement des regretiers. — Logement des gens de guerre. — Dette en faveur de M. de Saint Rome. — Prière à M. du Roure, de remettre les titres établissant son droit de péage sur la rivière du Gardon. — Réparation du pont Notre-Dame, près Mende. — Gratification au sieur Jean Vincens. — Mesures à prendre à l'occasion des regretiers. — Imposition sur les diocèses de la sénéchaussée pour le logement de troupes. — Marque des draps. — Gratification à M. de La Bucaille. — Don de 150 livres pour aider à la construction de l'église du monastère du Chambon. — Promesse des bons offices de M. de Portes envers le pays. — Dette en faveur de

M. de Chazals. — Droit d'équivalent. — Gratifications à diverses communautés religieuses. — Somme due à M. de Mérimond. — Plaintes contre les marqueurs des draps. — Dépenses faites par le juge du Bailliage. — Somme due à l'hôpital de Mende. — Le fermier de l'équivalent. — Désordres causés par les gens de guerre dans la terre de Peyre. — Démolition de la maison du sieur Combes, qui servait de retraite aux malfaiteurs. — Demande du prévôt de la maréchaussée, à l'effet d'obtenir des indemnités. — Frais à payer à M. de Barre. — Verbal de vérification des dettes du diocèse. — Somme à rembourser à M. de La Roche. — Dépense faite par le capitaine Salles pour l'entretien de gens de guerre. — Gratifications diverses, entr'autres au marquis de Portes et à la musique de Mende. — Clôture des Etats.

L'an mil six cens vingt-six et le mercredy setziesme jour du mois de septembre, après midy, environ les cinq heures du soir. En la ville de Maruejolz, les gens des Estatz particuliers du païs de Gévaudan, diocèze de Mende, après que suivant l'ancienne coustume ilz ont entendu la messe du Sainct-Esprit, célébrée dans l'église collégialle dudict Maruejolz et la prédication ensuitte ; s'estans assamblez dans la salle haulte de l'auditoire de la Cour royalle de ladicte ville, en vertu des commissions de nos seigneurs les commissaires présidans pour le Roy aux Estatz généraulx de Languedoc, tenus en la ville de Pézénas, ez mois de juillet et aoust derniers, seroient venus en ladicte assamblée Mgr le marquis de Portes, vis-admiral de France et lieutenant pour Sa Majesté ez païs de Gévaudan, haultes et basses Cévennes :

nobles François de Molette, seigneur de Morangiez et de La Garde, commissaire principal de l'assiette dudict diocèze, la présente année ; Trophime de Launé, sieur de Picheron et d'Entraigues, bailly de Gévaudan ; Claude de Lestang, sieur de La Loubière, 1er consul de la ville de Mende ; Me Pierre Julian, praticien, et Jean Ricou, merchant, second et tiers consulz dudict Mende, et Me Pierre Jalguet, notaire royal et 1er consul de la ville de Maruejolz, commissaires ordinaires de ladicte assiette. Et ayant prins place, suivant l'ordre accoustumé, mondict seigneur le marquis a dict qu'à cause des grandz affaires qu'il a euz sur les bras, pour le bien du service du Roy, suivant les exprès commandements qu'il en auroit receuz de Sa Majesté, il n'auroict eu moyen, depuis les Estatz derniers, s'acheminer en ce païs jusques à présent, pour la tenue des présens Estatz, pour protester à l'assamblée, qu'il oblige voluntiers son honneur, ses moyens et sa vie propre pour rédimer ce païs des foulles extraordinaires qu'il pourroit souffrir, n'ayant espargné son crédict pour faire desloger les gens de guerre qui avoient l'ordre de Mgr le connestable de demeurer en garnison dans cedict païs au mois d'aoust dernier ; ce qu'il continuera pour empescher telz désordres et toute sorte d'oppressions qui pourroient arriver en cedict païs. De quoy il taschera de garantir ledict païs soubz l'appuy de la faveur et authorité de Mgr de Montmorancy.

Sur quoy, par noble et vénérable personne, M. Me Jacques Dumas, docteur ez droictz, chanoine en l'église cathédralle de Mende, vicaire général de Mgr l'évesque dudict Mende, comte de Gévaudan, président ausdictz Estatz, a esté réparti : Messieurs, nous ne pourrions prendre, en ceste assamblée, une meilheure disposition à suivre les voluntés du Roy et celles de ceulx qui ont son authorité dans le païs, qu'en la considération du repos et soulaigement qu'ilz nous donnent. Chascun sçait que le Roy, qui a toutes ses actions plaines de justice et sur tout ez entreprinses de la guerre, s'est encore treuvé forcé de réprimer, par ses armes, les dessaingz inconsidérés et les frénéticques menées de ses subjectz rebelles, au temps qu'il avoit faict passer une partie de ses forces aux terres étrangères, pour la protection et défense des alliés de sa couronne, et desjà l'embarras de ceste guerre intestine et estrangière commençoit à nous menasser de tant de malheurs publicques, que l'imagination seulle en estoit lamantable ; lorsque Dieu qui favorise les guerres justes, qui verse la confusion sur la désobéyssance et qui distribue les victoires, nous a donné ceste heureuse journée, où ce grand admiral, issu de ceste sy mémorable tige du premier baron chrestien et des plus grandz et plus héroicques hommes que la France nous ayt produict, a calmé ce grand orage et submergé tout ce qui se pouvoit former de plus redoutable en la rébellion, et réduict les cités, les isles et les havres d'une occupation inicques, à la possession légitime du prince. Nous pouvons dire doncques que les travaulx de ce grand admiral sont cause de nos tranquillités et l'acquisition de nostre repos, et que tant de hazards sont mainctenant changés en seureté, qui nous ont faict veoir les places et les rues plaines de feux de joye et qui montoient jusques à leur sphère, qui nous ont faict ouyr les acclamations des peuples et les actions de grâces dans les sanctuaires du clergé de France. Messieurs, il estoict infaillible que ceste bataille havalle ne fust suivie d'une infinité d'aultres progrès advantageux, si le Roy, plus porté qu'il est au soulaigement de ses subjectz que touché de la prospérité de ses armes, ne cherchant pas, comme disoit ung ancien, de toute occasion le triomphe, n'eust faict voir, par une immense débonnaireté qu'il ne faisoit la guerre que pour nous acquérir la paix en la nous donnant gracieuse, voire mesmes advantaigeuse, affin qu'elle fust durable et non pas rude, de peur que mal asseurée, comme disoit Livius aux Romains. C'estoit aussi le sentiment de saint Augustin, que la plus juste guerre estoict détestable, et que le prince ne se debvoit attacher que par nécessité, comme il est rapporté d'Auguste. Mais en voilà assès pour cognoistre que nous ne debvons rien méditer de si advantageux pour nous, que les soingz paternelz que nostre grand Roy a pour nous. En voilà assez pour n'ouir jamais rien de si doulx à noz oreilles que les panégiricques des actions et des généalogies de ce grand duc de Montmorancy, je dis de cet aultre Phirius, fils d'Eucides, dessendu d'Achilles et de Pthia, fille de Neguon, sorti des plus saiges et des plus généreulx de toute la Thessalie, Pthia, qui nous marque une divinité, et par l'excellence de ses vertus et par celle de son extraction est toute comparable à feu Madame sa mère, sortie de la race en laquelle, vous, Monseigneur, estes le très-digne chef avec tant de mérite, qu'aujourd'huy vous en estes regardé en France par ceulx qui sont saiges, comme l'ung des plus saiges, par ceulx qui sont généreulx, pour l'ung des plus généreux. Nous considérons notre condition si heureuse, pour estre soubz vostre authorité, que cela mesmes nous donneroit subject d'en dire davantaige, puisque mesmes vous nous avez faict tousjours jouir presque de la paix dans la guerre, si nous n'avions une particulière cognoissance que cela seroit contraire à vostre honneur, il est à la vérité fort facile de louer ung homme qui le mérite, mais il est bien aussi difficile de louer ung homme qui ne le désire pas et qui le mérite et n'aime pas presque consentir à nos remercîments ; au particulier vous nous avez faict sentir que vous ne les gousteriés pas en publicq ; mais aussi seroit-ce trop mal satisfaire aux intentions de ceux de ceste assamblée et au ressentiment du bien que ce païs vient de recepvoir de vous au divertissement du passaige des gens de guerre de ne vous remercier très-humblement comme ilz font et vous supplier, avec toute sorte de submission, que puisque vous ne pouvez pas recevoir d'eulx tous les grands honneurs qui sont deues à voz vertus, à vos qualités et à voz charges, vous n'ayez pas à desdain d'accepter les vœulx inviolables de leur fidelle obéyssance.

Et à l'instant M. de Morangiez, commissaire principal, a de mesmes dict que le plus grand subject de ceste assamblée consiste à pourveoir promptement à l'imposition des cottités dudict diocèze des deniers accordés par les Estatz généraulx de la province à Sa Majesté, en leur dernière assamblée et des aultres deniers portés par les commissions desdictz Estatz, en la forme accoustumée, et que ce seroit superflu d'uzer d'aultres plus long discours ; offrant de sa part y vacquer incontinant, affin que par ce deffault, la levée desdictz deniers ny les affaires de Sa Majesté et du publicq n'en soient retardés. Et sur ce, lecture a esté faicte desdictes commissions en plaine assamblée. La continuation de laquelle, ainsi qu'est accoustumé, a esté permise par lesdictz sieurs commissaires, tant pour délibérer sur le faict desdictes commissions, que aultres affaires dudict diocèze.

Du jeudy, dix-septiesme dudict mois de septembre mil six cens vingt-six, de matin.

Lecture faicte du roolle des gens des trois Estatz du païs qui ont accoustumé d'avoir séance et voix délibérative en ladicte assamblée, se sont trouvés présens et assistans à icelle, assavoir, pour l'ordre ecclésiastique : M. M⁶ Pierre Enfruc, docteur en droict canon, chanoine en l'église cathédralle de Mende, envoyé du Chappitre de ladicte église ; Mʳᵉ Pierre Pégorier, docteur en théologie, sacristain et envoyé de M. d'Aubrac ; vénérable homme Jacques de Brugeron, chanoine en ladicte église cathédralle, envoyé de M. de Sainte Enymie ; M⁶ Jean Julien, lieutenant en la Cour ordinaire de Lengoigne, envoyé de M. de Lengoigne ; M⁶ Estienne de Colombet, docteur et advocat, envoyé de M. des Chambons ; M⁶ Aldebert Aldin, docteur ez droictz, envoyé de M. des Paliers. Pour MM. les barons : noble Pierre Daran de La Condamine, sieur et baron de Peyre, baron du tour, estant en personne ; M⁶ Jacques Langlade, sieur de La Fargette, juge au bailliaige de Salgues, envoyé de M. le baron d'Apchier ; noble François de Peirebesse, sieur de Clastres-basses, envoyé de M. de Céneret ; M⁶ Jean Borrelli, sieur de La Salesse, envoyé de M. le baron du Tournel ; noble Pierre de Bressolles, sieur de La Bessière, envoyé de M. le baron de Randon ; noble Pierre de Brugeron, sieur du Crouzet, envoyé de M. le baron de Mercœur ; noble Anthoine de Nugiez, sieur de La Roche, envoyé de M. le baron de Canilhac. Et pour MM. les aultres nobles : noble Pierre de Rochemeure, sieur de Fraisse, envoyé de M. d'Allenc ; Jacques Clavel, sieur du Monteil, envoyé de M. de Montauroux ;

noble Louis-Adam de Robert, sieur de Chasalz, envoyé envoyé de M. de Saint Alban ; Mre Claude de Gibertés, sieur de Montrodat, en personne ; Me Guillaume Bardon, docteur, envoyé de M. de Mirandol ; noble Jean Sales, cappitaine et envoyé de M. de Sévérac ; noble Philippe de Thézan, sieur de Barre, en personne ; noble Claude Chappelain, sieur du Cros, envoyé de M. de Gabriac ; Jean-Jacques de Columb, envoyé de M. de Portes ; noble Claude de Bressolles, sieur de Servière, en personne ; Me Nicolas Cailar, docteur ez droictz, envoyé de M. d'Arpajon ; Me Claude de Cavata, bâchelier ez droictz, envoyé de MM. les consulz nobles de La Garde-Guérin. Et pour le Tiers-Estat : noble Claude de Lestang, sieur de La Loubière ; Me Pierre Julian, praticien, et Jean Ricou, merchant, 1er, 2e et 3e consulz de la ville de Mende ; Me Pierre Jalguet, notaire royal ; Pierre Libourel, praticien, et Pierre Armand, merchant, 1er, 2e et 3e consulz de la ville de Maruejolz ; Me Pierre Montelz, 1er consul de la ville de Chirac ; sire Jean Reynier Retrun, 1er consul de la ville de La Canourgue ; Me Anthoine Bonnet, 1er consul de la ville de Saint-Chély-d'Apchier ; Me Estienne Julien, notaire royal, consul de Salgues ; Me Guillaume Bony, docteur ez droictz, 1er consul du Malzieu ; noble David Michel, sieur de Colas, 1er consul de Florac ; Me Mathieu Jassin, consul d'Yspaniac ; noble André de Fumel, sieur de Fraissinet, consul de Sainte-Enymie ; Me Jehan Grasset, consul de Châteauneuf-de-Randon ; Me Pierre Pépin, docteur ez droictz, consul de Serverette ; le sieur du Vern, 1er consul de Saint Estienne-de-Valfrancisque ; Me Martin Merle, notaire royal, consul de Lengoigne ; Antoine du Noguier, escuyer, consul de la viguerie de Portes ; Me Jean Gineste, notaire royal, consul de Barre; sire Estienne Farjon, consul de Saint-Auban; Estienne Saignier Mondis, consul du mandement de Nogaret. Tous lesquels assistans susnommés, après que leurs procurations et pouvoirs remizes, ont esté leues en plaine assamblée, et icelles trouvées suffizantes, ont presté le serement accoustumé, entre les mains de mondict sieur le président qui est, de procurer en leurs suffrages, l'honneur et gloire de Dieu, le bien et advancement du service du Roy et le repos et soulaigement du pauvre peuple et de ne reveller les oppinions et deslibérations de l'assamblée.

M. d'Entraigues, bailly de Gévaudan, commissaire ordinaire, estant venu en l'assamblée, a remonstré que la baronnye de Peyre, appartenant à présent à M. de Montbreton, comme ayant espouzé la filhe de M. de Thollet; ledict sieur de Montbreton est en ville pour se présenter et estre receu en l'assamblée, partant n'y a lieu de recevoir le sieur de La Condamine, protestant, en cas l'assamblée le recepvra, de tout ce qu'il peult et doibt au nom dudict sieur de Montbreton. Ledict sieur de La Condamine a réparti qu'il a des arrestz d'adjudication de ladicte baronnye, et qu'il est en possession d'icelle; ayant esté receu sans aulcune difficulté ez assamblées des Estatz du présent païs, des années 1624 et 1625, et aulx Estatz généraulx de la province, dernièrement tenuz à Pézénas, comme on pourra veoir par les délibérations, requérant estre faict lecture d'icelles. Sur quoy, M. le président a exorté l'assamblée de bien examiner cest affaire, sans l'entretenir en longueur, pour ne retarder l'imposition des tailles, attandu qu'on est fort proche de la fin de l'année; et d'en délibérer le plus promptement qu'on pourra. Et après lecture faicte desdictes délibérations, ensemble du cahier desdictz Estatz généraulx de l'année présente, contenant la réception dudict sieur de La Condamine, comme baron de Peyre ; a esté conclud que, sans préjudice du droit des parties, et affin que l'assamblée ne soict plus longuement occupée sur ce subject et qu'elle ayt moyen de vacquer aux aultres affaires du païs, qu'il sera faicte depputation devers ledict sieur de Montbreton, de la part de ceste assamblée, pour le prier de surceoir et suspendre les poursuittes qu'il pourroit faire, comme baron de Peyre, de la prétension qu'il a d'estre receu aulx présens Estatz, pour les raisons qui luy seront données à entendre, par MM. les depputés d'icelle, mesmes attandu que ledict sieur de La Condamine a esté receu ez assamblées des Estatz des années dernières, 1624 et 1625, et aulx Estatz généraulx de Languedoc derniers tenus à Pézénas, comme baron du tour, du présent païs.

Et à l'instant, pour parler audict sieur de Montbreton, mondict sieur le président a nommés et depputés MM. d'Aubrac, de Barre, l'envoyé de M. le marquis de Portes et le consul de Salgues.

M. le second consul de Mende a remonstré que de tout temps et suivant les anciens reiglemens, les second et tiers consulz de Mende, ont accoustumé de précéder en toutes assamblées les second et tiers consulz de Maruejolz ; ce qui n'a jamais esté mis en difficulté, ayant esté jugé par délibération des Estatz de l'année 1624, conformément aulx anciens reiglemens ; requérant l'assamblée de leur faire bailler leur rang et place ainsi qu'est accoustumé, d'aultant mesmes que les 2⁵ et 3ⁿ consulz dudict Maruejolz, n'ont aulcune entrée aulx Estatz dudict païs, pour n'estre nommés ny compris aulx commissions des Estatz généraulx de Languedoc et pour n'avoir aulcune séance ny place ausdictz Estatz, aultrement a protesté de tout ce qu'il doibt et peult protester. Et sur ce, M. le 1ᵉʳ consul dudict Maruejolz, aiant dict qu'il suffict que le second dudict Mende, précède le consul second dudict Marieujolz et le 3ᵉ dudict Mende le 3ᵉ dudict Maricujolz ; et qu'on n'a jamais veu aultrement. Lecture faicte de la délibération prinse sur ce subject aulx Estatz en l'année 1624, a esté conclud, conformément à icelle et aulx anciens reiglements, que les 2ᵉ et 3ᵉ consulz dudict Mende prendront place immédiatement l'ung après l'aultre, et précéderont les second et 3ᵉ consulz dudict Maruejolz.

M. de Barre, assisté des aultres sieurs depputés vers M. de Montbreton, a rapporté avoir faict entendre audict sieur la prière que luy estoict faicte de la part de l'assamblée, et comme il leur a promis de ne faire aulcune instance de sa réception aulx présens Estatz, comme baron de Peyre, attandu ladicte prière, soubz protestation toutesfois qu'il a faicte, de ne se préjudicier en rien à ses droictz et sans approbation de la réception dudict sieur de La Condamine.

M. des Salesses a dict, pour M. le baron du Tournel, qu'il a droict sur la baronnye de Céneret, et que ses protestations doibvent estre escriptes sur la réception de l'envoyé de Mme de S. Vidal, en la place de la baronnye dudict Céneret ; requérant l'assamblée faire escrire ses protestations pour luy servir en temps et lieu. Sur quoy a esté arresté que sesdictes protestations demeureront escriptes au présent verbal, pour servir audict sieur du Tournel en ce que de raison.

Sur la réception de M. Julien, envoyé de M. de Lengoigne, attandu qu'il est marié et non ecclésiastique, comme il est requis, qui a esté receu sans conséquence ; a esté conclud que MM. les ecclésiastiques et nobles envoyeront doresnavant de personnes de qualité requise ; scavoir, les ecclésiastiques : ung homme d'église ; et la noblesse, ung gentilhomme ; aultrement ne seront aultres personnes receuz en leur place en l'assamblée.

Sur le différent meu d'entre MM. les consuls du Malzieu et Salgues d'une part, et le consul de Saint-Chély d'aultre, de ce que ledict consul de Saint-Chély se trouvant couché en premier rang et précédant ausdictz consulz de Salgues et du Malzieu ; lesdictz consulz du Malzieu et Salgues disent qu'ilz portent le nom de consulz et portent livrée, et ledict consul de Saint-Chély, ne se nomme que procureur, n'ayant jamais porté livrée ny marque de consul, partant qu'ilz le doibvent précéder. Au contraire ledict consul de Saint-Chély soustenant estre en possession d'avoir précédé lesdictz consulz du Malzieu et de Salgues, et que sa possession estant si longue et depuis tel temps qu'il n'est mémoire de contraire, comme se vérifie par les registres du greffe des Estatz dudict païs, il doibt estre maintenu et ne peult tel ordre estre interrompu ; a esté conclud que chascun desdictz sieurs consulz prendront leur rang et place et opineront à leur tour en la forme accoustumée et tout ainsi qu'est porté par les registres dudict païs, sans préjudice du droict des parties et saulf si lesdictz consulz du Malzieu et de Salgues font apparoir de tiltre en bonne forme au contraire.

M. le sindic a expozé qu'il luy semble que le principal affaire que ceste assamblée doibt résouldre, c'est l'establissement qui se faict en ce diocèze des regretiers et commis à la vente du sel, d'aultant que MM. les commissaires sont en ceste ville, ensemble M. de Farges, ung des partizans qui travaillent à cest establissement; ce qui peult apporter plusieurs désordres en ce païs, soict par l'appréhension que le peuple a d'en souffrir de grandz dommaiges et inthérestz pour estre privez de vandre et achepter du sel en gros et en détail, comme bon leur sembloit, tout ainsi que des aultres vivres et denrées, ou pour d'aultres considérations. Et par ce moyen, pour esviter divers inconvéniens, l'assemblée doibt pourveoir à cest affaire le mieulx qu'il se pourra, pour le bien du païs et prendre telle deslibération qu'elle advisera. Sur quoy, ayant esté faicte lecture en plaine assamblée de l'édict de création desdictz offices en la province, ensemble du contract d'accord passé d'entre, MM. les sindicz généraulx de ladicte province, et M. Portallés et aultres partizans d'aultre, et aultres actes sur ce subject; a esté délibéré et conclud qu'il sera faicte députation devers le sieur de Farges, l'ung des partizans qui est en la présente ville, pour scavoir de luy les formes et conditions de cest établissement et l'accommodement qu'il vouldroit faire au païs, en cas qu'on résouldroict de luy accorder son remboursement, et que le païs vouldroict prendre sur soy lesdictz offices. Et à l'instant, M. le président a nommés et depputés, pour parler audict sieur de Farges, MM. l'envoyé de MM. du Chappitre de Mende; de M. d'Aubrac; M. le baron du Tour; M. l'envoyé de M. d'Apchier; M. de Montrodat; M. du Bouschet; consulz de Mende, de Maruejolz et de Lengoigne; pour, après leur rapport faict en l'assamblée, estre prinse telle délibération qu'elle jugera nécessaires.

Dudict jour, dix-septième, de rellevée.

M. le baron du tour a rapporté, qu'ayant MM. les aultres depputés avec luy parlé longtemps en la présence mesmes de M. le président et aultres depputés de l'assamblée à M. de Farges, et recherché tous les moyens de rédimer le païs de ceste nouveauté, et esviter s'il se peult plusieurs inconvéniens qui peuvent arriver en ce païs par l'establissement de ces offices de regretiers, il leur a remis ung estat en main, de la vente et establissement faict desdictz offices en ce diocèze, qui revient à 58,000 livres; protestant que tout ce qu'il pourroit faire ce seroit de quitter pour 50,000 livres, ou de souffrir l'establissement qui a esté desjà faict, à sa réquisition, par MM. les commissaires à ce depputés; protestant ne pouvoir faire aultre chose. Sur quoy, M. le président a dict qu'il seroit nécessaire une seconde députation pour veoir de résoudre cest affaire, attandu l'importance d'icelluy et le préjudice qu'il peult porter au publicq; pour, après avoir faict leur rapport à l'assamblée, de la négociation qu'ilz auront faict, estre par elle prinse telle délibération qu'elle advisera : et à l'instant a nommé et depputé M. l'envoyé de M. d'Apchier; M. Dumas, sieur du Bouschet; M. l'envoyé de M. de Mirandol et M. le consul du Malzieu.

M. le sindic a rapporté avoir receu plusieurs requestes qui sont présentées aulx Estatz par les habitans des villes et lieux qui ont fourny vivres aulx régimens logés en ce diocèze, pour le service du Roy et par l'ordre de Mgr de le Connestable, au mois d'aoust dernier; desquelles ce païs fut deschargé, par la faveur et crédit de Mgr le marquis de Portes, qui auroit envoyé, par deux diverses

fois, veoir mondict seigneur le Connestable, le sieur de
La Bucaille, et prié si affectionnement de faire desloger
lesdictz régimens de ce païs, comme s'ilz fussent esté
dans ses terres propres, en sorte qu'il auroit obtenu
ledict deslogement et icelluy envoyé en ce pays, par
ledict sieur de La Bucaille, qui auroict accompaigné lesdictz régimens jusques à la sortie de ce diocèse ; de
quoy les Estatz doibvent faire très humble remerciement
à mondict seigneur le marquis et le prier de continuer à
ce diocèze ses bonnes affections. Et pour le regard desdictes despenses, d'aultant que cela consiste en une
longue vériffication qui pourroit occuper l'assamblée
plusieurs jours, il luy semble qu'il seroit à propos de
renvoyer ladicte vériffication à telz MM. depputés que
l'assamblée jugera, pardevant lesquelz ceulx qui ont
fourny ces despences, remettront leurs roolles ou estatz
pour estre les sommes à eulx arrestées, imposées en l'assiette de ceste année, en cas qu'elle jugera debvoir estre
payées par le général du diocèze, comme il semble estre
raisonnable, attandu que lesdictz régimens marchoient
par l'ordre de Mgr le Connestable et pour le service du
Roy. M. le 1er consul de Mende a remonstré, sur ce
subject, qu'en l'absence de MM. les aultres commis,
depputés et sindic du païs, aiant esté requis par homme
exprès, envoyé par MM. les consulz et habitans de Lengoigne, de s'acheminer en ladicte ville pour pourveoir
au deslogement des trouppes qui y estoient desjà logées
et à leur nourriture et entretenement, il se seroit transporté, accompaigné de M. Adam Chevalier, docteur ez
droictz ; et estant audict Lengoigne, auroit trouvé partie
du régiment de M. de Verdun, logé dans quelques granges et les habitans de Lengoigne en armes ; de sorte que

les ungz contre les aultres faisoient corps de garde. Et
affin d'esviter aulx malheurs et désordres qui en pouvoient arriver, après avoir veu l'ordre de Mgr le Connestable, par lequel ilz avoient leur logement audict
Lengoigne, il auroit convenu, avec les habitans et les
chefs dudict régiment, de leur nourriture, et laissé
M. André Roux, substitut au greffe du bailliaige de Gévaudan audict Lengoigne, pour tenir l'estat et contrerolle des vivres qui seroient fourniz par lesdictz habitans, pour le tout leur estre impozé en la prochaine
assiette, selon l'obligation qu'il leur auroict faicte, affin
de leur donner subject de ne faire difficulté de fournir
lesdictz vivres. En ayant faict de mesmes à Salgues et au
Malzieu, Saint-Chély et aultres lieux où il se seroit aussi
transporté, assisté dudict sieur Chevallier ; requérant
l'assamblée le rellever des obligations qu'il a faictes sur
ce subject pour le bien et affaires dudict païs, et pour
esviter aulx malheurs que, pour ce deffault, en pourroient arriver, ce faisant, imposer et faire payer ce
à quoy peuvent revenir lesdictz vivres à ceulx qui en ont
faict les fournitures et le recognoistre desdictz voiaiges
que luy et les aultres ont faict à sa prière. Sur quoy
l'affaire mis en délibération, a esté conclud que Mgr le
marquis de Portes sera très-humblement remercié du
soing particulier qu'il a eu au bien et soulaigement de ce
païs, pour sortir hors de ce diocèse lesdictz régiments et
le descharger des foulles qu'il souffroit ; à cest effect,
ont esté nommés et depputés : MM. l'envoyé de MM. du
Chapitre de Mende, de M. d'Aubrac, de M. de Sainte
Énimye, de M. le baron du tour, M. de Montrodat, M. de
Barre, consulz de Mende, de Maruejolz, de Lengoigne
et de Florac ; et que ledict sieur de Lestang, 1er consul

de Mende, est remercié du soing qu'il a eu, à l'absence de MM. les aultres commis du païs, au logement desdictz régimens, pour empescher les désordres qui pouvoient survenir à faulte d'y estre proveu. Aussi a esté conclud que les despences faictes et souffertes, par les habitans d'aulcunes villes et lieux du païs, à la fourniture des vivres par lesdictz régimens, seront rejectées sur le général du diocese. A ces fins, ceulx qui en ont faict les advances remettront leurs roolles et estatz pardevant MM. les commis, députés et sindic dudict païs, ausquelz l'assamblée a donné et donne pouvoir de vériffier et arrester leursdictz roolles, à telles sommes que par eulx sera advisé, pour après, icelles sommes estre imposées en l'assiette de l'année présente et payées par le receveur du diocèse, à ceulx à qui elles seront deues. Et pour cest effect, MM. les commissaires de l'assiette sont requis d'en faire l'imposition, à la charge que ledict sindic poursuivra et obtiendra la vallidation de ladicte imposition au Conseil de Sa Majesté, et que le païs rellevera lesdictz sieurs commissaires de tous fraiz, despans, dommaiges et inthéretz qu'ilz pourroient souffrir, pour raison de ladicte imposition.

Ledict sieur sindic a remonstré que, par l'accord passé par le païs avec le sieur de S. Roume, ledict païs luy est débiteur de la somme de 22,000 livres, oultre les fraiz de l'expédition des lettres d'assiette ; lequel sieur de S. Roume a depuis obtenu lesdictes lettres d'assiette. Requérant l'assamblée délibérer sur cest affaire, attandu que ledict sieur de S. Roume prétend que toute sa partie luy soict imposée ceste année, comme estant les termes de payement escheuz. Sur quoy, lecture faicte de l'arrest du Conseil d'Estat et Lettres d'assiette sur icelluy ; a esté conclud que MM. les commissaires sont requis d'imposer, en la présente assiette, la somme de 11,000 livres, pour la moytié de ce quest deub audict sieur de S. Roume ; et, pour les fraiz desdictes lettres d'assiette, renvoyé à MM. les commis, sindic et depputés de ce païs pour faire imposer ce que lesdictz fraiz monteront, suivant le contract d'accord et licquidation que pardevant eulx en sera faicte ; à la charge toutesfois que ledict sieur de S. Roume, obtiendra, de Messieurs les commissaires, présidans pour Sa Majesté aulx Estatz généraulx de la province, les lettres d'attache sur ce nécessaire en bonne forme, ainsi qu'est accoustumé.

M. l'envoyé de MM. du Chappitre de Mende, a faict rapport que les aultres sieurs depputés et luy, ayant faict remerciement très-humble à Mgr le marquis, du soing particulier qu'il a eu pour faire desloger de ce diocèse les régimens qui y avoient esté envoyés par ordre de Mgr le Connestable et supplié de continuer ses bonnes voluntés à ce païs, mondict seigneur les a assurés de l'affection qu'il porte à ce diocèze à luy procurer tout le soulaigement qu'il luy sera possible et les a chargés d'en faire rapport à l'assamblée et de les en asseurer comme il leur a cy-devant faict entendre.

Sur l'exposition faicte par M. le sindic du païs, que par délibération des Estatz généraulx derniers, tenus à Pézénas, aiant esté arresté de faire recherche des péaiges extraordinaires et sans tiltre qui se lèvent au nom de plusieurs seigneurs du païs, au préjudice du publicq, entre aultres par M. le comte du Roure, pour ung péaige qui se prend soubz son nom, sur la rivière des Gourdons, dans ce diocèze ; a esté conclud qu'il sera escript, par ledict sindic, au nom des présens Estatz, audict seigneur comte du Roure, pour le prier de faire veoir les tiltres qu'il a pour la levée dudict péaige, pour après, veu lesdictz tiltres, en faire rapport pardevant MM. les commis et depputés du païs et par eulx y estre proveu. Et en cas qu'il n'auroit aulcun tiltre, le prier aussi de faire cesser la levée dudict péaige ; et à son reffus, le poursuivre en justice, pour en obtenir toutes ordonnances nécessaires ; le tout ainsi qu'il sera jugé par lesdictz sieurs commis.

M. le premier consul de Mende a remonstré que, près ladicte ville, sur la rivière d'Olt, y a ung pont appellé de Nostre-Dame ; auquel pour esviter la ruyne, les habitans de ladicte ville auroient faict faire de réparations nécessaires à la grosse pille qui soustient la grand arcade, en l'année 1623, jusques à la somme de 8 ou 900 livres ; à quoy ledict païs n'a rien contribué ; sans lesquelles réparations ledict pont seroit par terre. Néantmoingz du depuis, par les grandes inondations d'eaulx, ladicte grosse pille se treuve ruinée aulx fondements qui menace à présent l'entière démolition dudict pont, s'il n'y est promptement proveu, selon mesmes le rapport que Me Jean Brun, architecte, qui en a faict la vériffication, estimant que pour faire remettre ledict pont, à présent en estat, cousteroit plus de 2,000 livres ; tellement qu'il est nécessaire de pourveoir en dilligence à ladicte réparation. A ces fins a requis l'assamblée qu'il luy plaise faire ung fondz en l'assiette pour en estre prins la portion que ledict diocèze debvra payer pour raison de ce, en la forme portée par les reiglemens faictz, touchant la repparation des pontz ; protestant, à faulte de ce, de tout ce qu'il peult et doibt. A esté concluds que, vériffication faicte des réparations nécessaires à faire audict pont et les formalités accoustumées, gardées et observées, lesdictes réparations seront baillées à pris faict aulx moings disant, pardevant MM. les commis, depputés et sindic dudict païs, conformément aulx précédantes délibérations prinses sur les réparations des ponts en ce diocèze, et pour cest effect est donné pouvoir ausdictz sieurs commis, sindic et depputés, de passer tous contractz de pris faictz nécessaires et d'emprunter la portion dudict diocèse, aulx inthérestz pour ung an, pour estre payée à ceulx qui prendront lesdictz pris faict ; à la charge que ladicte somme sera imposée en la prochaine assiette pour le remboursement d'icelluy qui en aura faict le prest, et ledict sindic rellevé de ladicte obligation par ledict païs. Et pour le regard des réparations à faire à aultres pontz dudict diocèse, a esté aussi conclud que les formalités gardées et observées et les vérifficitations et moings dictes faictes comme dessus, en sera faict de mesmes par lesdictz sieurs commis, sindic et depputés dudict diocèze.

Sur la requeste présentée par Jean Vincens, habitant de Mende, tendant à ce qu'aiant esté faict prisonnier par les rebelles à Sa Majesté, près Saint-Ambrueys, et luy ayant esté vollé une charge de cadis qu'il conduisoit pour vandre au bas Languedoc ou en Provence, il auroit esté conduict dans ladicte ville de Saint-Ambrueys, où il auroit esté dettenu trois ou quatre mois, avec grand détresse et n'auroit esté eslargi que par le moyen de la paix, de sorte qu'a cause du mauvais traictement qu'il receut pendant son emprisonnement, il auroit esté depuis malade et ne peult encore travailler pour gaigner sa vie et de ses femme et enfans ; ne luy estant resté aulcuns moyens pour vivre. Et parce qu'il est réduict à l'extrême pauvreté, a prié l'assamblée avoir esgard à sa perte et luy accorder charitablement telle somme qu'elle advisera. Sur quoy l'assamblée ayant esgard à sa requeste, luy a accordé charitablement la somme de cent livres, laquelle MM. les commissaires de l'assiette sont requis imposer au département de l'année présente.

Du vendredy, dix-huictième jour du susdict mois de septembre, de matin.

MM. les depputés, vers le sieur de Farges, ont rapporté par la bouche du sieur de La Fargette, l'ung d'iceulx, qu'après une longue conférance par eulx faicte avec ledict sieur de Farges, en présence de M. le président et de quelques aultres MM. des Estatz, ilz n'auroient rien peu advancer, aiant protesté ne pouvoir faire aultrement que d'establir les regretiers par tout ce païs, en la forme portée par l'ordonnance de MM. les commissaires, comme aiant desjà vendu tous lesdictz offices ; ou seroict que s'estant réservé quelque pouvoir lhors desdictes ventes on remboursast lesdictz acquéreurs, qu'il feroit contenter pour 30,000 livres au dernier mot; ne pouvant le faire à moindre pris. Et c'est la dernière parolle qu'ilz ont peu obtenir de luy ; de sorte que c'est à l'assamblée à dellibérer sur cest affaire.

M. du Bouschet a aussi dict qu'après ceste conférance, il luy en a encores parlé en particulier, et qu'il n'a peu rien advancer. Sur quoy lecture faicte de la délibération prinse sur ce subject aulx Estatz généraulx derniers tenus à Pézénas, ensemble de l'édict du Roy, contenant création desdictz offices en Languedoc et du contract passé pour raison de cest establissement, par MM. les sindicz desdictz Estatz généraulx et le sieur Portallés et Duranc et aultres actes, a esté délibéré et conclud qu'attandu que la volonté de Sa Majesté, suivant ledict édict, est de faire establir des regrettiers en ce païs, que ledict païs souffrira ledict establissement ; mais d'aultant qu'en l'exercice desdictz offices, peuvent survenir plusieurs abus, que le syndic du diocèse est chargé de poursuivre le reiglement et ordre qu'on doibt garder, et s'il se peult, faire bailler la cognoissance desdictz abus en première instance aulx officiers ordinaires des lieux, et en oultre de faire faire de mezures, conformément à la deslibération desdictz Estatz généraulx.

M. le sindic a remonstré qu'au mois de janvier dernier, Mgr le marquis de Portes, se trouvant en Languedoc, et ayant plusieurs trouppes de Sa Majesté à loger dans la province, suivant l'ordre qu'il en avoit receu de sadicte Majesté, il auroict faict convocquer une assamblée de la séneschaussée en la ville de Beaucaire pour prouvoir audict logement, par munitions de vivres ou par payement en argent, et saulf à rejecter le tout sur le général de la province. En laquelle assamblée MM. les consulz de Mende, aiant assisté par commandement de mondict seigneur, il auroit esté résolcu en icelle, de faire un fondz, qui seroict fourny par les diocèzes de Nismes, Uzès et Mende, de la somme de 50,000 livres, pour estre mize es mains du sieur Philibert Bon, receveur des tailles au diocèse de Nismes, et par luy payée, selon l'ordre et taux qui seroict faict par mondict seigneur le marquis. La portion de laquelle somme du présent diocèze, fut taxé à 12,000 livres, quoyqu'elle moniast davantaige. Moyennant laquelle, mondict seigneur le marquis auroit asseuré lesdictz sieurs consulz d'exempter ce diocèze du logement desdictes trouppes, qui eussent faict de despences à plus que le double de ladicte somme ; pour le payement de laquelle somme MM. les commis, sindic et depputés, auroient faict procuration à M. Fulcarand Tondut, advocat, et François de La Roche, receveur des tailles du païs, pour l'emprunter ; ce qu'ayant esté par eulx faict par leur obligation faicte à M. de Massanne, lesdictz sieurs commis, sindic et depputés auroient après ratiffié ladicte obligation et promis rellever d'icelle lesdictz sieurs de La Roche et Tondut et de faire imposer la somme aulx présens Estatz, et icelle payer audict sieur Massanne ; de sorte que par la grande faveur et soulaigement qu'il a pleu à mondict seigneur de faire à cedict païs, par l'exemption du logement desdictz gens de guerre, il est raisonnable que lesdictz sieurs commis, sindic et depputés soient rellevés de ladicte obligation et que l'imposition de ladicte somme soict faicte en la présente assiette, pour estre payée audict sieur Massanne, à la descharge desdictz sieurs de La Roche et Tondut, et de plus qu'il est nécessaire de faire très-humble remerciement, à mondict seigneur, du soing particulier qu'il a eu de soulaiger cedict diocèze dudict logement et de le supplier de luy continuer ses bonnes affections à leur soulaigement. Et par mesme moyen, seroict à propos le supplier aussi faire en sorte que la marque des draps et taxe du droict d'iceulx qui se continue en ce païs, se face en la forme qu'on a uzé jusques à présent, pour esviter aulx malheurs et désordres que, faisant aultrement suivant la rigueur des édictz et règlement, en pourroient arriver, et ce jusques à ce que MM. les députés en Cour, par les Estatz généraulx de Languedoc, seront de retour, qui ont charge desdictz Estatz de faire de très-humbles remonstrances à Sa Majesté sur ce subject. Sur quoy lecture faicte du verbal de ladicte assamblée tenue à Beaucaire, ensemble de la délibération desdictz sieurs commis, procuration, coppie de l'obligation et ratiffication susdictes, a esté conclud que ladicte somme de 12,000 livres sera imposée en la présente assiette, et MM. les commissaires requis d'en faire l'imposition, à la charge que ledict sindic obtiendra la validation nécessaire pour estre, ladicte somme, payée aulx termes des aultres deniers par le receveur dudict diocèse, audict sieur Massanne, à la descharge desdictz sieurs Tondut et de La Roche. Aussi a esté conclud que mondict seigneur sera très-humblement remercié, de la part de l'assamblée, du soing particulier qu'il a eu de ce diocèse, l'ayant exempté du logement desdictes troupes et supplié de luy continuer ses bonnes affections, de faire en sorte que jusques à ce que MM. les depputés des Estatz généraulx de Languedoc, en Cour, soient de retour, qui ont charge expresse de faire très-humbles remonstrances à Sa Majesté pour le faict de la marque des draps en la province ; que ladicte marque et taxe d'icelle se fera en ce païs en la mesme forme dont on a uzé jusques à présent pour esviter à plusieurs désordres et malheurs ; que s'il se faisoit aultrement en pourroict arriver. Et à l'instant pour faire ledict remerciment et supplication à mondict seigneur le marquis, ont esté nommés et députés MM. les envoyés de MM. d'Aubrac et de Ste Enymie, MM. de Montrodat et de Servières, consulz de Maruejolz et de Lengoigne.

M. le président a remonstré que le sieur de La Bucaille, aiant faict deux ou trois voiaiges en poste, de la ville de Pézénas en celle de Vallance, porter les dépêches faictes par mondict seigneur le marquis de Portes, à feu

Mgr le Connestable, pour faire sortir hors de ce diocèze les deux régimens des sieurs de Verdun et de Bourbonne, qui y avoient esté logés au mois d'aoust, par l'ordre de mondict seigneur le Connestable ; et après avoir obtenu ordonnance de deslogement, faict aultre voiaige en cedict diocèse, pour faire sortir d'icelluy lesdictes troupes, suivant ladicte ordonnance et commandement qu'il en avoit ; ausquelz voiaiges, aiant faictz plusieurs fraiz, il semble estre raisonnable que ledict sieur de La Bucaille en soit remboursé et recogneu, selon sa qualité, du soing et dilligence qu'il y a apporté. Sur quoy, ouy ledict sieur sindic, qui a asseuré l'assemblée lesdictz voiaiges avoir esté fort utiles et profitables audict diocèse et avoir esté faictz à grandz fraiz et avec grande dilligence, a esté accordé audict sieur de La Bucaille, pour toutes choses, cent pistolles, qui luy seront impozées et payées l'année présente, et MM. les commissaires de l'assiette requis d'en faire l'imposition.

M. le baron de Peyre a remonstré que la dame religieuse des Chambons, s'estant mise en debvoir de faire édiffier une chapelle en son monastère, elle y a employé la pluspart du revenu de son abbaye et n'a moyen de parachever ce bon œuvre, sans le scours du païs ; requérant l'assemblée luy accorder ce qu'elle advisera. A esté conclud qu'il est accordé, à ladicte dame religieuse, pour faire continuer l'édiffice de ladicte chapelle, la somme de 150 livres, que lesdictz sieurs commissaires de l'assiette de l'année présente sont requis imposer.

Dudict jour, dix-huictiesme de septambre, de rellevée.

MM. les depputés, vers mondict seigneur le marquis de Portes, ont rapporté, par la bouche de l'envoyé de M. d'Aubrac, qu'après avoir faict très-humble remerciement à mondict seigneur, du soing particulier qu'il a eu au soulaigement de ce diocèze, aiant faict desloger d'icelluy les deux régimens des sieurs de Borbonne et de Verdun et deschargé de plusieurs foulles et oppressions, avec prière de continuer la mesme affection à cedict diocèze, aulx occurrences qui se présenteront, mesmes pour l'aunaige et marque de draps, en cedict diocèse, qui apporte de grandz désordres et foulles ; mondict seigneur leur a reparti et protesté qu'il a et aura cedict païs, en une telle recommandation que, lorsque les occasions s'en offriront, il fera, pour le soulaigement d'icelluy, tout ce qui sera de luy, non pas en qualité de lieutenant en icelluy, pour Sa Majesté, mais en qualité de frère et vray protecteur, mesmes pour ledict aunaige et marque de draps ; pour lequel subject il escrira à M. le président de Caminades et le priera de donner le reiglement nécessaire, au plus grand soulaigement du païs que faire se pourra, ce cependant qu'il taschera de faire demeurer cest affaire en l'estat qu'il a esté durant l'année dernière et jusques à présent.

M. le commissaire principal a aussi rapporté que, pour ce qui regarde la confiscatiou des draps par faulte dudict aunaige ou marque d'iceulx, dont Sa Majesté a faict don à Mgr le duc de Montmorancy, que mondict seigneur le marquis luy a protesté qu'il fera en sorte que pour raison desdictes confiscations ce païs ne recepvra aulcun mauvais traictement.

M. du Bouschet, juge du bailliaige de Gévaudan, a remonstré que le sieur de Chazalz, aiant passé contract d'accord avec le païs, le 15ᵉ d'octobre 1619, par lequel il est deub, audict sieur de Chazal, la somme de 3,000 livres ; de laquelle il auroit depuis faict donation en préciput et advantaige à damoiselle Françoise de Chazalz, sa fille, en faveur et contemplation de son mariage avec noble Estienne Dumas, sieur de Colanhes, et dont il n'auroit eu moyen d'en estre payé, non pas mesmes d'aulcuns intérestz, oultre ce, ez années 1587 et 1588, aiant esté imposé par articles d'assiette, à feu noble André Baldit, lieutenant de prévost en ce diocèse, la somme de 200 escus par an, et après son décès, en l'année 1589, aussi par aultre article d'assiette, soubz le nom des hoirs dudict feu Baldit, la somme de 100 escus, ledict feu Baldit ny ses hoirs n'en auroient néantmoings esté payés, qu'elles dilligences qu'en ayent esté faictes contre les receveurs, comme se peult veoir par la requeste qu'il a en main, présentée aulx Estatz de ce païs en ladicte année 1589, qui a esté appoinctée en ladicte assamblée ; à cause de quoy a requis lesdictz Estatz de pourveoir au payement desdictes sommes, ou pour le moings des inthérestz d'icelles, attandant la permission d'en faire l'imposition. Sur quoy, veu ledict contract d'accord et aultres actes, a esté conclud que le sieur sindic obtiendra le plustost que faire se pourra les lettres d'assiette nécessaires pour faire l'imposition de ladicte somme de 3,000 livres deue, suivant ladicte transaction, audict sieur de Chazalz. Et cependant, pour l'année présente, que les apportz desdictz 3,000 livres, luy seront imposées en l'assiette prochaine, et lesdictz sieurs commissaires d'icelle requis d'en faire l'imposition. Et pour les aultres demandes touchant lesdictz articles d'assiette, qu'il en sera faicte vérification pardevant lesdictz sieurs commis, sindic et depputés, pour ladicte vériffication faicte, estre sur ce prinse telle deslibération qu'il appartiendra.

Le sieur Pierre Barthélemy, de Mende, a expozé qu'en l'année 1621, luy aiant esté faict et passé bail, par MM. les commis, sindic et depputés dudict diocèse, ensuitte de la deslibération des Estatz, du droict de l'équivallent de cedict diocèze, pour le trienne dernier, commencé le 1er de septembre 1621 et fini le dernier d'aoust 1624, sur la folle enchère de M. Jacques Maistre, et à faulte par icelluy d'avoir baillé cautions. En vertu duquel bail, estant entré en jouissance, il auroit esté empesché, tant à cause des inhibitions qui luy auroient esté faictes à l'instance dudict Maistre d'authorité de la Cour des Aydes de Montpellier, que des mouvemens qui survindrent la mesme année. Ensuitte de quoy, l'instance auroit esté introduicte au Conseil privé du Roy, où ledict sindic auroit esté appellé en garantie, et tant procédé que par arrest, la cause et parties auroient esté renvoyées en ladicte Cour des Aydes ; laquelle après plusieurs poursuittes, par son arrest, auroit cassé ledict bail et condempné ledict Barthélemy à rendre compte audict Maistre ou Barbut, son cessionnaire, commis de clerc à Maistre avec despans, dommaiges et inthérestz, saulf audict Barthélemy, sa garantie contre ledict sieur sindic dudict diocèse ; laquelle garantie ayant esté depuis instruicte par ledict Barthélemy et estant à présent en estat d'estre jugée, il s'asseure obtenir arrest a son proffict, puisque ledict bail a esté cassé et ledict sieur sindic condempné à le garantir et rellever de tous despans, dommaiges et intérestz par luy souffertz, en soustenant ledict bail, et pour avoir esté contrainct de paier la folle enchère à la recepte géneralle avec plusieurs taxatz ; néanmoings, pour ne plaider avec le païs, il offre de sortir dudict différant à l'admiable proveu qu'il plaise à l'assamblée faire digne considération de cest affaire et des fraiz qu'il a exposés à la poursuitte, qui montent plus de 8,000 livres, oultre 6,000 livres de ladicte folle enchère, et aultres despens et inthérestz. Sur quoy a esté conclud qu'il sera faicte depputation devers ledict sieur Barthélemy, pour scavoir son intention et ses prétensions, pour après, les députés ouys en l'assamblée, prendre telle deslibération qu'elle advisera. Et à l'instant ont esté nommés et depputés MM. les envoyés de M. d'Apchier et de M. d'Allenc et ledict sindic dudict païs.

M. le commissaire principal a remonstré que despuis l'establissement faict, en la ville de Mende, d'ung couvent des pères Capucins, il a esté aussi estably une mission en la présente ville de Maruejolz et en celle de Lengoigne ; et parce que ce sont gens de bonne vie et exemple, et attandu qu'ilz sont mandians, l'assemblée doit estre excitée à leur despartir leurs aulmosnes et libéralités, affin qu'ilz ayent moyen s'entretenir plus commodement audict diocèse et continuer le bastiment de leur couvent et églizes, comme aussi aulx pères Jacobins dudict Maruejolz, que de mesmes sont de bon exemple. Et sur ce M. le président ajant aussi remonstré le fruict que ce païs reçoit desdictz pères Capucins et Jacobins et exorté de leur donner libérallement et charitablement ce qu'elle advisera ; a esté accordé par aulmosne et charité ausdictz pères Capucins, de Mende, Maruejolz et Lengoigne et Jacobins dudict Maruejolz, la somme de 1,000

Histoire, etc.   40

livres ; laquelle lesdictz sieurs commissaires de l'assiette, de l'année présente, seront requis imposer pour estre payée ausdictz pères Capucins et Jacobins, suivant la distribution qu'en sera faicte par MM. les commis, députés et sindic dudict païs.

Sur les requestes présentées par Jean Devezolle, Jacques Grégoire et François Brès, Jean Chausse et Anthoine Sévenier, de Florac ; noble Anthoine de S. Martin, sieur de Vammalle et aultres, tant pour œuvres pies que aultres ; a esté conclud que les supplians sont renvoyés à la prochaine assamblée des Estatz dudict païs.

M. le premier consul de Mende a remonstré que pour raison de la somme de 3,600 et tant de livres que le sieur de Mérimond préthend luy estre deue par les habitans de ladicte ville de Mende, il auroict poursuivy MM. les consulz des années précédentes en la Cour souveraine des Aydes et contre eulx obtenu arrest de condempnation. Et d'aultant que cest affaire concerne le général dudict diocèze, lesdictz sieurs consulz aiant faict appeller en ladicte Cour le sieur sindic dudict païs, pour garantir et rellever ladicte ville, du principal, despans et apportz, tant procédé que par aultre arrest donné, parties omis, ledict païs a esté condamné à rellever et garantir ladicte ville envers ledict sieur Mérimon, tant du principal que despans et apportz ; et veu que cest affaire est jugé par arrest, contre lequel ledict sieur sindic ne peult alléguer aulcune exception, et qu'il n'est raisonnable que lesdictz consulz et habitans soient vexcès pour raison de ce ; et en oultre qu'ilz doibvent estre payés et remboursés des inthérestz receus par ledict sieur Mérimon, ensamble des despans, conformément audict arrest ; a requis l'assamblée faire imposer ladicte partie principalle, pour estre payée audict sieur Mérimon et lesdictz inthérestz et despans ausdictz consulz et habitans pour leur dict remboursement et payement. Sur quoy, ouy ledict sieur sindic, qui a dict avoir plusieurs raisons pour faire retracter ledict arrest par requeste civile, si l'assamblée le trouve bon ; a esté conclud que cest affaire est renvoyé ausdictz sieurs commis, sindic et depputés, ausquelz lesdictz Estatz ont donné pouvoir de le bien examiner et vériffier et d'accorder avec lesdictz sieurs consulz et habitans, en la forme que par eulx sera advisé, et à cest effect d'en passer tous contractz requis et nécessaires.

Sur la requeste présentée par Pierre Brunenc, merchant, de Saint-Latgier, tendant à ce que pour rédimer trois cents huict pièces cadis que M. Felgeyrolles, soy disant commis du sieur de S. Montan, pour raison de la marque des draps, en ce diocèze, luy avoit faict saisir au milieu du grand chemin, par les soldatz de la Grange, quoique ledict Brunenc eust ung billet dudict Felgeyrolles et receu de Jacques Joyes, commis à Maruejolz, cinquante-deux plombs ; il auroit esté contrainct bailler audict Felgeyrolles 100 pistolles. Et parce que c'est ung affaire qui touche le général, a requis l'assamblée d'en faire enquérir au nom et fraiz du païs, pour après faire les poursuittes nécessaires contre ledict Felgeyrolles. Lecture faicte de ladicte requeste, a esté conclud que le sindic se joindra en l'instance et poursuitte nécessaire qui sera faicte par ledict Brunenc, et à ses fraiz et despans, si bon luy semble, sans que ledict diocèse contribue ny se constitue en aulcuns despans pour ce regard.

Du sabmedy, dix-neufviesme jour dudict mois de septambre, de matin.

M. le juge du bailliaige de Gévaudan a remonstré, qu'aiant receu commandement de mondict seigneur le marquis, sur la fin de mars dernier, d'aller publier en divers lieux et villes de ce diocèze la déclaration du Roy, contenant la paix qu'il donne à ses subjectz, avec une ordonnance de mondict seigneur le marquis ; ensuite il se seroit incontinant transporté en ceste ville de Maruejolz, en celles de Sainte-Enimie, Florac, Barre et aultres lieux de ce diocèse, accompaigné du commis du greffier de ladicte Cour du bailliaige et aultres, où ilz auroient employé huict journées entières. Et parce qu'il n'est raisonnable que les fraiz de ce voiaige soient payés par luy ny par ceulx qui l'accompaignaient, et veu que c'est pour le bien du général, a requis l'assemblée y avoir esgard et de faire imposer, l'année présente, les fraiz et vaccations dudict voiaige, tant pour luy que pour ledict commis du greffier et aultres ; a esté conclud que, par lesdictz sieurs commis, sindic et députés, sera pourveu à la licquidation desdictz fraiz et vaccations dudict voiaige, comme ilz adviseront, pour estre impozé et payé l'année présente audict sieur juge et aultres.

M. le premier consul de Mende a requis l'assemblée pourveoir au payement de la somme de 6,000 livres que le païs doibt aulx pauvres de l'hospital de ladicte ville, par divers arrestz de la Cour des Aydes de Montpellier, à cause du razement de leur ancienne maison et hospital de ladicte ville, ou pour le moings leur en faire impozer et payer les apportz, comme l'année précédente, sans préjudice des apportz des années dont lesdictz pauvres n'ont esté payés ; a esté conclud que lesdictz sieurs commissaires de l'assiette seront requis impozer, l'année présente, les inthérestz de ladicte année de ladicte somme, pour estre payée ausdictz pauvres, tout ainsin que les années précédentes.

M. l'envoyé de M. d'Apchier a rapporté avoir parlé, avec M. l'envoyé de M. d'Allenc, au sieur Barthélemy ; et après plusieurs discours et exhibitions d'actes que leur a esté faicte par ledict sieur Barthélemy, il leur a protesté qu'il aimoit mieux perdre à l'amiable que de plaider avec le païs, pourveu qu'il pleut à l'assamblée considérer l'affaire ; ayant protesté qu'il a faictz de despans à la poursuitte d'icelluy pour plus de 8,000 livres ; et d'aillieurs la juste cause qu'il a d'estre rellevé par ledict païs ; veu mesmes qu'il en a obtenu arrest de condempnation, n'estant à présent question que d'en faire la licquidation et taxe. Sur quoy, ouy ledict sieur syndic, qui a dict que cest affaire conciste en vériffication d'actes ; ce qui ne se peult faire que sur les productions du procès ; a esté conclud que pardevant lesdictz sieurs commis, sindic et depputés, sera faicte vériffication de cedict affaire et licquidation des prétensions dudict Barthélemy, pour en demeurer d'accord avec luy, s'il se peult. A cest effect les Estatz leur ont donné pouvoir d'accorder et passer sur ce toutes transactions requises et nécessaires.

Sur la requeste présentée par les habitans de la terre et barronnye de Peyre, tendant à ce qu'il plaise aulx Estatz de pourveoir aulx désordres qui se commettent annuellement en ladicte terre, par le moyen des gens de guerre qui y sont chascun an conduictz pour faire la levée des censives ; attandu que c'est au préjudice et dommaige du pauvre peuple, qui est contrainct nourrir lesdictes gens de guerre et souffrir plusieurs oppressions à cause de ce. Lecture faicte de ladicte requeste en plaine assamblée, a esté conclud que mondict seigneur le marquis, sera supplié de pourveoir à l'empeschement desdictz désordres, pour le bien et soulaigement des habitans de ladicte terre.

M. du Bouschet, juge en la susdicte Cour du bailliaige, a remonstré que feu Combes, qui naguières a esté exécuté à mort, en la ville de Mende, d'authorité du prévost de ce diocèze, ayant une maison appellée Villeneufve, près la montaigne de la Lozère et du Pont-de-Montvert, où il avoit accoustumé se retirer avec ses complices, comme estant fortiffiée ; du depuis son filz avec quelques aultres sieurs complices et de sondict père, se retirent aussi dans ladicte maison, et se sont fortiffiés dans icelle ; de sorte qu'on ne les peult attraper pour les mettre entre les mains de la justice, pour estre punis de plusieurs excès et volleries qu'ilz commettent. Et parce qu'il importe au païs que ladicte maison soit razée, pour oster ceste retraicte à telle sorte de gens, suivant mesmes le commandement que mondict seigneur le marquis luy a faict d'en faire ceste proposition ; il a requis l'assamblée délibérer sur ledict razement et pourveoir au desdommaigement du propriétaire d'icelle, s'il y a lieu. Ouy sur ce ledict sieur sindic, qui a dict que M. le comte Du Roure prétend ladicte maison estre mouvante de sa directe, en oultre qu'il dict icelle luy appartenir, tant comme créancier dudict feu Combes, que par le moyen de la confiscation de biens portée par la sentence de condempnation à mort dudict Combes, attandu qu'il estime ladicte confiscation luy appartient ; et par ce moyen il croiroit avoir de grandz desdommaigement contre le diocèse, il luy semble qu'il seroict à propos de scavoir sur ce subject l'intention dudict sieur comte Du Roure, auparavant que dellibérer dudict razement ; a esté conclud que ledict sieur sindic escrira audict sieur comte du Roure, pour scavoir de luy les droictz et inthérestz qu'il a sur ladicte maison et ce qu'il prétendroit en cas que le razement s'en feroict, et après en fera rapport à MM. les commis et depputés dudict païs, pour par eulx estre délibéré sur ledict razement, s'il y a lieu, et à ces fins les requestes et supplications nécessaires à mondict seigneur le marquis sur ce subject.

M. Estienne Armand, lieutenant de M. le prévost général du païs de Languedoc, en ce diocèse, s'estant présenté à l'assamblée, a remonstré avoir faict plusieurs chevauchées extraordinaires avec son greffier et archers, depuis les Estatz derniers et un grand nombre de procédures qu'il a remises devers le greffe de la prévosté dudict païs, aiant faict faire des exécutions à mort et faict fouéter et marquer d'aultres, ainsi que se peult voir par les sentences, oultre ce a obtenus décretz de prinse de corps contre plusieurs complices qu'il tache, en toute dilligence, de faire mettre à exécution ; si bien qu'il a dissipé une caballe de volleurs qui s'estoient logés au quartier de Lozère, en nombre de dix ou douze ; du nombre desquelz estoient Bernard Reboul, qui a esté exécuté à mort en la ville de Mende, les aultres s'estant rendus fuitifz, de sorte que ce quartier est à présent libre, pour aller et venir, où au contraire les merchans n'ozoient passer auparavant. Et parce qu'il est en continuelle dilligence pour faire saisir lesdictz complices, tant de ce quartier que aulx aultres endroictz du diocèze, et qu'il a faict plusieurs fraiz et despences extraordinaires pour la saisie dudict Reboul et aultres, et qu'il est nécessaire qu'il continue ses chevauchées extraordinaires pour tenir les chemins en seureté et exemptz de volleurs, a requis et supplié l'assamblée y avoir esgard et luy accorder ce qu'elle advisera ; la suppliant de croire qu'encores qu'il aye perdu son filz aîné, pour le service du païs, qui avoit esté receu en l'exercice de ladicte charge en son absence, y ayant trente ans ou environ qu'il a servi ledict païs en icelle ; néantmoingz son désir n'est à aultre fin qu'à employer le reste de ses ans, au service de Sa Majesté et dudict païs en l'exercice de ladicte charge. Sur quoy, M. le vicaire et président a réparti audict sieur prévost que le païs avoit agréable ses services et l'a exorté de continuer, comme il avoit faict par le passé, et de faire encores mieulx s'il pouvoit pour l'advenir.

M. de Barre a remonstré que sur l'assassinat commis à la foire de la Magdelène dernière, au lieu de Barre, en la personne d'ung filz du sergent Piguet, il auroict faict saisir celluy qui avoit faict ledict assassinat, et après avoir faict faire les poursuittes nécessaires par ses officiers dudict lieu, il l'auroict faict conduire en la Chambre, à Béziers, où il croit d'obtenir bientost arrest de condempnation. Et parce que cest acte est faicte en plaine foire qui touche le général, comme estant exemplaire et que tous les fraiz ont esté par luy fournis, qui reviennent à plus de 300 livres ; et veu que le prisonnier n'a aulcune partie civile, a requis et supplié l'assamblée luy faire imposer la somme de 400 livres, moyennant laquelle il offre payer les espices dudict arrest et tous fraiz de l'exécution d'icelluy ; a esté concluld que ledict sieur de Barre se retirera à MM. les commis, depputés et sindic dudict païs, ausquelz l'assamblée a donné pouvoir de faire droict sur sa réquisition.

Les sieurs de Seguin et Borrel ont dict avoir esté advertis de la charge que MM. les commis, députés et sindic dudict diocèse ont donné au sieur de Ferluguet, pour retirer, du sieur trésorier Gallières, l'advis et estat de ladicte vériffication des debtes dudict diocèze et aultres actes sur ce nécessaires. Et d'aultant que ledict sieur de Ferluguet n'a tenu compte y satisfaire, par la collision qu'il a avec certains mal affectionnés aulx créanciers dudict païs, du nombre dèsquelz, iceulx Borrel et de Seguin sont, affin de retarder le payement de ce qui leur est deub, ledict sieur Borrel a faict offre de fournir ce qui sera nécessaire pour le recouvrement dudict estat et advis et aultres actes, à la charge d'en estre payé et des intérestz jusques à son effectuel remboursement ; protestant, à faulte que lesdictz Estatz n'accepteront ledict offre, de se pourveoir, comme il appartiendra. M. de La Roche, receveur, a faict semblable offre, et encores de fournir ce qu'il faudra bailler, pour obtenir les lettres d'assiette nécessaires sur ledict estat et advis, proveu qu'il aye pouvoir suffizant pour ce faire et pour en estre remboursé, ensemble des inthérestz et des vaccations qu'il y emploiera, mesmes du voiaige qu'il offre à cest effect de faire en Cour. Ouy sur ce ledict sieur sindic qui a dict ladicte charge avoir esté donnée audict sieur de Freluguet. pour le tout rapporter ausdictz sieurs commis ; a esté conclud qu'il est donné charge audict sieur de La Roche de retirer ledict advis et aultres actes dudict sieur Gallières, et de payer 1,000 escus à cest effect pour toutes prétensions dudict sieur Gallières et aultres, pour raison de ladicte vériffication, ou faire coucher en l'estat de ladicte vériffication 1,200 escus, et après le tout remettre par devers lesdictz sieurs commis, sindic et depputés, pour par eulx estre délibéré, conformément aulx précédentes délibérations, ainsin qu'ilz adviseront; et au cas que le païs vouldroict faire députation en Cour, pour obtenir les lettres d'assiette nécessaires, a esté aussi conclud que le voiaige et députation sera commis audict sieur de La Roche et non à aultre.

Le sieur de La Roche, receveur, a remonstré que, suivant la taxe faicte au Conseil du Roy, par le rolle sur ce ce faict et arresté, le dernier de mars 1625, tant sur son office de receveur que sur les aultres de ses compaignons d'office audict diocèse, chascun d'eulx ont esté constrainctz paier, en aulmentation de finance, pour leursdictz offices, la somme de 2,920 livres ; moyennant le payement de laquelle, le Roy leur accorde à chascun, en l'année de leur exercice, les taxations de 2 deniers pour livre, de toute sorte de deniers extraordinaires, dont ilz feront la recepte, oultre les 8 deniers pour livre dont ilz jouissent ; à cause de quoy a requis l'assamblée luy faire imposer, l'année présente, comme estant en exercice, lesdictz deux deniers extraordinaires que s'imposeront ladicte année, oultre les 8 deniers pour livre à eulx, cy-devant accordez; revenant à dix deniers pour livre, si mieulx ilz n'ayment le rembourser de ladicte somme pricipalle de 2,920 livres de principal et les fraiz et despans faictz et souffertz pour ce regard. Veu le roolle de ladicte taxe et aultres actes, a esté conclud que le païs remboursera, ledict sieur de La Roche, de ladicte somme de 2,920 livres de principal ; à la charge qu'en cas que la province ou ledict diocèse seroict deschargé de ladicte augmentation de gaiges desdictz deux deniers pour livre, que ledict sieur de La Roche rendra ladicte somme principalle audict diocèze. Et parce qu'icelluy diocèse doibt imposer plusieurs sommes l'année présente et que ladicte imposition sera grande, ledict sieur de La Roche est prié de prester ladicte somme principalle audict païs, ou icelle emprumpter pour ung an, à la charge d'estre payé d'icelle et des inthérestz et rellevé de tous fraiz et despans qu'il pourroit souffrir pour raison de ce.

Sur la requeste présentée par le cappitaine Sales, tendant à ce qu'il plaise aux Estatz le rembourser de la somme de 600 livres, qu'il a fourni pour la solde et entenement des soldatz qu'il avoict mis sur pied et iceulx gardés environ deux mois sur le causse de Ste-Enimye, suivant le commandement que luy en avoict esté donné par Mgr le marquis de Portes, pour empescher les volleries et désordres, desquelz les habitans des lieux des environs estoient menacés par les soldatz des garnisons de Compeyre et aultres lieux circonvoisins ; a esté accordé audict sieur Sales, pour toutes sesdictes prétensions, la somme de 400 livres, laquelle lesdictz sieurs commissaires de l'assiette seront requis impozer l'année présente.

Les requestes de Pierre Ouytre et aultres habitans de la terre de Peyre, aiant esté leues en l'assamblée, a esté conclud qu'icelles seront mises es mains du prévost de ce diocèse, pour informer des faictz portés par icelles.

Sur les requestes présentées par les pères Cordelliers et Carmes des couventz de la ville de Mende, chappelain S. Jean-l'Evangéliste de ladicte ville, Cordelliers et collégiez de Maruejolz, a esté conclud qu'il leur est accordé la somme de 400 livres, laquelle lesdictz sieurs commissaires de l'assiette seront requis leur impozer l'année présente, pour estre payée suivant la distribution et taxe qui sera faicte à chascun d'eulx par les mandemens et ordonnances desdictz sieurs commis, sindic et depputés.

Aussi a esté accordé à M. Parlier, secrétaire de mondict seigneur de Portes, pour le recognoistre des soingz, peines et vaccations qu'il a employées durant l'année pour les affaires dudict païs et diocèze, tant en Cour pendant le séjour qu'il a faict et en Languedoc, près la personne de mondict seigneur le marquis, que pour l'obliger à continuer à l'advenir, la somme de 400 livres ; laquelle aussi lesdictz sieurs commissaires de l'assiette seront requis d'en faire l'imposition.

M. le président a remonstré que pour tesmoigner les obligations et debvoir dont ce païs est tenu envers mondict seigneur le marquis de Portes et luy ayder aulcunement à faire les despences et fraiz extraordinaires qu'il souffre, à cause des particuliers soingz qu'il a pour la conservation et soulaigement de cedict païs à toutes occasions, les effectz desquelz ont esté ressentis par cedict diocèse aulx affaires qui se sont offertz l'année présente, entre aultres pour le deslogement des gens de guerre qui y avoient esté establis au mois d'aoust dernièr, par ordonnance de mondict seigneur le Connestable, il s'asseure que la prudence de l'assemblée, aiant agréable la proposition qu'il faict d'avoir esgard à ces extraordinaires despens de mondict seigneur, jugera estre à propos de luy accorder la somme de 6,000 livres comme les années précédentes, ensemble telle aultre somme que l'assemblée advisera ; ce qu'ayant esté mis en deslibération, a esté conclud et unanimement arresté d'accorder à mondict seigneur le marquis, comme ez années précédentes, la somme de 6,000 livres, et oultre ce, pour les soings et despences extraordinaires, de l'année présente, la somme de 3,000 livres, et que MM. les commissaires de l'assiette seront requis de faire l'imposition desdictes deux sommes sur le général dudict diocèse, pour estre levée et payée par le receveur des tailles, aulx termes de ladicte assiette, à mondict seigneur ; et pour le prier d'accepter lesdictes 3,000 livres d'extraordinaires, comme aussi pour donner l'ordre nécessaire que la levée des censives de la terre de Peyre, se face doresnavant sans assamblée de gens de guerre, ont esté depputés : MM. l'envoyé de MM. du Chappitre de Mende ; de M. d'Aubrac et de M. de Sainte Enimye ; MM. le baron de Peyre, de Montrodat et de Barre, consulz de Mende, Maruejolz, Langoigne, Salgues et Florac.

Lesdictz sieurs depputés vers mondict seigneur le marquis, ont rapporté, par la bouche de l'envoyé de MM. du Chapitre de Mende, avoir faict très-humbles prières à mondict seigneur d'accepter lesdictz 3,000 livres que lesdictz Estatz luy ont libérallement accordé par dessus les 6,000 livres, aussi à luy accordées, comme ez années précédentes ; lequel seigneur marquis leur a faict responce, qu'attandu que ce païs estoit chargé de grandes impositions ceste année, qu'il remercioit les Estatz, pour ceste année, desdictz 3,000 livres ; mais si lhors qu'il sera question de faire son ameublement à la maison de ville de la ville de Mende, pour y faire son logement, ledict païs les luy veult accorder, elles seront employées en meubles, affin que plus commodement il puisse faire séjour en ce diocèse. De plus mondict seigneur le marquis leur a promis qu'auparavant son départ de ce païs, il donnera l'ordre nécessaire pour empescher que la levée des censives de la terre de Peyre ne se face avec assamblée de gens de guerre, pour le soulaigement de ladicte terre. Sur quoy a esté conclud que lesdictz 3,000 livres seront imposées l'année présente avec lesdictz 6,000 livres ; que mondict seigneur sera de rechef supplié d'accepter pour faire sondict ameublement audict Mende, afin de luy donner moyen de séjourner avec plus de commodité en cedict diocèse, pour le bien et soulaigement d'icelluy.

A MM. de la musique de la ville de Mende, a esté accordé la somme de 120 livres, pour avoir chanté la musique chascun jour à la messe qui s'est dicte à l'entrée desdictz Estatz, de laquelle leur sera expédié mandement sur le receveur dudict diocèze, et MM. les commissaires de l'assiette requis d'en faire après l'imposition.

A Pourcelin, aussi a esté accordé 18 livres, de laquelle luy sera de mesmes expédié mandement sur ledict receveur.

Finallement mondict sieur le président a donné la bénédiction et les Estatz se sont séparés.

Signé : Dumas, président.

1627

Les commissaires de l'assiette. — Discours d'ouverture de l'assemblée des Etats. — Liste de MM. des Etats. — Protestation du baron du Tournel, au sujet de ses prétentions sur la baronnie de Cénaret. — Admission, sans tirer à conséquence, du prieur de Prunières, pour

M. d'Apcher. — *Indemnité à MM. les députés. — Contestations au sujet de la vente du sel. — Admission de divers procureurs. — Droit d'équivalent affermé à M. Pierre Salesses, écuyer. — Proposition au sujet des offices de regrattiers. — Dette au profit de Mademoiselle Diane Janin, représentant M. Farnier. — Regrattiers. — Mesures à prendre pour empêcher la sortie des blés. — M. Armand, prévôt de la maréchaussée, se démet de sa charge. — Dépenses pour exécution des criminels à rembourser au baron de Peyre. — Frais contre Jean Roux, dit le capitaine Pouget. — Vol de bœuf commis au détriment de Mme de Saint Vidal. — Admission du consul de S. Alban. — Imposition en faveur de MM. Delom et Gallières. — Somme due à M. de S. Rome. — 400 livres pour la construction d'un pont à St-Etienne-Vallée-Française. — Gratification à un militaire blessé. — Réquisition des habitants du Collet et de St-Hilaire-de-Lavit, comme ils sont restée fidèles à Sa Majesté, et payé les charges imposées par ses ordres. — Gratification. — Créanciers du pays. — Mesures à prendre dans la prévision des troubles. — Propositions faites au pays pour la vente des offices de regrattiers. — Plaintes contre les officiers de Châteauneuf. — Requête de M. Armand, prévôt de la maréchaussée. — Gratifications à diverses communautés religieuses, à M. le marquis, à Mme la marquise de Portes et à M. Parlier, secrétaire de M. de Portes. — Clôture des Etats.*

L'an mil six cens vingt-sept et le lundi 21ᵉ jour du mois de juing, de matin, en la ville de Mende, les gens des Trois Estatz particuliers du diocèse de Mende, païs de Gévaudan, après que, suivant la coustume ancienne, ilz ont ouy la messe du Saint-Esprit, cellébrée dans l'églize cathédralle dudict Mende, estans assamblés dans la salle haulte des maisons épiscopalles, en vertu des commissions de nosseigneurs les commissaires, présidans pour le Roy aux Estatz généraulx de Languedoc, tenus à Béziers ez mois de mars, avril et may derniers; seroient venus en ladicte assamblée Mgr le marquis de Portes, lieutenant pour Sa Majesté ez païs de Gévaudan, haultes et basses Cévennes : nobles François de Molette, seigneur de Morangiez et de La Garde, commissaire principal de l'assiette dudict diocèze, l'année présente; Guilhaume Du Mazel, sieur du Pivou et de Remieyse, bailly de Gévaudan ; Aldebert Vacheri, docteur ez droitz, 1er consul de la ville de Mende ; Hicrosme Arlet et Estienne Constans, merchans, 2e et 3e consulz de ladicte ville ; et Pierre Salesses, escuier, 1er consul de la ville de Maruejolz, commissaires ordinaires de ladicte assiéte. Et après que par chascun d'eulx leur place et ordre accoustumé a esté pris, mondict seigneur le marquis a dict qu'il prie Dieu de tout son cœur qu'il luy plaise faire la grâce à Sa Majesté de maintenir ce royaume en paix et particulièrement la province de Languedoc et ce diocèze, comme il a faict durant ces derniers mouvemens, et que ceste paix peult estre conservée en ladicte province et diocèze par la présence de Mgr de Montmorancy, estant en ladicte province, comme il est à présent, et par ce moyen que ce diocèze n'aye plus besoing dans le trouble de ses services ; lesquelz toutesfois il offre de continuer de toute son affection, tant pour la conservation de la paix que en toutes occasions qui se présenteront pour le bien du service du Roy, repos et soulaigement dudict diocèze, sans y espargner ses moyens e creaic iny mesmes son propre sang.

Ensuitte de quoy, noble et vénérable personne M. M⁰ Jacques Dumas, docteur ez droictz, chanoine en ladicte église cathédralle, vicaire géuéral de Mgr l'évesque de Mende, comte de Gévaudan et président ausdictz Estatz, a aussi dict : Messieurs, il y a trois sortes de saige conduicte comme trois génerralles conditions en la vie humaine : la première, est celle de l'homme qui n'a charge que de soy mesme ; la seconde, de celluy qui a une économye ou une famille à conduire, et la troisième regarde l'administration et le desmélement des affaires publicques ; et de ceste troizième, l'entretien me semble estre plus convenable, comme il est plus analogique à la convocation de ceste assamblée. Ceste saige conduicte est la prudence mesmes et une vertu par laquelle l'homme faict et praticque avec une droicte raison tout ce qui est de plus sortable à soy ou au publicq, selon la différence de sa condition, et ce que la sapiance ou la science nous apprennent, scavoir est de cognoistre les raisons universelles des choses et ladicte fin où il les fault rapporter. La prudence en faict l'application selon les particularités et circonstances des affaires qui se présentent ; elle n'est pas moingz nécessaire à l'homme que l'art à l'ouvrier ; d'où un ancien appelloit la prudence : l'art de bien vivre. Et comme l'ouvrier sans l'art, bien qu'il eust les outilz, n'auroit pas l'adresse d'imprimer en la matière la forme génerralle ; de mesme l'homme peu circonspect gasteroit les affaires au lieu de les accommoder, et la seulle différence qu'on scauroit faire d'ung mauvais ouvrier avec l'homme trop esvanté en ses actions, seroit à l'ung d'avoir gasté le métail, le bois ou la pierre ; et l'aultre soy mesme, son économye ou les affaires publicques. Cassian expliquant ce mot de l'évangile : ton œil est la lampe de ton corps, entend par cest œil la prudence, qui est l'œil de l'âme. C'est cest œil veillant et ouvert qu'on voict sur le sceptre des Egyptiens et qui doibt estendre sa circonspection de tous costés, jusques aux plus menues particularités qui se rencontrent en la variété des affaires. Messieurs, ceste vertu est la royne des aultres ; elle a ses dames d'honneur et se trouve ordinairement suivye de trois aultres vertus : de la saine consultation, de la solidité du jugement et de la fervente exécution. Le bon conseil pèze les choses aultant qu'il est nécessaire pour bien dresser l'action, prenoict les conséquences et se précautionne contre les empeschemens. Platon dit à ce propos que la consultation est quelque chose de divin et de sacré ; et le philosophe en rétorique : que les plus excellens d'entre les Romains sont les bons conseilliers d'estat. Et S. Bazille : que le conseil est une chose divine. La prudence, sans le conseil, n'est nullement droicte, mais bien folle et téméraire. La seconde qualité qui la doibt suivre est celle du bon jugement, pour tirer de saines conclusions des principes de la loy commune, et examiner ce qu'il fault faire selon la raison naturelle quant il n'y a point de loy expresse ; et sans le jugement, la prudence seroict aussi vaine, derréglée et infructueuse ; elle seroict encores oiseuse si la troizième qualité qui regarde le commandement ou l'exécution ne se trouvoit en elle.

Mais disons encores que par dessus tout cela, ceste vertu seroict trompeuse et fardée, si elle ne descouvroit en nous de la source des autres vertus, c'est-à-dire de la divinité même. Le roy David parlant à Dieu disoit : Seigneur, vous m'avez rendu prudent par votre parolle ;

et l'esprit de Dieu par la bouche du plus saige des roys, nous deffend de nous appuier sur notre propre prudence. S. Paul en prononce le mesme, quand il dit : ne prenez pas votre prudence de vous mesmes. Il faut doncques regarder attentivement à la loy de Dieu, parce qu'elle calme les passions de l'âme ; lesquelles faisant lever ung broilhart espés en la partie supérieure de l'âme, offusquent l'œil de la raison et empeschent la saine consultation et le droict jugement que la prudence doibt fournir aux actions de ceste vie, ne nous estant que trop cognu que les affections des mesures font glisser en l'âme une maligne disposition qui faict errer le conseil au choix de la fin, le jugement en l'eslite des moyens les plus sortables et font perdre le temps propre à l'exécution. Admirons Jules Cézar, lhorsqu'il prononce dans Saluste ceste bonne maxime d'estat que ceulx qui consultent doibvent estre vuides de toutes passions qui offusquent l'esprit et l'empeschent de voir la vérité. A votre advis, Messieurs, qu'elle plus droicte reigle pour modérer ces mouvemens de la nature que le précepte de l'auteur de la nature mesmes, ny de plus forte bride pour le contenir, que sa crainte qui seulle doibt refrener en l'homme l'irascible et la concupiscence. Monseigneur, ceste vertu estant l'une de voz plus grandes habitudes, il m'en pourroit prendre d'en parler si faiblement devant vous, comme il fist aultrefois à celluy qui s'estant aprivoisé à descourir, devant le grand Annibal, de la praticque de l'art militaire, n'en rapporta qu'ung soubz-rire de mespris. Vous avez de prudence pour vous et pour nous ; s'en est ung des effectz que vous sortiés de contracter une alliance si honnorable en l'une des plus grandes et anciennes maisons de ce royaume. Ce mariage est la satisfaction à noz vœux et l'espérance certaine d'en voir germer une longue durée de protection par ceulx de vostre maison sur tout ce païs. C'est le bon augure de l'apparition des deux feux que les mariniers modernes appellent S. Herme ; et notre joye et noz souhaictz nous y font prononcer comme faisoient les romains aux nobces les plus cellèbres Tallation, et prenant part à tout ce qui vous touche, nous vous en disons avec que liberté nostre joye, mais avec que passion aussi, nous vous confirmons noz plus fidelles services.

Ledict sieur de Morangiez, commissaire principal, a remonstré que le plus important affaire de l'assamblée est de pourveoir promptement à l'imposition des sommes esquelles ce diocèse se trouve cottizé par les commissions desdictz Estatz généraulx et que ce seroit superfluitté d'uzer d'autres discours ; offrant de sa part, avec les aultres sieurs commissaires ordinaires, de vacquer avec toute la dilligence, à eulx possible, à effectuer le contenu ausdictes commissions, affin que les affaires de Sa Majesté n'en reçoivent par ce deffault aulcung retardement. Et sur ce, par ordonnance desdictz sieurs commissaires, aiant esté faicte lecture desdictes commissions, en plaine assamblée, et la continuation d'icelle permise, ainsi qu'est accoustumé, et mondict seigneur le marquis et sieurs commissaire principal et bailly, estans sortis de l'assamblée, a esté à l'instant procédé à la lecture du roolle des sieurs depputés desdictz Estatz particuliers, et qui ont accoustumé d'avoir entrée et voix délibérative en iceulx. Et ont esté trouvés présens et assistans, assavoir, pour l'ordre ecclésiastique : M. M° André de Chanoillet, docteur ez droictz, chanoine et official en l'église cathédralle de Mende, envoyé et depputé du

Chappitre de ladicte église ; M⁰ Pierre Pégorier, docteur en théologie, sacristain d'Aubrac, envoyé de M. d'Aubrac ; M⁰ André Baissenc, docteur et advocat, envoyé de M. de Sainte Enimye : M⁰ Estienne de Colombet, docteur ez droictz, envoyé de M. de Lengoigne ; M⁰ Anthoine Destrictis, aussi docteur ez droictz, envoyé de M. des Chambons ; M⁰ Jean de Jean, de mesmes docteur ez droictz, envoyé de M. de S. Jean. Pour MM. les barons : noble Pierre Daran, sieur de La Condamine, baron de Peyre, en personne ; noble François de Pierrebesse, sieur de Clastres-basses, envoyé de M. le baron de Céneret, baron du tour, l'année présente ; M⁰ Jean Borrelli, docteur ez droictz, sieur de Salesses, envoyé de M. le baron du Tournel ; Anthoine de Nugiez, sieur de La Roche, envoyé de M. le baron de Canilhac. Pour les autres MM. nobles : M⁰ Guilhaume Langlade, docteur ez droictz, envoyé de M. de Montauroux ; noble Louis Adam de Robert, sieur de Chazalz, envoyé de M. de S. Auban ; noble Nicolas de Gibertés, sieur d'Aubenas, envoyé de M. de Montrodat ; M⁰ Guilhaume Bardon, docteur ez droictz. envoyé de M. de Mirandol ; noble Jean Sales, envoié de M. de Sévérac ; noble Jean Jacques de Columb, receveur des décimes du diocèze de Mende, envoyé de M. de Portes ; noble Louis de Bressolles, sieur de Villerousset, frère et envoyé de M. de Servière ; noble Pierre de Sales, envoyé de M. d'Arpajon ; M⁰ Claude de Cavata, bâchelier ez droictz, envoyé de MM. les consulz nobles de La Garde-Guérin. Et pour le Tiers-Estat : MM. Aldebert Vacheri, docteur ez droictz ; Hiérosme Arlet ; Estienne Constans, merchans, 1ᵉʳ, 2ᵉ et 3ᵉ consulz de la ville de Mende ; Pierre Salesses, escuyer ; Estienne Julien et Jean Reynoard, merchans, 1ᵉʳ, 2ᵉ et

3° consulz de la ville de Maruejolz ; Jean Vidal, merchant et 1ᵉʳ consul de la ville de Chirac ; Gilbert Martin, bourgeois et 1ᵉʳ consul de la ville de La Canourgue ; Jean Gallin, bourgeois et 1ᵉʳ consul de la ville de Saint-Chély-d'Apchier ; Gabriel de Brun, docteur en médecine, 1ᵉʳ consul de la ville du Malzieu ; Mathieu Jassin, docteur ez droictz, envoyé des consulz et habitans d'Yspaniac ; André Comte, docteur ez droictz, envoyé des consulz et habitans de Sainte-Enimye ; Guillaume Bartier, 1ᵉʳ consul de Châteauneuf-de-Randon ; Estienne Moure, sieur de Rouziers, envoié des consulz et habitans de Serverette ; Jean Julien, lieutenant de Baille en la ville de Lengoigne, envoié des consulz et habitans de ladicte ville ; Pierre Reversat, praticien, envoyé des consulz et habitans du mandement de Nogaret. Tous lesquelz susnommés envoiés, aiant remis leurs procurations, elles ont esté leues en plaine assamblée.

Dudict jour, vingt unième dudict mois de juing, mil six cens vingt-sept, de rellevée.

Ce sont présentez M. Anthoine Aldin, docteur ez droictz, juge en la commanderie de Paliers, envoyé de M. de Paliers ; noble Maximilian d'Apchier, prieur et seigneur de Prunières, envoié de M. le baron d'Apchier ; noble Pierre de Rochemeure, sieur de Fraisse, envoyé de M. d'Allenc ; noble Claude de Chappelain, sieur du Cros, envoyé de M. de Gabriac ; noble Cézar de Thézan, sieur de Laval, frère et envoyé de M. de Barre. M. Pierre Martin, docteur ez droictz, 1ᵉʳ consul de la ville de Salgues ; Mᵉ Anthoine Malafosse, docteur ez droictz, sieur de Carnac, 1ᵉʳ consul de la ville de Florac ; François Sabatier, sieur de la Boyssonnade, envoyé du consul de

Saint-Estienne-de-Valfrancisque ; Charles Plantavit, 1er consul de la viguerie de Portes ; Me Pierre de Tinel, envoyé des consulz et habitans de Barre. Tous lesquelz sieurs depputés aiant remis leurs procurations et icelles leues en l'assamblée, et après que par eulx, ensemble par les aultres sieurs depputés qui se sont présentés ce jourd'huy matin, a esté presté le serement en tel cas requis ez mains de M. le président, tous ont esté receus en ladicte assamblée.

Et à l'instant, sur la réception du sieur de Clastres-basses, envoyé de M. le baron de Céneret, estant en tour de baron, l'année présente, le sieur de Salesses, envoyé de M. le baron du Tournel, a dict que ladicte réception ne peult préjudicier aulx droictz que ledict sieur du Tournel a sur ladicte baronnye de Céneret ; de quoy il proteste par exprès ; requérant l'assamblée faire escrire ses protestations : a esté conclud que ledict sieur de Clastres-basses est receu sans préjudicier aulx droictz que ledict sieur du Tournel prétend avoir sur ladicte baronnye de Céneret, à cest effect que les protestations dudict sieur de Salesses, seront escriptes au présent verbal.

M. le baron de Peyre, aiant remonstré que le sieur prieur de Prunières estant receu en l'assamblée, comme envoyé de M. le baron d'Apchier, l'ordre se trouve perverti, d'autant qu'un ecclésiastique ne peult occuper la place d'ung baron, suivant les précédentes délibérations et réglement de la province de Languedoc et du présent païs ; a esté délibéré que ledict sieur de Prunières est receu sans conséquence et que conformément ausdictz réglemens et précédentes délibérations du présent païs, MM. les ecclésiastiques sont exortés d'envoyer de gens d'églize, et la noblesse de personnes de leur qualité.

M. le sindic a représenté que pour réformer les taxes du deffray de MM. les ecclésiastiques et nobles qui assistent aulx présens Estatz, attandu que toutes les années lesdictes taxes excèdent de beaucoup les sommes permises d'imposer pour ledict deffray ; et veu que celluy de MM. les consulz se trouve taxé à raison de 50 sols par jour, il est nécessaire, pour faire taxe modérée ausdictz sieurs ecclésiastiques et nobles, que l'assamblée soit informée de la teneur des instructions de MM. les commissaires principal et ordinaires du présent diocèse, suivant lesquelles ledict deffray doibt estre par eulx taxé. Et sur ce, lecture faicte desdictes instructions en plaine assamblée; a esté conclud que lesdictz sieurs commissaires sont priés de faire la taxe dudict deffray à la plus grande modération que faire se pourra.

Ledict sieur sindic a remonstré qu'ung des importans affaires que ce païs aye pour le présent, est celluy des regrettiers. Lesquelz, depuis les Estatz derniers qu'ilz furent establis en ce diocèse, voiant que ces offices leur sont plus à perte que à proffict, tant à cause des commis qu'ilz sont constrainctz entretenir en divers lieux et de peu de débite qu'ilz font du sel, que aultrement ont obtenu ordonnance de MM. les viziteurs généraulx des gabelles en Languedoc le 26ᵉ may dernier, par laquelle il est inhibé à tous muletiers et voicturiers de ne mettre ny expozer en vente aulcun sel que les jours de foires et de marché seullement et sans faire aulcung entrepos. Et ne pouvant vandre lesdictz jours qu'ilz l'apportent en aultre foire ou marché, et en cas de contrevention on enquis par le premier docteur gradué. En vertu de laquelle ordonnance, le sieur de Farges auroit faict faire vizite en plusieurs lieux ; croyant faire condempner

ceulx qui auroient du sel en entrepos, en amandes et
despans et faire confisquer ledict sel ; et ensuitte faire
faire les susdictes inhibitions aulx muletiers et aultres et
mesmes aux consulz de ceste ville de Mende et aultres
du diocèse, de ne rien permettre ny souffrir au préjudice
de ladicte ordonnance et desdictes inhibitions, à peine
d'encourir les mesmes condempnations des contrevenans ; tellement que si ladicte ordonnance subsiste, le
pauvre peuvre souffrira de grandes incommodités, tant
parce qu'ilz seront constrainctz prendre du sel à petites
mesures desdictz regretiers, au pris qu'ilz voudront,
attandu qu'il ne leur est permis vendre à grandes mesures, qu'à cause que le commerce, pour la vante du sel
que les muletiers peuvent faire à grandes mesures seroict
entièrement rompu pour n'avoir temps ny commodité
pour la vandre ; ce que reviendroit à grand préjudice
au publicq. Oultre lesquelles inhibitions, le sieur de
Farges aiant faict arrester le sel de certains muletiers
dans ledict Mende, ledict sieur sindic la leur auroit faicte
rendre, et pour le bien du peuple, faict icelle exposer en
vente en la manière accoustumée, à grandes mesures,
non obstant lesdictes inhibitions. Ce qui se continue encores. soubz promesse verballe qu'il auroit faicte ausdictz muletiers, soubz le bon plaisir des Estatz, qu'ilz
seront garantis et rellevés du tout par le général dudict
païs. Et parce que ledict sieur de Farges, se jacte de
poursuivre criminellement lesdictz muletiers et aultres
qui ont contrevenu ausdictes inhibitions, en vertu des
inquisitions qu'il en a faict faire, et que ledict sieur sindic a promis, au nom dudict païs, ladicte garantie et re-
lief ausdictz muletiers, et oultre ce, qu'il a rellevé appel
de ladicte ordonnance en la Cour des Aydes de Mont-

pellier, attandu que par les articles accordés par la province de Languedoc avec le sieur Esguiés, propriétaire desdictz offices de regretiers, confirmés par arrest du Conseil du Roi du . . . . et enregistrés en ladicte Cour des Aydes, par son arrest du . . . . il est deffendu ausdictz regrettiers de vandre que à petites mesures seullement et permis aux muletiers et voicturiers de vandre tous les jours à cartes et demy cartes, et, aulx villes capitalles, de commettre ung commis pour tenir provision du sel et la vandre à grandes mesures et en prouvoir les aultres villes et lieux des diocèzes, de sorte que par ces raisons et contre lesdictz articles et arrestz, ladicte ordonnance ne pouvant avoir lieu, il a requis l'assamblée luy prescripre et ordonner ce qu'elle advisera pour le bien et soulaigement du pauvre peuple. Sur quoy lecture faicte des copies desdictz articles et arrestz et de ladicte ordonnance et aultres actes, a esté délibéré et conclud que ledict sieur sindic poursuivra et fera donner arrest en ladicte Cour des Aydes de Montpellier sur l'appel par luy rellevé en icelle de la susdicte ordonnance desdictz sieurs viziteurs généraulx, aulx fraiz et despans du général dudict diocèze, et que en temps et lieu il rellevera aussi appel, en ladicte Cour, de la taxe faicte du pris du sel par lesdictz sieurs viziteurs généraulx si ladicte taxe se trouve excessive. Et pour raison de la contravention faicte, par les muletiers ou aultres, à la susdicte ordonnance, à cause de la vente par eulx faicte tous les jours ; a esté de mesmes conclud que ledict sindic prendra le faict, cause et garantie pour eulx, et qu'ilz seront relevés aulx fraiz et despans dudict païs, tant pour le principal que de tous despans, dommaiges et inthérestz et de toutes condempnations qui pourroient estre ordonnées contre eulx. Et attendant que ladicte cause d'appel soict vuydée, les muletiers et voicturiers pourront vendre le sel tous les jours, à cartes et demy cartes, comme ilz faisaient auparavant ladicte ordonnance; et en cas d'empeschemens, ledict sindic fera oster lesdictz empeschemens le plus dilligemment qu'il pourra et les garantira et les rellevera du tout aux fraiz et despans dudict païs et diocèze.

Du mardy, vingt deuxiesme dudict mois de juing, mil six cens vingt-sept, de matin.

Se sont présentez Me Pierre Lobery, docteur ez droictz, lieutenant au duché de Mercœur, envoyé de M. le baron de Mercœur; noble Pierre de Bressolles, escuyer, sieur de La Bessière, envoyé de M. le baron de Randon, et noble Jacques Baillergrau, sieur de Lorays, envoyé de M. le baron de Florac. Lesquelz aiant remis leurs procurations et presté le serement requis ez mains de mondict sieur le président, ont esté receus en l'assemblée.

Ledict sieur sindic a représenté que suivant les articles faictz aulx Estatz généraulx de la province, pour raison de l'afferme du droict de l'équivallent qui se lève dans icelle, les fermiers dudict droict doibvent bailher, à chascun diocèze, ce cautions resseantes et solvables, pour l'asseurance du payement du pris de ladicte ferme; et parce que Pierre Salesses, escuyer, qui est fermier général du présent diocèze, pour le trienne prochain, luy a baillé le nom et surnom de ses cautions, qu'il a faict venir en la présente ville de Mende, pour estre receus pour ses cautions, ledict sieur sindic a requis l'assemblée délibérer sur la réception d'icelles. Et sur ce lecture faicte du roolle desdictes cautions, qui sont, assavoir :

noble Aldebert de Seguin de Born, sieur de Prades ; M° Jean Ruat, sieur de Sarroul, docteur ez droictz, de la ville de Saint-Chély ; Augustin Vidal, bourgeois ; M° Jacques Jourdan, docteur ez droictz ; Pierre Jalquet, notaire royal ; Pol Borrelly, aussi notaire royal de la ville de Maruejolz ; Pierre Barthélemy, bourgeois, dudict Saint-Chély ; a esté délibéré et conclud que MM. les commissaires de l'assiette, avec l'assistance de MM. les commis, depputés et sindic dudict païs, sont priés de recepvoir lesdictes cautions, comme aiant esté trouvées suffizantes par ladicte assamblée ; et à ces fins que par eulx le contract de la réception desdictes caultions en sera passé audict sieur de Salesses, soubz les obligations, clauses et conditions en tel cas requises et accoustumées.

Sur les requestes présentées par plusieurs habitans des villes et lieux du présent diocèze, tendant à faire remettre les ruynes des pontz qui les avoizinent, et pour cest effect faire impozer les sommes ausquelles lesdictes repparations peuvent revenir ; ouy ledict sieur sindic, qui a dict avoir faict la vizite et vérifiication de quelques-ungz, suivant les précédentes délibérations, et trouvé que partie d'iceulx sont tombés en ruyne par la négligence des communaultés plus proches ou intéressent à iceulx, à faulte d'avoir faict faire les réparations nécessaires à mezure que les ruynes en estoient faictes ; et à ces fins y employer ce qu'ilz doibvent payer par préciput, ensemble la portion de ceulx que y prennent péaiges s'il y en a, et si cela ne suffizoit, y appeller le païs, mais au lieu de ce faire, ont souffert que lesdictes ruynes se sont augmentées, de sorte qu'il y en a qui sont dangereux d'estre entièrement démolis et ruynés si promptement il n'y est pourveu, sans attandre la per-

mission d'imposer la contribution que ledict païs y doibt
A cause de quoy a requis l'assamblée en délibérer; et,
sur ce, lecture faicte desdictes requestes, a esté conclud
et arresté que ledict sieur syndic continuera ladicte
vizite et vérification par tout ce diocèze, pour en faire
rapport aulx prochains Estatz; et cependant, pour le
regard des ponts plus pressés à remectre, pour esviter la
ruyne entière, s'il n'y estoit promptement proveu, que
ladicte vérification et moings dictes faictes, et les formalités requises et accoustumées gardées et observées conformément aulx précédentes délibérations, et desduict la
portion des villes ou lieux plus proches ou intéressés, et
celle de ceux qui prennent le droict de péaige, s'il n'y en
a les pris faictz, en seront faictz et passés, au moingz
disant et faisant la condition meilleure, par MM. les commis, depputés et sindic dudict païs, et la portion dudict
païs emprumptée par les habitans desdictes villes ou
lieux, et par eulx payées à ceulx qu'il appartiendra, à la
charge qu'ilz seront rellevés et remboursés par le général dudict diocèse, et que, pour en faire l'imposition,
ledict sindic en poursuivra la permission, par tout où
besoing sera, et cependant et jusques à leur remboursement, que ledict païs payera l'intérest de sadicte portion
à ceulx qui en feront le prest et advance.

Le sieur de Farges a remonstré que depuis les Estatz
derniers, que l'establissement fut faict en ce diocèze des
offices de regretiers, il n'a trouvé personne qui aye voulu
entendre à l'achept desdictz offices; ce qui l'a obligé,
pour en faciliter la vente, de poursuivre plusieurs ordonnances qu'il a obtennes de MM. les viziteurs généraulx, à l'exécution desquelles il a surceu jusques à
maintenant, sur l'espérance qu'il a, qu'en suitte de l'ac-

comodement qui fut commencé avec luy ausdictz Estatz derniers, le païs luy payera la valleur desdictz offices, et, ce faisant, les prendra sur soy pour mettre ledict païs, par ce moyen, en la première liberté. A cause de quoy il a requis l'assamblée luy déclairer son intention, affin qu'il se puisse pourveoir des remèdes permis en justice, protestant que tout son désir est de demeurer d'accord avec ledict païs ; a esté conclud qu'il sera faicte depputation devers ledict sieur de Farges, pour sçavoir de luy sa dernière résolution du pris desdictz offices. Et à l'instant ont esté nommés et députés MM. les envoyés de MM. du Chapitre de Mende, de M. d'Aubrac, de M. le baron de Peyre, de MM. de Barre et de Gabriac et de MM. les consulz des villes de Mende, Maruejolz et Le Malzieu.

Dudict jour, vingt-deuxiesme dudict mois de juing, mil six cens vingt-sept, après midy.

S'est présenté M⁰ Jacques Chirouze, notaire royal de la ville du Puy ; lequel pour et au nom de damoiselle Drianne Janyn, vefve de M⁰ Jean Deireil, vivant sieur de Cornay, ayant droict de feu Mathieu Farnier, a dict avoir obtenu lettres d'assiette du grand sceau, du XI febvrier dernier, portant permission de faire imposer sur le présent diocèze, au nom de ladicte damoiselle Janyn, la somme de 3,705 livres, sur et tant moings du debte deub par ledict païs audict sieur Farnier, selon la vérification qu'en a esté faicte par MM. Delhom et Gallières, trésoriers de France et commissaires à ce commis par Sa Majesté ; ladicte somme payable en deux années, savoir : la moitié l'année courante et l'aultre moitié l'année prochaine ; à cause de quoy a requis l'assamblée faire imposer la moitié de ladicte somme, conformément ausdictes lettres d'assiette, ladicte courante année, et délibérer que, ladicte année prochaine, l'aultre moitié sera imposée. Et sur ce, lecture faicte de l'arrest du Conseil de Sa Majesté et lettres d'assiette susdictes, a esté conclud que, par MM. les commissaires de l'assiette de l'année courante, la moitié de ladicte somme sera imposée au nom de ladicte damoiselle Janyn, et l'aultre moitié l'année prochaine, suivant lesdictz arrest et lettres d'assiette, sur et tant moingz du debet dudict sieur Farnier, dont ledict païs demeurera d'aultant quicte envers les héritiers dudict Farnier, sur ce que leur peult estre deub, après avoir appuré ses comptes et obtenir main levée des banymens.

Messieurs les depputés vers le sieur de Farges, par la bouche de M. l'envoyé de MM. du Chapitre de Mende, ung d'iceulx, ont rapporté avoir parlé et conféré avec ledict sieur de Farges, mesme en la présence de Mgr le marquis de Portes, et n'avoir rien peu advancer au profict du païs, d'aultant qu'il s'est tousjours tenu aulx propositions qu'il a faictes, grandement préjudiciables au diocèze, desquelles il a baillé les mémoires à M. le sindic, et en aiant esté faicte lecture ; a esté délibéré qu'attandu qu'elles sont contre les arrestz et règlement faictz sur ce subject, que lesdictz mémoires seront rendues audict sieur de Farges.

M. l'envoyé de M. de Mercœur a expozé, de la part des habitans de la ville de Salgues, que ceulx qui ont de bledz en ladicte ville et ez environs, le font porter et vendre ordinairement en Auvergne et aultres quartiers de ce diocèze, de sorte que lesdictz habitans ne trouvent poinct de bled pour achepter, encores qu'ilz aient l'argent en mains, soubz prétexte de ce qu'il se vent plus en Auvergne et aultres lieux ; tellement que si ce désordre continue, le pauvre peuple du quartier des montaignes sont en danger de mourir de faim à faulte d'avoir de bled. A cause de quoy, a requis l'assamblée ordonner qu'il sera inhibé à tous qu'il appartiendra, de ne transporter les bledz hors du diocèze ; et attandu la grande nécessité qu'il en y a et qu'ilz le vandront au pauvre peuple, à pris raisonnable, qui sera taxé par les officiers des lieux ; a esté conclud que Mgr le marquis de Portes sera supplié très humblement, de la part de l'assamblée, de pourveoir à ce désordre et d'en donner son ordonnance, telle qu'il jugera, pour le bien et soulaigement du pauvre peuple et du général dudict diocèse.

M. de Prunières, envoyé de M. d'Apchier, a dict que le sieur Armand, prévost en ce diocèze, estant à présent réduict en tel estat qu'il ne peult plus servir au païs, à cause de son indisposition et vieilhesse, ne pouvant faire les chevauchées requises et nécessaires pour le diocèze, il a requis l'assamblée de pourveoir en ladicte charge tel aultre cappable qu'elle advizera pour le bien. Sur quoy, a esté conclud, que par MM. les commis, depputés et sindic dudict païs, pardevant mondict seigneur le marquis, sera pourveu au règlement de la prévosté dudict païs, tout ainsi qu'est porté par les précédentes délibérations.

M. le baron de Peyre a exposé que pour le bien du païs, il a faict saizir en sa baronnye plusieurs volleurs, et iceulx faict mettre entre les mains du prévost dudict païs, qui leur a faict leur procès de son autorité, entre aultres Pierre Aujollet, dit Jambe-de-bois, qui a été exécuté à mort, d'authorité dudict sieur prévost, près le lieu de Coffignet, en ladicte terre de Peyre; et d'aultant que ledict Aujollet n'y aultres n'avoient aulcune partie civille et qu'il a fourny tous les fraiz, mesmes ceulx de la conduicte dudict Aujollet audict lieu de Coffignet, et de son exécution, revenant tout, à plus de 600 livres; a requis l'assamblée le faire rembourser desdictz fraiz; a esté conclud qu'il sera pourveu de taxe audict sieur de Peyre, pour les fraiz qu'il peult avoir fourniz contre ledict Aujollet, par MM. les commis, depputés et sindic dudict païs, et ce que par eulx luy sera accordé pour ce regard, imposé l'année présente; n'y aiant lieu, pour les aultres, attandu qu'ilz avoient partie civille ou qu'ilz estoient domicilliers dans le païs.

Sur la requeste présentée par M. Jean Chauvet, prêtre de Maruejolz, tendant à ce qu'il luy soict accordé les fraiz qu'il a faictz ou qu'il luy conviendra faire à la poursuite qu'il a faicte pardevant le prévost dudict païs contre Jean Roux, dict le cappitaine Pouget, et qu'il continue encores en la Cour de parlement de Tholoze, où ledict Pouget a esté conduict; attandu mesmes qu'il est question de plusieurs excès, commis dans le païs de Gévaudan; a esté conclud que ledict Chauvet se retirera pardevant MM. les commis, depputés et sindic dudict païs, ausquelz l'assamblée a donné pouvoir de luy faire droict sur sa requeste et luy accorder ce que par eulx sera advisé.

Sur la réquisition faicte par le sieur de Clastres-basses, à ce qu'il soict enjoinct audict sieur prévost d'informer de la vollerie faicte, à la dame de S. Vidal, d'ung sien paire de bœufz; a esté conclud que, par ledict sieur prévost, sera informé de ladicte vollerie et l'inquisition faicte estre remize devers MM. les officiers du bailliaige de Gévaudan, pour estre par eulx ordonné sur icelle ce qu'ilz verront à faire, et ce touteffois aulx fraiz et despans de ladicte dame de S. Vidal, et sans que le païs entre en aulcuns despans pour ce regard.

Du mercredy, vingt-troisiesme jour dudict mois de juing, de matin.

S'est présenté M. Jean Pic, chirurgien, consul de S. Auban, qui a remis sa procuration, et lecture faicte d'icelle et ayant presté le serement accoustumé, entre les mains de M. le président, a esté receu en l'assamblée.

Le sieur de Ferluguet a remonstré comme, par délibération de MM. les commis, du 27 décembre 1625, il fut chargé d'emprunter, au nom dudict païs, la somme de 3,000 livres, pour icelle payer à M. le trésorier Gallières, pour les vaccations par luy, le feu sieur Dellom, aussi trésorier de France et aultres, expozés en ce diocèze, pour la vériffication faicte des debtes dudict païs, comme commissaires depputés à ce par Sa Majesté; et à ces fins, de retirer l'estat de ladicte vériffication et tous aultres actes remizes devers eulx, avec quictance de ladicte somme, tout ainsi qu'est porté par ladicte délibération. En vertu de laquelle, ayant faict voiaige esprès au bas Languedoc, pour emprumpter ladicte somme, faire ledict payement et retirer lesdictz actes, il n'auroit treuvé personne qui luy eust voulu prester icelle, sans aultre nouvelle délibération ou procuration du sieur Bourrel, bourgeois, de Mende ; à cause de quoy, il scroit retourné sans rien faire. Ce qu'ayant esté représenté ausdictz sieurs commis, ilz auroient prins aultre délibération le 20 de may 1626, et ensuite d'icelle, ledict sieur Bourrel, luy auroit baillé sa procuration, suivant laquelle il seroict de rechef allé au bas Languedoc et emprunté la somme de 5,750 livres, dont il se seroit obligé envers le sieur Baudan, conseiller et maistre en la Chambre des Comptes ; et à l'instant, de ladicte somme, en auroit payé, audict sieur Gallières, la somme de 5,600 livres, dont il en a quictance, tant de luy que de la vefve dudict sieur Dellom, attandu qu'ilz ne se sont voulu contenter des 3,000 livres, contenus en la susdicte délibération et procuration, et encores ne luy baillèrent pour lhors qu'ung duplicata de l'estat de la vériffication desdictz debtes qu'il a remis entre les mains dudict sieur sindic, ne luy aiant voulu bailler les actes des parties, sans procuration d'icelles ; et néantmoingz du depuis, il a retiré l'original dudict estat, qui estoict pour lors en Cour, y aiant esté envoyé par ledict sieur Galliéres ; tellement qu'aiant satisfaict ledict sieur Gallières et aultres et retiré ledict estat, ne pouvant avoir les actes des créanciers sans leur procuration ; a requis, pour sa descharge, ladicte somme de 5,600 livres, par luy emprumptée et paiée audict sieur Gallières et aùltres, estre imposée l'année présente avec les inthérestz d'icelle, pour ung an, pour estre payée audict sieur Baudan, qui luy en a faict le prest ; comme aussi luy estre impozé et payé les frais de sesdictz deux voiaiges et faire députation en Cour, de celluy qu'on advisera, pour obtenir permission de Sa Majesté d'imposer lesdictz debtes. Sur quoy ouy ledict sieur sindic qui a dict que ledict sieur de Ferluguet n'avoit charge d'emprumpter et paier que 3,000 livres et inthérestz d'icelle, pour ung an scullement. Et pour la depputation requise que suivant l'ordre de la province et délibération des Estatz généraulx de l'année 1615, le païs n'est tenu d'en faire aulcune, attandu que le sindic général de Languedoc, qui se trouve en Cour, comme depputé par la province, est chargé d'obtenir les lettres d'assiette, nécessaires aux diocèzes, pour esviter aux fraiz des depputations que lesdictz diocèzes pourroient faire pour ce suject ; a esté conclud que MM. les commissaires de l'assiette du présent diocèze, l'année présente, sont requis imposer audict sieur de Ferluguet ou à celluy qui luy a faict le prest de la susdicte somme, la somme de 3,000 livres et inthérestz d'icelle, tant seullement pour ung an, conformément aux délibérations cy-devant prinses et procuration desdictz sieurs commis, depputés et sindic.

M. le baron de Peyre a proposé que le sieur de Saint Roume a envoyé en la présente ville pour faire imposer les restes que le païs luy doibt ; de quoy il a charge d'en advertir l'assamblée et la requérir d'en délibérer. A esté conclud que ledict sieur de Peyre et ledict sieur sindic sont priés de faire contenter ledict sieur de Saint Roume, de la moitié de ce qui luy est deub l'année présente, à la charge de luy imposer les restes l'année prochaine, avec les inthérestz dudict restant. Et en cas qu'il ne se vouldra contenter de cest offre, que MM. les commissaires de l'assiette sont requis de luy imposer tout ce qui luy peult estre deub.

Sur la requeste présentée par les habitans et consulz de Sainte-Croix-de-Valfrancisque, tendant à ce qu'il leur soict accordé la somme de 1,000 livres pour l'édiffication d'ung pont, très nécessaire en ladicte paroisse, attandu qu'on ne peult passer la rivière, sans grand danger de se perdre, comme il est arrivé à plusieurs mesme l'année dernière. Ouy sur ce le sieur sindic qui a dict ledict pont estre nécessaire pour le commerce et passaige des merchans, mais que à l'édiffication d'ung nouveau pont, le païs n'est tenu, suivant les reiglemens de la province, toutesfois que c'est à l'assamblée de leur accorder ce qu'elle advisera, sans conséquence ; a esté conclud, qu'il est accordé ausdictz habitans dudict Sainte-Croix, pour faire édiffier ledict pont, la somme de 400 livres, après avoir faict faire entièrement ledict pont et non aultrement et sans conséquence.

Sur aultre requeste présentée par André Folchier, de Belvèzer, pauvre soldat enrollé en la compagnie du sieur de La Saumes, pendant les derniers mouvemens, et demeurant en garnison au lieu du Blaymar, portant qu'à cause de la blessure qu'il receut en ung rencontre des rebelles à Sa Majesté, n'ayant moyen gagner sa vie, il plaise à l'assamblée luy accorder par charité ce qu'elle advisera ; a esté accordé audict Folchier 6 livres, laquelle MM. les commissaires de l'assiette du présent diocèze, l'année courante, seront requis imposer pour luy estre payée aux termes des autres deniers.

Et sur la requeste présentée par les consulz et habitans des parroisses du Collet-de Dèze et de Saint-Hillaire-de-Lavit, tendant à ce qu'attandu qu'il est notoire à tous, qu'il ont demeuré dans l'obéyssance du Roy, soubz l'observation de ses édictz durant les derniers mouvemens, et payé les tailles et aultres charges ordonnées par Sa Majesté au receveur du présent diocèze, par ses quictances qu'ilz ont en main et que pour leur servir au procès qu'ilz ont, en la Cour des Aydes de Montpellier, contre les sindicz et receveurs establiz par le sieur duc de Rohan, il plaise à l'assamblée certifficr ladicte Cour des Aydes et aultres que besoing sera, comme ilz ont demeuré dans ladicte obéyssance et payé lesdictes charges audict sieur receveur. Lecture faicte de la coppie des quictances faictes par le sieur Roux, receveur des tailles au présent diocèze, au proffict des habitans desdictes parroisses, exibées et retirées par Anthoine d'Autum, sieur de La Combe, leur procureur; et sur ce ouys le sieur de Fumel, sindic dudict païs, et ledict sieur Roux, receveur susdict; a esté délibéré et conclud que MM. les commis, depputés et sindic dudict païs, au nom de ladicte assamblée, certifficront ladicte Cour des Aydes et tous aultres qu'il appartiendra, comme lesdictz habitans desdictes paroisses ont demeuré dans l'obéyssance de sadicte Majesté et soubz l'observation de ses édictz durant les derniers mouvemens, aiant payé audict sieur receveur les deniers des tailles contenues en leurs dictes quittances, et si besoing est et pour la conservation de leur droict, que ledict sieur sindic, au nom dudict païs, se joindra à eulx en ladicte instance, et ce à leurs fraiz et despans et sans que ledict sieur sindic ny ledict pais entrent en aulcungz frais pour ce regard.

Dudict jour, vingt-troisième juing, de rellevée.

Sur la requeste présentée par Françoize Moutete, pauvre femme, vefve, du lieu de Bédoesc, suppliant l'assamblée luy accorder la somme de 50 livres pour les vivres, poudre et mèche par eulx fourniz aux soldatz de la garnison, establie au lieu et fort de Bédoesc, aux derniers mouvemens, dont elle n'aurait peu estre paiée par lesdictz soldatz, lorsqu'ilz furent congédiez, ny depuis; et qu'à cause de ce, elle est réduicte à extrémité, n'aiant de quoy se nourrir ny trois siens jeunes enfans ; a esté accordé à ladicte Moutete, par charité, la somme de 18 livres, qui luy seront imposées et payées l'année présente, et MM. les commissaires de l'assiette requis d'en faire l'imposition.

M. le baron de Peyre a remonstré que le sieur de Ferluguet luy a dict, tant pour luy que aultres créanciers du païs, qu'ilz fourniront tout ce qui sera nécessaire pour obtenir lettres d'assiette et permission d'imposer les debtes du présent païs, suivant l'estat de vériffication d'iceulx, faict par MM. les commissaires à ce depputés par Sa Majesté, pourvu qu'il plaise à l'assamblée les asseurer, par délibération ou aultrement, comme sera advisé, de leur rembourcement du principal et intérestz, dans ung an ; de quoy il a jugé debvoir advertir ladicte assamblée, affin qn'elle puisse délibérer sur ce subject.

M. du Bouschet, juge du bailliaige, a dict pour et au nom du sieur de Colanhes, aiant droict du feu sieur Baldict, en son vivant, prévost au présent païs, de la somme de 200 escus, imposée audict feu sieur Baldit, par articles d'assiette en chacune des années 1587 et 1588 d'une part, et 100 escus aussi imposés aulx hoirs dudict feu Baldit en l'année 1589 d'autre, par délibération desdictz Estatz. Le sieur de Fumel, sindic, auroit esté chargé avec MM. les commis du païs de faire vériffication desdictes demandes, et ce faict, en prendre telle délibération qu'ilz adviseront. Et parce que lesdictz hoirs n'ont peu tirer payement desdictes sommes, a requis l'assamblée d'en faire l'imposition, l'année présente, au nom dudict sieur de Colanhes, au nom dudict Baldict ; comme aussi d'imposer audict sieur de Colanhes, comme aiant droict du sieur de Chazal, son beau-père, la somme de

3,000 livres, en laquelle ledict païs luy est attenu, par transaction du 15° octobre 1619. Sur quoy, ouy ledict sieur sindic, qui a dict avoir vériffié que les 200 escus, imposés audict feu sieur Baldit, ez années 1587 et 1588, ont esté acquittés par les receveurs qui estoient pour lhors en charge. Et pour le regard des 100 escus accordés aux hoirs dudict feu Baldict, qu'il n'avoit peu vérifier s'ilz avoient esté payés, n'ayant peu trouver ny l'assiette ny le compte randu de ladicte année 1589 ; mais qu'il est bien croyable qu'ilz ont esté paiés, veu le laps du temps, y ayant prescription suffizante pour faire ladicte demande ; et pour les 3,000 livres contenues en ladicte transaction, qu'on ne peult faire l'imposition, sans lettres d'assiette ; toutesfois que les intérestz luy peuvent estre imposés comme l'année précédente. Et après plusieurs raisons desduictes, a esté deslibéré et conclud que pour toutes prétensions dudict sieur de Colanhes, au nom que procède, comme ayant droict des héritiers dudict feu Baldict, pour raison des susdictes sommes, il luy est accordé la somme de 600 livres, pour luy estre imposées et paiées l'année présente, à la charge qu'il ne pourra rien plus prétendre pour ce regard. Aussi a esté conclud que les intérestz de ladicte somme de 3,000 livres, luy seront imposés comme l'année dernière, attandant la permission du Roy, pour imposer la somme principalle, et MM. les commissaires seront requis faire l'imposition desdictz 600 livres et intérestz desdictz 3,000 livres.

M. le sindic a exposé qu'encores que ce royaume et particullièrement ceste province de Languedoc soict en bonne paix, néantmoings il court quelque bruict de guerre du costé de La Rochelle, à cause de certaine trouppe d'Anglois qui ont dessaing, à ce qu'on dict, d'entrer dans le royaume pour y commencer la guerre ; tellement qu'en cas qu'ilz arriveroient aulcungz mouvemens dans la province et mesmes dans le diocèze et que suivant l'ordre des suppérieurs il seroict nécessaire de pourveoir à la seureté des villes et fortz du général de ce païs, pour la conservation d'icelluy en l'obéyssance du Roy, il luy samble qu'il seroict aussi nécessaire de donner pouvoir à MM. les commis de s'assembler, et, à l'assistance de MM. les barons de tour et aultres depputés de l'églize, noblesse et Tiers-Estat, que l'assamblée advisera délibérer sur les occurrences qui se présenteront, et, si besoing est, imposer ce qui sera trouvé bon, attandant l'assamblée des prochains Estatz, affin qu'il n'arrive aulcung désordre en ce diocèze, contre et au préjudice du service du Roy et du bien publicq ; a esté délibéré et conclud, qu'en cas qu'il arriveroit aulcung mouvement de guerre, que MM. les commis, depputés et sindic du païs, s'assambleront avec M. le baron de tour et les consulz de quelques villes clozes de ce païs, que par eulx sera advisé, et qu'à cest effect ilz feront appeler ung depputé des Cévennes, s'il y eschet, et que tous ensemblement pourront délibérer et résoudre ce qu'ilz jugeront nécessaire et mesmes imposeront ou emprumpteront ce qu'ilz adviseront, pour le bien du service du Roy, repos, soulaigement et conservation de cedict païs ; le tout soubz le bon plaisir de Sa Majesté et suivant l'ordre des supérieurs.

Le sieur de Farges a remonstré que, suivant le mémoire qu'il a baillé à M. le sindic du païs, il ne peult laisser les offices de regretiers de ce diocèze, à moins de 30,000 livres, et que si le païs ne les veult achepter à ce prix, et pourveu qu'il soict renoncé à l'appel dudict sieur sindic, des ordonnances que ledict sieur de Farges a obtenues de MM. les viziteurs généraulx des gabelles, il consentira, nonobstant lesdictes ordonnances, que les muletiers vendent le sel à grandes mesures tous les jours dans certaines villes et lieux seullement qui seront nommés et accordés en l'assamblée et non par tout le diocèze et à la charge que pour l'entrepost sera choisi et nommé ung lieu tiers, comme la maison de ville ou aultre où lesdictz muletiers reposeront leur sel pour y demeurer tant qu'ilz voudront, et à condition que lesdictz muletiers ne pourront mettre le sel en vente que les regrettiers qui seront sur les lieux n'en aient la préférance et qu'ilz ne la puissent vandre à autruy, qu'au reffus desdictz regretiers qui garderont une clef de la maison où ladicte sel se reposera ; et MM. les consulz des villes ou lieux, l'aultre affin qu'en la vente ne puisse estre faict fraude. De quoy il a voulu donner advis à l'assamblée affin qu'elle puisse délibérer sur ce subject ce qu'elle advisera.

M. le juge du bailliaige de Gévaudan a dict que les officiers ordinaires de Châteauneuf-de-Randon, font plusieurs prises de volleurs et couppeurs de bources les jours des foires établis audict lieu, qu'ilz laissent aller comme bon leur semble, sans les volloir remettre entre les mains du prévost du païs, pour leur faire leur procès, quelz commandemens qui leur en soient faictz d'autoritté de ladicte Cour du bailliaige, qui a l'attribution de cognoistre des cas prévostables, comme il est notoire à tous, entre aultres ung nommé Daudé, qui se dict lieutenant en ladicte Cour ordinaire, lequel, depuis peu de temps, après avoir faict saisir ausdictes foires quelques couppeurs de bources et iceulx remis dans le fort, les fit eslargir sans aulcune formalité de justice ; et d'aultant que c'est au préjudice du publicq et au mespris de la justice, a requis l'assamblée de faire joindre le sindic du païs à la poursuitte qui sera faicte contre ledict Daudé et aultres officiers dudict lieu, et dellibérer que ladicte poursuitte se fera aulx fraiz et despans dudict païs.

Le sieur Armand, prévost, au présent diocèze, s'est présenté à l'assamblée et a remonstré avoir faict plusieurs chevauchées extraordinaires durant l'année, rézultant des procédures, sentances et décretz donnés de son autorité en la Cour du bailliaige de Gévaudan ; aiant faict prendre deux insignes volleurs et fouéter quelques aultres l'année présente, et a prié l'assamblée y avoir esgard et à ce que son filz aysné, ayant esté receu en ladicte charge de prévost, pour l'exercer en son absence, est mort servant le païs, et d'avoir agréable ses services, qu'il offre de continuer tant que Dieu luy donnera de vie en l'exercice de sa charge ; et attandu le grand nombre de chevauchées extraordinaires, luy accorder ce qu'elle advisera.

Sur les requestes présentées par MM. les prebtres de l'église collégialle de la ville de Maruejolz et par les révérendz pères Cordeliers et Carmes, des couventz de la ville de Mende et des révérendz pères Cordeliers et Jacobins de la ville de Maruejolz, religieuses de Salgues et aultres requestes présentées pour œuvres pies aux présents Estatz ; a esté délibéré et conclud que MM. les commissaires de l'assiette sont requis imposer, pour lesdictes œuvres pies, la somme de 1,200 livres, pour estre payée par charité ausdictz religieux, religieuses et aultres, suivant l'estat de taxe et distribution qu'en sera faict par MM. les commis, depputés et sindic dudict païs.

Aussi a esté conclud que MM. les commissaires de l'assiette sont requis imposer la somme de 900 livres, que les Estatz ont donné et accordé par charité et aumosne aulx révérendz pères Capucins du couvent, estably en la ville de Mende et des missions establies ez villes de Maruejolz et Lengoigne, pour leur estre payée, suivant l'estat de distribution qu'en sera faict par lesdictz sieurs commis, depputés et sindic du païs, oultre les 1,200 livres accordées aulx aultres ecclésiastiques et aultres pour œuvres pies.

Toutes les aultres requestes présentées ausdictz Estatz, ont esté renvoyées aulx prochains Estatz.

M. le président a remonstré que pour les debvoirs esquelz ce païs est tenu envers mondict seigneur le marquis de Portes, lieutenant pour Sa Majesté au présent diocèze, l'assemblée se porteroit volontiers et libérallement à luy augmenter ce que ledict païs a accoustumé luy accorder, qu'est 6,000 livres. Mais parce que mondict seigneur, qui ne désire que le bien et soulaigement de ce diocèze, ayant faict cognoistre qu'il ne veult aulcune augmentation, pour le moings on luy accorderoit ladicte somme de 6,000 livres, comme les années précédentes. Et pour plus grand tesmoignaige des services que ledict païs luy doibt, et afin de luy donner plus de suject de continuer ses bonnes voluntés et affections à cedict diocèze, pour le soulaigement d'icelluy, aiant esté adverti que Madame la marquise est en volunté de venir dans peu de jours aulx baingz de Baniolz en cedict diocèze, il luy semble qu'il seroict à propos que ledict païs fist un présant et donnast à madicte dame trois ou quatre muletz de litière des plus beaulx qui se pourront trouver. Et à cest effect, pour en faire l'acquisition, qu'il soict faict ung fondz de ce qui sera nécessaire pour ladicte acquisition. Sur quoy a esté unanimement conclud et arresté d'accorder, à mondict seigneur le marquis, la somme de 6,000 livres, comme ez années précédentes, et oultre ce, qu'il sera faict fondz en l'assiette de l'année présente de la somme de 1,000 livres, pour employer à l'achept de trois muletz des plus beaulx qui se pourront trouver, pour le remboursement de celluy qui les acheptera, desquelz sera faict don, de la part dudict païs, à madicte dame la marquise, et luy seront envoyés le plustost qu'il sera possible; et, pour le payement desdictes sommes, MM. les commissaires de l'assiette sont requis d'en faire l'imposition l'année présente.

Et pour recognoistre les soingz, peines et vaccations que M. Parlier, secrétaire de mondict seigneur le marquis, a prins durant l'année, tant près la personne de mondict seigneur, qu'en Cour, pour les affaires dudict païs, et pour luy donner suject de continuer aux occurrences qui se présenteront, a esté accordé, audict sieur Parlier, la somme de 400 livres, que MM. les commissaires de l'assiette sont requis comprendre aulx départemens de l'année présente.

Finallement, mondict sieur le président a donné la bénédiction qui a esté la fin desdictz Estatz, lesquelz à l'instant se sont séparés.

Signé : J. Dumas, président.

1628

MM. les commissaires de l'assiette. — Discours du marquis de Portes. — Noms de MM. des Etats. — Prétentions de M. du Tournel, sur la baronnie de Cénaret. — Admission de M. de La Condamine-Peyre, à l'exclusion des autres prétendants à la baronnie de Peyre. — M. Aldin reçu pour le commandeur de Paliers. — Dépenses à imposer pour l'entretien de gens de guerre. — Nécessité d'établir dans le diocèse quelques compagnies de gens de guerre, et remercîments à adresser à M. de Portes. — Pont sur la rivière de Borne. — Vérification des ponts. — Ordonnance à faire exécuter au sujet du passage et logement des gens de guerre. — Garnisons de Mende et de Marvejols, et levée de 300 hommes de guerre. — Garnison et fortification d'Ispagnac, des châteaux de Miral et de Bédouès. — Indemnité à M. de Miral. — Réquisition de MM. d'Arpajon et du Triadou, pour dépenses faites pour secourir le château de Meyrueis. — Imposition de 50 pistoles en faveur de M. Darit. — Requête des pères Jacobins de Marvejols à adresser à M. de Portes. — Don aux religieuses de Sainte-Claire du Puy. — Demande en décharge des tailles en faveur de plusieurs localités de la baronnie du Tournel, brûlées par les rebelles. — Imposition pour entretien de gens de guerre et pour la fortification de la ville d'Ispagnac. — Dons en faveur de M. Dancette, et pour œuvres pies. — Dette en faveur de MM. de Chazals, de Belcastel et de Valmale. — Frais pour logement de gens de guerre. — Frais pour l'entretien d'un hôpital pour les soldats blessés. — Gratification en faveur de M. et de Mme de Portes et de M. Parlier, secrétaire. — Somme à payer à M. Roux, receveur des tailles. — Présent de six mulets à Mgr le duc de Montmorancy. — M. le baron de tour demande d'assister à toutes les assemblées qui ont lieu pendant l'année. — Prévôt de la maréchaussée. — Clôture des Etats.

L'an mil six cens vingt-huict, et le jeudi troiziesme jour du mois d'aoust, de matin, en la ville de Maruejolz. Les gens des trois Estatz particuliers du diocèze de Mende, païs de Gévaudan, estans assamblés dans la salle haulte de l'auditoire de la Cour roialle de ladicte ville ; après que, suivant l'ancienne coustume, ilz ont ouy la messe du Saint-Esprit, cellébrée dans l'églize collégialle dudict Maruejolz, et la prédication en suitte. En vertu des commissions de nos seigneurs les commissaires présidens pour le Roy, aux Estatz généraulx de Languedoc, tenus en la ville de Tholoze, ez mois de mars, avril, may et juing derniers, seroient venus en ladicte assamblée : Mgr le marquis de Portes, lieutenant pour Sa Majesté ez païs dudict Gévaudan, haultes et basses Cévennes, et maréchal de camp en ses armées ; nobles François de Molette, seigneur de Morangiez et de La Garde, commissaire principal de l'assiette dudict diocèse, l'année présente ; Trophime de Launé, sieur de Picheron et d'Entraigues, bailly de Gévaudan ; sieur Hélie Destreetz, bourgeois, 1er consul de la ville de Mende ; Me Jehan Moutet, greffier en l'officialité de l'évesché dudict Mende ; Pierre Nicard, merchand, 2e et 3e consuls de ladicte ville, et noble Aldebert Aldin, docteur ez droictz, sieur de La Rouveyrète, 1er consul de ladicte ville de Marieujolz, commissaires ordinaires de ladicte assiette. Et après avoir prins place, suivant l'ordre et coustume, mondict seigneur le marquis a dict : Messieurs, si dans les nécessités qui se sont rencontrées en ce diocèze, durant ces mouvemens, je ne me suis rendu dans icelluy, ça esté à cause des commandements que j'avois des supérieurs, de ne quitter le bas Languedoc et les armées de Sa Majesté ; néanmoingz, j'ay tousjours veillé à la conservation de cedict païs et à son soulagement, que j'affectionne aultant que mes terres propres, et à présent je suis venu pour la tenue des présens Estatz, et pour vous tesmoigner la continuation de mes affections et services pour le bien, repos et soulaigement de cedict diocèse.

Et par noble et vénérable personne M. Me Jacques Dumas, docteur ez droictz, chanoine en l'église cathédralle de Mende, vicaire général en l'évesché dudict Mende, le siége épiscopal vaccant, président ausdictz Estatz, a esté réparty : *(La réponse de M. Dumas n'a pas été couchée sur le registre.)*

Ledict sieur de Morangiez, commissaire principal, a dict que l'assamblée n'a affaire plus important qu'à pourvoir à l'imposition des sommes dont ce diocèze est cottizé par lesdictes commissions desdictz Estatz généraulx ; offrant de sa part d'y vacquer avec les aultres sieurs commissaires ordinaires, le plus promptement que leur sera possible, affin que par ce deffault les affaires de Sa Majesté ne reçoivent aucung retardement. Et à l'instant, par ordonnance desdictz sieurs commissaires, lecture aiant esté faicte desdictes commissions, en l'assamblée et la continuation d'icelle permize, ainsi qu'est acoustumé, mondict seigneur le marquis et sieurs commissaire principal et bailly estans sortis de ladicte assamblée, a esté incontinant procédé à la lecture du roolle des sieurs depputés des trois Estatz dudict païs qui ont accoustumé d'y avoir séance et voix délibérative ; et ont esté trouvés présens et assistans, assavoir, pour l'ordre ecclésiastique : vénérable personne M. M⁰ Jehan de Langlade, docteur en théologie, chanoine et envoié du Chappitre de ladicte églize cathédralle de Mende ; Mʳᵉ Pierre Pégorier, aussi docteur en théologie, sacristain d'Aubrac, envoié de M. d'Aubrac ; noble André de Fumel, docteur en droictz, sieur de Fraissinet, envoyé de M. de Sainte Enymie ; M. de Lengoigne, en personne ; Mᵉ Estienne Colombet, docteur ez droictz, envoié de M. des Chambons; Mᵉ Anthoine Aldin, docteur ez droictz, juge en toutes les terres de la commanderie de Paliers, envoyé dudict sieur de Paliers ; Mᵉ Jehan de Jehan, docteur ez droictz, envoié de M. de S. Jehan. Pour la noblesse : M. le baron du Tournel, baron de tour, en personne ; Mᵉ Jacques Ruat, sieur de Sarroul, envoié de M. le baron d'Apchier ; M. le baron de Peyre, en personne ; noble François de Peyrebesses, sieur de Clastres basses, envoié de M. le baron de Céneret ; noble Pierre de Bressoles, sieur de La Bessière, envoié de M. le baron de Randon ; noble Anthoine de Saint Martin, sieur de Vammale, envoié de M. le baron de Florac ; noble Adam de Brugeron, sieur de Fraissinet, envoié de M. le baron de Mercœur ; noble Anthoine de Nugiez, sieur de La Roche, envoié de M. le baron de Caniliac ; noble Pierre de Rochemeure, sieur du Fraisse, envoié de M. d'Allenc ; noble Claude de Peyrebesses, sieur de Chabanes, envoié de M. de Montauroux ; noble Louis-Adam Robert, sieur de Chazalz, envoié de M. de S. Auban ; M. de Montrodat, en personne ; Mᵉ Guillaume Bardon, docteur ez droictz, envoié de M. de Mirandol ; noble Jehan Sales, capitaine, envoié de M. de Sévérac ; noble Jehan-Jacques de Columb, envoié de M. de Portes ; M. de Servières, en personne ; noble Pierre de Sales, envoié de M. d'Arpajon ; M⁰ Claude de Cavata, docteur ez droictz, envoié de MM. les consulz nobles de La Garde-Guérin. Et pour le Tiers-Estat : lesdictz sieurs Destrectz, Montel et Ricard, consulz de ladicte ville de Mende, et ledict sieur Aldebert Aldin, 1ᵉʳ consul dudict Maruejolz ; sires Jacques Guérin et Jacques Albeuf, merchans, 2ᵉ et 3ᵉ consuls de ladicte ville ; Mᵉ Pierre Grasset, 1ᵉʳ consul de la ville de Chirac ; Gabriel Rostang, sieur de La Vaisse, 1ᵉʳ consul de la ville de La Canourgue ; Jehan Chalvet, 1ᵉʳ consul de la ville de Saint-Chély-d'Apcher ; Mᵉ Pierre de Loberye, lieutenant général ez justices du duché de Mercœur, 1ᵉʳ consul de la ville de Salgues ; Mᵉ Jehan Boet, 1ᵉʳ consul de la ville du Malzieu ; Mᵉ Tristand Grégoire, notaire roial et consul d'Yspaniac ; Mᵉ Légier Paradan, consul de Sainte-Enimye ; Mᵉ Jehan Villar, notaire, consul de Châteauneuf-de-Randon ; Mᵉ Jehan Paparel, 1ᵉʳ consul de Serverette ; Mᵉ Martin Merle, notaire roial, envoié de MM. les consulz de Lengoigne : sire Jehan Pic, merchant, consul de S. Auban, et Mᵉ Pierre Reversat, consul du mandement de Nogaret. Tous lesquelz susnommés, après avoir esté faicte lecture, en l'assamblée, des procurations et pouvoir desdictz envoiés, et aians presté le screment en tel cas requis et accoustumé entre les mains de mondict sieur le président, ont esté receuz en ladicte assamblée, pour y avoir séance et voix délibérative en la forme acoustumée.

Sur les protestations faictes par M. le baron du Tournel, sur la réception de sieur de Clastres basses, envoié de M. le baron de Céneret, qu'il ne preste aulcung consentement à ladicte réception, attandu les droictz qu'il prétend sur ladicte baronnye de Céneret et dont y a procès au Conseil du Roy, requérant acte de sesdictes protestations ; a esté délibéré que sesdictes protestations demeureront escriptes pour luy servir en ce que de raison.

M° Jehan Constans, praticien, de St-Chély-d'Apchier, s'est présenté et a exhibé une procuration à luy faicte par M. de Montbreton ; requérant, en vertu d'icelle, estre receu en l'assemblée, comme envoié du sieur de Montbreton, en qualité de baron de Peyre. Lecture faicte de ladicte procuration et des délibérations précédentes sur semblables différents d'entre les sieurs de Toulet et lesdictz sieur de La Condamine-Peyre ou leurs envoiés ; a esté conclud que, sans préjudice du droict des parties, lédict sieur de La Condamine-Peyre, assistera et aura séance et voix délibérative en la présente assemblée, comme baron de Peyre, attandu mesmes qu'il a esté receu en icelle.

Et sur la réception du sieur Aldin, comme envoié de M. de Paliers, s'estant présenté noble Guyon de Bréfuel, procureur d'office au mandement de Recoules, avec procuration dudict sieur de Paliers, pour assister aux présans Estatz ; lecture faicte d'icelle, ensemble des provisions de judicature des terres de la seigneurie dudict Paliers, au profict dudict sieur Aldin, contenant pouvoir d'assister à toutes assemblées des Estatz du présent païs, et lesdictz sieurs Aldin et Bréfuel, ouys en l'assemblée ; a esté conclud que le sieur Aldin, assistera aulx présens Estatz comme envoié dudict sieur de Paliers, en vertu de sa procuration générale, inscrite en sesdictes procurations de la susdicte judicature.

Dudict jour, troisième d'aoust, de rellevée.

M. de Fumel, sindic dudict païs, a remonstré que pour subvenir à l'entretenement des compagnies de gens de guerre, qui ont esté establis dans les lieux de frontière, et aultres de ce diocèse, et pour plusieurs aultres fraiz de guerre que ledict païs a esté contrainct de faire par les mandements et ordonnances et délibérations de MM. les commis et députés d'icelluy, il a esté nécessaire de faire plusieurs emprumptz de diverses personnes et divertir partie des deniers impozés ez assiettes de l'année dernière, pour en faire le paiement ausdictz gens de guerre et pour les fraiz d'icelle, au plus grand mesnaige toutesfois qu'il a esté possible ausdictz sieurs commis. Et d'aultant que cest affaire est grandement important au païs, parce qu'il faut pourveoir au remplacement des parties diverties et au paiement des deniers emprumptés, et encores aulx fraiz nécessaires de la guerre pour l'advenir, afin que cedict païs soit conservé en l'obéissance de Sa Majesté et mesmes pour esviter les foulles et ravaiges que les ennemis pourroient faire en icelluy, il a jugé en debvoir donner advis à l'assamblée, pour par elle estre délibéré sur ce subject, ce qu'elle advizera. Et sur ce M. le président, a dict qu'il luy semble estre à propos de faire depputation de telles personnes que l'assamblée trouvera bon, pour avec MM. les commis et députés dudict païs, procéder à la licquidation de toutes les despences faictes pour les fraiz de la guerre et des sommes emprumptées et diverties pour le payement desdictz fraiz, pour après délibérer sur l'imposition ce qu'il appartiendra ; comme aussi pour les fondz qu'il sera jugé nécessaire d'impozer pour les fraiz de la guerre pour l'advenir. Et après plusieurs raisons desduictes en l'assamblée et l'affaire mis en délibération ; a esté conclud qu'il sera faicte depputation de cinq ou six des assistans aux présens Estatz, pour, avec MM. les commis et sindic du païs, faire licquidation des fraiz et despences susdictes, ensemble des deniers emprumptés et divertis et de l'employ d'iceulx, pour ladicte licquidation par eulx faicte, estre impozé les intérestz des parties qui se trouveront deues à ceulx qui en auront faict le prest ou desquelz elles auront esté diverties, et ce pour l'année courante, attandu les aultres grandes charges que ce païs doibt paier ; et en cas que lesdictz créanciers voudroient estre paiés de leurs sommes principales, qu'icelles leur seront impozées et MM. les commissaires de l'assiette priés et requis de les comprendre aux départemens des tailles et impositions qui seront faictes l'année courante.

Et à l'instant ont esté nommés et depputés, pour procéder à ladicte licquidation, avec lesdictz sieurs commis et sindic dudict païs : M. l'envoyé de MM. du Chappitre de Mende ; M. du Tournel, baron du tour ; M. de Montrodat ; MM. les consulz de Salgues et du Malzieu.

M. de Morangiez, commissaire principal, a dict avoir esté chargé par Mgr le marquis, de faire entendre à l'assamblée le besoing qu'il y a d'establir, dans ce païs, quelques compaignies de gens de guerre, comme il désire de faire, au plus grand soulaigement du pauvre peuple que faire se pourra ; et pour cest effect se conformer aultant qu'il luy sera possible, à la volonté de l'assamblée, tellement qu'il luy semble qu'il seroit à propos de faire depputation devers mondict seigneur, pour rechercher les moiens plus profitables au païs pour l'entretenement desdictz gens de guerre pour la conservation d'icelluy en l'obéissance du Roy, requérant estre délibéré sur ce subject. Sur quoy, après plusieurs raisons desduictes, a esté conclud que MM. les envoyés de MM. du Chappitre de Mende et de M. d'Aubrac, MM. les barons du Tournel et de Peyre, MM. les consulz des villes de Salgues, Saint-Chély et Le Malzieu, ensemble MM. les commis et sindic dudict païs, sont depputés et priés, de la part de l'assamblée, pour conférer avec mondict seigneur, et rechercher les moiens plus profitables au païs pour l'entretenement desdictz gens de guerre, pour la conservation d'icelluy en l'obéissance du Roy ; requérant estre délibéré sur ce subject. Sur quoy, après plusieurs raisons desduictes, a esté conclud que MM. les envoyés de MM. du Chappitre de Mende et de M. d'Aubrac ; MM. les barons du Tournel et de Peyre ; MM. les consulz des villes de Salgues, Saint-Chély et Le Malzieu, ensemble MM. les commis et sindic dudict païs sont députés et priés, de la part de l'assamblée, pour conférer avec mondict seigneur et rechercher les moiens plus utiles au païs pour l'entretenement de gens de guerre nécessaires dans icelluy, pour le temps qu'il sera trouvé bon par mondict seigneur, pour après en faire rapport à l'assamblée, pour par elle y estre pourveu, selon l'intention et commandement de mondict seigneur, et par mesme moien remercier mondict seigneur, de la part dudict païs, du soing et affection qu'il porte à ce diocèze, et de ce que par sadicte faveur et crédict envers Mgr le duc de Montmorancy, gouverneur et lieutenant général pour Sa Majesté en la province de Languedoc, cedict diocèze a esté deschargé et exempté du logement des gens de guerre, qui y fussent venus sans son autorité et considération, et le supplier de continuer les mesmes affections et faveurs à cedict païs à toutes occasions qui s'en présenteront.

Ledict sieur commissaire principal, a encores remonstré que, M. de Chambonas a faict faire un pont sur la rivière de Borne, à l'endroict appelé le *ga Francés*, à ses propres coustz et despens, y aiant fourny plus de 900 livres. Et parce que ledict pont est fort utile au présent païs de Gévaudan, pour le passaige des muletiers et aultres qui viennent de Viverès, il a prié l'assamblée, au nom dudict sieur de Chambonnas, de luy accorder le remboursement de ladicte somme ou de telle aultre qu'il sera advizé, suivant l'estimation qu'en a esté faicte, pardevant M. le juge royal dudict Borne.

M. le premier consul de la ville de Mende a faict aussi réquisition de pourveoir à la réparation des pontz qui sont près ladicte ville et au remboursement de ce que ladicte ville a fourny pour les réparations faictes en iceux depuis longtemps, suivant les pris faictz qui en ont esté baillés, et mesmes de pourvoir à faire réparer promptement le pont appelé de Nostre-Dame, attandu qu'il s'en va du tout en ruyne. Et sur ce, lecture aiant esté faicte des dellibérations cy-devant prinzes pour la réparation des pontz en ce diocèze, ensemble des délibérations prinzes sur ce subject aux Estatz généraulx, a esté conclud que lesdictes délibérations précédentes seront exécutées selon leur teneur. Et pour cest effet, que vérification sera faicte par les nommés en icelles, de tout les ponts du présent païs qu'il est nécessaire de faire réparer. Pour ce faict et ladicte vérification remize aux prochains Estatz, y estre pourveu, ainsi qu'il appartiendra.

Lecture aiant esté faicte, en plaine assamblée, de

l'ordonnance donnée par Mgr le prince pour raison du passage et logement des gens de guerre en ce diocèze ; a esté conclud que MM. les consulz des villes et lieux de ce païs feront observer le contenu en ladicte ordonnance à leurs communaultés en cas du passaige et logement des gens de guerre.

Du vendredy, quatriesme jour dudict mois d'aoust, de matin.

M. l'envoié de MM. du Chapitre de Mende, au nom de tous les depputés vers mondict seigneur le marquis, a dict, qu'après une longue conférance faicte ceste matinée avec mondict seigneur, en présence de MM. les commis et sindic du païs, et après plusieurs raisons desduictes, mondict seigneur leur a faict entendre qu'il désiroit mectre l'ordre nécessaire en ce païs, sellon l'intention et moiens d'icelluy, et qu'il ne veult rien rézoudre de soy, laissant liberté à l'assamblée, mesmes de faire les fondz qu'elle jugera pour l'entretenement des gens de guerre qu'il convient establir en ce diocèze ; voulant traicter avec icelluy, tant il est désireux de son soulaigement, comme le père avec l'enfant. Et après le fondz faict il donnera ses ordonnances conformes aux délibérations de l'assamblée, pour le nombre et logement desdictz gens de guerre. Et sur ce lesdictz sieurs députez luy aiant remonstré que l'intention du païs seroit, soubz son bon plaisir, d'entretenir durant trois mois prochains, oultre les garnisons dudict Mende et de Maruejolz, le nombre de vingt maistres et de trois cens hommes de pied, tant pour la garde des lieux de frontière, que pour empescher le ravaige des ennemis aultant qu'il sera possible, il auroit réparty qu'il se conformeroit à la volonté de l'assamblée.

Mondict sieur le président a dict qu'ilz sont demeurés d'accord avec mondict seigneur dudict nombre de gens de guerre et du temps, et qu'il ne reste à présent qu'à faire le fondz nécessaire pour l'entretenement dudict nombre de gens de cheval et de pied pour lesdictz trois mois. De plus mondict seigneur luy a dict qu'afin d'esviter aux grandz fraiz que la garnison d'Ispaniac apporte au païs, à cauze du grand nombre de' gens qu'il y fault tenir pour estre sans deffense et ruyne de murailles, il seroit bon de faire ung fondz de trois ou quatre mil livres, pour employer promptement à fortiffier ledict lieu ; et après, une petite garnison seroit suffizante de le garder, et par ce moyen, le païs en recevroit du soulagement, tellement que l'assamblée doibt délibérer sur tout ce dessus présentement, ou bien faire nouvelle depputation devers mondict seigneur et donner pouvoir, à MM. les depputés, de résoudre tout ce qui sera jugé nécessaire. Et à l'instant cest affaire aiant esté mis en délibération, a esté dellibéré et conclud qu'il sera faicte nouvelle depputation devers mondict seigneur, ausquelz l'assamblée donne pouvoir de résoudre, avec mondict seigneur, tant le nombre des gens de guerre et le temps qu'ilz demeureront en ce païs ; que les fortiffications qui se pourroient faire promptement à Ispaniac et le fonds nécessaire pour lesdictes fortiffications et entretenement desdictz gens de guerre et de toutes aultres choses concernant le faict de la guerre, pour la conservation dudict païs en l'obéissance du Roy, le tout suivant l'ordre qu'il plairra à mondict seigneur d'y establir. Et incontinant ont esté nommés et depputés : M. l'envoié de MM. du Chappitre et aultres cy-devant depputés pour le mesme subject, et oultre iceux, MM. les envoyés de MM. de S.

Jehan, de M. d'Alenc et de M. de Randon, et MM. les consulz de Lengoigne et Ispaniac.

M. de Miral a dict que les ennemis luy ont faict plusieurs ravaiges de son bestail et ruyné partie de ses mecteries et sont encores en volunté de continuer et que les trouppes du party du Roy luy ont bruslé sesdictes mecteries et bledz aux présens mouvements. Et parce que sa maison faict frontière et que pour la garde d'icelle, qu'il a faicte jusques à présent, il a emploié la pluspart de ses moiens, et qu'à cause des dessaingz que les ennemis ont faictz de l'attacquer, il est nécessaire de la fortifier et mectre en plus grande deffense qu'elle n'est maintenant pour ne courir hazard de la perdre ; et attandu qu'il ne peult fournir à de si grandes despences, d'ailleurs qu'il est aussi nécessaire de réparer le fort de Bédoesc, lequel par ce deffault est dangereux d'estre surpris ; il a requis l'assamblée de faire visiter, tant sadicte maison de Miral que ledict fort de Bédoesc, afin de voir s'ilz sont utiles au païs, et les réparations qu'il y fault faire, pour la conservation d'iceulx, et cella estant, pourvoir ausdictes réparations et à la garde desdictes places, aultrement il déclare qu'il a rézolu de les quitter et habandonner. Oultre ce il a randu plusieurs services au païs durant les présens mouvemens, ayant empêché, avec ses amis et les soldatz qu'il a entretenus dans sa maison, aultant qui luy a esté possible, le passaige des ennemis et les ravaiges qu'ilz faisoient dessaing de faire ; où il a emploié une bonne partie de ses moiens. Requérant l'assamblée y avoir esgard, et luy accorder la somme de 3,000 livres pour ce précédant. A esté conclud que, pour raison des réparations et garde du château de Miral et du fort de Bédoesc, que ledict sieur de Miral se retirera devers mondict seigneur le marquis, pour par luy y estre prouveu comme sera son bon plaizir. Et pour le regard des pertes qu'il a souffertes de son bestail, bruslement de ses granges et bledz, faict par les trouppes du party du Roy, et pour le rellever d'icelles, l'assemblée a accordé au sieur de La Vernède, fils dudict sieur de Miral, la somme de 300 livres tournois ; laquelle MM. les commissaires de l'assiette, de l'année présente, sont requis d'impozer en icelle, au nom dudict sieur de La Vernède.

Dudict jour, quatriesme dudict mois d'aoust, de rellevé.

Sur les réquisitions faictes par M. de S. Gervais, au nom de M. du Triadou, son père, et le sieur Jehan Sales, au nom de M. d'Arpajon, de les rembourser des despences et fournitures par eulx faictes pour le secours du château de Meyrueys, par ordonnance de Mgr le prince, selon l'estat qu'en a esté faict, tant de la part dudict sieur d'Arpajon que dudict sieur du Triadou, montant, pour tous deux, la somme de 6,011 livres ; lecture faicte d'iceulx, ensemble de ladicte ordonnance de mondict seigneur le prince, a esté conclud, attandu les grandes charges extraordinaires que ce païs a sur les bas, l'année présente, que lesdictz sieurs d'Arpajon et du Triadou se retireront aux prochains Estatz, pour leur estre faict droict sur leurs dictes prétensions, ainsi qu'il appartient par raison, et que ledict sindic fera estat des fournitures faictes par le païs sur le mesme subject.

Sur la requeste présentée par le sieur Darit, tendant à ce qu'il plaize à l'assemblée luy accorder telle somme qu'elle advizera pour le desdomaiger des despenses qu'il a faictes et souffertes, tant au secours du chasteau de Florac, où il avoit conduict une compaignie de gens de pied, par l'ordre de Mgr le marquis, que au secours du chasteau de Meyrueys, où il auroit de mesmes conduict aultre compaignie de gens de guerre, suivie d'aultre qui y auroit esté conduicte de creue, par le sieur de Recolètes, son frère ; toutes lesquelles compaignies il auroit nourries et entretenues à ses despans environ ung mois et faict penser et médicamenter plusieurs de ses soldatz qui furent blessés audict secours de Meyrueys ; a esté conclud que pour desdomaiger, ledict sieur Darit, des fraiz et despans susdictz et aultres qu'il pourroit avoir expozés pour le bien du service du Roy et dudict païs de Gévaudan, il luy est accordé 50 pistoles ; lesquelles MM. les commissaires de l'assiette sont requis d'imposer l'année courante.

La requeste présentée par les révérendz pères Jacobins de la ville de Maruejolz, aiant esté leue en l'assamblée, a esté conclud que MM. l'envoié et MM. du Chapitre de Mende, M. le baron du tour, MM. les envoiés de MM. d'Apchier et de Saint Auban, MM. les consulz de Mende, de Maruejolz, de Chirac et de La Canourgue sont depputés devers mondict seigneur le marquis, pour luy communiquer ladicte requeste, et après, faire leur rapport a l'assamblée de ce que mondict seigneur aura trouvé bon sur ce subject.

Sur la requeste présentée par les pauvres sœurs religieuses du monastère Sainte-Clère, de la ville du Puy, a esté accordé ausdictes religieuses par aumosne la somme de 18 livres, que MM. les commissaires de l'assiette seront requis d'imposer.

M. le baron du Tournel a remonstré que plusieurs villaiges de sa baronnye aiant esté entièrement ruynés et partie d'iceulx bruslés par les ennemis rebelles à Sa Majesté, entre aultres, les paroisses de Saint-Estienne-du-Valdonnés, de Saint-Julien-du-Tournel et des Laubies et lieu du Massegui et aultres du Valdonnés et du quartier de la Lozère, ensemble quelques aultres lieux du sieur du Villaret, mesmes les lieux de Serviès et Auriac ; et qu'à cause de ce, estans les habitans desdictz lieux réduictz à une grande pauvreté, n'aiant de quoy se nourrir et entretenir, il a prié et requis l'assemblée pour leur donner quelque soulaigement et moien de se remectre, de leur accorder la descharge de la cottité de leurs tailles pour l'année courante, n'aiant moien de subvenir au paiement d'icelles, à raison de leur extrême nécessité ; a esté conclud n'y avoir lieu d'aulcune descharge desdictes tailles.

M. le président a remonstré que MM. les députés vers Mgr le marquis, s'estant réassemblés ce jourd'huy, et après une longue conférence, il a esté treuvé bon, tant par mondict seigneur que par eux, de faire imposition en l'assiette de ceste année, de la somme de 30,000 livres, pour le paiement et entretenement des gens de guerre que par l'ordre de mondict seigneur, seront establis pour trois mois dans ledict païs, pour la conservation d'iceluy en l'obéissance du Roy, en ladicte somme, comprins ce qui sera nécessaire pour les réparations qui doibvent estre promptement faictes en la ville d'Ispaniac, pour plus d'asseurance d'icelle, et afin qu'elle soit gardée à moindres fraiz, de sorte qu'il ne reste à présent qu'à délibérer sur ce subject. Sur quoy a esté délibéré et conclud, qu'il sera imposé, en ladicte assiette, la somme de 30,000 livres pour estre emploiée à l'effect susdict et paiée par les mandemens et ordonnances de mondict seigneur et de MM. les commis, depputés et sindic dudict païs, et MM. les commissaires requis d'en faire l'imposition pour en estre la levée faicte par le sieur receveur dudict païs, le plus promptement qu'il se pourra, à cauze de l'urgente nécessité.

M. Dancete a remonstré que le sieur Dancete, son filz, estant à la suitte de mondict seigneur le marquis lors du secours du chasteau de Florac, il fut tué à la compaignie du sieur baron de S. Victor par les ennemis rebelles, près le lieu de La Brousse, et parce que sondict filz a esté murtry pour le service du Roy et du présent païs, et que oultre la perte de sa personne il a perdu ses chevaux et hardes, de valleur de plus de 1,000 livres, qui furent pris par lesdictz ennemis, lors dudict murtre, il a prié et requis l'assamblée avoir esgard à sadicte perte ; a esté conclud que pour rellever ledict sieur Dancete de la perte des chevaux et hardes dudict feu sieur Dancete, son filz, la somme de 300 livres tournois, luy est accordée, la moitié de laquelle luy sera imposée et paiée l'année présante et l'aultre moitié l'année prochaine.

Aux révérendz pères Capucins de la ville de Maruejolz, a esté accordé par aumosne la somme de 400 livres.

Et aux révérendz pères Capucins de Lengoigne, pour mesme cauze, 150 livres, pour leur estre imposés et paiés l'année courante.

Et d'aultant que de la somme de 1,200 livres, imposée l'année dernière pour œuvres pies, suivant la délibération des Estatz, de ladicte année, en a esté diverty et emploié la plus part au faict de la guerre, à cauze des affaires importans qui sont survenus durant l'année, n'aiant aultre fondz pour y subvenir ; a esté delliberé et conclud que les sommes qui auront esté diverties desdictz 1,200 livres, seront remplacées et que l'imposition en sera faicte en l'assiette de ceste année pour estré paiée en la forme et tout ainsi qu'est contenu en ladicte délibération et article d'assiette de ladicte année dernière.

Sur la réquisition faicte par le sieur de Chazal, de luy faire imposer l'année courante la somme de 3,000 livres qui luy sont deubz par transaction qu'il a passée avec le pais le 15ᵉ jour de . . . . . 1619, a esté dellibéré que, pour l'année présente, il est prié se contenter des intérestz ; lesquelz revenans à la somme de 187 livres 10 solz, MM. les commissaires de l'assiette sont requis de comprendre en icelle, soubz le nom du sieur de Colanhes, beau-filz dudict sieur de Chazal, comme l'année dernière.

Du sabmedy, 5ᵉ jour dudict mois d'aoust, de matin.

Sur la requeste présentée par François de Belcastel et Anthoine de S.ᵗ Martin, tendant à ce qu'en considération des pertes qu'ilz souffrent à cauze du rasement de leurs maisons, prinze de leurs bestiaux et meubles, faict par les rebelles à Sa Majesté et pour plusieurs aultres excès commis contre eux-mesmes, pour ce qu'ilz ont perdu et laissé dans le chasteau de Florac, et non jouissance de leurs meteries, occupées par lesdictz rebelles, il plaize à l'assemblée leur accorder telle somme qu'elle advisera, qui les puisse mectre en quelque consolation ; a esté conclud qu'il est accordé ausdictz sieurs de Belcastel et de Vammale, la somme de 2,000 livres tournois ; laquelle, MM. les commissaires de l'assiette sont requis de comprendre au département que par eulx sera faict, l'année courante, sur ce diocèse.

Les requestes présentées par plusieurs personnes et

mesmes par les habitans de divers lieux de ce païs, tant pour raison du passaige et logement faict par les gens de guerre que par aultres demandes et prétensions, ont esté renvoiées, par l'assamblée, pardevant MM. les commis, depputés et sindic dudict païs, et MM. les depputés pour la licquidation des fraiz de la guerre, pour leur estre par eulx faict droict, ainsi qu'il appartient.

M. le sindic a remonstré que suivant la lettre escripte à MM. les commis du païs par Mgr le duc de Montmorancy, gouverneur et lieutenant général pour Sa Majesté en la province de Languedoc, qui a esté apportée par un carabin, envoié exprès, ce diocèze se trouve taxé à 300 livres par mois pour raison d'ung hospital que Sa Grandeur a faict dresser, aulx lieux d'Aramont et Valabrègue, pour loger les malades et blessés de son armée, revenant pour ung an à 3,600 livres, suivant aussi l'ordonnance et commission de sadicte Grandeur, qui luy a esté monstrée par ledict carabin; lequel faict estat de recevoir le payement de trois mois. Et parce que cest affaire peult tirer à conséquence, il luy semble estre à propos de prier, mondict seigneur le marquis, de faire descharger, par sa faveur et crédit, ce diocèse de ladicte taxe. Sur quoy lecture faicte de ladicte lettre, a esté conclud que mondict seigneur le marquis sera supplié très-humblement d'employer sa faveur et crédict envers mondict seigneur de Montmorancy pour obtenir, s'il se peult, la descharge dudict diocèse de ladicte taxe.

Mondict seigneur le président a représenté que pour rellever mondict seigneur le marquis des despences extraordinaires qu'il a faictes et souffertes ou qu'il luy conviendra faire durant l'année présente dans ledict païs, pour icelluy maintenir en repos, soubz l'obéissance du Roy ; l'assemblée ne doit faire aulcune difficulté de luy accorder, comme ez années précédentes, la somme de 6,000 livres. Oultre ce, attandu que ce diocèse a le bon plaisir de jouir de la présence de Madame la marquise, il luy semble qu'il seroit convenable, pour luy rendre les debvoirs que ce diocèse luy doibt, et luy faire ung présent de 1,500 livres, qui est le moings que ceste compaignie luy puisse offrir. Requérant sur ce, prendre telle délibération qu'on advisera. Sur quoy a esté unanimement délibéré et conclud d'accorder, à mondict seigneur le marquis, comme ez années précédentes, la somme de 6,000 livres, et d'accorder aussi et faire présant à madicte dame de la somme de 1,500 livres, et que MM. les commissaires de l'assiette seront requis imposer lesdictes deux sommes :

A M. Parlier, secrétaire de mondict seigneur le marquis, a esté accordé la somme de 400 livres ; laquelle MM. les commissaires de l'assiette seront aussi requis d'imposer, pour recognoistre, ledict sieur Parlier, des soings, peynes et vaccations qu'il a exposés ou qu'il luy conviendra exposer durant l'année, pour les affaires du présent païs, près la personne de mondict seigneur le marquis, et afin de luy donner subject de continuer aulx occurrences qui s'en présenteront.

M. Roux, receveur des tailles du présent païs, estant en exercice l'année courante, aiant esté ouy en l'assemblée, pour raison des deux deniers pour livre que luy et ses compaignons d'office prétendent d'augmentation de taxations sur les deniers extraordinaires qui s'impozeront annuellement audict diocèse, comme leur aiant esté accordés par Sa Majesté, suivant le rolle de taxe sur ce faict en son Conseil, le dernier jour de mars 1625, à cause de la somme de 2,920 livres que chascun d'eux ont esté constrainctz de payer pour augmentation de la finance de leurs offices, oultre et par dessus les 8 deniers pour livre dont ilz jouissent depuis longtemps ; requérant luy faire impozer ladicte augmentation de gaiges et taxations extraordinaires desdictz deux deniers pour livre, si mieux le diocèze n'ayme le rembourser de ladicte somme principale de 2,920 livres, avec les taxat des dépens faictz et souffertz pour raison de ce jusques à présent ; ouy aussi ledict sindic sur ce subject et lecture faicte de la délibération prinze en l'assemblée des Estatz du présent païs, le 19ᵉ septembre 1626, pour raison de ladicte augmentation de gaiges, a esté conclud que les intérestz de ladicte somme principale de l'augmentation de finance seront payés audict sieur Roux, receveur, et à ces fins, MM. les commissaires de l'assiette requis d'en faire l'imposition, l'année courante, sans préjudice du privilége que le diocèze a de le rembourser de ladicte somme principale que l'assemblée se réserve de faire l'année prochaine, comme aussi sans préjudice de faire rendre lesdictz intérest audict sieur Roux, en cas que la province de Languedoc ou le présent diocèse seroient deschargés de ladicte augmentation de gaiges desdictz deniers pour livre.

M. le commissaire principal a remonstré que ce diocèze a une grande obligation à Mgr le duc de Montmorancy, à cause mesmes du soulaigement du logement des gens de guerre ; à cause de quoy et pour tesmoigner à Sa Grandeur les debvoirs et obéissances que ledict diocèse a tousjours désiré de luy rendre, et luy donner (*une ligne au haut de la page est déchirée*) . . . . . voluntés et affections aux habitans de ce païs ; il seroit bon de luy faire présent de six muletz de Coffre ? et pour cest effect d'impozer le prix de la valleur d'iceux. Sur quoy a esté unanimement délibéré et conclud d'accorder à mondict seigneur de Montmorancy six muletz de Coffre. Le prix de l'achept desquelz, MM. les commissaires de l'assiette sont requis d'en faire l'imposition.

Aussi a esté conclud d'accorder à MM. Jehan Durand et Guérin Chantuel, prebtres de la ville de Mende, pour avoir faict chanter la musique, chaque jour (*une ligne déchirée*) . . . . . des Estatz, la somme de 120 livres tournois ; laquelle somme lesdictz sieurs commissaires seront aussi requis d'en faire l'imposition.

M. le baron du Tournel, baron du tour, a remonstré que, suivant la coustume ancienne, ledict sieur baron du tour doibt assister à toutes assemblées du païs qui se font durant l'année, pour, avec MM. les commis et aultres depputés, délibérer et opiner sur les affaires qui y seront propozés. Et parce qu'il est en tour aux présens Estatz, a requis estre appellé ausdictes assemblées aux fins susdictes, ou . . . . n'aiant moyen de s'y trouver, y envoier ung envoié de la qualité requise.

M. le président a remonstré avoir esté cy-devant prizes plusieurs délibérations pour régler la prévosté de ce païs pardevant mondict seigneur le marquis. Et parce qu'encores il n'y a esté satisfaict, et qu'il est nécessaire pour le bien du païs d'y pourveoir, a requis l'assemblée d'en délibérer. Et sur ce, lecture faicte des précédentes délibérations prinzes sur ce subject, a esté conclud que . . . . sera faict conformément ausdictes délibérations précédentes, par MM. les commis et sindic dudict païs pardevant mondict seigneur le marquis.

Finallement mondict sieur le président a donné la bénédiction, qui a esté la fin desdictz Estatz ; lesquelz tout incontinant se sont séparés.

Signé : Dumas, président.

En 1629, 1630, 1631 et 1632 les Etats du Gévaudan furent supprimés.

1633

MM. les commissaires de l'assiette. — M. Esparbier, vicaire général, demande la présidence, à l'exclusion des trésoriers de France, qui veulent l'occuper en vertu d'un édit du Roi. — Copie de l'édit contenant suppression des élus (1632). — Eloge de Louis XIII, dit le juste. — Noms de MM. de l'assemblée. — Protestation de l'envoyé de M. du Tournel, au sujet de la baronnie de Cénaret. — Admission de divers députés. — Contestation entre les envoyés des barons de Florac et de Randon. — Protestation du greffier du diocèse. — Nomination de M. Brugeiron à la charge du greffier du pays. — Motion de M. de Canillac, au sujet du vote. — Copie des commissions pour les sommes à imposer. — Admission de six députés. — Nomination de M. Buisson, à la charge de syndic du pays. — Sommes à imposer pour indemniser MM. des Etats. — Réception de l'envoyé de M. de Gabriac. — Imposition des sommes dues à M. de Mani-

facier. — *Vérification de l'état des dettes et des frais du diocèse.* — *Paiement de 600 livres pour l'entretien de la garnison de Villefort.* — *Gratification aux héritiers de M. Fumel, syndic du diocèse.* — *Gages du greffier à payer.* — *Paiement de 300 livres pour frais de voyages.* — *Demande de deux habitants de la paroisse de Grandvals.* — *Somme due à M. de Sévérac.* — *Imposition des journées des députés aux Etats généraux.* — *Ponts à réparer.* — *Gages du prévôt, greffier et archers du diocèse.* — *Admission de M. le baron du Tournel.* — *Frais d'entretien de la garnison de Meyrueis.* — *Vérification à faire des sommes dues par le pays.* — *Demande de M. de La Roche, de Saint-Etienne-Vallée-Française, qui a eu à souffrir dans ses biens à cause de sa fidélité envers le Roi.* — *Le pays accorde à M. de Villerousset 1,200 livres, pour dédommagement des pertes par lui éprouvées au siége de Villefort.* — *Demande faite en faveur de M. du Tournel pour le même motif.* — *Clôture des Etats.*

L'an mil six cens trente-trois et le lundy, dix-huictième jour du mois d'apvril, à quatre heures après midi, en la ville de Mende et dans la salle haulte du palais épiscopal, estans assemblés les gens des trois Estatz particuliers du diocèse de Mende, païs de Gévaudan; pardevant nous François de Beaulac, chevalier, conseiller du Roy, grand voier, trésorier général de France, intendant des gabelles en Languedoc, commissaire principal, establi et ordonné, par le Roy, pour présider en l'assiette et assemblée du sdiocèse de Mende, assisté de noble Guilhaume Du Mazel, ieur du Pivoul et de Remeyse, bailly de Gévaudan; Mes Anthoine Buysson, receveur des décymes dudict diocèse ; sire Barthélemy de Recoles et Jean Betouille, marchans, 1er, 2e et 3e consuls de ladicte ville de Mende, et Anthoine Prieur, sieur de Combaurye, 1er consul de la ville de Maruejolz, commissaires ordinaires de ladicte assiette. Noble et vénérable personne M. Me Pierre Esparbier, docteur en théologie, prieur des Macelz, en Quercy, official et vicaire général du seigneur évesque de Mende, comte de Gévaudan, conseiller du Roy en ses Conseils, a remonstré à nosdictz commissaire principal que de tout temps les seigneurs évesques de Mende et, en leur absence, leurs vicaires généraulx, ont accoustumé de tenir le premier rang dans les Estatz de ce païs, mesme au-dessus des commissaires principaulx, envoiés pour l'ouverture d'iceulx, et d'y faire sans contredict toutes les fonctions de président; qu'ayant pleu au Roy de remettre la province de Languedoc, et tous les diocèses particuliers en icelle, dans leurs priviléges, il croyoit avoir les mesmes advantaiges qu'avoient heu ceux qui l'avoient précédé ; priant ledict sieur de l'y voulloir maintenir et de ne luy oster pas ce que Sa Majesté luy a laissé. A quoy nous aurions respondeu que cest affaire demeure reiglée par l'édict du Roy, qui porte entre aultres choses que les trésoriers de France présideront ausdictes assamblées. Et sur ce ledict sieur vicaire général a réparti, qu'ores par la déclaration du Roy, il soict porté que MM. les trésoriers généraulx présideront dans les assiettes, cella ne doibt estre entendu qu'en la forme que les commissaires ordinaires avoient aultrefois accoustumé d'y présider, puisqu'ils sont encores en leurs places ; d'ailheurs que dans ladicte déclaration, il ne se parle que de présider aux assiettes, et que c'est une chose distincte et séparée des Estatz, qu'on a acoustumé de tenir dans ce diocèse, ausquels les seigneurs évesques ou leurs vicaires, en leur absence, ont droict de présider ; le requérant de trouver bon que l'assamblée en délibère, pour résoudre à ce qu'ilz ont à faire là-dessus ; protestant ledict sieur vicaire général, en cas que ledict sieur commissaire passeroict oultre, de tout ce quy peult et doibt, et d'en avoir recours où le besoin sera, sans pourtant voulloir en cella porter nul retardement au service du Roy ny au département de ses deniers. De quoy ledict sieur vicaire général, pour toute la compaignie, faict haultement sa déclaration, et ledict sieur commissaire luy auroit encore dict que, par la lecture qu'on feroit dudict édict, il verroit l'intention de Sa Majesté quy est notamment expliquée, tant pour ce chef que pour les aultres choses que ledict païs pourroit préthendre, dont il auroit jouy cy-devant et aurions prins notre place de président, et ledict sieur vicaire général et aultres depputés de l'assemblée aiant aussi pris leurs places, nous aurions dict que le Roy, aiant par son édict du mois d'octobre, de l'année dernière, donné les effectz de sa clémence et de sa bonté audict païs, tant par le restablissement de leurs priviléges que de la levée des deniers qu'il a désiré estre faictz en ceste province de leurs consentement que nous estimons que ceste assamblée, observant ponctuellement ses ordres, qu'elles l'obligeront par son obéissance à luy continuer ses grâces, leur aiant, pour cest effect, faict lire par nostre greffier ledict édict estant de teneur :

Louis, etc.

Après la lecture dudict édict, nous aurions ordonné qu'il seroit registré es registres du greffe dudict diocèse, pour estre le contenu en icelluy gardé et observé selon a forme et teneur.

Et après ledict sieur vicaire général a dict :

Monsieur, nous sommes infiniment obligés à la bonté du Roy, de ce que Sa Majesté, s'estant laissée toucher aulx très-humbles supplications de ses subjectz, a heu agréable de remettre la province de Languedoc dans ses anciens priviléges et dans ses premières libertés. Ceste grâce nous semble sy extraordinaire, que nous confessons avec ingénuité qu'elle est au-dessus de toutes nos recognoissances mesmes, nous estant faicte en ung temps où sans doubte nous avions subject d'attendre plustost de chastiment que d'espoir de faveur. Ce n'est pas nostre dessain de renouveller icy le souvenir des derniers troubles qui ont pareu dans ceste province, la faulte en est trop fresche pour ne faire horreur à nos pensées ; mais encores est-il bien raisonnable que ceste considération nous serve à nous faire recevoir avec plus de ressentiment les grâces qui nous viennent de la seulle clémence du Roy. C'est en cella que Sa Majesté nous a donné une vizible preuve que les rois sont véritablement les images de Dieu, de quy les miséricordes surpassent toutes les aultres œuvres, et qui n'ont seullement pardonne les excès des hommes mais encores les prévient par mille bienfaitz. Ceste compagnie donc, se joignant au commun sentiment de toute la province, reçoict, avec applaudissement et bénédiction, l'honneur qui luy est aujourd'huy rendu de pouvoir traicter de ses propres affaires, et recognoissant qu'en ceste occasion, Sa Majesté a faict tout d'un coup paroistre les effectz de son amour et de sa justice, elle veut aussi faire à l'advenir un tempérement de la liberté qu'elle vient de recouvrer maintenant avec la parfaicte obéyssance qu'elle désire randre à tous les commandemens de son souverain, et tout ainsin que les bienheureux dans le Ciel, sans deschoir du privilége des créatures libres, sont tousjours saintement nécessités d'aymer Dieu ; nous voulons aussi nous contanter du titre des libres et n'avoir jamais aucun uzaige de ceste liberté qu'à exécuter tous les ordres que nous seront envoiés de la part de Sa Majesté. Il est toujours juste d'obéir à son prince ; et les escriptures, qui sont la loy de nostre croyance et de nos actions, nous apprennent que ce n'est poinct aux subjectz de treuver jamais à redire aux commandements de leurs souverains, quand mesme ils seroient injuste; qu'elle obligation donc avons nous de nous soubmettre sans murmurer à toutes les volontés de notre roy, de Louis treiziesme, l'ung des plus sainctz et plus vertueux qui aient esté jamais assis sur le trosne de nos roys, et qui possédant avec éminance toutes les excellentes qualités qui sont nécessaires à ung grand prince pour la conduicte des peuples, affecte néantmoings, par dessus toutes, celles de Louis-le-Juste ; et certainement ce n'est pas sans raison, la justice estant une vertu universelle qui passe sur toutes les aultres et quy les contient toutes en soy ; En la justice se trouve la prudence, la tempérance, la force, la piété et le reste des vertus, dont l'assemblaige faict le juste qui seul est digne de l'amour de Dieu et du respect des hommes. C'est pour cela qu'un des Pères de nostre église l'appelle la grande vertu et la mère de toutes les aultres, et que le maistre de la philosophie a dict qu'elle est parfaicte et accomplie de tout poinct et tellement excellente que l'estoille qui devance et suit le lever et coucher du soleil, a moingz de beauté qu'elle et mérite moins d'admiration. Et au regard des peuples, quel subject de plus grande consolation sauroient-ils recepvoir que d'avoir

ung prince juste ? Quels advantaiges ne s'en doibvent-
ils pas promettre ; car s'ils considèrent le bien général
et l'honneur du publicq, il est certain que les bonnes
lois, estant l'âme et l'ornement d'un estat, et ne le pouvant faire qu'un prince juste en establisse que de fort
équitables, il fault par une suicte nécessaire, que le
royaume qui sera régy par ung prince aymant la justice,
soict parfaictement dispozé et ordonné et qu'il attire sur
soy les louanges des voizins et l'admiration des estran-
gers ; que s'ils s'attachent à regarder seullement leurs
inthérestz particuliers qu'ils font concister en leur soulaigement, les scauroict-on attendre, avec raison, que
d'un prince en qui la justice se rencontre ung des principaulx moiens pour solaiger des subjectz après l'amour
qu'on doibt avoir pour eux est de cognoistre leurs forces
et leurs nécessités. Or, c'est le plus grand soing de la
justice que de rechercher ceste cognoissance, sans laquelle il luy est impossible de faire ses fonctions, c'est-
à-dire de despartir avec équité les grâces et les chas-
timens, et si ceux-là ont eu quelque raison qui nous ont
dépeint la justice avec les yeux voilez, pour nous
apprendre que c'est sans considération des personnes
qu'elle rend ses jugemens, j'estime que ceux-là ont encores mieulx pensé, qui nous l'ont figurée par ung œil
attaché à la poincte d'ung sceptre ; nous représentant
par celluy-cy la puissance et l'authorité qui sont abso-
lument nécessaires pour l'appuy de la justice ; et par
cest œil nous donnant à cognoistre que la justice veilhe
incessamment pour pénétrer jusques dans les moindres
circonstances des choses, afin de n'ordonner rien qu'à
propos. Nous avons donc subject de croire de nostre
grand et très-juste monarque que sa justice l'obligera de

prendre une entière cognoissance de l'estat de ses peuples ; et loué soict Dieu qu'il en a desjà eu de grandes espériances sur les lieux mesmes, n'y ayant poinct de province dans son Roiaume où Sa Majesté n'ayt esté en personne et dont elle ne cognoisse la bonté et les incommodités. Et après tout, nous espérons de sa bonté que, cognoissant ce que nous pouvons, elle nous fera ceste grâce de proportionner ses commandemens en nos forces et ne désirera de nos submissions que ce que nos faiblesses nous laissent le moien de luy randre ; aussi nous n'aurons jamais de plus tendres affections dans le cœur, ny de plus ardantes prières en la bouche, que celles qui regarderont sa conservation et sa prospérité, et, les moindres vœux que nous ferons pour elle seront qu'elle soict tousjours chérie de Dieu, que toutes sortes de bénédictions l'accompaignent, que la gloire et le bonheur ne s'esloignent jamais ; que la victoire suyve tousjours ses armes ; que l'hérésie achève de mourir à ses pieds ; que tous les dessaings de ses ennemis restent tousjours nutiles ; qu'aiant estandu ses conquestes jusques aux extrémités de la terre, elle reigne en paix, et qu'après avoir dans le cours d'une longue vie heureusement jouy du fruict de ses travaulx, elle puisse laisser à une glorieuse postérité ses excellentes vertus et la couronne de tout le monde.

Et sur ce, avec ladicte assamblée, nous serions séparés, a cause de l'heure tarde, et ordonné que le lendemain, à neuf heures du matin, on continueroit ladicte assemblée.

Du dix-neufviesme jour des mois et an susdicts, au lieu et pardevant que dessus, à neuf heures de matin.

Nous trésoriers, commissaire principal et présidant susdict, assisté des commissaires ordinaires cy-dessus nommés et des sieurs depputés desdictz Estatz particuliers et assiette, après avoir ouy la messe du Saint-Esprict, suivant l'ancienne coustume, serions allés en ladicte salle de l'évesché, et aiant chacun prins sa place, aurions ordonné qu'il seroict faict lecture des procurations desdictz depputés qui ont droict d'entrer en l'assamblée, et y ont esté trouvés présans et assistans, assavoir, pour l'ordre ecclésiastique : ledict sieur vicaire général ; vénérables personnes MM. Mes Jean de Langlade, docteur en théologie, chanoine et depputé du Chappitre de l'église cathédralle de Mende ; Jean Durand, aussi docteur en théologie, prebtre, prieur du Buysson, envoyé de M. de Sainte Enimie ; Barthélemy Aldin, prebtre et chanoine en l'église de Maruejolz, envoié de M. de Paliers ; M. Frère Anthoine de Moustier, chevalier de l'ordre Saint-Jean-de-Hierusalem, envoyé de M. de Saint Jean. Pour MM. les barons et nobles : noble Pierre de Retz de Bressolles, sieur de La Bessière, envoié de M. de Randon, baron du tour, la présente année ; Pierre de Rochemeure, sieur du Fraisse, envoié de M. Me Jacques de Langlade, docteur es droictz, juge en la baronie d'Apchier, envoié de M. d'Apchier ; nobles François de Pierrebesses, sieur de Clastres-Basses, envoié de M. de Cénaret; Jean Borrelly, sieur de Pelouze, envoié de M. du Tournel ; M. Me Guilhaume Bardon, docteur es droictz, juge en la seigneurie d'Allenc ; noble Jean Salles, escuier, envoié de M. de Sévérac ; Jean-

Jacques de Columb, sieur de Rochières, envoié de M. de
Portes; Louis de Retz de Bressolles, sieur de Villerosset,
pour M. de Servières, son frère. Et pour le Tiers-Estat .
les sieurs Buisson, de Recoles et Betouille, consulz de
Mende ; ledict Prieur, sieur de Combaurie ; Pierre Brunenc et Guy Boniol, marchans, 1er, 2e et 3e consuls dudict Maruejolz ; Anthoine Chaptal, 1er consul de la ville
de Chirac ; Me Michel Florit, notaire roial, 1er consul de
la ville de La Canorgue ; Me Jehan Michel, lieutenant de
juge en la ville de Saint-Chély-d'Apchier, depputé de
ladicte ville ; Jean Gui, marchant, 1er consul de la ville
du Malzieu ; Me Pierre de Malgoires, 1er consul de la
ville d'Yspaniac ; Me Pierre Comte, 1er consul de la ville
de Sainte-Enimye ; Me Jean Cairoche, 1er consul de Châteauneuf-de-Randon ; et Me Claude Levosle, consul de
la ville de Serverette. Les procurations ou pouvoir de
tous lesquels susnommés ont esté remises et leues en
l'assamblée, sauf desdicts sieurs de Villerousset et Bardon qui n'en ont point remis.

Et le sieur de Pelouze, envoié de M. du Tournel, a remonstré qu'il continue les protestations que ledict sieur
du Tournel a acoustumé faire en chacune assamblée desdictz Estatz, de ne prester aucun consantement à la réception des envoiés de la dame de Hault-Villar et de S.
Vidal, pour la baronnie de Cénaret ; attendu que ledict
sieur du Tournel a droict sur icelle, pour raison de quoy
y a procès pendant au Conseil du Roy ; requérant que
sadicte protestation soit escripte pour servir en ce que
de raison audict sieur du Tournel. Ce que par nous dict
présidant a esté ordonné pour servir audict sieur du
Tournel, comme il appartiendra. Et pendant le susdict
jour, n'auroict esté plus travailhé en ladicte assamblée,

à cause de diverses disputes quy seroient arrivées entre aucuns depputés de la noblesse sur les préséances.

Du mercredy, vingtiesme des susdictz mois et an, au lieu susdict, heure de une après midy.

Est venu en l'assamblée, M. le marquis de Canilliac, qui a pris sa place et a esté receu en icelle comme l'un des barons.

Se sont aussi présentés nobles Anthoine de S. Martin, sieur de Vammalle, envoié de Mme dame Charlotte de Montmorancy, duchesse d'Angoulesme et baronne de Florac, pour ladicte baronnie; Aldebert de Seguin, sieur de Prades, envoié de M. le baron de Peyre; Me Claude Olivier, 2e consul de la ville de Saugues; Me Jean Prozet, consul de Florac; le sieur de Grandville, consul de Saint-Estienne-de-Valfrancisque; Me Guillaume Vigoureux, docteur, sindic de Saint-Auban, et Me Anthoine Boudon, notaire roial, consul du mandement de Nogaret. Lesquels ont remis leurs procurations et pouvoir et dont en a esté faicte lecture.

Et sur ce nous dict trésorier et présidant, après avoir receu le serement, en tel cas requis et accoustumé, de tous les depputés en l'assemblée cy-devant nommés, ils ont esté receus en icelle.

Ledict sieur de Vammalle, envoié de M. le baron de Florac, a dict que ung aultre envoié de ladicte dame duchesse d'Angoulesme, baronne de Florac, a assisté aux Estatz généraulx de Languedoc, comme baron de tour, attendu que cestoict son rang, et par ainsin qu'il doibt estre receu en ceste assemblée en qualité d'envoié du baron du tour; requérant luy donner sa place, qu'il trouve occupée par M. de La Bessière, envoié de M. de

Randon ; protestant à faulte de ce, de tout ce qu'il peult et doibt. Et sur ce le sieur de La Bessière aiant remonstré que M. du Tournel a esté receu comme baron du tour aux Estatz derniers, tenus en l'année 1628, et que le tour de baron venoict, en l'année 1629, audict sieur de Randon, suyvant la roue et ordre dudict païs, et en ladicte année ny despuis les Estatz n'ayant esté tenus, ceste interruption ne luy peult faire perdre son rang ; et partant qu'il doibt estre continué à assister comme envoyé du baron de tour, veu mesmes qu'il a esté receu en ceste qualité ; ce qu'aiant esté mis en délibération et les voix recueillies, a esté conclud que ledict sieur de La Bessière continuera son assistance en ceste assamblée comme envoié dudict sieur baron de Randon, estant en tour.

Et à mesme instant lesdictz sieurs de La Bessière et de Vammalle, ayant esté rappelés en l'assamblée, chascun y a pris sa place conformément à la susdicte délibération et en la forme ancienne.

Et par nous dictz présidant, aiant esté remonstré qu'il est très-nécessaire de procéder à la nomination d'ung greffier, suyvant l'édict de Sa Majesté, et que nous les exhortions de jetter les yeux sur quelque personne de probité pour exercer ceste charge ceste année.

M. Jean de Brugeron, greffier de la Cour commune du bailliaige de Gévaudan, estant en pariaige entre le Roy et le seigneur évesque de Mende, a remonstré que le principal droict et privilége dudict greffier du bailliaige conciste en la faculté d'escripre aux assemblées des Estatz et assiette dudict païs ; duquel droict il est en possession et en a jouy, par luy ou ses commis depuis environ cinquante ans, et les pourveus du mesme greffe auparavant luy en ont tousjours aussi jouy, sans que les depputés desdictz Estatz et assiettes aient préthandu de donner aucung empêchement aux pourveus dudict greffe, ny faire nomination pour escripre en leurs assemblées d'aultres personnes que d'iceulx, ainsy qu'ilz l'auroient tesmoigné en l'assamblée tenue à Mende, en l'année 1585, où ledict Brugeron fust maintenu en la possession dudict droict d'escripre ausdictz Estatz, contre M⁰ Pierre Lenoir, commis au greffe du sénéchal, lhors séant audict Mende, qui se voulant ingérer d'escripre en ladicte assamblée, en fust débouté par délibération du 14ᵉ octobre audict an ; confirmée en suite par arrest du Conseil d'Estat du 17ᵉ décembre 1587. Soubstenant par ce moien, ledict de Brugeron, n'y avoir lieu de faire à présent nouvelle nomination d'aultre personne pour escripre en ceste assemblée ; veu mesme que par les termes de l'édict du Roy, il appert clairement que comme l'intention de Sa Majesté n'a esté que de pourvoir aux désordres des assemblées des Estatz et assiettes des diocèses. dont elle a jugé que l'un des principaulx procédoit de ce que les greffiers, estans choisis par les députés seulz desdictz diocèses, ils deppendent entièrement d'eux ; sadicte Majesté n'entend pas aussy qu'il soict faicte nouvelle nomination des greffiers, sinon en tant qu'ils deppendent desdictes assemblées. Ce que ne se renconstrant pas en la personne dudict de Brugeron, puisqu'il se trouve pourveu par sadicte Majesté et par ledict seigneur évesque de Mende, il est hors de soubçon pour ce regard, et par ainsin ne peult en fère nouvelle nomination d'aultre personne sans contrevenir directement à l'intention de sadicte Majesté, et mesmes faire noctable préjudice à ses droictz, comme il arriveroict par le moien de ladicte nouvelle nomination dont il proteste par exprès, et d'avoir recours à sadicte Majesté et à nos seigneurs de son Conseil, en cas il seroict faict aultrement.

Sur quoy par nous dicts présidant a esté ordonné que, sans préjudice du droict préthandu par ledict de Brugeron, ses protestations demeureroient escriptes au présent verbal, pour luy servir en ce qu'il appartiendra, et néanmoings, qu'il sera procédé à la nomination d'ung greffier pour escripre en la présente assemblée et en l'assiette dudict diocèse, conformément au susdict Edict.

M. de Canilliac a remonstré que, pour plusieurs considérations, les oppinions des depputés de ceste assemblée doibvent estre balotées, comme l'on faict en diverses assemblées et notamment en celle des Estatz généraulx de ceste province, pour esviter les inimitiés et inconvéniens qui, faisant aultrement, s'en peuvent ensuivre, et requis mettre sa proposition en délibération ; ce que par nous dict présidant a esté ordonné.

Et incontinant, ayant faict oppiner les assistans sur ces deux affaires, a esté conclud et arresté, d'une commune oppinion, que ledict sieur de Brugeron est choizi pour greffier des Estatz et assiette dudict païs ; à quoy nous aurions consanty, attandu le bon et fidelle rapport qui nous avoit esté faict de sa personne. Et à l'instant, l'ayant faict rappeller, il a presté le serement en tel cas requis et nécessaire, après avoir faict et réitéré les mesmes protestations qu'il a cy-devant faictes, de ne se préjudicier aux droictz qu'il a d'escripre auxdictes assamblées et assiette, comme estant annexe au greffe de ladicte Cour du bailliaige, duquel il est pourveu et duquel droict il a tousjours jouy.

Et pour le regard de la proposition faicte par ledict sieur de Canilliac, pour faire balotter les oppinions des depputés de l'assemblée, elle s'est trouvée en partaige, y ayant heu aultant d'oppinions pour les faire balotter que pour demeurer libres en la forme ancienne et à la vive voix, à cause de quoy ceste proposition a demeuré indécize et a esté renvoiée pour estre résoleue à la première séance de l'assemblée.

Et à l'instant, par nous dict président a esté ordonné que par ledict greffier ou son commis, seroict faicte lecture de nostre commission pour l'imposition des sommes y contenues.

Ce qu'ayant esté faict à haulte voix, ensemble de l'édict de sadicte Majesté, nonobstant la lecture cy-devant faicte d'icelluy, nous aurions ordonné que ladicte commission seroict enregistrée au greffe dudict diocèse et que par nous, assisté des aultres commissaires ordinaires quy ont accoustumé d'assister au département, seroict procédé à l'imposition des sommes y contenues, le plus dilligemment qu'il nous seroict possible, afin que par ce deffault le service du Roy n'en demeure retardé ; comme aussi sera procédé à l'imposition des frais ordinaires dudict diocèse, suyvant l'estat quy en sera remis devers nous, de la part de ceste assemblée, ladicte commission estant de teneur :

Les commissaires présidans pour le Roy en l'assemblée des gens des trois Estatz du païs de Languedoc, convoqués par mandement de Sa Majesté en la ville de Béziers, au mois d'octobre dernier, au sieur de Beaulac, trésorier général de France, commissaire principal et aultres commissaires depputés, quy ont accoustumé d'assister en l'assiette et assemblée du diocèse de Mende, salut.

Satisfaizant par nous aux lettres patentes du douzième dudict mois d'octobre, qu'il a pleu à Sa Majesté adresser, en exécution de son édict et réglement dudict mois public, en sa présance, du consantement desdictz Estatz, pour l'imposition des sommes ordonnées d'estre levées durant la présente année, en l'estandue des villes et diocèse de ladicte province, sur tous ses subjectz contribuables aux tailles ; scavoir : 800,000 livres, faisant partie de 1,050,000, qui par l'édict doict revenir nect en l'espargne, le surplus estant parfourny des 250,000 du prix de l'afferme de l'équivalent, réunis audict païs, et par luy délaissé à Sa Majesté en l'année présente 225,655 livres 18 sols 8 deniers, pour les gaiges et taxations des receveurs et contrôleur des receptes particulières desdictz diocèses, rentes constituées sur icelles, tant anciennes que nouvelles ; 220,474 livres 3 sols, pour les gaiges des trésoriers généraulx de France, rentes assignées sur lesdictes receptes générales et aultres, tant des maistres des portes de ladicte province que de plusieurs aultres officiers assignés sur lesdictes requestes ; 4,200 livres pour le droict d'expédition et seau des offices des commissaires des assiettes qui n'ont poinct heu lieu ; 1,280,250 livres, sur et tant moings du principal et intérest du remboursement des esleuz et droictz héréditaires, supprimés par ledict édict ; 240,031 livres pour les mortes paies et garnisons ; 9,650 livres pour les appoinctements des gouverneurs des places, leurs lieutenants et officiers d'artillerie, résidans en ladicte province ; 25,170 livres pour l'entretenement des gardes du sieur gouverneur dudict païs, taxation du commissaire et contrôleurs, estant en ladicte province ; 12,000 livres pour les réparations des villes frontières ; 40,000 livres pour les réparations des pontz et chaussées ; 50,000 livres pour les gaiges de prévostz et officiers de la maréchaussée. Toutes lesdictes sommes revenans à 2,887,581 livres, dont ledict diocèse dudict Mende doibt porter, pour sa cotte part, 154,044 livres 18 sols 2 deniers; plus 282,500 livres contenues ausdictes lettres, pour le taillon et augmentation d'icelluy. De laquelle, ledict diocèse doibt porter pour sa cottité 15,071 livres 7 deniers ; 50,000 livres pour les fraiz ordinaires des Estatz et gaiges de leurs officiers, dont ledict diocèse doibt porter pour sa cottité 2,667 livres 11 sols 6 deniers ; 70,000 livres pour les gratifficatious des sieurs gouverneur et lieutenans généraulx et aultres personnes desnommées en l'estat de distribution de ladicte somme, arrestée au Conseil ; 57,500 livres pour les debtes et affaires extraordinaires dudict païs ; 100,000 livres faisant moitié de 200,000 livres quy doibvent, suivant ledict Edict, estre imposée en deux années, desquelles la première, pour la révocation des Edictz de création des collecteurs des parroisses et de la comptabilité du trésorier de la bourse et des villes et communautés du païs en la Cour des comptes de Montpellier ; 6,000 livres pour les gaiges des trois trésoriers de la bourse dudict païs, créés par ledict Edict, et 6,957 livres 17 sols, à quoy montent les taxations de celluy desdictz trésoriers de la bourse, quy est en exercice la présente année, à raison de 6 deniers pour livre de tous les deniers de son maniment, suyvant ledict Edict ; desquelles sommes, faisant ensemble 244,037 livres 10 sols, ledict diocèse doibt porter, pour sa cotte part, 12,827 livres 12 sols 6 deniers; nous vous mandons, chacun en droy soy, suivant le pouvoir à nous donné par lesdictes lettres, d'asseoir et imposer sur tous les contribuables dudict diocèse, le fort portant le faible, le plus également que faire se pourra, lesdictes sommes de 154,044 livres 18 sols 2 deniers, et de 15,071 livres 13 sols 7 deniers, sans aucunes taxations, et lesdictes sommes de 2,667 livres 11 sols 1 denier; et de 12,827 livres 12 sols 6 deniers avec les frais d'assiette et despances ordinaires dudict diocèse, suivant l'estat arresté au Conseil, en conséquence du règlement général du 9° mars 1608; dans lesquels vous comprendrez la somme de 810 livres, pour les vaccations des trois depputés qui ont assisté ausdictz Estatz, à raison de 9 livres par jour, sans tirer à conséquence pour l'advenir et les taxations de 10 deniers pour livre du receveur desdictes tailles, pour estre lesdictes sommes levées et reçues par le receveur des tailles et taillon et par eux paiées es premiers jour de may, juillet et octobre ; scavoir : celle de 154,044 livres 18 sols 2 deniers pour la partie de l'espargne, gaiges et taxations des receveurs et contrôleurs, rentes, gaiges des trésoriers de France, maistres des postes et aultres officiers, droictz d'expédition et seau, remboursement des esleus et droictz héréditaires, mortes paies et garnisons, appointemens des gouverneurs des places, gardes du sieur gouverneur de la province, réparations des villes frontières et des pontz et chaussées et gaiges des prévostz et aultres officiers de la maréchaussée, à la recepte généralle des finances dudict Montpellier, les charges assignées sur lesdictes receptes particulières, préalablement desduictes selon qu'elles seront expéciffiées es estatz de Sa Majesté, celle de 15,071 livres 13 sols 7 deniers, à la recepte généralle dudict taillon audict Montpellier, et par préférance à toutes les sommes la cotte part dudict diocèse pour les frais desdictz Estatz pour estre entièrement fournie audict trèsorier de la bourse au premier desdictz termes par lesdictz recepveurs particuliers des tailles, et la somme de 12,827 livres 12 sols 6 deniers pour les gratifications, debtes du païs, révocation de l'Edict des collecteurs et de la comptabilité, gaiges et taxation dudict trésorier de la bourse, audict trésorier de la bourse par les mesmes receveur des tailles, aux trois termes susdictz, et les frais d'assiette et despances ordinaires du diocèse aux desnommés audict estat, arresté au Conseil, ainsin qu'il est porté par icelluy; vous donnant, à cest effect, pouvoir d'ordonner toutes constrainctes contre les cottizés, au paiement desdictes sommes, comme pour les propres deniers et affaires de Sa Majesté, nonobstant opposition ou appellations quelconques et sans préjudice d'icelles. Mandons pareillement à tous justiciers et subjectz de Sa Majesté de prester aide, conseil et prison sy besoing est, et requis en sont pour l'exécution desdictes constrainctes. Et parce qu'il sera besoing de nostre présente commission et mandement en divers lieux, les extraictz signés du greffier dudict diocèze vouldront et serviront d'original. Faict à Paris, le 5e jour de mars 1635 : Miron.-Particelle. Et plus bas : Par mesdictz sieurs : Petit, signés à l'original en parchemin et scellé des seaulx et armes desdictz seigneurs présidans.

Du vingt-uniesme dudict mois d'apvril, de matin, au lieu susdict.

Se sont présentés frère Nicolas de Digeon, prieur claustral de l'abbaye des Chambons, pour M. des Chambons; requérant estre receu en l'assemblée, nonobstant qu'il n'aye procuration, attandu qu'il est prieur claustral de ladicte abbaye.

Aussi se sont présentés Mᵉ Jacques Jourdan, docteur ez droictz, de la ville de Maruejolz, envoié de M. de Montrodat, et Mathieu Savy, contrôleur de l'extraordinaire des guerres, en Languedoc ; Pierre Marce, consul de Lengoigne, avec leurs procurations; Jean de Vie, notaire roial, consul de Barre, et Anthoine de Calvet, sieur de La Clavelle, consul de la viguerie de Portes, sans aucunes procurations.

Et lecture faicte des trois procurations susdictes et receu le serement desdictz six députés, ils ont esté receus en l'assemblée.

Et par mondict sieur le président, aiant esté ordonné d'appeller les voix desdictz six depputés sur la proposition indécize le jour d'hier, sy les voix doibvent estre balottées ou non, et iceulx aiant oppiné, a esté conclud n'y avoir lieu de balottement et qu'on oppinera en la forme ancienne et accoustumée.

M. l'envoié de MM. du Chappitre de Mende, a dict qu'un des principaux affaires de ceste assemblée est de faire la nomination d'un sindic, à cause du décès arrivé puis deux jours de M. Jean de Fumel, sindicq, afin que par ce deffault les affaires du Roy et du publicq ne reçoivent retardement ny préjudice. Et sur ce, mondict sieur le président ayant faict appeller les voix, a esté faicte nomination d'ung commung consantement, en la charge de sindic dudict diocèse, de la personne dudict sieur Buisson, 1ᵉʳ consul de Mende, pour en jouir et l'exercer aux honneurs et droictz y appartenans, durant sa vie. Et à l'instant, ledict sieur Buisson aiant presté le serement en tel cas requis et acoustumé entre les mains de mondict sieur le présidant, il a esté receu en ladicte charge.

M. de La Bessière, envoyé de M. de Randon, a dict qu'il n'est pas raisonnable que MM. de l'église et de la noblesse, qui ont séance et voix délibérative en ceste assemblée, viennent et assistent en icelle à leurs despans ; réquérant qu'il soict faicte très-humble remonstrance à Sa Majesté de leur accorder et permettre l'imposition de ce à quoy peult revenir leur deffray, suivant la taxe qu'en sera faicte par MM. les commissaires de l'assiette, ainsy qu'il estoict aocoustumé. Sur quoy l'affaire ayant esté mis en délibération, auroici esté conclud que très-humbles remonstrances seroient faictes au Roy, d'accorder audict diocèse la permission d'imposer la somme de 2,000 livres pour le défray des depputés de l'église et de la noblesse.

Du vingt-deuxiesme jour dudict mois d'apvril, de matin.

S'est présenté M° Jacques Gérard, bâchelier es droictz, comme envoié de M. de Gabriac, avec procuration ; de laquelle ayant esté faicte lecture et de luy receu le serement accoustumé, il a esté receu en l'assamblée.

Le sieur sindic a remonstré que les hoirs de feu M° Marcelin de Manifacier, receveur des tailles au présent diocèse, font demande audict païs de la somme de 7,976 livres 11 sols 6 deniers ; pour raison de quoy il avoict obtenu divers arrestz de la Cour des Aides de Montpellier, scavoir : es années 1604 et 1610, portant condempnation de 1,502 livres 11 sols 6 deniers, pour la levée des deniers extraordinaires impozés audict diocèse, en l'année 1599, et encores d'aultre somme de 1,800 livres, par aultre arrest du 30° décembre 1610, donné à priés d'en faire la vériffication, sy faict n'a esté, pour sur icelle en estre poursuivy et obtenu les lettres d'assiéte nécessaires pour faire l'imposition de ladicte somme aux années et termes qu'il plaira à sadicte Majesté ordonner, le tout aux fraiz et despans dudict païs, sauf solutions et paiement, sy aucuns en avoient esté faictz.

M. le vicaire du seigneur évesque de Mende, comte de Gévaudan, a remonstré qu'aiant esté prié par MM. les commis et depputés dudict païs, de s'acheminer en la ville de Pézénas, pour faire procéder à la vérification des debtes dudict diocèse par MM. les commissaires à ce depputés par Sa Majesté, y estant, il auroit faict dresser l'estat desdictz debtes, et icelluy remis devant lesdictz sieurs commissaires, desquels il en auroit obtenu la vériffication, et leur advis inséré au pied dudict Estat, et ensuite présenté requeste ausdictz sieurs commissaires, pour avoir permission d'emprunter 6,000 livres pour emploier à poursuivre en Cour la permission de ladicte imposition, comme résulte de ladicte requeste et estat et d'aultre estat des fraiz de ladicte vériffication, taxés par lesdictz sieurs commissaires. Et d'aultant qu'il a fourny les frais de sondict voiaige et de ladicte vérification sans en avoir receu aucune chose, et qu'il convient à présent la faire continuer pour les debtes non comprins audict estat, et de faire ledict voiaige en Cour pour obtenir permission d'imposer le tout, il a requis l'assemblée de faire paier sondict voiaige et fournitures. Et sur ce, ouy le sieur sindic dudict païs, et lecture faicte dudict estat de taxe, arresté par lesdictz sieurs commissaires, ensemble de la requeste par laquelle il est permis audict sieur vicaire général emprumpter la somme de 6,000 livres, pour le paiement du droict de seau, frais la requeste de Pierre Savaron, sieur de Vernas. De laquelle somme fust faicte rémission à feu Pierre Bancols, dont lesdicts hoirs ont droict, les intérestz de ladicte somme aiant esté liquidés par MM. Delom' et Gallières, trésoriers généraulx de France, commissaires depputés par le Roy pour la vérification des debtes dudict diocèse, le 9ᵉ novembre 1616, à la somme de 600 livres. Et depuis, lesdictz hoirs, à faulte de paiement, auroient obtenu aultre arrest le 14ᵉ febvrier 1632, contenant la liquidation des intérestz, oultre ceux qui ont esté cy-devant liquidés et mentionnés à pareille somme de 1,800 livres avec despans, taxés à 101 livres 10 sols 6 deniers. Et par aultre arrest du 19 mars 1611, ledict sindic auroit encores esté condempnés en la somme de 1,210 livres 10 sols, pour un debet de compte, rendu par ledict sieur de Manifacier. Et encores par aultre arrest du 26ᵉ juing 1628, sur la garantie requise par lesdictz hoirs contre ledict sindic, pour raison de la demande que le sieur Dautheville faisoict contre eux, dont ledict sindic se trouve condempné à les garantir et relever de la somme de 962 livres ; toutes lesquelles sommes reviennent à ladicte première de 7,976 livres 11 sols 6 deniers ; de laquelle ilz font demande audict païs et préthendent, en vertu des arrestz, continuer leurs poursuites et se faire adjuger d'aultres inthérestz, avec plusieurs despans, s'il n'est pourveu à leur paiement, attendu mesmes qu'en tous les arrestz énoncés cy-dessus, le sieur de Fumel, cy-devant sindic, a contesté et esté ouy ; ce qu'ayant esté mis en délibération, a esté conclud que ladicte somme de 7,976 livres 11 sols 6 deniers, contenue ausdictz arrestz, sera couchée en l'estat des debtes dudict païs, et MM. les commissaires depputés par Sa Majesté, dudict voiaige et obtention desdictes lettres d'assiette ; a esté conclud que ledict sieur vicaire sera remercié du soing qu'il a pris à faire faire ladicte vériffication ; et néantmoings supplié de faire ledict voiaige en Cour et de poursuivre et obtenir du Roy la permission de faire l'imposition desdicts debtes à tels paiemens et années qu'il plaira à Sa Majesté d'ordonner, et par mesme moien de faire arrester, audict Conseil, l'estat des frais et despanses ordinaires dudict diocèse qui luy sera baillé par ledict sindic, et obtenir permission d'en faire l'imposition annuellement. Et pour fournir au droict du seau, frais de l'obtention des commissions et aultres nécessaires qu'il emprunptera en vertu de ladicte ordonnance, mise au pied de ladicte requeste, ladicte somme de 6,000 livres, aux inthérestz, de telles personnes, et pour le temps qu'il advisera, laquelle somme avec lesdictz intérestz il fera comprendre dans ledict estat et vérifcation des debtes et permission d'imposer pour estre paiée et remboursée, à ceux qui en auroient faict le prest, des premiers deniers qui seront imposés, et par préférance à tous aultres debtes, à la charge qu'il sera paié de sondict voiaige et fournitures par luy faictes, qu'il fera comprendre dans ledict estat et commission, pour en estre faicte l'imposition et paiement des premiers deniers et par préférance comme dessus.

Sur la requeste présentée par le sieur de Valcrozet, au nom de noble Jacques d'Yzart, sieur de Crussolles, son frère, par laquelle il demande audict païs la somme de 366 livres 13 sols, d'une part, pour restes de 666 livres 13 sols 4 deniers, pour la portion dudict diocèse, du tiers de 2,000 livres, à laquelle revient l'entretenement de cent soldatz, ordonnés en garnison dans la ville de Villefort, par deux ordonnances de feu Mgr le duc de Montmorancy, gouverneur pour le Roy, en Languedoc, et pour deux mois, commencés le 15ᵉ de mars 1629, pour la conservation de ladicte ville en l'obéissance du Roy ; ladicte garnison payable pour lesdictz deux mois par les diocèses d'Uzès, Vellay et Gévaudan ; et de 400 livres aussy ordonée par mondict seigneur le duc de Montmorancy, par aultre ordonnance du 16ᵉ juing audict an, pour les frais de la recreue faicte à la compagnie du maistre de camp, du régiment de Languedoc, où ledict sieur de Crussolles estoict lieutenant ; et desquelles sommes il n'a peu estre paié. Lecture faicte de ladicte requeste, a esté conclud que, pour toutes prétentions desdictz sieurs de Crussolles et de Valcrozet, pour raison de ce dessus, il leur est accordé la somme de 600 livres, pour estre couchée en l'estat des debtes dudict païs, et vériffié par MM. les commissaires depputés, par Sa Majesté, à la vériffication d'iceulx.

Le sieur de La Fargette, envoié de M. d'Apchier, a faict rapport à l'assemblée, des demandes faictes par le sieur de Frayssinet, héritier de feu M. de Fumel, sindic du païs de Gévaudan, contenant que le païs le doibt relever et garantir des obligations et promesses qu'il a faictes et contractées pour le païs, tant en son propre nom que en qualité de sindic, veu que bien souvent ceux qui prestoient au païs ne le vouloient faire qu'à condition qu'il s'obligeroit en son propre. Aussy qu'il a fourny plusieurs sommes pour les affaires journalières et pressans, de partie desquelles il en a rendus comptes, par lesquels il luy est deub ; aussi luy sont deubz ses gaiges ordinaires des années 1629, 1631 et 1632, à raison de 120 livres par an, montant 480 livres ; qu'aiant servy fidellement le païs depuis environ quarante ans, qu'on doibt avoir esgard à ses soings, peines et travaulx extraordinaires, et de recognoistre sondict héritier de ce qu'il plaira à l'assamblée juger raisonnable. Sur quoy a esté conclud que les héritiers dudict sieur de Fumel seront relevés et garantis par ledict païs de toutes promesses et obligations faictes et contractées par ledict feu sieur de Fumel, tant en son nom propre qu'en qualité de sindic qui auront esté emploiés et convertis aux affaires dudict païs, et en cas que pour raison d'icelles, sondict héritier seroict vexé et molesté, que ledict sieur Buisson, à présent sindic, prendra le faict et cause pour luy et le relèvera au nom dudict païs du principal et de tous despans, dommaiges et intérestz. Et pour le regard des débets de ses comptes, fournitures et aultres despences susdictes, ensemble de ses gaiges ordinaires dont il n'en a esté paié, ensemble la somme de 300 livres que l'assemblée luy a accordée en récompense des soingz, peines et travaux extraordinaires dudict feu de Fumel, durant les années qu'il a exercé la charge de sindic audict païs. A esté aussi conclud que les sommes, à quoy le tout pourra revenir, seront couchées en l'estat des debtes dudict diocèse, pour estre vériffiées par MM. les commissaires depputés par Sa Majesté à ladicte vériffication.

M. Brugeron, greffier, en ceste assamblée, a remonstré qu'encores que luy ou ses commis aient pareillement servy le païs en ladicte qualité depuis l'année 1628, par la continuelle assistance qu'il a rendu ou faict rendre, tant es assemblées quy se sont faictes des quatre commis, sindic et depputés dudict païs, au lieu des Estatz dudict païs et pendant les quatre années dernières 1629, 1630, 1631 et 1632 qu'ils demeurèrent suprimés, qu'en toutes les aultres et diverses occasions qui se sont présentées durant ledict temps pour faire diverses despêches au nom desdictz commis et sindic dudict païs, pour le service de Sa Majesté et d'icelluy païs; ce néanmoings il n'a receu aucune chose de ses gaiges ordinaires desdictz quatre années escheucs, revenans à 600 livres à raison de 150 livres par an, oultre la courante, et prié l'assemblée de pourvoir à son paiement ; a esté concluds, attendu que l'assemblée est très-bien informée du service rendu audict païs par ledict sieur Brugeron eu ses commis, en qualité de greffier dudict diocèse, qu'il sera paié, de mesme que les hoirs dudict feu de Fumel, sindic, de ses gaiges ordinaires desdictes années 1629, 1630, 1631 et 1632, revenans à 600 livres ; et laquelle somme pour cest effect sera couchée en l'estat des debtes dudict païs et comprinse aux lettres d'assiette quy seront obtenues de Sa Majesté pour l'imposition des debtes dudict païs.

Le sieur de La Fargette a aussi dict luy avoir esté mis en main ung mandement faict par MM. les commis, députés et sindic dudict païs, au sieur de Sarroul, de Saint-Chély, de la somme de 400 livres, pour les voiaiges par luy faictz en Cour et en Languedoc, devers feu M. le comte de Schomberg, au mois d'aoust dernier ; requérant qu'il soict pourveu à son paiement ; a esté concluds que ledict mandement sera réduict et modéré à la somme de 300 livres. Laquelle, en vertu dudict mandement et présente délibération, sera couchée en l'estat des debtes du païs pour estre vériffié par lesdictz sieurs commissaires.

Sur la requeste présentée par André Batiffol et Jean Girbal, de la paroisse de Grandval, par laquelle ilz remonstrent, qu'en l'année 1628, le feu sieur de La Condamine, commandant pour l'hors au chasteau de Peyre, leur auroict faict prendre trente et une beste à corne ou rossatine et d'icelles obtenu deslivrance pour la somme de 350 livres, sur et tant moingz de 4,500 livres à luy accordées, par arrestz du Conseil sur le sindic général ou receveur de la province de Languedoc. A suyte de quoy lesdictz Batiffol et Girbal auroient faict plusieurs poursuites en la Cour du Bailliaige de Gévaudan, contre le corps de ladicte paroisse de Grandval, dont y eust appel en la Cour des Aides de Montpellier, qui a demeuré impoursuivy à cause des promesses que feu M. Fumel, sindic dudict païs, leur faisoit de les faire desdomaiger sur le général dudict diocèse, attendu que ladicte exécution estoict faicte à faulte de paiement de la taille de ladicte parroisse, quy néanmoings avoict esté payée à M. Roux, receveur, en ladicte année, audict diocèze; de sorte qu'ils n'ont peu avoir aucun recours de leur dict bestail. A cause de quoy, veu qu'il n'est raisonnable qu'ilz souffrent ceste perte en leur particulier, prient et requièrent l'assamblée de pourvoir à leur remboursement et desdomaigement de la valleur dudict bestail, qui excède 240 livres, et icelle somme, faire coucher en l'estat des debtes dudict païs. Sur quoy, ouy ledict sieur Roux, quy a dict que non-seullement, de ladicte paroisse de Grandval, mais encores de beaucoup d'autres, en nombre de seitze, oultre celle dudict Grandval, ledict feu sieur de Peyre, en vertu de certains arrestz, par luy obtenus dudict Conseil, contre les sieurs sindic général de Languedoc et trésorier de la Bourse dudict païs, se servant du temps et de l'autorité qu'il avoit dans ledict diocèse de Mende, se seroict faict paier par force et violance par les consuls et collecteurs, quy estoient de sa bienséance,

4,600 livres et plus, des deniers de la bourse, imposés ladicte année ; au paiement desquelz ledict sieur Roux, voulant faire constraindre lesdictz collecteurs, il auroict esté requis, par MM. les commis, depputés et sindic dudict diocèse, surseoir ladicte levée jusques à ce que l'instance au Conseil entre les sindicq desdictes parroisses, demandeurs en restitution des sommes prinses par ledict feu sieur de Peyre, avec despans, domages et intérestz contre lesdictz sindic général et trésorier de la bourse, quy se trouvoient condempnés par lesdictz arrestz, fust vuydée ; ce que ledict sieur Roux auroict faict jusques à présent. Mais d'aultant qu'il est constrainct par rigoureuses exécutions au paiement des sommes par luy deues de restes desdictz deniers de la bourse, a requis l'assemblée pourvoir à son indempnité, tant de pareille somme que ledict sieur de Peyre a reçeue desdictz collecteurs, que de toutes fournitures, frais et despens, sy mieulx l'assemblée n'ayme ordonner qu'il continuera sa recepte sur lesdictes parroisses ; a esté concluï que le sindic du diocèse est chargé de poursuivre ladicte instance et en faire donner arrest au Conseil ; et des premiers deniers qui proviendront ensuite dudict arrest, estre paié et remboursé ausdictz collecteurs desdictes parroisses, ce qu'ils feront apparoir avoir paié audict feu sieur de Peyre, par préférance à tous aultres deniers ; et n'empesche ledict païs que ledict sieur Roux ne se face paier ce qui luy est deub par lesdictes parroisses.

Le ricur Jean Sales, envoié de M. de Sévérac, a remonstré luy avoir esté expédié mandement, par MM. les commis, depputés et sindic de ce diocèse, de la somme de 500 livres, en novembre 1629, pour les frais mentionnés audict mandement. Duquel n'ayant peu avoir paiement, a requis l'assemblée y pourvoir. A esté conclud que ladicte somme sera couchée en l'estat des debtes dudict païs avec les aultres debtes d'icelluy.

Le sieur de Prades, envoyé de M. de Peyre, a remonstré que, sur la convocation faicte par Sa Majesté des Estatz généraulx de la province de Languedoc, au 19 d'octobre 1631, M. d'Esparbier, official et vicaire général du seigneur évesque de Mende, comte de Gévaudan, avec M. André Chevalier, docteur ez droictz, 1er consul de la ville de Mende, et ledict sieur de Prades, 1er consul de la ville de Maruejolz, y seroient allés, et arrivés audict Pézénas, le 9e dudict mois, où ils auroient demeuré jusques au 22e juillet 1632, que l'assemblée fust séparée, y aiant emploié, comprins le temps pour y aller et de leur retour, aiant esgard qu'à cause des mouvemens, ils n'eurent moien se rendre à Mende que le 4e du mois d'aoust suyvant, dix mois entiers, faisant 300 jours, revenant à raison de 6 livres par jour pour chascun, à 1,800 livres aussy pour chascun. Sur laquelle lesdictz sieurs Chevalier et de Prades accordent avoir receu ausdictz Estatz la somme de 600 livres ; tellement qu'il est deub audict sieur vicaire général lesdictes 1,800 livres par entier, et ausdictz Chevalier et de Prades, desduict lesdictz 600 livres, pour tous deux 3,000 livres, qu'est 1,500 livres pour chascun. Lesquelles sommes, ledict sieur de Prades audict nom, a requis l'assemblée faire imposer tous leur paiement; a esté conclud que lesdictes sommes seront couchées en l'estat des debtes et vérifiées par lesdictz sieurs commissaires, pour après estre comprinse dans la commission qu'on obtiendra pour imposition des aultres debtes du païs et paiée ausdictz sieurs vicaire général, Chevalier et de Prades, comme à chacun d'eux concerne, en la forme et aux paiemens qui seront prescriptz par ladicte commission.

M⁰ Jacques Jourdan, envoié de M. de Montrodat, a dict que le sieur Hélie Destrectz, bourgeois et 1ᵉʳ consul de Mende, en l'année 1629 ; Mᵉ Jean Baptiste de Fumel, sieur de Larchette, subztitut du sieur de Fumel, son père, sindic du païs de Gévaudan, et ledict sieur Jordan, comme 1ᵉʳ consul de Maruejolz, aiant assisté aux Estatz généraulx, convoqués au 15ᵉ de mars et qui auroient demeurés assemblés jusques au 7ᵉ d'aoust suyvant, ayant emploié en tout, comprins le temps pour y aller et revenir, 150 journées, desquelles ils n'ont receu aucune chose, et à présent en font demande à raison de 6 livres par jour chacun, ainsi qu'est accoustumé, montant, pour tous trois, la somme de 2,700 livres, qu'est 900 livres pour chacun ; requérant l'assemblée pourvoir à leur paiement, veu mesmes qu'ils font apparoir du certifficat qu'ils ont en main de M. l'archevesque de Narbonne, président, et par le sieur Dazan, greffier desdictz Estatz généraulx ; a esté conclud que ladicte somme de 2,700 livres, leur sera couchée en l'estat des debtes dudict diocèse, soubs le nom desdictz sieurs Destrectz, Jordan et de Fumel, à raison d'un tiers pour chascun, pour leurs journées et vaccations du voiaige par eulx faict ausdictz Estatz généraulx en ladicte année 1629, pour estre comprinse dans la commission que sera obtenue de Sa Majesté pour l'imposition des debtes dudict diocèse.

M. Buisson, sindic dudict diocèse, a remonstré que pour esviter la ruyne de plusieurs ponts de ce diocèse et mesmes de trois quy sont près dudict Mende, très-importans au publicq pour le commerce, il est nécessaire de faire travailher promptement à la réparation d'iceulx, et à cest effect à la vérification qu'en doibt estre faicte, pour sur icelle obtenir permission d'imposer les frais desdictes réparations, selon et ainsin qu'il plaira à Sa Majesté d'en ordonner. Comme aussy de pourvoir au paiement des gaiges du prévost, greffier et archers dudict diocèse, afin qu'ils aient moyen de faire leurs charges et tenir les passaiges et chemins en sûreté et empêcher les voleries et aultres excès quy par ce deffault en pourroient arriver; requérant l'assemblée d'en délibérer. A esté conclud que M. de Beaulac, trésorier général de France, commissaire principal de l'assiette de ce diocèse et président en la présente assemblée, est supplié fère la vérification que besoing sera ausdictz trois pontz près Mende; et que Sa Majesté sera très-humblement suppliée de vouloir affecter les deniers qui sont levés en ce diocèse pour les pontz et chaussées, aux susdictes réparations, selon et ainsy qu'il sera ordonné par MM. les trésoriers généraulx de France, et que ledict sieur sindic poursuivra, devers sadicte Majesté, et partout ailheurs où besoing sera, le paiement des gaiges de prévost, greffier et archers de ce diocèse de l'année courante, sur la somme de 50,000 livres, imposée pour les prévost et officiers de la prévosté en Languedoc.

Du sabmedy, vingt-troisiesme jour dudict mois d'apvril, de matin, au lieu et pardevant que dessus.

M. le baron du Tournel, fils, estant venu en l'assemblée, après avoir presté le serement en tel cas requis et accoustumé, a esté receu en icelle.

Le sieur Buisson, sindic, a dict luy avoir esté remis un estat avec quelques actes justifficatives d'icelluy, de la

part de M. le viscomte d'Arpajon, contenant les despances qu'il a faictes, par ordre de Mgr le prince de
Condé, pour le secours du chasteau de Meyrueis, assiégé
par le sieur duc de Rohan et aultres de la religion préthendue réformée, rebelles au Roy, au mois de may
1628. Pour raison desquelles despances, qui reviennent,
suivant ledict estat, à 10,000 livres ou environ, il a faict
plusieurs instances à MM. les commis, depputés et sindic
du païs; il a esté tousjours renvoié à la tenue des Estatz;
l'assemblée desquels n'ayant esté faicte jusques à présent, il n'en a peu tirer aucune sattsfaction; luy aiant
esté protesté, qu'en cas on ne luy fera droict pour lesdictes despences, qu'il se retirera au Roy et alheurs où
besoing sera. Et sur ce, aiant esté alléguées plusieurs
raisons, mesmes que ledict chasteau de Meyrueys est
sictué dans le diocèse de Nysmes, et que néanmoings ce
diocèse a contribué à ses despans d'un régiment que y
fust envoié par ce diocèse, conduict par feu M. de Peyre,
et qu'il ne seroict raisonnable d'entrer en plus grands
frais pour ce regard, a esté conclud d'accorder audict
sieur viscomte, tant pour luy que pour tous ceux de sa
suite, pour toutes prétensions qu'ils pourroient avoir sur
ce diocèse, à cause du susdict secours, la somme de
3,000 livres; laquelle somme sera couchée en l'estat des
debtes du païs et vériffiée par MM. les commissaires à ce
depputés par Sa Majesté avec les aultres debtes du diocèse, pour après estre comprinse dans la commission
que sera obtenue de Sa Majesté pour l'imposition et paiement desdictz debtes.

Le sieur Buysson, sindic, a dict avoir esté adverty que,
despuis quatre ou cinq années, MM. les commis du païs
ont faict expédier plusieurs délibérations et mandemens

de diverses sommes à un grand nombre d'officiers et créanciers dudict païs, qui ont cédé et baillé leurs mandemens ou deslibérations à ceux quy leur en ont baillé de l'argent; et parce que pour en faire présentement vériffication, il seroict besoing d'y employer plus de huit jours, et veu que l'assemblée est sur le poinct de se séparer, a requis en estre délibéré. A esté conclud que MM. les envoyés du Chapitre de Mende, de MM. d'Apcher et de Peyre, consuls dudict Mende et dudict Maruejols, sont depputés pour, à l'assistance dudict sieur sindic, faire estat de toutes les sommes deues par ledict païs, en vertu desdictes délibérations et mandemens, pour estre remis par ledict sieur sindic devers lesdictz sieurs commissaires et par eux vériffié et couché en l'estat des debtes dudict païs.

M. de Prades, envoyé de M. de Peyre, a remonstré que le sieur de La Roche, de Saint-Estienne-de-Valfrancisque, estant comme bon et fidelle subject du Roy, demeuré de son parti, en l'année 1625 et toujours durant les derniers mouvemens, avec protestation faicte où besoing a esté, de ne s'en despartir jamais; ses ennemis rebelles à sadicte Majesté, de la Religion préthandue réformée, ses voizins et aultres à eux adhérans, auroient conceu une si grande hayne contre luy, qu'ilz l'auroient constrainct de quiter et abandonner ses maisons. Et non contans, ils auroient faict brusler, avec sesdictes maisons, tous les meubles et coupé les arbres de ses pièces; ce quy luy revient en perte de plus de 15,000 livres. Et parce que ceste perte luy est arrivée pour servir le Roy et ses fidelles subjectz, il a requis l'assemblée avoir esgard à icelle, et luy accorder ce qu'elle advisera pour luy aider à remettre son bien. Et après plusieurs raisons alléguées en l'assemblée, a esté conclud qu'il se retirera aux prochains Estatz dudict diocèse, pour y estre prins deslibération s'il y eschet.

Le sieur de La Fargette, envoié de M. d'Apchier, a dict pour le sieur de Villerosset, que le le sieur de S. André de Montbrun, commandant partie des trouppes du sieur duc de Rohan, en l'année 1629, et au mois de mars, se seroict rendu avec icelles à Génolhac et aultres lieux en Cévennes, près la ville de Villefort, faisant conduire, eschelles et pétardz, avec dessaing de saizir ledict Villefort, s'ils heussent peu, et après faire progrès et venir plus facilement en ce diocèse, pour y faire des entreprinses et attaques contre le service du Roy ; de quoy, feu M. le marquis de Portes, lieutenant, pour Sa Majesté en ce païs, ayant heu advis, auroit donné ordre audict sieur de Villerosset, de se transporter audict Villefort, avec tel nombre de gens de guerre qu'il pourroit promptement assembler ; lequel, obéyssant audict commandement et à la prière que luy en fust faicte par MM. les commis, depputés et sindic dudict diocèse, il seroict allé audict Villefort, conduisant 200 hommes de guerre à pied, où ils se rendirent en diligence et sy à propos, que lesdictz rebelles s'estoient promis d'enlever ceste place desnuée de gens de guerre, aians trouvé une forte résistance par le moien dudict sieur de Villerosset et de sa trouppe, ils furent constrainctz de faire une prompte et honteuze retraitte ; il fust perdeu, par les gens dudict sieur de Villerosset, plusieurs armes et bagaige, qu'il a esté constrainct leur paier ; et d'ailleurs qu'il fust constrainct les norrir et paier de leur solde, durant huict jours, tant sur le lieu comme en chemin à l'aller et revenir et qu'il y perdict aussy des chevaulx et hardes en son propre ; ce qui luy revient à 4,000 livres et plus, et n'est raisonnable qu'il souffre ceste perte, faicte pour le bien du service du Roy et dudict diocèse ; lequel sans cest obstacle eust esté exposé en proye ausdictz ennemis. De quoy MM. les commis, depputés et sindic dudict païs, aiant faicte consideration, ils luy auroient cy-devant, par délibération du 17ᵉ juillet 1629, accordé par provision, la somme de 800 livres ; laquelle n'estant pas la quatriesme partie de sa perte, il ne s'en seroict voulcu servir, attendant de faire mettre en délibération cest affaire en plaine assemblée d'Estatz, comme est la présente, laquelle il supplie avoir esgard a ce que luy est légitimement deub, et au grand avantaige et solaigement qui en a réussy au diocèse, aiant empêché que les ennemis ne soient passés plus avant. Sur quoy a esté conclud, qu'aiant esgard aux pertes et despances susdictes, il est accordé audict sieur de Villerosset, pour toutes ses demandes et prétensions, la somme de 1,200 livres, quy sera vériffiée et couchée en l'estat des debtes du païs et comprinse en la commission qui sera obtenue pour l'imposition et paiement desdictz debtes.

M. le baron de Canilliac a dict, que M. du Tournel a faict semblable ou plus grandes despances et pertes, au secours qu'il donna à ladicte ville de Villefort, par ordre dudict sieur marquis de Portes et desdictz sieurs commis et depputés du païs, comme il fera apparoir par bons actes ; mais pour ce qu'il ne les a pas présentement en main et que l'assemblée est sur le poinct de se séparer, a requis en estre délibéré. A esté conclud que ledict sieur du Tournel se retirera aulx prochains Estatz, devers lesquels il remettra les actes qu'il a pour la justification de ses prétentions, pour sur ce estre prinse telle délibération par lesdictz Estatz, qu'ils adviseront.

Finallement ledict sieur vicaire général dudict seigneur évesque, auroict donné la bénédiction à ladicte assamblée, laquelle se seroict incontinant après séparée.

Signé : BEAULAC. *Par mondict sieur,*
Signé : BRUGEIRON.

TABLE DES MATIÈRES

DU IVᵉ VOLUME

DES ETATS PARTICULIERS DU GÉVAUDAN

Délibération des Etats en 1610 (1)...... page		5
—	en 1611.........	26
—	en 1612.........	57
—	en 1613.........	81
—	en 1614.........	110
—	en 1615.........	139
—	en 1616.........	159
—	en 1617.........	188
—	en 1618.........	234
—	en 1619.........	277
—	en 1620.........	317
—	en 1621.........	353
—	en 1622.........	392
—	en 1623.........	463
—	en 1624.........	505
—	en 1625.........	560
—	en 1626.........	597
—	en 1627.........	638
—	en 1628.........	670
—	en 1633.........	692

(1) Voir le sommaire à la page indiquée.

www.ingramcontent.com/pod-product-compliance
Lightning Source LLC
Chambersburg PA
CBHW061952300426
44117CB00010B/1307